DICIONÁRIO DE PSICOLOGIA DO TRABALHO E DAS ORGANIZAÇÕES

Pedro F. Bendassolli
Jairo Eduardo Borges-Andrade
Organizadores

DICIONÁRIO DE PSICOLOGIA DO TRABALHO E DAS ORGANIZAÇÕES

Artesã

Dicionário de Psicologia do Trabalho e das Organizações
1ª edição - 1ª reimpressão 2019

Coordenação Editorial
Karol Oliveira

Direção de Arte
Tiago Rabello

Capa
Karol Oliveira

Diagramação
Casa de Ideias

Dados Internacionais de Catalogação na Publicação (CIP)
Angélica Ilacqua CRB-8/7057

Dicionário de psicologia do trabalho e das organizações / organização de Pedro F. Bendassolli, Jairo Eduardo Borges--Andrade. – Belo Horizonte : Editora Artesã, 2019.

ISBN 978-85-7074-010-6

1. Psicologia do trabalho – Dicionários 2. Desenvolvimento organizacional I. Bendassolli, Pedro F. II. Borges-Andrade, Jairo Eduardo

14-0810 CDD 158.7

Índices para catálogo sistemático:
1. Psicologia do trabalho - dicionários

IMPRESSO NO BRASIL
Printed in Brazil

ARTESÃ EDITORA LTDA.
Site: www.artesaeditora.com.br
E-mail: contato@artesaeditora.com.br
Belo Horizonte/MG

Dedicamos este trabalho às nossas famílias e
universidades, instituições que forneceram o suporte
necessário para que produzíssemos este trabalho.

Agradecemos, como organizadores, a todos os pesquisadores que aceitaram escrever e tomar parte deste dicionário. Sem sua confiança e sua aposta nesta obra coletiva, ela jamais teria sido possível. Lamentamos os que, por motivos variados, não puderam ou não quiseram participar deste empreendimento. Pensamos que este dicionário contempla, ainda que em escala reduzida, a ampla diversidade de formas de se fazer psicologia do trabalho e das organizações em nosso país. Registramos também um agradecimento especial a Joatã Soares Coelho Alves, mestrando em psicologia da UFRN, por seu suporte operacional nas fases iniciais deste dicionário.

Sumário

Lista de verbetes

Introdução: Psicologia do Trabalho e das Organizações no Brasil e a função de um dicionário para o campo: da cacofonia à polissemia

Pedro F. Bendassolli
Jairo Eduardo Borges-Andrade

Nos últimos dez anos, a Psicologia do Trabalho e das Organizações (PT&O) no Brasil tem assistido ao lançamento de vários manuais que buscam sistematizar as teorias do campo, suas formas de pesquisa, aplicação e transformação das situações de trabalho (Bendassolli & Soboll, 2010, 2014; Borges & Mourão, 2013; Goulart & Sampaio, 2013; Zanelli, Bastos & Borges-Andrade, 2004). Esses manuais são destinados ao ensino e supostamente refletem o "estado da arte" visando à formação para atuar no campo. Do total dos profissionais de psicologia, mais de 25% atuam em PT&O. Além disso, é o grupo de profissionais que, quando comparado aos de outras áreas da psicologia, tem os mais elevados índices de dedicação exclusiva à área (61%). Isto é, efetivamente depende dela para viver e para sustentar suas famílias (Bastos & Gondim, 2010).

A pesquisa e a produção científica da área, avaliadas com base no volume de linhas de pesquisa na pós-graduação (Gondim, Borges-Andrade & Bastos, 2010) e publicação de artigos científicos (Borges-Andrade & Pagotto, 2010), têm crescido e se diversificado desde a virada do século. O país possui uma revista exclusivamente voltada a pesquisadores e profissionais de PT&O (*rPOT*), além de muitas outras que, apesar de generalistas, publicam artigos em PT&O com regularidade. Tem uma Sociedade científica em vigor (Associação Brasileira de Psicologia do Trabalho e das Organizações), com efetiva autonomia financeira e política, a qual organiza, ininterruptamente, um congresso nacional bianual há mais de uma década. Na Associação Nacional de Pesquisa e Pós-Graduação em Psicologia, vários grupos de trabalho definem-se como pertencentes a esse amplo e diversificado campo. O que é assim produzido é, em algum grau, utilizado para formar profissionais de psicologia e para complementar a formação de profissionais de outras áreas (Gondim, Bastos, Borges-Andrade & Peixoto, 2012).

Um campo científico se constrói, em parte, pelo material linguístico que produz, na forma de textos, discursos, conceitos e de práticas a eles associados. Nesse sentido, há que se destacar a importância de manuais e artigos produzidos no próprio país. Até poucos anos atrás, se notava uma tendência em se importar material produzido fora, por meio de traduções. Isso não significa, naturalmente, que foram descontinuadas as importações de materiais, teorias e perspectivas estrangeiras. Basta olhar em qualquer lista de referências bibliográficas da área para se identificar a grande incidência de autores estrangeiros. Porém, pensamos haver boas razões para se afirmar que a PT&O no Brasil apresenta sinais de que pretende, na medida do possível, caminhar com suas próprias pernas.

O porquê deste dicionário

É nesse contexto que nasceu a ideia deste dicionário. Mas, para quê? Ele pretende somar-se a esses diversos e vigorosos esforços de institucionalização do campo da PT&O em nosso país. Mas por que esse formato? Por que um dicionário? E com qual espírito ele foi concebido?

A nosso ver, um dicionário permite, melhor do que outros formatos, retratar a diversidade de um campo, a qual pode ser medida pela sua produção linguística. Não parece restar dúvidas de que o campo da PT&O no Brasil é um mosaico de distintas perspectivas. Isso é bom, pois elas garantem sustentabilidade ao campo, como ciência e como profissão. A cada uma delas associam-se formas de conceber o trabalho, as organizações, os processos de intervenção, as posturas ético-políticas e as demarcações de território. Em parte, essa demarcação se expressa na produção discursivo-linguística dos atores que compõem esse campo. Utilizando o conceito de campo de Bourdieu (2003), pode-se dizer que tal produção demarca posições, as quais se associam a formas de distribuição assimétrica de poder, de acesso a capital – simbólico, material etc. Dentro de um campo, pode-se identificar a existência de diversas regras, procedimentos. Ou, dizendo como Wittgenstein (2005), diversos jogos de linguagem com suas respectivas formas de vida.

Um dicionário também nos permite acessar a matéria-prima central da articulação linguística de um campo científico, a saber, seus conceitos. Um conceito é mais do que meramente uma palavra ou tema. Ele consiste de uma espécie de "nó" da linguagem, um ponto de adensamento em que podemos apreender o modo como seu autor concebe a realidade e as formas de ter acesso a ela e transformá-la. O conjunto de conceitos de uma área se apresenta como um repertório de que dispõem seus membros para constituírem e reproduzirem suas respectivas comunidades linguísticas (Khun, 1970). Dentro delas há um compartilhamento relativamente homogêneo de premissas, refletindo-se nos conceitos por eles utilizados.

Não é à toa que, quando participamos de um determinado congresso organizado por um determinado grupo, escutamos certos termos ou conceitos. Organizados num discurso, revelam características próprias que os diferenciam de outros conceitos e seus discursos realizados por outros grupos, em outros congressos, eventos, livros etc. Em termos políticos e institucionais, tais discursos são hierarquizados socialmente, o que se reflete no maior ou menor sucesso de cada um em relação às fontes de recursos disponíveis e aos grupos sociais de influência. Conceitos são as unidades básicas do discurso científico.

Quando captamos o modo como se ordenam nesses discursos, podemos dizer que captamos a estrutura semântica de um campo, seu "paradigma". Tal estrutura consiste dos ordenamentos conceituais em teorias, sistemas, algumas vezes em escolas e autores-chaves.

Neste dicionário, e compreendendo a ampla diversidade do campo (em termos de prática, ensino e pesquisa), nosso objetivo foi retratar alguns conceitos que não necessariamente compusessem uma única teoria ou escola ou prática. Além disso, deveriam refletir aquele mosaico de distintas perspectivas. Obviamente, isso traz a necessidade da escolha, e, como em toda escolha, pessoas e coisas podem ser deixadas de fora. Portanto, trata-se de uma diversidade limitada. Nossa expectativa é de que este dicionário reflita uma parcela da produção brasileira em PT&O. Não exatamente a produção que se apresenta no formato de artigos com relatos de pesquisa empírica, quando seu conteúdo se espera menos perene.

Portanto, o leitor não encontrará aqui um dicionário que reflita um único ordenamento de conceitos articulados em torno de uma lógica teórica ou metodológica (por exemplo, um dicionário de psicodinâmica do trabalho, ou de psicologia junguiana, ou de história da psicologia). Encontrará um caleidoscópio de conceitos, cada um deles remetendo às suas respectivas redes teóricas de articulação, a distintas demandas da prática, do ensino e da pesquisa. Optamos por selecionar os conceitos/verbetes em função de alguns eixos que priorizam ordenamentos mais gerais do campo (novamente: em termos de prática, ensino e pesquisa). Apesar de genéricos, refletem um ponto de vista, um projeto, uma perspectiva sobre o que entendemos pelo campo da PT&O em nosso país e que se refletiu na organização deste dicionário. Polissemia é, de certo modo, a vocação de um dicionário, e deste em particular. Ele, assim, retrata alguns marcos do fazer linguístico da PT&O.

Pensamos que este não é um dicionário para um público-alvo exclusivo. Ele foi pensado para servir de ponto de diálogo para o maior número possível de "comunidades linguísticas" que compõem hoje o campo constituído pela interface entre psicologia, trabalho, organizações e sociedade. Uma vez que nossa opção foi por verbetes-conceitos, esperamos que haja uma perenidade maior. Isso poderá facilitar a socialização de novos estudantes e de profissionais advindos de outros campos, interessados na polissemia de nosso campo de saber e de práticas. Cabe ao leitor a escolha por uma combinação ou outra de verbetes-conceitos para orientar seus estudos, sua atuação profissional e seu falar proficiente. Ou simplesmente entender as questões envolvidas nesses conceitos e, portanto, compreender melhor seus colegas de trabalho e nossos estudantes em estágio.

Na sequência, apresentamos, em linhas gerais, os fundamentos que orientaram a elaboração deste dicionário. Primeiro, em termos dos fundamentos linguísticos envolvidos na produção de dicionários. Depois, em termos da escolha e montagem dos verbetes. Por último, em termos da microestrutura dos verbetes. Esse é um aspecto decisivo deste empreendimento, pois é nesse nível da obra que melhor se refletem seus pressupostos e seu alcance.

Fundamentos linguísticos dos dicionários

A lexicografia é o ramo científico encarregado de construir dicionários gerais. Já a construção de dicionários especializados, como este de PT&O, fica a cargo da terminologia. Essas disciplinas compartilham alguns pressupostos fundamentais. O primeiro deles é o conceito de linguagem e sua relação com a ciência. Em termos lexicográficos, a linguagem é composta por cinco níveis fundamentais, sendo eles: o nível fonológico (onde o *fonema* é a unidade tratada); outro morfológico (a unidade sendo o *morfema*); outro lexical (a unidade tratada é o *lexema*); o quarto é o nível sintático (a unidade analisada neste caso é a *sentença*); e, por último, em quinto, o nível discursivo (onde a unidade é o *texto*). A estrutura de um dicionário dependerá da escolha ou combinação desses vários níveis em que se pretende abordar a linguagem.

Cada situação comunicativa determina a construção e o uso de uma forma de discurso em particular. Adicionalmente, o discurso pode se materializar de várias maneiras, embora, neste caso (no da lexicografia), ele se faça especialmente em um texto. Mas este último não é apenas uma unidade linguística, senão um modo de expressão cultural e científica que permite às pessoas se comunicar. Assim, um texto é uma unidade linguística complexa que se conforma às regras de combinação de cada sistema de linguagem (Cabré, 1999). Textos são também unidades *pragmáticas* complexas, não apenas conceituais (semânticas). Nesse sentido, são moldados pelo uso e também informam os usos possíveis da linguagem em questão.

Para compreendermos melhor as características de dicionários gerais e especializados e as suas diferenças, precisamos entender a distinção correspondente entre linguagem geral (GL, na sigla em inglês) e linguagem específica – ou, como a denominam os lexicógrafos, *linguagens especiais*, ou linguagem para propósitos específicos (LSP na sigla em inglês). Uma linguagem consiste em subcódigos que os falantes usam de acordo com suas experiências e necessidades e também de acordo com a natureza da situação comunicativa ou comunidade linguística. Contudo, todas as linguagens possuem um conjunto de unidades conhecidas por todos os falantes. Portanto, o conjunto de regras, unidades e restrições que formam parte do conhecimento da maioria desses falantes constitui a linguagem geral ou comum.

Em contrapartida, fala-se de linguagem especial ou especializada para se referir a um conjunto de subcódigos partilhados apenas por uma fração dos falantes. Neste caso, dependem de campos específicos, nos quais as unidades ganham sentido comparativamente a outras unidades, interlocutores, propósitos, situações, tipos de relações e trocas esperadas, e assim por diante.

Um campo científico, nessa perspectiva, possuiria, ao mesmo tempo, um subconjunto de códigos próprios e particulares e outro subconjunto de códigos interdisciplinarmente partilhados com outros campos, mas igualmente herméticos à comunidade linguística em geral (por exemplo, a comunidade dos falantes de português). Possuiria ainda um subconjunto partilhado com a linguagem em geral. Pense-se no caso da PT&O: a palavra "competência" possui um significado particular ao campo, só encontrado nele, mas também pode ser interpretada por um leigo (falante de português) de acordo com seu próprio repertório e situação comunicativa. Porém, o domínio do sentido *stricto* da palavra, melhor dizendo, do *conceito*, é o que muitas vezes separa um leigo de um profissional de PT&O, por exemplo.

A comunicação dentro das SL [*Special Languages*] ocorre frequentemente em termos formais e apresenta conteúdos pragmáticos (como usar, exemplos etc.). Sua natureza é sobretudo de ordem semântica (significado), em vez de meramente fonológica ou gramatical (isto é, dependentes de outras unidades da GL). Seus conteúdos são codificados segundo as regras relativas à formação de determinado campo. Esta última característica é fundamental, tendo em vista que a SL reflete a estrutura conceitual, a visão de mundo, as regras gerais dos jogos de linguagem de um determinado campo. Assim, as SL podem ser definidas, primeiro, conforme o campo em questão; segundo, de acordo com o tipo de usuário; e, terceiro, segundo o tipo de situação em que ocorre a comunicação e seu propósito pragmático (Cabré, 1999).

Em sendo um dicionário de uma SL, sua concentração e seu foco são colocados sobre o nível discursivo da linguagem, ou seja, o nível semântico e pragmático. Em termos técnicos, isso significa que se trata de um dicionário *onomasiológico*, isto é, ele é construído partindo-se do conceito para o termo (Cabré, 1999; Bowker, 2003; Marin & Vliet, 2003; Sager, 1990). Em contrapartida, um dicionário é dito *semasiológico* quando vai da *palavra* ao conceito (por exemplo, um dicionário de língua).

Nesses casos, quando o método é o onomasiológico, o conceito é identificado mediante uma *definição* – portanto, com base no significado. Assim, primeiro são estabelecidos/identificados os conceitos que compõem um campo – vamos chamar de estrutura conceitual do campo. Esses conceitos são organizados lógica e ontologicamente – ou seja, considerando-se o modo como o campo, por meio de sua estrutura linguística ou discursiva, organiza objetos. Logo, como organiza a realidade, com os termos a ela relacionados e que os dispõe na estrutura comunicacional deste campo. Depois de identificados os conceitos, o próximo passo é atribuir uma designação ao conceito, e essa designação consiste no *termo* que os especialistas geralmente utilizam para se referir a esse conceito (Cabré, 1999). Esse foi o procedimento adotado neste dicionário de PT&O.

O contexto da escolha dos verbetes: a diversidade do campo da PT&O

De que maneira a diversidade temática e conceitual do campo da PT&O foi refletida na escolha dos verbetes deste dicionário? Nesta seção, discutimos a referida diversidade levando em conta três domínios: o da prática, o do ensino e o da pesquisa. Em termos ideais, a expectativa é de que demandas da prática (emergentes nos contextos de trabalho) influenciem o ensino e a pesquisa – a qual, por sua vez, leva à produção científica. Contudo, factualmente, nem sempre essa expectativa é realizada. Basta lembrar as diversas críticas quanto ao "produtivismo vazio" que assistimos hoje na ciência brasileira, em particular nas humanas.

É preciso, para que exista uma coerência interna mínima no campo (ontológica, epistemológica e metodológica), que seus conceitos estejam alimentando, ao mesmo tempo, a prática, o ensino e a pesquisa, e sendo retroativamente alimentados por esses três processos. Não temos, nos limites desta introdução, como assegurar que os verbetes cumpram esse papel, uma vez que, como já mencionado, eles não pertencem a um único nicho ou comunidade linguística do diversificado campo da PT&O. Contudo, baseados em nossa expectativa, e em levantamentos recentes, mostramos, nos parágrafos a seguir, como o ensino, a pesquisa e a prática permeiam a escolha e a estrutura deste dicionário.

A maioria dos profissionais que atua em PT&O o faz em empresas privadas, escritórios e órgãos públicos como assalariados. Os demais a combinam, principalmente, com clínica e docência, embora sejam em número bastante reduzido, quando comparados com outros. Predominam os que só têm a titulação no nível de graduação, seguidos pelos que fizeram especialização. Adotam uma diversidade de abordagens teóricas, principalmente fundamentadas na psicanálise e na cognitivo-comportamental, que são muito frequentemente combinadas. A maioria trabalha em equipes multidisciplinares (Bastos & Gondim, 2010).

A escolha e a redação dos verbetes precisaram levar em conta a diversidade de abordagens e as disciplinas que mais frequentemente estão presentes nessas equipes. As atividades passam principalmente pela aplicação de testes psicológicos e as atuações incluem, com frequência, a avaliação de desempenho, o diagnóstico e a consultoria interna ou externa. Em seguida, aparecem o psicodiagnóstico, a gestão, a análise de função e de trabalho e o recrutamento e seleção. Desse modo, os verbetes precisaram cobrir temas interdisciplinares e, evidentemente, relacionados à gestão de pessoas e comportamentos micro e macro-organizacionais. Apesar de aquela atuação, ainda segundo o diagnóstico de Bastos e Gondim (2010), ser predominantemente voltada para atividades tradicionais, julgamos que deveríamos igualmente incluir verbetes que representassem outros conceitos e práticas que compõem as atividades da psicologia nos mais variados contextos de trabalho.

Quem ensina PT&O o faz em cursos de psicologia, mas também em cursos de administração e em outros cursos, e com bastante frequência (Gondim, Bastos, Borges-Andrade & Peixoto, 2012). Esta era uma boa razão para que as escolhas dos verbetes e dos seus autores levassem em conta outras disciplinas, além da psicologia. Também foi preciso cobrir temas básicos da psicologia, para aqueles docentes com formação obtida fora da psicologia (administração, sociologia, saúde coletiva e educação, principalmente), o que é frequente em PT&O. Outra necessidade, considerando o trabalho em equipes multidisciplinares e a docência diversificada, era que existissem temas interdisciplinares e transversais. Esses docentes ensinam, principalmente, tópicos relacionados à saúde e qualidade de vida no trabalho, ao comportamento organizacional e ao treinamento e desenvolvimento. Esses tópicos são seguidos de história do trabalho, recrutamento e seleção, processos de trabalho, avaliação de desempenho e desenvolvimento organizacional e mudança, segundo os mesmos autores.

Além de os verbetes cobrirem os temas concernentes à gestão e aos comportamentos organizacionais, anteriormente citados, precisariam cobrir aspectos relativos à saúde, ao bem-estar e à psicologia do trabalho. As orientações teóricas desses docentes são ainda mais variadas que as dos profissionais. Incluem, além daquelas já citadas, a psicossociologia, a abordagem sócio-histórica e o humanismo, entre outras. Esta foi uma razão adicional para se escolher verbetes e autores que representassem tal diversidade. O desenvolvimento, nos seus estudantes, de competências para realizar pesquisas infelizmente não está entre as prioridades da maioria desses docentes, conforme demonstram Gondim, Bastos, Borges-Andrade e Peixoto (2012). Decidimos, portanto, incluir uma categoria de verbetes que pudesse despertar o interesse por esse desenvolvimento, o que admitimos ser nosso forte viés e a principal "marca" deste dicionário.

Há registro de quinze linhas de pesquisa em PT&O na pós-graduação estrito senso brasileira. Os temas mais presentes na definição dessas linhas são processos institucionais e fatores humanos no trabalho. Em seguida, aparecem saúde no trabalho, processos grupais, subjetividade e comportamento e cultura, de acordo com Gondim, Borges-Andrade e Bastos (2010). Os verbetes deste dicionário – especialmente os relativos às dimensões subjetivas e sociais do trabalho e não-trabalho, comportamentos micro e macro-organizacionais e trabalho, saúde e bem-estar – têm forte relação com os focos dessas linhas de pesquisa.

Nas publicações nacionais sobre gestão de pessoas, o objeto de estudo de maior destaque são os processos de treinamento, desenvolvimento e educação. No caso das publicações sobre comportamento organizacional, são os afetos no trabalho. Em seguida, destacadamente, emergem a aprendizagem no trabalho e resultante de treinamento e desenvolvimento, as interações sociais nas equipes e nas organizações, o bem-estar e a saúde no trabalho, a identidade e os significados do trabalho e de seus produtos e a cognição no trabalho. O terceiro grupo, ainda merecedor de menção em comportamento organizacional, inclui os contratos psicológicos, as atitudes frente a mudanças organizacionais, o desempenho produtivo, a cultura organizacional e as competências no trabalho e nas organizações (Borges-Andrade & Pagotto, 2010). Uma análise dos verbetes, nas diversas categorias deste dicionário, facilmente confirmará que eles representam uma parte substancial do que é publicado no Brasil, segundo esses autores.

É importante destacar, por último, que o conjunto dos verbetes escolhidos precisou levar em conta, algumas vezes, *discrepâncias* entre o conhecimento disponibilizado, o que é transmitido e o que é supostamente utilizado na prática. Além disso, sua escolha precisou antes passar pelo crivo do que corresponde à concepção de um conceito e o que não tem tal correspondência, já que nossa opção foi por privilegiar verbetes focados em conceitos. A mencionada discrepância mostra que a conexão entre conceitos e realidade depende mais do que de uma simples *aplicação* do conceito.

Essa conexão depende da articulação dos conceitos em uma rede, num discurso articulado (aqui usamos "discurso" no sentido de uma produção linguística estruturada e normatizada) com suas práticas correspondentes. Depende de seu posicionamento institucional e em grupos ou comunidades linguísticas dedicadas à análise, à pesquisa, ao ensino e às reflexões que emergem do contínuo esforço de construção de sentidos e formas de lidar com a realidade. Ou, ao menos, dedicadas com aquela parte do mundo empírico reconhecida como de interesse para os respectivos atores (pesquisadores, professores e profissionais). A discrepância pode ser, assim, um aspecto-chave para a compreensão do campo da PT&O (e de outros campos) e o modo como aí se constroem seus conceitos. É em torno dela que, a nosso ver, a discussão sobre "conciliação em vez da cisão" do campo deveria ser formulada e praticada no presente dicionário.

Os eixos estruturantes do dicionário

Um dicionário é dividido em dois níveis de estrutura: a macro e a microestrutura. A primeira diz respeito aos critérios de escolha e organização dos lemas – ou, popularmente, verbetes. Estes podem ser organizados de modo sistemático e temático, quando o procedimento consiste em estabelecer alguma relação semântica/conceitual entre eles. Já a microestrutura diz respeito ao modo como cada verbete é construído internamente.

Neste dicionário, como já enfatizamos, a maior parte são verbetes de conceitos, ou seja, de termos que têm um valor heurístico importante no material bibliográfico geral utilizado por estudantes e docentes, ou publicado por eles e por outros pesquisadores, ou presentes no discurso e, supostamente, na prática dos profissionais, desde que correspondam a conceitos. Estes, por sua vez, são elementos da linguagem científica que, para serem compreendidos, devem fazer referência à teoria (na qualidade de enquadre linguístico de base) da qual fazem parte. Portanto, os verbetes deste dicionário buscam refletir a estrutura teórica/conceitual em relação ao qual seu significado pode ser compreendido. Além disso, na medida do possível, no texto desses verbetes deve existir alguma menção ao seu uso na prática.

O exercício a seguir foi estruturado em sete eixos, em função dos quais foram criados os verbetes, embora estes sejam apresentados ao longo do dicionário em ordem alfabética. Eles refletem, em algum grau, o que é feito na prática e ensinado ou pesquisado na academia, procurando assim lidar com as discrepâncias existentes entre ciência, ensino e profissão, apontadas na seção anterior. A compreensão desses eixos nos parece fundamental para que o leitor visualize em qual parte da obra se inserem os verbetes.

1. *Comportamento macro-organizacional.* Os verbetes deste eixo dizem respeito a fenômenos de nível organizacional e societal, demandando integração de saberes de disciplinas distintas, além da PT&O. Tais saberes são importantes, como quadro de referências contextuais, tanto para a prática quando para o conhecimento científico produzido em PT&O. Este é outro eixo que faz ponte com as ciências da administração e com as ciências sociais.
2. *Comportamento micro-organizacional.* Neste eixo estão os verbetes que discutem temas dos níveis individual e grupal, suas ramificações nos processos de gestão das pessoas e do trabalho em contextos organizacionais/organizativos. Boa parte deles está fundamentada pela pesquisa internacional e nacional sobre PT&O, estando também presente em manuais frequentemente utilizados no ensino de graduação.
3. *Dimensões subjetivas e sociais do trabalho e não trabalho.* Este eixo reúne um conjunto de verbetes cuja classificação, considerando a complexidade e diversidade observada na área, não se dá nos termos dos outros eixos. Os verbetes/conceitos aglutinados neste eixo são amplamente utilizados no ensino, referenciado em publicações e nas linhas de pesquisa da pós-graduação. Os verbetes discutem, entre outros aspectos, as dimensões subjetivas do trabalho, a relação sujeito-trabalho nos mais variados contextos, incluindo o não trabalho e a informalidade. Discute-se, também, sociopolítica do trabalho e do não trabalho, entre outros temas de natureza psicossocial.
4. *Gestão de pessoas.* Aqui estão reunidos os verbetes cujo conteúdo aparentemente predomina na prática e faz interface com as ciências da administração. O propósito foi destacar verbetes fundamentais para a compreensão do processo de gestão de pessoas em organizações na atualidade. Os conceitos neles apresentados quase sempre têm ampla fundamentação na pesquisa internacional e, em alguns casos, na pesquisa nacional sobre PT&O.
5. *Pesquisa e intervenção.* O propósito deste eixo é apresentar grandes temas metodológicos, em PT&O. Por questão de escopo, optou-se por verbetes de médio a amplo grau de abrangência, no sentido de discutir posicionamentos metodológicos e não técnicas específicas. A essência deste eixo é situar e estimular o leitor sobre as grandes possibilidades de pesquisa e intervenção em PT&O, refletindo importante diversidade epistemológica. Com isso, poderia ser reduzido o aparente fosso, que foi anteriormente apontado, entre a prática e o ensino, de um lado, e a pesquisa, de outro.
6. *Temas básicos e transversais.* Os verbetes reunidos neste eixo têm o propósito de discutir temas amplos e comuns ao campo da PT&O. Esperava-se que os autores desses verbetes explorassem seu conteúdo de forma abrangente, com-

preensiva, buscando refletir, tanto quanto possível, as ramificações desses conceitos/verbetes em todo o campo da PT&O brasileira.

7. *Trabalho, saúde e bem-estar.* Este eixo busca reunir verbetes que passem em revista as principais frentes de pesquisa e intervenção presentes nesse domínio, o qual igualmente faz fronteira com outras disciplinas, além da psicologia, tais como as que compõem as ciências da saúde e sociais. Em particular, busca-se refletir, mais diretamente neste eixo, a diversidade temática e conceitual desse domínio no ensino e na pesquisa em nosso país. A grande maioria de seus conceitos dispõe de fundamentação na pesquisa internacional, além da pesquisa nacional.

A estrutura dos verbetes

A composição interna de verbetes, em lexicografia, consiste na microestrutura de um dicionário. Ela deve refletir o espírito geral, a vocação, escolhida para determinado dicionário. Este, como já apresentado na introdução, é um dicionário de conceitos. E nossa visão sobre conceitos é a de que eles constituem as unidades de análise fundamentais de qualquer discurso ou teoria científica.

Partilhamos também da ideia de que conceitos são dinâmicos, constroem-se ao longo de uma trajetória regrada por evidências empíricas, de elaborações feitas a partir de contribuições de outros autores, do exercício de produção de conhecimento. Por essa razão, optamos por uma abordagem holística dos conceitos, com sua apreciação histórica, suas várias definições/descrições, aplicações e autores, especialmente dando destaque às suas ramificações brasileiras. A Tabela 1 apresenta a estrutura interna de cada verbete. Ela foi enviada a cada autor no momento do convite para participar deste dicionário.

Tabela 1 Estrutura interna dos verbetes deste dicionário

COMPONENTE E SEQUÊNCIA DA ESTRUTURA	DETALHAMENTO
Abertura	Rápida contextualização do tema/conceito, sua importância, atualidade e pertinência.
Origem do conceito	Descrição dos principais fenômenos, acontecimentos, eventos, autores etc. que contribuíram para a emergência e delineamento do conceito. Apresentação de fatos históricos, sociais, econômicos etc. que podem ajudar a compreender o surgimento do conceito. Quando pertinente, a etiologia do conceito (o significado da palavra) e sua apropriação por determinados autores/escolas. Apresentação das influências intelectuais, de correntes de pensamento etc. que podem ajudar a delimitar a emergência do conceito.

continua

continuação

Definição	Apresentação do(s) significado(s) do conceito. Linguagem descritiva (por exemplo, apresentação das principais características do conceito). Variações na definição do conceito. Quando pertinente, comparação entre várias definições e discussão de seu porquê. Caracterização da "extensão" do conceito, isto é, dos predicados que são atribuídos ao conceito e que lhe dão sua forma (mesmo que dinâmica e "inacabada").
Utilização	Apresentação de exemplos que ilustrem a utilização do conceito em questão, seja ao nível da pesquisa, da teorização em PT&O como também dos "praticantes" (quando pertinente).
Principais autores	Destaque dos principais autores que contribuíram para o delineamento, disseminação e/ou popularização do conceito, no país e fora.
Apreciação crítica do conceito	Apresentação, quando pertinente, de visões alternativas ao conceito em questão, aproximando ou afastando-o de conceitos próximos ou similares. Pontos positivos, negativos, forças, fraquezas etc. do conceito, considerando o fenômeno ao qual ele se refere.
Implicações brasileiras	Discussão de que maneira o conceito está presente no campo PT&O ou administração (e afins) no Brasil.
Síntese	Fechamento do verbete, recuperando os aspectos essenciais abordados.
Referências básicas (ou fundamentais)	Lista de referências essenciais que permitam o aprofundamento das questões levantadas no verbete. Em alguns casos, apresentação de literatura básica, intermediária e também avançada.

Fonte: Elaboração dos autores.

A tabela anterior consistiu de uma referência, não necessariamente uma camisa de força. Seguindo essas instruções, cada autor de verbete foi livre para produzir seu texto conforme seu estilo. Ainda que nem todos os verbetes reflitam, fielmente, essa estrutura, buscamos assegurar que seu conteúdo estava minimamente representado em cada verbete. Reconhecemos que, ao demarcar territórios, deixamos nossa marca e, é claro, assumimos a responsabilidade por ela.

Da cacofonia à polissemia, e desta à diversidade

O campo da PT&O, quando são considerados em conjunto a prática, o ensino e a pesquisa, tem como característica uma uma grande dispersão linguística, avaliada pelos diversos temas e suas respectivas inscrições em teorias, abordagens e posturas ético-políticas. As lacunas existentes, já apontadas, precisam ser superadas. Ao mesmo tempo, reconhecemos a dificuldade e, em alguns casos, a impossibilidade de uma convergência linguística, o que, no limite, significaria que todos falamos e vemos a realidade da mesma forma. É preciso ficar claro que a dispersão linguística de que tratamos nesta introdução não é, *per si*, sinal de perigo ou de cisões. Antes, é sinal de que estão em ação distintos conceitos e suas respectivas articulações em discursos científicos e comunidades linguísticas e de práticas. É essa vitalidade que garante a sustentabilidade do campo da PT&O.

O ponto mais importante é não confundir o nível de institucionalização de certas posições, e seus discursos correspondentes, como sinal de que estamos diante de algo moral e cientificamente "melhor" se comparados aos outros. Tal grau de institucionalização depende de variáveis que extrapolam o campo científico em sentido estrito, isto é, a competência epistemológica do pesquisador/professor. Dizem respeito ao papel, ao valor e às finalidades do fazer do profissional de PT&O (pesquisador, professor ou "prático"), a um julgamento que depende de atores sociais mais amplos que não os acadêmicos. A ciência é uma prática social.

Essa conclusão, apesar de não ser inédita (vide as discussões em filosofia da ciência nas últimas décadas a respeito disso), é ainda subestimada no campo da PT&O. Em parte, de um lado nota-se inflação de um discurso sectário, com críticas por vezes panfletárias, ou então posturas profissionais francamente de senso-comum, "modistas", com uma exaltação "da prática" e do "resultado". De outro lado, por vezes encontramos uma discussão epistemológica vazia, entornada sob a pretensa superioridade de certos conceitos ou do purismo de certas perspectivas metodológicas, para as quais às vezes parece mais importante enquadrar a realidade em modelos axiomáticos e abstratos do que a transformar política e socialmente. Enquanto esses extremos não forem superados com uma reflexão mais madura, o campo, como um todo, pode sair enfraquecido. Levará, ao extremo (talvez não estejamos tão longe), a uma perigosa "cacofonia", como diria Bakhtin.

A consequência será a incompreensão recíproca, o encastelamento em torno de perspectivas discursivas/científicas herméticas e refratárias umas às outras. Uma disputa similar a Dom Quixote e seus moinhos de vento. Um sintoma da cacofonia é a invenção de adversários teóricos inexistentes. Ninguém efetivamente se comunica (há comunicação entre "comadres" e "compadres" que se isolam e utilizam a linguagem da confraria?). A cacofonia é algo muito distinto da *diversidade plural* defendida por aqueles que rejeitam a ilusão de uma ciência única, uma ciência superior, com acesso privilegiado à verdade. A diversidade polissêmica parte do princípio de que, se de um lado não é possível reduzir os conflitos e divergências que compõem o real (por exemplo, como por vezes ocorre na vida social, quando fazemos convergir "capital" e "trabalho", como se entre eles não houvesse conflitos profundos), de outro é possível construir pontes, ainda que provisórias, entre interlocutores com "vozes distintas". Tais pontes buscam fomentar algo novo a partir das diferenças, criativamente, com vistas a uma "transpessoalidade', ou seja, ao que nos supera individualmente e como grupo/seita. A transpessoalidade, no nosso caso, é o próprio campo da PT&O.

Cacofonia é uma Torre de Babel em que não há interlocutores, controvérsia saudável, apenas o eterno retorno do mesmo. Dos mesmos discursos, das mesmas frases nos mesmos congressos, dos mesmos ensaios nos mesmos periódicos, das mesmas técnicas de pesquisa e de intervenção. A cacofonia deve ser superada pela *polissemia*. Esta é a base da *diversidade*, a qual deve ser defendida no espaço público da ciência.

Superaremos o "narcisismo das pequenas diferenças"?

A diversidade aumentará a probabilidade do campo da PT&O de manter sua sustentabilidade, especialmente em tempos de crise no mundo do trabalho e das organizações. A diversidade precisa ser respeitada, e é isso que tentamos fazer ao escolher os verbetes e convidar uma ampla gama de especialistas para escrevê-los, embora, como já reconhecemos nesta introdução, tal diversidade tenha as marcas indeléveis da escolha, e, portanto, da parcialidade, até que se tenha um entendimento melhor.

Ficamos contentes com a acolhida que, em geral, tivemos dos autores aqui reunidos. Ficamos felizes em notar como esses autores estão interessados na abertura ao confronto que, inevitavelmente, deve se seguir à leitura e apreciação deste dicionário. Esperamos que essa convivência não se restrinja ao papel, a uma proximidade protocolar. E que ainda sirva de exemplo aos nossos estudantes e aos que julgaram que não poderiam conviver com as diferenças.

Esperamos que a diversidade aqui reunida mantenha vivo o debate, antes que seja tarde. Antes que naturalizemos expressões como esta: "não entendo o que você diz, não tenho interesse no que você diz, pois temos bases teóricas distintas, visões de mundo distintas e um compromisso ético-político distinto". Elas, desafortunadamente, parecem estar virando moda, contribuindo para um cinismo típico do que Freud certa vez chamou de "narcisismo das pequenas diferenças".

Em suma, que este dicionário promova a convivência combativa, mas possível, moderada, e não a dicotomização, a exclusão, o radicalismo, a desmedida. Talvez sejamos ingênuos, talvez devêssemos recrudescer nas posições confortáveis. Mas, aí, já não conviveríamos mais. Apesar das diferenças, é importante lembrar que, supostamente, todos miram a mesma coisa: a sociedade e sua transformação pelo trabalho. Será possível fazermos isso juntos, apesar das diferenças? Talvez da resposta a essa questão dependa a integridade e a sustentabilidade do "nosso" campo.

Referências

Bastos, A. V. B., & Gondim, S. M. G. (2010). *O trabalho do psicólogo no Brasil.* Porto Alegre: Artmed.

Bendassolli, P. F., & Soboll, L. A. P. (2010). *Clínicas do trabalho: novas perspectivas para a compreensão do trabalho na atualidade.* São Paulo: Atlas.

Bendassolli, P. F., & Soboll, L. A. P. (2014). *Métodos de pesquisa e intervenção em psicologia do trabalho: clínicas do trabalho*. São Paulo: Atlas.

Borges, L. de O., & Mourão, L. (2013). *O trabalho e as organizações: atuações a partir da psicologia*. Porto Alegre: Artmed.

Borges-Andrade, J. E., & Pagotto, C. P. (2010). O estado da arte da pesquisa brasileira em Psicologia do Trabalho e Organizacional. *Psicologia: Teoria e Pesquisa, 26* (n. esp.), 37-50.

Bourdieu, P. (2003). *O poder simbólico*. Rio de Janeiro: Bertrand.

Bowker, L. (2003). Specialized lexicography and specialized dictionaires. In P. van Sterkenburg (Ed.). *A practical guide to lexicography* (pp. 154-166). Philadelphia: John Benjamins.

Cabré, M. T. (1999). *Terminology: theory, methods and applications*. Philadelphia: John Benjamins.

Gondim, S. M. G., Bastos, A. V. B., Borges-Andrade, J. E., & Peixoto, A. A. (2012). A formação em PO&T na América Latina: o caso do Brasil. Anais Eletrônicos do *V Congresso Brasileiro de Psicologia do Trabalho e das Organizações*. Rio de Janeiro: SBPOT.

Gondim, S. M. G, Borges-Andrade, J. E., & Bastos, A. V. B. (2010). Psicologia do trabalho e das organizações: produção científica e desafios metodológicos. *Psicologia em Pesquisa* (*UFJF*), *4*(2), 84-99.

Goulart, I. B., & Sampaio, J. dos R. (2013). *Psicologia do trabalho e gestão de recursos humanos*. São Paulo: Casa do Psicólogo.

Khun, T. (1970). *The structure of sicentific revolutions*. Chicago: University of Chicago Press.

Marin, W., & Vliet, H. van der (2003). Design and production of terminological dictionaires. In P. van Sterkenburg (Ed.). *A practical guide to lexicography* (pp. 323-332). Philadelphia: John Benjamins.

Sager, J. C. (1990). *A practical course in terminology processing*. Philadelphia: John Benjamins.

Wittgenstein, L. (2005). *Investigações filosóficas*. Petrópolis: Vozes, 2005.

Zanelli, J. C., Bastos, A. V. B., & Borges-Andrade, J. (2004). *Psicologia, organizações e trabalho no Brasil* (2a.ed.). Porto Alegre: Artmed.

Aconselhamento psicológico no trabalho

Mauro de Oliveira Magalhães

O aconselhamento psicológico no trabalho pode ser definido, de maneira ampla, como a provisão de apoio e ajuda a trabalhadores que enfrentam situações difíceis em suas vidas, dentro ou fora do ambiente de trabalho, as quais, por sua vez, afetam suas atitudes, desempenho e bem-estar no papel de trabalhador. Essa conceituação ampla do foco e abrangência do aconselhamento psicológico no trabalho é o resultado das inúmeras transformações que o mundo do trabalho e suas organizações sofreram em pouco mais de um século. Portanto, o adequado entendimento desse conceito requer uma breve revisão do seu percurso histórico.

Origem e evolução do conceito

A origem dessa atividade profissional remonta às demandas da industrialização e urbanização dos Estados Unidos no início do século XX, dentre estas a adequada distribuição de uma crescente força de trabalho diante da maior especialização ocupacional e da consequente nova complexidade do mercado. Além disso, os avanços tecnológicos, o novo sistema de ensino, a elevação da escolaridade da população e as necessidades de imigrantes são outros fatores que exigiram serviços de preparação dos indivíduos para a nova realidade. Entre as questões práticas e urgentes da época destaca-se a demanda por tecnologias e serviços que auxiliassem jovens trabalhadores a fazerem escolhas educacionais e de carreira.

O século XX assistiu à contínua expansão e redefinição dos propósitos e do escopo da assistência psicológica em questões de trabalho e carreira. Inicialmente, esperava-se que o trabalhador fosse orientado sobre as tarefas e atribuições laborais mais adequadas às suas aptidões, de forma a inserir-se nas atividades de trabalho pertinentes. Neste contexto, a obra de Frank Parsons introduziu o conceito de *Vocational Guidance*, ou Orientação Vocacional, cujo objetivo era o diagnóstico de aptidões individuais e a definição de sua correspondência com demandas de postos de trabalho.

A seguir, a partir dos anos 1930, foram incorporadas nesse processo as dimensões sociais dos ambientes de trabalho, que se mostraram altamente influentes para a consecução de objetivos de qualidade e produtividade na organização. Explica-se: a descoberta da natureza social/interpessoal dos fatores motivacionais e do seu impacto significativo no desempenho ampliou os objetivos do diagnóstico psicológico ao incluir a avaliação das características pessoais que concorrem para o melhor desempenho dos indivíduos enquanto membros de equipes e coletivos de trabalho. A avaliação das aptidões pessoais perde sua centralidade e prioriza-se determinar se o indivíduo é suscetível de identificar-se e partilhar dos interesses e valores deste ou daquele grupo de trabalhadores. A avaliação dos interesses, da personalidade e a importância das aspirações e perspectivas subjetivas do trabalhador começam a adquirir visibilidade nas políticas e práticas organizacionais.

Nos anos 1940, surge a concepção de *counseling* (aconselhamento) no campo da psicologia aplicada e, logo, em atividades de aconselhamento no trabalho, em que a anterior ênfase no diagnóstico de aptidões e personalidade passa a incorporar um processo não diretivo de autoconhecimento e construção de escolhas e de novos comportamentos. A obra de Rogers (1942/1974), intitulada *Counseling and Psychotherapy*, foi um marco fundamental na introdução dessa modalidade de ajuda psicológica no cenário da época.

Também nos anos 1940, surgiram nos EUA os Programas de Alcoolismo Ocupacional, voltados, inicialmente, para a intervenção em problemas relacionados ao uso de álcool por trabalhadores; posteriormente, incorporando outras modalidades e finalidades de assistência, foram renomeados nos anos 1980 como Programas de Assistência aos Empregados (Employee Assistance Programs – EAP). Esses programas adquiriram popularidade internacional e permanecem diversificando suas atividades conforme as necessidades de empregadores e empregados.

Ao final da década de 1950, a expressão Qualidade de Vida no Trabalho (QVT) começa a ser utilizada. Inicialmente abordando as reações do indivíduo às experiências laborais, a QVT foi progressivamente agregando uma visão sistêmica das melhorias possíveis no ambiente de trabalho como um todo, sendo operacionalizada em programas de promoção da satisfação e produtividade laboral (Limongi-França, 2012).

Os anos 1950 também assistem ao surgimento dos conceitos desenvolvimentistas, nos quais se visualiza o papel de trabalhador entre os demais papéis vitais (pai/mãe, marido/esposa, cidadão etc.) e entende-se que a relação com o trabalho sofre inúmeras transformações e reposicionamentos ao longo da vida. Nessa perspectiva, a obra de Super (1957, 1980) revelou a importância da interdependência dos diversos papéis de vida para a relação indivíduo-trabalho. E, gradativamente, profissionais de gestão de pessoas e de serviços de assistência ao empregado passam a compreender a importância da relação dinâmica entre o indivíduo, o trabalho e outros papéis ao longo da vida. Dentro do aconselhamento psicológico no trabalho, essa temática tem sido denominada de equilíbrio vida-trabalho.

Nas últimas décadas observa-se a ascensão do *coaching*, um termo emprestado do contexto desportivo, no qual o *coach* é o técnico que ensina, orienta e monitora o desempenho do atleta. No contexto do aconselhamento individual relacionado ao trabalho/carreira, o profissional assim denominado *coach* auxilia seu cliente em processos de autoconhecimento, definição de metas e planos, desenvolvimento de habilidades sociais, e demais comportamentos relevantes para o alcance de metas pessoais e de carreira. O *coaching* surgiu no final do século XX em resposta às demandas que recaíram sobre os trabalhadores em um contexto de maior flexibilidade, transitoriedade e pulverização das relações de trabalho. O maior número de contratos temporários, a insegurança no emprego, a transformação constante dos requisitos de qualificação, entre outros aspectos, caracterizam esse cenário. O trabalhador tem sido chamado a assumir o planejamento e a gestão de sua vida/carreira de forma autônoma e desvinculada de estruturas e práticas organizacionais que não são mais capazes de assumir essas funções tal como fizeram no passado. O leitor interessado nessa modalidade de aconselhamento pode obter mais informações sobre o tema no verbete correspondente.

Por fim, salientam-se a partir dos anos 1980 os estudos sobre os efeitos estressores do trabalho e/ou ambiente organizacional sobre a qualidade de vida e o desempenho de trabalhadores. De modo geral, o estresse é definido como uma resposta física e psicológica prejudicial diante da inadequação ou incompatibilidade entre as demandas do trabalho e as capacidades, recursos ou necessidades do trabalhador. As pessoas variam em suas necessidades e capacidades assim como os ambientes de trabalho variam em suas demandas e incentivos. Portanto, destacam-se os estudos sobre a adequação pessoa-ambiente, cuja premissa teórica básica postula que a magnitude de estresse experienciado por um trabalhador é proporcional ao grau de inadequação entre o indivíduo e sua ocupação, sendo essa interação complexa, multicausal e bidirecional. Pesquisadores defendem que o bem-estar e o desempenho são afetados negativamente por excessos de desafios ou pela falta deles. Quando as demandas do ambiente excedem ou estão aquém dos recursos do indivíduo, este vivencia estados indesejáveis de tensão ou tédio. Quando os ambientes provêm e os indivíduos desejam atividades desafiadoras e significativas, obtém-se a situação ideal (Dawis & Lofquist, 1984; Dewe, O'Driscoll & Cooper, 2010).

Além disso, inúmeros outros fatores específicos e independentes da adequação pessoa-ambiente foram identificados como causas de estresse, entre eles: sobrecarga de trabalho, ambiguidade do papel de trabalho, isolamento social ou exigências excessivas de atenção interpessoal a clientes, falta de autonomia, dificuldades de relacionamento, assédio moral e *bullying* e a falta de oportunidades de desenvolvimento de carreira. Sendo assim, esses temas se tornaram objeto de atenção e intervenção em programas de assistência e aconselhamento psicológico no trabalho (Dewe, O'Driscoll & Cooper, 2010).

O estresse ocupacional e o bem-estar de empregados se tornaram objeto de preocupação de lideranças organizacionais na medida em que se acumularam evidências dos seus efeitos negativos sobre a qualidade e a produtividade organizacional, índices de acidentes e assiduidade no trabalho. Nesse sentido, desenvolveram-se programas, tecnologias e serviços de gestão do estresse, dentro e fora das organizações de trabalho.

Objetivos e benefícios

A revisão desse percurso histórico permite observar que a ampliação e a diversificação do escopo e dos objetivos do aconselhamento psicológico no trabalho ocorreram à medida que foram percebidos os diversos fatores e processos psicológicos com influência significativa na vida do trabalhador e no seu ambiente laboral/organizacional.

A provisão de serviços de aconselhamento se tornou um imperativo estratégico para o sucesso das organizações, incluindo o atendimento a valores de responsabilidade social com impacto na reputação de cada organização na sociedade como um todo. Deste modo, esses serviços constituem uma estratégia organizacional com diversos benefícios: diminuição de custos relacionados a *turnover*, *burnout*, absenteísmo e acidentes de trabalho; melhoria no desempenho dos empregados e consequente elevação de qualidade e produtividade; manejo de problemas comportamentais relacionados a mudanças organizacionais; e capacitação dos trabalhadores para lidar com crises e outras tensões da vida laboral.

Em termos dos benefícios ao trabalhador, o aconselhamento psicológico no trabalho é um serviço pago pela organização, de fácil acesso e confidencial, que tem se mostrado útil em diversas áreas: manejo de conflitos trabalho-família, equilíbrio vida-trabalho, preparação para mudanças e transições de carreira, resolução de dificuldades interpessoais, gestão do estresse, adequação da carga de trabalho e metas de desempenho, apoio em situações de luto e doenças, entre outras situações. Os estudos sobre a efetividade de serviços de aconselhamento concluem que existem evidências importantes do efeito benéfico significativo do aconselhamento psicológico no trabalho sobre o bem-estar de trabalhadores. As pesquisas informam que o aconselhamento está relacionado com a redução do absenteísmo por motivos de doença, atitudes de trabalho mais positivas, redução de acidentes e melhoria no desempenho. Também foi observado que 60% a 75% dos clientes relatam melhoria significativa em sintomas de ansiedade e depressão (McLeod, 2008).

Questões terminológicas e conceituais

É importante esclarecer que a tradução do termo *counseling* para a língua portuguesa como "aconselhamento" pode produzir vieses de entendimento, ao sugerir que esta é uma atividade na qual conselhos são oferecidos numa abordagem pedagógica dos problemas apresentados pelo trabalhador. Na verdade, trata-se de um relacionamento caracterizado pela aplicação profissional de teorias psicológicas e do reconhecido conjunto de habilidades comunicacionais e interpessoais que caracterizam as relações terapêuticas bem-sucedidas. A abordagem inicial do processo de *counseling* tende a ser a de facilitação ou não diretiva, na qual o cliente/trabalhador tem a oportunidade de explorar, descobrir e clarificar formas mais satisfatórias de vida. Na medida em que necessidades de mudança são esclarecidas e assumidas pelo trabalhador, uma abordagem ativa e orientada para a solução de problemas é a mais efetiva.

Os modelos de intervenção em aconselhamento psicológico no trabalho tendem a integrar os fundamentos humanistas da abordagem centrada na pessoa com a aplicação de técnicas cognitivo-comportamentais num enfoque ativo de resolução de problemas. A abordagem focada em problemas é estruturada em etapas: descrever e definir situações problemáticas, revisar as estratégias e estilos atuais de enfrentamento, explorar abordagens alternativas ao problema, praticar novos comportamentos e avaliar resultados. Neste sentido, é importante citar a necessária otimização do tempo disponível que, em média, é de seis a oito sessões.

Portanto, o aconselhamento psicológico no trabalho não lida com quadros psicopatológicos ou distúrbios inadequados à brevidade da intervenção; estes devem ser encaminhados ao tratamento pertinente. Assim, não possui o caráter estigmatizante que se observa em relações de ajuda oferecidas em contextos médicos ou psiquiátricos; e acredita-se que desperta menor defensividade por parte dos seus usuários potenciais.

Por outro lado, o grau de abertura da relação de aconselhamento para a intervenção sobre problemas clínicos não é algo claramente definido. Alguns autores caracterizam o aconselhamento psicológico no trabalho como uma intervenção de terapia psicológica breve e, neste sentido, a redução de sintomatologia clínica foi extensamente relatada por usuários (McLeod, 2008).

As competências críticas para este profissional incluem a capacidade de usar recursos pessoais e técnicos para uma avaliação ágil e objetiva de pessoas e suas situações peculiares, percebendo e trazendo à tona problemas subjacentes que não são explicitamente apresentados pelo trabalhador como a causa de queixas pessoais e/ou relacionadas ao trabalho. Outra característica distintiva deste profissional é o seu conhecimento e capacidade de perceber relações entre questões pessoais, do papel de trabalho e as características de uma organização específica. Ou seja, espera-se que seja capaz de compreender a influência dos diversos aspectos do ambiente de trabalho, bem como da cultura organizacional, sobre as necessidades psicológicas do trabalhador. Neste sentido, espera-se também que o profissional psicólogo esteja consciente dos conflitos potenciais entre as necessidades do seu cliente, da organização, do próprio processo de aconselhamento e de outras partes envolvidas. Os dilemas éticos e profissionais decorrentes são complexos e carecem de diretrizes consensuadas no campo. Portanto, embora a relação de ajuda seja o principal ingrediente desse serviço, o profissional precisa ter *expertise* sobre um conjunto de atividades relacionadas, tais como *coaching*, mediação de conflitos e também informações práticas (sobre temas jurídicos, por exemplo) para que possa lidar com as mais diversas situações de forma adequada e efetiva.

A Associação de Profissionais de Assistência a Empregados (Employee Assistance Professionals Association – EAPA), a maior organização internacional da área, define a Assistência a Empregados como o oferecimento de tecnologias para o melhoramento da efetividade de trabalhadores e do ambiente de trabalho por meio da prevenção, identificação e resolução de questões pessoais e de desempenho (EAPA, 2010). Acrescenta-se que o aconselhamento psicológico pode assumir um escopo mais sistêmico e incluir a disseminação no ambiente organizacional de conceitos e práticas relacionados à compreensão e manejo adequados de dificuldades socioemocionais no ambiente de trabalho. Neste sentido, a articulação com os sistemas de recursos humanos e suas interfaces estratégicas na organização é citada como uma meta desejável para a institucionalização dessas intervenções.

Esses programas estão bastante disseminados na Europa e na América do Norte. Alguns serviços podem ser oferecidos por profissionais internos da organização; no entanto, a tendência predominante tem sido a contratação de provedores externos. Esses provedores são organizações especializadas em "Programas de Assistência ao Empregado".

O aconselhamento psicológico no trabalho no Brasil

No Brasil, não se observa qualquer tradição de implantação de programas estruturados de assistência ao empregado, internos ou externos à organização, nos quais o aconselhamento psicológico esteja presente. As intervenções relacionadas às questões pessoais, de bem-estar psicológico e de carreira do empregado tendem a ser pontuais e aplicadas somente em situações críticas, em geral, com a utilização de profissionais externos.

Por outro lado, no cenário brasileiro observam-se os denominados programas de saúde e bem-estar no trabalho que incluem campanhas de prevenção ao tabagismo, alcoolismo, de combate ao sedentarismo (algumas empresas oferecem a denominada ginástica laboral), educação nutricional, além da oferta de exames físicos e laboratoriais, entre outras modalidades de assistência voltadas para a saúde física do trabalhador. Programas de administração do estresse por meio de técnicas de relaxamento e meditação também são frequentes.

Portanto, constata-se que esse campo de atuação tem sido pouco aproveitado por psicólogos brasileiros. As causas dessa lacuna podem ser diversas, tais como o desconhecimento, a carência de formação profissional em aconselhamento psicológico e a dificuldade para convencer lideranças organizacionais sobre o retorno do investimento a ser realizado em programas de aconselhamento psicológico no trabalho.

O processo de aconselhamento psicológico no trabalho

O processo de aconselhamento psicológico no trabalho parte de um conjunto de premissas a serem estabelecidas no contexto das políticas de uma determinada organização. É necessário que o serviço de aconselhamento seja estruturado e conduzido com a devida clareza sobre os papéis e relacionamentos a serem estabelecidos entre trabalhadores/clientes, profissionais do aconselhamento e demais instâncias organizacionais. Esse serviço deve ser divulgado de forma clara e objetiva na comunidade organizacional, com uma definição precisa das suas características, métodos e finalidades. Entre as questões fundamentais a serem definidas estão os critérios e regras para a confidencialidade de informações.

A busca do aconselhamento psicológico no trabalho pode resultar da consciência pessoal do trabalhador sobre essa necessidade ou pode decorrer do encaminhamento realizado por gestores/supervisores. Estes últimos devem seguir as orientações institucionais sobre esse tipo de encaminhamento e obter assessoria técnica quanto a esse procedimento, sabendo-se que pode ser fonte de tensões interpessoais importantes quando o trabalhador é surpreendido com a abordagem do tema.

A Figura 1 apresenta um fluxograma genérico do processo de aconselhamento psicológico no trabalho. O primeiro contato entre psicólogo e trabalhador é fundamental para o estabelecimento neste último dos sentimentos de confiança e segurança necessários à plena exploração e clarificação da situação que motiva a busca pelo serviço de aconselhamento. O profissional do aconselhamento deve ser capaz de gerar essas condições interpessoais por meio de suas habilidades de empatia, congruência e consideração positiva da experiência do trabalhador (Rogers, 1942/1974). A seguir, desenvolve-se o processo de avaliação inicial, que pode incluir o uso de instrumentos psicológicos, entrevistas, informações do histórico laboral, a caracterização de fatores contextuais internos e externos à organização, e dos aspectos específicos da vivência do papel de trabalho.

O profissional do aconselhamento deve ser capaz de caracterizar suficientemente a problemática que traz o cliente até o serviço e avaliar os recursos que este possui (pessoais, apoio social, financeiros etc.) para enfrentá-la. Essa descrição, denominada formulação do problema, deve ser compartilhada com o cliente, e a entrevista deve ser conduzida de modo a ratificá-la ou reformulá-la. A seguir, é fundamental a participação ativa do trabalhador/cliente na definição dos objetivos e métodos pertinentes às mudanças na situação insatisfatória em que se encontra. Essa participação facilita sua aderência às providências a serem tomadas. Nesse momento é definido se permanecerá em atendimento e/ou acompanhamento com o profissional interno à organização ou se será encaminhado a serviços externos adequados às características de sua problemática. Quando pertinente, o uso de serviços externos pode ocorrer aliado ao aconselhamento no local de trabalho.

O planejamento do aconselhamento psicológico propriamente dito deve levar em consideração as limitações de tempo, número de sessões e periodicidade definidas pela organização. Em todos os casos é fundamental a definição de uma hierarquia de prioridades para o trabalho, na qual um plano de ação é delineado para a resolução de questões específicas.

As intervenções e recursos a serem utilizados podem ser de naturezas diversas. Quando se mostram necessários aportes da psiquiatria e outros tratamentos específicos (alcoolismo, por exemplo), esses serviços geralmente são externos à organização. O aconselhamento psicológico, interno ou externo à organização, tende a utilizar metodologias da psicoterapia breve, do *coaching*, da orientação profissional e de carreira, técnicas para manejo do estresse, treinamento de habilidades sociais, entre outros recursos, além das atividades práticas a serem realizadas pelo próprio trabalhador.

Considerando que o trabalhador tem a sua vida cotidiana inserida no ambiente da organização, o monitoramento dos resultados das intervenções pode ser realizado com maior facilidade e precisão. Além do depoimdo próprio trabalhador em entrevistas de acompanhamento posterior, o uso de técnicas de *feedback* 360 graus pode ser útil em alguns casos.

Figura 1 Fluxograma do processo de aconselhamento psicológico no trabalho

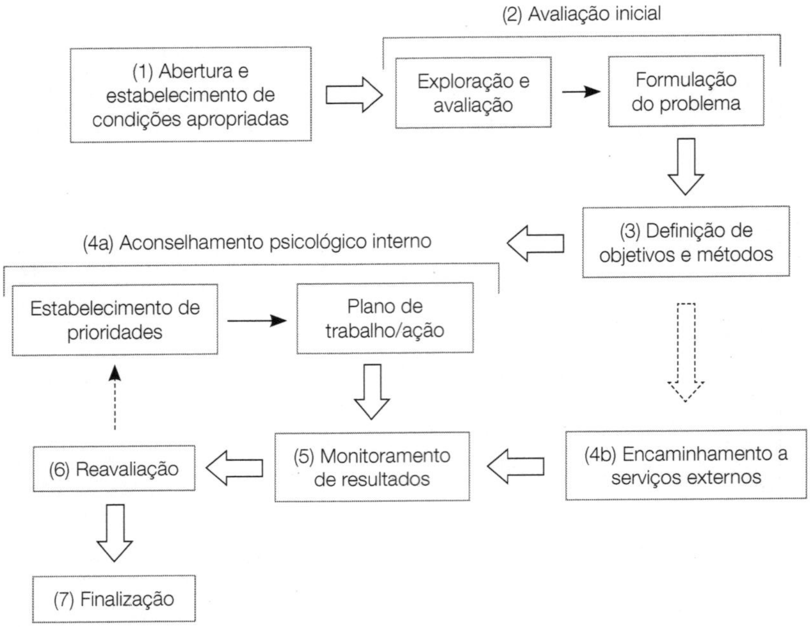

Fonte: Elaboração do autor.

Considerações finais

A maioria dos trabalhadores se encontra pressionada por metas de desempenho num contexto de exigências crescentes de qualificação e de escassez de recursos. Inserir o trabalho em uma vida pessoal e familiar satisfatória se tornou um desafio de elevada complexidade. O aconselhamento psicológico no trabalho tem por objetivo ajudar esses indivíduos a construir um estilo de vida no qual o papel laboral possa ser exercido de modo a satisfazer valores de bem-estar e desempenho. Os trabalhadores procuram o serviço voluntariamente e são atendidos de modo privado e confidencial, a fim de investigar dificuldades de vida/trabalho, clarificar necessidades, revisar crenças e explorar possibilidades de mudança, de modo a escolher e desenvolver novos comportamentos ou linhas de conduta direcionadas ao aprimoramento contínuo das experiências de vida/trabalho. A relação de aconselhamento deve ter as reconhecidas qualidades de confiança e empatia como base para a promoção da abertura à mudança no cliente, e progredir por meio de um enfoque ativo de resolução de problemas.

Referências

Carroll, M., & Walton, M. (1999). *Handbook of Counselling in Organizations.* London: Sage.

Coles, A. (2003). *Counselling in the workplace.* Berkshire: Open University Press.

Dawis, R. V., & Lofquist, L. H. (1984). *A psychological theory of work adjustment.* Minneapolis: University of Minnesota Press.

Dewe, P., O'Driscoll, M., & Cooper, C. L. (2010). *Coping with work stress: A review and critique.* Chichester: Wiley-Blackwell.

Employee Assistance Professionals Association (EAPA) (2010). *What is an employee assistance program (EAP)?* Arlington, VA: EAPA.

Limongi-França, A. C. (2012). *Qualidade de Vida no Trabalho – QVT: Conceitos e práticas nas empresas da sociedade pós-industrial* (2. ed.). São Paulo: Atlas.

McLeod, J. (2008). *Counselling in the workplace: A comprehensive review of the research evidence* (2nd ed.). Lutterworth: BACP.

Rogers, C. (1974). *Psicoterapia e consulta psicológica.* Lisboa: Moraes Editores. (Obra original publicada em 1942).

Super, D. E. (1957). *The psychology of careers.* New York: Harper and Bros.

Super, D. E. (1980). A life-span, life-space approach to career development. *Journal of Vocational Behavior, 13*, 282-298.

Adição ao trabalho

Mary Sandra Carlotto

O trabalho é um valor positivo na atual sociedade, no entanto, quando torna-se excessivamente valorizado, pode gerar consequências negativas, sendo a adição ao trabalho uma delas (Del Líbano, Llorens, Salanova & Schaufeli, 2010). A adição ao trabalho tem recebido, há algum tempo, a atenção da comunidade científica (Ayesha & Tasnuva, 2013), no entanto, no campo da gestão dos recursos humanos é considerado um tema novo (Ahmadi & Asl, 2013). Organizações e gestores recentemente têm demonstrado preocupação na administração dos problemas de saúde e produtividade apresentados pelos adictos no trabalho (Ayesha & Tasnuva, 2013).

Origem e definição do conceito

A adição ao trabalho ou *workaholism*, expressão americana que tem origem na palavra *alcoholic* (alcoólatra), foi utilizada para designar o vício em trabalho (Salanova, Del Líbano, Llorens, Schaufeli & Fidalgo, 2008). Oates (1971), professor americano de religião, foi o primeiro autor que utilizou o termo *workaholism*, em seu livro *Confessions of a workaholic: The facts about work addiction*, para referir-se a um tipo de comportamento, que observava em sua própria conduta, e a percebia como semelhante à conduta do alcoólatra, devido ao seu caráter compulsivo e fora de controle, que poderia o levar ao deterioramento das suas relações pessoais e de seu funcionamento social, além de lhe acarretar problemas de saúde.

A adição ao trabalho é, de acordo com Killinger (1991), um processo no qual, gradualmente, a pessoa vai perdendo sua estabilidade emocional e o controle sobre o trabalho em uma tentativa compulsiva de obter êxito constante. Cherrington (1980) complementa destacando o caráter irracional do trabalho excessivo, pois a pessoa se torna incapaz de encontrar outras formas de ocupação além da sua atividade laboral. Para Schaufeli, Taris e Bakker (2006), é uma forma rígida de trabalhar na qual combina-se excesso e compulsão, caracterizada pela dedicação de uma grande parte do tempo ao exercício profissional, com consequências negativas para a vida familiar, social e de lazer. Aziz e Zickar (2006) a descrevem como uma síndrome em que as pessoas apresentam alto nível de envolvimento e baixo nível de prazer com o trabalho, menor satisfação de vida e maior desequilíbrio entre vida profissional e familiar. Segundo Salanova *et al.* (2008), é um dano psicossocial caracterizado pelo trabalho excessivo devido a uma irresistível necessidade ou impulso de trabalhar constantemente. Moreno-Jiménez, Gálvez, Herrer,

Garrosa-Hernández e Rodríguez-Carvajal (2005) pontuam que, nas diversas definições encontradas, sempre estão contempladas a conduta dedicada, seu caráter compulsivo e a baixa capacidade de usufruir do trabalho e dos resultados obtidos com ele. Ocorre a presença de envolvimento progressivo, excessivo e desadaptativo diante do trabalho, com clara perda de limites, com ações voltadas mais para uma necessidade pessoal do que organizacional.

Considerando suas definições, torna-se importante observar alguns aspectos diferenciais na avaliação da adição ao trabalho. As pessoas podem trabalhar muitas horas devido a problemas financeiros, pobre relacionamento conjugal ou familiar, forte intenção de ascender profissionalmente, sem que sejam adictos ao trabalho. O que diferencia os adictos é o desejo obsessivo, com evidente falta de controle sobre o trabalho e as horas dedicadas a ele (Schaufeli, Taris & Bakker, 2006), a motivação psicológica e o significado conferido ao trabalho (Griffiths, 2011). Nesse sentido, não se trata de trabalhar muito, mas de trabalhar além do solicitado, estendendo parte das atividades para os contextos extralaborais (Salanova *et al.*, 2008). Os trabalhadores dependentes do trabalho fazem projetos simples ficarem mais complicados do que o necessário. Trabalham mais tempo e mais arduamente do que os outros, não porque os seus empregos os obrigam a fazê-lo, mas porque eles tendem a criar, para si mesmos, altas exigências com seu trabalho (Schaufeli, Taris & Bakker, 2006).

Formas de identificação/diagnóstico

A adição ao trabalho tem sido relacionada a diversos fatores (Andreassen, Hetland & Le Pallesen, 2010) que conduzem a um possível perfil de risco que inclui aspectos biológicos e/ou predisposição genética, psicológicos (fatores de personalidade, motivações inconscientes, atitudes, expectativas, crenças), a natureza da atividade, o ambiente social (características situacionais) (Griffiths, 1999) e o contexto econômico (Kanai & Wakabayashi, 2004). Atualmente, há um entendimento de que a adição ao trabalho resulta da interação desses fatores, ultrapassando suas abordagens iniciais vinculadas a fatores biopsicossociais (Griffiths, 2011).

Salanova *et al.* (2008) referem algumas características que podem definir o portador de adição ao trabalho: 1) alta centralidade e significado atribuído ao trabalho (o trabalho é o mais importante em sua vida, sobrepondo-se a família, amigos e tempo livre); 2) alta vitalidade e competitividade (pessoas altamente energéticas, motivadas e, frequentemente, movidas pela competitividade); 3) hábitos de trabalho excedem o prescrito (trabalham muito além do solicitado e necessário; apresentam bom rendimento a curto prazo, mas suas altas expectativas com respeito a si mesmo conduzem a metas cada vez mais difíceis, não raras vezes, inalcançáveis, que origina uma sensação de fracasso constante); 4) controle (necessidade de controlar as tarefas e pessoas o tempo todo; possuem dificuldade em delegar e dividir atribuições); 5) comunicação interpessoal precária (foco na realização da sua tarefa, e não na relação com os demais; esse comportamento conduz à quase incapacidade para comunicar-se e trabalhar em equipe); 6) autovalorização (vinculada estritamente aos resultados do seu desempenho; a autoestima apresenta-se fortemente relacionada ao sucesso profissional); 7) problemas de saúde (elevados níveis de estresse e de problemas psicossomáticos); 8) presentismo laboral (presença no trabalho mesmo encontrando-se doente ou com atestado médico); e 9) problemas extralaborais (comprometimento das relações sociais e familiares).

O comportamento do adicto em trabalho é socialmente aceitável (Griffiths, 2011), sendo que algumas culturas corporativas estimulam e privilegiam as condutas que ultrapassam o contrato funcional de trabalho, os horários oficiais estabelecidos, sem preocupar-se com os efeitos dessa conduta no âmbito pessoal e familiar (Moreno-Jiménez *et al.*, 2005). As principais demandas que podem ser aditivas são a sobrecarga de trabalho, a pressão do tempo e metas nas quais o sujeito avalia como muito difíceis de atingir. O trabalhador passa a trabalhar mais (sobrecarga quantitativa), aceitando um número excessivo de demandas em relação às suas competências, conhecimentos e habilidades (sobrecarga qualitativa). As pressões internas e externas se somam, criando as condições para o desenvolvimento da adição ao trabalho (Salanova *et al.*, 2008). Uma organização que aceita e estimula esses comportamentos em seus trabalhadores acredita erroneamente que somente obterá benefícios. Essa crença, no entanto, não reconhece que a médio e longo prazo está desenvolvendo comportamentos individualistas com pensamentos rígidos, pouca capacidade de interação e funcionamento como membro de uma equipe, resultando em decisões ineficazes e dificuldade em atingir objetivos organizacionais (Porter, 1996).

Da perspectiva do trabalhador, há, atualmente, um sentimento heroico em ter mais de um emprego para o sustento da família ou para proporcionar o padrão de vida desejável na atual sociedade de consumo (Killinger, 1991). Este, quando estabelece uma relação clara entre as horas trabalhadas e os benefícios obtidos, geralmente adota uma posição economicamente racional, ou seja, manter seu ritmo e dedicação ao trabalho (Moreno-Jiménez *et al.*, 2005). Hoje, na pós-modernidade, representa inclusão social. O sucesso alcançado por meio dele representa um estilo de vida diferenciado, considerado como uma característica de personalidade, pela qual os sujeitos passaram a ser avaliados em temos de inserção social (Appel-Silva & Biehl, 2006). Seu foco é a eficácia e os resultados dele, não tendo importância a maneira como venham a ser alcançados e o quanto invade outros domínios da vida do trabalhador. A exigência da apropriação dos objetivos empresariais exige alta dedicação ao trabalho, apego emocional e envolvimento pessoal pelos sujeitos (Antunes, 2000).

Seu processo de desenvolvimento é lento e progressivo e tende a se agravar com o passar do tempo (Piotrowski & Vodanovich, 2006), evidenciando a relação com o menor tempo de trabalho na mesma organização (Carlotto, 2011). No seu estágio inicial, os comportamentos emergem de uma combinação de traços de personalidade e dificuldade em equilibrar trabalho com papéis sociais, sendo que os estressores internos e externos não costumam interferir com o funcionamento diário. No entanto, à medida que o tempo avança, a combinação dos aspectos individuais, sociais e aumento das demandas laborais conduzem a comportamentos aditivos. Neste ponto, o trabalho toma um espaço de vida cada vez maior, pois, combinado com o reforço organizacional, faz com que o trabalhador diminua o espaço para atividades não relacionadas ao trabalho. Aos poucos, o comportamento em espiral torna-se fora de controle e disfuncional. Nesta fase, de maior gravidade, causam impacto substancial na saúde física e bem-estar psicológico individual do trabalhador, sua família e colegas de trabalho (Piotrowski & Vodanovich, 2008). Optam por sacrificar as relações pessoais para obter a satisfação do trabalho (Porter, 2001). Trabalhadores adictos ao trabalho apresentam problemas de saúde física e psicológica (Bartczak & Ogińska-Bulik, 2012) e *burnout* (Burke & Matthiesen, 2004).

Formas de intervenção

Em termos de intervenção, os gestores devem prestar atenção aos hábitos de desempenho e de trabalho e estarem alertas para sinais de adição no trabalho, procurando não recompensar o comportamento aditivo, reforçando o trabalhador que consegue ser produtivo tendo uma vida equilibrada. Além de assegurarem o tempo de férias longe do trabalho, é necessário proporcionar condições de trabalho adequadas em termos de segurança, carga, autonomia, controle e oportunidades de carreira baseada em metas realistas. Tais recursos podem ser mobilizados por meio de estratégias de gestão de recursos humanos, principalmente por práticas de acompanhamento e treinamento no trabalho. Adictos ao trabalho devem ser encorajados a delegar seu trabalho, a ter horários delimitados para iniciar e concluir as tarefas considerando pausas para descanso. É fundamental o desenvolvimento de valores no local de trabalho que promovam formas mais equilibradas de trabalho e estilos de vida saudáveis (Bakker, Demerouti & Burke, 2009).

Referências

Ahmadi, A. A., & Asl, S. K. (2013). A study on the effect of workaholism on human resource productivity: a case study of managers of East Azerbaijan Water and Waste Water Company. *Management Science Letters, 3,* 1209-1216.

Andreassen, C. S., Hetland, J., & Le Pallesen, S. (2010). The relationship between 'workaholism', basic needs satisfaction at work and personality. *European Journal of Personality, 24*, 3-17.

Antunes, R. (2000). *Os sentidos do trabalho: ensaio sobre a afirmação e a negação do trabalho.* São Paulo: Boitempo.

Appel-Silva, M., & Biehl, K. (2006). Trabalho na pós-modernidade: crenças e concepções. *Revista Mal-Estar e Subjetividade, VI*(2), 518-534.

Ayesha, T., & Tasnuva, R. (2013). Gaining the insight of workaholism, its nature and its outcome: a literature review. *International Journal of Research Studies in Psychology, 2*(2), 81-92.

Aziz, S., & Zickar, M. J. (2006). A cluster analysis investigation of workaholism as a syndrome. *Journal of Occupational Health Psychology, 11*(1), 52-62.

Bakker, A. B., Demerouti, E., & Burke, R. (2009). Workaholism and Relationship Quality: A Spillover-Crossover Perspective. *Journal of Occupational Health Psychology, 14*(1), 23-33.

Bartczak, M., & Ogińska-Bulik, N. (2012). Workaholism and mental health among Polish academic workers. *International Journal of Occupational Safety and Ergonomics, 18*(1), 3-13.

Burke, R. J., & Matthiesen, S. B. (2004). Workaholism among Norwegian journalists: antecedents and consequences. *Stress Health, 20*(5), 301-308.

Carlotto, M. S. (2011). Adição ao trabalho e relação com fatores de risco sociodemográficos, laborais e psicossociais. *Psico-USF, 16*(1), 87-95.

Cherrington, D. J. (1980). *The work ethic: working values and values that work.* New York: Amacom.

Del Líbano, M., Llorens, S., Salanova, M., & Schaufeli, W. B. (2010). Validity of a brief workaholism scale. *Psichothema, 22*, 143-150.

Griffiths, M. D. (1999). Gambling technologies: prospects for problem gambling. *Journal of Gambling Studies, 15*, 265-283.

Griffiths, M. D. (2011). Workaholism: a 21st century addiction. *The Psychologist: Bulletin of the British Psychological Society, 24*, 740-744

Kanai, A., & Wakabayashi, M. (2004). Effects of economic environmental changes on job demands and workaholism in Japan. *Journal of Organizational Change Management, 17*(5), 537-548.

Killinger, B. (1991). *Workaholic: the respectable addicts.* New York: Simon & Schuster.

Moreno-Jiménez, B., Gálvez-Herrer, M., Garrosa-Hernández, E., & Rodríguez-Carvajal, R. (2005). La adicción al trabajo. *Psicología Conductual, 13*(3), 417-428.

Oates, W. (1971). *Confessions of a workaholic: the facts about work addiction.* New York: World.

Piotrowski, C., & Vodanovich, S. J. (2006). The interface between workaholism and work-family conflict: a review and conceptual framework. *Organization Development Journal, 24*(4), 84-92.

Piotrowski, C., & Vodanovich, S. J. (2008). The workaholism syndrome: an emerging issue in the psychological literature. *Journal of Instructional Psychology, 35*(1), 103-105.

Porter, G. (1996). Organizational impact of workaholism: suggestions for researching the negative outcomes of excessive work. *Journal of Occupational Health Psychology, 1*, 70-84.

Porter, G. (2001). Workaholic tendencies and the high potential for stress among co-workers. *International Journal of Stress Management, 8*, 147-164.

Salanova, M., Del Líbano, M., Llorens, S., Schaufeli, W. B., & Fidalgo, M. (2008). *La adicción al trabajo.* Nota Técnica de Prevención, 759, 22ª Serie. Instituto Nacional de Seguridad e Higiene en el Trabajo, España.

Schaufeli, W. B., Taris, T. W., & Bakker, A. (2006). Dr. Jekyll and Mr. Hide: on the differences between work engagement and workaholism. In Burke, R. (Ed.). *Research companion to working time and work addiction* (pp. 193-217). Edward Elgar: Northampton, MA.

Análise psicodinâmica e clínica do trabalho

Ana Magnólia Mendes

A clínica psicodinâmica do trabalho busca transformar o sujeito em protagonista do seu trabalho. Atua apontando o sintoma que interdita a mudança, elaborando, com o grupo, os sentimentos invisíveis, desnudando os cenários prescritos, repetitivos, opressores para possibilitar o confronto com o real, manifestado no silêncio e que denega o sujeito da sua realidade. Desse modo, é possível construir espaços para denunciar a violência e as injustiças vivenciadas, e no coletivo, deliberar sobre seus destinos, por meio das falas plurais, não determinando um só comportamento, um *a priori* saudável, mas sendo capaz de incorporar elementos novos e diferentes, desmistificando o ideário de vencer o sofrimento e a infelicidade.

Nessa perspectiva, a clínica psicodinâmica não é uma técnica, é uma teoria e um método de pesquisa e de intervenção, e como tal, demanda condições institucionais, políticas e éticas para ser realizada. Usar a abordagem teórico-metodológica da psicodinâmica do trabalho não é o mesmo que fazer a clínica psicodinâmica do trabalho. Esta deve ser guiada pelos dispositivos apresentados, correndo risco de não acontecer quando esses dispositivos falham.

Origem do conceito

Na década de 1990, Dejours utilizou o termo *clínica do trabalho e da ação*, aprofundando os referenciais teóricos que fundamentam de modo mais consistente os princípios e pressupostos da abordagem teórico-metodológica da psicodinâmica do trabalho. Ainda assim, esse aprofundamento não trouxe alterações do ponto de vista do método em si, tendo sido mantidas as mesmas etapas e procedimentos da publicação de 1986. Esse fato produz equívocos metodológicos, tais como grupo focal ou entrevistas coletivas. Isso é uma necessidade teórica e prática de se distinguir a metodologia em psicodinâmica do trabalho, ou a ação em psicodinâmica do trabalho, da clínica do trabalho e da ação, sendo esta a razão que se cria a terminologia *clínica psicodinâmica do trabalho* como um método de pesquisa e de intervenção vinculado à abordagem teórica da psicodinâmica do trabalho.

Essa perspectiva contribui para consolidar os raros estudos realizados na França, no Brasil e em outros países que analisam as questões metodológicas da clínica do trabalho, apontando avanços em relação ao contexto estudado e diferenças em relação a outros métodos científicos.

Nessa direção, um grupo de pesquisadores brasileiros tem se dedicado a essa questão metodológica, sendo que a denominação clínica psicodinâmica do trabalho tem sido usada nessa perspectiva. Também tem por finalidade marcar a perspectiva teórica que a fundamenta, uma vez que existem diferentes clínicas do trabalho com diferentes fundamentos e modos de condução, tais como a clínica da atividade, a clínica psicossociológica do trabalho, a clínica ergológica e a socioclínica.

Definição

Define-se a clínica psicodinâmica do trabalho como o espaço da escuta e da fala do trabalhador, no qual se alimenta a possibilidade de construir/reconstruir, resgatar e potencializar a *mobilização subjetiva* no cotidiano do coletivo de trabalho. É o momento de tornar visível o invisível das relações entre a organização do trabalho e as vivências de prazer-sofrimento; desvelar/revelar o sofrimento, as defesas, as patologias, e construir novos destinos para o sofrimento mais próximos da saúde mental e da melhoria da qualidade do trabalho; momento de resgatar a capacidade de pensar ao partilhar o sofrimento: angústia, medo, insegurança provenientes da relação com os constrangimentos da organização do trabalho. É o espaço para fazer a discussão das soluções no nível intersubjetivo, promovendo a cooperação. É a experiência de participação dos sujeitos em ações deliberativas, em decisões para gestão do próprio trabalho, no aumento da capacidade de colaborarem e utilizarem o saber-fazer nas soluções do dia a dia, de modo emancipatório e provocador de transformações da organização do trabalho.

Essa definição fundamenta-se nos conceitos da psicodinâmica do trabalho, que tem como objeto central compreender a mobilização subjetiva no trabalho. É o engajamento afetivo, mediado pelo uso da palavra, que o trabalho vivo produzido pela organização do trabalho exige do trabalhador, nas contradições entre o prescrito e o efetivo. Nesse processo, é imprescindível compreender o sofrimento como o afeto que mobiliza os investimentos do indivíduo para transformar a organização do trabalho. Quando essa transformação é possível, o prazer é vivenciado.

Trabalhar significa enfrentar o real, que é imprevisível, imprevisto, incontrolável, instável. Esse real coloca em xeque as prescrições visíveis e invisíveis da organização do trabalho. No real do trabalho, o sujeito se mobiliza para a ação, busca colocar em prática o que pensa sobre o seu fazer, torna o seu trabalho vivo.

A mobilização subjetiva para o trabalhar provoca em todo fazer uma desestabilização dos afetos, por isso é um sofrimento, que num primeiro momento é denominado de criativo. Esse sofrimento move o trabalhador a buscar soluções para as dificuldades do seu trabalho e, quando consegue encontrá-las, vivencia gratificação e prazer. Assim, a mobilização subjetiva é vivenciar sofrimento criativo e prazer no trabalho.

A referida clínica deve ser guiada por pressupostos fundamentais relativos à escuta qualificada, uma vez que o processo fala-escuta implica condições que vão além do dizer-ouvir. Deve-se escutar o não dito, o oculto, o silenciado, buscando, junto com o coletivo, desvelar as defesas e construir novas estratégias coletivas, regras de ofício e regras de convivência, para ressignificar o sofrimento, atribuindo um novo sentido ao trabalho e, como consequência, abrindo espaço para as ações sobre a organização do trabalho.

Para melhor esclarecer essa clínica, apresenta-se a seguir uma proposta de sistematização da condução clínica, sua utilização, efeitos e desafios, publicada por Mendes e Araújo (2012).

Utilização

A clínica pode ser usada como uma prática de melhoria da qualidade do trabalho, da gestão e, principalmente, da promoção de saúde mental nos mais diferentes contextos de trabalho formal e informal, como sindicatos, organizações, hospitais, escolas, Capsi, Cerest, ambulatórios do sistema SUS, entre outros. Essas práticas ainda são um desafio, tendo em vista as condições institucionais, políticas e éticas que as envolvem e os interesses da racionalidade instrumental, que tem ocupado a maior parte das organizações formais capitalistas e o campo de serviços.

Para Mendes e Araújo (2012), a clínica é desenvolvida por meio de sessões coletivas com grupos de trabalhadores que estão inseridos na mesma organização do trabalho e/ou vinculados à mesma demanda. Participam no máximo dez trabalhadores em sessões semanais com duração de 2h. O número de sessões pode variar à medida que a demanda vai sendo esclarecida e o coletivo se apropria do seu desejo e seus destinos. A participação deve ser voluntária. Está composta pelos coletivos de trabalhadores e coletivo de supervisão, que são os especialistas que conduzirão o processo. A sua condução é desenvolvida em dez etapas: organização da pesquisa; construção e análise da demanda; constituição do espaço da fala e da escuta; observação clínica; estruturação do memorial e do diário de campo; restituição e deliberação; supervisão; apresentação dos relatos; e avaliação.

Para se chegar a essas etapas, muitos dispositivos na condução da clínica são importantes, como a análise da demanda, a elaboração e perlaboração, a construção de laços afetivos, a interpretação, a formação clínica e a supervisão.

Análise da demanda

O clínico deve ser capaz de dar visibilidade à demanda e analisar sua viabilidade antes de iniciar o trabalho. É possível que a prática clínica anteceda várias sessões de análise da demanda, que precisa ser traduzida para o coletivo de pesquisa como algo que não será satisfeito, será sempre um processo de negociação e estabelecimento de compromissos entre trabalhadores e pesquisadores. A demanda exige tempo para ser desconstruída e reconstruída, ela não pode ser equivalente a uma solicitação, devendo ser analisada em todos os aspectos aqui referenciados, principalmente nas suas relações com o desejo.

Deve ficar clara a independência do clínico, uma vez que podem ocorrer resultados que suscitem contradições com relação à gestão da organização do trabalho. É preciso deixar claro que essa ação clínica não é assistencial. O trabalho consiste em instrumentalizar os trabalhadores a serem protagonistas no seu ambiente profissional. É um processo sempre provisório e inacabado. Não existe uma promessa de êxito, o processo fala-escuta é arriscado e exige do coletivo de trabalhadores e de pesquisadores a ruptura com o paradigma da racionalidade instrumental, sendo uma construção permanente.

Elaboração e perlaboração

A elaboração e perlaboração ocorrem quando é propiciada a reintegração, pelo sujeito, da sua história no trabalho, isto é, em uma dimensão que ultrapassa os limites individuais. À medida que o trabalhador fala, este rememora os acontecimentos traduzidos no seu sofrimento, comunica-se com o vivido e tem a possibilidade de reconstruir um significado, que antes era traduzido em lembranças com manifestações sintomáticas, paralisadas na ação. Dessa forma, o trabalhador sai do relembrar para reescrever uma história. As defesas construídas, as negações e as inibições surgem como um material rico de análise. Essa ação se orienta na realização da verdade do sujeito como a realização de uma dimensão própria, que deve ser destacada, na sua originalidade, da própria noção da realidade.

A habilidade do profissional, nesse cenário, é mobilizar os integrantes a apontar os discursos justapostos, que se recobrem uns aos outros como um arquivo morto, e buscar atuar na resistência do que precisa ser manifestado.

Construção de laços

A construção de laços é o acolhimento das falas e dos gestos como algo suportável. Dessa forma, instaura-se o afeto na linguagem. Junto ao grupo, o clínico tenta nomear o afeto, ou seja, introduzir as palavras que falam desse sentimento, promovendo a identificação dos presentes. É nesse momento que o sujeito recebe reconhecimento e encontra, na palavra, um lugar para reconhecer a sua identidade.

O importante, nesse coletivo formado, é que o indivíduo que se manifesta não é só o ator principal de um drama que busca esclarecimento, mas também o porta-voz de uma situação, que deve ser acolhida e discutida, que pode oferecer ao trabalhador possibilidades diversificadas de recompor uma corporeidade existencial, de sair dos seus impasses repetitivos e, de alguma forma, se ressingularizar. Assim, cria-se um dispositivo para mudar um modo de funcionamento, no qual se encontra suporte para um foco enunciativo. Como consequência, surgem novos tipos de relações e relacionamentos entre os acontecimentos, abrindo uma oportunidade do coletivo.

A função do clínico é tornar-se um elo nessa cadeia de escuta, possibilitar a reumanização do sofrimento diante da desumanização vivida e deixar surgir a oportunidade de uma palavra para que o sujeito construa no coletivo o sentido e torne a sua realidade suportável.

Interpretação

O clínico do trabalho deve voltar sua interpretação aos comentários do coletivo, preservando o indivíduo. Dessa forma, ele contribui para desencadear o surgimento de novos temas e o desejo dos presentes de continuarem falando. A catalisação da interpretação "correta" mantém a discussão. O contrário leva a um esfriamento, e acentuam-se as resistências pessoais. A precisão da observação não deve remeter-se à objetividade de um sofrimento ou de uma realidade, da causa do sofrimento, mas à verdade de uma relação dos participantes com o coletivo de trabalho. Busca-se interpretar as defesas coletivas sem fazer delas um ato de violência, já que desnudar o sofrimento e a dimensão subjetiva pode ocasionar sérias consequências aos trabalhadores.

A interpretação ideal seria aquela que desmonta um sistema defensivo e autoriza simultaneamente a reconstrução de um outro sistema defensivo, ou um deslocamento deste, de maneira a enfatizar um elo entre sofrimento e trabalho.

O alvo dessa prática é a postura do coletivo no trabalho e os efeitos da ocultação dos sistemas defensivos coletivos sobre o sofrimento e, além disso, sobre o modo de ação da organização do trabalho e seu efeito perverso para a saúde psíquica.

Formação clínica

A formação clínica e a supervisão são dispositivos indissociáveis da condução clínica. A subjetividade é uma das dimensões do próprio método. A formação do clínico não é só técnica e ética, mas também afetiva. É preciso ser capaz de se impressionar pela fala do outro, colocar-se à disposição do outro, deixar-se surpreender, duvidar, angustiar-se com o inesperado, suportar o incontrolável. A clínica não busca respostas e soluções de modo racional e objetivo. O sentir é infinito, bem como a capacidade de nos afetar pelos outros, sendo assim, a clínica é um processo em construção. Conviver com essa frustração é fundamental para que a clínica ocorra.

Supervisão

Essa capacidade de se afetar e de afetar o outro é tratada na supervisão. Para tal, é fundamental o registro dos dados por meio do memorial, do diário de campo e da própria transcrição das sessões. O memorial aborda a escuta do clínico, envolve as interpretações e deve ser lido no início de cada sessão. A primeira sessão se inicia com a discussão sobre a organização do trabalho. O diário de campo é o autorrelato do clínico de como a escuta do sofrimento lhe afeta, que vivências são mobilizadas.

Principais autores

No Brasil, a clínica psicodinâmica do trabalho é uma denominação recente, que vem sendo utilizada nos últimos cinco anos. Sua origem encontra-se na clínica do trabalho e da ação, indissociável da teoria e do método em psicodinâmica do trabalho, criado por Christophe Dejours. No Brasil, destacam-se algumas publicações sobre o uso desse método como os livros de Mendes e Araújo (2012), Bendassolli e Soboll (2011) e Martins (2009). Esses estudos são fundamentados na metodologia em psicodinâmica do trabalho proposta por Dejours no livro *A loucura do trabalho*, publicado no Brasil em 1986, ainda vinculada à psicopatologia do trabalho e com grande influência da ergonomia.

Apreciação crítica do conceito

Os clínicos pesquisadores que desejam potencializar a qualidade de vida no trabalho precisam, além do domínio teórico do modelo da psicodinâmica do trabalho, direcionar seus esforços na tentativa de aclarar junto aos gestores a forma como se dá a psicodinâmica do trabalho, elencando as relações entre o prescrito e o real da organização do trabalho, as dimensões da subjetividade do sujeito de comando e os processos intersubjetivos que impactem em formas de gestão mais ou menos opressivas.

É importante ressaltar a demanda por entendimentos mais profundos e específicos sobre as formas de gestão e suas respectivas relações com o prazer e sofrimento no trabalho de gestores e subordinados. Pela perspectiva da clínica psicodinâmica do trabalho é possível sedimentar o saber sobre o modo como se desenvolvem as identidades e se direcionam os desejos dos gestores, para que, assim, tente se estabelecer conexões teóricas sobre a inter-relação subjetiva entre chefes e subordinados.

Para tal, é fundamental promover estudos clínicos com gestores e suas equipes, constituir um coletivo de trabalho capaz de superar as adversidades oriundas das organizações do trabalho para além da pura identificação de fontes de sofrimento e propor o ideal do espaço da fala. Por meio da clínica, é possível repensar as formas de gestão, incluindo a intersubjetividade, constituinte da mobilização subjetiva. Esta é a base para ressignificações e transformações na organização do trabalho, o que permite potencializar o sofrimento criativo e o prazer como constituintes da saúde e da qualidade do trabalho.

Implicações brasileiras

As práticas clínicas têm gerado como resultados a elaboração de políticas de prevenção e promoção da saúde do trabalhador e ações de gestão de pessoas para empresas públicas, sindicatos e outras organizações que têm demandado a escuta do sofrimento. Têm possibilitado espaços de discussão centrados na relação do indivíduo com a atividade laboral, em seus aspectos mais amplos, complexos e subjetivos. A clínica do trabalho é o espaço em que os sujeitos que executam as rotinas de trabalho em uma organização podem expressar suas impressões, sentimentos e percepções relacionadas aos pares, superiores, subordinados, tarefas realizadas, resultado e sentido do que fazem. A clínica do trabalho acolhe as opiniões, impressões e sensações dos trabalhadores em relação a todos os aspectos que fazem parte da vida da organização, identificando fatores que geram sofrimento físico e psíquico e resultam no adoecimento dos indivíduos e na perda de produtividade laboral, com impactos na organização do trabalho e no ser humano.

O resultado clínico observado é a mobilização dos sujeitos. Isso acontece pela identificação, transferência, desconstrução de defesas e nomeação de *fantasmas* que resultavam no imobilismo e discursos superficiais para justificar a acomodação e o adoecimento.

No Brasil, as práticas têm aumentado significativamente, abrindo campo de estágio e formação em clínica do trabalho. O enfoque teórico tem se aproximado da psicanálise antropológica e uma maior atenção tem sido dada ao desenvolvimento dos dispositivos de escuta.

Síntese

A clínica psicodinâmica pode produzir efeitos sobre a qualidade do trabalho e a saúde dos trabalhadores ao promover a manifestação das singularidades para o geral. O clínico aborda a ocultação dos papéis sociais e denuncia as condições de trabalho, ampliando as possibilidades de análise dos trabalhadores das suas situações e a elaboração de estratégias para modificar a sua realidade. Trabalha-se, desse modo, na construção de uma consciência crítica para modificar um lugar de opressão e resignação para a emancipação.

A subjetividade constitui-se na linguagem e nos atos sociais, uma vez que não existe sujeito *autogerado*. O desafio neste trabalho é auxiliar a elaborar sofrimentos invisíveis e desarticulados para que os sujeitos se defrontem com o real e consigam colocar o seu "eu" nos processos de mudanças das suas relações sociais.

No campo político, a clínica do trabalho tem contribuído para qualificar pesquisas que se baseiam em dados estritamente numéricos, desconsiderando dos estudos o sofrimento psíquico, e para orientar a criação de políticas públicas preventivas para os adoecimentos em diversas categorias profissionais.

Referências

Bendassolli, P., & Soboll, L. A. (2011). *Clínicas do trabalho*. São Paulo: Atlas.

Dejours, C. (1986). *A loucura do trabalho*. São Paulo: Oboré.

Martins, S. R. (2009). *Clínica do trabalho*. São Paulo: Casa do Psicólogo.

Mendes, A. M., & Araújo, L. R. K. (2012). *Clínica psicodinâmica do trabalho: o sujeito em ação*. Curitiba: Juruá.

Análise socioclínica

Teresa Cristina Carreteiro

Construir leituras e intervenções que não sejam simplificadoras, mas que busquem apreender a complexidade envolvida nos fenômenos é a proposta da análise socioclínica voltada para o campo da psicologia do trabalho e das organizações. Essa análise tem pontos de convergência (Lhuilier, 2011) com vários campos da psicologia: clínica da atividade (Clot, 2011; Osório da Silva, Barros & Louzada, 2011), análise institucional, psicodinâmica do trabalho (Dejours & Gernet, 2011; Mendes, Araújo & Merlo, 2011), ergologia (Athayde & Brito, 2011; Schwartz, 2011), mas também divergências e mudanças metodológicas no objeto de estudo. Por essas razões, este texto focará na psicossociologia e na sociologia clínica, ambas de origem francesa. Elas são consideradas por muitos autores como componentes da análise socioclínica (Lévy, 2001a; Monceau, 2003). A psicossociologia nasce nos anos 1950 (Carreteiro & De Barros, 2011) e se volta a uma multiplicidade de campos de atuação, entre eles o do trabalho e o das organizações. Esta é uma disciplina considerada sempre em construção e tem uma perspectiva multidisciplinar (Barus-Michel, Enriquez & Levy, 2005; Dubost, 2001). Entre as várias áreas que a influenciam, pode-se destacar a psicanálise e a sociologia. Seus objetos de estudo sempre são complexos (Pages, 1986), tendo em vista que articulam vários olhares disciplinares. Torna-se mister estudar "as relações mútuas entre o ser do homem e o ser da sociedade" (Caillois, 1979, p. 296). Deve-se destacar na afirmativa anterior o termo *entre*. Ele visa a tencionar as relações do homem na sociedade e postular a indissociabilidade de ambos. Essa ideia também encontra ressonância na psicanálise quando Freud diz, em *Psicologia das massas e análise do eu*, que "a psicologia individual é ao mesmo tempo uma psicologia social" (Enriquez, 1996; Freud, 1974).

A psicossociologia voltada ao trabalho e às organizações tem como objetivo compreender as intricações entre as condutas humanas e a realidade psíquica, promovendo ações que visem à transformação das estruturas sociais e das condições de vida dos trabalhadores nas organizações. Ela só pôde se desenvolver a partir do momento em que consultores e pesquisadores se deram conta dos limites da psicologia social de então. Essa disciplina, no seu início, tinha trabalhos de campo e em laboratório e se interessou principalmente pelos comportamentos racionais e emocionais de indivíduos. A psicologia social deixava de lado os aspectos pessoais e grupais, as ações humanas no trabalho e na vida social, e as questões econômicas e políticas que atravessam os processos de mudança organizacional. A psicossociologia, apesar de reconhecer a importância dos trabalhos dos primeiros psicólogos sociais, construiu-se como disciplina levando em conta também os fatores inconscientes revelados por Freud (Enriquez, 1996). Ela se preocupou igualmente pelos múltiplos determinismos (econômicos, sociais e políticos) que tinham um papel essencial nas ações dos homens, nas organizações e na sociedade. Ela teve e tem por ambição articular as motivações conscientes e inconscientes (Enriquez, 1994, 2000; Gaulejac, 2012), os sentimentos com a razão e a ação humana com as transformações sociais (Lévy, 2001b).

A sociologia clínica se desenvolveu a partir da psicossociologia. A maior parte dos que participam dessa nova disciplina se define simultaneamente como psicossociólogos e sociólogos clínicos. Há autores que não veem uma divisão essencial entre as duas abordagens (Enriquez, 1993). Eles estimam que o psicossociólogo trabalha mais diretamente com grupos em estados nascentes ou já estabelecidos, tendo fronteiras reconhecidas (associações, empresas, hospitais, presídios etc.), ao passo que o sociólogo clínico trabalha a maior parte do tempo em meio aberto, nas cidades, nos bairros, nas coletividades. Em síntese, em lugares onde as fronteiras são fluidas. O primeiro é mais sensível ao microssocial, o segundo, ao macrossocial. Trata-se mais de uma acentuação no olhar do que de uma diferença essencial.

A sociologia clínica insiste na influência dos fenômenos sociais nas condutas humanas. O pesquisador está atento aos determinantes sociais nas histórias individuais. A hipótese é que as histórias pessoais, a maneira de se investir no trabalho e os modos de identificação com a organização são produtos de fatores socioideológicos e culturais, que influenciam os modos de subjetivações. Os indivíduos não vivem essas influências de modo passivo, eles tentam reagir a elas. Todo indivíduo é produto de uma história e ele busca se tornar sujeito desta (Gaulejac, 1993, 2001, 2007). A análise é dialética e permite, ao mesmo tempo, apreender o peso dos determinismos sociais nas condutas humanas e nas organizações, mas também levar em conta a singularidade do trabalho psíquico. Isso pode levar a compreender o motivo pelo qual as determinações agem de modo diferente em cada trabalhador e nas organizações.

Objetos das abordagens socioclínicas

No início de sua criação

Os primeiros objetos foram os pequenos grupos reais (no interior das organizações) ou construídos de modo heterogêneo. Analisavam-se, a partir da dinâmica de grupo, os problemas que ocorriam com qualquer grupo (liderança, comunicação, cooperação ou conflito no trabalho), em síntese, todas as questões que não foram previstas e resolvidas de modo formal.

Progressivamente, os pesquisadores se detiveram na vida das organizações complexas, pois pareceu-lhes que o principal não era a vida dos pequenos grupos, mas o conjunto dos princípios de ordens e de regras. Estas resultam das interações, dos fenômenos de poder e de autoridade, os quais não podem se resumir unicamente à liderança. Houve também interesse em questões relativas às transformações do trabalho e das organizações. Quanto mais as organizações foram estudadas, mais parecia ao pesquisador que faltava integrar às dimensões grupais e organizacionais as questões psíquicas inconscientes da organização.

Os pesquisadores perceberam que toda organização, de modo mais ou menos forte, utiliza-se de mecanismos de defesa contra certas angústias fundamentais: o medo do informe que remete sempre ao mito do caos primitivo, a fragmentação generalizada; o medo das pulsões, tanto agressivas quanto positivas, pois estas são suscetíveis a trazer a desordem e ser contrárias à produtividade; o medo do desconhecido, sempre perigoso, pode levar à utilização excessiva de métodos prospectivos que têm por finalidade controlar a incerteza; o medo do outro mantém o fantasma da guerra interna, contribuindo para a fragilização progressiva dos coletivos e o confinamento de cada pessoa em trabalhos e funções bem determinadas; o medo da palavra livre e dos pensamentos criadores (mesmo se as organizações dizem o contrário), pois estas são suscetíveis a trazer a contestação e questionar o poder. Os pesquisadores se deram conta, no plano institucional, da necessidade de se estudar a autoridade. Esta pode ocultar processos de poder, que significam dominação, arbítrio e abuso injustificado. O poder é sempre a expressão de um modo de organização social que tem a violência como legitimidade última.

Do mesmo modo, a divisão do trabalho, a necessidade que cada trabalhador controle bem sua tarefa e sua função, mascara os fenômenos de alienação. O homem torna-se um objeto e, como toda coisa, pode ser descartável.

A corrente institucionalista insistiu sobre esses dois pontos integrados nas abordagens socioclínicas. É devido a isso que, nas pesquisas-ações desenvolvidas, o foco foi posto no desvelamento do que é camuflado nas organizações, a fim de permitir que cada pessoa situe sua ação e exerça sua autonomia nas zonas de liberdade presentes em todos os campos de trabalho. O funcionamento e as mudanças nas organizações foram durante muito tempo os objetos da abordagem socioclínica.

Os novos objetos

Eles são vinculados à transformação dos métodos de gestão que visam responsabilizar os indivíduos e avaliá-los sobre critérios essencialmente quantitativos.

A lógica dos resultados (Aubert & Gaulejac, 1993) (número de peças produzidas, de projetos executados, de "delinquentes" presos, de prêmios de excelência, para dar exemplos em diferentes campos socais) levou, por um lado, ao aumento da carga de trabalho e, consequentemente, à rapidez na execução de tarefas (Aubert, 2003), e, por outro, a uma culpabilização dos trabalhadores. Estes devem conseguir cumprir os objetivos quantitativos fixados. Torna-se, então, necessário analisar as diferentes modalidades de trabalho e suas transformações. As grandes mudanças podem levar os indivíduos a sentirem um mal-estar generalizado (o que é chamado de riscos psicossociais). Este se traduz por aumento do estresse, por sofrimento no trabalho, pelos fenômenos de assédio moral, de *burnout* e, por vezes, de suicídio. Nesses casos, o sentimento de prazer desaparece progressivamente do trabalho, pois a "potência de agir" do trabalhador torna-se entravada, ou impedida de ocorrer (Clot, 2011). Ora, sem potência de agir, os indivíduos não podem fazer corretamente seus trabalhos.

Dessa forma, a abordagem socioclínica suscitou novas perspectivas: a análise das condições e dos gestos de trabalho (Lhuilier, 2011), a psicodinâmica do trabalho (Dejours & Gernet, 2011) e a clínica da atividade (Clot, 2011). A análise socioclínica mantém, com tais abordagens, um diálogo constante e construtivo.

Proposições da análise socioclínica

- Construir um espaço de interrogação. Quando uma demanda de intervenção ou de pesquisa é dirigida a um profissional, ele a considera inicialmente como compondo um campo de interrogação. O pesquisador não analisa *a priori* a demanda, mas deve poder interrogá-la.
- Manter uma escuta plural. A escuta do profissional (ou da equipe) é complexa. Ela é fruto de uma formação interdisciplinar, voltada à análise das organizações e do trabalho. O objetivo inicial é poder escutar a demanda sem "*a prioris*". O profissional vai progressivamente adentrando o campo de trabalho por meio de intervenções que constrói, específicas para cada situação, nas quais a escuta é, inicialmente, direcionada aos atores que são portadores da demanda. Progressivamente são associados outros atores. O propósito é apreender os sentidos múltiplos que podem ser construídos, levando em consideração o conjunto de eixos que atravessam as situações pesquisadas ou intervenções realizadas. Os sentidos apreendidos não são fixos, mas dinâmicos. Eles podem sempre ser reconstruídos.
- Atentar à noção de situação (Carreteiro, 1993). Esta apreende a dimensão espacial e temporal, observa aspectos históricos, econômicos, políticos e institucionais que envolvem o fenômeno organizacional investigado. Isso faz com que todo fenômeno seja apreendido na sua complexidade. É imprescindível analisar as limitações e as possibilidades das situações.
- Problematizar a singularidade e a transversalidade (Carreteiro, 1993). Cada situação é envolta em uma malha particular que tem aspectos comuns com outras, mas também aspectos únicos, que lhe são específicos. Isso faz com que a análise de um fenômeno em um mesmo momento social tenha significados diferentes em contextos diversos. No entanto, a situação pode também ter

aspectos transversais, ou seja, os elementos contidos nela estão presentes em outras organizações.

Perspectivas metodológicas socioclínicas

A metodologia, por ser tributária da perspectiva clínica, não tem um protocolo fixo a ser seguido, mas algumas linhas de diretrizes, como as apresentadas a seguir.

Análise da demanda

É o período inicial de escuta das inquietações e das questões apresentadas pelo grupo ou por gestores organizacionais. O profissional buscará, de modo geral, compreender como se formulam as questões apresentadas e quais as implicações que estas têm com a execução do trabalho; quais os sofrimentos que acarretam, como comprometem o desempenho do grupo e de cada trabalhador; quais os projetos de mudança e os limites para que esta ocorra.

Formulação de um contrato de trabalho

O profissional deixará claro que a intervenção não consiste em um diagnóstico institucional preciso. Ele apresentará:

- Compreensão das questões que inquietam o grupo e a organização.
- O que esperar dos trabalhadores: uma atitude de engajamento e de participação de hipóteses analíticas durante o trabalho; a proposição de ações que terão sempre uma discussão grupal; respeito em relação aos demais membros do grupo e de si próprios. Essas expectativas por parte do pesquisador com relação aos trabalhadores justificam-se por considerar que estes têm um lugar ativo, têm saberes formais e informais. É preciso positivar os sujeitos (com aspectos conscientes e inconscientes). Por outro lado, os psicólogos que pesquisam ou intervêm são pessoas implicadas no processo, estão atentos ao que experimentam na realização do trabalho (Lhuilier, 2006). Eles têm um saber que é posto em contribuição à análise, mas esta só será eficiente se as pessoas que fazem parte das organizações forem vistas como coprodutoras das análises. Acredita-se que estas possam criar desvios nas formas de proceder, construir outros posicionamentos e direções na perspectiva do trabalho.
- Como se desenvolverá o trabalho (dispositivos) e sua duração, e onde ele ocorrerá. Discutirá também a questão dos honorários. Esse aspecto, às vezes, não está presente quando a intervenção é proposta por professores de instituições de ensino. Essas pesquisas podem ser objeto de publicações, são formas de transmissão do saber, no entanto, deve-se garantir o anonimato dos participantes.

> O contrato representa um envelope simbólico ao qual todos os envolvidos se referem implícita ou explicitamente. Ele fortalece o enquadramento do trabalho realizado, delimitando as fronteiras do que pode ou não ocorrer nesse espaço.

O lugar ocupado pelo profissional que coordena a intervenção também se reveste de simbolismos. Ele tem uma posição de terceiro elemento. Há o reconhecimento pelo grupo da alteridade que lhe é investida e da confiança. O profissional garante a circulação da palavra e estimula os membros do grupo a se engajarem nas situações discutidas.

Construção de dispositivos socioclínicos

Não existe um único dispositivo, estes são construídos de acordo com a situação organizacional e objetivam apreender os modos de construções das situações e suas funções. Visam ainda compreender seus significados e seus aspectos enganadores, defensivos e inovadores (Barrus-Michel, 2005) e participar nas mudanças, podendo ser de diversos tipos (questionários, discussões de grupo, análise de processos, observações, dramatizações, entre outros). Esses dispositivos constituem diferentes modalidades que permitem: a troca de experiências; a desconstrução de modos de trabalhar a partir de vários olhares e diversos pontos de vista; a distanciação do fazer e a criação de espaço de reflexão sobre o fazer; a discussão grupal sobre os projetos e objetivos; a análise dos aspectos de impedimento psíquico grupal; a análise dos sofrimentos do grupo e dos trabalhadores; a análise das contradições do trabalho, entre outros.

Os dispositivos vão se construir como um espaço simbólico, psíquico e social, circunscritos no interior da organização. Eles permitem que a experiência e o aprendizado, produzidos a partir da intervenção, possam ser transpostos e reconstruídos em outros momentos e situações organizacionais.

Análise socioclínica no Brasil

O Brasil tem tido, desde os anos 1970, um constante intercâmbio com autores franceses da análise socioclínica. A UFMG teve um papel preponderante no estabelecimento inicial desse diálogo, trazendo muitos professores franceses para cá.

Na década de 1980, vários professores brasileiros realizaram seus doutorados na França. Ao voltar, criaram nucleações em universidades brasileiras. Atualmente, a análise socioclínica está presente em muitas instituições de ensino. Algumas delas e suas respectivas temáticas de pesquisa se destacam, tais como: a UFMG ("Trabalho e saúde"; "Trabalho e precariedade"; "História de vida"); a PUC-Minas ("Trabalho e adoecimento"); a UFF ("Trabalho, história de vida laboral e juventudes"); a ENSP ("Saúde coletiva e gestão em saúde"); a USP ("Grupos e saúde mental"); a UFRJ ("História de vida, grupos e cooperativas"); a UFRN ("Violência, cidadania e juventudes"); a FGV ("Estudo e análise das organizações"); a UnB ([psicologia] "Instituições judiciais e atenção a adolescentes em conflito com a lei"); a UnB ([sociologia] "Análise de políticas públicas e economia solidária"); a UFSC ("Trabalho e aposentadoria").

A UFMG continua a ser um polo aglutinador de eventos, tais com a realização de vários congressos internacionais. Ultimamente, tem contado com a colaboração da PUC-Minas.

Hoje, o panorama universitário é muito amplo. Os intercâmbios e interações entre as universidades brasileiras e francesas (Paris 7) são numerosos, dando origem a colóquios, doutorados sanduíches, programas de cotutela, professores visitantes, tanto na França quanto no Brasil. Atualmente, há na UnB um núcleo de sociologia clínica no departamento de sociologia. O Brasil tem contado com publicações de livros e revistas. Em sua maioria, as temáticas abordadas têm se voltado para questões vinculadas ao trabalho e ao campo organizacional.

Para concluir, o que parece essencial na psicossociologia e na sociologia clínica é a ideia de que, apesar de todas as determinações, os indivíduos são capazes de evoluir, de se transformar, de modificar suas condições de trabalho e de existência e de serem agentes de mudança nas organizações.

Referências

Athayde, M., & Brito, J. (2011). Ergologia e clínica do trabalho. In P. F. Bendassolli & L. A. P. Soboll (Orgs.). *Clínicas do trabalho* (pp. 258-282). São Paulo: Atlas.

Aubert, N. (2003). *Le culte de l'urgence: la société malade du temps.* Paris: Flammarion.

Aubert, N., & Gaulejac, V. (1993). El coste de la excelencia. In *¿Del caos a la lógica o de la lógica al caos?* Buenos Aires: Paidós.

Barus-Michel, J. (2005). Clínica e sentido. In J. Barus-Michel, E. Enriquez & A. Lévy (Orgs.). *Dicionário de psicossociologia* (pp. 313-323). Lisboa: Climepsi.

Barus-Michel. J., Enriquez, E., & Levy, A. (2005) (Orgs.). *Dicionário de psicossociologia* (pp. 203-211). Lisboa: Climepsi.

Caillois, R. (1979). Pour um college de sociologie. In D. Hollier. (Org). *Le college de sociologie.* Paris: Gallimard.

Carreteiro, T. C. (1993). *Contribuições da abordagem clínica ao estudo da cidadania.* Tese apresentada para o concurso de professor titular. Departamento de Psicologia, UFF, Niterói, RJ, Brasil.

Carreteiro, T. C., & De Barros, V. A. (2011). Clínicas do trabalho: contribuições da psicossociologia no Brasil. In P. F. Bendassolli & L. A. P. Soboll (Orgs.). *Clínicas do trabalho* (pp. 208-226). São Paulo: Atlas.

Clot, Y. (2011). Clínica do trabalho e da atividade. In P. F. Bendassolli & L. A. P. Soboll (Orgs.). *Clínicas do trabalho* (pp. 71-83). São Paulo: Atlas.

Dejours, C., & Gernet, I. (2011). Avaliação do trabalho e reconhecimento. In P. F. Bendassolli & L. A. P. Soboll (Orgs.). *Clínicas do trabalho* (pp. 59-70). São Paulo: Atlas.

Dubost, J. (2001). As origens técnicas da intervenção psicossociológica e algumas questões atuais. In M. N. da M. Machado, E. de M. Castro, J. N. G. de Araújo & S. Roedel (Orgs.). *Psicossociologia: análise social e intervenção* (pp. 237-261). Belo Horizonte: Autêntica Editora.

Enriquez, E. (1993). L'analyse clinique dans les sciences humaines. In E. Enriquez, G. Houle, J. Rhéaume & R. Sévigny (Orgs.). *L'analyse clinique dans les sciences humaines* (pp. 181-195). Montréal: Éditions Saint-Martin.

Enriquez, E. (1994). *A organização em análise*. Petrópoles: Vozes.

Enriquez, E. (1996). *Da horda ao estado: psicanálise do vínculo social.* Rio de Janeiro: Jorge Zahar Editor.

Enriquez, E. (2000). Vida psíquica e organização. In F. C. P. Motta & M. E. de Freitas (Orgs.). *Vida psíquica e organização* (pp. 11-22). Rio de Janeiro: FGV.

Freud, S. (1974). Psicologia de grupo e a análise do ego. In S. Freud. *Edição standard brasileira das obras psicológicas completas de Sigmund Freud*, v. XVIII. Rio de Janeiro: Imago. (Obra original publicada em 1921).

Gaulejac, V. (1993). La sociologie et le vécu. In V. de Goulejac & S. Roy (Orgs.). *Sociologies cliniques* (pp. 314-325). Marseille: Hommes et perspectives.

Gaulejac, V. (2001). Psicossociologia e sociologia clínica. In J. N. G. de Araújo & T. C. O. Carreteiro (Orgs.). *Cenários sociais e abordagem clínica* (pp. 35-48). São Paulo: Escuta.

Gaulejac, V. (2007). Aux sources de la sociologie clinique. In V. Gaulejac, F. Hanique & P. Roche (Orgs.). *La sociologie clinique* (pp. 25-56). Paris: Éditions érès.

Gaulejac, V. (2012). Sujet. In A. Bevort, A. Jobert, M. Lallement & A. Mias (Orgs.). *Dictionnaire du travail* (pp. 750-755). Paris: Quadrige/PUF.

Lévy, A. (2001a). Intervenção como processo. In M. N. da M. Machado, E. de M. Castro, J. N. G. de Araújo & S. Roedel (Orgs.). *Psicossociologia: análise social e intervenção* (pp. 185-210). Belo Horizonte: Autêntica Editora.

Lévy, A. (2001b). A mudança: esse obscuro objeto do desejo. In M. N. da M. Machado, E. de M. Castro, J. N. G. de Araújo & S. Roedel (Orgs.). *Psicossociologia: análise social e intervenção* (pp. 121-132). Belo Horizonte: Autêntica Editora.

Lhuilier, D. (2006). *Cliniques du travail.* Paris: Éditions érès.

Lhuilier, D. (2011). Filiações teóricas das clínicas do trabalho. In P. F. Bendassolli & L. A. P. Soboll (Orgs.). *Clínicas do trabalho* (pp. 22-58). São Paulo: Atlas.

Mendes, M. A., Araújo, L. K. R., & Merlo, A. R. C. (2011). Prática clínica em psicodinâmica do trabalho: experiências brasileiras. In P. Bendassolli & L. A. Soboll (Orgs.). *Clínicas do trabalho* (pp. 169-187). São Paulo: Atlas.

Monceau, G. (2003). Pratiques socioanalytiques et socio-clinique institutionnelle. In *Revue internacionale de recherches et synthèses en sciences sociales: L'Homme et la Société*, Ano 2003/1-2, n. 147-148, Paris: L'Harmattan.

Osório da Silva, C., Barros, M. E. B., & Louzada, A. P. F. (2011). Clínica da atividade dos conceitos às apropriações no Brasil. In P. F. Bendassolli & L. A. P. Soboll (Orgs.). *Clínicas do trabalho* (pp. 188-207). São Paulo: Atlas.

Pages, M. (1986). *Trace ou Sens: le système émotionnel.* Paris: H&G Éditeurs.

Schwartz, Y. (2011). Manifesto por um ergo engajamento. In P. F. Bendassolli & L. A. P. Soboll (Orgs.). *Clínicas do trabalho* (pp. 132-167). São Paulo: Atlas.

Aposentadoria e pós-carreira

José Carlos Zanelli

A longevidade ou a expectativa de vida humana a partir do século XX é singular na história de nossa espécie. Proporciona uma disponibilidade de tempo para a educação, o trabalho e o pós-carreira nunca vivenciada ao longo da vida de grande parte dos cidadãos. Se antes o ato de desligamento era seguido de poucos anos, em média, do usufruto efetivo da aposentadoria, hoje a situação é diferente: é possível encontrar pessoas aposentadas há um número de anos equivalente ao período de suas atividades formais de trabalho. Esse fato tem consequências econômicas, sociais e psicológicas clamorosas. As políticas públicas e as ações governamentais não provisionam a atenção e os cuidados que tal contingente humano requer para viver um período prolongado de existência de modo digno e saudável.

Aliado ao fato do rápido envelhecimento, problemas previdenciários graves, divulgados pela mídia, têm raízes em décadas ou séculos de desmandos ou incompetências administrativas. Práticas de gestão irresponsável colocam os dependentes da previdência pública brasileira em situação de desamparo (Kalache, 2012).

Na realidade brasileira contemporânea, passamos por um momento em que, pelo envelhecimento populacional que se acentua, o número de pedidos e efetivações de aposentadorias está recrudescendo. A geração em vias de se aposentar e, mais ainda, as pessoas que estão aposentadas, com raras exceções, não foram orientadas para constituir um pós-carreira ativo e sadio. Tal imprevidência ou imprudência deve ser atribuída às agências governamentais, pela negligência com as políticas públicas e, por extensão, às escolas, às organizações de trabalho, aos meios de comunicação e outras instituições brasileiras. Acrescente-se o cenário de instabilidade ou a turbulência econômica de nosso passado recente. No somatório, é justo afirmar que foram muito escassos os recursos e conhecimentos disponíveis para assegurar uma aposentadoria saudável, em qualquer sentido. Nesse argumento, está implícita a extensão da responsabilidade que resultou aos profissionais que orientam para a aposentadoria no final de uma carreira. Com isso, não se pretende eximir os orientadores pelo que é possível fazer. Nem, tampouco, eximir as organizações pelo que é necessário recuperar e atender, em consonância com a Lei n. 10.741 (2003) – o Estatuto do Idoso.

Profissionais de diversos campos de atuação estão interessados no fenômeno da aposentadoria em seus multifacetados aspectos, no que concerne às variáveis econômicas e societárias, com suas implicações desde os níveis macroestruturais ou transnacionais até o nível individual ou psicológico. Também os psicólogos – não poderia ser diferente – têm contribuído para o avanço do conhecimento sobre os efeitos que tal momento tem na construção da subjetividade e nas reações individuais daqueles que passam por esse momento, bem como dos desencadeamentos psicossociais, ou seja, as consequências nas interações com a família, amigos, associações e assim por diante.

Atividades de atenção do psicólogo estão tanto no âmbito da orientação para o desenvolvimento da carreira profissional, no qual a aposentadoria é tratada como o ponto de conclusão de um processo (que pode, é claro, ser reiniciado), como na clínica para pessoas maduras ou nas atividades de *coaching*. Talvez a participação dos profissionais psicólogos mais difundida – e compartilhada com outros, entre eles: os assistentes sociais, administradores, médicos e educadores – esteja centrada nos programas de orientação para aposentadoria. Encarregam-se, especialmente, de acompanhar e desenvolver as pessoas nas mudanças relativas às autopercepções, percepções do entorno, valores e atitudes, identidade, estresse, assertividade, resiliência e demais processos psicológicos de natureza subjetiva e social.

Registros pioneiros sobre a preparação ou orientação para aposentadoria, que remontam a meados do século XX, estão disponíveis na literatura internacional, com especial observação a Breckinridge (1953) e Mack (1954). As preocupações em contextos socioeconômicos desenvolvidos já colocavam realce nas necessidades de emprego criterioso dos trabalhadores mais velhos e no auxílio para o desligamento das atividades formais de uma carreira. No Brasil, a aposentadoria até hoje é um fato novo e o preparo ou a orientação para aposentadoria teve início somente na década de 1980 (França, 2012). No geral, ainda são práticas incipientes. No âmbito acadêmico, as percepções de um segmento de trabalhadores sobre diversos aspectos do fenômeno foi objeto de atenção sistematizada em pesquisa de Zanelli (1994). Em seguida, com a intenção de apresentar, fundamentar e difundir as práticas de preparação para aposentadoria, um passo a passo foi condensado em livro de Zanelli e Silva (1996).

Aposentadoria e processos psicossociais

As reações dos que se aproximam do advento dessa nova fase na vida, previsivelmente, são bastante variadas. No geral, encontram-se aqueles que não se preocupam ou negam as necessidades de preparo para o período do pós-carreira e, no outro extremo, os que sofrem antecipadamente e tornam as incertezas e temores a tônica do período de transição. Tanto uma como outra apreensão de futuro prenuncia dificuldades de adaptações.

Em que pese a longevidade prevista, ingressar oficialmente no mundo dos aposentados repercute, para muitos, de forma negativa. Em nossa sociedade, cujos valores são abertamente favoráveis ao que se mostra juvenil e enérgico, o desligamento formal do mundo dos "ativos" é percebido como angustiante. Os significados da aposentadoria estão vinculados a representações derivadas da lógica do consumo, na qual o que não é útil é descartável (Zanelli, Silva & Soares, 2010). Assim, em algum nível da autopercepção, sentimentos de demérito e impotência podem ser desencadeados.

O trabalho, nessa sociedade de intenso consumo, é fortemente valorizado. Sobretudo após a Revolução Industrial, a existência humana passou a ter o trabalho como foco principal, inclusive na infância, enquanto nos preparamos para as atividades de uma carreira, seja nas escolas ou até nos jogos infantis, quando simulamos ou representamos papéis profissionais. Na fase adulta, para a maioria, a estabilidade econômica por meio de proventos regulares é o que nos permite a constituição de uma família ou, em qualquer alternativa, a sobrevivência.

O início do período do pós-carreira, como qualquer outro período de transição na vida, é caracterizado por mudanças e pode acarretar descompassos em âmbitos psicossociais que nem sempre são superados. Podem ocorrer alterações na qualidade dos relacionamentos, com prejuízo na quantidade de interações. Por sua vez, o convívio conjugal e com os familiares pode ser incrementado, o que não implicará necessariamente em consequências positivas. Ou seja, conflitos conjugais e intergeracionais, em não poucos casos, são até potencializados. Esses eventos são vividos de modos distintos, a depender do gênero, das condições sociais e econômicas, da natureza das atividades da carreira e de outros aspectos. No geral, há evidências de que o homem tende a vivenciar as mudanças como rupturas com mais intensidade do que a mulher (Zanelli *et al.*, 2010).

Há evidências também de que a diminuição dos ingressos financeiros constitui a realidade do pós-carreira para extensa a faixa da população trabalhadora (França, 2012), sobretudo para os que não planejaram ou não tiveram condições de poupar e investir preventivamente. Não raro, tal situação é dificultada pelo desemprego ou dependência de membros da família que subsistem às expensas daquele que se aposenta. Desse modo, a perda financeira é fonte crucial de medos e ansiedades diante do futuro.

Estresse da transição e alternativas de enfrentamentos

De uma maneira sintética, define-se aposentadoria como o término de uma carreira (Zanelli, 2000). É um evento que conserva, em muitos aspectos, as características atribuídas por nossos antepassados e por aqueles que, em décadas nem tanto remotas, desvincularam-se das atividades rotineiras de trabalho ou encerraram uma carreira. Do passado, repercutem os estereótipos que persistem no contexto social e dificultam que os aposentados ou aposentandos menos atentos ou conscientes vislumbrem as novas possibilidades que decorrem das reconfigurações do mundo contemporâneo.

Os estigmas associados ao longo do tempo a esse momento vital continuam afetando negativamente, para muitas pessoas, suas percepções da aposentadoria. Contudo, as mudanças nas últimas décadas tanto afetam as atividades e os locais de trabalho como implicam claras transformações no modo como as pessoas estão se relacionando e usufruindo seu tempo – no melhor sentido da palavra usufruir. Tais reconfigurações colocam em pauta revisões emergentes nos estudos, nas intervenções e no próprio modo de viver a aposentadoria.

Se aposentadoria é mudança e se não há mudança sem algum nível de estresse, a consequência lógica é que em alguma medida o fenômeno atinge quem passa por ele. Portanto, o foco deve ser colocado em como se passa por ele. Diferentes pessoas têm diferentes interpretações do que é um estressor, se é que a pessoa percebe a aposentadoria como estressora ou um conjunto de estressores. Mais do que isso, pode-se aprender com qualquer passagem na vida, mesmo quando tensões são inerentes à vivência. Sabe-se muito bem que mudanças trazem em si potencialidades para replanejamentos e recomeços.

O estresse é largamente conhecido como a reação geral do organismo diante das demandas internas ou externas que requerem mobilização de recursos do organismo. Um certo nível de estresse é necessário e benéfico porque pode favorecer respostas de adaptação às novas situações. Um nível demasiadamente alto ou baixo de ativação pode ser igualmente pernicioso. A etapa da aposentadoria, ou o período do pós-carreira, pode sobrevir como momentos de baixa ativação do organismo – para muitos, idealizado como de "merecido descanso". Sem dúvida, o descanso é merecido, porém o alerta que se impõe é do perigo de se passar de *"un dolce far niente"* para a depressão.

Quando bem vivido, o estresse pode ser um ativador de descobertas e de aproveitamento das competências pessoais que foram acumuladas. Em contrapartida, quando a pessoa não desenvolveu recursos suficientes de enfrentamento, pode resultar em um processo negativo, no sentido de que inibe ou constrange alternativas saudáveis. Abre portas para manifestações desagradáveis ou nefastas, tanto para quem está na transição, ou em etapas posteriores, como para seus familiares e demais pessoas do convívio social.

Uma situação ou um momento de vida é um conjunto de contingências ou circunstâncias que, para alguns, são percebidas como rotineiras, comuns ou até prazerosas. Para outros, os mesmos estímulos ou eventos são percebidos como preocupantes ou ameaçadores. Em outras palavras, muitas vezes, de forma pouco clara ou não consciente, a pessoa percebe na situação uma demanda que vai além dos recursos que ela imagina possuir. Ou seja, a resposta aos estressores – relembremos que não há vida sem estresse – varia de pessoa a pessoa. Considerar algo ou uma situação estressora, no sentido de uma ameaça, depende da maneira como ela interpreta a relação entre as exigências e os recursos (competências) disponíveis. Isso não quer dizer que algumas situações deixem de ser objetivamente ameaçadoras, como ser acometido por uma doença severa. Mesmo assim, alguns transitam pela eventualidade de maneira mais positiva que outros.

Possibilidades na transição para a aposentadoria

A transição para a aposentadoria pode ser antecipada mentalmente (pré-ocupação) por aqueles que estão prestes a se retirar de uma carreira, ou mesmo bem antes, como um evento estressor, no sentido negativo do termo, como é largamente compreendido. O processo depende, em grande parte, de fatores cognitivos. Ou seja, de como a pessoa percebe e avalia o que virá. Quanto a isso, há evidências de que muitos desconhecem as possibilidades de ações de continuidade, outros distorcem a realidade (incluindo aqui os exageros dos otimistas em excesso ou dos pessimistas) e também os que desconhecem as próprias competências, desenvolvidas ao longo de décadas de vida.

Uma miríade de possibilidades se abre, cada vez mais, para as pessoas nessa fase da vida. Depende das elaborações cognitivas, do controle emocional e das condições de continuidade de cada um. Uma dessas condições, é inegável, diz respeito ao controle financeiro e escolhas que foram e que serão feitas pelo aposentado, cônjuge e seus familiares. Com certeza, tais controles, e não somente os financeiros, podem ser aprendidos.

Para deixar claro que cada pessoa pode descobrir centenas de possibilidades de ações de continuidade ao efetivar sua aposentadoria, relata-se a seguir um procedimento que auxilia a tomar decisões e a descobrir atividades potenciais ou readquiri-las e dar continuidade à vida, em mais um momento de mudança ou transição.

A aposentadoria, na perspectiva da vida como um processo contínuo de mudanças, é um período a mais dentro de um ciclo de tomada de decisões, francamente relevantes para usufruir a nova etapa. Na Figura 1 estão ordenados quatro núcleos de atividades possíveis. No sentido anti-horário: as que são praticadas e podem ser continuadas, as que nunca foram realizadas e podem ser agregadas, as que foram realizadas e podem voltar a ser executadas e, finalmente, as específicas, que fazem parte do exercício saudável.

Figura 1 Quatro núcleos de atividades possíveis como opções para o pós-carreira

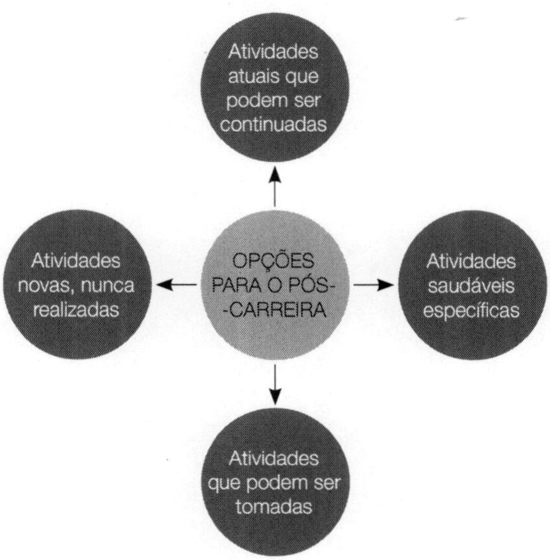

Fonte: Elaboração do autor.

Recomenda-se utilizar o esquema dos quatro núcleos de atividades de modo organizado e reflexivo. Em outras palavras, a pessoa deve considerar cada um dos núcleos de modo a analisar em profundidade o que é possível, levando em conta suas condições pessoais e o seu contexto de vida, aquilo que pode realizar porque já desenvolveu competências próprias, as limitações e oportunidades de seu entorno. O exercício torna-se profícuo se registrado como um planejamento sincero e autêntico e retomado sempre que necessário.

Orientação para a aposentadoria como processo de prevenção

Promover o autoconhecimento é parte crucial das atividades de orientação para aposentadoria. Isso significa, em grande medida, desenvolver habilidades para identificar as potencialidades e limitações de cada aposentando, analisar as possibilidades e restrições impostas pelo ambiente externo, comparar alternativas e elaborar um plano de ações. Assim, as atividades de orientação ajudam a prevenir conflitos e mazelas que podem ocorrer no âmbito individual, que são extensivas aos familiares e que repercutem em dispêndios econômicos comunitários. Sem aqui delongar as implicações psicossociais, reveladas nas estatísticas de acréscimos de doenças, conflitos, transgressões e outras (Zanelli *et al.*, 2010).

A saúde é um recurso necessário para que possamos vivenciar com vigor nossos projetos de vida na aposentadoria. A responsabilidade pela promoção da saúde, no sentido amplo, que ultrapassa disfunções restritas ao âmbito fisiológico, é responsabilidade tanto do indivíduo como do Estado. É um conjunto de recursos para a vida diária, que inclui capacidades físicas e psicossociais fundamentadas no controle do nível de estresse, atividade física e alimentação adequada. É pressuposto para a realização dos projetos de vida (Figura 2).

Figura 2 Saúde na aposentadoria como fenômeno multideterminado pelo controle do nível de estresse, atividade física e alimentação adequada

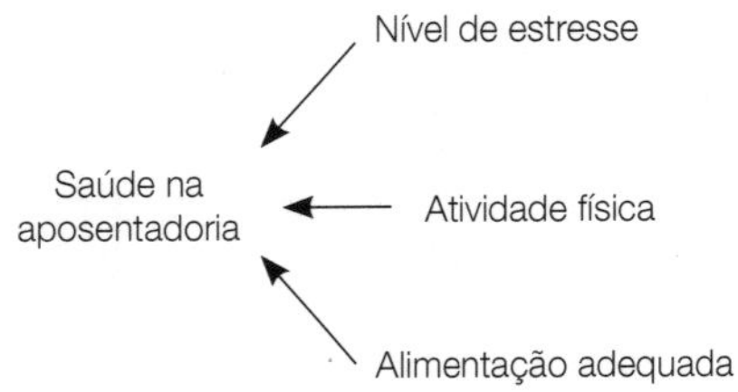

Fonte: Elaboração do autor.

A autoestima, com frequência, está fortemente alicerçada nos significados do trabalho desenvolvido ao longo da vida. O reconhecimento pelo que alguém produz ou pelos serviços que presta, representa, para muitos, vigorosa fonte de respeito por si próprio – às vezes, respeito que não é obtido fora do trabalho. A retirada do exercício rotineiro é apreendida como perda definitiva do reconhecimento, mesmo quando não há consciência desse processo, reforçada pela nomenclatura oficial, explícita e perversa, ao colocar o trabalhador na condição de "inativo".

Autoestima é um item de especial relevância na orientação para a aposentadoria, pelas suscetibilidades associadas ao momento. Cabe ressaltar o quanto nossas profissões e as organizações onde trabalhamos contribuem para o processo de elaboração do nosso autoconceito e o quanto nossa autoimagem ocupacional é uma parte importante de nossa autoimagem total. Tendo clareza disso ou não, para muitas pessoas, é a parte decisiva. Muitos dos problemas da aposentadoria podem ter origem na súbita perda de identidade profissional que acompanha o encerramento formal de uma carreira.

Igualmente relevante é ressaltar as possibilidades de ação. Se o processo de transição das atividades formais de uma carreira para uma nova rotina de vida é saudável, múltiplas alternativas podem ser descortinadas ou associadas ao processo, com ganhos suplementares de satisfação e desfrute. Dependerá, em grande parte, de disposições positivas em relação à mudança e à própria vida. Fortalecer a autoestima, o otimismo e a resiliência abre caminhos para a superação.

Resiliência é a capacidade de continuar coerentemente com os projetos de vida rumo ao futuro, mesmo que na trajetória surjam situações desestabilizadoras, condições de vida difíceis ou traumas graves (Zanelli, Silva & Tordera, 2013). Na fase de transição para a aposentadoria, é preciso ter controle da ansiedade e dificuldades que podem estar associadas a esse período e convicção de que a vida é um processo contínuo de adaptações.

O bem-estar na aposentadoria implica rever ou reconstruir a identidade pessoal e desenvolver atitudes propícias ao novo período de vida. Está calcado na atenção às relações sociais positivas, crescimento pessoal e sentido para a vida, autoaceitação e autonomia (Figura 3).

Figura 3 Bem-estar na aposentadoria como fenômeno multideterminado pela atenção às relações sociais positivas, crescimento pessoal e sentido para a vida, autoaceitação e autonomia

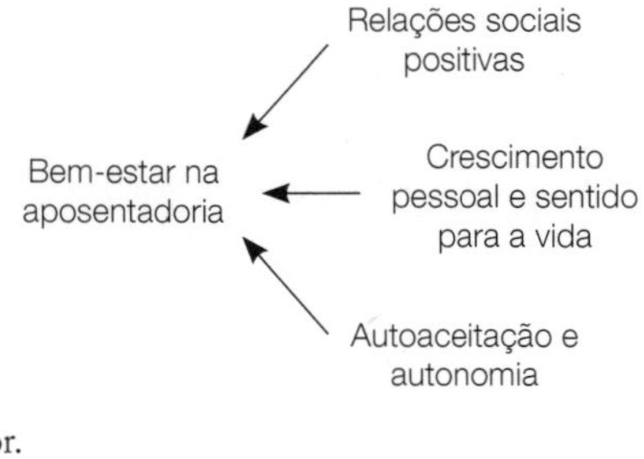

Fonte: Elaboração do autor.

Problemas relacionados às tensões que podem ocorrer nos relacionamentos, possibilidades de redução dos contatos sociais, isolamento, atividade reduzida, perda da autoestima, e que podem ser agravados pela condição econômica e assertividade inadequada, são razões suficientes para promover intervenções enquanto a pessoa mantém sua inserção formal no trabalho. Alternativas cabem às organizações, como parte de suas responsabilidades sociais, de estabelecer políticas voltadas para a aposentadoria, desde considerar a desvinculação de modo gradual, valorizando as competências daqueles que acumularam um repertório notável, e fazer distinções favoráveis em razão da idade e das atividades executadas.

Recomendações finais

Em síntese, a transição para a aposentadoria, embora deva fazer parte da educação para o bem-estar na vida desde a infância, é assumida como responsabilidade das organizações, na perspectiva de desenvolvimento contínuo dos trabalhadores. A ausência de preparação, planejamento ou orientação para a aposentadoria pode agravar as deficiências e induzir a emergência de problemas psicossociais.

Intervir em tal processo é parte do papel do profissional psicólogo em suas atividades nas organizações de trabalho. Para tanto, mais do que competência técnica, é necessário questionar se as estratégias e políticas organizacionais são coadjuvantes ou aliadas do desenvolvimento humano saudável, nos processos de carreira e envelhecimento daqueles que trabalham. É preciso saber quanto a cultura, na essência de seus valores sociais e éticos, assegura autenticamente a humanização dos relacionamentos e quanto o comportamento dos gestores, em quaisquer níveis, respalda ações de prevenção no que diz respeito ao envelhecimento da comunidade trabalhadora na organização.

No espaço permitido aos programas de orientação para aposentadoria, compete aos orientadores a tarefa de recuperar, nos limites de suas possibilidades, a consciência dos significados do trabalho, de uma vida de trabalho, das mudanças ocorridas nas últimas décadas, da aposentadoria neste contexto e outros aspectos. Compete salientar que a vida é uma mudança contínua, cada etapa com suas características, interesses, possibilidades e limitações próprias. As transições ou passagens das etapas não estão fadadas a serem vivenciadas como crises ou rupturas. Ao contrário, supõe-se que, no momento de efetivar sua aposentadoria, a pessoa desenvolveu um conjunto de competências que podem favorecer decisões adequadas, saudáveis e sustentáveis.

Referências

Breckinridge, E. L. (1953). *Effective use of older workers.* Chicago: Wilcox & Follett.

França, L. (2012). Envelhecimento dos trabalhadores nas organizações. In L. França & D. Stepansky, (Orgs.). *Propostas multidisciplinares para o bem-estar na aposentadoria.* Rio de Janeiro: Quartet: Faperj.

Kalache, A. (2012). Prefácio. In L. França & D. Stepansky (Orgs.). *Propostas multidisciplinares para o bem-estar na aposentadoria.* Rio de Janeiro: Quartet: Faperj.

Lei n. 10.741 de 1º de outubro de 2003 (2003). Dispõe sobre o Estatuto do Idoso e dá outras providências. Brasília. Recuperado em 26 setembro, 2014, de http://www.planalto.gov.br/ccivil_03/leis/2003/l10.741.htm

Mack, M. J. (1954, April). A retirement planning program. *The Journal of Business*, *27*(2), Part 1: Retirement, pp. 169-175.

Zanelli, J. C. (1994). Aposentadoria: percepções dos servidores da Universidade Federal de Santa Catarina. Encontro da Associação Nacional dos Programas de Pós-Graduação em Administração. *Anais do Enanpad*, v. 10, pp. 26-45, Curitiba.

Zanelli, J. C. (2000). O programa de preparação para aposentadoria como um processo de intervenção ao final de uma carreira. *Revista do CFH, 5*, pp. 157-175, UFSC.

Zanelli, J. C., & Silva, N. (1996). *Programa de preparação para aposentadoria.* Florianópolis: Insular.

Zanelli, J. C., Silva, N., & Soares, D. H. (2010). *Orientação para aposentadoria nas organizações de trabalho: construção de projetos para o pós-carreira.* Porto Alegre: Artmed.

Zanelli, J. C., Silva, N., & Tordera, N. (2013). Orientação para aposentadoria e gestão de pessoas nas organizações. In L. O. Borges & L. Mourão. *O trabalho e as organizações: atuações a partir da psicologia.* Porto Alegre: Artmed.

Aprendizagem no trabalho

Jairo Eduardo Borges-Andrade

Em situações de mudança no contexto, quando aquilo que foi antes utilizado com sucesso não funciona mais, muitos seres vivos não sobreviveriam se não pudessem aprender. A espécie humana é uma das que mais depende da aprendizagem. Essa dependência ocorrerá durante todo o ciclo de vida do indivíduo e é especialmente valorizada pela sociedade quando a pessoa participa de atividades concernentes à educação e ao trabalho. O foco deste verbete é a aprendizagem que ocorre no trabalho, embora o aprender esteja constantemente associado à educação.

Na contemporaneidade, a educação prepara o indivíduo para a vida em sociedade, e isso inclui especialmente o trabalho, supondo a existência de aprendizagem. Não existe uma relação linear e sequencial entre esses dois processos. Educação e trabalho podem ocorrer simultaneamente e exercerem mútuas influências, mediados por aquilo que a pessoa aprende. A aprendizagem é instrumento de empregabilidade para os trabalhadores e ferramenta estratégica e de sustentabilidade das organizações (Abbad & Borges-Andrade, 2014).

O conceito

A palavra aprendizagem evoca lembranças diversas, em diferentes profissionais, como o desenvolvimento da criança e a sua escolarização; educação técnica para o trabalho e educação superior; treinamento e desenvolvimento de trabalhadores em organizações; uso de tecnologias de informação e comunicação, no trabalho ou fora dele; e pesquisas com sujeitos que devem resolver problemas em laboratórios. Aprender é um verbo adverbial (representa uma descrição incompleta), disposicional aberto (resume o que ocorreu e o que pode ser previsto), com duas polaridades (aprender e não aprender), e que pode estar relacionado a uma situação (Coelho Jr. & Borges-Andrade, 2008). Esses autores realizaram uma análise da aprendizagem no trabalho e nas organizações fundamentada em técnicas especificamente desenvolvidas para a análise conceitual, que pode ser útil para quem deseja aprofundamento sobre o assunto.

As principais características da aprendizagem humana são, segundo Illeris (2011):

1. É um processo individual de aquisição de conhecimentos, habilidades e atitudes (CHAs), em decorrência da interação com o ambiente.
2. Essa interação é geralmente de natureza social, mediada por pessoas, textos, imagens e sons, por exemplo.
3. Aquele processo individual é situado, em termos de:

3.1. conteúdo (base sobre a qual os CHAs podem ser constituídos); e

3.2. contexto (locais em que os CHAs podem ser demonstrados).

Esses locais podem ser físicos (o campo, a casa, o escritório, a oficina), virtuais (as redes sociais, o *chat* de treinamento a distância, o sistema de intercomunicação por rádio), intra (a própria memória) e interpessoais (família, amigos, colegas de trabalho). A aprendizagem no trabalho tem um caráter mais restritivo que o da aprendizagem humana, pois ela está circunscrita aos contextos de trabalho, ou aos locais nos quais há trabalho. O verbete sobre esse assunto oferecerá ao leitor mais informações. Aqui, é suficiente considerar que locais de trabalho são aqueles em que:

1. Ocorre atividade intencional que produz um resultado reconhecido.
2. Atividade esta que envolve esforço e persistência.
3. Esforço e persistência demandados, como obrigação ou desafio, por aqueles contextos.

Assim, a aprendizagem no trabalho é aquela caracterizada como um processo individual de aquisição de CHAs, que resulta em mudança de comportamento, decorrente de interação social, situado em locais nos quais ocorre trabalho (Cairns & Malloch, 2011). Tal conceito tem sua origem na psicologia e nele estão presentes influências advindas de teorias behavioristas (mudança de comportamento, interação com o ambiente), cognitivistas (aquisição de CHAs, interação mediada por processos internos) e construtivistas (construção subjetiva, interpretação do ambiente). Há outros conceitos baseados em outras disciplinas, que serão mencionados em outra seção do presente verbete. Entretanto, é aqui adotada a definição fundamentada na psicologia.

Essa aquisição pode ser conduzida com base na programação e organização prévia de CHAs, ou competências no trabalho, a serem promovidas nas pessoas (o conceito de competências no trabalho tem verbete próprio neste dicionário), ou pode ser mais espontânea, sem prévio planejamento, ocorrendo "naturalmente" nos ambientes de trabalho. No primeiro caso, ela é denominada formal, ao passo que no segundo, é denominada informal. É esperado que ambos os tipos ocorram nesses ambientes.

Nesses dois casos, os CHAs deles resultantes podem: a) estar direta ou centralmente vinculados ao desempenho esperado dos indivíduos nos processos de trabalho em que estão envolvidos; ou b) ser periféricos ou auxiliares, caso em que é promovida uma visão estratégica do que ocorre na organização como um todo e em que é incentivada a aprendizagem de outros processos de trabalho (Coelho Jr. & Borges-Andrade, 2008). A aprendizagem no trabalho é bastante valorizada na contemporaneidade, sob a suposição de que os desempenhos dos trabalhadores e das organizações podem ser melhorados com a aprendizagem que ocorre nas escolas (técnicas e superiores), nos centros de T&D (treinamento e desenvolvimento) das organizações ou enquanto o trabalho é feito. Mas é preciso levar em conta que também podem ser adquiridos CHAs que prejudicam esses desempenhos.

A história

Até o século XIX, aprendia-se informalmente no trabalho e não existiam teorias que ajudassem na sua compreensão ou pesquisa científica que subsidiasse esse fazer. Um indivíduo, muitas vezes ainda bem jovem, era colocado aos cuidados de um trabalhador bem mais experiente, ou um mestre de ofício, para aprender pela prática, por observação ou ensaio e erro, por exemplo, a ser um ferreiro, um pintor, um agricultor ou um marceneiro. Com a Revolução Industrial, a aprendizagem tornou-se um processo altamente associado ao trabalho rotineiro, uniforme e repetitivo, até as primeiras décadas do século XX. Esse processo de aprendizagem foi formalizado, passou a ser planejado pelas organizações, na forma de atividades de treinamento voltadas para tornar as pessoas capazes de realizar tarefas específicas, estritamente vinculadas àquele trabalho. Por essa razão, a palavra "treinamento" passou a ser sinônimo de adestramento em algumas regiões do mundo, e sua responsabilidade, inclusive financeira, passou a ser das organizações empregadoras e também de algumas organizações vinculadas ao Estado. Era preciso transpor o conhecimento existente na psicologia e na educação do início do século XX, e o método científico, para compreender e intervir.

Aproximadamente na metade desse mesmo século, com o surgimento da abordagem de desenvolvimento de recursos humanos, a autogestão do processo de aprendizagem voltou a ser colocada em pauta, visando incentivar os indivíduos a assumirem a responsabilidade pelo desenvolvimento de suas carreiras profissionais dentro das organizações. A indução da aprendizagem, no entanto, continuava a ser vista como responsabilidade das organizações. Foi quando surgiu a expressão *treinamento e desenvolvimento* (T&D), objeto de outro verbete neste dicionário, e quando foi intensificada a pesquisa sobre T&D. Essa pesquisa, especialmente nos EUA e no Reino Unido, floresceu em quantidade e qualidade, e alcançou, no final do século XX, o *status* de ciência (Salas & Cannon-Bowers, 2001). No Brasil, essa intensificação ocorreu algumas décadas depois. Fez com que a produção do conhecimento em T&D alcançasse posição de destaque nacional, quando comparada a outras subáreas da Psicologia do Trabalho e das Organizações (PT&O),, em uma avaliação sobre a qualidade desta feita no final da primeira década do século XXI (Borges-Andrade & Pagotto, 2010). A produção dessa época está condensada em Borges-Andrade, Abbad e Mourão (2006).

Nas últimas décadas do século XX, surgiram muitos autores que passaram a utilizar os termos e conceitos *aprendizagem organizacional* e *organizações que aprendem* na área da administração. Estes são frequentemente associados a uma visão de ferramenta gerencial. Seu foco pode ser no indivíduo, no primeiro caso, ou na aprendizagem coletiva, no segundo. Há um verbete neste dicionário dedicado a esse assunto. O trabalho, além disso, passou a ter um controle cada vez mais mediado por tecnologias de informação e comunicação, o que promoveu o surgimento de uma abordagem de natureza econômica, com o foco no conhecimento, que igualmente incorporou o termo aprendizagem.

Em função dessas mudanças, o foco na aprendizagem informal voltou a ser considerado também na psicologia. Mas agora tratado de forma sistemática, como objeto de estudos. Este, geralmente, leva em conta que existe um processo de aquisição de CHAs que não ocorre somente nas pessoas, mas entre pessoas, e que depende de uma cultura de aprendizagem. Esses estudos utilizam predominantemente desenhos de pesquisa de natureza descritiva. Existe uma carência de desenhos de pesquisa inferencial, característica que hoje predomina nos estudos sobre T&D (o verbete sobre métodos de pesquisa, neste dicionário, pode auxiliar na compreensão das diferenças entre esses desenhos). A pesquisa sobre aprendizagem informal não está tão concentrada nos EUA. Possui centros de referência muito importantes na Oceania, na Escandinávia, na Alemanha e no Reino Unido.

A pesquisa, as teorias e a intervenção

Para fazer pesquisas sobre aprendizagem no trabalho, é preciso desenvolver métodos de mensuração, seja esta nominal, ordinal, intervalar ou de razão (consulte o verbete sobre métodos de pesquisa). Como nas demais áreas das ciências humanas e sociais, medidas desse último tipo são raridade. Medir aprendizagem formal no trabalho não é simples, mas tem sido feito e atualmente há inclusive livros que disponibilizam essas medidas para utilização profissional ou para pesquisa. Esse assunto é mencionado no verbete sobre métodos de pesquisa do presente dicionário.

Medir aprendizagem informal no trabalho é bem mais complexo, pois os resultados dessa aprendizagem podem ocorrer: a) em qualquer local, e não em uma sala de aula ou em um sistema de ensino a distância; b) em qualquer tempo, e não durante ou após sessões de ensino presencial ou distante; c) com qualquer trabalhador, e não com aqueles designados para comparecer àqueles locais, nessas sessões. Além disso, esse trabalhador pode nem reconhecer que tenha aprendido algo no trabalho, pois frequentemente a aprendizagem é associada a processos de T&D e de educação fundamental, técnica ou superior. O foco dessas medidas pode ser nas condições que levariam à aprendizagem, incluindo aqui os processos de aquisição, retenção e transferência, ou nos produtos destes, geralmente definidos em termos de desempenhos associados a objetivos organizacionais.

A natureza do conhecimento científico disponível, nos casos da aprendizagem formal e informal, é bastante diversa, embora já seja possível identificar condições que podem promovê-los (Abbad & Borges-Andrade, 2014). No primeiro caso, existe um paradigma dominante, fundamentado na abordagem de sistemas (ver verbete sobre T&D) e nas teorias de aprendizagem psicológicas, e o conhecimento é principalmente inferencial e fundamentado em pesquisa quantitativa. No segundo caso, há grande proliferação de paradigmas, advindos de diversas disciplinas, e o conhecimento predominante é descritivo e fundamentado em pesquisa qualitativa.

A publicação científica sobre aprendizagem formal e informal no trabalho foi a segunda mais frequentemente encontrada por Borges-Andrade & Pagotto (2010) no Brasil. A pesquisa que leva a tal produção precisaria, no futuro, ser menos dependente de autorrelatos e tomar como base estratégias quantitativas e qualitativas que pudessem prover evidência robusta para os modelos de aprendizagem no trabalho existentes. As variáveis de contexto precisariam ser obtidas, ou agregadas, nos níveis de equipe e organizacional (consultar verbete sobre métodos de pesquisa). Esse conjunto de prescrições não é diferente daquele feito pelos referidos autores para a pesquisa em psicologia do trabalho e organizacional em geral.

Além da questão relativa ao grau de estruturação (formal ou informal) do ambiente, a literatura passou a mencionar o grau de consciência do aprendiz (aquisição deliberada ou incidental) e a natureza do que é adquirido (inovação ou rotina). Tais classificações binárias, e outras como educação-treinamento, tácito-explícito, puro-aplicado, academia-fábrica, mais constrangem do que promovem o progresso do conhecimento científico, argumentam Cairns & Malloch (2011). O uso do conceito de aprendizagem no mundo do trabalho e das organizações passou por muitas transformações ao ser adotado por diferentes disciplinas. Ele tem natureza multifacetada e sua transposição precisa ser realizada de forma reflexiva e crítica. Há ainda que considerar possíveis níveis de análise distintos e várias dimensões (Coelho Jr. & Borges-Andrade, 2008). As classificações existentes para aprendizagem no trabalho não levam em conta a natureza do processo cognitivo do indivíduo. Tomam, como critério de categorização, características externas a esse processo, sejam elas relativas a contexto ou a produto (Moraes & Borges-Andrade, 2010).

As teorias que primeiro influenciaram os estudos sobre aprendizagem no trabalho vieram da psicologia e seus elementos centrais são descritos por Abbad e Borges-Andrade (2014). Elas continuam a ter um papel importantíssimo e foram gradualmente reconhecendo a relevância do "aprender fazendo" nos locais de trabalho (Hager, 2011). Segundo esse autor, há três questões centrais que ajudam a entender as diferenças entre elas:

1. O indivíduo como unidade de análise para a compreensão da aprendizagem (o *locus* da aquisição é interno ao indivíduo, que tem poderes para influenciá-la).
2. Aprendizagem como um produto ou "coisa" (há "algo" que é adquirido e que pode ser guardado).
3. Aprendizagem como independente do contexto (o que é adquirido pode ser transferido para outros contextos).

Há ainda as teorias socioculturais de aprendizagem no trabalho, bem como as pós-modernas. As do segundo tipo rejeitam a ideia de que a unidade de análise é o indivíduo. O que é fundamental, em vez dos processos de aquisição, retenção e transferência, é a participação. Os locais de trabalho seriam comunidades de prática. Os indivíduos mudariam, na medida em que os contextos fossem transformados. Estes contextos seriam as agências da mudança e as propriedades daqueles indivíduos pouco importariam. Por último, as teorias pós-modernas tomam a aprendizagem como um processo não intencional e imprevisível. Emerge em sistemas adaptativos complexos, sistemas estes que reconstroem o ambiente e os atores humanos nele inseridos. Ou resulta do exercício conjunto de estratégias relacionais em redes de indivíduos.

Em resumo, nas teorias psicológicas sobre aprendizagem no trabalho, a metáfora predominante é a da aquisição; nas socioculturais, é a da participação, e nas pós-modernas, é a do engajamento (há um verbete neste dicionário sobre esse assunto) ou da (re) construção (Hager, 2011). Embora esses três conjuntos de teorias possam ter características que sugiram divergências epistemológicas irreconciliáveis, há autores que sugerem algumas formas de integração dos seus níveis de análise (Abbad, Loiola, Zerbini & Borges-Andrade, 2013; Illeris, 2011).

Intervenções poderiam ser feitas visando promover a aprendizagem das pessoas no trabalho, embora essas teorias destoem sobre como isso pode ser feito. Podem existir posições teóricas que nem concordem que exista essa possibilidade. Os profissionais que partirem da suposição de que elas são possíveis necessitam ter acesso (e utilizar) informações científicas sobre os fatores de contexto que estariam associados a essa aprendizagem. Essa promoção precisará: a) que os seus resultados sejam conhecidos (ou formulados) antes das intervenções; e b) que depois o seu alcance seja verificado. As organizações poderão, por exemplo, promover formalmente atividades de tutorização, T&D, *mentoring* e orientação profissional. Há verbetes sobre esses quatro assuntos neste dicionário que poderão auxiliar o leitor a ampliar o conhecimento sobre as possibilidades de intervenção. Para transferir o que adquiriram nessas atividades, os seus participantes ou egressos precisarão perceber que seu ambiente organizacional oferece suporte psicossocial e material. Ou essas atividades precisarão ser mais bem realizadas e disseminadas. Ou serem selecionados, para delas participarem, aqueles que efetivamente precisam delas (Borges-Andrade, Zerbini, Abbad & Mourão, 2013; Borges & Carvalho, 2013).

Visando enfrentar os desafios das mudanças, os trabalhadores poderão ainda buscar ou organizar informações utilizando: a) estratégias comportamentais (procura de ajuda em materiais impressos ou na Internet, observar colegas e fazer perguntas a eles, tentativa e erro); ou b) cognitivas (elaborar soluções com base em experiências prévias bem-sucedidas, associá-las às novas demandas e refletir sobre seus objetivos e grupos de interesse). Para utilizar sistematicamente essas estratégias visando aprender informalmente, esses trabalhadores precisarão igualmente perceber que, em seu contexto de trabalho, predominam políticas e práticas que valorizam e favorecem tais estratégias e seus resultados (Abbad *et al.*, 2013).

Conclusão

Aprender é um conceito complexo e controverso. O conceito de trabalho também é. Portanto, definir aprendizagem no trabalho não é tarefa simples. Aprender no trabalho, além disso, passou por grandes transformações, desde antes da Revolução Industrial até o século XXI. Seu estudo acompanhou essas mudanças, alternando focos no que é formal e informal. Essa classificação binária não foi superada, bem como outras similares.

Por mais de meio século, diferentes teorias psicológicas definiram o conceito e influenciaram os modelos teóricos, a pesquisa e a intervenção no campo da aprendizagem no trabalho. Essas teorias permanecem dominantes, mas a partir das últimas décadas do século XX conviveram com teorias oriundas da administração, da sociologia, da antropologia e da economia. Responderam aos desafios destas, insistindo em focalizar o indivíduo, inserindo alterações em seus modelos teóricos, testando-os empiricamente, formando um apreciável contingente de profissionais do campo e mantendo forte tradição prática. Os efeitos dessas respostas têm sido capazes de dar apoio à suposição de que a aprendizagem é instrumento para garantir empregabilidade dos trabalhadores e sustentabilidade das organizações.

Referências

Abbad, G. S., Loiola, E., Zerbini, T., & Borges-Andrade, J. E. (2013). Aprendizagem em organizações e no trabalho. In L. O. Borges & L. Mourão (Orgs.). *O trabalho e as organizações: atuações a partir da psicologia* (pp. 497-527). Porto Alegre: Artmed.

Abbad, G. S., & Borges-Andrade, J. E. (2014). Aprendizagem humana em organizações de trabalho. In J. C. Zanelli, J. E. Borges-Andrade & A. V. B. Bastos (Orgs.). *Psicologia, organizações e trabalho no Brasil.* Porto Alegre: Artmed.

Borges, L. O., & Carvalho, V. D. (2013). Tutorização organizacional de novos empregados. In L. O. Borges & L. Mourão (Orgs.). *O trabalho e as organizações: atuações a partir da psicologia* (pp. 406-432). Porto Alegre: Artmed.

Borges-Andrade, J. E., Abbad, G. S. & Mourão, L. (2006). *Treinamento, desenvolvimento e educação em organizações e trabalho.* Porto Alegre: Artmed.

Borges-Andrade, J. E. & Pagotto, C. P. (2010). O estado da arte da pesquisa brasileira em psicologia do trabalho e organizacional. *Psicologia: teoria e pesquisa, 26*(n. esp.), 37-50.

Borges-Andrade, J. E., Zerbini, T., Abbad, G. S., & Mourão, L. (2013). Treinamento, desenvolvimento e educação: um modelo para sua gestão. In L. O. Borges & L. Mourão (Orgs.). *O trabalho e as organizações: atuações a partir da psicologia* (pp. 464-496). Porto Alegre: Artmed.

Cairns, L., & Malloch, M. (2011). Theories of work, place and learning: new directions. In M. Malloch, L. Cairns, K. Evans & B. N. O'Connor. (Eds.). *The Sage handbook of workplace learning* (pp. 3-16). London: Sage.

Coelho Jr. F. A., & Borges-Andrade, J. E. (2008). Uso do conceito de aprendizagem em estudos relacionados ao trabalho e organizações. *Paideia, 18*(40), 221-234.

Hager, P. (2011). Theories of workplace learning. In M. Malloch, L. Cairns, K. Evans & B. N. O'Connor (Eds.). *The Sage handbook of workplace learning* (pp. 17-31). London: Sage.

Illeris, K. (2011). Workplace and learning. In M. Malloch, L. Cairns, K. Evans & B. N. O'Connor. (Eds.). *The Sage handbook of workplace learning* (pp. 32-45). London: Sage.

Moraes, V. V., & Borges-Andrade, J. E. (2010). Aprendizagem relacionada ao trabalho. *Psicologia: organizações e trabalho, 10*(2), 112-128.

Salas, E., & Cannon-Bowers, J. A. (2001). The science of training: a decade of progress. *Annual Review of Psychology, 52*, 471-499.

Aprendizagem organizacional

Elisabeth Loiola
Jorge Neris
Claudio Leopoldino

A importância da aprendizagem é cada vez mais reconhecida no contexto contemporâneo. Consolida-se a ideia de que vivemos em um mundo de constantes mudanças, no qual os indivíduos se veem na condição de aprender continuamente novos conhecimentos, habilidades e atitudes. Da mesma forma, as organizações, em busca de maior competitividade, ou atendendo a pressões ambientais diversas, tais como exigências em termos de responsabilidade socioambiental, regulamentação e controle estatal, vivenciam mudanças e inovações organizacionais contínuas, que, por sua vez, estimulam crescentes investimentos em aprendizagem individual e organizacional.

Em particular, quando se trata da aprendizagem organizacional, o foco de análise recai sobre a organização e suas necessidades de aprendizagem, que ganham precedência sobre as necessidades dos indivíduos que a constitui. Nessa perspectiva, a organização procura influenciar as ações individuais, buscando construir e consolidar uma "visão compartilhada" entre seus membros, cujas motivações passam a ter importância secundária, ao passo que o caráter interindividual da aprendizagem se torna mais evidente. Entende-se que os conhecimentos não podem ficar restritos aos indivíduos, devendo se disseminar para a equipe, o departamento, e, em última instância, para a organização como um todo, a fim de que estejam disponíveis mesmo diante da rotatividade de seus membros.

Nesse contexto, o interesse pela aprendizagem nas organizações engendrou um campo de pesquisa marcado pela multiplicidade de abordagens e pela imprecisão conceitual. Em 2011, ao apresentar a segunda edição do *Handbook of Organizational Learning & Knowledge Management*, publicado originalmente em 2003, Easterby-Smith e Lyles abordam a evolução do campo de pesquisa, evidenciando, diante de seu crescimento acelerado, a crescente especialização e proliferação de abordagens oriundas das mais diversas disciplinas. Salientam, ainda, o acirrado debate em torno da definição do conceito de aprendizagem organizacional, da pertinência de utilização de métodos de pesquisa e de formas de promoção da aprendizagem organizacional focados em organizações concretas.

Origem do conceito

Os trabalhos seminais no campo da aprendizagem organizacional datam das décadas de 1960 e 1970 (Ver Tabela 1). Contudo, somente a partir de 1990 é que ocorre um crescimento exponencial de publicações em aprendizagem organizacional, refletindo a acumulação de resultados de pesquisas voltadas a compreender processos de aprendizagem e suas relações com o desenvolvimento das organizações, as quais têm aberto novas perspectivas teóricas e metodológicas de investigação.

Apesar do crescente interesse pela aprendizagem organizacional, da indiscutível relevância do conceito e da progressiva acumulação de conhecimentos sobre o fenômeno, ainda não existe consenso na área sobre o conceito de aprendizagem organizacional, sua relação com a aprendizagem individual, e, menos ainda, acerca da maneira pela qual apreender um fenômeno de natureza tão fluida. Ainda que alguns estudiosos e praticantes considerem essa diversidade como algo natural a um campo em formação, ou até mesmo como um indicador de fecundidade, tem crescido a insatisfação de muitos outros estudiosos e praticantes diante do que se tem denominado mistificação, confusão conceitual, inconsistência e incoerência do campo.

Em 1985, Fiol e Lyles já apontam uma inconsistência considerável entre o que está sendo observado e o que está sendo medido no campo de pesquisa sobre aprendizagem organizacional. Prange (2001), também observa várias deficiências, como a falta de clareza e consenso em torno da definição, o persistente problema da divergência conceitual e a dificuldade em traduzir o conceito em algo observável. Nesse contexto, a questão mais fundamental, estabelecida em 1978 (Argyris & Schön, 1996), ainda exige reflexões: as organizações podem aprender?

Na opinião de Antonacopoulou (2006), a literatura em aprendizagem organizacional oferece três respostas à questão de se as organizações aprendem: "não", "sim" e "talvez". Na primeira perspectiva, considera-se que as organizações não são seres humanos e, portanto, não podem aprender. Na segunda, defende-se que é possível falar em aprendizagem organizacional, já que as organizações exibem habilidades de aprendizagem, tais como aquisição, experimentação e melhoria contínua. Por fim, na terceira perspectiva, argumenta-se que talvez se possa falar em aprendizagem organizacional, na medida em que as organizações desenvolvem e acumulam conhecimentos em arquivos, regras, papéis, rotinas e procedimentos, que constituem, dessa forma, parte da memória organizacional.

O conceito de aprendizagem organizacional e suas abordagens

Respostas à questão de se as organizações aprendem dependem de como os autores organizam a produção teórica e prática do campo e sempre delineiam um conceito específico de aprendizagem organizacional. Algumas respostas referem-se à aprendizagem de indivíduos nas organizações; outras, à aprendizagem de grupos, à aprendizagem das organizações e mesmo a organizações de aprendizagem.

Easterby-Smith, Antonacopoulou, Simm e Lyles, em 2004, apresentam uma proposta de organização do campo na qual consideram que a distinção mais significativa entre os pesquisadores está no fato de enfatizarem a aprendizagem como um processo técnico ou como um processo social. Em uma perspectiva técnica, os autores consideram que a aprendizagem organizacional diz respeito ao processamento eficaz, interpretação e resposta a informações, tanto de dentro como de fora da organização. Ao passo que, em uma perspectiva social, focalizam a maneira pela qual as pessoas atribuem significado a suas experiências de trabalho. Nesse caso, a aprendizagem não é vista como algo que acontece na mente dos indivíduos, mas como resultado da interação entre pessoas em um contexto cultural. Na primeira perspectiva, incluem-se autores como Kolb, Argyris e Schön; na segunda, Coopey, e Brown e Duguid (ver Tabela 1).

Tabela 1 Textos e autores clássicos em aprendizagem organizacional

Autores	Títulos	Publicação	
Pioneiros	Richard Michael Cyert e James G. March	A behavioral theory of the firm	1963
	Vincent E. Cangelosi e William R. Dill	Organizational learning: observations toward a theory	1965
Perspectiva técnica (metáfora - aquisição)	David A. Kolb e Roger Fry	Toward an applied theory of experiential learning	1975
	Cris Argyris e Donald Schön	Organizational learning: a theory of action perspective	1978
	Daniel Kim	The link between individual learning and organizational learning	1993
	Ikujiro Nonaka e Hirotaka Takeuchi	The knowledge-creating company: how Japanese companies create dynamics of innovation	1995
Perspectiva social (metáfora - participação)	John Seely Brown e Paul Duguid	Organizational learning and communities of practice: towards a unified view of working, learning, and innovation	1991
	John Coopey	The learning organization, power, politics and ideology introduction	1993
	Jean Lave e Etienne Wenger	Situated learning: legitimate peripheral participation	1991
Pós-modernas (metáfora - emergência)	Haridima Tsoukas	Complex knowledge: studies in organizational epistemology	2005
	Silvia Gherardi e Davide Nicolini	The organizational learning of safety in community of practices.	2000

Fonte: Elaboração do autor.

Em 2011, Hager apresenta outra alternativa de resposta, trabalhando com três grupos de teorias de aprendizagem no trabalho: teorias psicológicas da aprendizagem (metáfora da aquisição), teorias socioculturais (metáfora da participação) e teorias pós-modernas (metáforas centradas na ideia de emergência).

Na primeira categoria, o autor destaca trabalhos de autores, a exemplo de Argyris e Schön (ver Tabela 1), que possuem em comum: foco no aprendiz individual e nos aspectos cognitivos e racionais do trabalho; tratamento da aprendizagem como produto ou coisa; não problematização do conceito; e negligência em relação aos fatores sociais, culturais, organizacionais e contextuais do trabalho. Em oposição à perspectiva anterior, a segunda categoria compõe-se de autores (como Lave & Wenger, 1991, ver Tabela 1) que destacam a relevância dos fatores sociais (em rejeição ao dualismo mente-corpo), consideram a aprendizagem como um processo de participação (em rejeição ao conceito de aprendizagem como produto) e enfatizam a relevância de diversos fatores sociais, organizacionais, culturais e contextuais (em rejeição à suposta independência da aprendizagem em relação ao contexto). A terceira categoria – denominada pós-moderna – propõe, por sua vez, que a aprendizagem no contexto de trabalho seja um processo emergente, caracterizado por mudanças temporais. Essa categoria parece exigir novas metáforas para compreensão do processo de aprendizagem – em substituição às metáforas da aquisição (teorias psicológicas) e da participação (teorias socioculturais) –, tais como "engajamento", "(re)construção" ou "emergência" (como Gherardi & Nicolini, 2000, ver Tabela 1).

Níveis de análise, modelos e processos de aprendizagem organizacional

A divergência em termos dos níveis de análise – individual ou organizacional – tem sido explicada em função das perspectivas disciplinares que permeiam o campo, particularmente em consequência da relativa proeminência do indivíduo na perspectiva psicológica e do grupo na perspectiva sociológica/cultural (Brandi & Elkjaer, 2011). Mais recentemente, segundo Crossan, Maurer e White (2011), tem crescido o consenso em torno da proposição de que aprendizagem organizacional é um fenômeno multinível e multidimensional.

Para Klein e Kozlowski (2000), o desafio é pensar as organizações como sistemas compostos, simultaneamente, por níveis micro e macro. Nessa lógica, fenômenos de aprendizagem são derivados de processos do tipo "topo-descida" ou "fundo-subida", ou mais propriamente "emersão". Ambos os processos são de dois tipos: por composição e por compilação. O primeiro tipo equivale a processos que se dão no mesmo nível, ao passo que, no segundo tipo, o processo que se realiza em nível mais alto é fruto da combinação de atividades realizadas em níveis mais baixos (ver Pantoja & Borges-Andrade, 2004).

Considerando que a aprendizagem organizacional refere-se ao desenvolvimento de conhecimentos pelos membros da organização, os quais, uma vez reconhecidos como válidos, contribuem para gerar inovações em produtos e processos, Loiola, Néris e Bastos (2006) propõem um modelo heurístico de aprendizagem organizacional que incorpora a natureza multinível do fenômeno, focando também o problema da conversão de conhecimentos individuais em conhecimentos organizacionais. De acordo com esse modelo, aprendizagem organizacional envolve o processo de aquisição de conhecimentos pelos indivíduos, a transferência desses conhecimentos para situações de trabalho e sua conversão, por socialização e codificação, em conhecimento organizacional.

Crossan *et al.* (2011), por sua vez, propõem o *framework* multinível, denominado 4I para o estudo da aprendizagem organizacional. Fortemente relacionado à natureza multinível desse *framework* estão seus quatro processos inter-relacionados: intuição, interpretação, integração e institucionalização. Esses quatro processos conectam todos os três níveis de análise (indivíduo, grupo, organização), os quais definem, por sua vez, a estrutura por meio da qual a Aprendizagem Organizacional (AO) ocorre, formando a cola que mantém essa estrutura unida. Colocam em relevo o problema da conversão de aprendizagens individuais em aprendizagens de grupo e de organizações, apontando processos similares e específicos a cada nível.

O campo da aprendizagem organizacional no Brasil

Em campo cuja evolução vem se caracterizando por aceleração do ritmo de produção, surgimento de novas abordagens, permanência de velhas controvérsias e surgimento de novas, a produção brasileira não fica imune. Pelo contrário, mostra-se tributária desse legado. Um quadro sucinto dessa produção é apresentado a seguir.

Bastos, Gondim, Loiola, Menezes e Navio (2002) e Bastos, Gondim e Loiola (2004) observam a bifurcação do campo da aprendizagem organizacional no Brasil entre uma vertente, denominada aprendizagem organizacional, mais descritiva e na qual preponderam pesquisadores acadêmicos, e outra mais prescritiva, liderada por consultores e praticantes, assim como já havia sido apontado por Easterby-Smith, Araújo e Burgoyne (1999), em relação à literatura internacional. Segundo Bastos *et al.* (2002, 2004) e Loiola e Bastos (2003a, 2003b), em ambas as vertentes, alguns aspectos relacionados ao processo de produção de conhecimento ganham relevo por mostrarem lacunas ou desafios a serem devidamente enfrentados, a exemplo da negligência dos microprocessos de aprendizagem, do excessivo foco na aprendizagem dos indivíduos nas organizações, a qual é automaticamente concebida como aprendizagem organizacional, foco em indústrias urbanas, predomínio de estudos de caso, menosprezo pelo contexto, entre outras.

Mais recentemente, Antonello e Godoy (2009) observam que, no Brasil, os estudos e teorias em aprendizagem organizacional tendem a negligenciar o conhecimento já produzido. Sendo assim, sugerem que pesquisadores brasileiros direcionem seu olhar para o nível interpessoal; para a noção de neutralidade da meta – de modo a compreender que as aprendizagens podem ser positivas ou negativas; que considerem a mudança sob outra perspectiva que não exclusivamente a comportamental, bem como a natureza processual e política da aprendizagem. Além disso, que desenvolvam pesquisas, a partir de uma abordagem baseada nas práticas, como demandas mais urgentes no campo de pesquisa sobre aprendizagem organizacional no Brasil.

Direções futuras

Pode-se concluir que há ainda um longo caminho a percorrer no sentido de reduzir confusões e mal-entendidos presentes no campo da aprendizagem organizacional. Além disso, pode-se verificar que lidar com diferentes abordagens pode ser muito promissor e, simultaneamente, mais fonte de confusão. Este verbete procurou apresentar orientações para o aprofundamento do estudo dos interessados.

Várias questões-chave e inter-relacionadas foram tomadas como referência para produzir conhecimento de qualidade científica em aprendizagem organizacional: a definição de aprendizagem organizacional, seus modelos e suas abordagens, sujeitos (níveis de análise) e repercussões de discussões e modelos da aprendizagem organizacional no Brasil. Sobre essas questões, adianta-se que a própria definição de aprendizagem organizacional tem que explicitar os sujeitos (níveis de análise) envolvidos e os processos que se realizam em cada nível, assim como seus modelos.

Pesquisas futuras tendem a concentrar sua atenção em: criação, transferência e absorção de conhecimento, cujo aprofundamento de conhecimentos coloca-se como condição necessária para complementar o entendimento atual sobre aprendizagem organizacional; relações entre capacidades dinâmicas, aprendizagem organizacional e seus subprocessos, assim como entre novas formas de organização e aprendizagem; efeitos dos desenvolvimentos tecnológicos sobre a aprendizagem organizacional; modelos e métodos multiníveis; e, por fim, processos de conversão da aprendizagem individual em organizacional.

Referências

Antonacopoulou, E. (2006). The relationship between individual and organizational learning: new evidence from managerial learning practices. *Management Learning, 37*(4), 455-73.

Antonello, C. S., & Godoy, A. S. (2009). Uma agenda brasileira para os estudos em aprendizagem organizacional. *Revista de Administração de Empresas, 49*(3), 266-281.

Argote, L., & Miron-Spektor, E. (2011). Organizational learning: from experience to knowledge. *Organization Science, 22*(5), 1123-1137, September-October.

Argyris, C., & Schön, D. A. (1996). *Organizational learning II: theory, method and practice.* Massachusetts: Addison-Wesley Publishing Company.

Bastos, A. V. B., Gondim, S. M. G., Loiola, E., Menezes, I. G., & Navio, V. L. R. (2002). Aprendizagem organizacional *versus* organizações que aprendem: características e desafios que cercam essas duas abordagens de pesquisa. *Anais do II Encontro de Estudos Organizacionais.* Recife, PE, Brasil. Recuperado em 26 setembro, 2014, de http://www.anpad.org.br/diversos/trabalhos/EnEO/eneo_2002/2002_ENEO31.pdf

Bastos, A. V. B., Gondim, S., & Loiola, E. (2004) Aprendizagem organizacional *versus* organizações que aprendem: características e desafios que cercam essas duas abordagens de pesquisa. *Revista de Administração (Rausp)*, *39*(3), 220-230, julho/agosto/setembro.

Brandi, U., & Elkjaer, B. (2011). Organizational learning viewed from a social learning perspective. In M. Easterby-Smith & M. A. Lyles (2011). *Handbook of organizational learning and knowledge management* (pp. 23-41). United Kingdom: Wiley.

Crossan, M. M., Maurer, C. C., & White, R. E. (2011). Reflections on the 2009 arm decade award: do we have a theory of organizational learning?. *Academy of Management Review*, *36*(3), pp. 446-460.

Easterby-Smith, M., Antonacopoulou, E., Simm, D., & Lyles, M. (2004). Constructing contributions to organizational learning: Argyris and the next generation. *Management Learning*, *35*(4), pp. 371-380.

Easterby-Smith, M., Araújo, L., & Burgoyne, J. G. (1999). *Organizational learning and the learning organization: developments in theory and practice.* London: Sage.

Easterby-Smith, M., & Lyles, M. A. (2011). *Handbook of organizational learning and knowledge management* (2a ed). Chichester, UK: Wiley.

Fiol, C. M., & Lyles, M. A. (1985). Organizational learning. *Academy of Management Review*, *10*(4), pp. 803-813.

Hager, P. (2011). Theories of workplace learning. In M. Malloch *et al.* (2011). *The Sage handbook of workplace learning.* Los Angeles: Sage.

Klein, K. J., & Koslowski, S. W. J. (2000). *Multilevel theory, research, and methods in organizations: foundations, extensions, and new directions.* San Francisco: Jossey-Bass.

Loiola, E., & Bastos, A. V. B. (2003a). Ampliando perspectivas para a análise da pesquisa sobre aprendizagem organizacional: uma tréplica. *Revista de Administração Contemporânea (RAC, Anpad)*, *7*(3), 213-219.

Loiola, E., & Bastos, A. V. B. (2003b). A produção acadêmica sobre aprendizagem organizacional no Brasil. *Revista de Administração Contemporânea (RAC, ANPAD)*, *7*(3), 181-201.

Loiola, E., Néris, J. S., & Bastos, A. V. B. (2006). Aprendizagem em organizações: mecanismos que articulam processos individuais e coletivos. In J. Borges-Andrade, G. S. Abbad, L. Mourão e colaboradores. *Treinamento, desenvolvimento e educação em organizações e trabalho – Fundamentos para gestão de pessoas* (pp. 114-136). Porto Alegre: Artmed.

Pantoja, M. J., & Borges-Andrade, J. E. (2004). Contribuições teóricas e metodológicas da abordagem multinível para o estudo da aprendizagem e sua transferência nas organizações. *Revista de Administração Contemporânea*, *8*(4), 115-138.

Prange, C. (2001). Aprendizagem organizacional: desesperadamente em busca de teorias. In M. Easterby-Smith & J. Burgoyne. *Aprendizagem organizacional e organização de aprendizagem: desenvolvimento na teoria e na prática* (pp. 41-63). São Paulo: Atlas.

Assédio moral no trabalho[1]

Iis Andréa Pereira Soboll

Os termos *mobbing*, *bullying* (Inglaterra, Estados Unidos, Austrália, entre outros países), *haracèlement moral* (França), *acoso* ou *maltrato psicológico* (Espanha e outros de língua espanhola), *coacção moral* (Portugal) e *molestie psicologiche* (Itália) são expressões utilizadas para descrever o que no Brasil tem sido denominado de assédio moral. O assédio moral é caracterizado por um conjunto de atos hostis no trabalho, que acontecem de forma continuada e repetitiva, os quais atingem a dignidade e ofendem aquele que é alvo das hostilizações.

Os primeiros estudos sobre o assédio moral iniciaram na Noruega, na década de 1980, com o trabalho do psicólogo alemão Heinz Leymann, que elaborou o instrumento denominado LIPT (Leymann Inventory of Psychological Terrorization), a partir de 45 comportamentos identificados como os mais frequentes em casos de *mobbing*. Os estudos de Leymann influenciaram diversos núcleos de pesquisas no mundo todo, relevantes e atuantes até o presente momento, como os grupos de Dieter Zapf (Alemanha), de Helge Hoel (Inglaterra), de José Luiz González de Rivera (Espanha), Harald Ege (Itália) e de Stale Einarsen (Noruega), entre outros. Em 1997, Einarsen elaborou um instrumento de identificação do assédio moral, com 21 itens, chamado NAQ (Negative Acts Questionnary), traduzido e validado no Brasil por Maciel e Gonçalves (2008). O NAQ e o LIPT são os instrumentos utilizados como referência nas principais pesquisas sobre o tema no mundo.

No Brasil, o assédio moral foi reconhecido com essa denominação apenas em 2000 e rapidamente adquiriu relevância social e acadêmica. Destacam-se as publicações de dois importantes trabalhos pioneiros no país: (i) a tradução do livro de Hirigoyen (2002), que deu visibilidade a essa problemática em diversos países do mundo nos quais o assédio moral ainda não estava nominado; (ii) a dissertação de mestrado de Barreto (2000), que embora não utilizasse o termo assédio moral, abordava a problemática na forma de humilhações no trabalho.

Atualmente, nas pesquisas nacionais e internacionais não há um consenso sobre o que é o assédio moral. Entretanto, uma definição precisa de assédio moral é importante para a atuação profissional no encaminhamento de casos e para o rigor científico na realização de pesquisas. Os atores sociais, por sua vez, não têm o com-

[1] O texto aqui apresentado integra o verbete *Assédio moral no trabalho* publicado no *Dicionário de trabalho e tecnologia*, 2011, organizado por Cattani e Holzmann. Aqui é apresentado com outra estrutura, revisado e ampliado.

promisso e o dever de saber a especificidade do conceito de assédio e de utilizá-lo corretamente. Quando observam-se os discursos no cotidiano de trabalho, o uso do termo assédio moral é bastante generalista. Sempre que há um relato de assédio moral há um alerta indicador da ocorrência de uma entre três situações: 1) Pode haver um caso efetivo de assédio moral; 2) Pode existir algum tipo de desgaste no trabalho que por falta de um termo melhor ou de desconhecimento tenha sido nomeado equivocadamente de assédio moral; 3) O discurso de assédio pode estar sendo usado como uma manobra de dissimulação. Neste último caso, a atenção também é requerida a fim de verificar qual a problemática que estaria subsidiando um falso relato de assédio moral. Portanto, em todos os casos em que o assédio moral for mencionado explicitamente há aí uma demanda de intervenção e investigação mais detalhada dos aspectos fundadores de tal relato.

Por sua vez, os profissionais e os pesquisadores que atuam com essa problemática precisam ter clareza de que tipo de circunstâncias estão tratando quando o problema é assédio moral. Apresenta-se aqui uma compreensão particular, que não pretende ser universal, resultante de dez anos de pesquisas, intervenções e discussões compartilhadas sobre essa problemática.

Conceito e critérios obrigatórios

O assédio moral é um processo extremo de hostilização que ocorre em relações mediadas pelo trabalho. O caráter processual é identificado pela repetição de situações constrangedoras e pela continuidade destas no decorrer do tempo. Objetivamente, o assédio moral aparece na forma de perseguição (ação) ou isolamento (omissão), por comportamentos insistentes ofensivos e rudes, evidentes ou sutis, expresso em palavras, gestos, mensagens escritas ou procedimentos gerenciais ou organizacionais. A prática desses atos evidenciam a dimensão objetiva do assédio moral.

Por ser uma situação de violência psicológica extrema, deletéria especialmente tendo em vista sua duração no tempo, geralmente é acompanhada da vivência intensa de humilhação e constrangimento, as quais afetam o senso de dignidade e sinalizam a dimensão subjetiva do assédio.

Nas pesquisas iniciais (Leymann, 1996), havia uma indicação de que era necessário que as hostilizações ocorressem com frequência semanal e perpetuassem por seis meses para diagnosticar o assédio moral, seguindo os mesmos parâmetros necessários para confirmações de quadros de psicopatologias. Entretanto, esse critério foi questionado e refutado (Hirigoyen, 2002; Einarsen, Hoel, Zapf & Cooper, 2003, entre outros), permanecendo como necessário apenas a identificação, não de uma duração específica, mas de repetição e continuidade no tempo, fator que atribui cronicidade e gravidade ao assédio moral. Há na literatura (conforme revisão apresentada em Soboll & Gosdal, 2009) um reconhecimento de que situações hostis pontuais, por mais intensas que possam ser, não se configuram como assédio moral. Estas, no entanto, podem ser expressões de violência no trabalho e, por vezes, também se faz necessário algum tipo de intervenção.

Há dois critérios que são destacados como orientadores principais (obrigatórios) para o correto diagnóstico do assédio moral (Zapf & Einarsen, 2005): o assédio objetivo e o assédio subjetivo. O assédio objetivo refere-se à ocorrência efetiva de atos hostis no cotidiano do trabalho. O assédio subjetivo envolve a percepção e o sentimento da pessoa de ter sido humilhada e de ter afetada sua dignidade. Há autores que defendem e se orientam por uma das duas dimensões como dominante, enquanto outros indicam o uso articulado dos critérios, o que de fato se mostra mais efetivo (Maciel & Gonçalves, 2008). Vale destacar que nem todos os casos de assédio subjetivo correspondem a uma situação real de violência, uma vez que depende exclusivamente da percepção pessoal a respeito de suas vivências no trabalho. Mas o mais comum é que esteja acontecendo uma situação de assédio e esta não seja assim reconhecida. O assédio objetivo, principalmente do tipo organizacional, nem sempre é reconhecido como violência e hostilização.

Quando a expressão "assédio moral" passou a ser usada por diversos atores sociais (trabalhadores, sindicatos, empresas, profissionais da saúde e de direito, pesquisadores, entre outros), foi aplicada para sinalizar outras situações de constrangimentos, favorecendo a flexibilização e a ampliação do conceito.

Einarsen, Hoel, Zapf e Cooper (2003) identificaram que o termo assédio moral (*bullying*) também estava sendo utilizado pelos trabalhadores para nomear situações nas quais a violência estava inserida nas estratégias organizacionais. O autor chamou essas situações de assédio organizacional (*bullying* organizacional), de maneira a diferenciar do assédio interpessoal (*bullying* interpessoal), termo relativo ao conceito original estrito. Estudos anteriores (a exemplo do livro de 1976, *The harassed worker*, do psiquiatra americano C. M. Brodsky) já reconheciam a existência do assédio originado por fatores organizacionais. No Brasil, desde 2006, são desenvolvidas pesquisas específicas sobre o assédio organizacional (Soboll & Gosdal, 2009).

Assédio moral organizacional e assédio moral interpessoal

O assédio moral organizacional contempla interações entre o indivíduo e a organização ou a administração da empresa, as quais utilizam da violência e da hostilização, de forma continuada e crônica, na formulação de procedimentos e políticas organizacionais, na forma de mecanismos de gestão abusivos sem necessariamente existir um agressor personalizado. No assédio organizacional, o alvo é generalizado e atinge diretamente a maioria ou toda a equipe de trabalho ou um grupo com perfil definido, como todos os portadores de doenças/ocupacionais ou todos aqueles que não atingem as metas, por exemplo. O propósito dessas práticas não é pessoal, mas administrativo. Busca-se o reforço do controle e da submissão do coletivo dos trabalhadores e o aumento da produtividade e do ritmo do trabalho por meio de ameaças, humilhações e constrangimentos. Um exemplo típico de assédio moral organizacional é identificado no uso do *ranking* de comparação de resultados ou metas, acompanhado de exposições constrangedoras e de violência verbal (gritos, palavras grosseiras, xingamentos) direcionadas aos últimos classificados, com ameaça de demissão e de prejuízo na carreira. O assédio organizacional é uma forma de violência institucionalizada que cumpre a função de alertar todo o coletivo sobre a exigência de dedicação total e de obediência incondicional, sob ameaça de sansões, humilhações e exclusões. Por vezes, o discurso gerencialista e a ética economicista buscam justificar tais práticas como necessárias, na tentativa de legitimar e naturalizar a violência, utilizada como uma política de gestão.

O assédio organizacional diferencia-se do assédio moral interpessoal. O assédio interpessoal coincide com o conceito original de assédio moral e contempla situações pessoalizadas de perseguição e de armadilhas no ambiente de trabalho, no qual o alvo é sempre a mesma pessoa ou algumas pessoas "escolhidas" do grupo. Nesse caso, o propósito é a destruição, o prejuízo ou a exclusão de uma pessoa em especial. Embora com alvo certo, o assédio interpessoal geralmente tem um efeito secundário de fazer todo o grupo aumentar o ritmo de trabalho e manter a obediência às regras, por medo de ser também agredido, humilhado ou constrangido.

O termo assédio moral atualmente contempla tanto as situações de assédio interpessoal como organizacional, mas essa diferenciação vem sendo usada apenas recentemente. Observa-se que, embora na descrição do conceito alguns autores adotem a definição mais estrita (coincidente com o conceito de assédio interpessoal, que envolve pessoalidade, intencionalidade e objetivo de exclusão ou de prejudicar), na exposição dos exemplos e casos é muito frequente estarem relatadas situações de assédio organizacional. O termo assédio organizacional tem sido avaliado como capaz de representar algumas situações que estão sendo observadas ou vivenciadas nos ambientes de trabalho e que são diferentes do assédio interpessoal.

A especificação do conceito de assédio moral em interpessoal e organizacional favorece um olhar mais refinado para os processos organizacionais que geram o assédio moral e menos para o perfil das pessoas envolvidas. Percebe-se ainda uma ênfase dos estudos no Brasil nos comportamentos singulares, no perfil dos agressores e das vítimas, na identificação das alterações na saúde, na obrigatoriedade da existência de intencionalidade e nos comportamentos típicos de assédio moral. O risco em se restringir a análise do assédio moral a esses aspectos é de personalizar, psicologizar e individualizar os casos, minimizando a participação dos mecanismos organizacionais na sua consolidação. Esses elementos são considerados indicadores complementares do assédio moral, conforme serão apresentados e discutidos criticamente a seguir.

Indicadores complementares do assédio moral

Intencionalidade

Embora alguns autores (Hirigoyen, 2002; Freitas, Heloani e Barreto, 2008) indiquem esse critério como essencial (como também fizemos em pesquisas anteriores – Soboll, 2008), ele não deve ser considerado obrigatório pela dificuldade em se comprovar a premeditação. Além disso, quando trata-se de intencionalidade, os estudos não deixam claro se há uma escolha premeditada no uso de atos hostis ou se a intencionalidade refere-se a uma decisão em causar dano, ofender ou prejudicar. Pergunta-se, portanto, o que é intencional no assédio: o ato hostil ou o dano? Não obstante, a intencionalidade tem relevância quando se trata da avaliação do dano psíquico. Quando as pessoas-alvo das agressões avaliam que esses atos foram perpetrados de forma planejada e intencional, há um agravamento do dano psíquico decorrente de casos de assédio moral. Cabe ressaltar que a percepção de intencionalidade pelo sujeito-alvo das agressões não significa que os atos são realmente intencionais.

Há casos de assédio moral (especialmente os do tipo interpessoal) nos quais o planejamento para a destruição e perseguição do outro pode estar explícito. Ainda que fosse possível fazer uma verificação objetiva, surge um impasse ao tentar especificar se a premeditação está em causar dano, fazer produzir ou usar da violência. Cabe destacar que aquele que tem comportamentos cronificados de hostilização nas relações de trabalho (indicado por muitos autores como o agressor) muitas vezes não percebe seus comportamentos agressivos e não tem a intenção de prejudicar ou causar dano, mas o faz. Isso pode ser explicado a partir da psicodinâmica do trabalho como um comportamento defensivo mobilizado diante do sofrimento no trabalho marcado pelas pressões, exigências sempre constantes e pelo individualismo (Dejours, 1999). Esses gestores, muitas vezes, querem, na verdade, ser zelosos no seu trabalho e apresentar bons resultados, e acabam usando de pressões abusivas, da agressividade ou ainda de práticas desleais e danosas aos colegas para que o grupo trabalhe. Trata-se de um zelo perverso que responde, de maneira coerente, às estratégias também perversas das organizações.

É importante fazer ainda um destaque: mesmo que a violência ocorra em decorrência de uma estratégia defensiva, aqueles que a praticam não podem ser isentados de sua parte de responsabilidade na ocorrência desse processo. Portanto, o assédio muitas vezes não é intencional e nem percebido pelo próprio sujeito, mas pode se apresentar como uma estratégia defensiva patologizada. Concordamos com Einarsen *et al.* (2003) que reconhecem que as práticas agressivas em casos de assédio moral podem ser deliberadas ou inconscientes. Sendo assim, não é possível sustentar a intencionalidade como um dos critérios obrigatórios para identificação dos casos de assédio moral, embora se reconheça que em alguns casos, principalmente de assédio interpessoal, esta possa estar presente e explícita.

Dificuldade para se defender ou desigualdade de poder

O assédio moral pode ocorrer em qualquer relação mediada pelo trabalho (dentro ou fora do espaço físico da empresa), independente do tipo de contrato de trabalho, envolvendo potencialmente efetivos, temporários, estagiários, terceirizados e até mesmo consultores ou prestadores de serviços sem vínculo direto com a empresa. Assim como o tipo de contrato, a posição hierárquica não é um aspecto definidor do assédio moral, podendo ocorrer entre colegas (assédio horizontal), de subordinados para superiores (assédio ascendente), de supervisores para subordinados (assédio descendente) e entre pessoas de diversas hierarquias em relação ao alvo das agressões (assédio misto). Não há necessariamente uma desigualdade de poder (formal ou informal) no início do processo de assédio e este não é um critério definidor para identificação desses casos.

Quando trata-se da dificuldade para se defender, Einarsen e Skogstad (1996) consideram que o que caracteriza uma vítima de assédio é a impossibilidade de ataque ou de autodefesa, considerando vítima apenas aquele que reconhece sentir-se inferior ao agressor ou incapaz de se defender. Questiona-se essa posição dos autores, uma vez que a prática de hostilizações repetitivas independe da possibilidade de autodefesa. Isto é, existindo ou não a condição para que o sujeito se defenda, o assédio moral pode ocorrer. Entretanto, quando há dificuldade para se defender, o sujeito agredido é colocado em uma posição de desvantagem ou inferior como resultante do processo de assédio, independente de sua condição inicial. Por outro lado, se há a possiblidade de estruturação de enfrentamento das hostilizações, via de regra pela cooperação e solidariedade de pares, a dificuldade de se defender pode nem estar presente. Fundamentado nesses argumentos, as condições de autodefesa não são um critério obrigatório no assédio moral. A dificuldade de se defender, quando presente, sinaliza o enfraquecimento nas estratégias de enfrentamento, o que não é verdadeiro para todos os casos. Essa análise remete a uma perspectiva que considera haver uma outra saída possível diante das situações de assédio que não seja a exclusão ou a destruição daquele que é alvo das agressões, mas a do enfrentamento e da não aceitação de uma condenação a ser uma vítima consumida pelo assédio moral.

Comportamentos típicos

Vários autores utilizam como indicadores de diagnósticos de assédio moral uma lista de comportamentos típicos, os quais inclusive são estruturantes dos inventários NAQ e LIPT. Não obstante essas listas terem sido construídas a partir de relatos de situações de realidade, seria ingenuidade acreditar que todos os comportamentos possíveis de estarem presentes nas complexas situações de assédio moral seriam passíveis de serem descritas em uma lista de vinte a cinquenta itens. É necessário lembrar que o assédio moral trata de um padrão relacional disfuncional entre pessoas e, como tal, impossível de ser previsto na totalidade de suas mais diversas expressões potenciais. Portanto, recomenda-se o uso dessas listas de comportamentos típicos como indicadores complementares que, quando presentes, dão alerta para a existência de um possível caso de assédio moral. Há necessidade também de considerar atos hostis não contemplados entre os comportamentos típicos quando o contexto aponta um processo de hostilização crônico. Da mesma forma, não significa que a identificação de alguns atos hostis incluídos entre os comportamentos típicos seja efetivamente um indicador de assédio moral.

Para evitar equívocos nesse sentido, é essencial a realização do diagnóstico a partir de descrição detalhada das diversas ocorrências hostis, mapeadas no modelo de um filme (historicamente contextualizado) e não no modelo de uma foto (pontual, sem historicidade). O contexto e a história das agressões são preciosas informações que evitam as ciladas dos discursos modistas e generalizados sobre o assédio moral. Não importa apenas verificar a dimensão subjetiva, que geralmente domina os relatos de assédio (por exemplo "eu fui humilhado...", "me senti desprezado..."). É muito relevante a descrição das situações cotidianas concretas e contextualizadas, com detalhes do tipo data, pessoas envolvidas, testemunhas, reação dos presentes, descrição dos atos hostis, sintomas físicos e psíquicos, situações que antecederam e sucederam os atos hostis.

Alterações na saúde

Os crescentes índices de afastamento do trabalho por problemas psíquicos e de suicídios no trabalho têm sinalizado o contexto danoso de trabalho atual, no qual o assédio moral é apenas a ponta exposta do *iceberg*. Descompensações de natureza psicológica e psicossomática são indicadas como as repercussões mais relevantes na saúde de pessoas que vivenciam agressões e humilhações no trabalho (Leymann, 1996; Einarsen *et al.*, 2003; Freitas *et al.*, 2008). O aumento no número dos afastamentos por distúrbios psíquicos também favoreceu a visibilidade dessa problemática na nossa realidade. Entretanto, nem todas as pessoas que são submetidas a hostilizações frequentes desenvolvem processos de adoecimento físico e mental de maneira semelhante, não sendo possível incluir essas alterações como uma condição necessariamente presente nos casos de assédio moral, embora sejam muito frequentes. Há pessoas com estruturas sociais e psíquicas que favorecem processos defensivos, de resistência e de resiliência capazes de evitar ou adiar o aparecimento de doenças.

Intervenções para além das vítimas e agressores

O assédio moral pode envolver a todos, ora como vítima ora como agressor, independente de sua personalidade. Dessa forma, entende-se que a rotulação entre vítima e agressor apenas individualiza o processo do qual, na verdade, todos estão submetidos, até mesmo aqueles que são sinalizados como agressores. Isso não significa que quem pratica tais atos não deve responder por eles.

Geralmente, as intervenções são voltadas aos indivíduos diretamente envolvidos e não à organização do trabalho. Para quem vivencia as hostilidades com frequência, estimulam-se tratamentos psiquiátricos e psicológicos personalizados e formulações de denúncias que deem visibilidade a essa problemática. Os casos são analisados isoladamente de outros semelhantes no mesmo setor ou organização. Raramente há um tratamento de informações de forma a observar denúncias repetidas envolvendo as mesmas pessoas, o mesmo setor ou casos semelhantes em diferentes locais da empresa. Os agressores (geralmente superiores hierárquicos), quando identificados, podem ser punidos e excluídos, sem que qualquer análise sobre o que gerou tais comportamentos seja elaborada, atribuindo toda a culpa e responsabilidade ao indivíduo singular. Quando algum questionamento é realizado, não raras vezes, a origem da agressividade é atribuída à história pessoal, ao estilo de personalidade e às descompensações mentais.

É de certa forma mais reconfortante avaliar o assédio moral como uma problemática individual, que poderia ser resolvida com a mudança comportamental do agressor ou a sua exclusão. Entretanto, o assédio moral não é um problema individual, mas uma situação de conjunto orquestrada pela organização do trabalho, que define os limites das interações humanas nesse contexto. Fatores individuais, grupais e da sociedade também interferem nos processos de assédio moral, mas as pessoas serão agressivas ou colaborativas na medida em que sua personalidade encontra espaços de expressão nos limites e na estrutura dada pela organização.

De qualquer forma, em todo caso de assédio moral a organização participa, uma vez que se trata de um problema processual, continuado e que depende da conivência administrativa para sua perpetuação. E mais do que isso, a situação de assédio moral muitas vezes é estimulada e solicitada pela maneira como o trabalho está organizado (Soboll, 2008; Soboll & Gosdal, 2009). Devido ao seu modo de funcionar, a organização pode pôr em ação formas de gerenciamento que favorecem o assédio moral e que suscitam nos trabalhadores comportamentos perversos, agressivos, de exclusão e de ostracismo (Gaulejac, 2007). Portanto, qualquer proposta de intervenção necessariamente deve envolver a forma de organização do trabalho, incluindo as políticas de gestão de pessoas.

O assédio moral não é simplesmente um problema entre uma vítima e um agressor, que tem como palco o ambiente de trabalho. Os comportamentos de assédio, tanto dos indicados como vítimas ou como agressores, são consequências de uma pressão generalizada que se desenvolve no mundo do trabalho (Gaulejac, 2007). Portanto, a questão central não está no comportamento das pessoas, mas na maneira como a organização do trabalho define as relações entre as pessoas. Os esforços devem ser direcionados em desvelar no cotidiano de trabalho os mecanismos que solicitam e estimulam o comportamento de assédio, incluindo as políticas de gestão de pessoas.

Referências

Araújo, A. R. (2006). *O assédio organizacional.* Dissertação de mestrado. Pontifícia Universidade Católica de São Paulo. São Paulo.

Barreto, M. M. S. (2000). *Violência, saúde, trabalho: uma jornada de humilhações.* São Paulo: Educ.

Brodsky, C. M. (1976). *The harassed worker.* Lexington, MA: Lexington Books.

Cattani, A. D., & Holzmann, L. (2011). *Dicionário de trabalho e tecnologia.* Porto Alegre: Editora da UFRGS.

Dejours, C. (1999). *A banalização da injustiça social.* Rio de Janeiro: FGV.

Einarsen, S., Hoel, H., Zapf, D., & Cooper, C. L. (2003). The concept of bullying at work. The European tradition. In S. Einarsen, H. Hoel, D. Zapf & C. L. Cooper. *Bullying and emotional abuse in the workplace: international perspectives in research and practice* (pp. 3-30). London: Taylor & Francis.

Einarsen, S., & Skogstad, A. (1996). Bullying at work: epidemiological findings in public and private organizations. *European Journal of Work and Organizational Psychology, 5*, (2), 185-201.

Freitas, M. E., Heloani, R., & Barreto, M. (2008). *Assédio moral no trabalho.* São Paulo: Cengage Learning.

Gaulejac, V. (2007). *Gestão como doença social: ideologia, poder gerencialista e fragmentação social.* Aparecida: Ideias e Letras.

Hirigoyen, M. F. (2002). *Mal-estar no trabalho: redefinindo o assédio moral.* Rio de Janeiro: Bertrand Brasil.

Leymann, H. (1996). The content and development of mobbing at work. *European Journal of Work and Organizational Psychology, 5*(2), 165-184, UK.

Maciel, R. H., & Gonçalves, R. C. (2008). Pesquisando o assédio moral: a questão do método e a validação do Negative Acts Questionary (NAQ) para o Brasil. In L. A. P. Soboll. (Org.). *Assédio moral e violência psicológica no trabalho: pesquisas brasileiras.* São Paulo: Casa do Psicólogo.

Soboll, L. A. P. (2008). *Assédio moral/organizacional: uma análise da organização do trabalho.* São Paulo: Casa do Psicólogo.

Soboll, L. A. P., & Gosdal, T. (2009). *Assédio moral interpessoal e organizacional: um enfoque interdisciplinar.* São Paulo: LTr.

Zapf, D., & Einarsen, S. E. (2005). Mobbing at work: escalated conflicts in organizations. In S. Fox & P. E. Spector (Ed.). *Counterproductive workplace behaviour: investigations of actors and targets* (pp. 237-270). Washington, DC: American Psychological Association.

Atitudes

Claudio Vaz Torres
Thiago Lopes Carneiro

As atitudes descrevem a maneira como avaliamos o mundo ao nosso redor. Quando dizemos que gostamos ou não gostamos de suco de abacaxi, voleibol, jardinagem, andar na moda, ou quando nos declaramos favoráveis ou contrários à pena de morte ou à reforma agrária, estamos expressando atitudes. Qualquer componente do ambiente, psicologicamente representado, pode ser objeto da atitude. Fala-se de atitudes em relação a pessoas, grupos, comportamentos e coisas tangíveis ou intangíveis. As atitudes são, enfim, avaliações sumárias de um objeto como sendo bom ou ruim, nocivo ou benéfico etc. (Neiva & Mauro, 2011).

Não por acaso, a atitude tem sido apontada como um dos conceitos mais importantes da psicologia social. A própria psicologia social já foi definida simplesmente como *o estudo das atitudes* (Neiva & Mauro, 2011). Diversos instrumentos de medida psicológica fundamentais para o contexto da psicologia do trabalho e organizacional (como comprometimento, clima, liderança) têm como base as escalas atitudinais. Todavia, a relação entre atitudes e o comportamento não é de causalidade direta. Características pessoais e condições situacionais podem levar o indivíduo a agir de forma aparentemente incoerente com suas atitudes.

Origem do conceito

A palavra atitude tem origem no latim, unindo *actus* (ação) e *aptitudo* (aptidão), e era usada para descrever a disposição de uma figura em estátua ou desenho (Neiva & Mauro, 2011). Enquanto construto científico, veio a ser inicialmente estudada em 1888, na França. Naquela época, o pesquisador Feré buscava avaliar uma resposta psicogalvânica de redução da resistência na pele com a passagem de uma corrente de baixa voltagem, a que chamou de "atitudes motrizes" (Carmichael, Honeyman, Kolb & Stewart, 1941).

A partir de 1920, os estudos sobre o tema se diversificaram. Em pouco tempo, Allport (1935) levantou mais de uma centena de definições de atitudes – o que é um forte indício do interesse dos pesquisadores por estudar esse construto. As definições de atitude se tornaram mais precisas com o passar dos anos, o que se refletiu em avanços para as pesquisas em psicologia social.

Definição

Um dos primeiros a definir o conceito foi Thurstone (1928), para quem a atitude é simplesmente um afeto pró ou contra um objeto. Allport (1935), por sua vez, define a atitude como um estado de preparação mental ou neural, organizado por meio da experiência e exercendo influência dinâmica sobre as respostas dos indivíduos a todas as situações ou objetos com que se relaciona. Enquanto Thurstone limitava o conceito ao componente afetivo, Allport o definiu com base em um modelo de três componentes:

1. um componente *afetivo* (ou avaliativo) que reflete o fato de a pessoa gostar ou não da entidade ou situação;
2. um componente *cognitivo*, que consiste nas crenças que as pessoas têm sobre a entidade ou situação; e
3. um componente *comportamental*, que representa as tendências comportamentais em relação à entidade ou situação.

Embora esses componentes pareçam claramente separados, podem ocorrer desacordos em sua interpretação. Há diferentes entendimentos em torno do conceito de atitudes e de crenças.

Doob (1947) descreveu a atitude em termos baseados na tradição behaviorista. Ele considera a atitude como uma resposta implícita geradora de impulsos (Neiva & Mauro, 2011). A atitude era, sob esse ponto de vista, um comportamento "interno", aprendido por condicionamento operante, que mudava a probabilidade de ocorrência do comportamento "explícito". Já para Bandura (1977), as atitudes podem ser o produto de um processo de aprendizagem com base na imitação. Por esse raciocínio, os indivíduos observam os comportamentos de outras pessoas e avaliam as consequências. Comportamentos aprovados socialmente têm maiores chances de se repetir do que os punidos socialmente.

Fishbein e Ajzen (1975) entendem a atitude como uma organização duradoura de crenças e cognições em geral, dotada de carga afetiva pró ou contra um objeto social definido, que predispõe a uma ação coerente com as cognições e afetos relativos a esse objeto. Elas são "predisposições aprendidas para responder de uma maneira favorável ou desfavorável com relação a um dado objeto" (Fishbein & Ajzen, 1975, p. 6). Os referidos autores definiram os três componentes diferentemente de Allport (1935), com o termo "atitude" referindo-se ao componente afetivo, "crença" referindo-se ao componente cognitivo e "intenção comportamental" referindo-se ao último componente. Essa proposta volta a restringir as atitudes ao seu componente afetivo, aproximando-se do conceito unidimensional de Thurstone. Os demais componentes ganham caráter de novos construtos, que interagem com as atitudes.

Gold (1997) define as atitudes como *avaliações de objetos e de recursos latentes*. Para esse autor, até que os motivos pelos quais as atitudes foram desenvolvidas sejam salientados, estas não têm força para determinar o comportamento. Entretanto, quando o indivíduo se depara com um objeto para o qual não tenha estabelecido uma atitude, ele tende a adotar uma atitude naquele momento guiado por seus valores básicos.

Para McGuire (1985), atitudes são avaliações – positivas, negativas ou neutras – sobre objetos do pensamento. Elas se constroem a partir das crenças e dos valores. Entende-se que as crenças são pensamentos não avaliativos sobre as características de objetos, ao passo que os valores representam a avaliação do que é *bom* ou *mal*, *certo* ou *errado*, em relação ao mesmo objeto; as atitudes emergem, então, da combinação de crenças sobre o objeto e valores.

A Teoria da Expectância parte do princípio de que o indivíduo julga, racionalmente, todos os atributos de um determinado objeto. Medidas de atitude baseadas nessa teoria consistem em uma atribuição de valor numérico ao grau de favorabilidade do indivíduo a cada atributo do objeto; então, atribuem-se valores numéricos para a importância de cada atributo. Por fim, por meio da multiplicação entre importância e grau de favorabilidade, decidem-se os predominantes. Havendo predominância de juízos positivos quanto a atributos mais relevantes, afirma-se que há uma atitude favorável ao objeto (ou o raciocínio inverso, para calcular as atitudes desfavoráveis). Essa teoria é criticada por não refletir o pensamento corriqueiro dos indivíduos diante dos objetos cotidianos, dado que essa racionalidade pode ser ofuscada por decisões tomadas por impulso ou pelo componente afetivo.

Atualmente, a perspectiva dos três componentes (teoria tripartite) e a Teoria da Expectância (teoria da ação racional) têm predominado em pesquisas sobre o conteúdo das atitudes (Pimentel, Torres & Günther, 2011).

Utilização

Variados conceitos investigados em psicologia social traduzem atitudes na forma como são usadas no cotidiano. Atitudes negativas diante de grupos minoritários são chamadas de *preconceito*; atitudes positivas diante de pessoas específicas são geralmente rotuladas de *amizade*, *atração interpessoal* ou *preferência*; atitudes diante de si mesmo são geralmente definidas como *autoestima*; atitudes para metas relativamente abstratas ou estados finais de existência (igualdade, liberdade, salvação) são comumente tratadas como *valores*. E ainda atitudes com implicações para políticas governamentais ou relações entre grupos sociais são chamadas de *atitudes sociais* ou *atitudes políticas* (Eagly & Chaiken, 1998).

Logo, diversas medidas em psicologia são, na verdade, derivações de atitudes, visando a predizer o comportamento do indivíduo quando se deparar com um dado objeto. Geralmente, as medidas de atitudes costumam ser mais simples e econômicas do que a medida do comportamento explícito. Enquanto para medir o comportamento é necessário observá-lo em situações razoavelmente controladas, a atitude pode ser avaliada por meio de questionários, admitindo-se que elas são a medida mais próxima do comportamento. Entretanto, a correlação entre atitudes e comportamento pode não ser tão direta quanto esperada.

Um experimento clássico ilustra esse problema. No principio dos anos 1930, o pesquisador estadunidense LaPierre visitou 251 estabelecimentos comerciais (restaurantes e alojamentos) na região da cidade de São Francisco, junto a um casal de chineses. Nesse período, o Oeste dos Estados Unidos da América passavam por uma onda de imigração de chineses, a qual, segundo observações da época (LaPierre, 1934), tinha sido associada às atitudes negativas com relação a esse grupo étnico. Todavia, no decorrer de sua visita, os pesquisadores relataram terem sido muito bem atendidos em todos os lugares por que passaram. Em seguida, LaPierre enviou uma carta a todos os lugares visitados perguntando se aquele local aceitaria chineses como clientes. Mais de 90% dos comerciantes indicavam que não estavam dispostos a receber chineses, o que contraria o comportamento observado pelos assistentes de LaPierre poucos dias antes.

Esse episódio tem sido amplamente utilizado em diversos manuais de psicologia social para exemplificar o baixo poder de predição das atitudes sobre o comportamento. Porém, na realidade, esse episódio ilustra que se deve tomar cuidado com relação à medição da atitude para que possamos investigar sua relação com o comportamento. Por exemplo, qual componente da atitude (afetivo, cognitivo, conativo) está sendo acessado? Estamos vendo o *alvo* da atitude (no exemplo, os chineses), ou o *comportamento* (atendimento) a ela relacionado? Aparentemente, para melhor predizê-lo, devemos medir a atitude relacionada ao *comportamento*, e não ao seu *alvo*.

Outros fatores podem explicar a maior ou menor capacidade preditiva das atitudes sobre o comportamento. A atitude torna-se boa preditora quando as contingências para a emissão do comportamento são bastante favoráveis; e tanto melhor prediz quanto mais próximo o indivíduo estiver de emitir aquele comportamento. Além disso, para uma medida adequada, é necessário que os três componentes (cognitivo, afetivo e intenção comportamental) estejam bem descritos no questionário ou outro instrumento a ser aplicado.

Apreciação crítica do conceito

Antes de decidir levar uma pesquisa sobre atitudes a campo, é importante que o pesquisador tenha clareza sobre a qual definição de atitude ele se filia e quais autores ele adota como principais referências. Os autores tendem a diferir quanto à ênfase sobre um ou outro aspecto do conceito. Há, por exemplo, autores que afirmam que o componente cognitivo sobrepuja o afetivo; outros dizem o contrário (Eagly & Chaiken, 1998). Além disso, "crenças" são ora apontadas como antecedentes das atitudes, ora como componente das atitudes. "Juízos", por sua vez, são ora apontados como componente cognitivo, ora como resposta comportamental efetiva.

É igualmente importante que o pesquisador atente para o fato de que as medidas em psicologia que não consistem em observação do comportamento são, geralmente, medidas de atitudes. Logo, ao investigar a relação entre duas variáveis (construtos psicológicos), é preciso levar em conta que se trata da comparação de dois tipos de atitudes, que devem estar claramente definidos e separados. Imprecisões conceituais podem levar a comparações contaminadas pelo não entendimento dos participantes ou por sobreposição das variáveis no contexto observado. Há ainda o perigo de encarar todas as respostas humanas como atitudes, o que terminaria por esvaziar o conceito, uma vez que ele não se diferenciaria de outros construtos em psicologia.

Implicações brasileiras

No Brasil, o conceito de atitudes encontra ampla aplicação nas organizações, abrangendo pesquisas sobre comprometimento organizacional, treinamento, seleção e prevenção de acidentes de trabalho, entre outros. A facilidade de levantamento de dados sobre atitudes com a aplicação de questionários potencializa a aplicabilidade do conceito de atitudes nas organizações. Atitudes de empregados e clientes das empresas brasileiras são comumente avaliados dessa maneira, fornecendo informações cruciais para a estratégia organizacional.

Síntese

"Atitude" é um conceito fundamental em psicologia social. Ela representa uma avaliação sumária sobre um objeto e organiza a percepção do indivíduo acerca do que é bom ou ruim para ele. Embora existam variados entendimentos acerca do conceito, três componentes são comumente admitidos: o afetivo, o cognitivo e a intenção comportamental. Vários conceitos e medidas em psicologia social derivam de atitudes, assumindo-se que elas predizem o comportamento de um indivíduo quando aquele objeto lhe é apresentado. A correlação entre atitude e comportamento pode, entretanto, não ser direta. Cuidados com a medida de atitude – como verificar se o foco das perguntas recai sobre o *alvo* ou o *comportamento* relacionado – podem melhorar a predição da atitude avaliada sobre o comportamento.

Referências

Allport, G. W. (1935). Attitudes. In C. Murchison (Org.). *The handbook of social psychology* (pp. 798--844). Worcester: Clark University Press.

Bandura, A. (1977). *Social learning theory*. Englewood Cliffs: Prentice Hall.

Carmichael, E. A., Honeyman, W. M., Kolb, L. C., & Stewart, W. K. (1941). A physiological study of the skin resistance response in man. *Journal of Physiology, 99*, 329-337.

Doob, L. W. (1947). The behavior of attitudes. *Psychological Review, 54*, 135-156.

Eagly, A. H., & Chaiken, S. (1998). Attitude structure and function. In D. T. Gilbert, S. T. Fiske & G. Linzey (Orgs.). *The handbook of social psychology* (pp. 269-322). New York: McGraw-Hill.

Fishbein, M., & Ajzen, I. (1975). *Belief, attitude, intention, and behavior: an introduction to theory and research*. Reading: Addison-Wesley.

Gold, M. (1997). *A new outline of social psychology*. Washington: American Psychological Association.

LaPierre, R. T. (1934). Attitudes *versus* action. *Social Forces*, *13*, 230-237.

McGuire, W. J. (1985). Attitudes and attitude change. In G. Lindzey & E. Aronson (Orgs.). *Handbook of social psychology* (3rd ed., pp. 233-246). New York: Random House.

Neiva, E. R., & Mauro, T. G. (2011). Atitude e mudança de atitudes. In C. V. Torres & E. R. Neiva (Orgs.). *Psicologia social: principais temas e vertentes* (pp. 171-203). Porto Alegre: Artmed.

Pimentel, C. E., Torres, C. V., & Günther, H. (2011). Estratégias de mensuração de atitudes em psicologia social. In C. V. Torres & E. R. Neiva. (Orgs.). *Psicologia social: principais temas e vertentes* (pp. 204-218). Porto Alegre: Artmed.

Thurstone, L. L. (1928). Attitudes can be measured. *American Journal of Sociology*, *33*, 529-554.

Atividade

Milton Athayde
Marcello Rezende

O conceito de atividade (de trabalho) não pertence estritamente a qualquer ciência particular. Pode ter um papel articulador, entre as diferentes disciplinas e abordagens pertinentes ao campo do trabalho, inclusive com o saber construído na experiência de trabalho pelos protagonistas da atividade.

De alguma forma, o conceito vem sendo objeto de interesse da psicologia desde o início de sua constituição enquanto ciência. Passou a também estar presente no campo da psicologia do trabalho & organizacional (PT&O), inicialmente por meio da corrente da psicologia ergonômica, no interior da ergonomia da atividade, onde foi inicialmente incorporada como conceito-chave nos mundos do trabalho. Desde então, esse conceito vem sendo útil na configuração de um ponto de vista estruturante da intervenção e pesquisa: o "ponto de vista da atividade". Hoje, em diferentes abordagens, em diversos países e idiomas, verifica-se a utilização crescente desse conceito de forma que seu uso tem-se revelado pertinente na busca de compreender↔transformar o trabalho em sua dinâmica e em seu meio organizacional.

Origens do conceito

O vocábulo atividade está presente em nosso dia a dia e em vários campos científicos, mas persiste um conteúdo conceitual ainda frágil. Quando falamos de atividade, remetemos a quê? Ao consumo ou utilização de energia, como nas expressões "um vulcão em atividade", "a atividade de trabalho", "atividade endócrina ou neurológica"?

Um autor que vem fazendo um importante levantamento sobre atividade e trabalho na história do pensamento ocidental é o filósofo-ergólogo Yves Schwartz (2007). Segundo ele (ver Figura 1), existem duas principais fontes na tentativa de conceituação. A primeira está ligada à busca para atingir um pretendido "conhecimento verdadeiro". Schwartz considera a seguinte linha de pensadores, cientistas *psi* e correntes do campo PT&O:

Descartes → Kant → Hegel → Marx → Vygotsky/Leontiev...→ Ergonomia da atividade

Figura 1 As duas origens do conceito de atividade

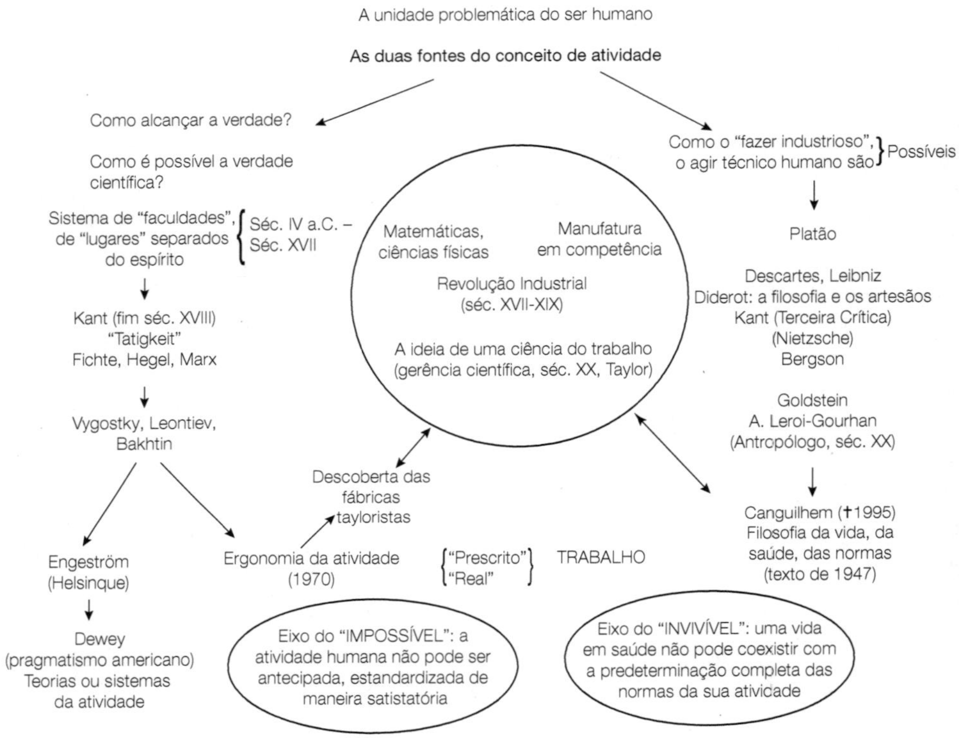

Fonte: Adaptada de Schwartz (2007, p. 123).

Na busca por garantias para assegurar o conhecimento verdadeiro, Descartes (remetemos o leitor a verificar todas as referências a esse pensador no artigo citado) remete à primeira aparição do que se poderia chamar de atividade: uma sinergia de partes "heterogêneas" de nós mesmos: o entendimento, a imaginação, os sentidos e a memória. A ideia de que o entendimento "age com" a imaginação e os sentidos é uma primeira noção filosófica de atividade, o que depois vai aparecer em Kant – o primeiro a dar estatuto efetivo ao conceito (*tätigkeit*, em alemão).

Assim, diante das "faculdades humanas" da sensibilidade e do entendimento (antes separadas), o conceito de atividade/*tätigkeit* foi usado por Kant como um fator de mediação de tais faculdades, na busca por conceber o conhecimento possível do mundo dos "fenômenos". O conceito revelou-se, então, uma transgressão unificadora das nossas faculdades, daí uma noção sujeita a permanecer, em parte, enigmática.

Em seguida a Kant, o conceito de atividade teve um rápido e importante desenvolvimento com Fichte, Hegel e Marx. Se considerarmos uma periodicidade na obra deste último, pode-se encontrar uma rica conceituação da atividade no "jovem Marx", entendida como práxis ou atividade humana sensível. Em seguida, no "Marx da maturidade", esse conceito encontra-se em crescente desuso, tornando-se limitado e restrito em rigor. Na obra *O Capital*, *tätigkeit*/atividade aparece como um dos três elementos do processo de trabalho, junto ao objeto e aos meios de produção. Nessa obra, a atividade é definida como o trabalho propriamente dito, sendo que na sociedade capitalista parte dela é incorporada como força de trabalho para valorização de capital. Na linhagem desse pensamento materialista, entende-se que a experiência-trabalho é constitutiva da espécie e estruturante da vida psicológica; e que sem atividade não há trabalho (nem vida). Segundo ele, é a atividade a força que põe o processo de trabalho em movimento.

Seguindo essa linha, no campo da psicologia e das ciências humanas, importantes desenvolvimentos ocorreram na Rússia após 1917, com diferentes usos da teorização marxista, devendo ser citados ao menos Vygotsky (2009), Leontiev (1978), Rubinstein (2007) e Bakhtin (1952-3/2011).

No entanto, o conceito de atividade só iria ganhar força na década de 1980 na rubrica da ergonomia da atividade e da chamada Teoria da Atividade (Engeström, Miettinen & Punamäki, 1999), uma abordagem multidisciplinar presente em diversos países e idiomas, não restrita ao campo do trabalho.

A segunda fonte do conceito, conforme Schwartz (2007), contempla o fazer técnico ou industrioso. Procura-se compreender como esse fazer é possível. Encontra-se aí a seguinte série de pensadores e cientistas:

Platão / Descartes / Leibniz / Diderot / Kant / Nietzsche / Bergson / Goldstein / Leroi-Gourhan → Canguilhem

Neles, quase sempre estão presentes relações entre a vida, o agir técnico e a atividade conceitual. O diálogo entre o humano (consciência, saber conceitual e corpo) com o futuro em que ele está envolvido e com o aqui e agora ligado às circunstâncias (cujos aspectos singulares nunca podem ser inteiramente antecipados por conceitos) coloca o problema fundamental da unidade dinâmica do ser humano em outro nível.

Para Canguilhem (1966/2011), investigador sobre a vida e a saúde, atividade (em oposição à inércia) é uma disposição do vivente para lidar com o meio e (re)organizá-lo de acordo com seus próprios valores. Nesse processo se exerce uma capacidade normativa, produtora de novas normas na confrontação com o meio natural e social. Para o autor, a atividade remete à afirmação da vida em seu caráter enigmático, conflituoso e (re) criador, não se limitando a uma adaptação ao já dado, a regras prescritas.

Definição

Tendo como foco a PT&O, pode-se ter a seguinte definição de atividade de trabalho: tudo que o trabalhador faz para dar conta de uma tarefa previamente definida, incluindo todas as contradições e conflitos que emergem em sua realização. Deve-se considerar, entretanto, que apenas uma pequena parte da atividade de trabalho é diretamente observável: os movimentos musculares e aqueles ligados à busca de informação (como o movimento dos olhos). Existe outro imenso campo da atividade que não se reduz ao comportamental, como a mobilização cognitiva, afetiva e corporal produzida para se cumprir a tarefa.

Utilização

Os primeiros a registrar a distância sempre existente entre trabalho prescrito e trabalho real, desvio protagonizado pela atividade de trabalho, foram Ombredane e Faverge (1955), em seu livro *Análise do trabalho*. A psicologia ergonômica francofônica (Leplat & Hoc, 1983) deu continuidade a essas questões, no interior da ergonomia, especialmente a corrente que se estabeleceu com a liderança de Wisner (2003): a ergonomia da atividade.

O conceito de atividade assinala os limites de qualquer tarefa prescrita, sempre em defasagem com a realidade concreta da vida no trabalho. A ergologia, a partir dos anos 1980, vem alargando essa compreensão, considerando ser essa defasagem universal. Uma segunda proposição ergológica afirma que o conteúdo de tal distância é sempre ressingularizado. Ou seja, ao mesmo tempo em que se sabe que esse tipo de hiato sempre haverá, deve-se ter em conta que nunca poderemos inteiramente prevê-lo, ele será sempre parcialmente singular. E, ao buscar dar conta dessa singularidade, mesmo que parcialmente e no infinitesimal, cada trabalhador produz variabilidades em uma espiral de complexidade.

Temos então um conjunto de "infidelidades do meio" (nas palavras de Canguilhem, 1966/2011), formado seja pelas variabilidades (internas e externas a cada operador), pelos equívocos na pré-escrita da tarefa, seja pela presença do acaso.

Na medida em que aquele que trabalha se defronta com as situações concretas, há que dar conta da situação, fazendo regulações do sistema e de sua própria atividade. Esta é a terceira proposição: tal defasagem exige a necessária gestão dos usos de si (por si e por outrem), operada por uma "entidade" que Schwartz (2007) denomina provisoriamente por "corpo-si" (estando aí uma potência que vai do biológico ao cultural, atravessando o corpo, o fisiológico, o intelecto, os afetos, as relações sociais).

Uma quarta proposição ergológica assinala que há sempre valores presentes nesse processo, pois no trabalho, escolhas (conscientes e não conscientes) precisam ser feitas e o são, orientadas por critérios e valores, o que pode gerar conflitos. Trata-se de debates consigo mesmo, envolvendo os valores que circulam na ordem social, uma dramática em que se exige uma ação, a qual articule os níveis macro e micro.

Foram a PT&O de linhagem ergonômica e a ergonomia da atividade que retomaram uma tradição de análise do trabalho iniciado pela chamada "Organização Científica do

Trabalho" de Taylor, reformulando-a profundamente. Denominada Análise Ergonômica do Trabalho (AET) ela envolve entre suas etapas aquela que vai oferecer os elementos mais significativos para compreender ↔ transformar o trabalho: a análise da atividade (Guérin, Laville, Daniellou, Duraffourg & Kerguelen, 2001).

Principais autores e implicações brasileiras

A ergonomia foi precursora no Brasil também no que tange às abordagens inovadoras de ação no trabalho (anos 1970). O ergonomista com maior destaque foi Wisner (2003), diretor do Laboratório de Ergonomia do CNAM/Paris e orientador de doutorado de vários brasileiros. No mesmo laboratório atuou também a psicóloga ergonomista Teiger (Teiger e Lacomblez, 2007), contribuindo especialmente para dar relevância à formação (incluindo aí os protagonistas do trabalho em análise) e às relações de gênero. Outra profissional dessa equipe teve um papel importante, especialmente na composição entre ergonomia e psicopatologia/psicodinâmica do trabalho, entendendo-as como complementares, assim como Wisner, foi Dessors (2009).

A proposta prática dessa corrente está contida em um livro de Guérin *et al.* (2001), *Compreender o trabalho para transformá-lo*, difundido no Brasil com forte influência. Outro livro, organizado por Daniellou (2004), *A ergonomia em busca de seus princípios*, destaca-se por apresentar um amplo debate epistemológico em torno da ergonomia, com a presença da ergologia (Schwartz), da psicologia ergonômica (Leplat), da psicodinâmica do trabalho (Dejours) e da sociologia do agir organizacional (Maggi). Mais recentemente, um livro de referência foi publicado, merecendo destaque: *Ergonomia*, organizado por Falzon (2007). Lamentavelmente, outros grandes ergonomistas dessa mesma corrente nunca tiveram maior presença no Brasil, como Cazamian, Montmollin e uma figura destacada da psicologia ergonômica, como Leplat.

Ainda no que tange à análise psicológica da atividade em situação de trabalho, outras abordagens têm relevância, como a desenvolvida pelo psicólogo e também ergonomista Rabardel (2007), que há muito faz uso dos materiais da psicologia que se desenvolveu na Rússia (como Vygotsky e Rubinstein). Ele destaca o papel de mediação dos instrumentos na ação do sujeito e as possibilidades que a sua análise permite. Duas outras abordagens são as que têm encontrado crescente presença no Brasil, por meio de seus principais autores.

A que primeiro se apresentou e que tem maior repercussão no país, com vários livros e artigos publicados de Dejours (2013), é a psicodinâmica do trabalho, enfatizando o trabalho de subjetivação, envolvendo duas centralidades: a do trabalho e a da sexualidade. Mais recentemente, a clínica da atividade – incorporando na análise a relação entre cognições e emoções, a dialogia, o desenvolvimento do poder de agir dos coletivos de trabalho – vem também encontrando ressonância crescente no Brasil por meio das publicações de Clot

(2006) difundidas entre nós. Não podemos deixar de citar a psicologia social do trabalho francesa (não obstante continue ausente no Brasil, que opera o modelo de "sistemas de atividades", tendo como principal autor Curie (2000). Essa abordagem é crítica da dicotomia entre a vida no trabalho e fora dele (como opera, a seu ver, a ergonomia), entendendo que o trabalho é uma forma de atividade dentre outras e que aqueles para quem o trabalho não tem centralidade não são necessariamente inativos, quiçá ativos em outros meios. Busca-se aí uma terceira via entre as ênfases na cognição e na subjetividade.

Outra influência que desde o final dos anos 1990 vem ganhando consistência no Brasil é a ergologia, explorando o trabalho para além de seu caráter mercantil e desenvolvendo uma análise histórica e epistemológica dos conceitos de trabalho e de atividade. Nessa perspectiva vem-se buscando desenvolver o ponto de vista da atividade assim como o encontro sinérgico entre os diversos saberes envolvidos na atividade, nos mundos do trabalho. Considerando o caráter transversal do conceito de atividade, entende-se aí que seu papel é o de colaborar para colocar em diálogo diferentes disciplinas (economia, linguística, medicina, sociologia, psicologia etc.), em suas diversas abordagens (no campo *Psi*, abordagens como a psicologia ergonômica/ergonomia, a psicodinâmica do trabalho, a clínica da atividade, entre outras), assim como o diálogo sinérgico entre os saberes das ciências e os da prática. Especialmente o livro *Trabalho & ergologia: conversas sobre a atividade humana*, organizado por Schwartz e Durrive (2013), tem já exercido alguma influência. Nesse livro, além do principal autor, Schwartz, outros criadores dessa perspectiva têm aí presença.

Apreciação crítica

O vocábulo "atividade" revela-se uma noção ainda ampla e vaga. O fato de referir-se a um fenômeno complexo, multideterminado e enigmático (como também o trabalho), dificulta chegar a uma definição precisa o suficiente para ser entendida como um conceito e gerar um consenso entre as diferentes abordagens que a utilizam de forma estratégica.

Perspectivas

Para concluir, pode-se afirmar que hoje encontramos no campo da psicologia do trabalho & organizacional (PT&O) um importante esforço de maior rigor, inclusive para aqueles que se veem beneficiados pela noção de atividade, buscando dar a ela um estatuto de conceito, sem abandonar o enfrentamento de sua complexidade e seu caráter constantemente enigmático. Além das abordagens já citadas, pode-se referir uma corrente de análise do trabalho denominada Curso da ação, tendo à frente Theureau (2006), que tem ousado incorporar, por exemplo, os estudos sobre cognição desenvolvidos pela corrente da autopoiese e da enação (Varela, 1994). Para o autor, nossa atividade cognitiva cotidiana revela que a representação de um mundo exterior predeterminado é muito incompleta, pois a mais importante característica da cognição é a de colocar as questões que emergem a cada momento. Ou seja, mais do que solucionar problemas, o mais significativo é saber inventar e melhor colocar os problemas.

Outro aspecto refere-se às dimensões por considerar na análise da atividade. Pode-se chegar não apenas a um conceito, mas também a um ponto de vista, a métodos e a técnicas que lhe sejam pertinentes. Nesse percurso, encontra-se hoje um conjunto de autores que vêm desenvolvendo a psicologia na corrente sócio-histórica (ou histórico-cultural), como também aqueles que se desenvolvem em outras linhagens. Nesse processo será possível, quiçá, configurar de formas mais adequada o que seria o ponto de vista da atividade, potencializando a pesquisa e/ou intervenção nos mundos do trabalho, nas organizações.

Referências

Bakhtin, M. (2011). *Estética da criação verbal* (6a ed.). São Paulo: Martins Fontes. (Trabalho original publicado em 1952-1953).

Canguilhem, G. (2011). *O normal e o patológico* (7a ed.). Rio de Janeiro: Forense Universitária. (Trabalho original publicado em 1966).

Clot, Y. (2006). *A função psicológica do trabalho*. Petrópolis, RJ: Vozes.

Curie, J. (2000). *Travail, personnalisation, changements sociaux. Archives pour les histoires de la psychologie du travail.* Toulouse, França: Octarès.

Daniellou, F. (Org.) (2004). *A ergonomia em busca de seus princípios*. São Paulo: Edgard Blücher.

Dejours C. (2013). *Trabalho vivo, tomo 2, Trabalho e emancipação*. Brasília: Paralelo 15.

Dessors, D. (2009). *De l'ergonomie à la psychodynamique du travail: méthodologie de l'action*. Paris: Érès.

Engeström, Y., Miettinen, R., & Punamäki, R. (1999). *Perspectives on Activity Theory*. New York: Cambridge University Press.

Falzon, P. (Org.) (2007). *Ergonomia*. São Paulo: Edgard Blücher.

Guérin, F., Laville, A., Daniellou, F., Duraffourg, J., & Kerguelen, A. (2001). *Compreender o trabalho para transformá-lo*. São Paulo: Edgard Blücher.

Leontiev, A. (1978). *Atividade, consciência e personalidade*. Recuperado em 8 junho, 2013, de http://www.dominiopublico.gov.br/download/texto/ma000004.pdf.

Leplat, J., & Hoc, J.-M. (1983). Tâche et activité dans l'analyse psychologique des situations. *Cahiers de Psychologie cognitive, 3*(1), 49-63.

Maturana, H., & Varela, F. (1997). *De máquinas e seres vivos. Autopoiese, a organização do vivo* (3a ed.). Porto Alegre: Artes Médicas.

Ombredane, A., & Faverge, J. M. (1955). *L'analyse du travail*. Paris: PUF.

Rabardel, P. (2007). Homens, artefatos, atividades: perspectiva instrumental. In P. Falzon (Org.). *Ergonomia* (pp. 207-222). São Paulo: Edgard Blücher.

Rubinstein L. (2007). L'Activité. In V. Nosulenko & P. Rabardel (Orgs.). *Rubinstein aujourd'hui, nouvelles figures de l'activité humaine: anthologie de textes choisis* (pp. 141-174). Paris: Maison des sciences de l'homme.

Schwartz, Y. (2007) Activité, un brèf aperçu de l'histoire culturelle du concept d'activité. *Activités, 4*(2), 122-133.

Schwartz, Y., & Durrive, L. (Org.) (2013). *Trabalho & Ergologia: conversas sobre a atividade humana* (3a ed., revista e ampliada). Niterói, RJ: Eduff.

Teiger, C., & Lacomblez, M. (2007). Ergonomia, formações e transformações. In P. Falzon (Org.). *Ergonomia* (pp. 587-602). São Paulo: Edgard Blücher.

Theureau, J. (2006). *Le cours de l'action. Méthode dévelopée.* Toulouse, França: Octarès.

Varela F. (1994). *Conhecer: as ciências cognitivas, tendências e perspectivas.* Lisboa: Instituto Piaget.

Vygotsky, L. (2009). *A construção do pensamento e da linguagem* (2a ed.). São Paulo: Martins Fontes. (Texto original publicado em 1934).

Wisner, A. (2003). *A Inteligência no trabalho.* São Paulo: Fundacentro.

Autogestão e cooperativas de trabalho

Kátia Barbosa Macêdo

A falência do Estado na promoção do bem-estar social propiciou, na Europa, uma mobilização de alguns setores da sociedade moderna, visando a implementar ações que atendessem às necessidades (de saúde, educação, segurança, habitação e geração de empregos) de uma população cada vez mais espoliada de acesso aos serviços básicos. O Estado dava mostras cotidianas de sua incapacidade em desenvolver ações que atendessem aos anseios da população. Assim, os movimentos sociais, sob formas organizacionais diversas e iniciativas locais, buscaram gerar novos tipos de solidariedade nos meios comunitários.

A sociedade deu seus sinais de desconforto e inquietude, e começou a descobrir a força que a ação coletiva carrega no sentido de transformar a realidade social. Os governos em todo o mundo detectaram essa realidade emergente e viram nela a chave para conseguir a cooperação de que necessitavam para, sem abandonar as molduras do modelo capitalista neoliberal, ver uma sociedade humana mais próspera e menos desigual, construída não mais pelo Estado, mas por toda a sociedade. Pode-se dizer que ocorreu uma espécie de redistribuição ou transferência de responsabilidades entre o Estado e a sociedade.

Dessa forma, as organizações do terceiro setor se mobilizaram para atender às demandas sociais que estavam sendo relegadas ao segundo e terceiro planos, tanto pelas organizações públicas (Estado) quanto pelas organizações privadas. Pode-se citar o desenvolvimento de missões como: a preservação do meio ambiente; a proteção dos direitos humanos; a assistência social; a defesa de minorias; a articulação da sociedade na defesa de seus direitos diante do Estado; a fiscalização das organizações públicas e privadas; e a inserção de cidadãos e comunidades socialmente excluídos da sociedade. O trabalho realizado por essas organizações conta, algumas vezes, com recursos filantrópicos, doações de instituições e fundações internacionais e com o trabalho voluntário.

Dentre os movimentos sociais, destaca-se neste verbete o movimento cooperativista. O movimento cooperativista possui atualmente um organismo de representação mundial denominado Aliança Cooperativa Internacional (ACI). Trata-se de uma organização que tem como função básica preservar e defender os princípios cooperativistas. Sua sede está localizada em Genebra, na Suíça. Foi criada em 1895, constituída como uma associação não governamental e independente, visando reunir, representar e prestar apoio às cooperativas e suas correspondentes organizações. Também tem como objetivo promover integração, autonomia e desenvolvimento do cooperativismo. A ACI conta com mais de 230 organizações entre seus membros, mais de 100 países, que representam mais de 1 bilhão de pessoas de todo o mundo. Em 1946, o movimento cooperativista representado pela ACI foi uma das primeiras organizações não governamentais a ter uma cadeira no Conselho da ONU. Esses dados indicam a importância que o movimento cooperativista possui atualmente, e, em decorrência, a necessidade de se conhecer melhor o que significa esse movimento e suas origens e características, temas que serão abordados no presente verbete.

Origem do conceito

As origens históricas do cooperativismo são tão antigas como as da luta pela sobrevivência. Segundo Gide (1847-1932 citado por ACI, 1995), a origem da cooperação está na própria humanidade, no seu modo de ser, de viver e de agir diante das necessidades e desafios que permeiam a vida.

A doutrina cooperativista tem por objetivo a solução de problemas sociais por meio da criação de comunidades de cooperação. Tais comunidades seriam formadas por indivíduos livres, que se encarregariam da gestão da produção e participariam igualitariamente dos bens produzidos em comum. Sua realização prática prevê a criação de cooperativas de produção, consumo e de crédito. O cooperativismo pretendeu representar uma alternativa entre o capitalismo e o socialismo, mas sua origem encontra-se nas propostas dos chamados socialistas utópicos. O iniciador desse movimento foi o inglês Robert Owen, que patrocinou a criação da primeira cooperativa na Europa, a Sociedade de Pioneiros Equitativos de Rochdale, em 1844, integrada por tecelões. Na França, o movimento cooperativista representou uma negação do capitalismo e foi incentivada por Charles Fourier, Saint-Simon e Louis Blanc. Os movimentos que antecederam Rochdale buscavam a utopia da construção de uma nova sociedade, e se embasaram em ideias de Owen, Schultze, Raiffeisen e Gide.

A cooperativa de Rochdale

Criada em 1844 por 28 operários – 27 homens e 1 mulher –, em sua maioria tecelões, no bairro de Rochdale-Manchester, na Inglaterra, e reconhecida como a primeira cooperativa moderna, a "Sociedade dos Probos de Rochdale" (Rochdale Quitable Pioneers Society Limited) forneceu ao mundo os princípios morais e de conduta que são considerados, até hoje, a base do cooperativismo autêntico.

Esses operários enxergaram o associativismo como forma de contornar, por meio da compra e venda comum de mercadorias, os efeitos perversos do capitalismo sobre a condição econômica dos trabalhadores assalariados – tendo alugado, com o capital inicial de 1 (uma) libra, um armazém para estocar produtos que, adquiridos em grande quantidade, poderiam ser consumidos a preços mais baratos. No momento de sua fundação, a loja abria apenas duas tardes por semana, e o Comitê dirigente se reunia uma vez por semana em uma sala emprestada, já que o espaço da loja era muito pequeno. Em 1845, a loja já abria todas as tardes e passava a vender também chá e tabaco. Em 1860, contrataram serviços de sapateiro, alfaiate e passaram de mercado atacadista para o de varejo.

Tal iniciativa foi motivo de deboche por parte dos comerciantes, mas logo no primeiro ano de funcionamento, o capital da sociedade aumentou para 180 libras e, cerca de dez anos mais tarde, o "Armazém de Rochdale" já contava com 1.400 cooperantes. O sucesso da iniciativa passou a ser exemplo para outros grupos. Criada em 1844 por 28 trabalhadores, Rochdale tinha, já em 1848, 140 membros. E, em 1849, com a falência do principal banco da região, passou a ter 390, enquanto o capital da cooperativa subiu de 30 libras para 1.194 livras. No primeiro ano, o total de retiradas foi de 710 libras. Em 1860, com 3.450 sócios, o capital era de 152.000 libras.

Os objetivos imediatos para a fundação de Rochdale foram: compra e divisão coletiva de uma cesta de suprimentos (já praticada por outros movimentos); e criação de uma sociedade cooperativa (prática também já conhecida na época). A novidade foi quando se tentou encontrar uma solução para a questão "O que fazer com a sobra?". Para chegar à resposta, os pioneiros articularam uma série de princípios que isoladamente não eram novos, mas que, no seu conjunto, foram revolucionários: controle democrático: um sócio, um voto; adesão aberta de novos membros com mesmos direitos que os antigos; juros limitados ou fixados sobre o capital subscrito; distribuição de parte do excedente proporcional às compras; vendas à vista, sem crediário; vendas só de produtos puros, não adulterados; e neutralidade política e religiosa.

O grande feito de Rochdale foi ter redigido um estatuto social que estabelecia objetivos mais amplos para o empreendimento e definia normas igualitárias e democráticas para a constituição, manutenção e expansão de uma cooperativa de trabalhadores. As normas estabelecidas pela organização pioneira de Rochdale para orientar sua estrutura e funcionamento foram analisadas, debatidas e adotadas pela ACI e divulgadas universalmente como "princípios cooperativistas".

Definição

Decorridos mais de 160 anos após a fundação da cooperativa de Rochdale, hoje ainda se adota a definição de cooperativa, baseada nos princípios de Rochdale: "Cooperativa é uma associação autônoma de pessoas que se uniram voluntariamente para fazer frente às necessidades e aspirações econômicas, sociais e culturais comuns por meio de uma empresa de propriedade conjunta e democraticamente controlada" (ACI, 1995, s. p).

A base da doutrina cooperativista é formada pelos seus valores e princípios, junto às suas ideias gerais. Incluem-se entre as ideias gerais do cooperativismo: modificação pacífica e gradativa do meio econômico-social; prestação de serviços; substituição da concorrência pela cooperação nas relações interpessoais e de mercado; eliminação do trabalho assalariado; eliminação do lucro; obtenção do justo preço para produtos e serviços; constituição de um patrimônio cooperativo coletivo indivisível (propriedade cooperativa). Os *valores básicos* do cooperativismo são: solidariedade, equidade, justiça social, liberdade e democracia.

Os princípios têm sua origem no estatuto de Rochdale, e são chamados por Charles Gide de regras de ouro. São elas: adesão livre e voluntária; controle democrático pelos sócios; participação econômica dos sócios (via devolução do excedente ou retorno sobre as compras); autonomia e independência; educação, treinamento e formação; cooperação entre cooperativas; e preocupação com a comunidade.

Principais autores e instituições que disseminaram o conceito no Brasil e em outros países

Vários foram os precursores do cooperativismo, dentre eles, destacam-se Fouries (1772-1837), francês e idealizador das cooperativas integrais de produção; Owen (1771-1858), inglês e considerado o pai do cooperativismo; King (1786-1865), médico inglês dedicado ao cooperativismo de consumo; Buchez (1796-1865), belga que buscou criar um cooperativismo autogestionado independente do governo ou da produção; e Blanc (1812-1882), espanhol que viveu na França e se dedicou ao direito ao trabalho, defendendo a liberdade baseada na instrução geral e na formação moral da sociedade.

No Brasil, o cooperativismo foi introduzido por volta de 1811 quando o imigrante francês Benoit Jules de Mure tentou fundar, na localidade de Palmital, SC, uma colônia de produção e consumo com base nas ideias de Fourier. Em 1847, o médico francês Jean Maurice Faivre fundou, no Paraná, a Colônia Tereza Cristina. No decorrer do século XIX, com a chegada de imigrantes alemães e italianos, essas iniciativas foram mais frequentes. Muitas das comunidades que se formaram no território nacional, em especial no Sul do país, tentaram resolver seus problemas de consumo, crédito, produção e educação, criando organizações comunitárias, aos moldes das que conheceram em suas pátrias de origem. Theodor Amstadt motivou os colonos de origem alemã a fundaram, em Vila Imperial, hoje Nova Petrópolis, RS, uma cooperativa de crédito rural. Em 1908, descendentes e imigrantes italianos, radiados no sul de Santa Catarina, fundaram a Cooperativa Agrícola de Rio Maior. Nas décadas de 1950 e 1960, o cooperativismo teve relativa expansão no Brasil, destacando-se o cooperativismo agropecuário.

Uma instituição que é muito importante na divulgação e estimulação do movimento cooperativista no mundo é a Organização Internacional do Trabalho (OIT), que publicou e divulgou uma resolução visando a auxiliar na disseminação dos princípios cooperativistas.

A OIT, em sua 90ª Reunião da Conferência Geral, ocorrida em Genebra, em 3 de junho de 2002, aprovou e publicou um conjunto de recomendações denominadas recomendações para a promoção de cooperativas.

Destacam-se alguns trechos, nos quais fica evidenciada a importância do apoio da sociedade e dos governos para a divulgação e disseminação do cooperativismo. Ela recomenda que: medidas deveriam ser tomadas para promover o potencial de cooperativas em todos os países, independentemente de seu grau de desenvolvimento, para ajudá-las e a seus associados a: (a) criar e desenvolver atividades geradoras de renda e emprego decente e sustentável; (b) desenvolver capacidades de recursos humanos e conhecimento dos valores, vantagens e benefícios do movimento cooperativo por meio de educação e formação; (c) desenvolver seu potencial comercial, inclusive suas capacidades empresariais e gerenciais; (d) fortalecer sua competitividade, como também lhes propiciar acesso a mercados e instituições financeiras; (e) aumentar poupanças e investimentos; (f) melhorar o bem-estar social e econômico, levando em consideração a necessidade de eliminar todas as formas de discriminação; (g) contribuir para um desenvolvimento humano sustentável; e (h) criar e expandir um setor específico, viável e dinâmico da economia que inclua cooperativas e atenda às necessidades econômicas e sociais da comunidade.

Apreciação crítica do conceito

O cooperativismo recebe críticas principalmente pelo fato de se apoiar em ideias socialistas, consideradas por vários autores como utópicas, levando em conta que, após a queda do muro de Berlim, o mundo ocidental se configurou de forma totalmente distinta, econômica e política. O mundo globalizado funciona com base nos princípios do capitalismo fundado no liberalismo econômico, no qual impera o individualismo e a competitividade. Sendo assim, como divulgar ideias contrárias a essa ideologia dominante? A resposta que o cooperativismo tem dado a essas críticas é o fato de se constituir como uma alternativa criativa a essas questões de mercado competitivo e constituição individualista do trabalho. Tem crescido em número de cooperativas, de cooperados, de movimentação financeira e importância para a economia brasileira.

Ademais, cooperativismo é um termo pouco abordado ainda na área da Psicologia do Trabalho e das Organizações (PT&O), sendo mais referido como autogestão. Autogestão significa administração de uma empresa por seus empregados. Ainda é abordado indiretamente em estudos de dinâmica grupal ou liderança, quando os autores se referem à gestão e liderança democrática (que é diferente de autogestão).

Talvez essa ausência se deva ao fato de haver, segundo Burrel e Morgan (2008), uma predominância do paradigma funcionalista como referência para o desenvolvimento de pesquisas e conhecimentos na área PT&O. Assim, a proposta de adaptação e manutenção do *status quo* é muito mais estimulada do que ideias que pressupõem uma postura mais crítica com ações mais libertadoras e emancipatórias, como as disseminadas pelo cooperativismo.

A Associação Brasileira de Psicologia Social (Abrapso) tem publicado em sua revista *Psicologia & Sociedade* vários estudos que abarcam direta ou indiretamente o cooperativismo e os movimentos sociais, partindo de uma abordagem dialética que pressupõe uma práxis transformadora e emancipadora das pessoas em uma sociedade capitalista. Vários desses trabalhos podem ser acessados no site da Abrapso. A inclusão deste verbete em um dicionário de PT&O indica a importância de os seus profissionais se debruçarem na compreensão de sua doutrina, princípios e características.

Atualmente, no Brasil, há mais de seis mil cooperativas. O cooperativismo atua nos mais variados setores da economia, estendendo-se a diversos segmentos da sociedade brasileira, com relativa expressão de crescimento no setor urbano. Segundo dados da Organização das Cooperativas do Brasil (OCB), há um crescimento do número de cooperativas em atividade operando nos ramos de trabalho e saúde.

Síntese

A ideia de autogestão foi transposta para as organizações via a criação do cooperativismo, e mesmo hoje, após 160 anos desde a fundação da primeira cooperativa, as ideias e os princípios se mostram atuais e ao mesmo tempo emancipadores.

Diante de práticas organizacionais e de gestão que ainda privilegiam a adaptação dos trabalhadores aos interesses do capital, a possibilidade de uma ação conjunta que vise a superar as contradições e a alienação, fruto de uma ideologia, parece bastante vanguardista.

A inclusão deste verbete em um dicionário direcionado a profissionais e gestores da área de PT&O indica possibilidades de práticas interventivas mais comprometidas com os trabalhadores, com a promoção da saúde e com prevenção do adoecimento.

Referências

Aliança Cooperativista Internacional (ACI). (1995). *Os princípios da Aliança Cooperativista Internacional.* Recuperado em 6 setembro, 2012, de http://www.peaunesco-sp.com.br/ano_inter/ano_cooperativa/os_principios_da_alianca_cooperativa_internacional.pdf.

Associação Brasileira de Psicologia Social (Abrapso). Recuperado em 6 junho, 2013, de http://www.abrapso.org.br/.

Birchall, J. (1997). *The international co-operative movement.* Manchester, Manchester University Press.

Burrel, G., & Morgan, G. (2008). *Sociological paradigms and organisational analysis: elements of the sociology of corporate life.* Aldershot, UK Ashgate Publishing Limited.

Hobsbawn, E. J. (1982). *A era das revoluções: 1789-1848* (4a. ed.). São Paulo: Paz e Terra.

Hobsbawn, E. J. (1987). *Mundos do trabalho.* São Paulo: Paz e Terra.

Macêdo, K. B., & Ximenes, J. A. A. (2001). *Cooperativismo na era da globalização*. Goiânia, GO: UCG/Terra.

Macêdo, K. B., & Ximenes, J. A. A. (2003). *Cooperativismo em busca da satisfação*. Goiânia, GO: Universidade Católica de Goiás.

Macêdo, K. B., & Ximenes, J. A. A. (2005). *Cooperativismo: doutrina, descompassos e prática*. Goiânia, GO: Universidade Católica de Goiás/Federação Unimeds.

Organização Internacional do Trabalho (OIT). *Recomendações para a promoção do cooperativismo*. Recuperado em 20 abril, 2012, de http://www.oitbrasil.org.br.

Singer, P. (1998). *Uma utopia militante. Repensando o socialismo*. Petrópolis, RJ: Vozes.

Avaliação de desempenho

Adriano de Lemos Alves Peixoto

Existem dois significados principais associados à expressão avaliação de desempenho (AD). Por um lado, ela é utilizada para designar uma ferramenta gerencial (Drewes & Runde, 2002), um instrumento. Por outro lado, ela aponta para um processo por meio do qual gerentes e subordinados encontram-se periodicamente para revisar e avaliar o andamento do trabalho realizado com o objetivo de aprimorar o desempenho do trabalhador (Fletcher, 2008) ou da equipe de trabalho (Latham, Sulsky & Macdonald, 2007). Independente de ser ferramenta ou ser processo, a AD está voltada para a manutenção e o suporte de uma equipe de empregados eficientes e produtivos capazes de contribuir para a realização dos objetivos organizacionais (Bolander, Snell & Sherman, 2003). Em grande medida, esse objetivo se encontra relacionado com a expectativa gerencial de se inculcar nos empregados um padrão de comportamento orientado para a melhoria constante (Latham & Mann, 2006) do desempenho no trabalho.

Ainda que exista uma grande variedade de formatos e instrumentos, é possível se estabelecer algumas características básicas para a AD:

- Normalmente, as avaliações de desempenho acontecem em algum momento específico, repetindo-se de maneira periódica, ainda que haja uma tendência, cada vez mais forte, na direção de um processo contínuo que se desenvolve no tempo.
- Ela é um processo formal e padronizado. Ou seja, os instrumentos, medidas e formas de aplicação são estruturados para todo o grupo de referência ao qual a AD será aplicada, permitindo a comparação dos resultados.
- Existe uma teoria de desempenho que perpassa todo o processo avaliativo orientando as ações na direção do que deve ser avaliado e indicando e quais as possíveis consequências advindas da avaliação.
- Normalmente, a avaliação foca um aspecto específico do episódio de trabalho que podem ser os comportamentos, os resultados ou os efeitos das ações (Peixoto & Caetano, 2013).

Os dados que compõem as avaliações dos trabalhadores podem ter sua origem em uma ou mais fontes, podendo ser produzidos pelo superior hierárquico imediato do trabalhador, pelos colegas, por pessoas que tenham algum tipo de contato significativo com o avaliado, ou ainda, podem ser fruto de uma autoavaliação.

Normalmente, existem dois objetivos principais relacionados à AD: desenvolver pessoas, processo no qual os resultados guiam políticas de treinamento e desenvolvimento; e distribuir recompensas, ação em que os resultados fornecem a base para a progressão funcional que está relacionada a faixas salariais, distribuição de bônus por desempenho ou então pagamento de parcelas variáveis da remuneração total do trabalhador. Há um entendimento bastante generalizado na literatura que embasa a área que esses dois objetivos são conflitantes, já que eles pressupõem diferentes padrões de comportamento nos trabalhadores e, por esse motivo, não devem ser utilizados de forma conjunta. Por exemplo: na distribuição de recompensas, o trabalhador terá uma tendência a maximizar suas realizações e a minimizar suas dificuldades e os problemas enfrentados. Já quando a ênfase recai sobre o desenvolvimento, o resultado do trabalho, ainda que fundamental, cede espaço à compreensão de aspectos relacionados à aquisição, aplicação de conhecimentos e desenvolvimento de habilidades técnicas.

Principais desenvolvimentos teóricos e conceituais

A atividade de avaliar e classificar o desempenho das pessoas de acordo com algum tipo de critério é intrínseco à condição humana, podendo ser observada de forma contínua ao longo dos séculos. Temos inúmeros exemplos de pessoas "selecionadas" com base nas suas características, habilidades, conhecimentos e ainda pelo resultado de seu trabalho. Assim, encontramos listas e descrições que apontam os mais fortes, mais rápidos, os mais habilidosos em diferentes setores e atividades. Mais ainda, essa atividade de avaliação e classificação se estende para outros domínios, discriminando plantas e animais com base em inúmeros critérios distintos, tais como resistência, sabor e produção, que variam de acordo com os objetivos e as necessidades das pessoas ou grupos envolvidos nessas práticas.

De uma atividade genérica que permeia o cotidiano para uma ação formal, sistemática sobre empregados no contexto de trabalho não é um salto muito distante. De fato, uma das primeiras descrições encontradas sobre processos de avaliação pode ser vista já no século III a.C., quando um filósofo chinês, Sin Yu, criticava o viés de um sistema de classificação utilizado pela dinastia Wei que, em sua opinião, era baseado na simpatia do avaliador imperial pelas pessoas e não no mérito dos indivíduos. Mais recentemente, já na era industrial, os primeiros registros de um sistema de avaliação e classificação de pessoas com base no seu desempenho remetem aos primórdios das manufaturas têxteis em New Lanark, Escócia, de propriedade de Robert Owen, socialista utópico e reformador social, onde se penduravam cubos coloridos sobre os postos de trabalho para indicar o desempenho de cada trabalhador na atividade que realizava. Na medida em que havia variação no ritmo no qual o trabalho era realizado, essa classificação era periodicamente reorganizada para expressar os níveis de desempenho a cada período de medição (Murphy & Cleveland, 1995). Avaliação e classificação dos trabalhadores com base no mérito e na eficiência podem ser encontradas no serviço militar americano já em 1813, e no serviço civil desde 1887. Ainda que os exemplos anteriores sejam significativos, eles não configuram uma prática formal, generalizada e de base científica que vai caracterizar a AD no século XX.

Farr e Levy (2007) propõem que o nascimento da AD pode ser formalmente estabelecido com os trabalhos desenvolvidos pela Divisão de Psicologia Aplicada do Carnegie Institute of Technology, na qual, em 1916, seu diretor, Walter Dill Scott, notou que não havia uma medida do grau de adequação de candidatos à vaga de vendedores a um conjunto de características já identificadas e associadas ao perfil de um bom profissional da área. Foi então que ele se dedicou ao desenvolvimento de uma escala (*man-to-man rating scale*) a ser utilizada durante as entrevistas de seleção. Em linhas gerais, para a utilização dessa escala, cada aplicador(a) era orientado(a) a identificar indivíduos que ele(a) conhecesse e que fizesse corresponder a pessoa a um ponto da escala. Assim, cada pessoa avaliada teria seu comportamento, conhecimento ou habilidade comparado com o de outras que o avaliador conhecesse sendo classificada de forma comparativa.

Essa ideia encontrou grande aceitação difundindo-se rapidamente em direção a outras ocupações. Entretanto, foi a Primeira Guerra Mundial que deu o impulso decisivo para a expansão da AD quando a escala desenvolvida por Scott passou a ser utilizada para a seleção de oficiais do exército americano (Vinchur & Bryan, 2012). A guerra garantiu a visibilidade necessária para que a prática se espalhasse por todo setor produtivo. Desde esse período, a AD tem sido tradicionalmente compreendida como um problema de medidas, desenvolvimento de instrumentos e escalas, redução de vieses dos testes e das medições (Murphy & Cleveland, 1995). Esse tipo de orientação teórica manteve o seu vigor durante um longo tempo. De qualquer forma, após mais de cem nos de pesquisas na área, não resta dúvida de que a confiabilidade e validade das múltiplas fontes de informação e de um sem número de medidas são bastante conhecidos e que dominamos a técnica de construção de instrumentos de medição válidos e confiáveis que podem ser, inclusive, legalmente defendidos (Latham & Mann, 2006).

Esse domínio conceitual e metodológico sobre os instrumentos e as medidas levou os pesquisadores a indagar sobre como tornar os resultados da avaliação mais efetivos, orientando a ação do trabalhador e contribuindo para a realização dos objetivos organizacionais. Foi no campo da cognição social, em especial no conceito da autoeficácia, em que se encontraram as respostas mais efetivas a essas indagações. A autoeficácia é compreendida como a crença do indivíduo na sua capacidade de desempenhar certas atividades de forma a realizar seus objetivos (Bandura, 1982). As crenças individuais de autoeficácia têm um efeito direto na interação social, já que elas estruturam e orientam o processo de avaliação.

Assim, desdobramentos recentes mais importantes dessa vertente em AD realçam dois temas fundamentais da AD, ambos relacionadas com o autodesenvolvimento dos indivíduos: o *feedback*, em que o foco está localizado na ação dos trabalhadores cujo desempenho está em análise; e o treinamento e preparação para o processo de avaliação, no qual se dá atenção à forma como o avaliador conduzirá o exame.

Por *feedback* entendemos o processo de dar informação aos indivíduos sobre suas ações passadas ou presentes de modo que, dentro de uma cadeia de causa-efeito, essa informação é utilizada para controlar o comportamento atual e futuro. É pelo *feedback* que os indivíduos conhecem a diferença existente entre o que é realizado em relação a um valor de referência esperado, seja para resultados, seja para comportamentos, seja em relação à forma como um processo é executado. A importância central do *feedback* para gestão do desempenho está largamente estabelecida na literatura. Todavia, é importante ressaltar algumas de suas características mais importantes, lembrando que ele precisa ser informacional e não voltado para o controle do comportamento do subordinado (Latham & Mann, 2006). São aspectos importantes do *feedback:* foco no comportamento e não na pessoa; ser seletivo nas informações de modo a não sobrecarregar a atenção; foco no comportamento que é desejado e no que precisa ser feito para que ele seja apresentado; o *feedback* deve ser a base para a fixação de metas elevadas e específicas; ele deve ser útil, evitando enfoque em pontos que não podem ser corrigidos e/ou sobre os quais não há sugestões de melhoria. Contudo, *feedback* sem fixação de metas consiste apenas em informação cujo efeito na ação depende de como o subordinado recebe essa informação e das decisões sobre o que será feito com ela.

A teoria de motivação baseada na fixação de metas foi construída com base na premissa de que metas objetivas afetam a ação, sendo que a meta é o alvo ou objeto da ação. Assim, na AD a atenção se volta para metas conscientes de desempenho e níveis de desempenho de tarefas. As metas afetam o desempenho por meio de quatro mecanismos distintos: elas servem como direcionadores da atenção e do esforço; elas têm uma função de energização que decorrem da discriminação entre o que é importante e o que é secundário; as metas afetam a persistência na continuação da ação; e, por fim, elas influenciam indiretamente a ação por meio da busca e utilização de conhecimentos e habilidades para a resolução dos desafios impostos pela tarefa (Locke & Latham, 2002).

Com o passar dos anos, ficou patente a necessidade de compreender que a AD é um processo sociopsicológico, mais do que uma ferramenta de medida. Esse movimento, que começou a se configurar de forma mais explícita nos anos 1950 sob influência do movimento humanista, lançou luz sobre a importância do papel do contexto, chamando a atenção para os desdobramentos da AD nos trabalhadores e nas organizações.

Uma das mais promissoras correntes de pesquisa na área é aquela que emerge recentemente dos estudos sobre justiça organizacional, que se organizam em torno dos conceitos de justiça distributiva e justiça procedimental. No primeiro caso, estamos lidando com aspectos relacionados à percepção dos indivíduos sobre a justiça e adequação dos resultados da avaliação e das recompensas que são distribuídas com base nesses resultados. Já no âmbito da justiça procedimental, os estudos se concentram na percepção de justiça do próprio processo por meio do qual se chegam às avaliações e às decisões sobre como distribuir as recompensas.

Mesmo as melhores escalas e os instrumentos mais bem construídos sofrem profunda influência (viés) por parte do avaliador que conduzirá o processo de avaliação. Aspectos como a satisfação do avaliador com a organização, diferenças de personalidade entre os distintos avaliadores, humor do avaliador no momento em que está conduzindo o processo e as políticas organizacionais são apenas alguns exemplos dos fatores que justificam a importância dada ao treinamento e preparação dos avaliadores para o processo de AD.

Talvez uma das consequências mais importantes dessa corrente de pesquisa seja a incorporação dos subordinados no próprio processo de avaliação. Já para a efetividade do processo de AD, o avaliado precisa concordar com a avaliação realizada e a forma como ela foi alcançada. Nessa mesma direção, percebe-se que o avaliado tende a aceitar uma avaliação; mesmo não gostando do resultado final, ele teve a oportunidade de ser ouvido durante o processo, levantando um aspecto fundamental da AD e das organizações contemporâneas que é a "voz" dos empregados (Latham, Almost, Mann & Moore, 2005).

Tendências contemporâneas

Para além dos desenvolvimentos teóricos já indicados, é certo que a principal tendência atual da AD se baseia na percepção de que existem grandes limitações na aplicação dos instrumentos e ferramentas de avaliação por melhores que eles sejam, configurando um movimento de abandono de práticas isoladas e pontuais em prol da gestão do desempenho.

A consequência mais imediata desse entendimento é a compreensão da necessidade de ser a AD parte integrada de um sistema de gestão do pessoal. Isso significa que seus objetivos devem estar alinhados a outras práticas de gestão do pessoal, desde a seleção até a remuneração.

Existem ainda vários outros movimentos correlatos, sendo que o mais importante talvez seja a mudança de foco da AD de ação discreta, pontual, para a ênfase processual. Ou seja, em vez de uma medição em um ponto específico no tempo, passa-se ao acompanhamento do desempenho ao longo de todo o ano. Na mesma direção, existe a necessidade de reconfiguração do papel do avaliador do desempenho para aquele de *coach* de desempenho como consequência da ação processual.

Outros movimentos incluem uma maior flexibilidade do processo em função do reconhecimento da importância de variáveis contextuais sobre o comportamento e da maior ênfase colocada no desenvolvimento da força de trabalho.

E, por fim, mas não menos importante, devemos assistir, nos próximos anos, ao crescimento cada vez maior do envolvimento do trabalhador nesse processo.

Referências

Bandura, A. (1982). Self-efficacy mechanism in human agency. *American Psychologist, 37*(2), 122--147.

Bolander, G., Snell, S., & Sherman, A. (2003). *Administração de recursos humanos.* São Paulo: Pioneira Thomson Learning,

Drewes, G., & Runde, B. (2002). Performance appraisal. In S. Sonnetag (Ed.). *Psychological management of individual performance* (pp. 137-155). Chichester, United Kingdom: John Wiley & Sons.

Farr, J., & Levy, P. (2007). Performance appraisal. In L. Koppes (Ed.). *Historical perspectives in industrial and organizational psychology* (pp. 311-327). New Jersey, NY: Lawrence Erlbaum Associates.

Fletcher, C. (2002). Appraisal: an individual psychological perspective. In S. Sonnetag (Ed.). *Psychological management of individual performance* (pp. 115-135). Chichester, United Kingdom: John Wiley & Sons.

Fletcher, C. (2008). Performance appraisal: assessing and developing performance and potential. In N. Chmiel (Ed.). *An introduction to work and organizational psychology* (pp. 76-96). Oxford, United Kingdom: Blackwell Publishing.

Latham, G., Almost, A., Mann, S., & Moore, C. (2005). *New directions in performance management. Organizational Dynamics, 34*(1), 77-87.

Latham G., & Mann, S. (2006). Advances in the science of performance appraisal: implications for practice. In G. Hodgkinson & J. Ford (Eds.). *International Review of Industrial and Organizational Psychology* (pp. 295-337). New York: John Wiley & Sons.

Latham, G. , Sulsky, L. M., & Macdonald, H. (2007). Performance Management. In P. Boxall, J. Purcell & P. Wright. (Eds.). *The Oxford handbook of human resource management* (pp. 364-381). New York: Oxford University Press.

Locke, E., & Latham, G. (2002). Building a practical useful theory of goals setting and task motivation. *American Psychologist, 57*(9), 705-717.

Murphy, K., & Cleveland, J. (1995). *Understanding performance appraisal.* Thousand Oaks, CA: Sage.

Peixoto, A. L A., & Caetano, A. (2013). Avaliação de desempenho. In L. Borges & L. Mourão (Orgs.). *O trabalho e a organização: intervenções a partir da psicologia* (pp. 528-554). Porto Alegre: Artmed.

Vinchur, A., & Bryan, L. (2012). A history of personnel selection and assessment. In N. Schmitt (Ed.). *The Oxford Handbook of Personnel Selection and Assessment.* Oxford, United Kingdom: Oxford University Press.

Avaliação psicológica e trabalho

Ricardo Primi

A avaliação psicológica refere-se ao processo de análise e síntese de informações sobre o funcionamento psicológico das pessoas – seja cognitivo, afetivo emocional, conativo, focalizado em elementos específicos motivados por questões de uma situação-problema, cujas respostas irão orientar ações e decisões futuras. Os elementos do funcionamento psíquico que se deseja conhecer estão condicionados às situações e contextos que delimitam as questões para investigação em uma avaliação. Por exemplo, no âmbito do trabalho e das organizações, os profissionais podem questionar quais características de personalidade e inteligência se destacam em uma pessoa e se essas características são compatíveis com o cargo que a pessoa está pleiteando ocupar. Os profissionais podem querer compreender quais aspectos do trabalho são mais motivadores para uma pessoa com determinados perfis de personalidade e valores. Podem querer entender os processos motivacionais dentro do trabalho e sua relação com os fatores individuais e grupais da equipe. Podem buscar compreender quais fatores organizacionais estão associados ao aumento do estresse ou ao comprometimento de funcionários e a interação desses fatores com o perfil da personalidade dos funcionários.

Os instrumentos de avaliação psicológicas (ou testes psicológicos), por outro lado, são procedimentos sistemáticos de observação do comportamento e agregação dessas observações em escalas numéricas e/ou descritores qualitativos. Os comportamentos apresentados nos testes – resolver problemas, reportar facilidade em iniciar conversas, por exemplo – são construídos de forma a constituírem indicadores válidos e confiáveis dos construtos subjacentes que os testes procuram medir – raciocínio, extroversão. Existem várias formas de se obter informações sobre as pessoas, tais como a observação direta, entrevistas não estruturadas, análise de documentos e a testagem propriamente dita. Assim, o teste psicológico é um dos métodos pelos quais é possível obter informações sobre as pessoas. Mas os testes passam por um escrutínio quando da elaboração, chamados estudos de validade, precisão e normatização, que: a) fazem uma análise minuciosa, investigando se os indicadores são ou não representações válidas do construtos; b) estimam o erro esperado de medida; e c) fazem estudos de levantamento de expectativas normativas, providenciando referenciais comparativos para saber como uma pessoa se assemelha ou não a outras de grupos semelhantes (mesma idade, escolaridade e profissão) ou distintos (grupos clínicos com determinados transtornos, por exemplo). Em razão disso, os testes têm um *status* mais elevado dentre as ferramentas que o psicólogo dispõe para a avaliação psicológica.

Assim, a avaliação psicológica é o processo mais amplo que analisa informações de variadas fontes para elaborar uma síntese, respondendo questões específicas sobre o funcionamento psicológico das pessoas em contextos específicos. Embora os tipos de questões existentes dependam do contexto (clínico, escolar e educacional, forense, trabalho e das organizações, entre outros), os propósitos das avaliações podem ser descritos em cinco categorias gerais.

A *descrição* é o propósito básico e refere-se à análise e interpretação dos resultados do instrumento para entender os aspectos mais destacados, forças e fraquezas das pessoas. A *classificação diagnóstica* refere-se à utilização do teste como uma das fontes de informação para identificação das características da pessoa segundo um sistema taxonômico. A *predição* envolve o uso dos resultados do teste para prever comportamentos e características do comportamento de indivíduos ou grupos importantes em si mesmas – tais como desempenho no trabalho, aprendizagem, saúde mental, salário, processos de adoecimento, entre outros – não diretamente avaliados pelo instrumento, mas que estão associados por se presumir que o construto medido é um dos fatores causais desses eventos. A predição é um dos propósitos mais importantes para avaliação na área das organizações e do trabalho. O poder preditivo dos instrumentos é demonstrado por meio dos estudos de validade de critério. Os instrumentos também podem ser usados para *planejamento de intervenções,* situação na qual os resultados dos testes servem como subsídios para a tomada de decisões quanto a possíveis estratégias e intervenções que gerem os benefícios esperados para o público-alvo. Seus resultados podem ser acompanhados, gerando decisões adicionais. Por último, os instrumentos podem ser usados para *monitoramento* de características e construtos psicológicos de pessoas ou grupos ao longo do tempo (Nunes & Primi, 2010).

Diferentes métodos e instrumentos de avaliação e sua classificação

Historicamente, a avaliação se desenvolveu de duas tradições: uma vinda da clínica e outra originada nos estudos iniciais sobre a inteligência, configurando-se na tradição psicométrica. Tal tradição é bem marcada no Brasil, representada pelas duas principais associações na área: o Instituto Brasileiro de Avaliação Psicológica (Ibap, www.inbapnet.org.br) e a Associação Brasileira de Rorschach e Métodos Projetivos (ASBRo, www.asbro.org.br). A abordagem clínica enfatizou o raciocínio holístico e dinâmico nos estudos aprofundados de caso buscando compreender a dinâmica do funcionamento psicológico. É caracterizada pelo foco idiográfico, entendido como o estudo intensivo de um indivíduo a partir de amplo conjunto de características/variáveis. A tradição psicométrica se desenvolveu das pesquisas empíricas que buscam depurar sistemas conceituais de construtos psicológicos abstraído das pessoas (modelo do fator g da inteligência, por exemplo). Tem um foco nomotético, entendido como princípios e tendências gerais derivadas das medidas sumarizadas, derivadas das análises estatísticas dos dados (Tavares, 2003). Os estudos psicométricos buscam definir mais rigorosamente as variáveis ou construtos aos quais nos referimos como processos psicológicos – por exemplo, inteligência, memória, competência –, que depois serão usados para entender as pessoas. Desses estudos se originaram as teorias fatoriais da inteligência – modelo Cattell-Horn-Carroll (CHC) – e da personalidade – Modelo dos Cinco Grandes Fatores, por exemplo. A abordagem clínica deu origem aos testes projetivos que propõem estímulos pouco estruturados e ambíguos. Tais testes requerem que a pessoa interprete os estímulos e, ao fazer isso, deixem transparecer suas características pessoais. A abordagem psicométrica deu origem aos testes assim chamados "objetivos", com respostas fechadas, típicos dos testes de inteligência e nos inventários de autorrelato.

A distinção testes projetivos *versus* psicométricos carrega uma conotação de que os primeiros são mais propensos a subjetividades, ao passo que os psicométricos resultariam em análise mais objetiva. Por outro lado, atribui-se aos testes projetivos a capacidade de revelar aspectos profundos da personalidade, que as pessoas se esforçam conscientemente em ocultar ou que não têm consciência de que possuem. Os testes psicométricos seriam mais limitados nesse aspecto. Hoje, no entanto, essas distinções têm sido questionadas (Meyer & Kurtz, 2006). Os testes objetivos podem estar sujeitos a subjetividade do examinando que interpreta as questões e pode ter um entendimento idiossincrático e, também, distorcer deliberadamente suas respostas. Por outro lado, os testes projetivos também estão sujeitos a distorção em função do estilo de resposta dos examinandos. Ainda tem sido mostrado que seu alcance em termos das características que avaliam é mais limitado do que se pensava.

Em suma, ambos os métodos eliciam processos distintos, um mais explícito, centrado no conhecimento consciente de si mesmo, e outro mais implícito, ligado aos esquemas perceptuais e motivacionais automáticos. Uma classificação mais atual dos métodos de avaliação os divide em cinto tipos, referindo-se aos aspectos centrais que os diferenciam: a) *entrevistas não estruturadas*: eliciam informações de narrativa de vida. São constritos aos temas escolhidos e abordados pelo sujeito; b) *entrevistas estruturadas e inventários de autorrelato*: trazem à tona detalhes e sintomas que as pessoas têm acesso consciente sobre si mesmos. São influenciados pela motivação em comunicar-se francamente; c) *testes de personalidade baseado em performance* (incluindo-se aqui as técnicas projetivas): eliciam dados de comportamento ou dinâmicas implícitas (esquemas perceptuais e motivacionais). Estão limitados pelo engajamento do sujeito na tarefa e pelo tipo de estímulo do teste; d) *testes cognitivos de performance*: eliciam dados sobre capacidades em solução de problemas. Também são limitados pelo engajamento do sujeito; e e) *escalas de avaliação por observadores*: eliciam dados da percepção que observadores têm do sujeito. Tais métodos são influenciados pelo tipo de relação mantida entre observador-sujeito (Meyer, Finn, Eyde, Kay, Moreland, Dies, Eisman, Kubiszyn & Read, 2001).

Nota-se que os instrumentos disponíveis para uso na avalição psicológica não se limitam a testes estruturados. Podem ser constituídos por entrevistas ou escalas, respondidas por observadores sobre outros. Cada método provê um tipo de informação e deve ser usado em complementaridade, pois fornece informação incremental sobre o outro. Não se deve esperar convergência entre resultados de métodos medindo nominalmente um mesmo construto, mas com métodos diferentes. Recomenda-se que sejam empregados diferentes métodos para se ter um entendimento completo das pessoas. Essa abordagem tem sido chamada de multimétodo (Meyer *et al.*, 2001).

Validade, precisão e normas e a escolha adequada de instrumentos de avaliação

A escolha dos instrumentais deve ser baseada nas informações científicas disponíveis, constituindo-se uma prática fundamentada em evidências. Essas informações se dividem em dados sobre: a) a fundamentação teórica sobre o construto, integrando teorizações e estudos empíricos sobre sua validade; b) validade, indicando quão bem o instrumento mede o construto em causa; c) precisão, indicando sua capacidade de fornecer dados consistentes em novas oportunidades para se avaliar novamente como em novas ocasiões, contextos e avaliadores diferentes; e d) normatização, referindo-se à representatividade das expectativas normativas para as pessoas em quem se pretende usar o instrumento. No Brasil há um Sistema de Avaliação dos Testes Psicológicos (Satepsi) mantido pelo Conselho Federal de Psicologia (CFP) que verifica o atendimento desses requisitos e os credenciam para uso profissional (para mais informações, ver: http://www2.pol.org.br/satepsi/sistema/admin.cfm ou http://site.cfp.org.br/wp-content/uploads/2012/07/Diretrizes.pdf).

Um aspecto muito importante dos instrumentos de avaliação para o contexto das organizações são os estudos de validade de critério, que procuram mostrar as relações entre os construtos psicológicos medidos pelos instrumentos e resultados importantes para as organizações, como desempenho, liderança, aprendizagem, produtividade, trabalho em equipe, relacionamento interpessoal, integridade, ética, comportamento contraprodutivo, entre outros. Tais informações são fundamentais para se escolher quais instrumentos e práticas de avaliação são mais eficazes para as demandas feitas ao profissional. Esse é um ponto fundamental que não tem recebido a atenção que deveria na prática profissional na área. Por exemplo, estudos de metanálise mostram que os instrumentos mais válidos para predizer o desempenho no trabalho – critério básico usado para justificar a utilidade dos testes em processo seletivos – são: testes de inteligência geral, medidas de traços de personalidade de consciensiosidade e integridade e entrevistas estruturadas (Schimidt & Hunter, 1998). Apesar disso, no Brasil, ainda recentemente, os testes mais empregados em seleção são as técnicas projetivas e testes de atenção concentrada, cujo escopo é muito limitado para fornecer informações eficazes no momento da seleção (Godoy & Noronha, 2005). Assim, há um descompasso muito grande entre a prática dos profissionais e as práticas orientadas pelas evidências empíricas que precisa ser superado na área. Mas ao mesmo tempo, há várias iniciativas recentes tentando superar estes e outros problemas, validando instrumentos para a área (ver, por exemplo, Abbad, Mourão, Meneses, Zerbini, Borges-Andrade & Vilas Boas, 2012; Siqueira *et al.*, 2008).

Avaliação psicológica nas organizações: uma perspectiva multinível

A avaliação psicológica tem sido usada para análise e síntese de informações advindas de variáveis psicológicas em vários âmbitos ligados ao trabalho. Tais contextos envolvem: gestão de pessoas (seleção, desenvolvimento e orientação de carreira, desenvolvimento gerencial, *coaching*), levantamentos de comportamento micro-organizacional (motivação, liderança, valores, comprometimento, relação interpessoal), levantamentos em temas ligados à saúde e bem-estar (*burnout*, estresse, bem-estar e qualidade de vida no trabalho). A ênfase tem sido o estudo das diferenças individuais em variáveis como personalidade e inteligência, por exemplo, com critérios importantes como o desempenho no trabalho (Baptista, Rueda, Castro, Gomes & Silva, 2011). Mas as diferenças entre organizações – como diferenças de performance (financeira, produtividade, rotatividade, qualidade dos serviços, entre outros) – também podem ser objeto de avaliação (Schneider, Smith & Sipe 2000). A maior importância está nas relações entre as características dos indivíduos e como elas interagem nos processos grupais dentro de uma organização e se acumulam para produzir um determinado perfil organizacional; este, por sua vez, terá impacto na performance das organizações. Nesse contexto, empregam-se procedimentos de análise multinível (Coelho Jr. & Borges-Andrade, 2011), em que as organizações são os níveis mais altos, que abrigam pessoas em um nível hierarquicamente inferior. Essa reconceituação coloca não só as pessoas como objeto da avaliação, mas também as organizações e as interações entre níveis dos indivíduos e das organizações. Por exemplo, um estudo desse tipo no âmbito da seleção investigaria se diferentes práticas de seleção teriam impactos na performance das organizações, não se restringindo a verificar as associações entre teste e critério.

Nota-se que a avaliação psicológica no âmbito do trabalho tendo como objeto a organização está intimamente ligada aos processos de investigação científica e aos métodos de análise quantitativos. Entende-se que usos desse tipo requerem do profissional não só competências ligadas à avaliação psicológica – formulação de questões, escolha de instrumentos, aplicação, correção, análise, síntese e redação de resultados –, mas também competência de pesquisa envolvendo o desenho de investigações orientada a responder as questões relevantes, coleta e organização dos dados, análise quantitativa com métodos mais avançados, como a regressão hierárquica multinível e a interpretação dos dados e redação de relatórios.

Em suma, este verbete descreveu o que é avaliação, as características dos instrumentos de avaliação psicológica, seus propóstitos e forneceu um breve histórico dos tipos principais de técnicas e suas características. Além disso, sintetizamos as bases científicas dos instrumentos e a ênfase dessa prática nas organizações, que devem considerar os indivíduos e também as organizações como objeto em uma concepção multinível do objeto da avaliação.

Referências

Abbad, G. S., Mourão, L., Meneses, P. P. M., Zerbini, T., Borges-Andrade, J. E., & Vilas-Boas, R. (2012). *Medidas de avaliação em treinamento, desenvolvimento e educação: ferramentas para a gestão de pessoas.* Porto Alegre: Artmed.

Baptista, M. N., Rueda, F. J. M., Castro, N. R., Gomes, J. O., & Silva, M. A. (2011). Análise de artigos sobre avaliação psicológica no contexto do trabalho: revisão sistemática. *Psicologia em Pesquisa, 5*(2), 56-167.

Coelho Jr., F. A., & Borges-Andrade, J. E. (2011). Discussão sobre algumas contribuições da modelagem multinível para a investigação de desempenho no trabalho. *Psico-USF, 16*, 135-142.

Godoy, S. L., & Noronha, A. P. P. (2005). Instrumentos psicológicos utilizados em seleção profissional. *Revista do Departamento de Psicologia, 17*(1), 139-159.

Meyer, G. J., Finn, S. E., Eyde, L. D., Kay, G. G., Moreland, K. L., Dies, R. R., Eisman, E. J., Kubiszyn, T. W., & Read, G. M. (2001). Psychological testing and psychological assessment: A review of evidence and issues. *American Psychologist, 56*(2), 128-165.

Meyer, G. J., & Kurtz, J. E. (2006). Advancing personality assessment terminology: Time to retire "objective" and "projective" as personality test descriptors. *Journal of Personality Assessment, 87*(3), 223-225.

Nunes, C. H. S. S., & Primi, R. (2010). Aspectos técnicos e conceituais da ficha de avaliação dos testes psicológicos. In Conselho Federal de Psicologia (CFP) (Org.). *Avaliação psicológica: diretrizes na regulamentação da profissão* (pp. 101-128). Brasília: CFP.

Schimidt, F. L., & Hunter, J. E. (1998). The validity and utility of selection methods in personnel psychology: Practical and theoretical implications of 85 years of research findings. *Psychological Bulletin, 124*(2), 262-27.

Schneider, B., Smith, B. D., & Sipe, W. P. (2000). Personal selection psychology: multilevel considerations. In K. J. Kleim & S. W. J. Kozlowski (Orgs.). *Multilevel theory, research, and methods in organizations: Foundations, extensions and new directions* (pp. 91-120). San Francisco: Jossey-Bass.

Siqueira, M. M. M. (2008). *Medidas do comportamento organizacional: ferramentas de diagnóstico e da gestão.* Porto Alegre: Artmed.

Tavares, M. (2003). Validade clínica. *Psico-USF, 8*(2), 125-136.

Bem-estar no trabalho

Sandra Souza da Silva
Livia de Oliveira Borges
Silvânia da Cruz Barbosa

Autores como Seligman & Csikszentmihalyi, 2000; Siqueira, Padovam & Chiuzi, 2007; Siqueira & Padovam, 2008, criticam o fato de a psicologia se ocupar muito mais com temas de conotação negativa, como doenças, sofrimento e insatisfação, do que com assuntos de conotação positiva, como felicidade, alegria, satisfação e prazer. No entanto, bem-estar no trabalho é um construto focalizado pela psicologia do trabalho e das organizações na contemporaneidade. Compete, então, indagar: Por que focalizar o bem-estar? Seria o mesmo que falar em saúde psíquica no trabalho? E saúde psíquica não é um construto consolidado no campo? Se a saúde era focalizada, há sentido na crítica do foco acentuado em temas de conotação negativa? São questões como essas que norteiam o que se descreve neste verbete – bem-estar no trabalho.

Origens do conceito de bem-estar

O conceito mais tradicional de saúde consiste em identificá-la como ausência de doenças. Portanto, era um conceito que se afirma na ideia do que seja seu oposto, o que significa se fundamentar na negação. Entretanto, em 1948, a Organização Mundial de Saúde (OMS) definiu saúde como um estado pleno de bem-estar físico, psíquico e social e não mais como uma ausência de doença (WHO, 1948), contribuindo para a criação de uma identidade entre os conceitos de saúde e bem-estar. Psicologistas (por exemplo, Ogden, 1999; Bücher, 2003; Benavides, García & Ruiz-Frutos, 2004), por sua vez, mostraram que o conceito proposto pela OMS passou a influenciar a psicologia ao lado das demais ciências que toma a saúde como objeto. Nos anos 1960, aspectos não biológicos, como a experiência dos sujeitos, o ambiente e as características sociodemográficas, passaram a ser mais incorporadas nas considerações sobre os processos de saúde e adoecimentos.

No mesmo período, mudanças epistêmicas contribuíram para maior consideração de aspectos subjetivos, cognitivos e culturais (Warr, 1987; Canguilhem, 1995). Seligman e Csikszentmihalyi (2000) assinalaram que, mesmo antes de 1960, vários autores (entre os quais estão os psicólogos humanistas Maslow e Rogers) vinham contribuindo na direção de ir além das enfermidades e ampliando a atenção para campos como o trabalho, a educação e o desenvolvimento de potencialidades. Maslow (1979), aliás, entre suas contribuições, focalizou os conceitos de realização pessoal e de autoatualização que sinalizaram para a tendência de renovação do próprio psiquismo em busca de permanente crescimento e aperfeiçoamento. Seligman e Csikszentmihalyi (2000) citaram também as tendências mais recentes, abordando o sujeito como ativo em suas capacidades cognitivas, habilidades para o trabalho, honestidade e justiça, por exemplo. Seria possível enumerar várias outras contribuições, entretanto, conduziria a um prolongamento desmedido dessas presentes considerações.

Destaca-se, entretanto, que a partir da década de 1980 assiste-se à consolidação do campo da psicologia da saúde (Ogden, 1999), contribuindo para difundir o conceito positivo de saúde, bem como para defender a necessidade de abandonar uma visão linear sobre saúde e passar a uma abordagem como processo complexo de múltiplos indicadores e antecedentes (biológicos, psíquicos e sociais). Tal campo tem enfatizado o papel ativo do sujeito no processo de saúde-doença, o que está por trás do foco de tema como crenças de saúde e condutas saudáveis. Seu desenvolvimento tem levado a considerar a crítica àquele conceito inicial da OMS já citado (Benavides, García & Ruiz-Frutos, 2004; Caponi, 1997), principalmente no que se refere a prever um estado de plenitude. Saúde e doença não são processos necessariamente excludentes, exigindo uma concepção mais realista e, ao mesmo tempo, útil para a elaboração de políticas públicas. O debate gerado por essas críticas resultou na reelaboração do conceito. Benavides *et al.* (2004, p. 3) cita que o *X Congrés de Metges i Biòleges de Llegua Catalana* definiu saúde como "uma forma de viver autônoma, solidária e alegre", e que a OMS reformulou o conceito em termos de meta, afirmando que a promoção da saúde objetiva que "todos os cidadãos alcancem um grau de saúde que lhes permita ter uma vida social e econômica produtiva".

Mas na elaboração de um conceito de bem-estar, a publicação de uma edição especial da revista *American Psychologist* dedicada à psicologia positiva em 2000 é um marco importante (Passareli & Silva, 2007). Em tal revista, Seligman e Csikszentmihalyi (2000) propõem, então, que se caminhe em direção a uma mudança do foco de preocupação dos conteúdos negativos da vida para outros referentes a qualidades positivas, tais como: satisfação, talento, autorrealização, felicidade, esperança, perseverança, sabedoria, coragem, espiritualidade, entre outros. Esses autores alertaram que não se trata apenas de mudar o vetor de estudos para assuntos mais positivos ou de negligenciar a importância dos estudos sobre a dor e o sofrimento humano; mais do que isso, busca-se reorientar a psicologia, predominantemente curativa, para um posicionamento mais preventivo e de caráter saudável, tendo em vista que a dimensão preventiva antecipa a manifestação de quadros de adoecimento, como depressão, violência, desordens emocionais, agressão e dificuldades de aprendizagens. Em outras palavras, não basta se perguntar como prevenir a doença; é preciso se perguntar também como promover a saúde. Para a psicologia positiva, responde-se tal pergunta descobrindo quais forças humanas têm probabilidade de proteger o indivíduo contra as doenças mentais.

Esse novo enfoque científico sustenta-se em três bases: no estudo das experiências subjetivas (emoções positivas), no estudo dos traços individuais positivos (forças pessoais e virtudes humanas) e no estudo das instituições e comunidades positivas (democracia, trabalho, família) (Paludo & Koller, 2007). Sublinha-se que, no contexto organizacional, é imprescindível conhecer esses fatores para a promoção do bem-estar. Por sua vez, o bem-estar é um conceito que vem sendo abordado sob duas perspectivas teóricas: uma denominada bem-estar subjetivo – BES (aproximando-se da perspectiva hedônica) – e a outra denominada bem-estar psicológico – BEP (aproximando-se da perspectiva eudaimônica). O bem-estar hedônico aborda o estado subjetivo de prazer ou felicidade, ao passo que o bem-estar eudaimônico se refere ao funcionamento das potencialidades humanas ou de autorrealização. Essas duas concepções serão apresentadas separadamente, para que se possa, em seção posterior, abordar um conceito mais bem estruturado sobre o verbete *Bem-estar no trabalho*.

Conceituando o bem-estar subjetivo

Os estudiosos de bem-estar subjetivo (BES) estão preocupados em compreender o processo que sustenta a felicidade, assim, os principais temas abordados são a satisfação e a felicidade (Siqueira & Padovam, 2008). O BES apresenta um caráter multifacetado e é acessado por meio de avaliações emocionais e cognitivas que os indivíduos fazem cotidianamente sobre a própria vida em seus estados afetivo, psicológico e social (Diener, Lucas & Oishi, 2005).

Estudiosos da área consideram que são três os componentes principais do bem-estar subjetivo: 1) a satisfação com a vida (avaliação geral da vida da pessoa); 2) a presença de afetos positivos; e 3) a ausência de afetos negativos. Ao menos um dos três componentes está presente na maioria dos estudos sobre bem-estar (por exemplo, Diener & Diener, 1995; Rapkin & Fischer, 1992; Ryff, Singer & Love, 2004).

Na literatura clássica, a satisfação com a vida é tomada como a base do bem-estar. Mas as medidas elaboradas sobre bem-estar subjetivo (Tabela 1) vão além desse componente e já se conta com acúmulos de estudos avaliando suas qualidades psicométricas, sobre o que o leitor pode consultar as referências indicadas na Tabela 1.

Tabela 1 Medidas de bem-estar subjetivo

Medida	Descrição sucinta	Outros estudos sobre as qualidades psicométricas
Escala de satisfação com a vida (Diener, Emmons, Larsen & Griffin, 1985)	Medida de cinco itens	Pavot e Diener (1993); Compton, Smith, Cornish e Qualls (1996); Lucas, Diener e Suh (1996).
Escala de afetos positivos e negativos (Diener & Emmons, 1984)	Avalia a valência dos afetos	Lucas *et al.* (1996); Omodei e Wearing (1990); Sheldon e Kasser (1995).
Escala de bem-estar subjetivo – EBES (Albuquerque & Tróccoli, 2004)	Itens representativos dos fatores de satisfação com a vida, afetos positivos e negativos	-----

Fonte: Elaboração das autoras.

Tais medidas partem da consideração de que o bem-estar subjetivo refere-se à prevalência dos afetos positivos sobre os negativos. Assumir tal pressuposto é consistente com as tendências de abordagem da saúde a partir de seu conceito positivo na psicologia da saúde, assunto comentado na seção anterior.

Conceituando o bem-estar psicológico

De acordo com Siqueira e Padovam (2008), os fundamentos que sustentam o conceito de bem-estar psicológico (BEP) surgem como críticas aos pressupostos de bem-estar subjetivo, bem como aos estudos focalizados no sofrimento psíquico e sem preocupação com o funcionamento positivo das pessoas. Para essas autoras, as fragilidades teóricas no campo de estudos de BES podem ser resumidas a partir dos trabalhos revisados de Ryff e Keys, segundo os quais, mesmo existindo teorias consistentes no campo da psicologia que permitiam construir concepções sólidas sobre o funcionamento psíquico em seus aspectos positivos, todas as dimensões que compõem o BES (afetos positivos e afetos negativos e satisfação com a vida) foram transferidas de estudos que usavam o conceito de bem-estar sem se ater diretamente à psicologia.

Ainda segundo Siqueira e Padovam (2008), essas críticas serviram para que os fundamentos conceituais de BEP perfizessem um caminho inverso, ou seja, fossem construídos a partir de várias teorias clássicas da psicologia clínica e sobre o desenvolvimento humano, incluindo-se a compreensão acerca dos estágios de desenvolvimento e as mudanças de personalidade nas fases adultas e de velhice, o que possibilitou formular as dimensões de BEP com base nas capacidades que as pessoas desenvolvem para enfrentar os desafios da vida. Considerando Ryff e Keyes (1995) como estudiosos de referência sobre o assunto, Siqueira e Padovam (2008) elencam as características do modelo de seis componentes de bem-estar psicológico proposto por eles (Tabela 2).

Tabela 2 Modelo de BEP elaborado por Ryff e Keyes

Componentes do BEP	Descrição sucinta
1. Autoaceitação	Nível de autoconhecimento, ótimo funcionamento e maturidade.
2. Relacionamento positivo com outras pessoas	Capacidade de amar, sentir empatia e manter amizades por todos os seres humanos.
3. Autonomia	O processo de avaliação e autoavaliação passa pelo *locus* interno, com independência de aprovações vindas do exterior.
4. Domínio do ambiente	Capacidade de criar ambientes propícios às características psíquicas pessoais, com participação, manipulação e controle de ambientes complexos.
5. Propósito de vida	Presença de objetivos, senso de direção e sentido na vida.
6. Crescimento pessoal	Necessidade de crescimento e aprimoramento pessoais, disponibilidade para novas experiências, ultrapassando os desafios que surgem.

Fonte: Siqueira e Padovam (2008).

Em síntese, estudos têm apontado que o bem-estar hedônico (BES) e o bem-estar eudaimônico (BEP) são construtos relacionados, porém distintos. Em outras palavras, o melhor ajuste do modelo dita a existência de dois construtos latentes correlacionados, todavia, cada construto guarda especificidades, caracterizando-os separadamente na definição geral do bem-estar (Ryff, Singer & Love, 2004).

Conceituando o bem-estar no trabalho

Não se encontrou na literatura internacional uma definição clara sobre bem-estar no trabalho (BET), embora este seja um termo que vem sendo empregado na psicologia do trabalho e das organizações. Representa a transferência de um conceito da psicologia social e da saúde para outro campo. Observa-se o emprego do termo em duas acepções: ora empregado na tentativa de refletir o conceito positivo de saúde (Andrade, 2008; Chaves, 2003, 2007), ora identificado ao polo positivo da saúde, enfatizando a influência do movimento da psicologia positiva e na intenção de focalizar-se apenas nos aspectos positivos da vida (Siqueira, Padovam & Chiuzi, 2007; Siqueira e Martins, 2013). É nesse contexto teórico que também o termo saúde positiva tem ganhado sentido, embora possa aparentar redundância semântica.

Na primeira acepção, há uma influência do modelo elaborado por Warr (1987). Tal modelo, denominado ecológico, considera as características individuais como dimensões mediadoras da saúde que podem influenciar na maneira como os indivíduos percebem e atribuem valor às condições de vida. O modelo considera que o bem-estar psicológico é composto por cinco dimensões, sintetizadas na Figura 1.

Figura 1 Dimensão de bem-estar

Indicadores de bem-estar segundo Warr (1987)	
Bem-estar afetivo	O grau em que a pessoa se sente bem permanentemente
Competência pessoal	Enfrentar as pressões ambientais e solucionar problemas
Autonomia	Saber atuar sobre as influências externas, fazendo valer suas próprias opiniões
Aspiração	Interesse por novas oportunidades e para atingir objetivos
Funcionamento integrado	Equilíbrio entre as esferas de vida

Fonte: Adaptada de Warr (1987).

Essas cinco dimensões são influenciadas pela percepção que os indivíduos têm das situações sociolaborais. Por sua vez, o ambiente sociolaboral pode proporcionar pelo menos nove categorias ambientais: 1) recursos financeiros – percepção de que o trabalho garante independência econômica para o sustento pessoal e familiar; 2) segurança física – percepção de quanto o ambiente de trabalho é um lugar higiênico, confortável, seguro e adequadamente equipado para o exercício das atividades; 3) posição social valorizada – percepção do *status* social que ocupa, em função do trabalho que exerce; 4) oportunidade de controle sobre o meio – percepção de quanto controla suas atividades e toma decisões; 5) oportunidade para desenvolver habilidades – percepção do ambiente laboral como gerador de oportunidades para expressar-se criativamente; 6) objetivos gerados pelo meio externo – grau de esforço desprendido para produzir, alcançar resultados e contribuir com o progresso social; 7) variedade de alternativas – quanto o indivíduo percebe a complexidade e a variedade das suas tarefas; 8) clareza ambiental – grau em que percebe o ambiente laboral como suficientemente claro e/ou compreensível; 9) oportunidade para desenvolver relações interpessoais – percepção de que o ambiente de trabalho oportuniza fazer contatos pessoais e amizades.

De acordo com o modelo, os trabalhadores apresentarão déficits de bem-estar sempre que perceberem essas categorias ausentes ou empobrecidas no ambiente de trabalho. Quando percebem que esses recursos são excessivos, dois diferentes tipos de efeitos podem ocorrer: efeito constante (EC) e diminuição adicional (DA), enquanto a percepção de quantidades equilibradas desses recursos garante altos níveis de bem-estar no trabalho.

As dimensões de BEP propostas no modelo ecológico de Warr podem ser avaliadas por meio de medidas como as citadas na Tabela 1 e da Escala de Autoestima de Rosenberg (Hutz & Zanon, 2011), mas como não existem escalas específicas e validadas no Brasil para medir as características ambientais do referido modelo, torna-se recomendável o uso de um instrumento com uma estrutura fatorial formada por um conjunto de fatores muito próximos dos elementos ambientais de Warr, a exemplo do Inventário da Motivação e do Significado do Trabalho (IMST) (Borges, Alves-Filho & Tamayo, 2007), da Escala de Avaliação do Contexto de Trabalho (EACT) (Ferreira & Mendes, 2008), entre outros.

Na segunda acepção do termo, Siqueira e Padovam (2008) sugerem que o BET seja compreendido como um construto formado por três vínculos afetivos positivos, sendo dois deles relativos ao trabalho (satisfação no trabalho e envolvimento com o trabalho) e o terceiro relativo à organização em que o sujeito trabalha (comprometimento organizacional). Tais vínculos são expressos por sentimentos, contudo não são exclusivamente de ordem emocional, e sim construídos cognitivamente na medida em que as pessoas organizam seus pensamentos sobre suas relações e experiências no contexto de trabalho. No modelo proposto, os três conceitos positivos são definidos de acordo com Tabela 3 (Siqueira, 2008a; 2008b; Bastos, Siqueira, Medeiros & Menezes, 2008).

Tabela 3 Modelo de BEP

Vínculos afetivos positivos		Descrição sucinta	Escalas
Vínculos com o trabalho	Satisfação no trabalho	Diz respeito a quanto o indivíduo que trabalha vivencia experiências prazerosas no contexto das organizações.	Escala de Satisfação no Trabalho (EST) para aferir níveis de satisfação no trabalho.
	Envolvimento com o trabalho	O grau em que o desempenho de uma pessoa no trabalho afeta sua autoestima.	Escala de Envolvimento com o Trabalho (EET) para avaliar o vínculo afetivo do indivíduo com o trabalho.
Vínculos com a organização	Comprometimento organizacional afetivo	Um estado em que o indivíduo se identifica com os valores e objetivos da organização, desejando manter-se vinculado a ela e esforçando-se em sua defesa.	Escala de Comprometimento Organizacional Afetivo (ECOA) para avaliar a intensidade dos sentimentos positivos e negativos que o empregado nutre pela organização em que trabalha.

Fonte: Adaptada de Siqueira e Padovam (2008).

De acordo com o modelo, altos níveis de bem-estar no trabalho indicam que os trabalhadores, sob condições adequadas de trabalho, sentem-se muito satisfeitos com o trabalho, envolvidos com suas tarefas e afetivamente comprometidos com a empresa em que trabalham (Siqueira & Martins, 2013).

Ainda na segunda acepção do termo, recentemente Paschoal e Tamayo (2008) construíram e validaram uma escala do BET cujos fatores (afeto positivo, afeto negativo e realização) abarcam duas dimensões: uma cognitiva (percepção de expressividade e realização pessoal no trabalho) e outra afetiva (emoções e humores no trabalho). As dimensões do BET propostas pelos autores atendem a uma carência de instrumentos que abarquem as duas principais concepções do bem-estar: hedônica e eudaimônica. Além disso, essa escala é prática no sentido de ser aplicada em diferentes contextos de trabalho e não apenas organizacionais.

Considerações finais

O presente verbete teve como desafio articular o conceito do BET na perspectiva dos estudos realizados no âmbito da psicologia do trabalho e das organizações, tendo como pano de fundo o conceito-chave que vem dando base teórica nessa área da psicologia – o bem-estar. Fala-se de desafio porque a multidimensionalidade do construto evidencia a multiplicidade de medidas, explicada em parte pela amplitude de sua própria definição e também pelos múltiplos fatores que o determinam.

A discussão sobre a base teórica do bem-estar no trabalho parece apontar para a proximidade do tema com o campo da saúde psíquica, área já bem consolidada, uma vez que as medidas utilizadas nas pesquisas perpassam pelo conceito de saúde do trabalhador, seja refletindo o aspecto positivo de saúde, ao mesmo tempo que faz o contraponto negativo do construto, seja focalizando apenas os aspectos positivos da vida humana.

Referências

Alburquerque, A. S., & Tróccoli, B. T. (2004). Desenvolvimento de uma escala de bem-estar subjetivo. *Psicologia: Teoria e Pesquisa*, *20*(2), 153-164.

Andrade, P. R. (2008). *Bem-estar psicológico de servidores e funcionários técnico-administrativo de instituições de ensino superior pública e privada: indicadores e antecedentes.* Tese de doutorado não publicada. Universidade Federal do Rio Grande do Norte, Natal.

Bastos, A. V. B., Siqueira, M. M. M., Medeiros, C. A. F., & Menezes, I. G. (2008). Comprometimento organizacional. In M. M. M. Siqueira (Org.). *Medidas do comportamento organizacional: ferramentas de diagnóstico e de gestão* (pp. 49-95). Porto Alegre: Artmed.

Benavides, F. G., García, A. M., & Ruiz-Frutos, C. (2004). La salud y sus determinantes. In F. G. Benavides, C. Ruiz-Frutos & A. M. García (Orgs.). *Salud laboral. Conceptos y técnicas para la prevención de riesgos laborales.* Barcelona, Espanha: Masson.

Borges, L. O., Alves-Filho, A., & Tamayo, A. (2007). Motivação e significado do trabalho. In M. M. M. Siqueira (Org.). *Medidas do comportamento organizacional: ferramentas de diagnóstico e de gestão* (pp. 215-148). Porto Alegre: Artmed.

Bücher, J. S. N. F. (2003). Psicologia da saúde no contexto da saúde pública: uma complexidade crescente. In O. H. Yamamoto & V. V. Gouveia (Orgs.). *Construindo a psicologia brasileira: desafios da ciência e prática psicológica* (pp. 213-240). São Paulo: Casa do Psicólogo.

Canguilhem, G. (1995). *O normal e o patológico.* Rio de Janeiro: Forense Universitária.

Caponi, S. (1997). Georges Canguillhem y el estatuto epistemológico del concepto de salud. *História, Ciências, Saúde*, *IV*(2), 287-307.

Chaves, S. S. S. (2003). *Valores como predito rês do bem-estar subjetivo.* Dissertação de mestrado não publicada. Universidade Federal da Paraíba, João Pessoa.

Chaves, S. S. S. (2007). *O bem-estar subjetivo e os valores humanos em músicos e advogados da cidade de João Pessoa.* Tese de doutorado não publicada. Universidade Federal do Rio Grande do Norte, Natal.

Compton, W. C., Smith, M. L., Cornish, K. A., & Qualls, D. L. (1996). Factor structure of mental health measures. *Journal of Personality and Social Psychology, 71*, 406-413.

Diener, E., & Diener, M. (1995). Cross-cultural correlates of life satisfaction and self-esteem. *Journal of Personality and Social Psychology, 68*, 653-663.

Diener, E., & Emmons, R. A. (1984). The independence of positive and negative affect. *Journal of Personality and Social Psychology, 47*, 1105-1117.

Diener, E., Emmons, R. A., Larsen, R. J., & Griffin, S. (1985). The satisfaction with life scale. *Journal of Personality Assessment, 49*, 71-75.

Diener, E., Lucas, R. E., & Oishi, S. (2005). Subjective well-being: the science of happiness and life satisfaction. In Snyder, C. R. & Lopez, S. J. (Org.). *Handbook of positive psychology* (pp. 63--73). New York: Oxford University Press.

Ferreira, M. C., & Mendes, A. M. B. (2008). Contexto de trabalho. In M. M. M. Siqueira (Org.). *Medidas do comportamento organizacional. Ferramentas de diagnóstico e de gestão* (pp. 111-124). Porto Alegre: Artmed.

Hutz, C., & Zanon, C. (2011). Revisão da adaptação, validação e normatização da Escala de Autoestima de Rosenberg. *Avaliação Psicológica, 10*(1), 41-49.

Lucas, R. E., Diener, E., & Suh, E. (1996). Discriminant validity of well-being measures. *Journal of Personality and Social Psychology, 71*, 616-628.

Maslow, H. A. (1979). Teoria da motivação. In F. Y. Balcão & L. L. Cordeiro (Orgs.). *O comportamento humano na empresa* (pp. 337-68). Rio de Janeiro: FGV.

Ogden, J. (1999). *Psicologia da saúde.* Lisboa, Portugal: CLIMEPSI Editores.

Omodei, M. M., & Wearing, A. J. (1990). Need satisfaction and involvement in personal projects: Toward an integrative model of subjective well-being. *Journal of Personality and Social Psychology, 59*, 762-769.

Paludo, S. S., & Koller, S. H. (2007). Psicologia positiva: uma nova abordagem para antigas questões. *Paideia, 17*(36), 9-20.

Paschoal, T., & Tamayo, A. (2008). Construção e validação da escala de bem-estar no trabalho. *Avaliação Psicológica, 7*(1), 11-22.

Passareli, P. M., & Silva, J. A. (2007). Psicologia positiva e o estudo do bem-estar subjetivo. *Estudos de Psicologia, 24*(4), 513-517, Campinas, SP.

Pavot, W., & Diener, E. (1993). Review of the satisfaction with life scale. *Psychological Assessment, 5*, 164-172.

Rapkin, B. D., & Fischer, K. (1992). Framing the construct of life satisfaction in terms of older adults' personal. *Psychology and Aging, 7*, 138-149.

Ryff, C. D., & Keyes, C. L. M. (1995). The structure of psychological well being revisited. *Journal of Personality and Social Psychology, 69*, 719-727.

Ryff, C. D., Singer, B. H., & Love, G. D. (2004). Positive health: connecting well-being with biology. *Philosophical Transactions of Royal Society*, 1383-1394.

Seligman, M. E. P., & Csikszentmihalyi, M. (2000). Positive psychology: an introduction. *American Psychologist, 55*, 5-14.

Sheldon, K. M., & Kasser, T. (1995). Coherence and congruence: Two aspects of personality integration. *Journal of Personality and Social Psychology, 68*, 531-543.

Siqueira, M. M. M. (2008a). Satisfação com o trabalho. In M. M. M. Siqueira (Org.). *Medidas do comportamento organizacional: ferramentas de diagnóstico e de gestão* (pp. 265-274). Porto Alegre: Artmed.

Siqueira, M. M. M. (2008b). Envolvimento com o trabalho. In M. M. M. Siqueira (Org.). *Medidas do comportamento organizacional: ferramentas de diagnóstico e de gestão* (pp. 139-143). Porto Alegre: Artmed.

Siqueira, M. M. M., & Martins, M. C. F. (2013). Promoção de saúde e bem-estar em organizações. In L. O. Borges & L. Mourão (Orgs.). *O trabalho e a organização: atuações a partir da psicologia* (pp. 619-643). Porto Alegre: Artmed.

Siqueira, M. M. M., & Padovam, V. A. R. (2008). Bases teóricas de bem-estar subjetivo, bem-estar psicológico e bem-estar no trabalho. *Psicologia: Teoria e Pesquisa, 24*(2), 201-209.

Siqueira, M. M. M., Padovam, V. A. R., & Chiuzi, R. M. (2007). Bem-estar subjetivo e bem-estar no trabalho. In M. M. M. Siqueira, S. N. Jesus & V. B. Oliveira (Org.). *Psicologia da saúde* (pp. 287-300). São Bernardo do Campo, SP: Universidade Metodista de São Paulo.

Warr, P. (1987). *Work, Unemployment and Mental Health*. New York: Clarendon Press.

WHO (1948). Preamble to the constitution of world health organization. In *Official records of world health organization*, n. 2. Recuperado de http://www.who.int/library/collections/historical/en/index3.html.

Burnout

Maurício Robayo Tamayo

As mudanças no mundo do trabalho, as novas configurações organizacionais e as exigências de natureza emocional, cognitiva e física enfrentadas pelo indivíduo na sociedade atual constituem um cenário de risco para o bem-estar e para a saúde mental e física do trabalhador. Nesse contexto, fenômenos como o estresse ocupacional e o *burnout* se perfilam como uma questão de saúde pública, considerando seu caráter endêmico e os efeitos nocivos que acarretam para o indivíduo, para a organização e para a sociedade.

Origem do termo *burnout*

A palavra *burnout* é uma expressão da língua inglesa que significa queimar-se ou destruir-se pelo fogo. Quando utilizada no contexto ocupacional, transmite a ideia de que o indivíduo acometido por esse transtorno pode sentir-se consumido ou queimado pelo seu trabalho.

Antes de ser abordado na psicologia, o *burnout* foi tratado em ensaios e romances. Um exemplo é o poema *The Passionate Pilgrim*, de William Shakespeare, publicado no ano 1599: "She burnt with love, as straw with fire flameate. She burnt out love, as soon as straw out burneth" (citado por Schaufeli & Enzmann, 1998, p. 2).

Outra obra é o romance *Buddenbrocks*, de Thomas Mann, publicado em 1922. Nesse livro são referidas características importantes do *burnout*, tais como fadiga extrema e perda do idealismo e da paixão pelo trabalho. Mas a publicação que provavelmente melhor retrata sentimentos e atitudes próprios do *burnout* é o livro do escritor inglês Grahan Green, intitulado *A burnt-out case*. Essa obra, publicada em 1961, relata a vida de um famoso arquiteto que abandona o seu trabalho e se refugia na floresta africana após desenvolver um estado de indiferença, cinismo e desilusão.

No surgimento do *burnout* nos campos acadêmico e profissional destaca-se o caso da enfermeira psiquiátrica *Miss Jones*, relatado por Schwartz e Will (1953). Esse caso descreve o estado emocional (exaustão, humor depressivo) e as atitudes (dureza e distanciamento com os pacientes) sofridas por uma enfermeira após várias mudanças no seu local de trabalho.

Em 1969, Bradley foi o primeiro autor a referir-se ao *burnout* na literatura acadêmica, ao sinalizar a necessidade de uma nova estrutura organizacional para neutralizar o *staff burnout* em agentes penitenciários. No entanto, atribui-se a Herbert Freudenberger o surgimento do *burnout* na literatura psicológica (Schaufeli & Enzmann, 1998).

Nos primórdios da década de 1970, esse psiquiatra identificou o *burnout* quando trabalhava em uma clínica para o tratamento de usuários de drogas (St. Mark's Free Clinic – New York). Nas suas observações constatou mudanças no comportamento e atitudes de voluntários que trabalhavam nessa instituição. Essas mudanças, que aconteciam após o primeiro ano de trabalho, se caracterizavam por uma diminuição gradual da energia, pela perda de motivação e comprometimento e por sintomas de caráter físico e psíquico, como sensação de exaustão e fadiga, raiva, irritação, frustração, tremores, falta de ar, dores de cabeça, distúrbios gastrintestinais etc.

Nessa mesma década, a psicóloga social Christina Maslach identificou o *burnout* nas suas pesquisas acerca da influência da carga emocional no trabalho realizado por profissionais de serviços humanos (enfermeiros, médicos, psiquiatras, assistentes sociais e advogados). No decorrer desses estudos, Maslach constatou que a expressão *burnout* era utilizada pelos defensores públicos para referir-se ao processo de exaustão gradual, cinismo e perda do comprometimento vivenciado por esses profissionais em decorrência do seu trabalho. Posteriormente, adotou essa denominação ao constatar que os profissionais de serviços humanos participantes de suas pesquisas identificavam o que sentiam e o que observavam em seus colegas com essa expressão (Tamayo, 2008).

Definição e características do *burnout*

A definição mais popular do *burnout* descreve esse fenômeno como uma síndrome psicológica decorrente da tensão emocional crônica, vivenciada pelos profissionais cujo trabalho envolve o relacionamento intenso com pessoas que precisam de cuidado e assistência. É uma resposta multidimensional ao estresse caracterizada por comportamento e atitudes negativos em relação aos clientes, ao trabalho e à organização. Essa síndrome é constituída pelas dimensões: exaustão emocional, despersonalização e diminuição da realização pessoal (Maslach, 1993; Schaufeli & Enzmann, 1998).

A denominação dada a essas dimensões corresponde a uma fase em que o estudo do *burnout* era direcionado aos profissionais de serviços humanos. Posteriormente, com as mudanças no mundo do trabalho e na natureza do emprego, as pesquisas do *burnout* alcançaram grupos ocupacionais cuja atividade não focaliza o cuidado humano, tendo como finalidade a prestação de serviços ou as atividades administrativas.

Em sintonia com essas mudanças e para contemplar novas categorias ocupacionais (gestores, líderes de equipes de trabalho, supervisores etc.), as dimensões do *burnout* receberam uma nova denominação. Dessa forma, a exaustão emocional passou a ser chamada de exaustão, a despersonalização foi denominada cinismo e a redução da realização pessoal recebeu o nome de ineficácia (Maslach & Leiter, 1997; Maslach, Schaufeli & Leiter, 2001).

A exaustão representa o componente do estresse individual do *burnout*. Essa dimensão refere-se ao sentimento do indivíduo de estar sendo muito exigido e reduzido nos seus recursos emocionais e físicos. O cinismo reflete o componente interpessoal da síndrome e contempla uma resposta de negativismo, dureza e distanciamento excessivo em relação a diferentes aspectos do trabalho, incluindo as pessoas (clientes, colegas e supervisores). A ineficácia compreende a dimensão de autoavaliação do *burnout* e representa o sentimento de incompetência e de falta de realização e de produtividade no trabalho (Maslach *et al.*, 2001).

Outra definição do *burnout* considera essa síndrome como um estado mental relacionado ao trabalho, persistente e negativo, que se apresenta em indivíduos normais, e se caracteriza, principalmente, por esgotamento acompanhado de mal-estar, por um sentimento de redução da competência e falta de motivação e pelo desenvolvimento de atitudes e comportamentos disfuncionais no trabalho (Schaufeli & Enzmann, 1998).

Ao abordar as características do *burnout*, alguns autores consideram que essa síndrome: a) ocorre no nível individual; b) envolve sentimentos, comportamentos, motivos e expectativas; c) gera estresse, desconforto e favorecimento de disfunções físicas; d) caracteriza-se pelo predomínio de sintomas de esgotamento; e) apresenta um vínculo estreito com o ambiente ocupacional; f) pode acometer indivíduos "normais", sem histórico prévio de psicopatologia e que apresentavam um desempenho satisfatório no trabalho; e g) é fortemente influenciada pelas expectativas inadequadas do indivíduo e pelas demandas emocionais no ambiente de trabalho.

A definição do *burnout* tem sido assunto de controvérsia no que compete à distinção desse fenômeno com o estresse ocupacional. Na abordagem dessa questão são encontradas duas perspectivas diferentes na literatura (Tamayo, 2008). A primeira advoga pela semelhança entre esses dois fenômenos, baseado em uma visão reducionista do *burnout* que privilegia o componente de exaustão típico dessa síndrome. Sob essa ótica, o estresse e o *burnout* compartilham características comuns concernentes a sentimentos de desgaste, cansaço e falta de energia.

Ao contrário da perspectiva anterior, a segunda visão apoia-se no caráter multidimensional do *burnout* para defender a distinção entre este fenômeno e o estresse no trabalho. Além da exaustão, presente também no estresse ocupacional, o *burnout* compreende aspectos atitudinais (despersonalização e cinismo) e de autoavaliação (baixa realização pessoal ou ineficácia) que necessariamente não fazem parte do estresse. Outras diferenças são o caráter negativo (*distress*) e a dimensão relacional característicos do *burnout* (Benevides-Pereira, 2002).

O artigo "Burnout: 35 years of research and practice", publicado em 2009 por três dos principais pesquisadores dessa temática, Wilmar Schaufeli, Michael P. Leiter e Christina Maslach, destaca a globalização do *burnout* evidenciada em pesquisas desenvolvidas em diversos continentes. Esse fato demonstra que a ocorrência dessa síndrome não está restrita à cultura ocidental.

Além do volume de pesquisas realizadas na América do Norte, também são encontrados estudos no Reino Unido, nos países baixos (Holanda e Bélgica), na Alemanha, nos países nórdicos (Finlândia e Escandinávia), em Israel, na Europa Oriental, na Ásia, no Oriente Médio, na América Latina, na Austrália e na Nova Zelândia. Mais recentemente, são encontrados estudos originários da África, China e do subcontinente indiano (Schaufeli, Leiter & Maslach, 2009).

Esses autores lembram que o fato de o *burnout* ocorrer globalmente não implica que o significado dessa expressão seja semelhante em diferentes países e línguas. Em algumas nações nas quais existem expressões equivalentes ao *burnout*, prefere-se, frequentemente, utilizar a expressão inglesa. Em outros locais são utilizadas traduções livres, embora os profissionais e acadêmicos utilizem o termo *burnout*. A denominação exaustão é muito usada em regiões onde a expressão *burnout* ou a denominação equivalente têm caráter muito forte, significando a impossibilidade de recuperação do indivíduo ou o estágio final do processo de desenvolvimento da síndrome. Por essa razão, adota-se o termo exaustão para representar uma condição menos severa e uma fase intermediária desse processo.

No Brasil, a expressão utilizada mais frequentemente é *burnout*, mas também são adotadas as denominações esgotamento profissional, exaustão, estafa e desgaste. Na Espanha, utiliza-se a expressão *síndrome de quemarse por el trabajo*; em Portugal, usa-se exaustão; na França, *épuisemente professional*, e na Itália, *esaurito*.

Manifestações do *burnout*

A síndrome de *burnout* apresenta diferentes tipos de manifestações. Essas manifestações podem ser agrupadas nas seguintes categorias:

- Afetivas: humor depressivo, desesperança, ansiedade, sentimentos de impotência no trabalho, baixa autoestima, baixa tolerância à frustração, hipersensibilidade à crítica, atitude de hostilidade e de desconfiança com clientes, colegas e supervisores.
- Cognitivas: dificuldades de concentração, perda de memória, dificuldades para tomar decisões e provável desenvolvimento de sintomas sensório-motores (tiques nervosos, agitação e dificuldade para relaxar).
- Físicas: distúrbios gastrointestinais, dores de cabeça, fadiga, insônia, esgotamento, tremores e falta de ar.
- Comportamentais: pobre controle emocional, condutas de fuga e evitação, absenteísmo, diminuição da produtividade, atrasos no horário de trabalho, acidentes de trabalho, roubos e negligência.
- Sociais: problemas no relacionamento com clientes, colegas, supervisores e subalternos, evitação dos contatos sociais no trabalho e tendência ao isolamento.

- Atitudinais: frieza, insensibilidade, distanciamento, indiferença e cinismo no relacionamento com os clientes e com o ambiente de trabalho em geral.
- Organizacionais e do trabalho: intenção de abandonar o emprego e diminuição do envolvimento com o trabalho e com a organização.

Um indivíduo acometido pelo *burnout* não apresentará necessariamente as manifestações desses diferentes grupos. O perfil de manifestações muda de uma pessoa para outra em função de fatores individuais, de características do trabalho e de aspectos organizacionais.

Abordagens teóricas

As abordagens teóricas sobre o *burnout* descrevem essa síndrome sob diferentes perspectivas, privilegiando, na explicação dessa síndrome, aspectos individuais, interpessoais, organizacionais e sociais.

As abordagens individuais focam os fatores psicológicos, tendo como base referenciais da teoria psicodinâmica, da psicologia cognitiva e das teorias da aprendizagem. As abordagens interpessoais explicam as causas do *burnout* a partir do desgaste emocional provocado pela interação diária com indivíduos que precisam de algum tipo de cuidado e assistência (pacientes, estudantes etc.). A perspectiva organizacional explica o desenvolvimento do *burnout* como reação ao estresse ocupacional, considerando o papel das estratégias de enfrentamento do indivíduo para lidar com as fontes estressoras do ambiente de trabalho, tais como: sobrecarga de trabalho, falta de autonomia, falta de suporte social e organizacional, falta de justiça etc. Por fim, a abordagem *societal* focaliza a influência de fatores estruturais da sociedade e do contexto cultural no desenvolvimento da síndrome.

O *burnout* como doença relacionada ao trabalho

O *burnout* é reconhecido no Brasil como uma doença relacionada ao trabalho, sendo identificado com o CID-10 Z73.0 "Sensação de estar acabado" ("Síndrome de *Burnout*"; "Síndrome do Esgotamento Profissional") – Decreto 3048/99, de 6 de maio de 1999, que trata sobre a Regulamentação da Previdência Social (Anexo II – Agentes Patogênicos Causadores de Doenças Profissionais ou do Trabalho – Grupo V da CID-10: Transtornos Mentais e de Comportamento Relacionados com o Trabalho) (Tamayo, 2008). Essa síndrome está associada, de acordo com a CID-10, ao ritmo de trabalho penoso e a outras dificuldades físicas e mentais relacionadas ao trabalho.

O caráter legal e o reconhecimento do *burnout* são muito diversificados. Por exemplo, em países como Suécia e Holanda, o *burnout* é diagnosticado medicamente como qualquer outra doença. Já em outras nações, essa síndrome não faz parte das doenças profissionais, sendo compreendida como um acidente de trabalho.

Mensuração do *burnout*

Existem diversos instrumentos para mensurar o *burnout*, desenvolvidos ao longo das diferentes fases do estudo dessa síndrome. Entre essas medidas podem se mencionar o Staff Burnout Scale for Health Professionals – SBS-HP (Jones, 1980), o Burnout Measure (Pines & Aronson, 1988) e o Maslach Burnout Inventory – MBI (Maslach & Jackson, 1986).

Esse inventário é o instrumento de autorrelato mais utilizado para avaliar o *burnout* e representa a definição operacional dessa síndrome. Existem três versões desse instrumento: uma direcionada aos profissionais de saúde (Human Service Survey), outra utilizada em educadores (Educators Survey) e uma última que avalia o *burnout* em outras categorias profissionais (General Survey). As duas primeiras são constituídas por 22 itens e uma escala de resposta de frequência de sete pontos. A terceira versão é formada por dezesseis afirmativas e a mesma escala de resposta. O Maslach Burnout Inventory foi validado em diferentes países, inclusive no Brasil, onde existem várias versões dessa medida.

Além dessa medida, existem outros instrumentos para mensurar o *burnout* desenvolvidos em diferentes países. Por exemplo, na Espanha, o Cuestionario de Burnout del Profesorado – CBP (Moreno-Jiménez, Oliver & Aragoneses, 1993), o Cuestionario Breve de Burnout – CBB (Moreno, Bustos, Matallana & Mirrales, 1997) e o Cuestionario para la Evaluación del Síndrome de Quemarse por el Trabajo – CESQT·(Gil-Monte, 2005). Na Dinamarca, o Copenhagen Burnout Inventory – CBI (Kristensen, Borritz, Villadsen & Christensen, 2005). Na Holanda, o Oldenburg Burnout Inventory – OLBI (Halbesleben & Demerouti, 2005). Em Israel, o Shirom-Melamed Burnout Measure (Melamed, Kushnir & Shirom, 1992). No Brasil, a Escala de Caracterização do *Burnout* – ECB (Tamayo & Tróccoli, 2009).

Alguns desses instrumentos utilizaram como referência o Maslach Burnout Inventory – MBI, outros foram desenvolvidos como propostas alternativas a essa medida.

Pesquisas brasileiras sobre *burnout*

As pesquisas nacionais sobre o *burnout* têm sido direcionadas, principalmente, aos trabalhadores da saúde e do ensino. No setor da saúde, destacam-se os estudos com profissionais da enfermagem e médicos, mas existem trabalhos com outras categorias, como odontólogos, agentes comunitários de saúde, psicólogos, fisioterapeutas, estudantes de cursos de saúde etc.

As pesquisas com professores contemplam diferentes níveis de atuação desses profissionais no ensino. Também são encontrados estudos com trabalhadores do setor de segurança (policiais, bombeiros, agentes penitenciários) e, em menor número, pesquisas com outras categorias ocupacionais, por exemplo, gestores, funcionários públicos, motoristas e cobradores de ônibus.

Considerando as consequências do *burnout* para o indivíduo, para a organização e para a sociedade, essa síndrome tem suscitado o interesse de diversas disciplinas no Brasil, como psicologia (organizacional e do trabalho, clínica, da saúde), administração, educação, enfermagem, medicina, saúde pública, psiquiatria etc.

Esse interesse aparece retratado em diversas publicações (artigos científicos, capítulos e livros inteiros), em trabalhos de pós-graduação (teses, dissertações e monografias) e em trabalhos de conclusão de curso (TCC), na graduação.

No campo da PT&O, as pesquisas sobre *burnout* abrangem, principalmente, aspectos como: a relação dessa síndrome com fontes estressoras do ambiente laboral (ex. sobrecarga, falta de suporte social); as consequências organizacionais associadas à síndrome (ex. absenteísmo, satisfação no trabalho); a validação e o desenvolvimento de medidas (ex. MBI, CBP, ECB); o vínculo com características de personalidade do trabalhador (ex. estratégias de *coping*, afetividade negativa) e a ocorrência e descrição do *burnout* no contexto de trabalho de diversas categorias profissionais (ex. professores, enfermeiros, médicos), focando a associação desse transtorno com características sociodemográficas (ex. idade, gênero, estado civil, escolaridade) e funcionais (ex. tempo de serviço, lotação, jornada de trabalho).

Para sintetizar, pode-se salientar que o *burnout*:

- é uma síndrome multidimensional, de caráter psicológico, desenvolvida como reação ao estresse ocupacional crônico, que ameaça o bem-estar e a saúde mental do indivíduo;
- é um fenômeno identificado em diferentes culturas;
- apresenta manifestações nas esferas afetivas, cognitivas, físicas, comportamentais, sociais, atitudinais e organizacionais e do trabalho;
- é considerada uma doença relacionada ao trabalho;
- é explicada a partir de abordagens teóricas individuais, interpessoais, organizacionais e sociais;
- é mensurada mediante diversos instrumentos de autorrelato;
- é assunto de interesse de diversas disciplinas, como a PT&O.

Referências

Benevides-Pereira, A. M. T. (2002). *Burnout*: o processo de adoecer pelo trabalho. In A. M. T. Benevides-Pereira (Org.). *Burnout: quando o trabalho ameaça o bem-estar do trabalhador* (pp. 21--91). São Paulo: Casa do Psicólogo.

Gil-Monte P. R. (2005). *El síndrome de quemarse por el trabajo (Burnout): una enfermedad laboral en la sociedad del bienestar*. Madrid: Pirámide.

Halbesleben, J. R. B., & Demerouti, E. (2005). The construct validity of an alternative measure of burnout: Investigating the English translation of the Oldenburg Burnout Inventory. *Work & Stress*, *19*, 208-220.

Jones W. J. (1980). *The staff burnout scale for health professionals (SBS-HP)*. Park Ridge, IL: London House.

Kristensen, T. S., Borrritz, M., Villadsen, E., & Christensen, K. B. (2005). The Copenhagen Burnout Inventory: a new tool for the assessment of burnout. *Work Stress, 19*(3), 192-207.

Maslach, C. (1993). Burnout: a multidimensional perspective. In W. B. Schaufeli, C. Maslach & T. Marek (Orgs.). *Professional burnout: Recent developments in theory and research* (pp. 19-32). Washington: Taylor & Francis.

Maslach, C., & Jackson, S. E. (1986). *Maslach Burnout Inventory* (2nd ed.). Palo Alto, CA: Consulting Psychologist Press.

Maslach, C., & Leiter, M. P. (1997). *The truth about burnout: How organizations cause personal stress and what to do about it.* San Francisco: Jossey-Bass.

Maslach, C., Schaufeli, W. B., & Leiter, M. P. (2001). Job burnout. *Annual Review of Psychology, 52*, 397-422.

Melamed, S., Kushnir, T., & Shirom, A. (1992). Burnout and risk factors for cardiovascular diseases. *Behav. Med. 18*, 53-60.

Moreno, B. J., Bustos, R. R., Matallana, A. A., & Mirrales, C. T. (1997). La evaluación del burnout. Problemas y alternativas. El CBB como evaluación de los elementos del proceso. *Revista de Psicología del Trabajo, 13*, 185-207.

Moreno-Jiménez, B., Oliver, C., & Aragoneses, A. (1993). *Configuración específica del estrés laboral asistencial en el profesorado de educación media.* Madrid: Centro Nacional de Investigación Educativa. (Manuscrito não publicado).

Pines, A. M., & Aronson, E. (1988). *Career Bumout: Causes and Cures.* New York: Free Press.

Schaufeli, W. B., & Enzmann, D. (1998). *The burnout companion to study & practice: a critical analysis.* London: Taylor & Francis.

Schaufeli, W. B., Leiter, M. P., & Maslach, C. (2009). Burnout: 35 years of research and practice. *Career Development International, 14*, 204-220.

Schwartz, M. S., & Will, G. T. (1953). Low morale and mutual withdrawal on a hospital ward. *Psychiatry, 16*, 337-353.

Tamayo, M. R. (2008). *Burnout:* aspectos gerais e sua relação com o estresse no trabalho. In A. Tamayo (Org.). *Estresse e cultura organizacional* (pp. 75-103). São Paulo: Casa do Psicólogo.

Tamayo, M. R., & Tróccoli, B. T. (2009). Construção e validação fatorial da Escala de Caracterização do Burnout (ECB). *Estudos de Psicologia (UFRN), 14*, 213-221.

Capital psicológico

Mirlene Maria Matias Siqueira

A expressão "capital psicológico" (*PsyCap*) foi introduzida no campo do comportamento organizacional positivo por Luthans, Luthans e Luthans (2004). Desde então, tornou-se um tema investigado no contexto internacional e, mais recentemente, no Brasil. Ele representa, na atualidade, um dos conceitos que tem desafiado pesquisadores a apresentarem evidência para sua utilização no contexto de gestão de pessoas, bem como a desenvolverem propostas para o seu fortalecimento como elemento imprescindível a ser avaliado, desenvolvido e gerenciado em organizações na busca por forças positivas que levariam indivíduos e grupos a apresentarem desempenho compatíveis ou superiores às metas organizacionais.

Capital psicológico é um conceito resultante da influência exercida pelos princípios da psicologia positiva, divulgados por Seligman e Csikszentmihalyi (2000), sobre as diversas tentativas de estudiosos do comportamento organizacional, ocorridas no início deste século, para encontrar novos paradigmas que auxiliassem organizações a serem mais competitivas, tendo nas forças positivas de seus colaboradores um dos principais eixos estratégicos. Dentro dos contornos dessa senda foi possível reconhecer nos domínios da psicologia um largo leque de conceitos psicológicos detentores de teorias consistentes, mas que, até então, raramente haviam sido utilizados de uma forma integrada por pesquisadores para produzir conhecimento sobre ações humanas em organizações.

Ancorado nessa perspectiva, em 2002, Luthans reagiu a uma ampla divulgação de textos sem bases teóricas e inspirados na intuição de diversos autores eloquentes no campo de consultorias e que ofereciam às organizações alternativas milagrosas para gestão do comportamento humano, conceitualmente frágeis porque eram desprovidas de formulações cientificamente comprovadas. Tal situação surgiu e ganhou espaço, argumenta Luthans, porque havia se instalado, ao final do século XX, uma fragilidade nas propostas teóricas oferecidas por pesquisadores que pudessem promover o desempenho humano diante das novas e acirradas demandas feitas pelo mercado globalizado ávido por novidades em diversos campos de gestão. Como contribuição, o autor argumentou a favor da criação de um novo campo de conhecimento que pudesse responder à inquietação de estudiosos e gestores organizacionais. Sugeriu a expressão "comportamento organizacional positivo" (COP) entendida como "o estudo e a aplicação de forças e capacidades psicológicas positivamente orientadas que podem ser medidas, desenvolvidas e efetivamente gerenciadas com vistas a aumentar o desempenho" (Luthans, 2002a, p. 59).

Com o intuito de construir algo novo e sustentado por teorias consistentes, que se distanciasse dos textos inspirados na intuição, Luthans (2002a, 2002b) estipulou que um conceito para ser reconhecido como integrante do COP poderia emergir de estudos científicos ou da prática profissional, desde que atendesse a cinco critérios, assim definidos pelo autor:

- assentado em bases teóricas consistentes;
- possuir medida válida;
- ser relativamente exclusivo do campo do comportamento organizacional;
- ser reconhecido como um estado, portanto, aberto para o desenvolvimento e a mudança em oposição a uma característica fixa (esta tradicionalmente reconhecida em psicologia como traço);
- ter um impacto positivo no desempenho e satisfação relacionados com o trabalho.

Respeitando-se o escopo definido por Luthans em 2002, o próprio autor escolheu seis conceitos psicológicos descritores de forças positivas individuais que atenderiam plenamente aos cinco critérios estipulados para inserir temas no campo do COP: autoeficácia, esperança, otimismo, resiliência, bem-estar subjetivo e inteligência emocional. Esses conceitos já possuíam formulação teórica e medidas válidas nos domínios da psicologia, bem como evidências de impactar positivamente o comportamento humano em outros contextos fora do ambiente de trabalho.

Definição

Prosseguindo em sua tarefa de oferecer temas teoricamente consistentes para o campo do COP, dois anos mais tarde, Luthans, Luthans e Luthans (2004) propuseram um conceito miscigenado e por eles intitulado "capital psicológico" (*PsyCap*). Segundo os autores, a expressão "capital psicológico" já havia sido referida em outros campos do conhecimento como economia e sociologia: sob a perspectiva econômica, os autores citam a expressão "capital econômico" (o que você tem); no campo sociológico, eles fazem referência ao "capital humano" (o que você conhece) e "capital social" (quem você conhece). Porém, prosseguem os autores, ao ser por eles alinhado ao movimento da psicologia positiva, o novo conceito de capital psicológico representaria um estado positivo do trabalhador quando esse profissional conseguisse articular, de forma harmoniosa, quatro forças pessoais e aplicá-las, com sucesso, no contexto de trabalho em organizações. Com essa compreensão, os autores selecionaram quatro dos seis conceitos anteriormente apontados por Luthans (2002b) para integrar o campo do COP e reconheceram que a combinação das quatro forças pessoais positivas constituiria o núcleo do capital psicológico assim definido:

> [...] (1) tendo confiança (autoeficácia) de que investirá o esforço necessário para ser bem-sucedido em tarefas desafiantes; (2) fazendo uma atribuição positiva (otimismo) acerca do que acontece no presente e do que acontecerá no futuro; (3) persistindo na busca de metas e, quando necessário, redimensionando metas (esperança) com vista a obter sucesso; (4) encontrando forças para resistir quando barrado por problemas ou adversidades e para superá-las (resiliência), persistindo na busca do sucesso (Luthans, Youssef & Avolio, 2007, p. 3).

Entre os estudiosos da psicologia, tem havido preocupação e debate ao longo dos anos sobre a importância relativa e a conceituação das capacidades psicológicas entendidas como "estados" (aquelas que têm configuração mutável ao longo do tempo) *versus* as entendidas como construções relativamente fixas, denominadas, por exemplo, como traços de personalidade ou traços disposicionais. Entretanto, no campo do COP, essa preocupação e distinção (estado *versus* traço) receberam relativamente pouca atenção, devido à predominância de interesse por temas relacionados a teorias motivacionais e de personalidade. A ênfase dirigida para a distinção entre capacidades psicológicas consideradas como estados ou traços tornou-se mais destacada ao se iniciar a construção do campo do COP por Luthans em 2002 e firmou-se como eixo central na concepção de capital psicológico.

Raros foram os estudos planejados para analisar o papel de estados psicológicos positivos, tais como autoeficácia (Stajkovic & Luthans, 1998) ou otimismo (Seligman, 1998) sobre o desempenho profissional, e não havia nenhuma pesquisa sobre o papel que o capital psicológico poderia desempenhar na predição do desempenho dos trabalhadores.

É facial reconhecer Fred Luthans como a figura central no trabalho de criação e divulgação do conceito de capital psicológico. Seu artigo publicado em 2004 (Luthans, Luthans & Luthans, 2004) e o livro editado em 2007 (Luthans, Youssef & Avolio, 2007) são duas referências seminais sobre o tema no cenário mundial. Para além dessa produção no território norte-americano, existem estudos realizados por Fred Luthans em parceria com pesquisadores de outra cultura, por exemplo a chinesa (Luthans, Avey, Clapp-Smith & Li, 2008).

Pesquisadores já investigaram as relações entre capital psicológico e temas de saúde ocupacional e do comportamento organizacional: o papel de capital psicológico no combate ao estresse e rotatividade (Avey, Luthans & Jensen, 2009); o impacto do capital psicológico sobre o bem-estar (Avey, Luthans, Smith, & Palmer, 2010); seu valor como antecedente de atitudes e comportamentos no trabalho (Avey, Luthans & Youssef, 2010); seu impacto e o das emoções sobre atitudes e comportamentos relevantes em organizações (Avey, Wernsing & Luthans, 2008; Luthans, Avey, Avolio & Peterson, 2010); o relacionamento de capital psicológico com desempenho e satisfação no trabalho (Luthans, Avolio, Avey & Norman, 2007); o papel mediador de capital psicológico na relação entre clima organizacional e desempenho (Luthans, Norman, Avolio & Avey, 2008); capital psicológico e liderança de grupos (Walumbwa, Luthans, Avey & Oke, 2011) e as relações entre capital psicológico de líderes e liderados, clima de trabalho e desempenho (Walumbwa, Peterson, Avolio & Hartnell, 2010)

Outra perspectiva de estudos sobre capital psicológico tem sido dirigida para a prática em gestão de pessoas e do comportamento organizacional: desenvolvimento e gestão do capital psicológico (Luthans, 2002a); desenvolvimento do capital psicológico por meio de microintervenção (Luthans *et al.*, 2006) e por meio da *web* (Luthans, Avey & Patera, 2008).

Como foi demonstrado, capital psicológico consiste dos estados psicológicos representados por esperança, eficácia, resiliência e otimismo, os quais foram reunidos para representar um estado psicológico compósito e aberto para ser gerenciado em organizações, com vistas a aumentar o desempenho e a satisfação no trabalho, bem como facilitar o desenvolvimento de recursos humanos. Considerando que o volume de estudos realizados sobre o tema desde 2004 já permitia uma análise quantitativa para apresentar um quadro de seu impacto sobre atitudes, comportamentos e desempenho de trabalhadores, Avey, Reichard, Luthans e Mhatre (2011) realizaram uma metanálise com 51 amostras distintas e independentes, totalizando 12.256 participantes. Foi constatado que os estudos analisados revelaram relações positivas e significativas entre capital psicológico e vínculos positivos no contexto de trabalho como satisfação e comprometimento, assim como com o bem-estar psicológico dos trabalhadores. Para além desses achados, os autores também encontraram nos estudos relações positivas e significativas entre capital psicológico e comportamentos desejados por organizações (como cidadania organizacional), bem como com o desempenho, fosse ele avaliado pelo supervisor ou pelo próprio empregado (autoavaliação). A metanálise também revelou que o capital psicológico guardava uma relação negativa e significativa com aspectos psicossociais indesejáveis, como cinismo, intenção de rotatividade, estresse e ansiedade, e, também, com comportamentos desviantes dos trabalhadores.

Estudos brasileiros

No Brasil, capital psicológico já é tema de estudos desde 2011. Pesquisadores (Siqueira, Martins, Lima, Agapito & Souza, 2011) validaram para o Brasil a versão reduzida com doze itens de Escala de Capital Psicológico (ECP-12), após obterem autorização dos autores, cuja versão original e completa com 24 itens foi construída e validada por Luthans, Youssef & Avolio (2007). Utilizando a ECP-12, um estudo brasileiro revelou que capital psicológico não tem relação significativa com dois indicadores (anos de experiência profissional e anos de instrução) de capital humano (Oliveira, 2011). Por outro lado, foi constatado o impacto do bem-estar no trabalho sobre a intenção de rotatividade, moderado positivamente por capital psicológico (Polizzi Filho & Siqueira, 2012). Um terceiro estudo (Lima, 2011) ofereceu evidências de que capital psicológico pode aumentar as relações entre percepções de suporte social de trabalhadores no seu meio social e percepções de suporte social no contexto de trabalho.

Foi construído e validado para o contexto brasileiro o Inventário de Capital Psicológico no Trabalho com 25 itens (ICPT- 25) por Siqueira, Martins e Souza (2014), que revelou em sua estrutura fatorial quatro dimensões (esperança, seis itens, α = 0,86; resiliência, seis itens, α = 0,87; otimismo, cinco itens, α = 0,87; e eficácia, seis itens, α = 0,87) teoricamente consistentes com a proposta original de Luthans, Luthans e Luthans (2004), com índices de precisão adequados, bem como indicadores promissores de ajuste do modelo de quatro fatores após análises fatoriais confirmatórias (CFI = 0,86 e o RMSEA = 0,08).

Outro instrumento foi elaborado e validado no Brasil, por Siqueira e Martins (estudo não publicado até a data de edição do presente verbete), para medir o conceito de capital psicológico na vida pessoal dos indivíduos. Foi denominado Escala de Capital Psicológico e, com dezoito itens (ECP-18), revelou reter em sua estrutura fatorial também quatro dimensões consistentes com a proposta teórica de Luthans, Luthans e Luthans, (2004), com índices de precisão adequados. Estudo realizado nos domínios da psicologia da saúde (Bonino, 2012), utilizando a ECP-18 com 103 pacientes sob tratamento médico, revelou que capital psicológico não altera a relação positiva, já estabelecida por estudos anteriores, entre percepção de suporte social e adesão ao tratamento.

Do ponto de vista prático, capital psicológico foi concebido para reunir em um só construto um conjunto de forças individuais positivas que, se definidas, medidas e gerenciadas, poderiam promover o desempenho em organizações. Pode-se reconhecer que, embora existam hoje alguns estudos oferecendo confirmação para as hipóteses de seus idealizadores acerca das relações entre o capital psicológico e resultados que interessam às organizações (como satisfação no trabalho e elevado desempenho), estudos e debates entre estudiosos do COP e da Psicologia do Trabalho e das Organizações (PT&O) ainda se fazem necessários. Tais debates poderiam aproximar o entendimento de estudiosos dos dois campos acerca de quais características humanas são estados positivos e quais deles poderiam ser incorporados à estrutura inicial de capital psicológico. Na mesma linha, outros construtos psicológicos positivos e com a estrutura miscigenada como a de capital psicológico poderiam ser criados para reduzir o leque de microconceitos que existem, encurtando-se a fragmentação teórica tanto do campo do COP como de PT&O.

Referências

Avey, J. B., Luthans, F., & Youssef, C. M. (2010). The additive value of positive psychological capital in predicting work attitudes and behaviors. *Journal of Management, 36*, 430-452.

Avey, J. B., Reichard, R. J., Luthans, F., Mhatre, K. H. (2011). Meta-analysis of the impact of positive psychological capital on employee attitudes, behaviors, and performance. *Human Resource Development Quarterly, 22*, 127-152.

Avey, J. B., Wernsing, T. S., & Luthans, F. (2008). Can positive employees help positive organizational change? Impact of psychological capital and emotions on relevant attitudes and behaviors. *Journal of Applied Behavioral Science, 44*, 48-70

Avey, J. M., Luthans, F., & Jensen, S. M. (2009). Psychological capital: A positive resource for combating employee stress and turnover. *Human Resource Management, 48*, 677–693.

Avey, J. M., Luthans, F., Smith, R. M., & Palmer, N. F. (2010). The impact of positive psychological capital on employee wellbeing over time. *Journal of Occupational Health Psychology, 15*, 17-28.

Bonino, M. C. P. (2012). *O papel moderador do capital psicológico sobre a relação entre percepção de suporte social e adesão ao tratamento.* Dissertação (mestrado em psicologia da saúde). Faculdade de Saúde, Universidade Metodista de São Paulo, São Bernardo do Campo, SP, Brasil.

Lima, L. G. (2011). *Capital psicológico como moderador entre percepções de suporte no ambiente social e no contexto organizacional de empreendimentos econômicos solidários.* Dissertação (mestrado em administração). Faculdade de Administração e Economia, Universidade Metodista de São Paulo, São Bernardo do Campo, SP, Brasil.

Luthans, F. (2002a). Positive organizational behavior: Developing and managing psychological strengths. *Academic of Management Executive, 16*, 57-72.

Luthans, F. (2002b). The need for and meaning of positive organizational behavior. *Journal of Organizational Behavior, 23*, 695-706.

Luthans, F., & Avolio, B. J. (2009). The 'point' of positive organizational behavior. *Journal of Organizational Behavior, 30*, 291-308.

Luthans, F., & Youssef, C. M. (2007). Emerging positive organizational behavior. *Journal of Management, 33*, 321-349.

Luthans, F., Avey, J. B., Smith, R. C., & Li, W. (2008). More evidence on the value of Chinese workers' psychological capital: A potentially unlimited competitive resource? *International Journal of Human Resource Management, 19*, 818-827.

Luthans, F., Avey, J. B., & Patera, J. L. (2008). Experimental analysis of a web-based intervention to develop positive psychological capital. *Academy of Management Learning and Education, 7*, 209-221.

Luthans, F., Avey, J. B., Avolio, B. J., & Peterson, S. J. (2010). The development and resulting performance impact of positive psychological capital. *Human Resource Development Quarterly, 21*, 41-67.

Luthans, F., Avey, J. B., Avolio, B. J., Norman, S. M., & Combs, G. M. (2006). Psychological capital development: Toward a micro-intervention. *Journal of Organizational Behavior, 27*, 387-393.

Luthans, F., Avey, J. B., Clapp-Smith, R., & Li, W. (2008). More evidence on the value on Chinese workers' psychological capital. *The International Journal of Human Resource Management, 19*, 818-827.

Luthans, F., Avolio, B. J., Avey, J. B., & Norman, S. M. (2007). Psychological capital: Measurement and relationship with performance and job satisfaction. *Personnel Psychology, 60*, 541-572.

Luthans, F., Luthans, K., & Luthans, B. (2004). Positive psychological capital: Going beyond human and social capital. *Business Horizons, 47*, 45-50.

Luthans, F., Norman, S. M., Avolio, B. J., & Avey, J. B. (2008). The mediating role of psychological capital in the supportive organizational climate-employee performance relationship. *Journal of Organizational Behavior, 29*, 219-238.

Luthans, F., Youssef, C. M., & Avolio, B. J. (2007). *Psychological capital.* Oxford: University Press.

Oliveira, E. M. (2011). *A relação entre capital humano e capital psicológico.* Dissertação (mestrado em administração). Faculdade de Administração e Economia, Universidade Metodista de São Paulo, São Bernardo do Campo, SP, Brasil.

Polizzi Filho, A., & Siqueira, M. M. M. (2012). *O impacto de bem-estar no trabalho e de capital psicológico sobre intenção de rotatividade: um estudo com professores.* In J. L. P. Ribeiro, I. Leal, A. Pereira & S. Monteiro (Orgs.). *Psicologia da saúde: Desafios à promoção da saúde em doenças crônicas* (pp. 120--127). Aveiro, Portugal: Universidade de Aveiro.

Seligman, M. E. P. (1998). *Learned optimism.* New York: Pocket Books.

Seligman, M. E. P., & Csikszentmihalyi, M. (2000). Positive psychology: An introduction. *American Psychologist, 55*, 5-14.

Siqueira, M. M. M., Martins, M. C. F. M., Lima, L. G., Agapito, P., & Souza, W. S. (2011). Escala de Capital Psicológico: adaptação brasileira de ECP-12. II Congresso Luso-Brasileiro de Psicologia da Saúde. *Congresso Ibero-Americano de Psicologia da Saúde.* Universidade Metodista de São Paulo, São Bernardo do Campo, SP, Brasil

Siqueira, M. M. M., Martins, M. C. F. M., & Souza, W. S. (2014). Capital psicológico no trabalho. In M. M. M. Siqueira (Org.). *Novas medidas do comportamento organizacional: ferramentas de diagnóstico e de gestão* (vol. 2). Porto Alegre: Artmed.

Stajkovic A., & Luthans F. (1998). Self efficacy and work-related performance: A meta analysis. *Psychological Bulletin, 124*, 240-261.

Walumbwa, F. O., Luthans, F., Avey, J. B., & Oke, A. (2011). Authentically leading groups: The mediating role of collective psychological capital and trust. *Journal of Organizational Behavior, 32*, 4-24.

Walumbwa, F. O., Peterson, S. J., Avolio, B. J., & Hartnell, C. A. (2010). An investigation of the relationship between leader and follower psychological capital, service climate and job performance. *Personnel Psychology, 63*, 977-1003.

Carreira

Marcelo Afonso Ribeiro

Carreira é um construto teórico e prático constituído no início do século XX para sistematizar a progressão das pessoas no interior das empresas (dimensão objetiva dos planos organizacionais de carreira), que resultou, também, na configuração de sua dimensão subjetiva (desenvolvimento e trajetória psicossocial das pessoas no trabalho).

No campo da psicologia das organizações e do trabalho, a temática da carreira não teve um grande destaque, apenas se tornando objeto de estudo e intervenção, de forma mais intensa, a partir dos anos 1970 em função dos processos de reestruturação produtiva e flexibilização do mundo do trabalho, pois, até então, carreira era sinônimo dos planos organizacionais de carreira, em geral estáveis e perenes, sem muitas mudanças no tempo, não se configurando como um fenômeno com grandes possibilidades de investigação.

Segundo Gunz e Peiperl (2007), autores de um dos mais completos *handbooks* de estudos da carreira, a temática da carreira ganhou grande importância a partir dos anos 1980 e vem sendo estudada teórica e tecnicamente para auxiliar em processos de intervenção dentro e fora das empresas, principalmente no tocante ao planejamento e construção dos projetos de vida no trabalho, bem como no desenvolvimento e gestão das carreiras, gerando interfaces com processos tradicionais (avaliação de desempenho, treinamento e desenvolvimento) e contemporâneos (gestão de carreira, *coaching*, *mentoring* e *counseling*) de gestão de pessoas, e com temas do campo da psicologia das organizações e do trabalho (aprendizagem organizacional, competências e qualificação, liderança, contrato psicológico e identidade organizacional) e áreas fins (orientação profissional, aposentadoria e pós-carreira, desemprego e identidade profissional).

Gênese e consolidação da carreira

A carreira tem como característica central ser um construto téorico-técnico que surgiu para atender às demandas de organização do mundo do trabalho do início do século XX associada às fábricas num mundo estruturado pela normatividade, previsibilidade e estabilidade do modelo taylorista-fordista, que teve sua gênese marcada pelas influências da administração científica, da psicometria e das concepções mecanicistas de ser humano, ou seja, a ideia "da pessoa certa para o lugar certo" (Ribeiro, 2009a, 2011).

Emblema moderno da trajetória de vida no trabalho por quase todo século XX, a carreira se configurou como a sequência predefinida de cargos e funções dentro de uma empresa com o objetivo de estruturar a trajetória de trabalho dos seus funcionários, na chamada carreira organizacional. Só existia nas empresas e instituições, ou seja, a carreira era determinada pelo vínculo à empresa, com apenas uma exceção, que era o caso da atribuição de uma carreira às pessoas com uma identidade profissional de prestígio, originando expressões como carreira médica e carreira política. Vale salientar que apenas uma parte restrita dos trabalhadores eram socialmente reconhecida como tendo uma carreira, pois quem não tivesse as condições descritas anteriormente, não tinha o reconhecimento de sua trajetória de trabalho como carreira, o que levou o campo das carreiras a ser um campo restrito de estudos e intervenção ao longo de quase todo século XX (Gunz & Peiperl, 2007; Ribeiro, 2009b).

O norte-americano Everett Hughes, considerado um dos primeiros estudiosos da carreira, já apontava, entretanto, nos anos 1930, sua dupla dimensão, ou seja, a dimensão objetiva descrita na definição de carreira organizacional, nomeando-a carreira objetiva, e sua dimensão subjetiva constituída pela passagem das pessoas pela vida no trabalho, nomeando-a carreira subjetiva. Mais tarde, autores como Edgar Schein e Donald Super recuperaram essa diferenciação, marcando a existência das carreiras interna e externa.

Essa dupla dimensionalidade da carreira marca uma dicotomia prática e teórica ao, simultaneamente, definir carreira como artefato administrativo (ferramenta de gestão de pessoas utilizada para sistematizar as etapas concretas exigidas por uma empresa para organizar a trajetória e o progresso de seus funcionários) e como processo psicossocial (maneira como a vida no trabalho de uma pessoa é construída ao longo do tempo e do espaço e como é percebida e interpretada por ela), fazendo emergir dois grandes agrupamentos teóricos – ciências da gestão e ciências do trabalho – que, tradicionalmente, não estabeleceram estudos ou ações conjuntas, desenvolvendo-se de forma independente e dicotômica, sendo representados no campo de estudos e intervenção de carreira, respectivamente, pela administração e pela psicologia das organizações e do trabalho voltada às empresas (ciências da gestão), e pela psicologia vocacional e pela orientação profissional (ciências do trabalho), conforme aponta Ribeiro (2009b, 2011).

O autor segue dizendo que a concepção de carreira externa é fruto da elaboração de estudos das chamadas ciências da gestão, que se constitui num campo de estudos e intervenção do (e no) trabalho, focada na análise e intervenção da (e na) gestão da organização do trabalho como um todo, com fins pragmáticos de gestão organizacional das pessoas (dimensão administrativa), visando ao funcionamento organizacional eficiente e ao aumento da produtividade e da competitividade (foco: gestão de pessoas e planos de carreira).

A concepção de carreira subjetiva ou desenvolvimento vocacional/psicossocial no trabalho, por sua vez, é fruto da elaboração de estudos das chamadas ciências do trabalho, que se constitui num campo de análise e intervenção do (e no) trabalho e das (e nas) relações pessoas-organizações do trabalho construídas continuamente, visando a compreender os processos psicossociais de construção de si no trabalho e da estruturação do mundo do trabalho, e auxiliar na elaboração de estratégias de desenvolvimento e orientação profissional e de carreira (foco: orientação profissional e escolha/desenvolvimento vocacional e de carreira).

A administração e a psicologia das organizações e do trabalho centraram seus esforços e objetivos nas empresas, e seguiram construindo os planos de carreira organizacionais, enquanto que a psicologia vocacional e a orientação profissional se focaram, principalmente, nos jovens e elaboraram ações e estratégias de orientação profissional desenvolvidas, em geral, em instituições educacionais.

Principais definições de carreira e seus respectivos autores

Etimologicamente, a palavra carreira é oriunda do latim *via carraria*, que pode significar caminho, padrão de uma trajetória, rota ou curso da ação, contudo, ao final do século XIX, se consolidou como a trajetória da vida profissional.

O senso comum, como indicador das principais representações sociais elaboradas e reconhecidas de carreira, a define como progresso profissional, vida no trabalho marcada por uma profissão ou sequência de empregos ao longo da vida.

Arthur, Hall e Lawrence (1989) apontam que vários campos do saber criaram definições para carreira, principalmente a administração, a psicologia, a sociologia e a economia.

A administração construiu e consolidou a definição do que é carreira (concepção da carreira organizacional já anteriormente apresentada) por meio de autores como Douglas Hall, Edgar Schein, Everett Hughes e John Van Maanen. A psicologia, cujo eixo central é a pessoa, produziu várias concepções de carreira variáveis em função de sua base teórica, sendo definida como expressão da vocação no mundo do trabalho (Frank Parsons, John Crites), veículo de autorrealização pelo trabalho (John Holland), ciclo evolutivo vital de experiências no trabalho e de saliência de papéis sociais (Donald Super), ou resultante da construção dialética entre pessoa e sociedade (Lotte Baylin). A sociologia define carreira como desempenho de papéis sociais ou padrões e maneiras de mobilidade social. E a economia vê a carreira como uma resposta às forças do mercado de trabalho.

Em termos teóricos, várias foram as formulações de carreira. As concepções iniciais de carreira, tanto nas ciências da gestão quanto nas ciências do trabalho, tinham seu foco em processos de ajustamento e/ou adaptação da pessoa ao mundo do trabalho com base epistemológica do mecanicismo e do funcionalismo. A primeira gerou o modelo axial ou estrutural (forma tradicional e que deu origem à ideia de carreira, ou seja, analisá-la a partir de sua estrutura ou plano construído pelas empresas) e a segunda elaborou três concepções distintas: 1) perfil (descrição de díades de ajustamento entre pessoa e trabalho), como propôs Frank Parsons; 2) tipológica (descrição de estruturas genéricas de carreira entendidas como relação do tipo da pessoa com o tipo correspondente de ambiente), como propôs John Holland; e 3) desenvolvimentista (estabelecimento de um ciclo de etapas sequenciais e previsíveis necessárias para o progresso da pessoa no trabalho), como propôs Donald Super (para mais detalhes, ver Brown, 2002; Dutra, 1996; Ribeiro, 2009b).

Com a gradativa flexibilização, complexificação e heterogeneização do mundo do trabalho a partir dos anos 1970, as concepções de carreira tiveram que ser revistas e ampliadas, pois as experiências e trajetórias de trabalho se tornaram mais plurais e menos normativas do que antes, ocasionando: a) um alargamento da concepção de carreira anteriormente só construída nas empresas e, agora também, construída no mundo do trabalho de maneira genérica; b) a ruptura dos padrões de carreira e a emergência de construções mais relacionais; e c) a mudança de foco das empresas para as relações possíveis entre pessoa-trabalho (dentro e fora das empresas) com maior responsabilidade e atividade por parte das pessoas. Neste sentido, a análise da carreira exigiu novos estudos mais focados em processos de construção do que de ajustamento ou adaptação, buscando novas bases epistemológicas como o construtivismo e o construcionismo social (Ribeiro, 2009b; Savickas *et al.*, 2009).

As ciências da gestão, em geral de base funcionalista ou sistêmica, iniciaram um processo de validação de trajetórias de trabalho, antes não consideradas como carreiras, fora do espaço organizacional, resultando na ruptura parcial dos modelos normativos (planos de carreira ou carreira externa) e dando origem a novas concepções de carreira, tendo como pressupostos centrais que a carreira não seria mais linear, envolveria a relação contínua entre pessoa e empresa e seria elemento de interesse conciliado entre ambas (Hall, 2002).

Assim, o recurso encontrado por estudiosos e profissionais das ciências da gestão foi a utilização de metáforas para descrever e analisar as carreiras contemporâneas, mais heterogêneas e menos normativas, gerando as concepções da: carreira de Proteu (Douglas Hall), carreira sem fronteiras (Michael Arthur e Denise Rousseau), carreira multidirecional (Yehuda Baruch), carreira caleidoscópio (Sherry Sullivan e Lisa Mainiero), carreira portfólio (Mary Mallon), bem como a continuidade da carreira organizacional, que segue sendo o modelo mais presente nas empresas (Edgar Schein e John Van Maanen).

As ciências do trabalho, em geral de base construtivista ou construcionista, têm tentado propor concepções da carreira menos centradas unicamente em processos subjetivos e mais relacionais e contextualizadas, por conta da crescente instabilidade do mundo, buscando construir concepções que abarcassem os atuais processos complexos das relações pessoa-trabalho, por meio dos seguintes modelos: arco-íris de carreira (Donald Super), transicional (Nancy Schlössberg), desenvolvimentista-contextual (Fred Vondracek), *Life-design* (Mark Savickas e membros do Life Design International Research Group), contextualista da ação (Richard Young & Ladislav Valach) e socioconstrucionista (David Blustein).

Para um aprofundamento acerca das atuais concepções de carreira, ver Brown (2002), Gunz e Peiperl (2007), Hall (2002), Ribeiro (2009b, 2011) e Young e Collin (2000).

Campo de estudos e intervenção

A carreira tem sido utilizada como objeto de estudo e intervenção, bem como para a construção de ferramentas e estratégias de gestão de pessoas e de orientação profissional.

Como objeto de estudo, se constituiu desde o início do século XX, mas, principalmente, nas três últimas décadas. De maneira geral, os estudos de carreira reproduzem as principais áreas interessadas nessa temática, cada uma com distintos focos e objetivos, indicando uma topologia (níveis de análise da carreira) e uma taxonomia (subcampos de estudos da carreira), conforme a sistematização proposta por Gunz e Peiperl (2007) na Tabela 1.

Tabela 1 Taxonomia e topologia dos estudos de carreira

Campos do saber	Topologia	Taxonomia
Psicologia vocacional e parte da orientação profissional.	Individual	Personalidade, interesses, valores, sucesso, escolha profissional, perfil, carreira interna, ajustamento vocacional.
Administração e parte da psicologia das organizações e do trabalho.	Organizacional	Sistemas de carreira, padrões de carreira, contrato psicológico, planejamento e gestão da carreira.
Parte da orientação profissional e da psicologia das organizações e do trabalho.	Contextual	Identidade, desenvolvimento de carreira, ciclo de vida, construção da carreira.

Fonte: Gunz e Peiperl (2007).

Segundo Gunz e Peiperl (2007), seria complicado identificar qualquer padrão organizado no campo de estudos de carreira, pois há lacunas entre os estudiosos da carreira organizacional (ciências da gestão) e da escolha profissional e do desenvolvimento de carreira (ciências do trabalho), embora Donald Super, Edgar Schein e Douglas Hall tenham tentado aproximar as áreas em seus estudos já nos anos 1970.

Como base conceitual para intervenções, os estudos da carreira têm produzido conhecimento para pessoas que trabalham com gestão de pessoas e gestão de carreira, tanto como funcionários de empresas quanto como consultores, auxiliando-os na reflexão e na tentativa de propostas de resolução de dois questionamentos contemporâneos centrais formulados às ciências da gestão: 1) Como construir planos de carreira em um mundo em transição?; e 2) Como fazer o planejamento e a gestão de carreira de cada funcionário na contemporaneidade? Os estudos e concepções de carreira possibilitam a compreensão das estruturas e das dinâmicas das carreiras e, consequentemente, do mundo organizacional e do trabalho, e a proposição de estratégias de elaboração de planos de carreira organizacionais associados necessariamente a outros sistemas de gestão de pessoas (por exemplo, desenho de funções, remuneração e desenvolvimento), e de programas e serviços de consultoria e orientação de carreira, como *coaching*, *mentoring*, *counseling*, *self-assessment* e *outplacement*. Para mais detalhes, ver Dutra (1996, 2010) e Hall (2002).

Produz conhecimento, também, para aqueles que se dedicam ao campo da orientação profissional, buscando o entendimento das escolhas profissionais iniciais, dos projetos de vida no trabalho e do desenvolvimento vocacional e psicossocial no trabalho, e a elaboração de estratégias de auxílio para a educação para a carreira (estratégia de aprendizagem de modelos de escolha e elaboração de projetos realizados em escolas) e orientação ou aconselhamento profissional e de carreira (destinado a auxiliar qualquer pessoa em qualquer momento de vida nas questões de desenvolvimento ou transição de carreira realizado em consultórios privados, consultorias, instituições e serviços públicos). Para mais detalhes, ver Brown (2002), Savickas e Walsh (1996) e Savickas *et al.* (2009).

Implicações brasileiras

A concepção de carreira é pouco estudada no Brasil no campo da psicologia das organizações e do trabalho, focando-se, principalmente, em pesquisas e investigações no campo da orientação profissional, com poucas contribuições no campo da gestão de pessoas, sendo raros os autores nacionais que tenham uma produção sistemática no campo das carreiras. Em geral, carreira é uma concepção complementar, não central, de estudos.

Apreciação crítica e atualidade do conceito

Havia um consenso acerca da concepção de carreira representada pela concepção da carreira organizacional por conta do fato de que a carreira só existia e era legitimada no interior das empresas. A conjuntura sociolaboral contemporânea trouxe a necessidade de ampliar a noção de carreira, reconhecendo também como carreira trajetórias fora do contexto organizacional. Esse reconhecimento introduz um problema conceitual, a saber: A concepção de carreira será estendida para toda e qualquer trajetória legitimada de trabalho ou ela permanece representando os planos organizacionais de carreira e haveria a necessidade de criação de um novo termo para designar as trajetórias de trabalho fora do contexto organizacional? Essa questão permanece sem resposta e se constitui numa tarefa a ser realizada ao longo do século XXI (Young & Collin, 2000).

Síntese

Em síntese, carreira é um construto teórico-técnico com duplo significado (artefato administrativo e processo psicossocial) e formado pela ideia de ajustamento, adaptação, desenvolvimento ou construção de uma trajetória no mundo do trabalho, primeiro concebida somente no interior das empresas e instituições para, depois, com as transformações do trabalho, ser pensada nas relações ampliadas entre pessoa-trabalho, que é utilizada de base para intervenções no campo da gestão organizacional de carreiras, gestão e desenvolvimento pessoal de carreiras e orientação profissional e de carreira.

Referências

Arthur, M. B., Hall, D. T., & Lawrence, B. S. (1989). *Handbook of career theory*. Cambridge, United Kingdom: Cambridge University Press.

Brown, D. (2002). *Career choice and development*. San Francisco: Jossey-Bass.

Dutra, J. S. (1996). *Administração de carreira*. São Paulo: Atlas.

Dutra, J. S. (2010). *Gestão de carreiras na empresa contemporânea*. São Paulo: Atlas.

Gunz, H., & Peiperl, M. A. (2007). *Handbook of career studies*. Thousand Oaks, CA: Sage.

Hall, D. T. (2002). *Careers in and out of organizations*. Thousand Oaks, CA: Sage.

Ribeiro, M. A. (2009a). A trajetória da carreira como construção teórico-prática. *Cadernos de Psicologia Social do Trabalho*, *12*(2), 203-216.

Ribeiro, M. A. (2009b). *Psicologia e gestão de pessoas: reflexões críticas e temas afins (ética, competência e carreira)*. São Paulo: Vetor.

Ribeiro, M. A. (2011). As formas da estruturação da carreira na contemporaneidade. In J. C. Zanelli, N. Silva & S. R. Tolfo (Orgs.). *Processos psicossociais nas organizações e no trabalho* (pp. 305-325). São Paulo: Casa do Psicólogo.

Savickas, M. L., & Walsh, W. B. (1996). *Handbook of career counseling – Theory and practice*. Palo Alto, CA: Davies-Black.

Savickas, M. L. *et al.* (2009). Life designing: a paradigm for career construction in the 21st century. *Journal of Vocational Behavior*, *75*, 239-250.

Young, R. A., & Collin, A. (2000). *The future of career*. Cambridge, United Kingdom: Cambridge University Press.

Clínicas do trabalho

Pedro F. Bendassolli

Clínicas do trabalho referem-se a um conjunto de disciplinas interessadas na investigação da relação trabalho e subjetividade (cf. verbete *Subjetividade e trabalho*). Essa junção de termos (trabalho e subjetividade), apesar de não ser propriamente nova, traz algumas particularidades. De um lado, no campo de pesquisas sobre o trabalho, existem disciplinas cujo objetivo é observar, descrever e analisar o trabalho a partir das tarefas prescritas e dos distanciamentos que, por meio da atividade realizada, o sujeito interpõe entre aquilo que é dele exigido e aquilo que ele pode fazer – com seu corpo, seus afetos, suas habilidades, competências. Aproximar tarefa e atividade é um importante desafio, pois dessa aproximação dependem, em parte, a saúde das pessoas no trabalho, bem como a própria produtividade.

Ocorre que essa orientação para a tarefa, para a análise do trabalho como cargo, posto, conjunto de prescrições, dando-se em um determinado contexto (organizacional, por exemplo), algumas vezes pode prescindir do sujeito, isto é, da consideração de um agente que não é meramente um processador de informações, um operador, um executor (como no caso da ergonomia dos "fatores humanos"). Em sua versão mais radical, não foi outra coisa que fez o taylorismo senão apagar qualquer vestígio de um *sujeito do trabalho*, vivo, desejante, um ser social e culturalmente situado. O taylorismo plasmou a análise do trabalho ao domínio da técnica, e em sua esteira ainda hoje seguem outros que buscam estudar e compreender o trabalho a partir de um viés engenhoso, metódico. Um trabalho sem sujeito. O trabalhador é visto como um componente, ainda que complexo, do sistema produtivo.

De outro lado, contudo, vemos no campo de estudos sobre o trabalho uma versão oposta à anterior. Em vez de enfatizar a atividade, o trabalho realizado, o trabalho vivo e real, há abordagens que optam pela compreensão do *sujeito no trabalho*. A desnutrição da subjetividade na perspectiva anterior é aqui invertida: há um excedente de subjetividade e pouco de trabalho. Busca-se, então, compreender as atitudes, as opiniões, as representações, as produções de sentido e significado, as vivências de sofrimento na experiência com o trabalho. Este, o trabalho, é muitas vezes apenas o contexto em que se busca localizar o sujeito e suas produções psíquicas. Em termos mais amplos, podemos falar aqui de uma clínica *no* trabalho.

As clínicas do trabalho, mesmo em sua heterogeneidade característica, propõem uma articulação entre as duas perspectivas anteriores. De um lado, portanto, a atividade, o trabalho real, a atividade realizada; de outro, a subjetividade. Porém, não se trata de uma subjetividade desencarnada, mas de uma produção do sujeito sobre si mesmo, sobre os outros e sobre o objeto do próprio trabalho. Dizer, como o fazem autores filiados às clínicas do trabalho, que este tem uma função psicológica central, possui uma centralidade na estruturação do sujeito, quer dizer que o trabalho não implica, apenas, em produção de coisas, mas também em produção de sujeitos, em produção de si (Dejours, 2009). A subjetividade seria justamente o produto e o processo de um trabalho, de um engajamento com uma atividade, de uma mobilização subjetiva (psíquica: cognitiva, física, afetiva) no exercício de um ofício. Daí a opção por clínica *do* trabalho: seu diferencial consiste justamente na consideração do trabalho como produtor de coisas, relações, sujeito, tendo em vista a transformação do real.

Perspectivas teóricas e suas convergências

Para a compreensão de alguns dos principais precursores que estão na origem histórica das clínicas do trabalho, remetemos o leitor ao verbete *Saúde mental e trabalho*. Aqui, nosso foco é em definir alguns pontos em comum entre as diversas abordagens que compõem esse domínio.

Porém, antes de mais nada, é importante dizer que compõem as clínicas do trabalho quatro grandes perspectivas: a psicodinâmica do trabalho (C. Dejours); a clínica da atividade (Y. Clot); a psicossociologia (entre outros: E. Enriquez, V. de Gaulejac, D. Lhuilier, G. Amado, J. Barus-Michel); a ergologia (Y. Schwartz). São perspectivas que recebem influência e reelaboram tradições bastante ecléticas e amplas, como o caso da psicanalítica (sobre a psicodinâmica e também sobre certa vertente da psicossociologia); da tradição sociocultural (sobre a clínica da atividade, em particular Vygotsky); da filosofia (sobre a clínica da atividade e a ergologia, em particular B. Spinoza, M. Bakthin, G. Canguilhem). Outra influência comum é a psicopatologia do trabalho francesa (P. Sivadon, L. Le Guillant, F. Tosquelles), além da ergonomia, também na inspiração francesa – de onde provêm, por exemplo, distinções preciosas, como entre trabalho prescrito e trabalho real, proposta por A. Wisner.

Em comum às várias perspectivas clínicas do trabalho, podemos destacar os pontos a seguir.

1. O trabalho não é uma atividade marginal aos processos de subjetivação, como às vezes se faz crer em certas perspectivas "mentalistas" em psicologia, ou em perspectivas nas quais o sujeito se confunde com a própria linguagem. O trabalho é uma atividade de constituição do sujeito, na medida em que o liga aos outros, ao mundo (de objetos externos a si, com materialidade extralinguística) e a seus próprios projetos (trabalho como uso de si e sobre si). Ademais, o trabalho não se esgota no emprego. E a linguagem é um instrumento de mediação entre o sujeito e o real do trabalho, com atravessamentos histórico-culturais.

2. A atividade de trabalho é, intrinsecamente, ambígua, contraditória: ao mesmo tempo que o trabalho é fonte de autonomia, prazer, satisfação, poder de agir, ele implica também em sofrimento, impotência, exploração, perda de si. Contrariamente a certas correntes higienistas, não é possível eliminar um certo *quantum* de sofrimento ou de impedimento no trabalho – ele é, em certo sentido, até mesmo necessário, afinal, o real do trabalho impõe suas resistências, apresenta suas provas. Porém, um trabalho continuamente desprovido de sentido pode levar à despersonalização. Portanto, situações de sofrimento e impedimento são focos de intervenção das clínicas do trabalho, como veremos adiante, embora trabalho não seja sinônimo de alienação... Não se trata de uma clínica psicopatológica *stricto sensu*. No máximo, as clínicas do trabalho se propõem a fazer uma psicopatologia da vida cotidiana no trabalho.
3. A ação no trabalho é uma unidade de análise privilegiada nas clínicas do trabalho. Por que as pessoas não conseguem agir, transformar, transgredir, ir além do prescrito? O que se passa em certas situações de trabalho nas quais a atividade em questão parece estar esvaziada, seu sujeito desengajado, desmobilizado? O desenvolvimento da ação, entendida como um agir humano, intencional, é o alvo fulcral das clínicas do trabalho. Agir é colocar-se em atividade, é afirmar-se perante o real do trabalho, isto é, perante as resistências, as contradições, os dilemas e conflitos inerentes aos objetos da atividade e a seus contextos de realização.
4. O trabalho real é outro conceito essencial às clínicas do trabalho. O trabalho real, ou o real da atividade (Clot, 1999), diz respeito àquilo que as pessoas gostariam de fazer no trabalho e não podem (atividade contrariada), àquilo que fazem no lugar de outra coisa que deveriam estar fazendo, àquilo que poderia ser feito mas não foi; ao que deve ser refeito. Em suma, o real da atividade envolve processos de desencaixe: entre a tarefa prescrita e as ações/atividades efetivamente realizadas, mas também, no interior destas últimas (atividades realizadas), entre o que se fez e o que se poderia ter feito etc. Em um nível mais profundo, pode-se dizer que o real do trabalho é o confronto – físico, intelectual, emocional/afetivo – entre o sujeito e a "realidade", entendendo por esta última a realidade dos objetos do trabalho (como as matérias-primas), as condições de trabalho (entendidas como o contexto da atividade), a atividade das outras pessoas e os próprios projetos pessoais, o próprio si mesmo que se coloca na atividade. Diante do trabalho real, o sujeito apresenta diversos *usos de si*, ou *usos do corpo-si* (Schwartz, 2000). Na prática, dizer que as clínicas do trabalho se interessam pelo trabalho real significa dizer que elas não se prendem apenas à dimensão do prescrito, da tarefa, mas buscam entender as tensões, os movimentos, a processualidade acionada pela situação de se estar em atividade. Os autores das clínicas do trabalho buscam "desocultar" o

trabalho real, pois é ele que, efetivamente, interessa para a análise e a intervenção (Lhuilier, 2012). Trata-se de criticar a existência de um trabalho sem atividade, um trabalho sem o real.

Contribuições das clínicas do trabalho

As clínicas do trabalho têm sua contribuição voltada às situações em que estejamos diante das diversas consequências da relação trabalho-subjetividade. Destacamos aqui uma dessas consequências em particular, a que ocorre na esfera da saúde no trabalho, ou sua ausência – o que se observa na forma de sofrimento, impedimentos ou patologias em geral (físicas e mentais). De fato, talvez uma das principais contribuições das clínicas do trabalho ocorra nesse âmbito da saúde. Mas o que se entende por saúde? Embora, como dissemos anteriormente, as clínicas do trabalho não componham um conjunto homogêneo, ainda assim podemos arriscar uma interpretação conjunta para o tema da saúde no trabalho nesse domínio. Tal interpretação passa pelo pressuposto de que o trabalho é fundamental para a conquista da saúde.

Em primeiro lugar, precisamos reforçar que saúde (cf. verbetes *Saúde do trabalhador* e *Saúde mental e trabalho*), de acordo com as clínicas do trabalho, não se refere meramente à ausência de doença, tampouco a um estado de puro prazer, no qual não há sofrimento ou desconforto. Saúde se relaciona à capacidade de ser sujeito. Temos saúde sempre que conseguimos transformar a realidade, a nós próprios e, principalmente, quando sentimos que somos responsáveis por essa transformação. Portanto, pode-se considerar que saúde é atividade. Como vimos anteriormente, atividade é tudo aquilo que fazemos e que leva nossos corpos e mentes ao confronto com o real, tendo em vista a produção de uma obra, serviço, produto ou, mais genericamente falando, tendo em vista uma transformação: de nós, dos outros, de uma parte do mundo. Toda atividade implica na transformação de um objeto ou pessoa por meio de uma ação, mediada por ferramentas, as quais se referem aos recursos que dispomos para agir em um determinado contexto sócio-histórico.

Se saúde é sinônimo de atividade; todas as situações que impeçam a realização desta são obstáculos para sua conquista. Na clínica da atividade, uma das abordagens dentro das clínicas do trabalho, tais bloqueios são chamados de impedimentos da atividade, ou, simplesmente, atividade impedida. A seguir, duas fontes desse processo serão destacadas.

A primeira corresponde ao fato de que os impedimentos podem vir da própria atividade e de nossa inter-relação com ela. Muitas vezes, realizamos atividades que não correspondem ao que aspiramos para nossa vida. Noutras, apenas fazemos coisas que nos são prescritas. Nesses casos, há um risco muito grave à saúde: quando a atividade se torna apenas um conjunto de prescrições externas, podemos nos tornar indiferentes a ela, chegando a um nível de desligamento da própria atividade. Parafraseando, isso corresponde ao que o filósofo holandês Baruch de Espinosa denominava de afetos frios, estado afetivo que nos torna indiferentes, fazendo com que coisas e pessoas ao nosso redor não nos digam mais respeito, pois não têm mais conexão com nossos desejos, nossas expectativas e nossos projetos pessoais. Sentimo-nos diante de uma atividade vazia, que realizamos apenas porque é nosso "dever".

Uma segunda fonte de impedimento da atividade é quando estamos diante de paradoxos organizacionais de difícil solução, por exemplo: uma situação em que se exige quantidade e qualidade da pessoa, ao mesmo tempo. Autores da clínica da atividade sustentam a ideia de que um ingrediente decisivo para a saúde é a sensação de que se está realizando um trabalho bem-feito. O dilema é que os trabalhadores podem ter critérios sobre o que define uma atividade bem-feita distintos daqueles da organização, do gestor e mesmo de seus pares ou colegas. Por exemplo, o que uma pessoa que trabalha no setor de serviços faz quando tem que atender dezenas de clientes em um mesmo dia (metas quantitativas de desempenho)? Muitas vezes, é quase impossível estabelecer um relacionamento com todos os clientes, paradoxalmente mesmo quando a própria atividade assim o exige, tendo em vista critérios de um trabalho bem-feito (por exemplo, nos contextos profissionais de saúde).

As clínicas do trabalho, no exemplo a clínica da atividade, atuam no sentido de permitir ao sujeito trabalhador ser capaz de agir e sentir que tem poder sobre sua própria ação no trabalho – poder de agir, de discutir os critérios do que considera um trabalho bem-feito, ainda que, para isso, tenha de se lançar em controvérsias com o coletivo de que faz parte e com a organização que regula/prescreve suas tarefas (Clot, 2008). Portanto, é interessante considerar o trabalho como uma atividade que potencializa ou, ao contrário, impede o desenvolvimento psicológico e profissional do sujeito e dos coletivos de trabalho. O trabalho não é, portanto, apenas o emprego, a algo que acontece "dentro" de organizações e se materializa em cargos, salários, benefícios e privilégios. Existe uma conexão mais básica entre o sujeito e o trabalho, e é esse caráter constitutivo que está na raiz da compreensão das clínicas do trabalho sobre o papel deste na conquista da saúde. Tal compreensão do papel do trabalho se reflete nas intervenções propostas pelas clínicas do trabalho, como veremos a seguir.

A intervenção em clínicas do trabalho

Novamente permanecendo no que poderia ser um terreno comum das clínicas do trabalho, podemos dizer que um aspecto essencial da intervenção em clínicas do trabalho, independentemente da configuração que ela assume em função da abordagem teórica considerada (psicodinâmica do trabalho, clínica da atividade, ergologia ou psicossociologia), é a existência de uma demanda, seja explícita ou implícita.

Uma demanda consiste num pedido, mais ou menos formalizado, endereçado ao psicólogo e que traz, consigo, um desejo de mudança, o desejo de transformar as situações que impedem o poder de agir dos trabalhadores. A demanda não deve ser confundida com a comanda. Esta refere-se a um pedido feito, em geral, por quem detém o poder, por exemplo, os gestores. Neste caso, o pedido para a intervenção decorre da percepção do gestor de que algo não vai bem no (ou com o) trabalho. Contudo, pela própria posição que ocupa na divisão do trabalho, o gestor pode estar antes interessado na recuperação do desempenho dos trabalhadores e na eficiência do trabalho do que nas questões do trabalho real, conforme apresentamos este conceito anteriormente.

Contudo, uma comanda não é, por si só, motivo para não se iniciar um trabalho de intervenção em clínicas do trabalho. Para isso, é preciso que a comanda se transforme em demanda, e que os envolvidos se impliquem no trabalho de coanálise, inclusive o próprio gestor-comandatário (quando for o caso). Este último ponto é outro aspecto fundamental da intervenção em clínicas do trabalho: o psicólogo (ou outro profissional incumbido de facilitar a intervenção) não é suposto deter um saber superior àquele presente na vivência dos trabalhadores em seu cotidiano. O psicólogo é um coanalista, um coparticipante da atividade dos outros.

A coanálise do trabalho se desdobra numa perspectiva mais ampla de pesquisa-ação (Lhuilier, 2006). Essa forma de pesquisa implica em uma horizontalização do saber, de modo que o trabalhador é chamado a ocupar lugar de protagonista da ação, e não o psicólogo/profissional com sua *expertise*. Da mesma forma, o conhecimento não é *aplicado* no trabalho, mas ali produzido, em situação de problematização com os dilemas concretos do trabalho, com seu cotidiano.

É importante registar que o referido protagonismo do trabalhador não é um protagonismo solitário, como quando se faz clínica *no* trabalho – por exemplo, entrevistas ou mesmo atividades de aconselhamento individual no trabalho. Antes disso, a intervenção, em clínicas do trabalho, deve ser fundamentalmente coletiva, a serviço do protagonismo dos coletivos, à semelhança do que Oddone (1980) propôs, no que veio a ser conhecido como movimento operário italiano. De partida, porque a atividade está imersa em diversos coletivos, gêneros profissionais, ofícios. Depois, porque as clínicas do trabalho têm demonstrado, cada vez mais incisivamente, que é justamente o enfraquecimento dos coletivos que está na raiz das diversas formas de mal-estar no trabalho.

Podemos dizer que, genericamente, há duas grandes demandas para as clínicas do trabalho: demandas de desenvolvimento e demandas de compreensão. Quanto às primeiras, o foco recai nas situações em que a atividade é impedida, em que a ação é bloqueada ou em que as pessoas não conseguem realizar o trabalho do modo que consideram bem-feito. O desenvolvimento, porém, deve ser compreendido como um movimento da própria atividade, seu impedimento trazendo consequências negativas na relação trabalho-subjetividade. Uma delas, como vimos, são as consequências sobre a saúde. Uma vez que atividade é sinônimo de saúde, o impedimento do desenvolvimento dessa atividade pode levar a situações de impedimento da própria saúde. De acordo com Clot (2008), o desenvolvimento combina duas dimensões: uma dimensão de eficiência, relativa à economia do gesto, isto é, a um agir profissional proficiente perante o real da atividade; e uma dimensão de sentido, de propósito. Desenvolver a atividade, portanto, significa permitir a eficiência do gesto, das ações, como também a percepção de sentido, propósito.

As demandas de compreensão, por sua vez, estão associadas a vivências de angústia no trabalho, como quando os coletivos não sabem o que se passa com eles, o porquê de estarem sofrendo ou então os motivos de não poderem agir ou superarem determinados conflitos e impedimentos. Em clínicas do trabalho, essas demandas solicitam que a fala dos trabalhadores sobre suas experiências e vivências possa fluir, num exercício de escuta por parte do psicólogo. Contudo, não uma escuta clínica em sentido estrito, terapêutico, focalizando apenas as vivências desencarnadas da atividade, mas uma escuta que busque auxiliar os trabalhadores a recolocarem sobre a cena o que lhes faz sofrer no trabalho – episódios, situações ou impedimentos que sejam coletivos e compartilhados em torno da atividade, do trabalho real. Trata-se, pois, de uma escuta que tem, em seu centro, a atividade de trabalho (Amado & Lhuilier, 2012).

Como a atividade é sempre dirigida a um outro (Clot, 1999, 2008), o trabalhador dirige-se a diversos destinatários: ao próprio psicólogo-facilitador, de início, mas também a seus outros colegas (eixo interpessoal), a si próprio (seus projetos, suas formas de ver e entender sua própria vivência e atividade, suas pré-ocupações), bem como a um outro "genérico e anônimo", denominado, em clínica da atividade, como o gênero do ofício em questão. Esse gênero profissional (cf. verbete *Gênero profissional*) consiste no repositório da história do ofício, o qual protege a atividade ao lhe fornecer recursos, insígnias, sobre como operar com o real e que foram se acumulando na história daquele ofício. Portanto, o gênero é uma ferramenta de mediação entre o trabalhador e o real de sua atividade.

Em termos operacionais, os métodos empregados pelo pesquisador-clínico das clínicas do trabalho incluem oficinas de fotos, técnicas de instrução ao sósia, de autoconfrontação simples e cruzada (clínica da atividade); dispositivo dinâmico de três polos (ergologia); intervenção em processos grupais por meio de grupos operativos e outros formatos socioinstitucionais, entrevistas individuais e em grupo, uso de fotos, história de vida (psicossociologia); e utilização de dispositivos de análise da demanda, construção dos laços afetivos, elaboração-perlaboração, interpretação, formação do clínico e supervisão (psicodinâmica). Em comum nestas possibilidades/dispositivos metodológicos, a coconstrução dos dispositivos de intervenção, o suposto de que tais dispositivos fazem parte de um processo de desenvolvimento (em vez de serem apenas dispositivos "neutros" de aplicação), para o qual contribuem o pesquisador-clínico e os trabalhadores (relação intersubjetiva, negociação permanente do contrato de trabalho, esclarecimento e transparência quanto aos limites e possibilidades).

No Brasil, autores filiados às clínicas do trabalho têm desenvolvido volume cada vez maior de pesquisas, explorando uma ampla diversidade de temáticas e contribuindo para o desenvolvimento desse campo em nosso país. Um balanço dessa produção pode ser verificado em obras recentes dedicadas ao tema (Bendassolli & Soboll, 2010, 2014). Juntas, as clínicas do trabalho representam novas formas de se fazer psicologia do trabalho em nosso país, quando se considera o cenário mais amplo (e tradicional) da psicologia brasileira em suas vias de entrada no mundo do trabalho.

Referências

Amado, G., & Lhuilier, D. (2012). L'activité au coeur de l'intervention psychosociologique. *Bulletin de Psychologie, 65*(3), 263-276.

Bendassolli, P. F., & Soboll, L. A. (2010). *Clínicas do trabalho: novas perspectivas para a compreensão do trabalho na atualidade.* São Paulo: Atlas.

Bendassolli, P. F., & Soboll, L. A. P. (2011). Clínicas do trabalho: filiações, premissas e desafios. *Cadernos de Psicologia Social do Trabalho, 14*(1), 59-72.

Bendassolli, P. F., & Soboll, L. A. P. (2014). *Métodos de pesquisa e intervenção em psicologia do trabalho: clínicas do trabalho.* São Paulo: Atlas.

Clot, Y. (1999). *La fonction psychologique du travail.* Paris: PUF.

Clot, Y. (2008). *Travail et pouvoir d'agir.* Paris: PUF.

Dejours, C. (2009). *Travail vivant: Travail et émancipation.* Paris: Payot.

Lhuilier, D. (2006). *Cliniques du travail.* Paris: Érès.

Lhuilier, D. (2012). A invisibilidade do trabalho real e a opacidade das relações saúde-trabalho. *Trabalho & Educação, 21*(1), 13-38.

Oddone, I. (1980). *Redécouvir l'expérience ouvrière: vers une autre psychologie du travail.* Paris: Ères.

Schwartz, Y. (2000). *Le paradigme ergologique ou un métier de philosophe.* Toulouse: Octarès.

Coaching

Mauro de Oliveira Magalhães

O significado moderno da palavra de língua inglesa *coach* está associado ao campo desportivo e refere-se ao "técnico", o profissional que avalia o desempenho, define metas de aprendizagem e estratégias para o sucesso competitivo da equipe ou atleta. A aplicação do termo no campo da Psicologia do Trabalho e das Organizações recupera alguns desses aspectos da área desportiva.

No mundo do trabalho, o *coach* é um especialista em processos de desenvolvimento de pessoas que, a partir de treinamento e formação especializada, possui as ferramentas teóricas, metodológicas e técnicas para promover reflexões e facilitar mudanças pertinentes ao crescimento pessoal e profissional do seu cliente, que pode ser um indivíduo, uma equipe ou a organização de trabalho como um todo.

Breve histórico recente

O uso do *coaching* no contexto do mundo dos negócios tem sido conectado à obra de T. Gallwey (1974). Esse livro, escrito ainda para o contexto desportivo, apresentou princípios e práticas para o desportista alcançar um estado psicológico de serenidade e concentração, considerado gerador do melhor desempenho. T. Gallwey explica que o atleta em ação está envolvido em dois tipos de jogos: o externo e o interno. O jogo externo se dá concretamente na atividade física e na superação dos obstáculos concretos. O jogo interno ocorre subjetivamente, composto de processos como a manutenção da concentração, o controle da ansiedade, a superação de problemas com autoconfiança e das demais crenças e atitudes que possam prejudicar o desempenho. Portanto, nesse jogo, o atleta deve lidar com seus hábitos e modelos mentais que inibem a excelência do desempenho. A metáfora do "jogo interno" oferece *insights* sobre a psicologia do desempenho humano e pode ser articulada com diversas abordagens da psicoterapia, tendo em vista a construção de um diálogo interno positivo e encorajador das realizações pessoais genuínas.

Baseado nessas ideias, Galwey (1974) apresentou um método compreensivo de *coaching* aplicável a diversas situações que rapidamente chamou a atenção de lideranças empresariais ávidas por ferramentas úteis para acelerar o alcance de resultados. O autor se transformou em um palestrante altamente requisitado no mundo dos negócios, ensinando princípios de como vencer automatismos bloqueadores de ideias e comportamentos mais eficazes.

Outro marco importante na literatura sobre *coaching* foi apresentado por Whitmore (1988/2009) em seu modelo GROW, cuja autoria é disputada por Graham Alexander, John Whitmore e Alan Fine. Este modelo estabelece um roteiro de quatro passos para o trabalho de *coaching*. Essas etapas devem ser realizadas pelo cliente com a assessoria do seu *coach*, a saber: (1) estabelecimento de metas claras com resultados concretos (de longo prazo e também específicas para o momento); (2) avaliação da realidade atual, do que já foi realizado para atingir as metas, e revisão de pressuposições e crenças sobre a situação presente; (3) identificação dos obstáculos e das opções para lidar com os mesmos; e (4) delineamento de um caminho à frente, onde as opções devem ser operacionalizadas em um plano de ação, com etapas a serem cumpridas para o alcance de objetivos e metas de longo prazo.

O *coaching* rapidamente adquiriu *status* como uma das práticas mais valorizadas do desenvolvimento de recursos humanos, sendo considerada uma das atribuições centrais dos profissionais da área. Instituições como a Sociedade Americana para Treinamento e Desenvolvimento (ASTD, na sigla em inglês) reconhecem que o *coaching* é uma área específica de *expertise* que deve ser demonstrada por profissionais envolvidos na promoção da aprendizagem e do desempenho no trabalho (Davis, Naughton & Rothwell, 2004).

Programas de *coaching*, tradicionalmente, têm sido desenvolvidos e oferecidos para profissionais experientes e de valor estratégico para a organização, geralmente para executivos e gestores que carecem de aprimoramento em suas competências socioemocionais para lidar com os desafios interpessoais de posições de liderança e/ou que possuam outros entraves menores relacionados ao desempenho no trabalho.

Conceituação geral

Hamlin, Ellinger e Beattie (2009) realizaram um estudo qualitativo de revisão das diversas conceituações de *coaching*. Os autores concluíram que, em sua conceituação geral, o *coaching* é definido como um processo facilitador ou de ajuda que capacita indivíduos, grupos/equipes e organizações a adquirir novas habilidades, a aprimorar competências e desempenho adquiridos, e promover desenvolvimento e/ou eficácia.

Mantendo as diretrizes básicas do modelo GROW, as características essenciais do processo de *coaching* individual não são alvo de divergências significativas para a maioria dos autores contemporâneos. Esse relacionamento geralmente possui curta duração e foco em questões específicas. O processo de *coaching* realiza-se por meio de encontros regulares nos quais o tratamento de temas de desenvolvimento de vida/carreira é instrumentado por conceitos e técnicas da competência do profissional *coach*. O cliente deve empreender uma série de atividades a fim de obter respostas próprias para suas questões particulares, definindo metas e aplicando estratégias para alcançá-las. Os temas da vida pessoal, quando pertinentes, podem ser abordados, mas priorizam-se temas de carreira e desempenho no trabalho.

Neste processo, o *coachee*, indivíduo alvo da atividade, com o apoio técnico do seu profissional *coach*, usa metodologias para facilitar os seguintes processos entrelaçados: (1) explorar e identificar seus valores e missão de vida/carreira; (2) avaliar as características favoráveis e desfavoráveis dos seus comportamentos atuais, tendo em vista suas metas de vida/carreira; (3) identificar os obstáculos concretos e as dificuldades subjetivas e comportamentais que apresenta; (4) explorar alternativas e opções de ações futuras; (5) estabelecer um plano de ação para o desenvolvimento de comportamentos e aquisição de recursos técnicos e sociais necessários à superação de obstáculos e atendimento de objetivos; e, por fim, (6) empreender esse planejamento, que deve ser avaliado continuamente em seus resultados, revisado e corrigido. Essas etapas podem ser encontradas de formas mais ou menos explícitas e detalhadas nas diversas fontes da literatura sobre o tema (Morgan, Harkins & Goldsmith, 2005).

O estabelecimento do foco adequado para o trabalho de *coaching* é considerado fundamental. Nesse sentido, uma pergunta útil é: quais comportamentos são capazes de provocar as mudanças mais positivas na efetividade e na reputação do *coachee* em seu ambiente de trabalho? É importante salientar que, principalmente quando patrocinado pela organização, o *coaching* deve levar em consideração tanto as prioridades empresariais quanto as individuais (Morgan *et al.*, 2005).

Considerando que o processo de *coaching* tem por objetivo promover mudanças comportamentais com impacto positivo no contexto de trabalho do cliente, M. Goldsmith, um dos autores mais importantes sobre o tema, considera condição fundamental para o sucesso a colaboração dos denominados *stakeholders* (Morgan *et al.*, 2005). Estes são os indivíduos que podem ser metaforicamente descritos como os "sustentáculos" do papel e do lugar que um profissional ocupa no seu ambiente de trabalho, tais como seus colegas superiores e clientes. Portanto, os *stakeholders* são também aquelas pessoas que possuem expectativas sobre o desempenho do *coachee* e que sofrem o impacto das suas ações, sendo capazes de testemunhar e avaliar se as mudanças desejadas estão sendo efetivamente alcançadas. O *feedback* desses indivíduos é fundamental para avaliar o progresso do trabalho de *coaching*. Ademais, *stakeholders* podem ser fonte importante de sugestões e indicações de futuras possibilidades e alternativas de desenvolvimento, o que M. Goldsmith denomina de *feedforward* (Morgan *et al.*, 2005).

Observa-se que o profissional *coach* não está, necessariamente, vinculado à área de trabalho do cliente, pois sua competência se refere mais a processos do que a conteúdos específicos do contexto de trabalho. Nesse sentido, esses especialistas são frequentemente externos à organização.

Tipos de *coaching*

Nas últimas décadas, diversas modalidades desta atividade foram sendo delineadas, sendo possível estabelecer algumas categorias oriundas desse fenômeno, que foi denominado de indústria do *coaching*, a saber: *coaching* comportamental, *coaching* executivo, *coaching* de vida, *coaching* para mudanças organizacionais e *coaching* estratégico.

O *coaching* comportamental de lideranças ou *coaching* executivo tem por foco promover mudanças no comportamento interpessoal de líderes. As atividades direcionam-se à capacitação do líder para construir relacionamentos mais positivos, tornando-se mais efetivo em termos de motivação e desenvolvimento de pessoas e equipes, alcançando metas pessoais e fortalecendo o desempenho organizacional.

Esse tipo de *coaching* difere daquele voltado para ajudar líderes e organizações a desenvolver líderes. Esse tipo de intervenção empreende uma série de atividades diversificadas e abrangentes para o desenvolvimento de lideranças. Entre elas, identifica e desenvolve habilidades de *coaching* em líderes atuais, a fim de que preparem os líderes futuros em suas equipes, e auxilia no projeto e instalação de programas e sistemas de desenvolvimento de lideranças.

Processos de *coaching* podem ultrapassar aspectos relacionados ao ambiente de trabalho e incluir temas de crescimento pessoal, valores e projeto de vida. Profissionais da área defendem que a inclusão desses aspectos também atende os interesses organizacionais, na medida em que promove maior equilíbrio e satisfação nas relações vida-trabalho e eleva aspectos de motivação e bem-estar do trabalhador. O denominado *coaching* de vida se estabeleceu como uma modalidade de grande visibilidade popular, e pode ser conceituado como um relacionamento entre *coach* e *coachee* que propicia um processo de facilitação/ajuda em que melhorias na qualidade de vida e fenômenos descritos como crescimento pessoal e mudanças de vida têm lugar.

Atividades de *coaching* podem ir muito além do indivíduo e se desenvolver ao nível da organização. Nesses processos, o *coach* trabalha em contato intenso e direto com a alta gerência ou equipe de diretores. No denominado *coaching* para mudanças organizacionais, o profissional *coach* auxilia lideranças na implantação, entendimento e gestão de processos de inovação/mudança de modo que estes sejam bem-sucedidos.

O denominado *coaching* estratégico ocorre nos níveis decisórios mais elevados da organização, facilitando o estabelecimento de diretrizes de longo-prazo numa abordagem não diretiva. O *coach*, por meio de um processo colaborativo, auxilia líderes em particular ou com suas equipes a explorar e construir visões do futuro da organização, engajando-os em processos de diálogo criativos e desafiadores de conceitos e modelos mentais. É importante salientar que essa prática varia em termos de sua ênfase maior em aspectos pragmáticos ou visionários do futuro organizacional.

Variações estilísticas

As características do trabalho de *coaching* apresentam variações relacionadas à diversidade teórica de seus praticantes e também associadas às suas diversas finalidades. Três dimensões centrais podem ser analisadas (Ives, 2008), a saber: (a) o grau de diretividade; (b) solução de problemas *versus* desenvolvimento; e (c) terapia *versus* desempenho.

Uma abordagem mais diretiva pode ser pertinente na medida em que o *coaching* também é conceituado como um processo que provê as pessoas com ferramentas, orientações e conhecimento para que empreendam seu crescimento pessoal. Por outro lado, salienta-se a diferença entre prover recursos e oferecer conselhos. Alguns autores defendem que o relacionamento deve ser facilitador e não diretivo. Na verdade, o profissional *coach* competente deve perceber a adequação de uma postura mais ou menos diretiva em cada momento e foco do trabalho.

Os estilos de *coaching* também divergem significativamente no quanto estão atentos a processos inconscientes, explorando temáticas implícitas e buscando rever paradigmas pessoais de autoconceito e visão de mundo. Enquanto alguns advogam uma abordagem pragmática voltada para a ação e mudança nas situações concretas (solução de problemas), outros acreditam que o *coaching* será bem-sucedido somente se permitir algum *insight* sobre questões mais profundas da subjetividade do *coachee* (desenvolvimento). O denominado *coaching* de vida inclina-se a esta última perspectiva.

Em geral, predomina a visão que o *coaching* é uma atividade voltada para a construção de soluções futuras e não para a análise de problemas em suas raízes. Os proponentes de uma visão estritamente focada em solução de problemas e alcance de metas específicas consideram que o *coaching* é um método de ajudar o cliente a configurar suas dificuldades pessoais em termos de problemas práticos cuja solução depende de recursos internos e externos a serem ativados ou desenvolvidos.

As abordagens também variam no grau de importância atribuído à qualidade da relação entre o *coach* e seu cliente, em termos dos aspectos de empatia e confiança interpessoal necessários à facilitação de processos autorreflexivos no *coachee*. As abordagens mais preocupadas em investigar a subjetividade do *coachee* tendem a enfatizar a importância desses aspectos. Porém, embora exista relativo consenso que o profissional *coach* deve possuir em algum grau essas habilidades comunicativas inerentes às relações terapêuticas, estas são consideradas pré-requisitos para a aplicação de metodologias direcionadas ao alcance de metas tangíveis de melhoria no desempenho.

Por fim, é importante ressaltar que é predominante uma visão do *coaching* como um trabalho focado na solução de problemas, por meio de técnicas mais comportamentais do que introspectivas, com grau de diretividade moderada, onde a qualidade terapêutica da relação é menos importante do que a sua capacidade de estimular mudanças com impactos positivos no desempenho e na carreira do cliente.

Uma identidade em construção

A grande popularidade das diversas variações do *coaching* e o número crescente de profissionais que oferecem serviços assim denominados têm resultado em reações críticas à qualidade dos serviços prestados e no alerta pertinente sobre a aparição de profissionais pouco qualificados. Nesse cenário observa-se a conscientização da carência de modelos teóricos sólidos e empiricamente testados que possam ser identificados como o fundamento dessas diversas práticas. Grant e Cavanagh (2007) alertaram que a prática do *coaching* precisa se mover da categoria de uma indústria de serviços para assumir as características de uma profissão genuína. Esses requisitos incluem uma base teórico-empírica compartilhada e uma identidade estabelecida, delimitando claramente o que é e o que não é *coaching*.

O *coaching* como disciplina científica encontra-se num estágio emergente ou mesmo embrionário. Não possui um corpo teórico consolidado e uma definição clara de diretrizes para suas práticas. As pesquisas sobre a efetividade do *coaching* estão em seus estágios iniciais, sendo que estudos metodologicamente rigorosos foram iniciados somente a partir dos anos 2000. Os anos recentes mostram elevação na qualidade dos estudos. No entanto, o desenvolvimento de uma teoria específica do *coaching* e definição de práticas baseadas em evidências são desafios críticos para pesquisadores e práticos. Inúmeros autores alertam que o real desenvolvimento de uma psicologia do *coaching* como área teórica e aplicada depende da sua capacidade de manter-se nitidamente diferenciada das facetas pseudocientíficas e sensacionalistas da presente indústria de modismos de desenvolvimento pessoal e de carreira (por exemplo, Grant & Cavanagh, 2007).

No Brasil, diversas instituições oferecem cursos e certificações relacionadas à prática do *coaching*, replicando em menor escala as características do cenário internacional. A produção científica sobre o tema é mínima, resumindo-se a alguns poucos estudos empíricos.

Considerações finais

O *coaching* é, essencialmente, uma intervenção psicológica realizada para auxiliar pessoas ou grupos a alcançarem metas e resultados valorizados, atendendo demandas da vida pessoal e do contexto de trabalho. O trabalho de *coaching* se realiza na promoção e manutenção de processos de mudança para condições futuras desejáveis de vida e carreira. A psicologia é, por excelência, a ciência capaz de oferecer os recursos teóricos e técnicos para a facilitação de condições cognitivas e interpessoais propícias ao desenvolvimento e/ou ativação de processos de reflexão e mudança em pensamentos, reações emocionais e comportamentos. O trabalho de *coaching* necessariamente se fundamenta em conhecimentos e técnicas psicológicas que, aliadas a experiência e conhecimento do profissional *coach* sobre o mundo dos negócios e das relações de trabalho, permitem uma intervenção de *coaching* bem-sucedida.

Referências

Davis, P., Naughton, J., & Rothwell, W. (2004). New roles and competencies for the profession. *Training & Development*, *58*(4), 26-36.

Gallwey, W. T. (1974). *The Inner Game of Tennis* (1st ed.). New York: Random House.

Garvey, R., Stokes, P., & Megginson, D. (2009). *Coaching and Mentoring*. London: Sage.

Grant, A. M., & Cavanagh, M. J. (2007). Evidence-based coaching: Flourishing or languishing? *Australian Psychologist*, *42*(4), 239-254.

Hamlin, R., Ellinger, A. D., & Beattie, R. S. (2009). Towards a profession of coaching? *International Journal of Evidence Based Coaching and Mentoring*, *7*(1), 13-38.

Ives, Y. (2008). What is "coaching"? An exploration of conflicting paradigms. *International Journal of Evidence Based Coaching and Mentoring*, *6*(2), 100-113.

Morgan, H., Harkins, P., & Goldsmith, M. (Eds.) (2005). *The Art and Practice of Leadership Coaching: 50 Top Coaches Reveal their Secrets*. Nova York: Wiley.

Whitmore, J. (2009). *Coaching For Performance*. (4a ed.) London: Nicholas Brealey Publishing. (Trabalho original publicado em 1988)

Cognição social

Elaine Rabelo Neiva

Cognição social é uma subárea ou uma abordagem da psicologia social que investiga como as pessoas processam, armazenam e aplicam a informação sobre outras pessoas e situações sociais. O propósito central desses estudos está no papel dos processos cognitivos nas interações sociais. A maneira como os indivíduos pensam sobre e internalizam os outros possui um papel maior em como eles pensam, sentem e interagem com o mundo social que os envolve (Lewis & Carpendale, 2008).

Por exemplo, imagine que você está se aprontando para um encontro às escuras. Nessa situação, os indivíduos ficam preocupados com as impressões e sinais que emitem para outras pessoas, bem como estão interpretando os sinais emitidos por outros indivíduos. De que maneira as pessoas formam as impressões sobre outras? Quais significados são "lidos" sobre o comportamento do outro? Essas são questões importantes para a cognição social.

Desenvolvimento histórico

Segundo Green (1994, 1996), a cognição não era um assunto que interessasse à psicologia anterior aos anos 1950. O uso do termo quase sempre assinalava uma filiação à teoria da aprendizagem de Tolman ou à teoria piagetiana do desenvolvimento intelectual, apesar deste ainda não ter sua influência mais aprofundada na psicologia norte-americana.

Ainda segundo Green (1994, 1996), a partir dos anos 1950, a cognição se tornou um importante tópico na teoria da dissonância cognitiva de Festinger (1957) e na teoria do equilíbrio cognitivo de Heider (1958), assim como no texto de psicologia social de Asch (1952). O significado exato de cognitivo apresentava variações entre esses teóricos, e Heider, por exemplo, não usou o termo cognitivo em seus trabalhos.

De maneira geral, os autores informam que a cognição social nasceu da soma da psicologia social com a psicologia cognitiva, e é o estudo de como as pessoas fazem sentido do seu mundo social: como percebem, representam, interpretam e lembram de informação sobre elas mesmas e sobre outros indivíduos e grupos. As teorias e as metodologias da psicologia cognitiva são aplicadas às questões da psicologia social clássica (Baars, 1986; Sternberg, 1999).

Contrariamente ao que se supõe, o cognitivismo não foi um retorno ao mentalismo do passado. Se fosse, seria uma volta aos mesmos problemas que levaram à revolução behaviorista. Em vez disso, o cognitivismo foi uma resposta ao problema: como é possível colocar o mental de volta na psicologia científica sem estar sujeito às críticas que derrotaram o mentalismo antigo e levaram ao behaviorismo? (Green, 1994, 1996).

Cognição social se tornou preeminente com o crescimento da psicologia cognitiva no final dos anos 1960 e início dos anos 1970. Atualmente é a abordagem dominante na psicologia social, principalmente a americana. Comum às teorias da cognição social é a ideia de que a informação é representada no cérebro como elementos cognitivos, tais como esquemas, atribuições, protótipos ou estereótipos. Uma atenção a como esses elementos cognitivos são processados é frequentemente empregada. Cognição social amplia, aplica e aprofunda muitos temas, teorias e paradigmas da psicologia cognitiva, como tipos de raciocínio, heurísticas, atenção (automática e *priming*) e memória (esquemas, primazia e recência) (Augustinos, Walker & Donaghue, 2006).

Segundo Fiske & Taylor (2013), os vários momentos da abordagem cognitivista na psicologia social trouxeram visões diferenciadas da cognição. Nas décadas de 1950 e 1960 a visão dominante era de que as pessoas buscavam consistência entre suas cognições, e eram motivadas pelas inconsistências entre elas. Essa visão era decorrente de várias teorias criadas a partir das pesquisas em mudança de atitude, predominantes depois da Segunda Guerra Mundial, como a da dissonância cognitiva de Festinger (1957) e a teoria do balanço de Heider (1958). Esse tipo de visão não considerou que certas inconsistências poderiam não ser percebidas como inconsistências pelo indivíduo. Na década de 1970, a concepção de homem que predominava na abordagem cognitivista era aquela que o vê como alguém que busca controle e predição sobre o seu contexto, de forma analítica e racional. Essa visão desconsidera as limitações humanas que não permitem tanta racionalidade no julgamento e comportamento como essa visão o conferiu.

Ainda segundo Fiske e Taylor (2013), na década seguinte prevalecia a visão do "avaro cognitivo" em que os seres humanos, para compensar suas limitações, usariam atalhos mentais para obter soluções rápidas para seus problemas. A predominância nos anos 1990 foi de um pensador social, engajado no seu pensamento e que dispõe de múltiplas estratégias cognitivas, cuja escolha entre elas, consciente ou inconscientemente, é baseada em suas metas, motivações e necessidades. O ambiente social daria pistas de conceitos sociais sem a consciência do indivíduo e, quase inevitalmente, este também daria pistas sobre suas cognições, avaliações e motivações. Nenhuma das visões é vista hoje como completa e correta, mas as observações feitas construíram uma perspectiva mais rica do ser humano, enfatizando diferentes aspectos. Atualmente, para os estudos na área, a cognição importa tanto quanto a cultura.

Definindo cognição social

Segundo Moskowitz (2005), cognição social consiste no estudo dos processos envolvidos na percepção dos indivíduos, abordagem que se ampliou para a investigação do que as pessoas sabem sobre os outros no mundo social, desde o comportamento visto até a cognição. Assim, cognição social é o estudo dos processos mentais envolvidos na percepção, na atenção, na memória, no pensamento e no significado das pessoas no mundo social.

Para Lewis e Carpendale (2008), o termo cognição social é enganosamente simples. Aparentemente se refere ao entendimento do mundo social, mas esconde um longo debate entre os modelos cognitivos do comportamento social e o desenvolvimento, e tem, ainda, a pretensão de entender as origens sociais da cognição.

Hamilton (2005) define cognição social como uma abordagem conceitual e empírica para a compreensão de temas psicológicos sociais, investigando as bases cognitivas de qualquer fenômeno social. Seu foco está na análise de como a informação é processada, armazenada, representada na memória e, posteriormente, usada para perceber o mundo social e interagir com ele. Portanto, a cognição social não é uma área de conteúdo dentro da psicologia social, ao contrário, é uma abordagem para o estudo desses processos em qualquer área temática em psicologia social. Assim, a perspectiva de cognição social pode ser adotada no estudo de temas como a percepção, atitudes e mudança de atitude, estereótipos e preconceitos, tomada de decisão, autoconceito, comunicação social e influência e discriminação intergrupal.

A cognição social é um campo da psicologia social que investiga a forma como as pessoas compreendem as outras e a si mesmas (Fiske & Taylor, 2013). Surgiu do interesse pela psicologia cognitiva por parte de psicólogos sociais que começaram a utilizar os modelos cognitivos para entender os processos básicos subjacentes às interações sociais.

Segundo Fiske e Taylor (2013), essa área de pesquisa tem como aspectos básicos:

- a consideração e importância aos processos e representações mentais;
- a formação, operação e mudança dos processos cognitivos dentro dos contextos sociais;
- a utilização de métodos, teorias e modelos desenvolvidos em áreas como a psicologia cognitiva e a neurociência pela psicologia social;
- a aplicação dos princípios ao mundo real (aplicação a temas como comportamento de ajuda, preconceito, estereótipos, relacionamentos íntimos e outros).

Na condição de abordagem, a cognição social introduz conhecimentos e métodos novos ao estudo de temas tradicionais da psicologia social. Um exemplo é o fenômeno de estereotipia. Na psicologia social clássica, para explicação dos estereótipos, existem experimentos sobre competição, aprendizado social e influência da norma. A cognição social enfoca o processamento de informações, introduzindo novas metodologias e teorias. Por exemplo, no fenômeno de estereotipia pode-se citar o fenômeno da percepção de pessoas (Karylowski, Motes, Curry & Van Liempd, 2002), em que nomes de pessoas famosas (negras e brancas) foram escritos com as cores branca e preta. As pessoas liam mais rapidamente a cor em que as palavras estavam escritas quando correspondia à cor da pele da pessoa famosa.

Principais marcos teóricos

Segundo Fiske e Taylor (1991), uma teoria recorrente na cognição social é a teoria dos esquemas sociais, embora não seja a base de todas as teorias que envolvem os estudos sobre cognição social. A teoria dos esquemas sociais é construída a partir de e usa terminologias da teoria dos esquemas na psicologia cognitiva, cujo propósito é descrever como as ideias e conceitos são representados no cérebro e como eles são categorizados. De acordo com essa visão, quando os indivíduos veem ou pensam sobre um conceito, uma representação mental ou *schema* é ativado trazendo à mente outras informações que estão relacionadas ao conceito original por meio de associação. Essa ativação ocorre frequentemente de maneira inconsciente.

Quando um esquema é mais acessível significa que ele é mais rapidamente ativado e usado em uma situação particular. Dois processos cognitivos aumentam a acessibilidade dos esquemas: saliência e *priming*. Saliência se refere ao grau em que um objeto social particular se destaca em relação a outro objeto social na situação. Quanto maior a saliência, mais acessíveis serão os esquemas para tal objeto social. *Priming* refere-se a qualquer experiência imediatamente anterior a uma situação que torne o esquema mais acessível (Fiske & Taylor, 1991).

Como resultado da ativação dos esquemas, julgamentos são formados considerando as informações atualmente disponíveis, mesmo que as associações do esquema envolvam aspectos externos à informação dada. Tal processo pode influenciar a cognição social e os comportamentos a despeito do fato de esses julgamentos serem acurados ou não (Fiske & Taylor, 1991).

Pesquisadores da cognição social estão interessados em dois processos que ocorrem a partir da ativação dos esquemas: integração de nova informação a esquemas preestabelecidos, principalmente quando essa informação contrasta com um esquema existente, e autorregulação de esquemas ativados (Alpay, Verhoef, Teeni, Putter, Toussaint & Zwetsloot-Schonk 2008). Uma gama de pesquisadores considera que a ativação situacional dos esquemas é automática, independente do controle inconsciente, o que explicaria a subclassificação e a hiperacessibilidade.

Esquemas preestabelecidos tendem a guiar a atenção para uma nova informação, fazendo com que as pessoas considerem seletivamente a informação que é consistente com o esquema e ignorem a informação inconsistente. Isso se refere ao viés de confirmação ou viés cognitivo. Muitas vezes, informações inconsistentes são subcategorizadas e armazenadas de forma separada, como um caso especial, mantendo o esquema original sem qualquer alteração. Isso se refere à subclassificação.

Em muitas situações, os esquemas ativados podem estar em conflito com as normas sociais relacionadas à situação. Nesses casos, os indivíduos são estimulados a inibir a influência do esquema nos seus pensamentos e comportamentos sociais. Em que circunstâncias uma pessoa irá regular com sucesso a aplicação de um esquema ativado depende das diferenças individuais nas habilidades de autorregulação e da presença de deficiências situacionais para o controle executivo. Grandes habilidades autorregulatórias e falta de deficiências situacionais no funcionamento executivo aumentam a probabilidade de o indivíduo inibir com sucesso a influência dos esquemas ativados automaticamente no seu pensamento e no seu comportamento social. No entanto, quando as pessoas interrompem a supressão da influência dos pensamentos indesejados, um efeito pode tornar o esquema hiperacessível.

Modelos de processamento de informação

Em inúmeras situações do nosso cotidiano, as pessoas fazem coisas aparentemente sem pensar muito, como dirigir um carro, trancar a porta de casa, ou subir as escadas de um edifício. Algumas vezes, esses comportamentos saem erroneamente como quando se coloca na máquina de lavar a roupa limpa que ia usar e veste a roupa suja que ia colocar na máquina. Os pesquisadores da cognição social formularam modelos teóricos que buscaram explicar as operações mentais envolvidas no comportamento social das pessoas.

Muitos modelos de processamento da informação foram sistematizados por diversos autores nos últimos anos, mas, em geral, boa parte das propostas compartilham de algumas características comuns. Entre esses modelos, está o que a literatura denomina Modelo Duplo de Processamento da Informação. Esse modelo busca explicar a diversidade dos pensamentos, sentimentos e comportamentos das pessoas (Fiske & Taylor, 2013), a partir do entendimento de como as pessoas processam as informações e de como variáveis podem influenciar esse processamento.

Algumas nomenclaturas foram sugeridas para designar os componentes desse modelo, entre elas a de Sistema 1 para a dimensão mais automática do processamento de informações, e Sistema 2, para a mais controlada. O primeiro sistema é chamado de Sistema Reflexivo ou Sistema de Processamento Automático. Esse tipo de processamento não exige muito esforço; a avaliação é automática, fora do campo da consciência. É relativamente rápida e de difícil regulação e controle, não sendo modulada pela atenção. O processamento se dá de forma paralela e é estereotipado, ou seja, envolve tarefas familiares e já praticadas. Muitas vezes, quando envolvem emoções, esses comportamentos ocorrem sem deliberação reflexiva.

O segundo sistema é denominado Sistema Refletivo ou Sistema de Processamento controlado, voluntário. É um tipo de processamento intencional, voluntário ou envolve esforço, e ocorre dentro do campo da consciência. É relativamente lento e acessível à regulação, demandando recursos atencionais. O processamento se dá em série, a informação é processada passo a passo e permite lidar com tarefas novas e difíceis. Esse processamento surge tardiamente na evolução e no desenvolvimento, muitas vezes envolvendo linguagem declarativa e baseando-se no raciocínio, no pensamento reflexivo, na análise semântica, síntese e abstração. Esse sistema é importante por sua capacidade de atribuir significados e interpretar informações novas e complexas.

Mais antigo do ponto de vista evolutivo, o Sistema 1 representa um sistema de processamento de informação mais rápido, inconsciente e inflexível, envolvido, por exemplo, na formação das primeiras impressões que criamos de outras pessoas. Algumas áreas cerebrais, como a amídala, o córtex pré-frontal ventromedial, os gânglios basais e o córtex temporal lateral, parecem estar especialmente relacionadas a este sistema (Fiske & Taylor, 2013). O Sistema 2, entendido por alguns autores como exclusivo do ser humano e responsável pela capacidade de pensamento abstrato descontextualizado (Evans & Frankish, 2009), representa um sistema de processamento de informação mais lento, consciente e flexível, que pode atuar, por exemplo, quando estamos realizando cálculos durante um exercício de matemática. Esse sistema tem sido relacionado a áreas cerebrais como o córtex pré-frontal lateral, o lobo temporal medial e o córtex parietal lateral (Fiske & Taylor, 2013).

Para compreender como as pessoas transitam entre esses dois sistemas de processamento da informação, motivações como a necessidade de pertencer a grupos, de compreensão e controle do seu ambiente, de percepção positiva de si mesmo e de confiança no grupo de pessoas que faz parte tem sido apontadas como importantes variáveis motivacionais no entendimento da dinâmica entre o Sistema 1 e o Sistema 2. O modelo geral proposto se baseia em um *continuum* no qual o nível de automatismo do processamento da informação varia. Alguns níveis desse *continuum* foram detalhados por Fiske e Taylor (2013).

Ao longo dos anos, foram criados manipulações experimentais (formas de conduzir uma investigação) que testassem o modelo. Um dos mais importantes foram os estudos de *priming*, que analisam os componentes mais automáticos do processamento da informação. No estudo de Bargh, Chen e Burrows (1996), os estudantes viam de quatro a 25 círculos coloridos em uma série de telas por dois ou três segundos em um computador, e era pedido que eles dissessem se o número de círculos era par ou ímpar (uma tarefa bem monótona e desinteressante). Depois de 130 apresentações, aparecia uma mensagem de erro na tela do computador dizendo que nenhuma resposta havia sido salva, e que o experimento precisaria reiniciar. Sem conhecimento prévio, os estudantes tiveram suas faces gravadas a fim de registrar suas reações à mensagem; posteriormente, revelava-se o experimento e pedia-se a autorização deles para utilização do material. Sem o conhecimento deles também, antes de cada apresentação dos círculos, eles viam fotos em preto e branco de um "americano africano" ou de um "americano europeu", a velocidades subliminares (de 13 a 26 milissegundos). Todos os participantes eram "americanos europeus". As expressões faciais foram significativamente mais hostis no grupo experimental que foi exposto às imagens de americano africano do que no grupo exposto às imagens de americano europeu. Nesse experimento, emoções hostis foram eliciadas nos participantes por meio das imagens, que foram mais facilmente expressas devido ao contexto propício para tal manifestação (a situação de irritabilidade diante do erro do computador).

Esse estudo pode suscitar lembranças relativas ao caso das *mensagens subliminares* em cinemas, no qual imagens de refrigerante apresentadas abaixo do limiar da consciência fariam as pessoas tomarem mais refrigerante, o que não foi apoiado por estudos mais acurados feitos logo em seguida. O paradigma de *priming* não se baseia em uma ideia tão simples quanto a das mensagens subliminares, já que uma série de variáveis pode influenciar o grau que tal manipulação poderia afetar o comportamento. Porém, teoricamente, esse tipo de efeito é possível de ser obtido, sob determinadas condições experimentais. Uma nota importante é que propagandas supraliminares, ou seja, apresentadas em um nível consciente de percepção, como um panfleto, apresentam efeitos mais robustos que as subliminares, segundo apontam estudos em psicologia do consumidor. Esse paradigma experimental foi tão importante que se popularizou na pesquisa da área desde os anos 1990. Alguns pesquisadores realizaram estudos experimentais envolvendo o paradigma do *priming* para analisar a relação entre segurança, autenticidade e honestidade (Gillath, Sesko, Shaver & Chun, 2010).

Diferenças culturais em cognição social

Augustinos, Walker e Donaghue (2006) afirmam que, atualmente, teoria e pesquisa em cognição social são conduzidas por uma esmagadora orientação individualista que se esquece de que o conteúdo da cognição se origina na vida social, na interação e comunicação humana. Infelizmente, os modelos de processamento de informação se concentram nos processos cognitivos em detrimento de conteúdo e contexto. Características sociais, coletivas, compartilhadas, interativas e simbólicas do pensamento humano, tais como a experiência e a interação, são muitas vezes ignoradas e esquecidas.

Contudo, isso parece estar mudando na cognição social, pois um crescente interesse pela influência cultural tem aparecido nos estudos (Aronson, Wilson & Akert, 2010). Kunda (1999) e Miyamoto e Kitayama (2002) argumentam que o estudo dos padrões culturais faz parte do estudo da própria cognição social.

Segundo Kunda (1999), um dos pilares da teoria e da pesquisa da cognição social é que diferentes pessoas podem entender a mesma situação de forma bastante diferente, porque a veem por meio das lentes de diferentes estruturas de conhecimento, metas e sentimentos, vinculados aos padrões culturais. Miyamoto e Kitayama (2002) argumentaram que diferentes culturas podem dar origem a diferentes formas culturalmente compartilhadas de construção, definição e extração de significados de situações. Situações semelhantes podem, portanto, levar significados diferentes em diferentes culturas. Como indivíduos seguem os ditames de suas respectivas culturas, cumprindo os padrões culturalmente ditados de pensamento, sentimento e comportamento, acabam por reforçar a própria cultura que deu origem a esses padrões, em primeiro lugar. À medida que pensamos e agimos de acordo com nossa cultura, apoiamos e reproduziamos tais padrões.

Pesquisadores da cognição social estão se tornando cada vez mais interessados na influência da cultura na cognição social (Aronson *et al.*, 2010). Embora pessoas de todas as culturas usem esquemas para entender o mundo, o conteúdo dos esquemas difere entre indivíduos a partir da sua bagagem cultural.

Os estudos têm encontrado que a cultura influencia a cognição social em outras duas maneiras. Influências culturais modelam as maneiras básicas nas quais as pessoas percebem automaticamente e pensam sobre o ambiente (Aronson *et al.*, 2010). Alguns estudos mostram que as pessoas nascidas no leste da Ásia (Japão e China, por exemplo) tendem a desenvolver um estilo mais holístico de pensamento, ao passo que culturas mais ocidentais (Austrália e EUA) desenvolvem um estilo de pensamento mais analítico. Um estilo de pensamento mais holístico se foca no contexto geral e em como os objetos se relacionam uns com os outros. Já o estilo analítico de pensamento faz com que as pessoas se concentrem em objetos individuais e negligenciem o contexto (Nisbett, Peng, Choi & Norenzayan, 2001; Masuda & Nisbett, 2006; Masuda, Elsworth & Mesquita, 2008).

Nisbett (2003) sugeriu que as diferenças culturais na cognição social podem ter sua origem nas tradições filosóficas dos lugares (confucionismo, budismo) *versus* as tradições gregas (Aristóteles e Platão) (Aronson *et al.*, 2010). Contudo, as recentes pesquisas indicam que essas diferenças podem originar das diferenças físicas nos ambientes dessas duas culturas. Um estudo sugere que os ambientes do Japão são mais cheios de detalhes e objetos que competem pela atenção das pessoas, o que explica o fato de as pessoas desse país desenvolverem um estilo mais holístico para lidar com esse ambiente físico mais cheio de objetos.

A cognição social e a neuropsicologia

Um outro uso do conceito de cognição social é fornecido pela neuropsicologia. De acordo com Monteiro e Louza-Neto (2010), a neuropsicologia é dividida em duas áreas hierarquicamente organizadas: neurocognição (também denominada cognição básica) e cognição social. A neurocognição envolve as funções cognitivas básicas (atenção, memória, funções executivas). Na condição de área de estudos, investiga cada uma dessas funções individualmente porque elas utilizam sistemas de processamento semi-independentes. O termo cognição social aplica-se ao estudo da adequação do comportamento ao ambiente, referindo-se à habilidade de identificação, manipulação e adequação do comportamento de acordo com informações socialmente relevantes detectadas e processadas em determinado contexto ambiental. De acordo com tais autores, a cognição social modularia o comportamento e seria uma mediadora entre a neurocognição e o funcionamento social.

Nessa perspectiva, os estudos envolvendo a cognição social foram desenvolvidos a partir de experimentos com animais, especialmente aqueles relacionados à competição por comida, estratégias de proteção e respostas adaptativas ao meio. Assim, os comportamentos mais complexos foram se desenvolvendo na espécie humana à medida que o grau de exigência de resposta ao meio foi aumentando. Por exemplo, comportamentos humanos de cooperação e altruísmo foram fatores cruciais para a convivência em grupo (Adolphs, 1999, 2001; Emery & Clayton, 2009).

Nos últimos anos, essa perspectiva da cognição social tem se expandido para o estudo de quadros clínicos que se caracterizam por uma maior disfunção social. O déficit na cognição social seria algo que caracteriza os quadros disfuncionais, tais como esquizofrenia, autismo, transtorno bipolar, psicopatia, entre outros. Assim, a cognição social consiste em uma operação mental, que está na base do funcionamento social, envolvendo a capacidade humana de perceber a intenção e a disposição do outro em um determinado contexto. Isto inclui as habilidades nas áreas da percepção social, atribuição e empatia e reflete a influência do contexto social (Penn, Bentall & Corrigan, 1997; Penn, Addington & Pinkham, 2005a; Penn, Roberts & Munt, 2005b; Couture, Penn & Roberts, 2006; Couture, Penn, Addington, Woods & Perkins, 2008).

Courture *et al.* (2006) traçam o modelo conceitual da cognição social que estabelece que a cognição social apresenta quatro componentes: 1) percepção emocional: capacidade de inferir informação emocional a partir das expressões emocionais, das inflexões vocais e/ou da prosódia; 2) percepção social: capacidade de extrair certas pistas do comportamento manifesto dentro de um determinado contexto social, além da capacidade de compreensão das regras e das convenções sociais; 3) Teoria da Mente: capacidade de compreender que os demais possuem estados mentais diferentes dos nossos e de fazer inferências relativas aos conteúdos desses estados mentais; 4) estilo de atribuição: tendência característica de explicar as causas dos acontecimentos na própria vida. Capacidade de dar significado para os acontecimentos da vida.

Segundo Monteiro e Louzada-Neto (2010), o Modelo Conceitual de Cognição Social tem sido utilizado para investigar o funcionamento relacionado à competência social, por meio de escalas de funcionamento e habilidades sociais, teste de reconhecimento de faces e provas sobre a Teoria da Mente, assim como é usado também para investigar as estruturas envolvidas nesse funcionamento, por meio de neuroimagem.

Referências

Adolphs, R. (1999). Social cognition and the human brain. *Trends in Cognitive Sciences, 3*(12), 469--479.

Adolphs, R. (2001). The neurobiology of social cognition. *Current Opinion in Neurobiology, 11*, 231--239.

Alpay, L., Verhoef, J., Teeni, D., Putter, H., Toussaint, P., & Zwetsloot-Schonk, J. (2008). Can contextualisation increase understanding during man-machine communication? A theory driven study. *The Open Medical Informatics Journal, 2*, 82-91.

Aronson, E., Wilson, T., & Akert, R. (2010). Chapter 3: Social Cognition. *Social Psychology*. New York: Pearson.

Asch, S. E. (1952). *Social Psychology*. Englewood Cliffs, NJ: Prentice-Hall.

Augustinos, M., Walker, I., & Donaghue, N. (2006). *Social cognition: An integrated introduction* (2nd ed.). London: Sage.

Baars, B. J. (1986). *The cognitive revolution in psychology*. New York: Guilford.

Bargh, J. A., Chen, M., & Burrows, L. (1996). Automaticity of social behavior: direct effects of trait construct and stereotype-activation on action. *Journal of Personality and Social Psychology, 71*(2), 230-244.

Courture, S. M., Penn, D. L., & Roberts, D. L. (2006). The functional significance of social cognition in schizophrenia: A review. *Schizophrenia Bulletin, 32(1)*, S44-S63.

Couture, S. M., Penn, D. L., Addington, J., Woods, S. W., & Perkins, D. O. (2008). Assessment of social judgments and complex mental states in the early phases of psychosis. *Schizophrenia Research, 100* (1-3), 237-241.

Emery, N. J., & Clayton, N. S. (2009). Comparative social cognition. *Annual Review of Psychology, 60*(87), 87-113.

Evans, J. S. B. T., & Frankish, K. (2009). *In two minds: Dual processes and beyond.* Oxford: University Press.

Gillath, O., Sesko, A., Shaver, P., & Chun, D. (2010). Attachment, authenticity, and honesty: Dispositional and experimentally induced security can reduce self- and other-deception. *Journal of Personality and Social Psychology, 98*(5), 841-855.

Festinger, L. (1957). *A theory of cognitive dissonance.* Evanston, IL: Row Peterson.

Fiske, S. T., & Taylor, S. E. (1991). *Social cognition.* New York: McGraw-Hill.

Fiske, S. T., & Taylor, S. E. (2013). *Social cognition: From brains to culture* (2nd ed.). London: Sage.

Green, C. D. (1994). Cognitivism: Whose party is it anyway? *Canadian Psychology, 35*, 112-123.

Green, C. D. (1996). Where did the word "cognitive" come from anyway? *Canadian Psychology, 37*(1), 31-39.

Hamilton, D. L. (2005). Social cognition: an introdutory overview. In D. L. Hamilton (Ed.). *Social cognition: Key reading in social psychology* (pp. 1-26). New York: Psychology Press.

Heider, F. (1958). *The psychology of interpersonal relations.* New York: John Wiley & Sons.

Karylowski, J. J., Motes, M. A., Curry, D. & Van Liempd. D. (2002). In What font color is Bill Cosby's name written? Automatic racial categorization in a Stroop effect. *North American Journal of Psychology, 4*(1), 1-12.

Kunda, Z. (1999). *Social cognition: Making sense of people.* Cambridge, MA: MIT Press.

Lewis, C., & Carpendale, J. (2008). Social cognition: introduction. *Cognitive Systems Research, 9*, 375-393.

Masuda, T., Elsworth, T., & Mesquita, B. (2008). Placing the face in context: Cultural differences in the perception of facial emotion. *Journal of Personality and Social Psychology, 94*, 365-381.

Masuda, T., & Nisbett, R. (2006). Culture and change blindness. *Cognitive science: A multidisciplinary journal, 30*, 381-389.

Miyamoto, Y., & Kitayama, S. (2002). Cultural variation in correspondence bias: The critical role of attitude diagnosticity of socially constrained behaviour. *Journal of Personality and Social Psychology, 83*, 1239-1248.

Monteiro, L. C., & Louza-Neto, M. R. (2010). Cognição social. In L. F. Malloy-Diniz. *Avaliação neuropsicológica* (pp. 162-168). Porto Alegre: Artmed.

Moskowitz, G. B. (2005). *Social cognition: Understanding self and others.* New York: Guilford Press.

Nisbett, R. E. (2003). *The geography of thought: How Asians and Westerners think differently... and why.* New York: Free Press.

Nisbett, R., Peng, K., Choi, I., & Norenzayan, A. (2001). Culture and systems of thought: Holistic vs. analytic cognition. *Psychological Review, 108*, 291-310.

Penn, D. L., Bentall, R. P., & Corrigan, P. W. (1997). Social cognition in schizophrenia. *Psychological Bulletin, 121,* 114- 132.

Penn, D. L., Addington, J., & Pinkham, A. (2005a). Social cognitive impairments. In J. A. Lieberman, T. S. Stroup & D. O. Perkins (Eds.). *American Psychiatric Association Textbook of Schizophrenia.* Washington, DC: American Psychiatric Publishing Press.

Penn, D. L., Roberts, D. L., & Munt, E. D. (2005b). A pilot study of social cognition and interaction training (SCIT) for schizophrenia. *Schizophrenia Research, 80,* 357-359.

Sternberg, R. J. (1999). *Cognitive psychology* (2nd ed.). Orlando, FL: Harcourt Brace.

Competência no trabalho

Elziane Bouzada Dias Campos
Gardênia da Silva Abbad

A importância crescente do conceito de competência se deve à demanda por melhorias na formação profissional e na educação contemporâneas, as quais aparentemente não estão sendo capazes de acompanhar as grandes transformações ocorridas no mundo do trabalho nas últimas décadas. Com a globalização da economia, a derrubada de fronteiras geográficas e o entrelaçamento de mercados, o aumento da comunicação e o contínuo desenvolvimento científico-tecnológico, as sociedades e organizações de trabalho têm tido acesso a produtos e a serviços antes inacessíveis.

Nesse contexto, a competitividade entre as organizações passa a ser uma constante e está focada na ideia de que o grande diferencial competitivo se concentra na figura do indivíduo, ou melhor dizendo, nas competências do indivíduo, colaborador da organização. O uso do conceito competência está relacionado, então, ao ambiente de mudanças constantes, imprevisibilidade e ampla necessidade adaptativa do ambiente de trabalho que demanda um novo tipo de profissional, que precisa deter competências mais amplas e complexas que as requeridas nas etapas anteriores do desenvolvimento do capitalismo, estando sempre alerta para rearranjar recursos de modo a solucionar criativamente as imprevisibilidades e novas situações de trabalho.

É nesse cenário que o conceito de competência individual se institui na terminologia do mundo do trabalho, sendo um dos conceitos mais discutidos atualmente por acadêmicos e profissionais na área de gestão de pessoas. Trata-se de um conceito complexo para o qual não há uma definição precisa e amplamente aceita. O conceito tem múltiplos usos que variam de acordo com a origem, vertente teórica, contexto de aplicação e área de interesse. Diferentes correntes teóricas e áreas do conhecimento têm investido na busca de definições e no estudo das competências com diferentes enfoques, interpretações, classificações e finalidades práticas. As três principais são: a sociologia da educação, a administração estratégica e a gestão de pessoas.

Neste verbete serão apresentadas definições de competências apenas da área de gestão de pessoas, cujo suporte teórico advém, principalmente, da Psicologia do Trabalho e das Organizações. Essa vertente teórica enfoca a análise de competências no nível micro do indivíduo e das equipes de trabalho.

Origem do conceito e principais autores

O conceito de competência, como o entendemos atualmente, começou a ser adotado em 1973 por David McClelland, um psicólogo da Universidade de Harvard, a partir de questionamentos quanto à necessidade de se reduzir vieses na seleção profissional e com o objetivo de identificar características pessoais estatisticamente associadas ao "bom desempenho no trabalho" ou ao "sucesso na vida profissional". A partir das contribuições desse autor, vários outros adotaram o conceito ou sugeriram novas definições para ele.

Analisando-se a evolução dos debates sobre o conceito, é possível perceber a coexistência de duas abordagens teóricas: (1) a norte-americana, representada por autores como Boyatzis (1982) e Spencer Jr. e Spencer (1993); (2) e a francesa, representada por autores como Le Boterf (2003) e Zarifian (2008). A vertente norte-americana define competências tomando como referência o mercado de trabalho e os aspectos ligados aos descritores de desempenho requeridos pelas organizações, aproximando-se do conceito de qualificação. A vertente francesa nasce do questionamento do conceito de qualificação e enfatiza a vinculação entre trabalho e educação, indicando as competências como uma resultante individual de processos sistemáticos de aprendizagem.

Dessa forma, a vertente norte-americana entende competência, de maneira geral, como o conjunto de conhecimentos, habilidades e atitudes (CHAs) que explicam um desempenho exemplar, bem-sucedido. Em outras palavras, a competência se constituiria como um estoque de recursos que tornariam uma pessoa apta ou capaz de executar determinado trabalho. Esse uso confunde o conceito de competência com o de qualificação, uma vez que este se refere a atributos e a qualidades do trabalho, a exigências e requisitos de ocupações, profissões, cargos e funções. A ênfase dada aos recursos ou antecedentes da competência, na abordagem anglo-saxônica, pode causar essa confusão.

Um exemplo de conceituação da vertente americana seria a proposta por Spencer Jr. e Spencer (1993), que definem competências como características subjacentes ao indivíduo que se relacionam causalmente a um padrão de eficácia e/ou a um desempenho superior em um trabalho ou situação.

A vertente francesa, por sua vez, entende competência como a mobilização desses recursos posta em prática ao realizar um trabalho específico em um determinado contexto. Para essa vertente, a competência refere-se àquilo que se produz em termos de resultado ou desempenho no trabalho, introduzindo a ideia de que deter um conjunto de "conhecimentos, habilidades e atitudes" não é suficiente. É competente aquele que "sabe agir", que manifesta esses recursos pessoais em ações exitosas. De acordo com essa visão, competência é, pois, um atributo do desempenho e do resultado da ação de alguém.

Um exemplo de conceituação da vertente francesa seria a proposta por Zarifian (2008), que define competências como uma inteligência prática das situações, que se apoia em conhecimentos adquiridos e os transforma à medida que a diversidade das situações aumenta.

Atualmente, observa-se uma terceira vertente integradora que busca definir competência a partir da junção de concepções das correntes norte-americana e francesa. Para essa terceira vertente, a competência é entendida não apenas como um conjunto de conhecimentos, habilidades e atitudes necessários para exercer certa atividade, mas também como o desempenho da pessoa em determinado contexto, em termos de comportamentos adotados no trabalho e realizações decorrentes (Dutra, 2004). Essa vertente integradora possui aceitação mais ampla por considerar as diversas dimensões do trabalho e associar a competência tanto à capacidade quanto ao desempenho.

Entre os autores representantes dessa vertente no Brasil encontra-se Dutra (2004), que tem desenvolvido sua abordagem acrescentando à noção de competência os conceitos de "entrega" e "espaço ocupacional". A proposição do autor é de que quanto mais desenvolvidas forem as competências de uma pessoa, maior é sua capacidade de assumir tarefas complexas, levando a uma maior capacidade de entrega e à expansão de seu espaço ocupacional. Isso refletiria seu desenvolvimento profissional e geraria maior valor agregado ao negócio da organização. Essa abordagem sugere a existência de complexas relações de influência recíproca entre as competências e as exigências de qualificação profissional, e também com o dinamismo das carreiras contemporâneas.

Também representando essa vertente integradora, estão os autores Fleury e Fleury (2001), os quais entendem a competência como um saber agir responsável e reconhecido, que implica mobilizar, integrar, transferir conhecimentos, recursos e habilidades que agreguem valor econômico à organização e valor social ao indivíduo. Esse uso aprofunda a vinculação do conceito de competência a critérios de avaliação do resultado do desempenho individual em contextos específicos.

Definições

A delimitação do uso do conceito de competência será feita comparando-se os usos presentes na linguagem cotidiana e na linguagem técnica da área, no caso, as adotadas em gestão de pessoas e qualificação profissional.

O dicionário de língua portuguesa Aurélio (2010) apresenta o termo competência com os seguintes significados: "(1) direito, faculdade legal que um funcionário ou um tribunal tem de apreciar e julgar um pleito ou questão; (2) capacidade, suficiência (fundada em aptidão); (3) atribuições; e (4) porfia entre os que pretendem suplantar-se mutuamente." Para o dicionário de língua portuguesa Aulete (2008), competência significa:

> (1) capacidade de realizar algo de modo satisfatório; aptidão; (2) possibilidade de realizar tarefas, considerando uma hierarquia ou a necessidade de qualificação; poder ou autoridade daí decorrente; alçada; (3) conjunto de conhecimentos,

> capacitações, habilidades etc.; (4) indivíduo de grande capacidade, sabedoria etc.; (5) aptidão de autoridade pública para efetuar determinados atos; (6) o conhecimento inato ou não, mas inconsciente, que leva um indivíduo a falar e compreender a sua língua; (7) conflito, luta, oposição, disputa.

Quanto aos dicionários de língua inglesa, o Cambrigde *Dictionaries* (n.d.-a) apresenta o significado para o termo *competence* como a habilidade de fazer algo bem-feito, que é distinto do apresentado para o termo *competency* que significa uma importante habilidade que é necessária para realizar um trabalho.

O dicionário de língua inglesa Oxford (n.d.-b) apresenta significados apenas para o termo *competence*, sendo: (1) a habilidade de fazer algo de maneira exitosa ou eficiente; (2) a autoridade legal de um tribunal ou outro organismo para lidar com um assunto específico; (3) o conhecimento linguístico subconsciente de uma pessoa que rege a formação da fala na sua língua materna; e (4) na biologia e medicina significa o desempenho eficaz da função normal.

O uso técnico do conceito de competência não está relacionado à atribuição legal de organismos ou outras unidades sociais para lidar com assuntos específicos, tampouco com direito, faculdade, atribuições, conflito e disputa. O uso técnico do conceito, por outro lado, está focado em atributos do trabalho e/ou do individuo, sob a forma de capacidades, desempenhos e resultados em contextos específicos de trabalho ou atuação profissional.

O conceito competência como termo técnico possui muitas definições, as quais precisam ser analisadas e devidamente diferenciadas. Visando facilitar a compreensão de diferenças e convergências no uso do conceito, foi realizada previamente uma extensa revisão da literatura por conceituações de competência humana. Essa busca resultou na localização de 174 textos no total, entre artigos, livros e capítulos de livro, dissertações e teses. Destes, 78 apresentavam propostas de definição para o termo competência no nível individual. Foram excluídos os trabalhos cujas definições referiam-se a competências organizacionais ou coletivas.

A partir da análise dessas definições, podemos concordar com Hoffman (1999) sobre a existência de três componentes caracterizadores do conceito de competência: (1) desempenho observável; (2) padrão de qualidade do desempenho de pessoas; e (3) atributos ou características de uma pessoa.

O significado de competência, entendida como desempenho observável, enfoca a execução de uma tarefa ou trabalho a ser realizado e o resultado dele. Isto é, competência é definida pelas saídas (*outputs*) de um sistema de trabalho, sendo o desempenho definido de forma mensurável, de modo a poder ser observado, ensinado, aprendido e avaliado. Competência, se levada em conta essa perspectiva de análise, distingue-se de conceitos como: capacidades, conhecimentos, atitudes, habilidades, os quais são entendidos como recursos, condições necessárias, mas não suficientes ao desempenho competente. Esses recursos, antecedentes ou disposições que predizem o desempenho competente são inferidos pelas pessoas a partir de atributos observáveis do desempenho e dos resultados de ações humanas específicas no trabalho.

O segundo aspecto contido em muitas definições é o valorativo. Competência está ligada a desempenho exemplar, excelente, eficaz, bem-sucedido. O conceito não é usado para referir-se a desempenhos insatisfatórios ou que não agreguem valor à organização e ao indivíduo trabalhador. Nesse ponto, o conceito se distingue do conceito de tarefas, o qual está relacionado à descrição de atividades sem menção explícita a padrões de qualidade ou produtividade.

Em complemento a esse segundo aspecto, o conceito de competência expressa disposições individuais dependentes do contexto, que variam de acordo com a situação (imprevistos, mudanças) e com o trabalho. Além disso, o conceito de competência inclui padrões e valores de referência adotados por uma determinada unidade social (organização, equipe, outras pessoas) para julgar se um dado desempenho é ou não competente. Assim, é possível que um determinado desempenho, na prática, seja considerado exemplar (competente) em um contexto e insatisfatório em outro. O conceito, nesses casos, é usado para referir-se unicamente a altos padrões de desempenho. Exemplos dessa aplicação do conceito estão presentes em várias definições, entre as quais estão aquelas que relacionam competência a contribuições relevantes do desempenho individual para o alcance de objetivos estratégicos da organização. O último aspecto, presente em quase todas as definições mencionadas anteriormente, refere-se aos recursos de entrada (*inputs*) requeridos para que o sistema de trabalho possa operar, que é mobilizado pelo indivíduo para produzir um desempenho competente. Os principais recursos relatados são: conhecimentos, habilidades e atitudes. Os conhecimentos referem-se a algo armazenado na memória por meio de processos psicológicos de aquisição e interpretação de informações relacionadas à lembrança de ideias ou fenômenos. As habilidades referem-se ao saber como fazer algo, aplicando os conhecimentos que possui de forma intelectual ou motora. As atitudes referem-se a estados complexos do ser humano que afetam sua predisposição e seu comportamento com relação a pessoas, objetos ou eventos, ampliando reações positivas ou negativas em relação à adoção de uma ação específica (Gagné, Briggs & Wagner, 1988).

As definições incluem, além destes, outros recursos e disposições individuais, como: motivação, valores, personalidade, inteligência prática, aptidão, condutas, experiências pessoais, capacidade de agir inteligentemente diante das situações e de combinar recursos para produzir resultados.

Em suma, a análise do conceito mostra convergência quanto a alguns aspectos. Quase todas as definições colocam a competência como: (1) atributo da ação humana e de seus resultados; (2) desempenho bem-sucedido; e (3) comportamento observável dependente do contexto. Além disso, referem-se a recursos (*inputs*) ou disposições individuais que tornam o indivíduo apto a adquirir e a expressar uma determinada competência.

Utilização

O conceito de competência tem sido operacionalizado e mensurado de diversas maneiras, de acordo com os objetivos de estudo e a abordagem teórica escolhida. A seguir, são apresentadas algumas aplicações do conceito em gestão de pessoas.

Na gestão estratégica de pessoas, o conceito de competência tem sido adotado na busca de integração de todos os subsistemas típicos dessa área. O objetivo da gestão estratégica de pessoas baseada em competências é apoiar as políticas de capacitação, buscando o desenvolvimento de competências individuais, consideradas fundamentais à consecução da estratégia da organização e ao desenvolvimento profissional do indivíduo.

As descrições de competências são também utilizadas para: apoiar processos de recrutamento e seleção; servir de parâmetro para determinar o que as pessoas irão fazer e como avaliar seu desempenho; constituir-se em indicador para remunerar e recompensar pessoas; e como elemento norteador da gestão de talentos, trilhas de aprendizagem e desenvolvimento de carreiras profissionais.

Nas atividades de treinamento, desenvolvimento e educação, as descrições de competências cumprem uma função especial devido à sua semelhança com descrições de necessidades de treinamento e objetivos instrucionais, os quais guiam o desenho de eventos instrucionais. Essas descrições indicam as competências (e seus componentes) que se deseja desenvolver nos aprendizes por meio de instrução, treinamento ou programas educacionais. Descrições de objetivos instrucionais, tais como as de competências, são redigidas em termos de ações humanas no trabalho, voltadas para metas identificáveis, observáveis e passíveis de julgamento. Os objetivos instrucionais são elementos-chave que ligam todas as etapas do treinamento: fundamentando a avaliação de necessidades, viabilizando seu planejamento, execução e avaliação de sua efetividade.

Em avaliação de desempenho, a descrição de comportamentos observáveis tem sido a tônica de diversos tipos de medidas (escalas de observação comportamental ancoradas em comportamento, escalas de expectativa comportamental, escalas mistas e listas de verificação). Todas essas escalas apresentam amostras qualitativamente representativas de comportamentos que ilustram os desempenhos esperados, associados a critérios de julgamento. Avaliações de desempenho individual baseadas em resultados, por outro lado, adotam indicadores objetivos como padrões de referência. Não raro, as avaliações de desempenho associam duas formas de avaliação: as baseadas em critérios de julgamento humano e as baseadas em indicadores objetivos de resultados, estas compatíveis com as definições de competência que incluem na definição tanto o desempenho do indivíduo como o seu resultado.

O conceito de competências também tem sido utilizado para expressar competências coletivas e organizacionais, uso metafórico, muito útil na definição de competências essenciais, emergentes e estratégicas para uma organização, grupo ou equipe.

Apreciação crítica do conceito

Uma característica importante da competência é seu caráter disposicional e aberto, ou seja, a competência manifesta-se em um contexto particular, varia de acordo com a situação e é exibida de diversas maneiras. Uma implicação prática decorrente dessa característica do conceito é que são necessários vários indicadores da presença de uma competência, já que competência não é o nome de algo, não é um fato isolado, mas um atributo que emerge da observação de vários desempenhos e resultados. Verifica-se que as competências são disposições dependentes da interação do indivíduo com seu ambiente.

Em alguns casos, um indivíduo é competente em um contexto ou organização, mas não expressa essa competência em outra circunstância de trabalho por diversas razões, como falta de instrumentos adequados ou de suporte de pares e chefes ao desempenho exemplar. Assim, para que a competência possa ser manifesta, adquirida, retida e transferida, o contexto de trabalho precisa ser favorável.

Quanto ao uso do termo competências, ressalta-se uma última observação. Há autores que associam a aprendizagem de competências não apenas a pessoas, mas também a organizações. Essa suposição deve ser utilizada com cautela, uma vez que os processos organizacionais que chamamos de aprendizagem e seus resultados, as competências no trabalho, são distintos daqueles que denominamos aprendizagem humana individual. Os indivíduos, além de aprenderem, transferem o que foi aprendido para os demais níveis (de equipes e organizacional), geralmente por meio de processos sociais de compartilhamento que ocorrem nos espaços de atuação comum, nos quais cada competência individual complementa as demais, dando origem a uma competência "coletiva" (Le Boterf, 1999; Zarifian, 2008).

Síntese

Apesar da multiplicidade de definições e aplicações do conceito, é possível sintetizar algumas concordâncias que perpassam as proposições das diferentes vertentes teóricas interessadas no estudo do termo competência. Assim, conclui-se que a competência, como construto, refere a atributo da ação humana e de seus resultados; não é inata, é aprendida; é constituída por conhecimentos, habilidades, atitudes e outras características pessoais; caracteriza o desempenho bem-sucedido ou excelente; gera resultados palpáveis; pode ser avaliada por outras pessoas; depende de fatores contextuais do ambiente de trabalho; e sua aprendizagem, desenvolvimento e expressão estão relacionados às incertezas do ambiente de trabalho.

Referências

Aulete, C. (2008). Empreendedor. In Dicionário online Caldas Aulete. Recuperado de: http://aulete.uol.com.br/.

Boyatzis, R. E. (1982). *The competent management: A model for effective performance.* New York: John Wiley.

Dutra, J. S. (2004). *Competências: conceitos e instrumentos para a gestão de pessoas na empresa moderna.* São Paulo: Atlas.

Ferreira, A. B. de H. (2010). Competência. In Dicionário do Aurélio online – Dicionário da língua portuguesa. Recuperado de: http://www.dicionariodoaurelio.com/dicionario.php?P=Competencia.

Fleury, M. T. L., & Fleury, A. (2001). Construindo o conceito de competências. *Revista de Administração Contemporânea*, Edição Especial, 183-196.

Gagné, R. M., Briggs, L. J., & Wagner, W. W. (1988). *Principles of instructional design.* Orlando, FL: Holt, Rinehart and Winston.

Hoffmann, T. (1999). The meanings of competency. *Journal of European Industrial Training, 23*(6), 275-285.

Le Boterf, G. (1999). *Competénce et navigation professionnelle.* Paris: Éditions d'Organisation.

Le Boterf, G. (2003). *Desenvolvendo as competências dos profissionais.* Porto Alegre: Artmed.

Spencer Jr., L. M., & Spencer, S. M. (1993). *Competence at work.* New York: John Wiley.

Zarifian, P. (2008). *Objetivo competência: por uma nova lógica.* São Paulo: Atlas.

Comprometimento organizacional

Antonio Virgílio Bittencourt Bastos
Ana Carolina de Aguiar Rodrigues

Sem esquecermos a diversidade de perspectivas teóricas presentes na compreensão do que sejam as organizações, pode-se assumir que elas são unidades sociais que articulam pessoas com diferentes histórias e expectativas em torno de objetivos e metas de produção de bens materiais ou simbólicos que são demandados pela sociedade. Os atores, em constante interação, compartilham significados sobre eventos passados, presentes e futuros, base dos processos de cooperação e conflito que marcam quaisquer empreendimentos coletivos. Assim, como formula Weick (1993), a interação social constitui a ontogênese daquilo que denominamos organização e, nesse processo, o comprometimento dos atores sociais constitui o fator de união entre pessoas, grupos e setores. O comprometimento encontra-se na base das escolhas realizadas pelos atores na organização que podem afetar as funções para as quais eles se sentem atraídos, as razões que os movem, os valores que direcionam suas realizações, os planos e as pessoas com quem estão alinhados.

Por tudo isso, o conceito de comprometimento, ao longo de décadas de investigação, vem ocupando um lugar bastante central no campo de estudos sobre o comportamento humano nas organizações. Apesar desse destaque, conceituar o comprometimento ainda é uma tarefa difícil. A falta de consenso em relação ao seu significado é notória desde os primeiros estudos, fato observado também nas medidas elaboradas para a sua verificação empírica.

Parte dessa confusão conceitual pode ter sido originada da apropriação, pelo campo científico, de um termo que já tinha uma aplicação popular. No uso cotidiano, o termo inclui significados que se diferenciam ou até se opõem ao conceito científico de comprometimento no trabalho. Na língua portuguesa, o verbete "comprometimento", derivado do termo em latim *compromittere*, possui três sentidos principais: 1) significados associados ao termo "compromisso", como engajamento, envolvimento, um modo de se comportar com esforço e cuidado diante de determinado alvo (ex.: "o rapaz se comprometeu a ajudar o colega"; 2) estado relativamente duradouro de lealdade, de adesão a determinado alvo, que leva o indivíduo à parcialidade, ou à redução da crítica em relação àquele objeto com o qual se envolveu (ex.: "sua opinião está comprometida, já que ele é um defensor dessa causa"); 3) noção de prejuízo, de exposição ao risco ou a uma situação difícil, que leva a resultados indesejados (ex.: "seu depoimento comprometeu o acusado").

O termo técnico "comprometimento" (*commitment*) nasceu, na verdade, na língua inglesa, sendo derivado do verbo *to commit*, de *committere*, ou cometer. Desse modo, apresenta uma amplitude ainda maior do que a observada no português, uma vez que traz, além daqueles apresentados, outros sentidos, como: 1) designar, encarregar; ou 2) colocar a salvo, afastar. Se no uso comum o significado de comprometimento pode estar relacionado a resultados indesejáveis, nas pesquisas sobre trabalho e organizações espera-se que o comprometimento seja um antecedente de resultados pessoais ou organizacionais desejáveis.

A literatura sobre comprometimento revela o caráter multifacetado do construto: visões unidimensionais e multidimensionais; atitudinais e comportamentais; diferentes processos psicossociais como base; distintos focos como alvo do compromisso, a exemplo de organização, trabalho, equipe, líder, carreira, sindicato e clientes. As pesquisas nacionais e internacionais dedicam-se fortemente ao estudo do comprometimento com a organização. Dos demais focos ou alvos, a carreira/profissão/ocupação vem em segundo lugar, com um volume muito inferior de estudos. Devido a tal quadro, enfatizamos, a seguir, o comprometimento organizacional.

A construção do campo de origem e a emergência dos modelos de comprometimento organizacional

Para melhor compreender o quadro de confusão conceitual do comprometimento, precisamos nos voltar para a sua evolução histórica. Bastos (1993) observou que três disciplinas – a sociologia, a psicologia social e as teorias organizacionais – estão na origem dos cinco principais enfoques do comprometimento: autoridade no contexto de trabalho; *side bets,* instrumental ou calculativo; atitudinal ou afetivo; normativo; e comportamental (Quadro 1).

Quadro 1 Abordagens conceituais do comprometimento organizacional

Sociologia		Teoria das organizações	Psicologia social	
Autoridade no trabalho	*Side bets*/ instrumental	Afetivo	Normativo	Comportamental
Interesse em continuar no emprego atual por perceber legitimidade da ação autoridade--subordinação.	Tendência a se engajar em linhas consistentes devido aos custos associados à forma de agir diferente.	Força relativa à identificação e envolvimento com uma organização em particular.	Pressões normativas internalizadas pelo indivíduo para que se comporte conforme objetivos da organização.	Estado de ser em que as ações determinam crenças, que sustentam a atividade e o desenvolvimento.

Fonte: Adaptado de Bastos (1993).

Nesse campo, destaca-se o trabalho realizado por Etzioni (1961), expressivo nome das teorias organizacionais, ao discriminar as bases moral, alienativa e calculativa para o que denominou envolvimento organizacional. O envolvimento moral estaria ligado à internalização de valores e normas organizacionais, o envolvimento calculativo seria resultado de uma consciente relação de troca entre o indivíduo e a organização e, por fim, a base alienativa adviria de um poder coercitivo, caracterizado por uma relação de submissão à autoridade.

A busca de uma análise mais formal do conceito de comprometimento teve origem na sociologia. Segundo Becker (1960), o comprometimento define-se pela adoção de linhas de ação consistentes ao longo do tempo, causada principalmente pela percepção de custos associados a um comportamento contrário. Ao ser aplicado ao contexto organizacional, o comprometimento é tratado como o resultado da busca e manutenção de ganhos financeiros, conforto/comodidade no trabalho, posição privilegiada na organização, entre outros.

Da psicologia social, decorreram duas visões que nortearam os desenvolvimentos subsequentes dos estudos na área: a noção de comprometimento na condição de atitude (crenças e sentimentos que se associam a uma disposição para agir em prol da organização), e a noção do comprometimento como um processo comportamental (livre escolha, irreversibilidade da ação e caráter público comprometem um indivíduo com um curso específico de ação). Embora pouco desenvolvida no campo, a perspectiva comportamental chama a atenção para a necessidade de se observar comportamentos comprometidos, e vai além do dizer-se comprometido. Nesse quadro, deve-se destacar que os indicadores comportamentais de comprometimento revelam uma forte sobreposição com um outro importante construto: o de cidadania organizacional.

Das visões atitudinais do comprometimento organizacional, a mais importante foi apresentada por Mowday, Porter e Steers (1982). Por muitos anos, esse significado e a escala construída pelos autores foram amplamente utilizados (Box 1).

Box 1

Mowday *et al.* (1982) definiram o comprometimento como uma força relativa à identificação e envolvimento do indivíduo com a organização, caracterizada pela aceitação dos objetivos e valores organizacionais, desejo de manter-se como membro e de exercer esforço em benefício da organização.

Essa perspectiva é considerada atitudinal-afetiva, uma vez que, nesse caso, o vínculo é resultado de um processo afetivo, de identificação e de compartilhamento de valores com a organização. Assim, espera-se que essa atitude positiva do indivíduo com a organização relacione-se a comportamentos ou intenções comportamentais desejáveis, como o desejo de permanecer e de se empenhar em prol dos seus objetivos.

É com base nessa amplitude de abordagens que Meyer e Allen (1991) conceberam o modelo tridimensional (Box 2). Os autores buscaram sintetizar os estudos existentes e reunir em um mesmo modelo os três principais enfoques da agenda de pesquisa sobre comprometimento organizacional.

Box 2

Meyer e Allen (1991) definiram o comprometimento como um estado psicológico que caracteriza a relação do indivíduo com a organização e que tem implicações em sua decisão de deixá-la ou não, sendo três bases: a afetiva, pautada na identificação com a organização, estimula o trabalhador a permanecer porque compartilha valores e envolve-se com os papéis organizacionais; a normativa, construída a partir da internalização das normas organizacionais, conduz à permanência por obrigação; e a de continuação ou instrumental, derivada de cálculos instrumentais, leva à permanência por necessidade.

Meyer e Allen (1991) sugeriram, ainda, que os comprometimentos afetivo, normativo e de continuação fossem tratados como componentes, e não tipos de comprometimento. Dessa forma, em lugar de haver três tipos mutuamente exclusivos, os componentes ou bases podem ser combinados em intensidades variadas, gerando diferentes perfis de comprometimento do trabalhador.

A diversidade de componentes, bases ou dimensões do comprometimento fica mais bem explícita na Tabela 1, na qual estão compilados os modelos multidimensionais desenvolvidos por diferentes autores para o comprometimento organizacional.

Tabela 1 Dimensões propostas para o comprometimento organizacional

Bases	Referências
Moral, Calculativa, Alienativa	Etzioni (1961)
Continuação, Coesão e Controle	Kanter (1968)
Identificação, Envolvimento, Lealdade	Buchanan (1974)
Consentimento, Identificação, Internalização	O'Reilly e Chatman (1986)
Afetiva, Normativa, Continuação	Meyer e Allen (1991); Siqueira (2001)
Afetiva, Continuação, Moral	Jaros, Jermier, Koehler e Sincich (1993)
Adesão, Oportunidade	Thévenet (1992), citado por Sá e Lemoine (1999)
Afiliativa, Afetiva, Normativa, Instrumental	Medeiros, Enders, Sales, Oliveira e Monteiro (1999)
Afetiva, Futuro comum, Normativa, de Sacrifícios avultados, Escassez de alternativas, Ausência psicológica	Rego (2003)

Fonte: Elaboração dos autores.

É possível que, em meio a esses inúmeros estudos e tentativas de ampliação dos limites conceituais do comprometimento, novas dimensões tenham sido propostas sem o devido cuidado, especialmente por decorrerem de processos de operacionalização e validação de novos instrumentos de mensuração (Morrow, 1983; Bastos, 1994). A ampliação excessiva do escopo do comprometimento organizacional gerou confusão conceitual, redundância e imprecisão, envolvendo não somente suas bases, mas seus antecedentes e consequentes. Além disso, passou a sobrepor-se a outros fenômenos, como sentimentos, intenções comportamentais, crenças e valores.

Klein, Molloy e Cooper (2009) fizeram um levantamento dos principais fenômenos embutidos no conceito de comprometimento. Noções que incluem obrigação de retribuir, processo de identificação e congruência entre características do indivíduo e da organização, embora utilizadas como parte do conceito, podem ser vistas também como antecedentes que levam à construção do comprometimento. Do mesmo modo, a definição do comprometimento como o desejo de exercer esforço em benefício da organização, ou de permanecer nela, pode estar incluída no conceito fenômenos, que são, na verdade, consequências do comprometimento.

Rodrigues e Bastos (2010) mapearam diversos conceitos apresentados nos trabalhos sobre comprometimento e observaram que há definições incluindo a noção de vínculo ativo (identificação, afeto, engajamento e empenho extra), e outras abarcando a noção de vínculo passivo (permanência por necessidade, instrumentalidade, relação de troca). Tal abrangência leva, também, ao imperativo de aceitar que comportamentos negativos, tanto quanto os positivos, sejam consequência do vínculo.

Toda essa indefinição do que é o comprometimento associa-se à questão da sua mensuração. Se não está claro o conceito, como poderão ser estabelecidos critérios precisos para sua observação? A pulverização de escalas é um indicador adicional da fragmentação conceitual que cerca o estudo do comprometimento no trabalho. Por esse motivo, estudos recentes sobre o comprometimento buscaram reunir argumentos para sistematizar os problemas encontrados e propor soluções para o conceito e para sua operacionalização.

Crítica ao modelo hegemônico e proposição de novos conceitos

No centro das discussões sobre os problemas conceituais e empíricos do comprometimento, está o modelo tridimensional de Meyer e Allen (1991). Embora tenha sido, por anos, uma das principais referências para a pesquisa sobre comprometimento, esse modelo tem sido foco das atuais discussões sobre a confusão conceitual que cerca o construto. Três são os argumentos principais: (1) escalas, em geral, com baixos índices de confiabilidade; (2) inconsistências empíricas envolvendo, principalmente, as bases de continuação e normativa; e (3) inconsistências na composição do construto, envolvendo dimensões atitudinais e comportamentais.

No caso da base de continuação, estudos têm encontrado correlações baixas ou negativas com variáveis como desempenho, comportamento de cidadania organizacional e outras que possuem relações positivas com as bases afetiva e normativa (Cooper-Hakim & Viswesvaran, 2005). Além disso, o comprometimento de continuação representa uma atitude diante de um comportamento (permanência na organização), e não perante a organização, como a dimensão afetiva, trazendo uma inconsistência teórica ao construto (Solinger, Olffen & Roe 2008). A base normativa, por sua vez, tem apresentado forte sobreposição com a base afetiva (Meyer, Stanley, Herscovitch & Topolnytsky 2002).

Klein *et al.* (2009), após terem feito a avaliação sobre os fenômenos embutidos no conceito de comprometimento, fizeram um levantamento das definições que não são sobrepostas a antecedentes ou a consequentes. Esses autores sugerem que o comprometimento seja conceituado como uma atitude diante de determinado objeto, ou como um estado psicológico que reflete o quanto uma pessoa está ligada a um objeto, ou mesmo como uma força que liga o indivíduo a um curso de ação.

Há, claramente, uma tendência ao retorno da abordagem unidimensional do comprometimento, expressa pela ênfase na base atitudinal/afetiva. As dimensões normativa e instrumental representam, na realidade, vínculos distintos que não devem ser rotulados de comprometimento. A Figura 1 sintetiza a proposta desenvolvida pela equipe de pesquisa de Bastos e colaboradores para a superação do modelo tridimensional de Meyer e Allen (1991). A proposta mantém a lógica de que o perfil ou padrão de vínculos do indivíduo com a organização pode surgir da combinação de diferentes intensidades dos três vínculos e não de três bases de um mesmo vínculo.

O conceito de entrincheiramento organizacional, proposto por Rodrigues e Bastos (2010), reúne as razões que levam o trabalhador a permanecer, mesmo quando deseja sair da organização: possíveis custos envolvidos na saída e restrição do perfil profissional ou do *status* alcançado, que podem levar à percepção de alternativas limitadas.

O conceito de consentimento organizacional, proposto por Silva e Bastos (2010), derivou da literatura de sociologia do trabalho e refere-se à internalização do papel de subordinação que leva o trabalhador a consentir ou a obedecer às normas da organização, comumente proferidas pelo superior imediato. Os autores admitem que o consentimento pode ser expresso em obediência cega, um cumprimento automático da ordem sem uma avaliação prévia de suas nuances e consequências, ou devido à aceitação íntima, que é a concordância autêntica com as normas.

Figura 1 Delimitação conceitual do comprometimento diante de outros vínculos com a organização

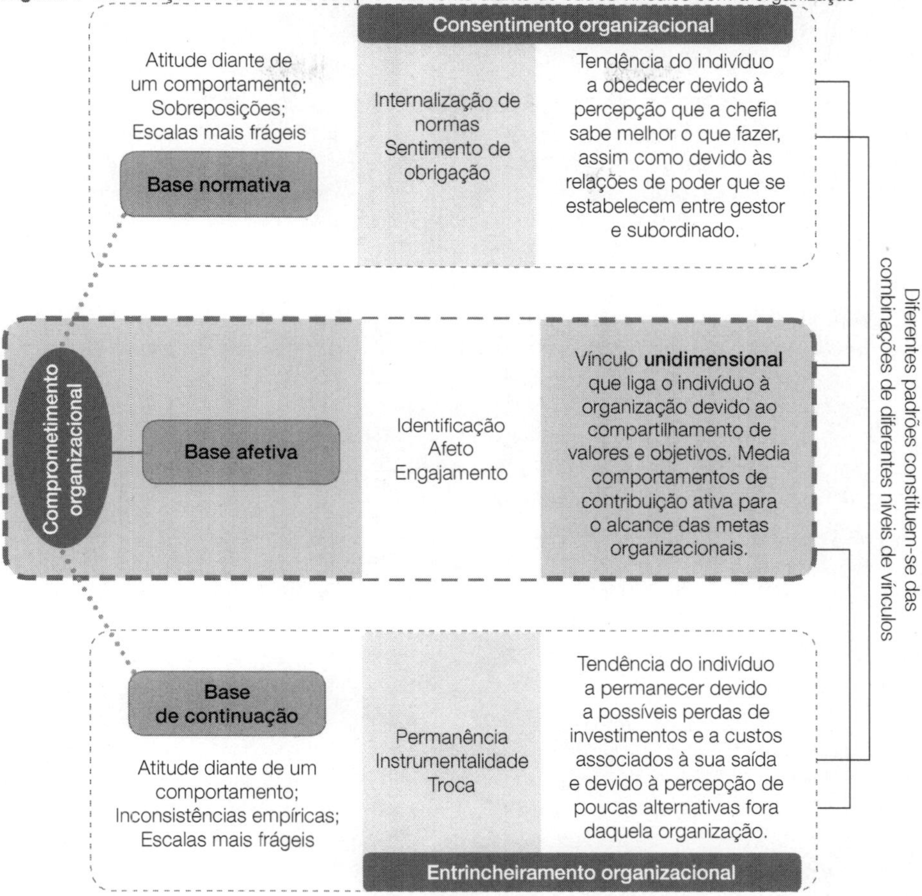

Fonte: Elaboração dos autores.

O movimento em direção a se retomar uma definição mais enxuta de comprometimento organizacional, presente nas literaturas internacional e nacional, abre novas perspectivas para esse domínio de pesquisa e claras implicações para as práticas de gestão de pessoas nas organizações. Despido da confusão que pode conduzir a distorções nas avaliações do que é ser comprometido no trabalho, o conceito mostra-se cada vez mais relevante para orientar a formulação de políticas e práticas de gestão efetivamente voltadas para o necessário equilíbrio entre a potencialização do desempenho organizacional e a realização dos indivíduos na condição de trabalhadores e cidadãos.

Referências

Bastos, A. V. B. (1993). Comprometimento organizacional: um balanço dos resultados e desafios que cercam essa tradição de pesquisa. *Revista de Administração de Empresas, 33*(3), 52-64.

Bastos, A. V. B. (1994). *Comprometimento no trabalho: a estrutura dos vínculos do trabalhador com a organização, a carreira e o sindicato.* Tese de Doutorado. Universidade de Brasília, Brasília.

Bastos, A. V. B., Rodrigues, A. C. A., Moscon, D. C. B., Silva, E. E. C. & Pinho, A. P. M. (no prelo). Comprometimento no trabalho: fundamentos para a gestão de pessoas. In L. O. Borges & L. M. Mourão. *As pessoas, o trabalho e as organizações: intervenções a partir da Psicologia.* Porto Alegre: Artmed.

Becker, H. S. (1960). Notes on the concept of commitment. *The American Journal of Sociology, 66*, 32-40.

Buchanan, B. (1974). Building organizational commitment: the socialization of managers in work organizations. *Administrative Science Quarterly, 19*, 533-546.

Cooper-Hakim, A., & Viswesvaran, C. (2005). The construct of work commitment: testing an integrative framework. *Psychological Bulletin, 131*(2), 241-259.

Etzioni, A. (1961). *A Comparative analysis of complex organizations: on power, involvement and their correlates.* New York: The Free Press.

Etzioni, A. (1980). *Organizações modernas* (6a ed.). São Paulo: Pioneira.

Jaros, S. J., Jermier, J. M., Koehler, J. W., & Sincich, T. (1993). Effects of continuance, affective, and moral commitment on the withdrawal process: an evaluation of eight structural equation models. *Academy of Management Journal, 36*(5), 951-995.

Kanter, R. M. (1968). Commitment and social organization: a study of commitment mechanisms in utopian communities. *American Sociological Review, 33*(4), 499-517.

Klein, H. J., Molloy, J. C., & Cooper, J. C. (2009). *Conceptual Foundations: Construct Definitions and Theoretical Representations of Workplace Commitments.* In Commitment in Organizations: Accumulated Wisdom and New Directions. New York: Routledge Academic.

Medeiros, C. A. F., Enders, W. T., Sales, I. O., Oliveira, D. L. F., & Monteiro, T. C. C. (1999). Três (ou quatro?) componentes do comprometimento organizacional [CD]. In *Anais, 23. Encontro da ANPAD*, Foz do Iguaçu, PR.

Meyer, J. P., & Allen, N. J. (1991). A three-component conceptualization of organizational commitment. *Human Resource Management Review, 1*(1), 61-89.

Meyer, J. P., Stanley, J. D., Herscovitch, L., & Topolnytsky, L. (2002). Affective, continuance, and normative commitment to the organization: A meta-analysis of antecedents, correlates, and consequences. *Journal of Vocational Behavior, 61*, 20-52.

Morrow, P. C. (1983). Concept redundancy in organizational research: the case of work commitment, *Academy of Management Review, 8*, 486-500.

Mowday, R. T. (1998). Reflections on the study and relevance of organizational commitment. *Human Resource Management Review, 8*(4), 387-401.

Mowday, R. T., Porter, L. W., & Steers, R. M. (1982). *Employee-organization linkages: The psychology of commitment, absenteeism, and turnover.* New York: Academic Press.

O'Reilly, C., & Chatman, J. (1986). Organizational commitment and psychological attachment: the effects of compliance, identification, and internalization on prosocial behavior. *Journal of Applied Psychology, 71*(3), 492-499.

Rego, A. (2003). Comprometimento organizacional e ausência psicológica: afinal, quantas dimensões? *Revista de Administração de Empresas, 45*(4) 25-35.

Rodrigues, A. C. A., & Bastos, A. V. B. (2010). Problemas conceituais e empíricos na pesquisa sobre comprometimento organizacional: uma análise crítica do modelo tridimensional de J. Meyer e N. Allen. *Revista de Psicologia do Trabalho e das Organizações, 10*(2), 129-144.

Sá, M. A. D., & Lemoine, C. (1999). Em Matéria de comprometimento na empresa, são os valores individuais que contam [CD]. In *Anais, 23. Encontro da ANPAD*, Foz do Iguaçu, PR.

Silva, E. E. C., & Bastos, A. V. B. (2010) A escala de consentimento organizacional: construção e evidências de sua validade. *Revista de Psicologia do Trabalho e das Organizações, 10*(1), 7-22.

Siqueira, M. M. M. (2001). Comprometimento organizacional afetivo, calculativo e normativo: evidências acerca da validade discriminante de três medidas brasileiras [CD]. In *Anais, 25. Encontro da ANPAD,* Campinas, SP.

Solinger, O. N., Olffen, W., & Roe, R. A. (2008). Beyond the three-component model of organizational commitment. *Journal of Applied Psychology, 93*(1), 70-83.

Weick, K. E. (1993). Sensemaking in Organizations: small structures with large consequences. In J. K. Murnughan. *Social Psychology in Organizations: advances in theory and research* (pp. 10-37). Englewood Cliffs, NJ: Simon & Schuster.

Compromisso social e ética

Ana Carolina de Aguiar Rodrigues
Antonio Virgílio Bittencourt Bastos

O exercício de qualquer profissão ampara-se em três eixos fundamentais: o contínuo desenvolvimento científico, a relação do profissional com seus pares e sua relação com a sociedade. Nesses três eixos, o padrão de qualidade e o alcance das práticas dependem de um conjunto compartilhado de valores e regras de conduta, que guiem os profissionais para a atuação reflexiva e para o aperfeiçoamento de sua atuação.

O psicólogo, como todos os profissionais, insere-se nessa teia complexa de demandas e desafios que, por vezes, suscitam questões éticas e de responsabilidade social. Ao atuar na área da Psicologia do Trabalho e das Organizações (PT&O), o psicólogo precisa lidar com um contexto que lhe impõe questões específicas, repletas de conflitos e contradições, que lhe exigem decisões em nível individual. Para isso, ele deve apoiar-se em análises contínuas sobre sua prática e suas inter-relações, sustentadas pelas esferas de compromisso social e ético.

Este capítulo busca apresentar e discutir esses conceitos, para que sirvam como referência de leitura e diretrizes de atuação para psicólogos dedicados a temas da Psicologia do Trabalho e das Organizações. Por serem, embora relacionados, distintos quanto ao significado, críticas e implicações, os conceitos de compromisso social e de ética serão discutidos separadamente.

Compromisso social do psicólogo em PT&O

Para examinar a etiologia do termo "compromisso social", Bastos, Yamamoto e Rodrigues (2013) conceituaram o substantivo "compromisso" e a qualidade "social". A definição de compromisso implica duas noções: obrigação, que se relaciona ao senso de responsabilidade do profissional; e o envolvimento, representado por um vínculo afetivo com indivíduos, grupos, instituições, movimentos coletivos, entre outros. O adjetivo social, por sua vez, remete àquilo que é de interesse da sociedade. Nesse ponto, reside a falta de precisão do conceito, por não existir um consenso sobre o que é interesse social.

Apesar de ser uma questão fortemente presente nas discussões sobre atuação do psicólogo, o compromisso social tem sido conceituado de formas muito distintas, quase sempre simplificadoras. Para minimizar os efeitos dessa simplificação, serão inicialmente apresentados os quatro critérios que vêm sendo utilizados para definir o compromisso social e, em seguida, serão apontadas algumas reflexões sobre os seus limites (Figura 1).

Figura 1 Análise crítica dos critérios usados comumente para definir compromisso social

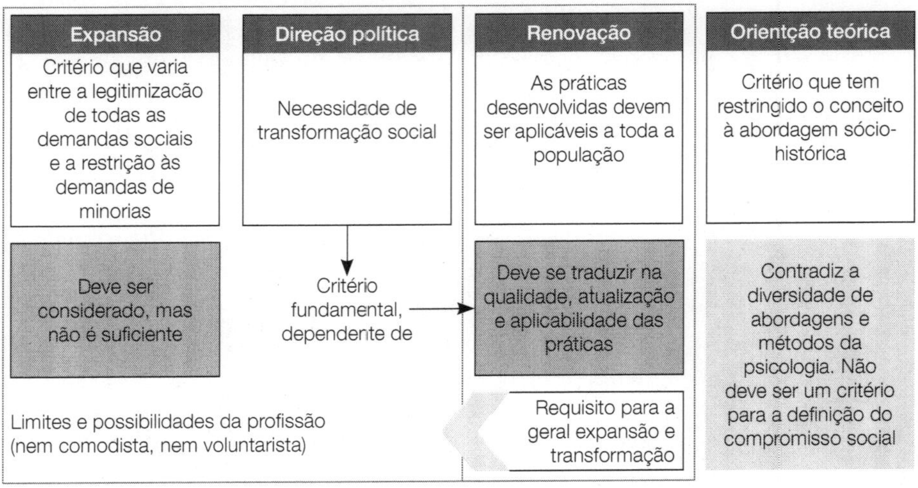

Fonte: Adaptada de Bastos *et al.* (2013).

O critério de expansão avalia o alcance da prática do psicólogo, dividindo-o em dois polos. O primeiro, mais amplo, pressupõe que todas as demandas da sociedade sejam legítimas e, dessa forma, considera que a atuação profissional em si atende às necessidades sociais. O segundo, mais restrito, estabelece como requisito que a demanda se origine de grupos minoritários ou discriminados pela sociedade. Enquanto o primeiro impossibilita a distinção dos diferentes graus de compromisso, o segundo se arrisca a rejeitar atuações em outros segmentos e a desconsiderar a qualidade da prática profissional.

O critério de direção política impõe a perspectiva de transformação e supressão das desigualdades sociais, sendo toda prática assistencialista acusada de contribuir para perpetuar a ordem social existente. O critério de renovação questiona se as práticas desenvolvidas para atender a determinados grupos se estendem para toda a população. Esse questionamento, porém, não se detém a um diagnóstico das necessidades e dos limites da mudança do modelo atual de atuação profissional. Por fim, o critério de orientação teórica demarca a perspectiva sócio-histórica como a única capaz de compreender os quadros de desigualdade social, defendendo a desnaturalização dos fenômenos psicológicos.

Esses critérios restritivos do conceito de compromisso social contradizem a natureza da psicologia, que apresenta grande diversidade de teorias, metodologias e contextos. O conceito assim limitado não abarca as diversas possibilidades de atuação dos psicólogos e, por isso, tem sido discutida uma linha alternativa de reflexão sobre o que é compromisso social.

De fato, como afirma Yamamoto (2007), a expansão das práticas do psicólogo para parcelas da população anteriormente não atendidas deve ser considerada, mas não é suficiente para definir o compromisso social. É inevitável desconsiderar o contexto político e econômico em que atua o psicólogo. Mesmo o crescimento de sua inserção política é acompanhado pelas marcas contraditórias do modelo econômico vigente. Por isso, também é inviável ignorar que o trabalho do psicólogo, como qualquer outro no modelo capitalista, traduz-se na compra e venda da força de trabalho. Exigir uma atuação voluntarista seria simplificar a profissão e colocar o compromisso social em um patamar quase inalcançável. Por outro lado, aceitar a subordinação do exercício profissional às condições materiais geraria uma posição fatalista e comodista. Por isso, podemos dizer que a transformação social, que deve ser a direção da prática do psicólogo, situa-se entre as possibilidades e os limites da profissão.

Outro elemento deve ainda ser considerado nessa discussão: a natureza das práticas, que traduz o modo como o compromisso social é exercido. Práticas tradicionais e defasadas, independente do contexto em que se apliquem, ameaçam a qualidade dos serviços prestados. Podem até mesmo contribuir para uma causa inversa, de manutenção das condições atuais pela falta de eficácia das ações. Portanto, a qualidade das práticas, e não somente o contexto em que são aplicadas, levará à possibilidade de construção de novas configurações sociais.

Diante dessas reflexões, definimos compromisso social do psicólogo como uma ação profissional qualificada e dirigida equitativamente para todas as parcelas populacionais, que incorpora a dimensão política, mas sem confundi-la com a ação propriamente política, como alerta Yamamoto (2007). Nesse sentido, as áreas de atuação da psicologia devem repartir entre si as esferas de abrangência para assegurar a expansão qualificada das práticas.

No caso do psicólogo que atua na PT&O, o compromisso social é traduzido pelas ações profissionais livres, dirigidas aos fenômenos relacionados ao trabalho, ao emprego e ao comportamento organizacional, com vistas à manutenção das condições pertinentes ao desenvolvimento social, organizacional e qualidade de vida no trabalho, e com vistas à transformação das condições que ameaçam esses objetivos.

Ética do psicólogo em PT&O

Assim como o conceito de compromisso social, também o conceito de ética tem gerado debates. Entre si, tais conceitos diferenciam-se por ser o primeiro voltado para o nível coletivo, da categoria profissional, e o segundo localizado no domínio individual. Não obstante haja um esforço, resultante de embates ideológicos e políticos, para a construção de um código de ética profissional, é no contexto cotidiano de trabalho que o psicólogo precisará, individualmente, agir com ética.

Para conceituar ética, é necessário distingui-la de outros conceitos, como moral e código de conduta. A moral representa costumes consagrados por um grupo social como sendo desejáveis ou legítimos. Classifica o que é considerado certo e errado para uma determinada coletividade e, por esse motivo, é temporal, contextualizada e, consequentemente, mutável (Srour, 2008). O código de conduta, a exemplo do código de ética profissional, manifesta um regulamento disciplinar que discrimina, com base na moral vigente, comportamentos corretos e incorretos (Bastos *et al.*, 2013). A ética, por sua vez, pode ser tratada a partir de duas concepções, como discute Almeida (2010): a ética normativa, localizada nas ações de âmbito individual, nas escolhas feitas pelo indivíduo; e a metaética, que se detém na investigação dos juízos morais, sem qualquer caráter diretivo do que é ou não moralmente correto.

Para falar da ética do psicólogo atuante em PT&O, centramos a discussão na abordagem da ética normativa, por guiar a avaliação das ações do psicólogo e da organização em que atua. Nesse campo, destacamos três orientações: a teleologia, cujo foco da avaliação moral é na utilidade, ou na consequência do ato; a deontologia, que busca seguir um código universal para avaliar as ações de acordo com sua capacidade de atender a determinados princípios e deveres; e a ética das virtudes, que coloca ênfase no agente, nos princípios que guiam seu modo de vida, e não apenas na avaliação da sua conduta.

Partindo da abordagem utilitária, o profissional será ético se garantir o maior bem para o maior número de pessoas e, ao agir sem ética, não considerará a dimensão de danos que sua ação poderá provocar. Segundo a orientação deontológica, as ações desses profissionais deverão ser, para que se considerem éticas, capazes de traduzir os preceitos da moral vigente.

Contudo, há situações em que os códigos morais não esgotam as nuances do contexto, gerando os dilemas éticos. A teoria das virtudes, guiada pelo pensamento aristotélico, traz a ênfase nas virtudes individuais, na capacidade de refletir, criticar e ir além dos códigos morais vigentes (Almeida, 2010). O papel da decisão individual é imprescindível nesse conceito, uma vez que o profissional será responsável por suas escolhas, a partir da sua capacidade de julgar a moral vigente, e não apenas cumprir uma conduta aceitável a partir de uma norma impessoal. Desse modo, ao localizarmos a definição de ética na ação individual, assumimos que o indivíduo poderá agir com ética ainda que confronte as normas coletivas.

A existência ou inexistência de ética nas ações organizacionais não deve ser generalizada para todos os seus membros, mas certamente será um elemento importante do espaço em que atua o profissional. O psicólogo não trabalha em um vácuo, mas no contexto em que se somam a moral social e a ética empresarial, por vezes contraditórias. Há situações em que pode ser preciso agir independente do que o grupo considera certo ou errado. Ainda que uma organização antiética imponha a necessidade de determinados comportamentos, o trabalhador será livre para decidir seguir ou não o código de conduta (explícito ou implícito) da organização em que está inserido.

Portanto, partindo da teoria das virtudes, é possível afirmar que a ética está relacionada ao livre arbítrio, à ação reflexiva, que examine as leis morais e solucione cada situação em seu contexto. A Figura 2 apresenta uma síntese dessas distinções conceituais.

Figura 2 Distinções e inter-relações entre os conceitos de moral e ética

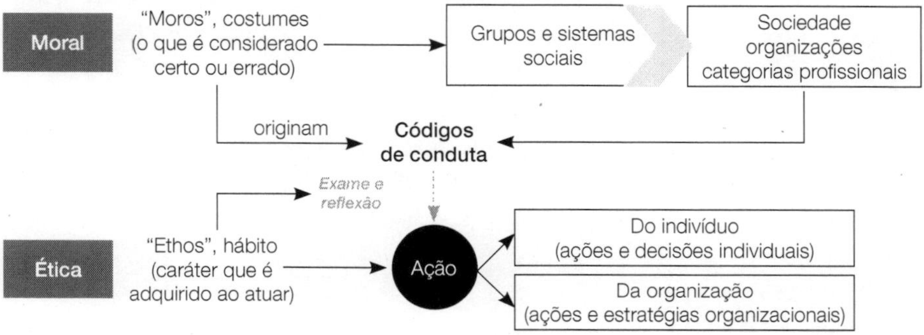

Fonte: Elaboração dos autores.

Uma vez apresentadas definições e discussões sobre o compromisso social e a ética, na próxima seção traremos exemplos de sua aplicação nos contextos em que atuam os psicólogos.

O código de ética do psicólogo no Brasil e sua aplicação em PT&O

Estabelecido pela Resolução do Conselho Federal de Psicologia, n. 010/05, de 21 de julho de 2005, o código de ética do psicólogo brasileiro busca garantir que os profissionais assumam relações adequadas com seus pares e com a sociedade. Sabemos já que o código de ética, que estabelece os preceitos morais, as normas e os valores a serem seguidos, deve ser traduzido pelo psicólogo no momento de suas ações. Para isso, o indivíduo deve ser capaz de refletir sobre os princípios envolvidos e de examinar as situações em que atua.

Uma vez que esses princípios são, por definição, fundamentados em valores, não é possível seguir uma discussão sobre o código de ética sem comentar o conceito de valor. Segundo Schwartz (1994), os valores são crenças relativas a estados ou modos de conduta desejáveis que transcendem situações específicas e guiam a seleção ou avaliação de comportamento, pessoas e fatos, a partir de um sistema de hierarquização desses valores.

Traduzir o código de ética profissional em ações implica compreender os valores centrais de cada princípio, a fim de colocá-los em prioridade diante de possíveis dilemas. Por essa razão, Silva, Zanelli e Tolfo (2010) identificaram os valores centrais presentes no código de ética do psicólogo brasileiro, que são: igualdade, liberdade, saúde e qualidade de vida, não discriminação, não violência, responsabilidade social, crescimento profissional e pessoal (desenvolvimento da psicologia), transparência (acesso da psicologia à população), assertividade e dignidade da profissão.

Para debaterem as tensões ligadas à ética normativa e descritiva dos psicólogos, Voskuijl e Evers (2007) comentam sobre os seis princípios/valores desenvolvidos pelo Committee on Ethical Standards for Psychology da APA. São eles: competência, integridade, responsabilidade profissional e científica, respeito aos direitos e à dignidade das pessoas, preocupação com o bem-estar alheio e responsabilidade social. Nos dezenove códigos, de diferentes países europeus investigados por Voskuijl e Evers (2007), quatro princípios estiveram cobertos: respeito aos direitos e à dignidade das pessoas, competência, responsabilidade e integridade. É possível dizer que, analogamente, os valores implícitos no código de ética do profissional brasileiro correspondem aos valores formalizados pela APA.

Autores defendem que, mais importante do que regras de ação explícitas, os códigos de ética devem traduzir claramente os princípios e valores a serem considerados pelo psicólogo em sua atuação. Isso porque o código não cobre situações específicas em que o profissional se encontrará, e diante das quais deverá refletir sobre implicações morais e sociais com base em seus valores para, assim, decidir como agir. Parte dessas situações constituem dilemas éticos, que são circunstâncias caracterizadas por conflito causado pela necessidade de descumprir um preceito moral, um valor ou um princípio do código de ética.

Silva *et al.* (2010), ao investigarem os julgamentos feitos por psicólogos brasileiros diante de dilemas, perceberam dificuldades em associar os preceitos éticos às práticas profissionais correspondentes. Para aprofundar a discussão, Bastos *et al.* (2013) apresentaram exemplos de dilemas no contexto de atuação em PT&O, considerando os valores extraídos do código de ética do psicólogo brasileiro. Menos do que apresentar prescrições, o exercício tem como proposta a reflexão, pelo psicólogo, das ações mais pertinentes diante dos fatores envolvidos.

Na área de Psicologia do Trabalho e das Organizações, as ações profissionais estão, muitas vezes, situadas em zonas de conflitos de interesses. Se, em relação ao trabalhador, o psicólogo deve atender a princípios éticos de respeito, preocupação com o bem-estar, liberdade, dignidade, responsabilidade e transparência, entre outros, há também preceitos éticos a serem atendidos em relação à organização. Cascio e Aguinis (2005, citado por Voskuijl & Evers, 2007) apontam alguns: transmitir expectativas precisas para os processos de avaliação, garantir informação de alta qualidade para as decisões de RH, equilibrar os interesses do empregador com as regulamentações governamentais, com o compromisso com a profissão e com os direitos das pessoas envolvidas nas decisões de RH.

Em última instância, contribuir para o desenvolvimento organizacional, assegurando os direitos, a integridade e a saúde dos indivíduos, está entre as atividades esperadas do psicólogo que atua em PT&O. Consideramos, para essa afirmação, que o crescimento sustentável das organizações é também questão de interesse social. Por isso, atuar com objetivo de mediar e equilibrar os interesses das partes envolvidas tem sido, há muito, visto como atividade do psicólogo organizacional e do trabalho. Tal ideia pressupõe que seu contexto de atuação é composto por desequilíbrios de interesse e, assim, por um maior número de dilemas.

Se não é possível prever e descrever comportamentos esperados para o leque de situações possíveis em seu contexto, falar de compromisso social e de ética na atuação em PT&O é, antes de tudo, salientar a importância da análise crítica dos fatos, da atenção aos valores comunicados pelo código de ética e da consciência da ação de cada profissional.

Referências

Almeida, F. (2010). *Ética, valores humanos e responsabilidade social das empresas.* Parede, Portugal: Principia.

Bastos, A. V. B., Yamamoto, O. H., & Rodrigues, A. C. A. (2013). Compromisso social e ético: desafios para a atuação em Psicologia do Trabalho e das Organizações. In L. O. Borges & L. Mourão (Orgs.). *O trabalho e a organização: atuações a partir da psicologia.* Porto Alegre: Artmed.

Conselho Federal de Psicologia. (2005). *Código de ética profissional do psicólogo.* XIII Plenário do Conselho Federal de Psicologia. Brasília.

Instituto Ethos (2007). *Indicadores Ethos de responsabilidade social empresarial.* São Paulo: Instituto Ethos.

Schwartz, S. H. (1994). Are there universal aspects in the structure and contents of human values? *Journal of Social Issues,* 50(4), 19-45.

Silva, N., Zanelli, J. C., & Tolfo, S. R. (2010). Dilemas éticos na atuação do psicólogo brasileiro. In A. V. B. Bastos & S. M. G. Gondin (Orgs.). *O trabalho do psicólogo no Brasil: um exame à luz das categorias da Psicologia do Trabalho e das Organizações* (pp. 285-304). Porto Alegre: Artmed.

Srour, R. H. (2008). *Ética empresarial: o ciclo virtuoso dos negócios.* Rio de Janeiro: Elsevier.

Voskuijl, O., & Evers, A. (2007). Tensions between the prescriptive and descriptive ethics of psychologists. *Journal of Business Ethics,* 72, 279-291.

Yamamoto, O. H. (2007). Políticas sociais, "terceiro setor" e "compromisso social": perspectivas e limites do trabalho do psicólogo. *Psicologia & Sociedade,* *19*(1), 30-37.

Comunicação organizacional

Adriana Machado Casali

Certamente, muitos já ouviram expressões do tipo "o problema aqui é a falta de comunicação". Isso demonstra que, de modo quase intuitivo, os indivíduos percebem a importância da comunicação e sua relação com o bom desenvolvimento das atividades organizacionais. Comunicações efetivas são fundamentais tanto para as organizações como para qualquer outra forma de esforço coletivo.

Comunicação parece ser um tema sempre atual. Sua relevância pode ser discutida desde a pré-história com as gravuras nas cavernas, ou posteriormente com o desenvolvimento da escrita e dos hieróglifos, no surgimento da imprensa e dos meios de comunicação de massa, ou ainda nas recentes mobilizações populares viabilizadas pela internet e suas redes sociais.

O termo comunicação deriva do latim *comunicare,* que significa compartilhar ou tornar comum. Essa origem está associada às ações estratégicas do Império Romano que, ao expandir seus domínios, precisava divulgar seu modo de governo. Em uma tradição bastante diferente, a antiga civilização grega regida por princípios democráticos associava comunicação à ideia de diálogo. Atualmente, o termo comunicação incorpora tanto os sentidos oriundos do latim como do grego. As diferentes concepções de comunicação e seus impactos em contextos organizacionais serão discutidos a seguir.

Origem do conceito

A importância da comunicação nos ambientes e relações de trabalho começou a ser percebida pelos administradores aproximadamente ao mesmo tempo que estes reconheceram a necessidade de considerar os aspectos informais das organizações. Os estudos de Elton Mayo em Hawthorne marcaram não somente o desenvolvimento histórico da psicologia do trabalho como um todo, mas também assinalaram o momento em que pesquisadores e praticantes começaram a refletir sobre comunicação organizacional.

É sobretudo a partir da Escola de Relações Humanas que a comunicação passa a figurar como um tema relevante para os estudos de administração. Antes disso, a comunicação havia sido mencionada apenas de modo indireto na proposta de administração científica de Taylor, nos princípios gerais da administração de Fayol e também no conceito de organização burocrática formulado por Weber. De modo mais específico, a primeira menção direta sobre a importância da comunicação para as organizações encontra-se na obra de Chester Barnard (1960). Para o autor, questão prática de efetividade ou eficiência em uma organização depende da comunicação, ou da manutenção de um sistema de comunicação. Por isso, a comunicação é essencial para a sobrevivência de uma organização formal (Barnard, 1960). Contudo, é importante definir o que entendemos por comunicação. Por isso, iremos inicialmente refletir sobre o conceito de comunicação para depois explicar comunicação organizacional.

Sobre a comunicação

A comunicação é um processo que permeia a grande maioria das práticas sociais. Isso faz com que os processos de comunicação nos pareçam "naturais", e essa suposta familiaridade nos impede de reconhecer suas complexidades. Um pequeno comparativo pode ser útil para aprofundarmos essa reflexão. A respiração é um processo "semiautomático" que na maior parte do tempo passa despercebido pela grande maioria das pessoas. Apenas em certas circunstâncias específicas é que nos tornamos conscientes dessa prática e prestamos atenção ao modo como respiramos (por exemplo, em situações de grande esforço físico ou em ambientes onde o ar é rarefeito e sentimos dificuldades para respirar). Pode-se dizer que o mesmo acontece com a comunicação, tanto nas organizações como para os indivíduos. Em geral, só prestamos atenção à comunicação quando ela não funciona

A comunicação, na condição de prática social, está internalizada em nossos hábitos e costumes. Para que ela se torne consciente, é preciso prestar atenção ao que entendemos por comunicação. Dessa forma, nesse esforço de explicitar o implícito, discutiremos dois dos principais sentidos da comunicação.

Quando se fala em comunicação, a primeira coisa que vem à mente é: transmissão de informação. Aliás, este é o primeiro significado da palavra que se encontra em muitos dicionários. Essa noção, bastante difundida, reflete a influência do modelo matemático de comunicação apresentado por Shannon e Weaver (1949), que representa a comunicação como fluxo de informações entre emissores e receptores que operam codificações e decodificações de mensagens transmitidas por veículos/meios de comunicação. Este é o sentido associado à origem latina do termo. Contudo, comunicação é muito mais do que a simples circulação de informações.

Na ação de comunicar, as pessoas não apenas trocam mensagens, mas também produzem novas informações e geram conhecimento. Voltando ao comparativo anterior, também nos processos respiratórios não ocorrem apenas trocas gasosas nos movimentos de inspiração e expiração. Durante a respiração, realiza-se a absorção de oxigênio, a liberação do dióxido de carbono e a transformação desses gases. De modo similar, quando há comunicação, as mensagens, além de serem transmitidas, são transformadas, ressignificadas e também constituídas. Este é o segundo sentido da comunicação, o da produção de significados.

Quando observamos a comunicação além da transmissão de informação, reconhecemos que as informações são fruto de interações sociais e que estas, por sua vez, são instâncias de comunicação. Afinal, são nesses instantes, nas interações, que as experiências humanas fazem sentido e adquirem significado. Assim, informações não são apenas transportadas em processos de comunicação, mas constituídas nos processos de comunicação, ou seja, produzidas em interação. A produção de sentidos ocorre sobretudo por meio do diálogo, parte da herança grega presente no significado do termo comunicação.

Os processos de comunicação que constituem novas mensagens dizem respeito sobretudo aos chamados "atos de fala" (Austin, 1962). Nesse sentido, comunicação é ação. Por exemplo, um casamento se realiza quando os noivos declaram que "aceitam" o seu consorte como legítimo(a) esposo(a) e o celebrante (padre, juiz de paz etc.) diz: "Eu vos declaro marido e mulher". Tais declarações, ou a enunciação dessas palavras, não apenas informam que os noivos estão casados, mas constituem o casamento em si. Certamente existem condições específicas para que uma fala se torne uma ação com efeitos concretos. Um funcionário obedece a uma diretiva verbal do seu supervisor porque entende que esse "ato de fala" é uma ação legítima, de acordo com o entendimento tácito de qual é a sua função na organização e das condições formalmente estabelecidas por seu contrato de trabalho. Esse entendimento não é apenas um exemplo de autoridade formal, essa situação também ilustra como comunicação é ação.

Contudo, é importante observar que a comunicação também possui uma dimensão específica de criação da realidade, ou seja, é "na" e "por meio da" comunicação que se constituem diversos atos e fatos. Dessa forma, a comunicação refere-se ao processo coletivo de produção de significados que se configura como um processo de construção social da realidade. Nesse sentido, comunicação diz respeito a interação, diálogo, conversa, representações, simbologias, relacionamentos, narrativas, discursos, entre outras dimensões.

Na condição de processo de produção de significados, a comunicação ocorre em diferentes níveis. O mais primário talvez seja aquele em que os indivíduos procuram "conversar consigo mesmo" para tentar entender ou dar sentido às experiências que vivenciam. Do nível intrapessoal, a comunicação estende-se em níveis interpessoais, grupais, intergrupais, organizacionais, entre outros, até níveis maiores, tais como a comunicação de massa, global, universal etc. Os níveis de análise da comunicação variam conforme o ponto de vista do observador. Como nesta obra se discute a psicologia do trabalho e das organizações, o foco é a comunicação organizacional.

Sobre a comunicação organizacional

Assim como a comunicação pode ser compreendida de dois modos distintos – enquanto (1) transmissão de informação ou (2) produção de significados –, o entendimento sobre o que vem a ser comunicação organizacional se diferencia conforme a ênfase esteja centrada na dimensão informativa ou constitutiva da comunicação. Seguindo esse raciocínio, existem duas formas básicas de conceber a comunicação organizacional: (1) "comunicação nas organizações" e (2) "comunicação como organização".

A primeira noção define comunicação organizacional como a comunicação que ocorre nas organizações. A comunicação é uma variável, um elemento das organizações, um fenômeno social que ocorre dentro da estrutura organizacional. Nessa perspectiva enquadram-se todas as atividades de comunicação que acontecem nas organizações: telefonemas, conversas, reuniões, teleconferências, videoconferências, palestras, apresentações, redação de memorandos, e-mails, mensagens de texto, e assim por diante. Nesse sentido, a comunicação refere-se às formas de interação social, sendo conceitualmente reduzida a atos empíricos de transferência de informação.

Tal fluxo de informação garante que a informação certa chegue à pessoa certa na hora certa. Caso contrário, o caos se instala, produtos não são produzidos de acordo com as especificações, entregas não são realizadas nos prazos, objetivos não são atingidos, clientes não ficam satisfeitos etc. É preciso que haja informação circulando em todas as direções; dos mais altos escalões hierárquicos até o "chão de fábrica", assim como é necessário garantir que haja o devido *feedback* de baixo para cima, sem falar na articulação e coordenação entre departamentos ou outras unidades.

O segundo entendimento da comunicação organizacional privilegia aspectos constitutivos da comunicação. Pode-se dizer simplesmente que comunicação organizacional é a comunicação que organiza. Essa abordagem destaca o processo de construção, manutenção e transformação de significados que possibilitam o desenvolvimento de atividades coordenadas para a realização de objetivos comuns a um determinado grupo social organizado. Eis a visão da "comunicação como organização".

Para ilustrar como a comunicação gera organização, podemos tomar como exemplo um grupo de crianças jogando futebol. As crianças formam um grupo social organizado porque possuem um objetivo comum, mesmo que esse objetivo seja apenas o de se divertir com o jogo. Quando o jogo começa, não existe, a princípio, uma estrutura de ação predefinida; os papéis desempenhados pelos jogadores não foram definidos com antecedência e tão pouco foi elaborada uma "estratégia de jogo". Todavia, o grupo compartilha um conhecimento anterior sobre algumas regras básicas do jogo (por exemplo, não se pode tocar a bola com as mãos, o objetivo do jogo é fazer o maior número de gols etc.). Isso permite que os membros do grupo participem da brincadeira. Quando o jogo começa, os indivíduos passam a interagir, ou passam a se comunicar, de modo significativo (olhares, palavras, gestos e outras ações relativas ao jogo). À medida que os indivíduos se comunicam, o jogo evolui. A partir dessa observação, pode-se dizer que o jogo não aconteceria se não houvesse comunicação.

Essa comunicação é organizacional porque é por meio dela que o grupo desenvolve uma ação coordenada que o define e o diferencia de outros grupos. É por meio da contínua comunicação entre os membros da equipe que ela é capaz de desenvolver um modo próprio de agir. Além disso, quase que naturalmente, à medida que a interação evolui, surge dentro do grupo uma definição de papéis (ataque/defesa), aparecem hierarquias (um líder ou capitão do time se destaca), desenvolvem-se estratégias (do tipo sair pela direita para aproveitar o contra-ataque), enfim, o grupo se organiza. Nesse exemplo, comunicação organizacional é a comunicação (interação que cria significados comuns) que permite que esses indivíduos realizem uma atividade conjunta (jogar) para realizar objetivos comuns (passar o tempo, fazer exercício, divertir-se com os amigos etc.).

Esse mesmo desenvolvimento ocorre, por exemplo, no surgimento de uma empresa. Quase toda organização tem suas origens em um ou mais empreendedores que construíram redes de relacionamentos (comunicação) para expandir, formalizar e dar continuidade ao seu empreendimento. À medida que essa iniciativa demanda mais atividades para se concretizar, evoluem suas necessidades de comunicação e organização. Com as interações viabilizadas pela comunicação surgem lideranças, estratégias, divisão do trabalho e outras características organizacionais.

Se, em vez de um jogo de futebol, o objeto de análise fosse uma organização complexa (desde uma pequena empresa familiar até uma grande corporação multinacional), também se observaria que a comunicação é o processo social que não apenas viabiliza a realização das suas atividades, mas delineia diversos dos seus processos e características, tais como: liderança, tomada de decisão, relações de poder, formas de controle, conflitos, manifestações culturais, hierarquia e estrutura.

As dimensões constitutivas e informativas da comunicação são duas faces da mesma moeda. Essa distinção ocorre porque nas atividades cotidianas, e principalmente nos esforços de pesquisa que analisam essa realidade, é muito difícil lidar com os dois lados da moeda ao mesmo tempo (a menos que se tenha mais de uma moeda ou que se utilize de outros aparatos de observação, uma fotografia ou a imagem projetada em um espelho, por exemplo). A curto prazo, podemos observar os processos de transmissão de informação e tentamos compreender como os processos de produção de significados produzem efeitos de longo prazo. De qualquer forma, é importante reconhecer a importância de compreender a comunicação tanto em seus aspectos informativos como constitutivos.

Principais abordagens

Em uma tentativa de integrar as perspectivas informativas e constitutivas, pode-se dizer simplesmente que a comunicação organizacional preocupa-se com as relações entre comunicação e organização. Em uma ampla revisão de literatura, Putnam, Phillips e Chapman (1996) listaram sete metáforas que ilustram como os pesquisadores abordavam a relação comunicação/organização. Posteriormente, esse estudo foi revisado por Putnam e Boys (2006), que elencaram as seguintes metáforas: conduto/canal; processamento de informação, ligação, desempenho, discurso, símbolo, voz e contradição. Cada metáfora representa uma concepção diferente sobre organização, comunicação e do relacionamento entre esses processos sociais.

A comunicação organizacional é um campo de estudos que se dedica à análise das organizações e seus fenômenos subjacentes, a partir de uma perspectiva comunicacional. Assim como outros objetos de estudo das ciências sociais, as pesquisas em comunicação organizacional também podem ser diferenciadas conforme adotem perspectivas funcionalistas, interpretativas ou críticas. As diferentes concepções da comunicação organizacional, "comunicação nas organizações" e "comunicação como organização" incorporam fundamentos paradigmáticos distintos.

A análise da comunicação como um fenômeno que ocorre "nas" organizações é predominantemente funcionalista, mas também se expressa em análises sob a ótica do estruturalismo radical, na qual a comunicação organizacional pode ser percebida como um instrumento de dominação em sistemas de exploração. O estudo da comunicação como processo constitutivo das organizações abrange concepções fundamentalmente interpretativas. No entanto, a noção de "comunicação como organização" também incorpora a perspectiva crítica do humanismo radical nas análises em que os processos de comunicação constroem um discurso opressor.

Segundo Blinkstein, Alves e Gomes (2004), a maioria dos estudos em comunicação organizacional no Brasil é de natureza funcionalista. Mais recentemente, algumas pesquisas em comunicação organizacional, análise e comportamento organizacional, bem como em psicologia do trabalho, tem explorado a dimensão constitutiva da comunicação organizacional (Marchiori, 2010).

Implicações gerenciais

Para refletir sobre a "gestão" da comunicação, pode-se entender a comunicação em seus aspectos informativos como um recurso organizacional e a comunicação constitutiva como um processo organizacional. O gerenciamento da comunicação enquanto recurso geralmente é algo que se encontra sob a responsabilidade de departamentos específicos. A gestão da comunicação na forma de um processo é função de todo e qualquer membro de uma organização.

Quando a atenção está voltada à dimensão informativa da comunicação (que privilegia aspectos relativos à transmissão de informação), os estudos em comunicação organizacional se dedicam a processos de comunicação interna (referente ao fluxo de mensagens intraorganizacional) e comunicação externa (relativa às das estratégias e ações que a organização utiliza para se comunicar com seus diferentes *stakeholders*). Nesta perspectiva encontram-se todas as atividades organizacionais que desenvolvem-se a partir da troca de informações em uma rede de relacionamentos internos e externos à organização. Nessas trocas, a organização procura projetar sua imagem corporativa, a qual deve ser consistente com a sua identidade, valores, missão e visão. Nessa dimensão da comunicação organizacional incluem-se diversas atividades profissionais, tais como: relações públicas, assessoria de imprensa, jornalismo empresarial, publicidade e propaganda, comunicação de marketing, entre outras.

Se a atenção dos gerentes (ou pesquisadores) está voltada para a dimensão constitutiva da comunicação (aquela que compreende que a comunicação constitui a organização e realiza ações), o objetivo da análise é compreender como a comunicação define a forma de ser e de agir de uma organização, entendendo que organização é comunicação, assim como comunicação é organização. Nesse sentido, não existem profissionais de comunicação, pois reconhece-se que todos os indivíduos se comunicam e, ao se comunicarem, organizam o modo como agem e transformam uma determinada realidade e as formas pelas quais atribuem significado às experiências vividas. Em geral, profissionais associados à atividades de recursos humanos, desenvolvimento organizacional e psicologia das organizações são mais sensíveis a questões relativas à comunicação constitutiva, especialmente no seu impacto sobre a cultura organizacional, as relações de trabalho, o relacionamento entre superiores e subordinados, os efeitos dos discursos organizacionais, entre outros aspectos.

Por uma síntese...

Voltando ao comentário inicial apresentado na abertura deste verbete, quando se afirma que "o problema aqui é a falta de comunicação", existem pelo menos dois modos de se tentar resolver o problema. A primeira tentativa refere-se ao fluxo de informações, ou seja, à forma e aos canais de transmissão de mensagens. Nesse sentido, gestores e indivíduos procuram utilizar mais meios de comunicação (reuniões, teleconferências, computadores, celulares, redes sociais, e-mails etc.). Às vezes, esta é uma solução viável, contudo, nem sempre mais comunicação significa melhor comunicação. Na maioria das vezes, mais comunicação gera apenas sobrecarga de informação, o que acaba tornando a comunicação ainda mais inefetiva. Na realidade, qualquer instrumental é inócuo quando seu conteúdo não o justifica.

Como salienta Marcondes Filho (2004), no século XXI os indivíduos dispõem de uma variedade de tecnologias de comunicação e informação, mas comunicam-se cada vez menos. Isto porque a troca de informação nem sempre atinge um nível de comunicação em que realmente seja possível compartilhar significados. Embora os indivíduos recebam um significativo volume de informações, a comunicação se realiza apenas quando tais informações adquirem sentido para esses indivíduos, ou seja, quando são construídos significados compartilhados. Neste caso, estamos lidando com a segunda alternativa para tentar solucionar o problema, ou seja, trabalhar as interações sociais para construir significados compartilhados.

Em síntese, existem duas formas distintas de compreender a comunicação, e por conseguinte, a comunicação organizacional. A primeira enfatiza a comunicação como transmissão de informação. A comunicação é um recurso organizacional que precisa ser gerenciada devido a seus múltiplos meios de circulação, emissores e destinatários. Nessa perspectiva, a comunicação organizacional diz respeito à comunicação que ocorre "nas" organizações. A segunda abordagem entende a comunicação como um processo dialógico de produção de sentidos e compartilhamento de significados. Assim sendo, a comunicação é um processo organizacional gerenciado por todos os membros de uma organização, pois à medida que os indivíduos se comunicam, eles também organizam suas atividades e experiências coletivas. Esse entendimento destaca a comunicação "como" organização. É importante estar ciente dessa pluralidade de entendimentos para compreender o processo de comunicação organizacional em toda a sua complexidade.

Referências

Austin, J. L. (1962). *How to do things with words*. Cambridge, MA: Harvard University Press.

Barnard, C. I. (1960). *The functions of the executive*. Cambridge, MA: Harvard University Press.

Blinkstein, I., Alves, M. A., & Gomes, M. T. (2004). Nota técnica: Os estudos organizacionais e a comunicação no Brasil. In S. Clegg, C. Hardy & W. Nord (Orgs.). *Handbook de estudos organizacionais* (pp. 126-130). São Paulo, SP: Atlas.

Marchiori, M. R. (Org.). (2010). *Comunicação e organização: reflexões, processos e práticas*. São Caetano: Difusão.

Marcondes Filho, C. (2004). *Até que ponto, de fato, nos comunicamos?* [Questões Fundamentais da Comunicação, n. 4] São Paulo: Paulus.

Putnam, L. L., & Boys, S. (2006). Revisiting Metaphors of Organizational Communication. In S. R. Clegg, C. Hardy, T. B. Lawrence & W. Nord (Eds.). *The Sage handbook of organizational studies* (2nd ed., pp. 541-576). London: Sage.

Putnam, L. L., Phillips, N., & Chapman, P. (1996). Metaphors of communication and organization. In S. R. Clegg, C. Hardy e W. Nord (Eds.). *Handbook of organizational studies* (pp. 375-408). London: Sage.

Shannon, C. E., & Weaver, W. (1949). *The mathematical theory of communication*. Urbana, IL: University of Illinois Press.

Literatura básica

Grosjean, S., & Bonneville, L. (Dir.) (2011). *Communication organisationnelle: Approches, processus et enjeux*. Montréal, Canada: Chenelière Édition.

Jablin, F. M., & Putnam, L. (2000). *The new handbook of organizational communication: Advances in theory, research, and methods*. Thousand Oaks, CA: Sage.

Kunsch, M. M. K. (Org.) (2009). *Comunicação organizacional: histórico, fundamentos e processos* (vol. 1 e 2). São Paulo: Saraiva.

Marchiori, M. R. (Org.) (2010). *Comunicação e organização: reflexões, processos e práticas*. São Caetano: Difusão.

Miller, K. (2011). *Organizational communication: Approaches and processes*. Boston, MA: Wadsworth.

Literatura Intermediária

Cooren, F., Taylor, J. R., & Van Every, E. J. (Eds.) (2006). Communication as organizing: Empirical explorations into the dynamic of text and conversation. Mahwah, NJ: Lawrence Erlbaum Associates.

Mumby, D. K., & Stohl, C. (1996). Disciplining organizational communication studies. *Management Communication Quarterly, 10*, 50-72.

Putnam, L., & Pacanowsky, M. E. (1983). *Communication and organizations, an interpretive approach.* Beverly Hills, CA: Sage.

Taylor, J. R., & Van Every, E. E. J. (2000). *The emergent organization: Communication as its site and surface.* Mahwah, NJ: Lawrence Erlbaum Associates.

Taylor, J. R., & Van, E. E. J. (2011). *The situated organization: Case studies in the pragmatics of communication research.* New York: Routledge.

Literatura Avançada

Bargiela-Chiappini, F., & Fishman, J. A. (2004). *Organizational discourse.* Berlin: Mouton de Gruyter.

Grant, D. (2004). *Sage handbook of organizational discourse.* London: Sage.

Mumby, D. K. (2013). *Organizational communication: A critical approach.* Thousand Oaks, CA: Sage.

Putnam, L., & Nicotera, A. M. (2009). *Building theories of organization: The constitutive role of communication.* New York: Routledge.

Condições de trabalho

Livia de Oliveira Borges
Jorge Tarcisio da Rocha Falcão
Antonio Alves Filho
Maria Teresa Pires Costa

Durante as últimas décadas do século XX – diante do desmoronamento da sociedade de bem-estar, das mudanças demográficas, do avanço do uso das tecnologias de informática e comunicação e da implantação de novos estilos de gestão, entre outros aspectos –, a economia capitalista não conseguiu manter o padrão de crescimento econômico, dos empregos e dos salários reais (Antunes, 1995; Castells, 1999; Castel, 1995/2008; Mattoso, 1995). Isso afetou a qualidade de vida das populações, refletindo nas condições de trabalho e vice-versa, em um movimento dialético. Essas consequências evidenciaram-se e demandaram a adoção de novos marcos regulatórios (Lipietz, 1991; Santos, 2009; Castel, 1995/2008). Ganharam importância indagações como: O que são condições de trabalho? O que trabalhadores querem dizer quando reivindicam melhores condições de trabalho? O que define que um emprego oferece boas condições de trabalho? Por consequência, no século XXI, o tema das condições de trabalho fortaleceu-se entre os interesses dos setores organizados da sociedade, impactando na forma de conceituá-las, identificá-las e classificá-las, como veremos ao longo deste verbete.

A evolução do conceito

As condições de trabalho têm ocupado a atenção de diversos estudiosos nas ciências humanas e sociais, estimulando pesquisas, reflexões e publicações desde o início da Revolução Industrial. Algumas publicações se tornaram clássicas, a exemplo das análises de Marx (1867/1975) sobre as condições de vida dos operários e de Engels (1845/1986) sobre as precárias condições de vida dos operários ingleses, ou, em uma visão diametralmente oposta, a descrição da fabricação de alfinetes por Smith (1776/1978) e da forma de tratamento ao ser humano apregoada por Taylor (1911/1990), um dos principais representantes da administração científica. Portanto, contribuições de outros ramos da ciência são antecedentes ao surgimento da psicologia e, em especial, da psicologia do trabalho e das organizações. Esse campo surgiu, entre outros aspectos, sob o estímulo de demandas do setor industrial, sob a influência da administração científica, solicitando respostas técnicas para escolher e adaptar o ser humano às condições da indústria (Martin-Baró, 1988). Por isso, inicialmente, focalizou mais os atributos pessoais do que os do próprio trabalho e/ou aqueles do seu entorno.

Marco histórico importante nos estudos sobre condições de trabalho foram as pesquisas de Elton Mayo, entre 1924 e 1932, acerca dos efeitos da iluminação no ambiente de trabalho sobre o desempenho dos trabalhadores. Tais pesquisas terminaram por evidenciar a importância de aspectos sociais e/ou interpessoais implicados na situação de trabalho (Schein, 1965/1982; Zanelli & Bastos, 2004). Tais contribuições, em última análise, despertaram a atenção para também adaptar as condições de trabalho ao ser humano, e, a partir desse marco, não faltaram considerações nas pesquisas por um ou outro aspecto das condições de trabalho. No entanto, não foram comuns no século XX formulações que abordassem a conceituação das condições de trabalho como um construto teórico e que, por consequência, pudessem estabelecer seus limites e identificar os diversos fenômenos abrangidos por ele. Segundo Ramos, Peiró e Ripoll (2002), o uso do termo "condições de trabalho" seguiu de forma inespecífica nas ciências humanas. Na psicologia, tem sido incluído para focalizar suas consequências. As condições de trabalho são tomadas como o pano de fundo das pesquisas, ou seus elementos como variáveis antecedentes ou independentes.

Mesmo sem contar com uma conceituação clara sobre o que sejam as condições de trabalho, encontram-se esforços no sentido de sintetizar o conhecimento acumulado sobre o assunto e de esboçar tipologias. São os casos de manuais de referência na área de psicologia do trabalho e das organizações. Um exemplo é a obra de Tiffin e McCormick (1942/1959), em que os autores caracterizaram as condições de trabalho como o contexto do cargo e explicitaram que as compreendem como equivalentes aos fatores higiênicos da teoria da motivação de Frederich Herzberg. Nessa teoria, são fatores higiênicos aqueles aspectos extrínsecos ao trabalho em si, tais como salário, instalações, relações interpessoais etc., (Herzberg, 1981). Tiffin e McCormick (1942/1959) esboçam, então, uma tipologia cujas categorias são: iluminação, condições atmosféricas, ruído, música, jornada de trabalho e sua organização.

Um segundo exemplo é o manual de Muchinsky (1994). Sua tipologia também abordou um conjunto de aspectos relacionados às condições de trabalho, como: estressores físicos; aspectos ergométrico, biomecânico e fisiológico; fadiga física, mental, laboral e das habilidades; acidentes de trabalho e sua relação com características pessoais do trabalhador; trabalho em turnos; alcoolismo e abuso de drogas, relacionados a outras áreas da vida do indivíduo. Sustentando-se nas pesquisas e publicações que revisou, Muchinsky apresentou uma visão mais sistêmica dos componentes das condições de trabalho, à medida que abordou alguns nexos (variâncias conjuntas) entre os diversos aspectos considerados. Entretanto, a ausência de uma atenção maior ao conceito de condições de trabalho conduziu o autor a incluir nas condições de trabalho aspectos que dizem respeito às reações do trabalhador (como fadiga, alcoolismo, entre outros). De qualquer forma, a publicação de Muchinsky (1994) contribuiu para a adoção de uma abordagem multidisciplinar do tema.

Na perspectiva psicodinâmica, a atenção às condições de trabalho acompanhou a evolução das pesquisas e das publicações. Ferreira e Mendes (2008), inspirados em tal abordagem, aplicaram o termo contexto de trabalho que, por sua vez, abarca três amplas categorias: condições de trabalho, relações socioprofissionais e organização do trabalho. Aproximam-se de Tiffin e McCormick (1942/1959), reduzindo as condições de trabalho ao entorno do cargo. Para Ferreira e Mendes, abrangem os aspectos infraestruturais (físicos, materiais, de instalações) e de disponibilidade de informações. Mas põem os aspectos interpessoais e a organização do trabalho em categorias próprias.

Na mesma época de elaboração da tipologia de Munchinsky, Pietro (1994) apresenta uma reflexão que rompe com o usual na psicologia e propõe compreender as condições de trabalho, abrangendo o conteúdo e o ambiente laboral, bem como os aspectos do emprego e do salário. Esse autor construiu contribuições teóricas gerais para o tema das condições de trabalho, das quais se destacam duas: (1) argumentar que uma concepção de condições de trabalho não pode ignorar aspectos relativos ao emprego, como a regulação do mercado de trabalho, as condições jurídicas de contratação, a estabilidade *versus* a instabilidade do emprego, a natureza dos postos de trabalho e os critérios de seleção adotados pelas empresas, entre outros; e (2) abordar as condições de trabalho no contexto das discussões sobre as condições de vida das pessoas.

Uma das tentativas de clarear conceitualmente o que são as condições de trabalho foi realizada por Ramos *et al.* (2002). Esses autores resgataram as contribuições de Pietro (1994), principalmente no que diz respeito a conceber condições de trabalho abrangendo o entorno e o conteúdo do trabalho, e argumentaram a favor dessa concepção, mostrando que órgãos como a Organização Internacional do Trabalho (OIT), Organização Mundial de Saúde (OMS), Instituto Nacional de Seguridad e Higiene en el Trabajo (INSHT) e o Direito do Trabalho na Espanha lidam com tal concepção.

Em contrapartida, o conceito de Prieto pode ser criticado por insuficiência para diferenciar as condições de trabalho de outros construtos. Ramos *et al.* (2002) esboçam um conceito mais detalhado, em que condições de trabalho consistem no conjunto dos aspectos circunstanciais em que se produzem as atividades de trabalho, considerando os fatores do entorno físico, as circunstâncias temporais e as condições em que os trabalhadores desempenham o trabalho.

Seguindo a mesma linha teórica, Blanch (2003) conceituou condições de trabalho como o conjunto de circunstâncias em que se desenvolvem as atividades laborais e que incidem significativamente na experiência laborativa e na dinâmica das relações de trabalho. Esses dois conceitos abrangem critérios úteis para diferenciar as condições de trabalho de outros construtos. Se compreendidos no contexto das contribuições de Prieto, permitem pensar as condições de trabalho como construções coletivas do homem, perpassadas pelas relações de poder societal e organizacional.

Recentes tipologias das condições de trabalho

Partindo da concepção mais abrangente das condições de trabalho comentada, os autores têm proposto tipologias. Um delas é de autoria de Ramos *et al.* (2002) e se organiza segundo seis amplas categorias: condições de emprego, condições ambientais (físicas, geográficas e arquitetônicas), condições de segurança, características da tarefa, processo de trabalho e condições sociais ou organizacionais. Essa tipologia agrega a dimensão sócio-organizacional de análise aos aspectos estudados anteriormente por Muchinsky (1994), enfatizando o papel do clima organizacional. Porém, esse conceito não abrange todos os aspectos simbólicos que condicionam o trabalho nas organizações, como a cultura organizacional, que deveria ser compreendida como uma dimensão importante das condições de trabalho.

Blanch (2003) e Alvaro e Garrido (2005) também esboçam tipologias, embora mais fragmentadas do que a anteriormente referida. A de Blanch apresenta a peculiaridade de detalhar mais os aspectos contratuais e jurídicos que na tipologia de Ramos *et al.* (2002), na qual estão incluídos na categoria de condições de emprego. Na tentativa de resumir as tipologias citadas, elaboraram-se as Tabelas 1 e 2.

Pesquisando, segundo o norte de tal síntese taxionômica, Borges *et al.* (2013) encontraram que os agrupamentos dos elementos das condições de trabalho em subcategorias (Tabela 2) podem ser diferentes por ocupações, que guardam, entre si, diferenças marcantes de perfis de escolaridade dos trabalhadores.

Tabela 1 As grandes categorias das condições de trabalho (taxionomia)

Categorias	Conceitos
1) Condições contratuais e jurídicas	Referem-se ao conjunto de aspectos jurídicos (autônomo *versus* emprego), contratuais, no caso do emprego (formal ou informal), de estabilidade do contrato (instável ou estável) e às modalidades de contrato formal (temporário, por tempo indefinido). Abrange ainda aspectos como o sistema de incentivo (retribuições) e as definições do tempo a ser dedicado ao trabalho.
2) Condições físicas e materiais	São os componentes mais concretos. Referem-se ao entorno das atividades de trabalho no que diz respeito às condições físicas, ao espaço arquitetônico e às instalações, às condições de segurança física e/ou material e às formas em que se lida com o impacto do espaço geográfico e condições climáticas sobre o trabalho.
3) Processos e características da atividade	Abrange os aspectos que dizem respeito ao conteúdo das atividades de trabalho, à organização e divisão do trabalho, às demandas do posto de trabalho, aos modos de execução das atividades e ao desempenho do trabalhador.
4) Condições do ambiente sociogerencial	Diz respeito aos aspectos relacionados às interações interpessoais (sejam horizontais ou verticais), às práticas sociais relativas à gerência ou gestão quando se trata do trabalho na forma de emprego (já que as condições de trabalho adquirem uma dimensão organizacional) e às práticas sociais decorrentes da inserção no mercado de trabalho (parcerias, redes de trabalho formais ou informais etc.).

Fonte: Elaboração das autoras.

Tabela 2 Síntese das taxionomias das condições de trabalho

	Categorias/subcategorias/conceitos	Elementos componentes, indicadores ou exemplos
Condições contratuais e jurídicas	**Regime jurídico** Diz respeito à diferenciação entre trabalho e emprego e às condições de contratação no caso do emprego (remete ao mercado de trabalho).	- Trabalho autônomo *versus* emprego - Emprego formal *versus* informal - Modalidade do contrato (indefinido, temporal, jornada completa, parcial etc.)
	Sistema de incentivo Refere-se à variedade e às formas em que são oferecidas contrapartidas socioeconômicas ao trabalho realizado.	- Salário - Salário de base fixa ou pago por comissão - Horas extraordinárias pagas - Assistências sociais e sanitárias (benefícios)
	Tempo Diz respeito à quantidade de horas dedicadas ao trabalho, à organização dessa quantidade de tempo e à estabilidade ou não de tal organização.	- Número de horas semanais (duração) - Tipo de jornada (regular, móveis, por plantão etc.) - Mudanças de horário - Turnos e horários de trabalho - Trabalhos aos sábados e domingos - Tempo de descanso e férias
Condições físicas e materiais	**Fatores físicos do trabalho** Abrangem os aspectos que caracterizam o ambiente físico em que o trabalho é desenvolvido, incluindo os aspectos relativos ao clima e/ou ao preparo do ambiente de trabalho para lidar com as adversidades climáticas. "[...] se referem principalmente a magnitudes como a temperatura, a umidade, nível de ruído, iluminação, ventilação e pureza do ar (substâncias nocivas, contaminantes, poeira, íons), existência de vibrações e, inclusive, as condições gerais de limpeza, higiene e ordem no lugar de trabalho[1]" (Ramos *et al.*, 2002, p. 43).	- Nível de ruído - Temperatura - Vibrações - Inalação de vapores - Manipulação de substâncias tóxicas - Radiações - Umidade - Iluminação - Qualidade do ar - Limpeza - Higiene
	Lugar do trabalho (espaço geográfico) Refere-se à "existência de suficiente espaço para poder desenvolver a atividade laboral, a distribuição desse espaço, sua configuração e as relações que se estabelecem entre o espaço e os trabalhadores (privacidade/intimidade, territorialidade, densidade/dispersão, condições de isolamento)[2]" (Ramos *et al.*, 2002, p. 43).	- Trabalho em casa *versus* espaço organizacional - Teletrabalho - Trabalho executado na rua - Trabalho realizado em espaço aberto - Estrutura e configuração do espaço laboral, privacidade, distribuição territorial etc.
	Desenho espacial-arquitetônico Abrange o espaço e os materiais e equipamentos necessários ao desempenho do trabalho (configuração, distribuição e desenho ergonômico do trabalho).	- Trabalho em computadores - Posturas prejudiciais - Cargas pesadas - Equipamentos, mobiliário, instrumentos - Relações do trabalho com esses aspectos (ergonomia)

continua

1 A tradução é nossa. O texto original está publicado em castelhano.

2 *Idem* à nota anterior.

continuação

	Categorias/conceitos	Subcategorias (elementos componentes ou exemplos)
	Condições de segurança Refere-se a quanto os aspectos anteriores (físico, espacial, instalações e espaço arquitetônico) representam ameaças à integridade físico-corporal dos trabalhadores, bem como às medidas e às práticas adotadas tendo em vista a prevenção de que as ameaças se concretizem e também a prevenção de suas consequências.	- Riscos das condições físicas do ambiente - Riscos gerados pelo uso de máquinas, ferramentas e equipamentos - Riscos oriundos no planejamento arquitetônico do espaço de trabalho - Dispositivos de prevenção - Vivência do acidente de trabalho e suas consequências - Doenças do trabalho
Processos e características da atividade	**Controle e autonomia** Diz respeito ao controle que o trabalhador dispõe sobre os modos de execução de suas atividades, bem como sobre o tempo, ritmo e demais condições de trabalho. É o espaço de autonomia que o trabalho dispõe.	- Possibilidade de eleger o ritmo de trabalho, os métodos e a ordem das tarefas - Possibilidade de descansar - Liberdade para eleger férias - Autonomia, responsabilidade, iniciativa, exigência, variedade, interesses, criatividade, controle, complexidade, entre outros, nas atividades que desenvolve - Inserção na hierarquia da organização e nível de autoridade (no caso de emprego)
	Ritmos de trabalho Refere-se ao modo em que se definem velocidade, cadência e sequência em que as atividades são executadas.	- Velocidade de execução das atividades de trabalho - Necessidade de cumprir prazos - Tempo disponível para cumprir tarefas e/ou responsabilidades assumidas
	Conteúdo do trabalho (características da atividade).	- Ajuste entre demandas e habilidades - Possibilidades de aprender atividades novas - Complexidade - Monotonia - Repetição - Necessidade de resolver problemas
	Processo Refere-se às formas de organização e distribuição das atividades e encargos do trabalho, aos métodos e técnicas de produção ou, em outras palavras, às demandas e ao planejamento do posto (cargo) de trabalho (refere-se ao desempenho profissional).	- Método e critério de organização do processo de trabalho - Divisão de atribuições e responsabilidades
	Papel social Abrange a previsão das funções sociais implicadas na realização ou execução das atividades.	- Clareza de papéis - Ambiguidade e conflito

continua

continuação

Condições do ambiente sociogerencial	**Igualdade de oportunidades** Diz respeito aos modos acessíveis ao trabalhador para lidar com as oportunidades existentes no mercado de trabalho e como suas atividades o projetam diante da sociedade.	- Objeto de discriminação (sexual, por idade, por nacionalidade, por incapacidades etc.) - *Status*, poder
	Informação e participação Refere-se ao acesso às informações e possibilidades de participar e influir nos processos decisórios referentes aos processos e demais condições de trabalho (incluindo as condições de contratação no caso do emprego).	- Informação sobre riscos - Possibilidade de discutir condições de trabalho
	Clima organizacional Refere-se às características das relações interpessoais do ambiente sociogerencial, sejam essas relações horizontais ou verticais.	- Coesão grupal, apoio mútuo, cooperação, empatia, cordialidade, harmonia etc. - Estilo de direção e de comunicação, competitividade, tendências ao conflito etc.
	Violência no local de trabalho Refere-se aos aspectos que expõem o trabalhador a situações de agressão (física, moral e psicossocial) e sofrer discriminações sociais e humilhações.	- Possibilidades de agressão física - Ameaças de agressão - Possibilidades de agressões e assédio morais - Promoção de discriminação - Riscos psicossociais (*burnout*, assédio moral ou sexual etc.)

Fonte: Elaboração das autoras.

Aplicações e desdobramentos

Como foi exposto, as evoluções conceitual e taxionômica das condições de trabalho não ocorreram separadas de uma maior atenção da sociedade ao tema, de modo que é possível identificar alguns desdobramentos e/ou aplicações práticas. Assim, no início do século XXI, tais desdobramentos concretizram-se em iniciativas como a implantação do Observatório das Condições de Trabalho (*survey* quinquenal) pela European Foundation for the Improvement of Living and Working Conditions[3] para toda a região da União Europeia. A existência de tal *survey* periódico torna seus questionários de amplo uso e implica a disponibilização, na internet, de volumoso material teórico e empírico sobre condições de trabalho.

A Organização Internacional do Trabalho (OIT, 2009) elaborou e disseminou o conceito de trabalho decente, o que tem repercutido em diversos países nas políticas públicas de trabalho e emprego, bem como nas ações governamentais de acompanhamento e fiscalização do trabalho. No meio acadêmico, já se sente o impacto de tais desdobramentos institucionais, inclusive nas publicações. Uma delas é o livro intitulado *La calidad*

[3] European Foundation for the Improvement of Living and Working Conditions — http://www.eurofound.ie

del empleo en España: una aproximación teórica y empírica (Pietro, 2009). Nele, a reflexão sobre as condições de trabalho é aspecto central para diferenciar o que se entende por trabalho decente. Tornaram-se mais frequentes pesquisas na área envolvendo o tema (como Mattos *et al.*, 2003; Barbosa & Borges, 2007; Lima Junior, Alchieri & Maia, 2009), a despeito de prevalecer uma abordagem de componentes isolados das condições de trabalho.

A existência de uma maior elaboração conceitual e taxionômica tem permitido maior sistematização das pesquisas, posto que fundamentou a elaboração de instrumentos com avaliações de validade e de consistência (Ferreira & Mendes, 2008; Borges *et al.*, 2013). Tal tendência certamente permitirá um melhor mapeamento das condições reais de trabalho nas diversas ocupações no país. No meio institucional, o conceito de trabalho decente já vem se tornando um norte para as negociações no campo das relações de trabalho.

No que se refere à atuação profissional, o conceito que abrange as condições de trabalho (entorno e conteúdo do trabalho) já foi incorporado institucionalmente. Por isso, é preciso cuidado, por exemplo, na emissão de laudos psicossociais para embasar o trâmite e julgamento de questões judiciais trabalhistas. A adoção de concepções divergentes entre profissionais e os representantes dos órgãos judiciais pode conduzir a decisões equivocadas.

Considerações finais

Com a exposição apresentada, conclui-se que a teorização mais sistemática na psicologia sobre condições de trabalho é recente. Permite também concluir que o conceito de condições de trabalho recobre uma diversidade importante de fenômenos, os quais podem ser sistemicamente organizados e contrastados por ocupações. Devido a tal fragmentação, é importante estabelecer critérios para a devida circunscrição do conceito de condições de trabalho. Tal conceito abarca as circunstâncias de realização do trabalho, fruto da ação do próprio ser humano, compartilhadas por segmentos de trabalhadores e atravessadas pelas relações de poder; nesse sentido, afetam a experiência de trabalho e a qualidade de vida das pessoas. É um conceito que perpassa vários campos do saber e é amplamente utilizado pelas instituições, tendendo a prevalecer a aplicação de sua concepção mais abrangente, que inclui o entorno e o conteúdo do trabalho.

Referências

Alvaro, J. L., & Garrido, A. (2005). Trabajo, ocupación y bienestar. In A. Garrido (Org.). *Sociopsicologia del trabajo*. Barcelona: Editorial UOC.

Antunes, R. (1995). *Adeus ao trabalho? Ensaio sobre as metamorfoses e centralidade do mundo do trabalho.* São Paulo: Cortez.

Barbosa, S. C., & Borges, L. O. (Orgs.) (2007). *Aspectos psicossociais do trabalho dos petroleiros. Dois estudos empíricos no Rio Grande do Norte.* Natal, RN: EDUFRN.

Blanch, J. M. (2003). Condiciones de trabajo. In J. M. Blanch, M. J. Espuny, C. Gala & A. Martín, *Teoría de las relaciones laborales. Fundamentos* (pp. 42-44). Barcelona: Editorial UOC.

Borges, L. O., Costa, M. T, Alves-Filho, A., Souza, A. L. R., Rocha-Falcão, J., Leite, C. P. R. L. A., & Barros, S. C. (2013). Questionário de condições de trabalho: reelaboração e estruturas fatoriais em grupos ocupacionais. *Avaliação Psicológica, 12*(2), 213-225.

Castel, R. (2008). *As metamorfoses da questão social: uma crônica do salário.* Petrópolis, RJ: Vozes. (Trabalho original publicado em 1995).

Castells, M. (1999). *A sociedade em rede. A era da informação: economia, sociedade e cultura* (v. 1) (Roneide Venancio Majer, Trad.). São Paulo: Paz e Terra.

Engels, F. (1986). *A situação da classe trabalhadora na Inglaterra.* São Paulo: Global. (Trabalho original publicado em 1845).

Ferreira, M. C., & Mendes A. M. (2008). Contexto de trabalho. In M. M. M. Siqueira (Org.). *Medidas do comportamento organizacional* (pp. 111-124). Porto Alegre: Artmed.

Herzberg, F. (1981). The motivation-higiene theory. In V. H. Vroom & E. L. Deci, *Management and motivation* (pp. 86-90). London: Penguin Books.

Lima Junior, J., Alchieri, J. C., & Maia, E. M. C. (2009). Avaliação das condições de trabalho em hospitais de Natal, Rio Grande do Norte, Brasil. *Revista da Escola de Enfermagem, 43*(3), 670--676.

Lipietz, A. (1991). *Audácia: uma alternativa para o século 21.* São Paulo: Nobel.

Martin-Baró, I. (1988). *Psicología política del trabajo en America Latina.* Conferência pronunciada no 1º Encontro Nacional de Psicologia do Trabalho, organizada pelo Conselho Federal de Psicologia em Porto Alegre.

Marx, K. (1975). *O capital* (J. Borchardt, ed.; R. A. Schmidt, trad.). Rio de Janeiro: Zahar. (Trabalho original publicado em 1867).

Mattos, U. A. O., Fortes, J. D. N., Shubo, A. M. R., Portela, L. F., Gómez, M. B. Tabalippa, M., & Shubo, T. (2003). Avaliação e diagnóstico das condições de trabalho em duas indústrias de baterias chumbo-ácidas no estado do Rio de Janeiro. *Ciências e Saúde Coletiva, 8*(4), 1047--1056.

Mattoso, J. (1995). *A desordem no trabalho.* São Paulo: Página Aberta.

Muchinsky, P. M. (1994). *Psicologia aplicada al trabajo: una introducción a la psicología industrial y organizacional* (O. Maiz & M. L. Lupardo, Trad.). Bilbao, Espanha: Editorial Desclée de Brouver.

Organização Internacional do Trabalho (OIT) (2009). *Perfil do trabalho decente no Brasil.* Brasília/ Genebra.

Pietro, C. (1994). *Trabajadores y condiciones de trabajo.* Madri: Ediciones HOAC.

Pietro, C. (2009). *La calidad del empleo en España: una aproximación teórica y empírica.* Madrid: Ministério de Trabajo e Inmigración.

Ramos, J., Peiró, J. M., & Ripoll, P. (2002). Condiciones de trabajo y clima organizacional. In J. M. Peiró & F. Prieto (Org.). *Tratado de psicología del trabajo: La actividad laboral en su contexto* (pp. 37-92). Madrid: Síntesis Psicología.

Santos, B. S. (2009). *A crítica da razão indolente. Contra o desperdício da experiência.* São Paulo: Cortez.

Schein, E. H. (1982). O campo da psicologia organizacional. In E. Schein. *Psicologia Organizacional* (pp. 3-7). Rio de Janeiro: Prentice Hall do Brasil. (Trabalho original publicado em 1965).

Smith, A. (1978). *A riqueza das nações.* Rio de Janeiro: Forense Universitária. (Trabalho original publicado em 1776).

Taylor, F. (1990). *Princípios da administração científica.* São Paulo. Atlas. (Trabalho original publicado em 1911).

Tiffin, J., & McCormick, E. J. (1959). *Psicologia industrial.* México: Editorial Diana. (Trabalho original publicado em 1942).

Zanelli, J. C., & Bastos, A. V. B. (2004). Inserção profissional do psicólogo em organizações e no trabalho. In J. C. Zanelli, J. E. Borges-Andrade & A. V. B. Bastos (Orgs.). *Psicologia, organizações e trabalho no Brasil* (pp. 466-491). Porto Alegre: Artmed.

Consultoria organizacional

Miria Ângela Coelho Reis

Consultoria refere-se ao ato de um especialista ser solicitado a dar um parecer, um conselho ou uma opinião, assim como desenvolver um estudo aprofundado e minucioso sobre determinado tema ou problema. Consiste no ato de dar apoio ou apresentar um parecer sobre assuntos técnicos da sua especialidade com a finalidade de auxiliar na solução de uma questão administrativa ou técnica em uma organização.

O termo consultoria vem do latim *consultare* e significa "receber o conselho de". Para Weinberg (1990), consultoria pode ser entendida como a arte de influenciar pessoas que pedem auxílio.

Ao longo da história da humanidade, é possível perceber, em diferentes momentos, a figura de pessoas que foram adotadas como guias espirituais ou técnicos que aconselhavam suas comunidades em todos os assuntos, desde relacionamentos até estratégias para a guerra. Em diferentes perspectivas, Jesus Cristo, Confúcio e Buda podem ser considerados consultores. Nas comunidades indígenas e africanas, percebe-se a figura do Xamã, que é consultado sobre a saúde física e psicológica. Dessa maneira, parece correto afirmar que o processo de consultoria remonta às origens das relações humanas.

De acordo com Jacintho (2004), na Antiga Grécia os sacerdotes do Oráculo de Delfos proviam consultorias tendo por base as observações sistemáticas dos fenômenos naturais, entendidas naquela época como predições de homens escolhidos pelos deuses e dotados de poderes especiais. Acredita-se que esse ambiente deu sustentação para o surgimento dos primeiros filósofos, para a busca do conhecimento e do entendimento racional do mundo e da humanidade por meio da ciência.

Somente no início do século XX, a partir do desenvolvimento da administração científica, a consultoria adquire a configuração que se conhece na contemporaneidade. Formas sistematizadas de orientar o processo decisório, resolver problemas ou introduzir inovações nas empresas foram propiciadas, aos acadêmicos e aos executivos bem-sucedidos, pela teoria administrativa (Pereira, 1999).

Nos Estados Unidos e na Europa Ocidental, a vinculação da consultoria organizacional à técnica e ao científico, associando a experiência com a fundamentação teórica, ganhou terreno nas décadas de 1940 e 1950. Entretanto, Pereira (1999) ressalta que foi a partir do movimento denominado desenvolvimento organizacional, em meados da década de 1960, sob a influência de um grupo de psicólogos sociais, que a consultoria de empresas ganhou destaque.

No Brasil a consultoria organizacional consolida sua posição e importância a partir da década de 1980 com a incorporação das técnicas japonesas nos modelos de gestão das empresas (5S, Reengenharia, Kaisen e Certificação ISO). Nesse novo contexto, os consultores passaram a figurar como os difusores desses novos conhecimentos e responsáveis pela implantação desses processos nas organizações. Com o advento da globalização e consequente velocidade no desenvolvimento tecnológico e nas mudanças, a atividade de consultoria torna-se cada vez mais necessária e promissora. Para se adaptar ao ambiente de incertezas e transformações, as organizações necessitam de grande número de informações e desenvolvimento de diferentes habilidades. Com essa valorização do conhecimento, decorrente da necessidade de sobreviver e obter sucesso, as empresas precisam localizar o conhecimento onde quer que ele esteja. Se houver êxito em tal tarefa, devem usar esse conhecimento de forma produtiva (Pereira, 1999).

Conceito de consultoria

O processo de consultoria organizacional pode ser compreendido como o ato de encontrar a melhor alternativa de ação em um ambiente de negócios turbulento e, por conseguinte, repleto de incertezas e riscos que representem problemas para os gestores.

A consultoria, portanto, pressupõe a disposição de análise, interpretação e ajuda ou apoio. Burgoyne (2002) afirma que o processo de consultoria é a construção de uma relação de ajuda. Divide ainda o processo de consultoria em três partes: a definição do problema, o desenvolvimento de possíveis soluções e a proposta para uma recomendação final.

Em perspectiva similar, Oliveira (2001, p. 21) define consultoria empresarial como "um processo interativo de um agente de mudança externo à empresa, o qual assume a responsabilidade de auxiliar os executivos e profissionais da referida empresa nas tomadas de decisão, não tendo, entretanto, o controle direto da situação". Entretanto, a autora adverte que mesmo não tendo o controle direto da situação, o consultor não deve se colocar no lugar de quem não tem responsabilidade pelos resultados do projeto que idealizou, estruturou e desenvolveu.

A consultoria, segundo Lins (1999, p. 29), "é vista como um dos meios que os empresários podem utilizar para obter a melhoria dos processos, a diminuição dos custos e as alternativas de otimização dos recursos materiais e humanos". Partindo-se dessa premissa, assume relevante importância a intencionalidade no processo relacional que a consultoria envolve. Assim, somente existe consultoria quando ela é solicitada e as pessoas desejam algum tipo de mudança. Reforçando tal ideia, Schein (1975) define a consultoria como um processo de aprendizagem mútua com base em um ciclo constante de pesquisa-ação entre consultor e cliente.

De maneira ampla e holística, Block (2001) define a consultoria como um ato de amor. O consultor deve ter o desejo genuíno de ser útil a outros. Para diminuir a carga das pessoas, deve usar o que sabe, ou sente, ou sofre. A partir dessa definição, faz-se necessário ao consultor não só o conhecimento técnico de especialista em determinado campo do saber, como também o desenvolvimento de habilidades interpessoais. Ao se conceber a consultoria não só como um serviço de orientação, direção, mas, sobretudo troca, o consultor deve apresentar competências úteis à empresa que, por sua vez, deve se mostrar aberta para que as contribuições possam gerar resultados positivos.

O processo da consultoria

A consultoria organizacional, considerada como a atividade profissional de análise, diagnóstico e formulação de soluções para uma empresa, pode se valer de várias abordagens ou modelos de atuação para a obtenção os resultados esperados.

De acordo com Pereira (1999), o processo de consultoria organizacional possui a mesma dimensão dos processos de mudança organizacional e pode ter como foco de intervenção:

- A *estratégia* – refere-se à delimitação do negócio da empresa, na escolha de seus objetivos e das formas como alcançá-los. Envolve o conhecimento profundo do produto, da tecnologia, do mercado, da concorrência e de todos os *inputs* necessários ao seu funcionamento.
- A *estrutura* – define as relações de poder, as normas e regulamentos, os mecanismos de coordenação e integração das tarefas e as diversas formas de especialização que agregam valor às competências individuais na empresa.
- A *cultura* – é a identidade organizacional e se manifesta por meio do conjunto de crenças e valores que determinam as práticas e a maneira de ser da empresa.
- O *modelo de gestão* – direciona a estratégia, a estrutura e a cultura a partir dos estilos de liderança, dos processos decisórios, das formas de comunicação e participação da empresa.
- O *produto* – pesquisa e desenvolvimento de novos produtos, bem como processos de inovação envolvendo análises de viabilidade do mercado, análise da concorrência e disponibilidades tecnológicas.
- Os *processos* – analisa os processos técnicos, psicossociais e decisórios que interferem no funcionamento da empresa identificando falhas e possibilidades de melhorias.

Schein (1975) define três modalidades básicas de consultoria em organizações: a da compra de serviços especializados, a do tipo médico-paciente e a consultoria de processo.

A consultoria do tipo "compra de serviços especializados" é a mais comum nas organizações e está associada à busca de uma habilidade considerada importante e necessária e não encontrada na organização. Nesse tipo de consultoria, encontram-se as auditorias, a engenharia consultiva, a consultoria em processos de fusão, aquisição, falências, concordatas, qualidade, em pesquisa de mercado, tecnologia de sistemas, entre outras. Esse modelo de consultoria é pontual e, na maioria das vezes, a organização diagnosticou corretamente o problema. Dessa forma, conhece a sua extensão e está disposta a investir na sua solução.

O segundo modelo de consultoria é o denominado "médico-paciente"; essa é a forma mais antiga e mais conhecida de consultoria em organização. Essa perspectiva parte do princípio de que o cliente não é capaz de identificar a natureza dos problemas que enfrenta e, portanto, precisa da ajuda de um especialista tanto para o mapeamento e diagnóstico quanto para a elaboração de alternativas e a implantação de soluções. Nesse sistema a consultoria tem a missão de integrar, resgatar sinergias e articular áreas e funções. O consultor assume o papel ativo enquanto o cliente adota o papel passivo. Pereira (1999) adverte que o uso de prescrições deve ser cauteloso, pois, sendo de cunho diretivo, corre-se o risco de tornar o cliente acomodado e pouco comprometido com a implementação da mudança.

O terceiro tipo de consultoria é a "consultoria de processo", que se concentra na observação dos processos interpessoais, na busca de indicadores de dificuldades expressas por esses processos e em estabelecer um diagnóstico. Parte do reconhecimento de que somente é possível a solução dos problemas organizacionais na medida em que a própria organização é capaz de estabelecer um processo de autodiagnóstico permanente. Esse modelo de consultoria concebe que a organização sabe como resolver os seus problemas, mas desconhece a utilização eficaz dos seus recursos. Assim, tanto o consultor quanto os gestores são facilitadores do processo de autodiagnóstico organizacional.

Pereira (1999) acrescenta um quarto tipo de consultoria denominado "consultoria de risco", em que o consultor aposta em uma melhoria financeira da empresa em curto prazo por meio da adoção de métodos radicais de mudança, sejam eles de cunho tecnológico ou comportamental. Geralmente, a adoção desse modelo está associada ao aumento da produtividade e o consultor faz jus a uma parcela dos resultados obtidos.

A consultoria organizacional não pode ser confundida com um processo terapêutico cujo tempo de duração é indefinido, mas toda consultoria organizacional é temporal. De acordo com Quintella (1994) e Pereira (1999), o projeto de consultoria organizacional se divide em três etapas: início, execução ou núcleo e finalização.

O *início* de um processo de consultoria envolve os primeiros contatos com o cliente, o pré-diagnóstico, a elaboração da proposta de trabalho, planejamento da ação, assinatura do contrato e apresentação da proposta e da equipe.

O *núcleo* do trabalho ou *execução* refere-se ao planejamento da mudança e à implementação das ações previstas no primeiro momento. Tal etapa contempla ainda o acompanhamento da implementação, promoção de ajustes na proposta e treinamentos.

A *finalização* do processo de consultoria culmina com o afastamento do consultor após a avaliação dos resultados alcançados, apresentação do relatório final e apresentação de planos de continuidade – acompanhamento sistemático dos resultados.

Cada uma dessas etapas envolve decisões críticas e diferentes tipos de intervenções, cujas consequências determinam o sucesso ou fracasso do processo de consultoria.

Pereira (1999) aponta que as intervenções em consultoria organizacional costumam focalizar:

- *Conceitos* – a partir do arcabouço teórico, o consultor ajuda o cliente a obter uma visão realista dos problemas e suas consequências.
- *Contradições* – evidenciar discrepâncias existentes nos processo ou nas atitudes das pessoas na organização.
- *Experimentação* – estabelecer comparações e testar alternativas antes de se tomar uma decisão.
- *Ampliação do contexto perceptivo* – visão situacional ou histórica da empresa ou do grupo.

Corroborando essa teoria, Argyris (1970) sugere que uma intervenção em consultoria organizacional para ser considerada correta, ética e bem-sucedida tem que atender a três requisitos:

- *Geração de informações válidas* – para que o cliente possa identificar e eliminar bloqueios que possam impedir a tomada de decisão.
- *Escolha livre e consciente* – manter a autonomia do cliente e a adequada separação do agente externo (consultor), assegurando que ele é o responsável pelas decisões. O consultor intervém no sentido de orientá-lo sobre a melhor forma de lidar com as informações, a fazer escolhas sensatas, mas não decide por ele. De acordo com o autor, em uma intervenção efetiva, nem o consultor, nem o cliente tentam manipular um ao outro, não dependem um do outro, mas são apenas parceiros na busca de um objetivo comum.
- *Engajamento interno* – condição essencial para o processo de aprendizagem e mudanças permanentes, estendidas para toda a organização.

As intervenções estão presentes em todas as etapas do processo de consultoria e podem ser simples ou complexas, mais abrangentes ou focalizadas, centrar no curto ou o longo prazo, focar no conteúdo ou no processo. Independentemente do enfoque que seja dado ao processo de consultoria, é preciso compreendê-lo como um processo colaborativo.

Em Quintella (1994), encontram-se as seguintes funções para a consultoria:

- Ajudar as pessoas a resolver problemas que as impeçam de atingir objetivos.
- Conseguir que as pessoas façam as coisas acontecer.

- Dar às pessoas novas perspectivas ou enfoques a seus problemas.
- Criar as condições para que ocorram mudanças.
- Auxiliar as pessoas a se ajudarem.

Neste contexto, a consultoria organizacional pode ser dividida em duas categorias: consultoria externa e consultoria interna.

A *consultoria externa* se configura pela presença de um profissional autônomo ou integrante de uma empresa especializada na prestação de serviços, que não pertence ao quadro funcional da empresa-cliente. Esse profissional presta os serviços especializados, que se configuram como temporários e sob uma demanda específica.

O consultor externo se mostra como uma alternativa interessante e vantajosa para a empresa que apresenta um problema complexo e não tem interesse em contratar profissionais próprios. Pereira (1999) aponta como uma das características da consultoria externa a transitoriedade, o que não onera definitivamente a folha de pagamento. E como vantagem na utilização do consultor externo está o fato de ele apresentar uma visão ampliada do contexto organizacional proporcionada pela convivência com diferentes contextos empresariais, o que lhe confere versatilidade, visão sistêmica e flexibilidade no trato com os problemas.

Rocha (2010) valida a perspectiva de Pereira (1999) e amplia as características distintivas da consultoria externa e que agregam valor ao cliente, destacando, além da visão externa:

- *Neutralidade* – por não fazer parte da estrutura da empresa, não participa também do equilíbrio do poder e das cadeias de lealdade.
- *Experiência* – o consultor já possui vivência na solução de problemas similares, o que facilita encontrar o "caminho das pedras", atuando sempre com o seu cliente.
- *Atenção concentrada* – o consultor, quando estiver com o cliente, não tem outras tarefas.
- *Alavancagem para a ação* – o consultor funciona como catalisador, dando um impulso extra para que as mudanças aconteçam.

Geralmente, quando o trabalho envolve o alto escalão da empresa, o consultor externo tende a ser mais bem aceito.

A *consultoria interna* se caracteriza por ser desempenhada por um profissional que faz parte do quadro funcional da empresa. Em geral, tal colaborador ocupa um cargo de nível médio ou gerencial e possui um perfil generalista de sua área de atuação.

A implantação da consultoria interna possui como um de seus principais objetivos a descentralização das informações da organização, facilitando o trâmite da comunicação e a aproximação com o cliente interno, o que permite melhor conhecimento de suas necessidades e o seu atendimento.

De acordo com Pereira (1999), a consultoria interna tem ampliado o seu vulto nas organizações contemporâneas por dois motivos:

- A noção de cliente-fornecedor desenvolvida pelos programas de qualidade total que introduziu uma visão processualística no relacionamento das atividades-fim com os órgãos-meio.
- A conscientização do papel gerencial como administrador de recursos transformou os departamentos de recursos humanos, *marketing*, planejamento, informática, de comunicação social, entre outros, em órgãos de consultoria interna, o que os tornam depositários de conhecimentos específicos e instrumentação técnica.

A autora aponta como vantagens da consultoria interna o fato de o consultor interno ter maior conhecimento das nuances e detalhes da empresa e dos indivíduos ou grupos que nela trabalham, o que facilita o acesso às fontes de informações. O fato de estar diariamente na empresa pode assegurar a continuidade, o acompanhamento e a avaliação dos esforços de mudança. Entretanto, destaca como desvantagem a dificuldade de se manter a imparcialidade e a confidencialidade de dados. Ademais, a atuação em uma única ou em poucas empresas é o fator mais limitador do consultor interno.

A escolha do tipo de consultoria deve levar em consideração as vantagens e desvantagens que cada categoria apresenta e a natureza das situações-problema.

O consultor

O consultor, seja ele interno ou externo, é um facilitador para a obtenção dos resultados organizacionais. É o profissional que se guia pela estratégia e contribui para o alcance da missão organizacional.

Oliveira (2001, p. 145) define o consultor empresarial como "o agente de mudanças externo à empresa-cliente que assume a responsabilidade de auxiliar seus executivos e profissionais no processo decisório, não tendo, entretanto, o controle direto da situação". Ratificando tal posição, Block (2001) ressalta que o consultor está em posição de exercer influência sobre um indivíduo, um grupo ou uma organização, mas não tem poder para produzir mudanças, e o gerente é alguém que tem o controle direto sobre a ação.

Neste sentido, a principal tarefa do consultor é ajudar o administrador a tornar-se um diagnosticador, de modo que ele atue no sentido de apoiar o cliente para que tome suas decisões e aja por conta própria (Schein, 1975). O consultor deve atuar de forma a gerar autonomia no seu cliente. Para tanto, a consultoria é um processo que deve ser construído de forma conjunta entre o consultor e o cliente e ter como finalidade a resolução do problema da empresa e a capacitação do cliente para que garanta a continuidade dos processos. Para que o cliente se torne autônomo, ele precisa passar por um processo de aprendizagem durante a consultoria. Contudo, Moura (2005) adverte que tal aprendizado não pode se efetivar por meio da abordagem instrucionista, a qual vê o consultor como o depositante do conhecimento e os indivíduos da organização como os depositários, mas deve acontecer pela construção de significados que deem sentido às suas experiências. Neste contexto, a postura da alta administração pode se apresentar como uma força propulsora ou restritiva desse processo.

Para cumprir tal papel com maestria, Pereira (1999) destaca que o consultor precisa desenvolver um conjunto de habilidades, conhecimentos e posturas. Ressalta que tão ou mais importante que dominar os conhecimentos e saber utilizar os instrumentos e tecnologias da sua área de atuação, esse profissional tem que desenvolver um conjunto de atributos pessoais que garantam o sucesso. Essas habilidades incluem: equilíbrio emocional; flexibilidade mental; disponibilidade para mudar; independência de julgamento; capacidade de abstração; fluência verbal; tolerância à ambiguidade; coerência entre o discurso e a ação; capacidade de organizar a própria atuação; postura de aprendizagem.

O desenvolvimento dessas competências se faz importante pelo fato de o consultor precisar trabalhar em equipe e ser um facilitador de processos de mudança. Ao multiplicar os seus talentos por intermédio de parcerias com outros profissionais, aumenta suas chances de atender com qualidade e corresponder às expectativas do seu cliente.

Referências

Argyris, C. (1970). *Intervention, theory and method.* Nova York: Addison-Wesley.

Block, P. (2001). *Consultoria: o desafio da liberdade.* São Paulo: Makron Books.

Burgoyne, E. (2002). *Head Start Information and Publication Center.* Recuperado em: 25 agosto, 2012, de http://center.serve.org/tt/TranBrochure.pdf.

Jacintho, P. R .B. (2004). *Consultoria empresarial: procedimentos para aplicação em micro e pequenas empresas.* 139 p. Dissertação de mestrado em engenharia da produção, programa de pós-graduação em engenharia de produção da Universidade Federal de Santa Catarina, Florianópolis.

Lins, N. V. M. (1999). *Consultoria: um novo enfoque em aplicações de jogos de empresas.* 94 p. Dissertação de mestrado em engenharia de produção, programa de pós-graduação em engenharia de produção da Universidade Federal de Santa Catarina, Florianópolis.

Moura, G. L. (2005). *Relações de conhecimento consultor organizacional – cliente à luz da biologia do conhecer: uma reinterpretação para desfazer mal-entendidos correntes.* 132 p. Dissertação de mestrado em administração, departamento de ciências administrativas, Universidade Federal de Pernambuco, Recife, PE, Brasil.

Oliveira, D. P. R. (2001). *Manual de consultoria empresarial: conceitos, metodologia e práticas.* São Paulo: Atlas.

Pereira, M. J. L. B. (1999). *Na cova dos leões: o consultor como facilitador do processo decisório empresarial.* São Paulo: Makron Books.

Quintella, H. M. (1994). *Manual de psicologia organizacional da consultoria vencedora.* São Paulo: Makron Books.

Rocha, E. (2010). *O que é consultoria organizacional?* Recuperado em 25 agosto, 2012, de http://vitoralbertoklein.wordpress.com/2010/02/20/o-que-e-consultoria-organizacional.

Schein, E. H. (1975). *Consultoria de procedimentos: seu papel no desenvolvimento organizacional.* São Paulo: Blucher.

Weinberg, G. M. (1990). *Consultoria: o segredo do sucesso* (B. T. Lambert, Trad.). São Paulo: McGraw Hill.

Contrato psicológico de trabalho

Sônia Maria Guedes Gondim
Mino Correia Rios

A palavra contrato se refere a um conjunto de compromissos assumidos voluntariamente entre no mínimo duas pessoas, e que estabelece os deveres e os direitos das partes envolvidas. Os contratos psicológicos, por sua vez, referem-se a um tipo de acordo mútuo que envolve aspectos subjetivos e intangíveis, orientando as ações futuras de empregadores e empregados no contexto das organizações de trabalho. O contrato psicológico se baseia na teoria das trocas sociais. Sua principal importância para a gestão de pessoas reside no fato de permitir antever tanto o engajamento positivo do trabalhador quanto o seu desengajamento e suas intenções de rompimento de vínculo com a organização (Barnard, 1938; Blau, 1964; Gouldner, 1960).

As trocas sociais entre empregado e empregador estão embasadas em regras de reciprocidade de dois tipos: as homomórficas, em que o conteúdo e as circunstâncias das trocas são idênticos (ex.: troca de favores do mesmo tipo) e as heteromórficas, em que recursos são distintos, mas percebidos como de igual valor. O desequilíbrio das trocas sociais se relaciona com a percepção de quebra ou de violação de contrato psicológico da outra parte, fazendo emergir sentimentos de traição, ressentimento e frustração que repercutem negativamente no desempenho de papéis, na satisfação, no comportamento de cidadania organizacional, no comportamento contraprodutivo e no comprometimento do trabalhador (Bernhard-Oettel, De Cuyper, Schreurs & De Witte, 2011; Hao, Wayne, Glibkowski & Bravo, 2007).

Etmologia e origem histórica

A palavra contrato deriva do latim *contractus*, e tem o sentido de ajuste, pacto ou convenção entre duas partes para criar direitos e obrigações. O substantivo contrato designa o documento ou qualquer outra evidência concreta de um acordo entre duas partes. No contexto do direito do trabalho, o contrato visa não apenas a dar continuidade à relação entre empregado e empregador, mas também a proteger o empregado do poder do empregador, assegurando os seus direitos.

Os contratos psicológicos são considerados originalmente uma extensão das teorias de contratos sociais surgidas nos séculos XVII e XVIII, que afirmam ser a forma de organização social resultado de um acordo voluntário de indivíduos, que estabelecem regras e normas de funcionamento em sociedade. O contrato social com base na noção de direito natural foi transposto para outros níveis de análise social, como aquele que estabelece um acordo sobre direitos e deveres recíprocos do estado e dos cidadãos. Os cidadãos se comprometem a pagar impostos e a obedecer às leis, em troca de garantias de saúde, segurança e possibilidades de crescimento. A teoria do equilíbrio de Barnard (1938) também é outra raiz histórica do conceito. Para essa teoria, o empregador oferece uma contrapartida indutora (ex.: pagamento, desenvolvimento de carreira) como retribuição à contribuição do empregado (Roehling, 1997). Experiências prévias, disposições individuais e influências organizacionais têm um papel importante no desenho do contrato psicológico.

O conceito de contrato psicológico de trabalho surge formalmente na década de 1960 a partir das publicações de Argyris (1960) e Levinson, Price, Munden, Mandl e Sooley (1962) sobre as relações do empregado com a organização e as interações líder-membro. Os estudos de Argyris, mais focados nos aspectos tangíveis, sugeriram que os estilos de liderança talvez fossem geridos por contratos psicólogos não previstos nos contratos formais de trabalho, sendo capazes de promover a cooperação entre líderes e liderados com base no respeito às normas culturais informais que regem as relações entre trabalhadores.

Levinson *et al.* (1962), inspirados na publicação de Menninger (1958) sobre o contrato entre o terapeuta e seu cliente, incluíram a dimensão dinâmica e intangível no conceito de contratos psicológicos, ao afirmarem que as expectativas de reciprocidade antecedem a entrada do trabalhador na organização e sofrem mudanças ao longo de sua permanência pela reavaliação contínua das trocas estabelecidas. A base dos contratos psicológicos estaria nas necessidades de cada ator. Afirmaram também que os contratos psicológicos (efeito antecipado da satisfação das expectativas) regeriam as relações em outros níveis da organização, como entre os membros de uma equipe ou setor de trabalho. Schein (1965) traz avanços ao afirmar que a cultura organizacional (compartilhamento de valores e princípios), as estruturas de poder e o estilo de gestão exercem influência no contrato psicológico. Kotter (1973) introduz a dimensão de harmonia (ou correspondência) no contrato psicológico entre empregador e empregado, em que há convergência e compartilhamento entre as expectativas que cada um tem acerca de si e do outro na relação de trabalho, respeitando as diferenças culturais.

A publicação do artigo "Psychological and implied contracts in organizations", de Rousseau, em um jornal sobre responsabilidades e direitos dos funcionários, em 1989, inaugura uma nova fase na discussão do conceito de contratos psicológicos. Seus futuros trabalhos se tornaram uma referência para diversos pesquisadores, dada a sua importância para um reposicionamento do conceito de contratos psicológicos na literatura especializada. O primeiro aspecto desse reposicionamento se refere ao fato de Rousseau colocar ênfase não no conceito de expectativas baseada em necessidades (Levison *et al.*, 1962), mas no de promessas, ou seja, obrigações mútuas de empregados e empregadores.

O segundo aspecto se refere à diferenciação que a autora fez entre contrato psicológico no nível do indivíduo (expectativas do empregado em relação à organização e as promessas que faz à organização) e o contrato no nível da relação (obrigações mútuas decorrentes de promessas, que passam a reger a relação entre os dois atores). No primeiro caso, o contrato é analisado apenas na subjetividade do empregado, em que se levam em conta os seus modelos e esquemas mentais individuais. No segundo caso, o contrato envolve uma relação entre os dois atores. Por essa diferenciação, Rosseau é reconhecida como a autora que recupera, de fato, a natureza psicológica e subjetiva do contrato psicológico no nível do indivíduo.

Para Rousseau, os contratos, mais do que simples expectativas, envolvem um compromisso moral de deveres e direitos mútuos. Contratos psicológicos constituem um conjunto de obrigações e concessões recíprocas entre empregados e empregadores, e que, embora não formalizados, orientam as ações futuras do empregado para com a organização. Sob essa ótica, os contratos passam a ser abordados de uma perspectiva cognitiva, em que a noção de esquemas é fundamental para a sua compreensão (Rousseau, 2001). Esquema pode ser definido como uma estrutura cognitiva (relativamente estável) que controla a atenção e a subsequente reconstrução da memória. Sua função é organizar o conhecimento sobre uma pessoa ou situação, assim como as regras que influenciam o processamento da informação e orientam as ações. No caso de contratos psicológicos de trabalho, os indivíduos constroem expectativas acerca das regras de reciprocidade que devem gerir as relações de empregadores e empregados, e esses esquemas mentais (de certo modo rígidos e resistentes à mudança) orientam as percepções dos empregados acerca das obrigações e promessas nas relações de emprego.

A teoria de contratos psicológicos na atualidade

As pesquisas de contratos psicológicos estão distribuídas em dois grupos: 1) avaliação de contratos e seus efeitos sobre o comportamento individual; e 2) conteúdos e propriedades do contrato. O foco dos estudos sobre avaliação de contratos é nas consequências de percepção de quebra e violação de contratos. A percepção de quebra (ou ruptura) de contrato (reconhecimento de que uma ou mais obrigações não foram atendidas) contribui para a emergência de afetos negativos, estando correlacionada, portanto, à percepção de violação de contratos psicológicos (Morrison & Robinson, 1997). Estudos sobre as propriedades e conteúdos de contrato preocupam-se com as mudanças que ocorrem nos contratos em condições de mudança organizacional, as relações do contrato com personalidade, comprometimento organizacional, bem-estar, regulação emocional e atitudes no trabalho.

Os estudos sobre conteúdo de contratos psicológicos preocupam-se com os elementos que constituem as promessas que os trabalhadores fazem ao empregador esperando algo em troca. A despeito de encontrarem-se linhas alternativas da concepção de contratos psicológicos, o modelo concebido por Rousseau é referência internacional e nacional. No texto de 1995, base de toda a sua produção posterior, a autora enfatiza três componentes de contratos: *mutualidade*, por serem dois atores que estabelecem um acordo sobre as obrigações recíprocas; *esquemas*, por envolverem modelos que permitem às pessoas organizarem e interpretarem a realidade ao seu redor; e *promessas*, por serem os contratos psicológicos norteadores da ação e orientados para o futuro.

Baseada na literatura jurídica e especificamente nos escritos de MacNeil (1985), Rousseau tomou emprestados os dois tipos mais conhecidos na literatura de contratos: os contratos transacionais e os contratos relacionais. Os contratos transacionais fazem alusão a um tipo de relação instrumental ou econômica, em que o trabalhador faz apenas o que é pago para fazer, não querendo investir muitos recursos pessoais na organização, tampouco criando muitas expectativas em relação a ela. Os contratos relacionais, ao contrário, fazem referência a um tipo de interação social, em que o trabalhador investe seus principais recursos (cognitivos, motivacionais, atitudinais etc.) para atender aos objetivos de chefes e dirigentes da organização, esperando que haja uma contrapartida definida pelos seus deveres para com ele. Um exemplo de contrato transacional seria a crença de que altos salários constituem obrigações do empregador para com o empregado de excelente desempenho (ênfase nas trocas econômicas), ao passo que o tipo de contrato de base relacional seria a crença de que a segurança no emprego é obrigação do empregador para com o empregado leal e comprometido (ênfase nas trocas sociais).

Pesquisas recentes sugerem que os contratos psicológicos podem ser formados por uma infinidade de combinações de elementos transacionais e relacionais, o que, inclusive, contribui para o surgimento de novas tipologias de contratos psicológicos (Sels, Janssens & Van den Brande, 2004; Rios & Gondim, no prelo). O inventário de contrato psicológico de Rosseau (2001) incluiu dois novos tipos de conteúdos, além do transacional e o relacional: o equilibrado (ou híbrido) e o transicional. O equilibrado propõe a coexistência de longa duração de permanência (relacional) e termos bem estabelecidos (transacional). Aproxima-se, portanto, de um lado, do relacional, por sua tendência de manter a relação contínua, incluindo aspectos socioemocionais e, de outro, do transacional, pela valorização dos incentivos econômicos. O transicional é caracterizado pela não especificação do tempo de permanência ou termos estabelecidos e pela instabilidade no ambiente organizacional e nas condições de trabalho.

Apesar de os estudos iniciais sobre o contrato psicológico estarem apoiados em métodos qualitativos, a abordagem quantitativa cresceu em importância na literatura internacional, sendo marcada por pesquisas tipo *survey* e pela criação de escalas. Os estudos têm trazido evidências empíricas da universalidade do contrato psicológico, apesar de algumas diferenças culturais no que tange às suas propriedades e características. A crítica é que contratos psicológicos são construtos complexos, haja vista seu caráter dinâmico e a influência de múltiplas variáveis, como o contexto organizacional (tamanho, estrutura, nível de mudança etc.), as características de personalidade e o estágio na carreira do trabalhador, que tornam recomendáveis a realização de estudos longitudinais e a conciliação de abordagens quantitativas e qualitativas.

Estudos de contratos psicológicos no Brasil

Na comparação com a literatura internacional, a produção nacional ainda é bastante incipiente. Alguns periódicos internacionais concentram boa parte da produção científica de contratos psicológicos, dentre os quais se destacam o *The International Journal of Human Resource Management*, *Journal of Managerial Psychology*, *Journal of Applied Psychology*, *Personnel Review* e o *Journal of Vocational Behavior*.

No Brasil, os primeiros textos de contratos psicológicos foram traduções de livros e manuais estrangeiros. Uma das primeiras traduções foi a do livro *Psicologia organizacional*, de Schein, em 1965. Em anos mais recentes, particularmente a partir do final da década de 1990, esse quadro se altera, embora fortemente centrado na publicação de trabalhos de conclusão de curso de abordagem qualitativa. Quatro eixos de estudos de contratos psicológicos são encontrados. No primeiro eixo, encontram-se os trabalhos que investigam os contratos psicológicos em associação a outros construtos, como satisfação e comprometimento. O segundo eixo inclui os trabalhos focados no processo de formação dos contratos psicológicos, em que a identificação do trabalhador com a empresa ocupa um papel central. No terceiro eixo, os contratos psicológicos são associados a indicadores organizacionais, sobretudo o desempenho e a intenção de rotatividade. O quarto eixo inclui trabalhos em que os contratos psicológicos de diferentes grupos são comparados, tais como os de terceirizados e não terceirizados e trabalhadores de diferentes níveis hierárquicos. Finalmente, no quinto e último eixo, estão os trabalhos que discutem a articulação dos contratos psicológicos com processos organizacionais, em que se destacam os estudos sobre os impactos dos processos de *downsizing*, processos sucessórios e gestão de pequenas empresas (Rios & Gondim, 2010).

Os trabalhos qualitativos inicialmente estiveram focados na percepção de quebra (reconhecimento da incongruência entre o que foi dado e o que foi prometido) e violação (experiência emocional negativa) de contratos psicológicos, ou seja, a preocupação era com as consequências da percepção de injustiça e desequilíbrio no contrato psicológico. Os estudos quantitativos, mais recentes, seguem a mesma tendência, procurando também comparar grupos de trabalhadores, construir medidas e analisar os impactos dos contratos psicológicos para o comportamento do trabalhador e os resultados da organização. Cabe ainda ressaltar que a produção científica de contratos psicológicos está fortemente associada ao crescimento dos programas de pós-graduação *stricto sensu*, especificamente na administração, na qual a temática é mais investigada que na psicologia.

Questões críticas da literatura de contratos psicológicos

A primeira questão se refere à dificuldade de demarcação conceitual (Guest, 1998). Contratos psicológicos são definidos como expectativas, obrigações e promessas. Expectativas, no entanto, referem-se a um comportamento futuro esperado da outra parte. Promessas se referem à crença de que a outra parte deu sinais de que irá se comportar de uma determinada forma no futuro. As expectativas se referem, portanto, a comportamentos gerais da outra parte (permitindo maior flexibilidade de negociação), enquanto as promessas estão atreladas a comportamentos específicos da outra parte (levando a uma menor flexibilidade de negociação). A expectativa de ter uma promoção em algum momento futuro como recompensa de um bom desempenho, por exemplo, distingue-se da promessa verbal ou inferida a partir das políticas da empresa de que haverá promoção com base nos resultados positivos da avaliação de desempenho anual (nesse caso, a promessa verbal gera maior inflexibilidade).

A segunda questão, ainda não tão bem discutida na literatura de contratos psicológicos, é a do ator que representa a outra parte, ou seja, o empregador. Nos instrumentos de contratos psicológicos, o ator-empregador aparece com múltiplas faces (gerente imediato, gerentes de nível médio ou de primeira linha, colegas de trabalho etc.). Além disso, as medidas disponíveis para mensuração dos contratos psicológicos capturam somente a perspectiva do empregado, pois é ele quem responde aos instrumentos. Ou seja, o empregado responde ao instrumento de medidas de contrato psicológico em termos das obrigações/promessas de comportamento e atitudes pessoais para com o empregador, e também das obrigações/promessas de comportamentos e atitudes do empregador para com ele.

A terceira questão é relativa a aspectos metodológicos. A recente revisão de Conway & Briner (2005) sugere que a tradição de métodos qualitativos para explorar contratos psicológicos foi deixada de lado, a favor da construção de escalas e de uso de *surveys*. Somente 10% dos estudos em 2005 faziam uso de métodos qualitativos, limitando a análise da complexidade do fenômeno não facilmente capturado por pesquisas tipo *survey*. Embora estudos longitudinais e de abordagens multimétodos possam oferecer mais possibilidades de compreensão da dinamicidade e complexidade do fenômeno investigado, não há uma tendência clara nessa direção, e as lacunas seguem sem preenchimento.

Uma última questão a ser considerada aqui é a relação entre contratos psicológicos e outros conceitos correlatos de estudos de comportamento organizacional, como a percepção de suporte organizacional e a teoria das trocas líder-subordinado. A literatura aponta haver correlação entre eles, em parte por estarem apoiados na teoria das trocas sociais e na noção de reciprocidade. O suporte organizacional diz respeito ao quanto a organização valoriza as contribuições do empregado e cuida de seu bem-estar. Se o empregado percebe a organização como provedora de suporte, oferecerá em troca sua ajuda para o alcance dos objetivos organizacionais. A teoria das trocas líder-subordinado avalia a qualidade das trocas entre esses dois atores, que pode levar a tipos de relações mais transacionais ou relacionais. Se o subordinado percebe qualidade nessa relação, oferecerá em troca contribuições que vão além das prescritas no exercício de papel.

Mais recentemente tem sido sinalizado que a qualidade do relacionamento que um indivíduo tem com a organização (percepção de suporte organizacional e da troca líder-membro) influencia a percepção de quebra de contrato psicológico e modera como os indivíduos respondem a ela. Ou seja, a qualidade do relacionamento influencia não só a forma como um indivíduo interpreta um evento que ocorre no relacionamento, mas também como ele reage a esse evento. Admitir essas relações entre conceitos correlatos investigados no comportamento organizacional permitirá galgar avanços no estudo dos contratos psicológicos em termos de seus antecedentes e consequentes, além de testar seu poder de mediação e de moderação.

Referências

Argyris, C. (1960). *Understanding organizational behavior.* Homewood, IL: Dorsey Press.

Barnard, C. I. (1938). *The functions of the executive.* Cambridge, MA: Harvard.

Bernhard-Oettel, C., De Cuyper, N., Schreurs, B., & De Witte, H. (2011). Linking job insecurity to well-being and organizational attitudes in Belgian workers: The role of security expectations and fairness. *The International Journal of Human Resource Management, 22*(9), 1866--1886.

Blau, P. (1964). *Exchange and power in social life.* New York: Wiley.

Conway, N., & Briner, R. B. (2005). *Understanding psychological contracts at work: A critical evaluation of theory and research.* New York: Oxford University Press.

Coyle-Shapiro, J. A.-M., & Parzefall, M. (2008). *Psychological contracts.* In C. L. Cooper & J. Barling (Eds.). *The SAGE handbook of organizational behavior* (pp. 17-34). London: Sage.

Gouldner, A. W. (1960). The norm of reciprocity. *American Sociological Review, 25*, 161-178.

Guest, D. (1998). Is the psychological contract worth taking seriously? *Journal of Organizational Behavior, 19*, 649-664.

Hao, Z., Wayne, S. J., Glibkowski, B. C., & Bravo, J. (2007). The impact of psychological contract breach on work-related outcomes: a meta-analysis. *Personnel Psychology, 60*, 647-680.

Kotter, J. P. (1973). The psychology contract: Managing the joining up process. *California Management Review, 15*, 91-99.

Levinson, H., Price, C. R., Munden, K. J., Mandl, H. J., & Solley, C. M. (1962). *Men, management and mental health.* Boston, MA: Harvard University Press.

MacNeil, J. R. (1985). Relational contract: What we do and do not know. *Wisconsin Law Review*, 483-525

Menninger, K. (1958). *Theory of psychoanalytical technique* (2nd ed.). New York: Basic Books.

Morrison, E. W., & Robinson, S. L. (1997). When employees feel betrayed: A model of how psychological contract violation develops. *Academy of Management Review, 22*, 226-256.

O'Neill, B. S., & Adya, M. (2007). Knowledge sharing and the psychological contract: Managing knowledge workers across different stages of employment. *Journal of Managerial Psychology, 22*(4), 411-436.

Rios, M. C., & Gondim, S. M. G. (2010). Contrato psicológico de trabalho e a produção acadêmica no Brasil. *Revista Psicologia: Organizações e Trabalho*, *10*(1), 23-36.

Rios, M. C., & Gondim, S. M. G. (no prelo). Medida de contrato psicológico. In K. Puente--Palacios & A. Peixoto (Orgs.). *Medidas em Psicologia do Trabalho e das Organizações.* Rousseau, D. M. (1989). Psychological and implied contracts in organizations. *Employee Responsibilities and Rights Journal*, *2*, 121-139.

Roehling, M. V. (1997). The origins and early development of the psychological contract construct. *Journal of Management History*, *3*(2), 204-217.

Rousseau, D. M. (1995). *Psychological contracts in organizations: understanding written and unwritten agreements.* Thousand Oaks, CA: Sage.

Rousseau, D. M. (2001). Schema, promise and mutuality: The building blocks of the psychological contract. *Journal of Occupational and Organizational Psychology*, *74*(4), 511-531.

Schein, E. H. (1965). *Organizational psychology*. Englewood Cliffs, NJ: Prentice-Hall.

Sels, L., Janssens, M., & Van den Brande, I. (2004). Assessing the nature of psychological contracts: a validation of six dimensions. *Journal of Organizational Behavior*, *25*(4), 461-488.

Criatividade no trabalho

Andrea Vieira Zanella

Criatividade é palavra recorrente em variados contextos e condições, sejam situações cotidianas, debates acadêmicos, contextos laborais, atividades de lazer, práticas educativas, e o universo da arte, que, aliás, provavelmente é onde a criatividade ecoa com maior intensidade, desde a instituição desse campo e delimitação arbitrária de suas fronteiras em relação à ciência, à filosofia, ao senso comum e à própria vida.

A relação de certo modo amalgamada entre criatividade e arte decorre das próprias expectativas em relação à produção no campo artístico, que precisa se caracterizar pela dimensão de algo novo a perturbar sensibilidades enrijecidas, a provocar outros olhares para o supostamente conhecido e criar aberturas para os impensados. E quem seria o artífice desse novo? O artista, considerado nos períodos ditos clássicos das artes e cujos ecos são audíveis ainda hoje, como ser privilegiado em relação aos comuns, um gênio dotado de potencialidade para retirar o excesso de um bloco de mármore para dar vida a Moisés, como o fez Michelangelo.

Nesta breve introdução já se esboçam algumas das questões a serem problematizadas ao se falar sobre o verbete *Criatividade no trabalho*, ou da relação entre criatividade e trabalho, ou ainda das relações entre criar e trabalhar. Mas não é a mesma coisa? Por que o ou? Em uma leitura rápida pode parecer que se trata de um mesmo conceito, mas é importante atentar para diferenças que geralmente passam despercebidas e, quando explicitadas, abrem possibilidades de inteligibilidade e afecção várias, fundamentais ao próprio processo de reinvenção dos fazeres e das ferramentas conceituais que os sustentam.

Sobre criatividade e atividade criadora

Criatividade é substantivo abstrato, uma palavra que designa ações verbais, qualidades ou sentimentos. Designar, por sua vez, é indicar, assinalar. E o que a palavra criatividade designa? Para responder a essa pergunta, recorremos ao dicionário Michaelis que nos apresenta como definição de criatividade a "qualidade ou estado de ser criativo", a "capacidade de criar". E a quem se atribuem essas qualidades e capacidades? Certamente a uma ou a um grupo de pessoas, e não raro a estas são atribuídos, dependendo da qualidade, do grau de inovação do que produziram e de seus efeitos, sejam eles econômicos, políticos, sociais, adjetivos consoantes com os dedicados aos artistas. Steve Jobs e Bill Gates seriam, nesse sentido, "gênios" da informática, pois suas criações, além de os tornarem bilionários e a muitos outros que seguiram esse filão econômico, produziram significativos impactos políticos e sociais – vide as mudanças nos modos de viver e nas políticas de gestão da vida decorrentes da divulgação de informações e emergência de ações coletivas gestadas nas redes sociais, cada vez mais frequentes e com imprevisíveis efeitos.

Em termos etimológicos, além de substantivo abstrato, criatividade é uma palavra composta (*criativo+i+dade*) que tem como raiz o verbo criar, do latim *creare*, "erguer, produzir". O sentido desse verbo, em sua origem, relaciona-se a outro, *crescere*, "aumentar, crescer", e a relação entre ambos nos ajuda a compreender por que a criatividade está tão em voga nesses tempos de economia global e vem sendo foco de investimentos de pesquisadores de variadas vertentes teóricas: para a lógica capitalista que pauta as relações sociais em todas as dimensões do vivido, produzir, aumentar, crescer etc. são verbos onipresentes que determinam as avaliações sobre desempenho tanto em relação à esfera pública como privada.

Os estudos em psicologia sobre criatividade estiveram, desde seus primórdios, afinados com essa lógica. Segundo Kastrup (2007), a partir da década de 1960, desenvolveram-se estudos sobre o tema movidos pelas necessidades da sociedade americana relacionadas à corrida espacial, à indústria e à propaganda. Esses estudos relacionavam a criatividade à solução de problemas e, por conseguinte, à inteligência, tendo como objetivo o desenvolvimento de medidas e técnicas para estimular ou treinar a criatividade. Sob esse enfoque, a autora concebe criatividade como habilidade ou desempenho a serviço da solução de problemas e, por conseguinte, da inteligência. Sob esse prisma, destaca Kastrup (2007, p. 20) que "os estudos da criatividade não chegam a identificar no seio da cognição uma potência de criar problemas e de divergir em relação aos interesses da sociedade. Por isso, acabam por subsumir a função de criação, em sua natureza imprevisível, a uma finalidade bem determinada, a solução de problemas". Essa crítica é fundamental ao desenvolvimento da discussão sobre o tema, pois possibilita delimitar a diferença que se quer afirmar entre criatividade e atividade criadora.

Muito antes da vinculação do criar à produção de bens, serviços e modos de vida consoantes com a lógica capitalista, anterior à demanda pela criatividade que reverbera em todas as dimensões da vida social e com intensidade em contextos laborais, a "capacidade de criar", os produtos daí decorrentes e os seus efeitos já se faziam presentes. Desde os primórdios da humanidade, uma complexa equação entre condições de possibilidade, necessidades, interesses e memória de futuro (entendida simplificadamente como a imaginação de algo novo, diferente) mobilizou pessoas em direção à transformação dessas próprias condições; no seu escopo, as necessidades, interesses e essa memória se complexificaram, transformando seus próprios artífices, seus modos de vida e dos muitos outros que de forma direta ou indireta foram afetados por essas mudanças, em um movimento incessante.

Afirma Vygotsky (2009, p. 14) que: "É precisamente a atividade criadora que faz do homem um ser que se volta para o futuro, erigindo-o e modificando o seu presente". Destaca-se com essa afirmação a condição autoral e prospectiva do ser humano, pois ao modificar o existente agregando a este uma mínima partícula de novidade que seja, a pessoa forja as possibilidades para condições outras, para perspectivas de futuro, para novos possíveis. A atividade criadora, o criar é, por conseguinte, fundamento de toda produção humana, de tudo o que historicamente se construiu em todos os campos do vivido; produção que caracteriza a civilização tal como a conhecemos e, ao mesmo tempo, é condição de sua transformação. Por conseguinte, a atividade criadora nos afirma e ao mesmo tempo constitui como humanos, demasiadamente humanos, diria Nietzsche, pois a balizar essa criação podem estar interesses voltados para a emancipação, a valoração da vida para todos, para alguns, para uns poucos, para seu aniquilamento, para um híbrido dessas perspectivas, para direções outras.

A assunção da equação entre condições de possibilidade, necessidades, interesses e memória de futuro, por sua vez, fundamenta-se na compreensão de que criar é atividade constitutiva tanto da pessoa que a empreende como da realidade por ela (re)criada. Ao mesmo tempo em que objetiva determinado modo de viver e intervir na realidade, de estar em relação aos outros e às condições sociais, econômicas, políticas e culturais do contexto em que vive, ao criar cada pessoa modifica esse modo de viver e a si mesmo, sendo os efeitos dessa atividade de diversificadas e imprevisíveis proporções, a ecoar e pulverizar-se imprevisivelmente. Nesse sentido, a atividade criadora não se refere à mera resolução de problemas do vivido, de situações já dadas: é possibilidade de negação, transformação e reinvenção do mundo, de tensionar as forças hegemônicas e constituir fissuras na suposta imutabilidade da ordenação da vida.

Se necessidades, interesses e afecções são as forças motrizes da atividade criadora, para concretizá-la são imprescindíveis imaginação e uma dose de ousadia. A imaginação, embora para o senso comum esteja associada ao delírio e fantasia, é compreendida na perspectiva do enfoque histórico-cultural em psicologia em sua inexorável relação com a realidade (Vygotsky, 2009). É desta que são recolhidos os ingredientes para criar, em um movimento de dissociação e associação que demanda complexos processos psicológicos – geralmente agregados sob o conceito de cognição – amalgamados às dimensões afetiva e volitiva que conotam, mobilizam e impulsionam toda e qualquer ação humana. Por outro lado, é na própria realidade que se constituem e afirmam as condições para criar, sejam estas relacionadas ao que está disponível, ao que configura as próprias necessidades, interesses e afecções, seja no que se refere às características da própria pessoa que engendrará essa atividade.

As condições para imaginar e criar estão postas, portanto, a toda pessoa, e se temos como diretriz de reflexão não somente o produto da atividade criadora, mas seu processo e efeitos, é possível compreender sua importância para a reinvenção da própria vida. Destaca Vygotsky (2009, p. 15-16) que

> [...] a criação, na verdade, não existe apenas quando se criam grandes obras históricas, mas por toda parte em que o homem imagina, combina, modifica e cria algo novo, mesmo que esse novo se pareça a um grãozinho, se comparado às criações dos gênios. Se levarmos em conta a presença da imaginação coletiva, que une todos esses grãozinhos, não raro insignificantes da criação individual, veremos que grande parte de tudo o que foi criado pela humanidade pertence exatamente ao trabalho criador anônimo e coletivo de inventores desconhecidos.

Criar, portanto, é possibilidade de toda e qualquer pessoa, em variados contextos e condições, e uma vez que se caracteriza como produção de um novo, fundado no estranhamento em relação ao existente, é resistência. Resistência ao mesmo, ao que se apresenta como posto, sendo mobilizada por necessidades, interesses e afecções que possibilitam fazer de certo modo – com maior ou menor intensidade e visibilidade –, diante de alguns dos imperativos da lógica capitalista, àquilo que subjuga e homogeneíza. Mas não podemos esquecer que a demanda por invenção, na contemporaneidade, é das que com mais intensidade move o próprio capital, movimenta a engrenagem produção/consumo ainda que os benefícios desta advindos não necessariamente se estendam à multidão de trabalhadores anônimos que a despendem.

Criar, inventar, nesse sentido, são palavras mais adequadas para fazer referência a esse complexo processo de produção de algo novo, posto serem verbos e conotarem com maior propriedade o fato de se tratar de atividade engendrada por pessoas em suas lides cotidianas, em contextos variados e relacionadas a campos como a ciência, a técnica, a arte, a filosofia, a religião, a vida cotidiana, a um ou outro, a um e alguns outros, a suas fronteiras, a todos concomitantemente.

O conceito de atividade é caro ao enfoque histórico-cultural em psicologia e sua relação com o conceito de trabalho, do modo como é concebido na perspectiva do materialismo histórico e dialético, é evidente. Toda atividade humana é produtora, social, histórica e instrumental, características que também definem o trabalho. É produtora porque o resultado de toda e qualquer atividade é tanto a produção de uma realidade humanizada como a humanização do sujeito que a empreende; em outras palavras, a atividade é artífice do complexo processo de objetivação e subjetivação anteriormente referido e que move incessantemente a existência de todos e de cada um. É social porque orientada por uma expectativa do que pode gerar, um projeto que de certo modo a direciona, e também porque as ferramentas utilizadas para sua consecução e os produtos dali advindos são socializáveis, estão disponíveis a muitos outros para que possam também deles fazer uso, reinventando-os e transformando-os movidos por novos interesses e necessidades que podem desse encontro advir. É histórica porque se assenta nas condições produzidas por muitos outros, pela coletividade anônima que edificou laboriosamente os alicerces do presente em variados tempos e espaços, e ao mesmo tempo funda possibilidades de tempos, espaços e condições vindouras. A atividade humana é, por fim, instrumental porque é mediada por ferramentas técnicas/simbólicas que constituem o legado do desenvolvimento histórico da humanidade e se apresentam como seu próprio fundamento.

Considerando essas características, é possível analisar o trabalho do ponto de vista da atividade. No entanto, é importante não esquecer que o trabalhar, sob a égide da lógica capitalista, assumiu lugar de destaque em virtude do produto gerado e, mais especificamente, do valor que a este se agrega. Em decorrência, ganha destaque o emprego em vez do trabalho, a produção de mercadorias com valor de troca que movimenta o ciclo da produção de riqueza e possibilita sua acumulação por parte de alguns. Ademais, com a parcialização e fragmentação dos processos de trabalho decorrentes dos modelos taylorista e fordista, condição para a diminuição das relações entre custo e tempo de produção, obliterou-se a possibilidade de o trabalhador se reconhecer no produto resultante de sua atividade, sendo esta a base da alienação. Junto a toda essa complexa relação emerge, consoante com a leitura marxista que fundamenta o enfoque histórico-cultural em psicologia, a assunção do fetichismo da mercadoria, ou seja, a suposta independência dos produtos do trabalho de seus criadores, das condições de sua produção e do seu valor real, descolamento que lhe dá uma suposta conotação a-histórica.

Atividade criadora em contextos laborais

É possível falar agora, após essa digressão, sobre a atividade criadora em situações de trabalho. A que interesses atende a demanda por atividades criadoras nessas situações? O que pode produzir? Quais os seus efeitos para os envolvidos na cadeia produtiva? Quem de seus produtos se beneficia? O que desse encontro pode resultar? Caracterizam-se essas atividades como resistências que reinventam os processos de trabalho e a própria vida? Essas perguntas são aqui apresentadas na condição de dispositivos para uma discussão que se faz continuamente necessária e cujas respostas dependem das análises a serem empreendidas em situações concretas. Situações de trabalho com suas características e dinâmicas próprias, em contextos socioculturais e econômicos específicos ainda que balizados pela mesma lógica capitalista, e trabalhadores com interesses, possibilidades, vontades e afecções distintas.

A discussão geral sobre a temática deste verbete possibilita alguns horizontes críticos para essa análise, porém fundamental se faz olhar para as pessoas e as condições em que se inserem, as pressões a que estão sujeitas e o modo como lidam com elas, seus interesses, afecções, as possibilidades concretas que têm de engendrar atividades criadoras e de seus resultados virem a se beneficiar, bem como aos demais com quem compartilham essas mesmas condições e que são partícipes do processo de criação. Essa não é certamente a perspectiva predominante em relação ao tema, mas considero-a promissora e importante no sentido de que se pauta por um olhar crítico e ao mesmo tempo implicado em pessoas e condições com as quais se trabalha, em uma perspectiva do criar como possibilidade de diferir.

Borges-Andrade, Coelho Jr. e Queiroga (2006) coordenaram um trabalho de revisão da produção nacional de pesquisas empíricas em comportamento organizacional publicadas no período de 1996 a 2004. Constataram, no entanto, que somente 2% das pesquisas realizadas no período tinham como foco a temática criatividade.

Essa situação não mudou significativamente nos últimos anos. Embora haja produção bibliográfica de fácil acesso aos interessados, consulta à base de dados da SciELO[1] com os descritores *creativity* e *work* confronta o leitor com uma diversidade de pesquisas – em acesso realizado no mês de junho de 2011, foram localizados 106 artigos a partir desses descritores – e, ao mesmo tempo, com uma pluralidade de focos e orientações teórico-metodológicas.

Embora se constate a diversidade de foco das discussões, predominam, nas pesquisas que relacionam criatividade e trabalho empreendidas no site em questão, os vieses funcionalistas criticados por Kastrup (2007). A leitura dos títulos e resumos possibilitou identificar como temas desses estudos: fatores facilitadores e inibidores da criatividade em contextos laborais, sejam estes socioculturais, relacionados ao contexto de trabalho especificamente e/ou pessoais; gestão organizacional; solução de problemas; como ensinar criatividade; estratégias para desenvolver a criatividade; formação profissional; características, trajetórias de pessoas criativas e ferramentas para identificá-las; construção e validação de medidas de clima criativo em organizações; análises de processos de trabalho. Ainda que alguns estudos divergentes sejam encontrados, predominam perspectivas que consideram a criatividade habilidade ou desempenho a serviço da solução de problemas, estes postos pela própria condição atual do trabalho ou do mercado. A dimensão crítica e inventiva, fundamental à problematização do cenário em curso, e a instituição de fissuras necessárias à produção de algo novo é, por conseguinte, desconsiderada.

Assim como o foco das investigações, são variadas as escolhas metodológicas dessas pesquisas, escolhas que de certo modo anunciam as características do olhar dos pesquisadores para o tema, bem como suas predileções teóricas e epistemológicas. Foram encontrados estudos que visam à validação de instrumentos de mensuração de potencial criativo, entrevistas com pessoas envolvidas em situações relacionadas à criatividade no trabalho, estudos de caso em diversificados contextos e condições laborais, investigação de trajetórias de vida de pessoas consideradas criativas, entre outros.

A pluralidade também se fez presente em relação aos referenciais teóricos, o que de certo modo é consoante às características de pesquisas em geral sobre a temática criatividade. Ao examinar a literatura sobre psicologia da criatividade no Brasil, Alencar e Fleith (2003) constataram que contribuições teóricas recentes não estavam sendo contempladas.

---

[1] SciELO – Scientific Electronic Library Online (http://www.scielo.org).

Uma pesquisa sobre criatividade em teses e dissertações desenvolvidas em programas de pós-graduação em psicologia no Brasil entre 1994 e 2001, realizada por Zanella e Titon (2005), por sua vez, corrobora essa tendência ao constatar que, apesar do aumento nas produções sobre criatividade, as pesquisas investigadas continuavam predominantemente vinculadas a teorias tradicionais da psicologia: aproximadamente 50% dos estudos eram fundamentados nas abordagens psicométrica e psicanalítica.

Embora menos frequentes, considerando o conjunto de produções sobre o tema, estudos que assumem como foco a atividade criadora em situações de trabalho em uma perspectiva crítica e problematizadora vêm sendo desenvolvidos por pesquisadores brasileiros. Exemplos desses estudos encontram-se compilados na coletânea organizada por Rosemberg, Ronchi Filho e Barros (2011), bem como nas pesquisas desenvolvidas por Barros e Fonseca (2010), Engelman (2006), Tittoni (2004), entre outros. São trabalhos que investigam processos de criação em contextos laborais atentos à complexidade das relações ali instituídas, às tensões, aos jogos de forças e interesses/necessidades/vontades. Investem, por sua vez, na reinvenção do trabalhar, das relações dos trabalhadores com seus fazeres/saberes, destes entre si, destes com as possibilidades e limites de suas intervenções, de modo a problematizar seus efeitos e tensionar esses limites e possibilidades. Ao assumirem esses horizontes, fundamentam-se na assunção da diferença e investem no diferir como condição para a reinvenção tanto singular como coletiva.

São estudos, portanto, que assumem a atividade criadora como foco de investigação e ao mesmo tempo se caracterizam pela inventividade necessária à reinvenção da própria pesquisa e da intervenção do profissional em psicologia. Nesse sentido, contribuem para a assunção do pesquisar e atuar em psicologia que não assumem os processos de criação como mero objeto, mas fundamentalmente como condição, como possibilidade de resistir e instituir fissuras em contextos homogeneizantes.

Processos de criação se apresentam, em outras palavras, como instauradores de processos de singularização ao transgredirem pressupostas fronteiras entre modos de trabalhar e modos de subjetivar, ao tensionarem interesses/necessidades/vontades e as lógicas que os sustentam. Eis a vertente que considero promissora e inventiva ao se falar em atividade criadora em contextos laborais, vertente que se apresenta como possibilidade de reinvenção do próprio campo da Psicologia do Trabalho e das Organizações.

Referências

Alencar, E. M. L .S., & Fleith, D. S. (2003). Contribuições teóricas recentes ao estudo da criatividade. *Psicologia: Teoria e Pesquisa, 19*(1), 1-8. Recuperado em 29 agosto, 2014, de http://www.scielo.br/pdf/ptp/v19n1/a02v19n1.pdf.

Barros, M. E. B., & Fonseca, T. M. G. (2010). Entre prescrições e singularizações: o trabalho em vias da criação. *Fractal: Revista do Departamento de Psicologia da UFF, 22*, 101-114. Recuperado em 29 agosto, 2014, de http://dx.doi.org/10.1590/S1984-02922010000100008.

Borges-Andrade, J. E., Coelho Jr., F. A., & Queiroga, F. (2006). Pesquisa sobre microcomportamento organizacional no Brasil: O estado da arte. Trabalho apresentado no *II Congresso Brasileiro de Psicologia do Trabalho e das Organizações*, Brasília.

Engelman, S. (2006). *Trabalho e loucura: uma biopolítica dos afetos.* Porto Alegre: Editora da UFRGS; Sulina.

Kastrup, V. (2007). *A invenção de si e do mundo. Uma introdução do tempo e do coletivo no estudo da cognição.* Belo Horizonte: Autêntica.

Rosemberg, D. S., Ronchi Filho, J., & Barros, M. E. B. (2011). *Trabalho docente e poder de agir: Clínica da atividade, devires e análises.* Vitória, ES: Edufes.

Tittoni, J. (2004). Subjetivação e trabalho: reflexões sobre a economia solidária. *Anais do VIII Congresso Luso-Afro-Brasileiro de Ciências Sociais.* Coimbra, Portugal. Recuperado em 10 out., 2013, de http://http://www.lume.ufrgs.br/bitstream/handle/10183/10441/000505270.pdf?sequence=1&locale=pt_BR.

Vygotsky, L. S. (2009). *Imaginação e criação na infância.* São Paulo: Ática.

Zanella, A. V., & Titon, A. P. (2005). Análise da produção científica sobre criatividade em programas brasileiros de pós-graduação em psicologia (1994-2001). *Psicologia em Estudo, 10*(2), 305-316. Recuperado em 29 agosto, 2014, de http://dx.doi.org/10.1590/S1413-73722005000200018.

Cultura organizacional e clima organizacional

Narbal Silva

A importância conferida aos estudos que versam sobre cultura e clima organizacional tem origem nos anos de 1980. De lá para cá, o interesse pela cultura permaneceu intenso, tendo sido conferido ao fenômeno um caráter de modismo. Já em relação ao clima, o interesse pelo assunto recrudesceu nas duas décadas posteriores, em especial no campo de conhecimento da psicologia das organizações e do trabalho, tendo ressurgido com força no século XXI. O fato de a certificação ISO 9000 incluir em suas especificações a gestão do clima, aliado aos avanços teóricos que exigem a correta compreensão do fenômeno e o estabelecimento de limites teóricos mais precisos, motivou a retomada das pesquisas a respeito do assunto (Puente-Palacios & Martins, 2013).

Nas organizações, os fenômenos têm se revestido de profunda relevância estratégica. Enquanto a cultura orienta modos considerados certos de pensar, sentir e agir, o clima influencia sobremaneira as percepções que os trabalhadores têm das características fundamentais da cultura organizacional. Nessa perspectiva, o clima espelha a cultura organizacional, na medida em que este adentra o seu nível mais superficial ou aparente. O uso de tais conceitos como similares representa equívoco não raro nas organizações e na academia. Enquanto a cultura diz respeito à construção histórica de valores centrais, pressupostos básicos e crenças profundamente arraigadas, o clima organizacional pode ser concebido como as propriedades mensuráveis do ambiente físico e psicossocial de trabalho, percebidas direta ou indiretamente pelos trabalhadores que vivenciam e trabalham em tal contexto (Litwin & Stringer, 1968).

As origens dos conceitos

Cultura organizacional

A palavra cultura tem raízes na antropologia social e traduz, em um sentido bastante amplo, as vivências de qualquer grupo humano específico que sejam transmitidas de uma geração para a geração seguinte (Paschini, 2006). Em latim é escrita *colere*, cujo significado é cultivar. Na Roma Antiga (753 a.C. a 509 a.C.) era compreendida como arte de cultivar o solo, o que na atualidade denominamos de agricultura. Após esse período, adquiriu o sentido de cuidar de crianças, ou puericultura, com a finalidade de acompanhar integralmente o desenvolvimento físico, intelectual e moral. O significado de adoração aos deuses também foi incorporado à palavra cultura (Morgan, 2002).

Por fim, o significado mais comum que o conceito tem na sociedade em que vivemos é o de que o ser humano que possui cultura é "culto". Somente no final do século XVIII e início do século XIX, os estudos referentes à cultura enquanto campo científico de conhecimento tiveram início. Os "estudos de Hawthorne" feitos na Western Electric Company em meados da década de 1930 são apontados como marco histórico da transferência do conceito de cultura para o âmbito das organizações (Trice & Beyer, 1993). Naquela época, o psicólogo industrial Elton Mayo considerou a possibilidade de utilização dos métodos antropológicos, mais especificamente o etnográfico, até então utilizado para desvendar a estrutura social e o sistema de crenças das sociedades tribais, à compreensão dos valores predominantes nas interações humanas quando em situações de trabalho.

Na literatura, o termo surgiu no livro de Elliot Jacques (1951), denominado de *The changing culture of a factory*. Nesse livro, o autor descreveu as mudanças organizacionais da empresa metalúrgica inglesa Glacier. Também enfatizou em detalhes as relações entre cultura, estrutura organizacional e personalidade, bem como a influência dos aspectos culturais nos papéis organizacionais. Na década de 1980, o aumento vertiginoso das multinacionais em todos os continentes fez com que a questão cultural ganhasse força efetiva nos estudos organizacionais. Outros motivos elencados para justificar o interesse pelos estudos sobre cultura são os crescentes deslocamentos de poder nas relações de autoridade na sociedade industrial e pós-industrial, aliados às redefinições geopolíticas do planeta nas últimas duas décadas do século passado (Santos & Gonçalves, 2010).

Na década de 1990, o tema permaneceu em evidência devido a dois fatores inter-relacionados: a globalização dos mercados e as mudanças profundas nas organizações, provocadas pelas fusões e aquisições (Barros, 2003). No século XXI, os estudos e as pesquisas referentes à cultura permaneceram aquecidos e se intensificaram. Os principais motivos apontados são as novas tecnologias, a ressignificação dos conceitos de trabalho, estabilidade, tempo, espaço, além das fusões e aquisições que se tornaram corriqueiras, aliados aos mercados que se tornaram locais e globais. Como consequência, conceitos como identificação e identidade, o que pressupõe alinhamento entre valores pessoais e organizacionais, têm sido vitais à construção da motivação, contrato psicológico, comprometimento, entre outros correlatos (Fernandes, Marques & Carrieri, 2009).

Clima organizacional

O conceito tem origem na meteorologia, caracterizando-se como uma "analogia meteorológica" (Rocha, Pelogio & Añez, 2013; Katz & Kahn, 1987). A palavra clima deriva do grego *klima* e significa inclinação ou atmosfera. A expressão clima é relativamente nova, uma vez que, no início dos estudos a respeito do fenômeno, não raro, usavam-se diferentes expressões, como "atmosfera", "ambiente" ou "meio ambiente" (Oliveira, 1995). O tema vem sendo tratado, mesmo que de maneira implícita, desde o final da década de 1920. As origens dos estudos referentes ao clima organizacional podem também ser localizadas no clássico experimento conduzido por Elton Mayo em 1927.

Por meio de tais estudos, foi descoberto que as mudanças nas configurações física e psicossocial do ambiente de trabalho podem alterar percepções, sentimentos, atitudes e comportamentos dos trabalhadores, como fadiga, acidentes de trabalho, *turnover* e rebaixamento do desempenho e da produtividade. Na década seguinte, os estudos de Kurt Lewin referentes à teoria de campo ganharam visibilidade. Com base na introdução de tais conceitos na psicologia social, pesquisas passaram a ser realizadas com o propósito de descobrir as condições psicológicas criadas pelos líderes de um grupo de rapazes dentro de um ambiente controlado.

A partir de tais investigações, foram introduzidos os conceitos de clima e atmosfera social (Lewin, Lippitt & White, 1939). No final da década de 1950, as pesquisas de Argyris ajudaram sobremaneira para tornar explícito o conceito de clima organizacional. Contudo, tais estudos eram confusos no que se refere aos limites e distinções entre os conceitos de clima e cultura. Na década de 1980, uma parcela significativa dos estudos que usa o nome "clima" ainda se refere a práticas interpessoais que refletem o clima social, em vez do clima organizacional (Menezes & Gomes, 2010).

Na década de 1990 os trabalhos protagonizados por Moran e Volkwein (1992) contribuíram para refletir a respeito da evolução do conceito de clima e suas diferentes concepções (Puente-Palacios & Martins, 2013). Além disso, os estudos a respeito de clima se intensificaram nas organizações, em especial nas que tinham políticas e programas de saúde do trabalhador e de melhoria da qualidade de vida no trabalho (Toro, 2001).

Os significados conferidos aos conceitos

Cultura organizacional

A cultura organizacional se caracteriza como um fenômeno de natureza psicossocial complexo e multifacetado. Em decorrência, não é tarefa fácil representar de modo adequado seus inúmeros componentes, bem como a interação entre eles. Além disso, o fenômeno é configurado por uma intensa pluralidade conceitual (Tamayo, 2008).

Contudo, é possível encontrar consenso na literatura a respeito de elementos constituintes da cultura organizacional (Freitas, 2007): (1) *valores* (o que é importante para alcançar os objetivos da organização); (2) *crenças ou pressupostos* (o que é verdade inquestionável para toda a organização ou um formato válido); (3) *ritos, rituais e cerimônias* (atividades planejadas com consequências práticas e expressivas, tornando a cultura mais tangível e coesa, como a admissão, promoção e a integração); (4) *estórias e mitos* (narrativas de acontecimentos ocorridos na organização e histórias relacionadas com os valores da organização); (5) *tabus* (uma orientação do comportamento com ênfase no que é proibido; (6) *heróis* (seres humanos deram origem ao empreendimento e o tornaram efetivo, como Maximiliano Gaidzinski, fundador das Empresas Eliane); (7) *normas* (regras escritas ou não que defendem o comportamento esperado pelo grupo); e (8) *processo de comunicação* (uma rede de relações e de papéis informais).

O fenômeno é compreendido na literatura como variável da organização (as organizações possuem cultura) ou as organizações concebidas como expressões culturais (as organizações são culturas). Tais modos de compreensão endereçam as pesquisas culturais nas organizações por meio dos seguintes cinco campos de conhecimento (Smircich, 1983): 1) administração comparativa: o objetivo primordial é o de conhecer a influência que a cultura local ou nacional exerce sobre a cultura organizacional. Nessa perspectiva são efetuadas análises comparativas entre trabalhadores de países ou regiões diferentes pertencentes a um mesmo tipo de organização; 2) cultura corporativa: as organizações são concebidas como produtoras de artefatos ou elementos culturais, como rituais, lendas e cerimônias, além dos seus bens e serviços característicos.; 3) cognição organizacional: o objetivo primordial é o de compreender as regras que norteiam os grupos sociais e a visão de mundo dos seus participantes; 4) simbolismo organizacional: o interesse consiste em interpretar ou decodificar os significados dos discursos simbólicos dos participantes da organização; 5) processos inconscientes e organização: a cultura é conceituada como uma projeção ou expressão da infraestrutura universal e inconsciente da mente humana. O aspecto positivo das diferentes perspectivas é que elas proporcionam contribuições que ajudam à compreensão das múltiplas e complexas faces que revestem o fenômeno (Coelho Júnior & Borges-Andrade, 2004).

De modo simples, o conceito significa: o modo como fazemos as coisas por aqui. Representa o jeito típico de ser ou próprio de uma determinada comunidade organizacional (Silva, Zanelli & Tolfo, 2013). Outra possibilidade de compreensão do fenômeno é concebê-lo como processo de construção e compartilhamento da realidade organizacional, por meio do qual, eventos, expressões e manifestações culturais são significados de modo recorrente pelos trabalhadores (Morgan, 2002). Também pode ser compreendido por meio da função de moldar e homogeneizar comportamentos, modos de pensar e viver nas organizações, o que pressupõe encobrir diferenças e construir imagens de consonância, em que todos, em princípio, são percebidos como iguais (Freitas, 2007). Ainda pode ser concebido como componente de construção da realidade psicossocial das organizações, edificado por meio de interações humanas que criam e recriam os contextos organizacionais. Também se caracteriza como construtos usados para justificar e prever comportamentos. Nesta concepção, configura-se como programação mental coletiva, que estabelece distinção entre grupos e organizações (Hofstede, 2013).

Com esse propósito, são veiculados pensamentos e sentimentos com o intuito de conferir identidade entre trabalhadores e organizações. Nessa ótica, a sua função primordial é a de estruturar e conferir sentido ao ambiente físico e psicossocial das organizações, o que, por conseguinte, reduz a ansiedade das pessoas em decorrência da ausência de ambiguidades e imprevisibilidades organizacionais (Silva *et al.*, 2013). Na perspectiva simbólica, a cultura é definida como um conjunto de pressupostos que as pessoas elaboram ao lidarem com seus problemas socioemocionais e de adaptação externa.

Tais pressupostos são ensinados aos demais como modos corretos de perceber, pensar e sentir (Schein, 2009). Ainda nessa perspectiva, a cultura possui três níveis: o mais superficial, denominado artefatos visíveis e criações (tecnologia, arte, modelos de comportamentos visíveis e audíveis); a instância intermediária, definida como valores esposados e racionalizados (conscientes em alto grau); e o mais profundo, o dos pressupostos básicos, referentes ao relacionamento com o ambiente, à natureza da realidade, ao tempo e espaço, à natureza das atividades humanas e à natureza dos relacionamentos humanos (Schein, 2009).

A cultura organizacional possui as seguinte funções: integrar os trabalhadores para que saibam como se relacionar, ajudar na adaptação com o meio externo e, como decorrência, reduzir a ansiedade de gestores e demais trabalhadores (Schein, 2009; Etkin & Schvarstein, 2002). A cultura pode ser representada graficamente por meio de uma figura de anéis concêntricos e sobrepostos, o que é expresso na imagem da cebola composta por camadas (Hofstede, 2013). As camadas se sobrepõem, desde a mais central, com características subjetivas e de difícil acesso, até as mais periféricas, por meio de características mais objetivas, de mais fácil acesso e conscientes.

Nessa visão, a camada mais superficial pode ser denominada exocultura, formada por condutas experimentais e símbolos em processo de assimilação. No nível intermediário, encontra-se a mesocultura, constituída por padrões e hábitos razoavelmente estabelecidos. Em instância mais profunda, tem-se a endocultura, caracterizada pelo núcleo duro já estabelecido (Oliveira, 2009). Em uma perspectiva construcionista da realidade social, os seres humanos criam visões organizadas dos eventos por atribuição de significados.

Principais autores, aplicação e apreciação crítica

Os autores internacionais considerados importantes nos estudos que abordam cultura organizacional são inúmeros. Entre eles, podemos destacar Geert Hofstede (influências da cultura nacional na cultura organizacional), Richard Pascale e Anthony Athos (estudos dos modos de gestão orientais), Edgar Henry Schein (influência dos pressupostos básicos de cultura nos modos de pensar, sentir e se comportar dos participantes da comunidade organizacional), Joanne Martins (mapeamento das diferentes orientações teóricas e metodológicas nos estudos culturais), Linda Smircich (campos de conhecimento nos estudos que versam sobre cultura organizacional), Mats Alvesson (perspectivas culturais no estudo das organizações, ideologia e apropriação da individualidade) e John Van Maanen (estudos etnográficos nas organizações).

No Brasil, entre outros autores, destacam-se os trabalhos de Maria Tereza Leme Fleury (estudos sobre cultura e poder nas organizações), Maria Ester de Freitas (sistematizações referentes ao estado da arte dos estudos referentes à cultura organizacional e cultura e controle social), Narbal Silva, José Carlos Zanelli e Suzana da Rosa Tolfo (sistematizações referentes ao fenômeno cultural nas organizações a partir de uma perspectiva construcionista social e possibilidades de gestão), Marco Antônio Oliveira (relações entre cultura e estratégia organizacional), Álvaro Tamayo, Juliana Barreiros Porto e Lívia de Oliveira Borges (valores e comportamento nas organizações) e Maria Cristina Ferreira e Eveline Maria Leal Assmar (construção e validação de instrumentos para a avaliar a cultura organizacional).

O conceito se emprega nas organizações por meio da elaboração e aplicação de diagnósticos que visem a identificar os valores centrais decorrentes das crenças que influenciem no nível dos artefatos visíveis e audíveis, percepções, pensamentos, sentimentos e comportamentos. O processo de intervenção poderá ocorrer pela aplicação de instrumentos quantitativos (questionários) ou qualitativos (roteiros de entrevista, de observação direta, de análise documental e grupos focais). Os métodos etnográficos do tipo pesquisa participante ou pesquisa ação também são apresentados como possibilidades de investigação e de intervenção. Por fim, cabe destacar que, em razão da acentuada ênfase conferida aos aspectos técnicos e descritivos, a partir de uma perspectiva predominantemente funcionalista do fenômeno, isso fez com que se tornasse evidente a ausência de estudos no Brasil e no exterior referente às dimensões políticas e de poder da cultura nas organizações (Freitas, 2007).

Clima organizacional

O conceito pode ser definido como um conjunto de percepções compartilhadas pelos trabalhadores a respeito de vários aspectos do ambiente físico e psicossocial das organizações. O conceito se reporta às percepções coletivas ou grupais. É um dos construtos de maior centralidade no campo de conhecimento do comportamento organizacional. O uso intensivo de pesquisas referentes ao clima nas organizações tem sido atribuído à abrangência teórica do construto, aliada à capacidade de avaliar características de fenômenos psicossociais complexos, tais como: liderança, interações humanas, reconhecimento, entre outras. É uma variável complexa que influi sobremaneira na qualidade, produtividade e rentabilidade das organizações. No conceito reside o problema de operacionalizá-lo, de modo a medi-lo de forma confiável e válida (Menezes & Gomes, 2010).

Na literatura, as principais abordagens para estudar o fenômeno são as seguintes: estrutural (o clima é consequência de características objetivas que exercem influência sobre as atitudes, os valores e as percepções das pessoas); perceptual (o clima está no indivíduo e não em aspectos estruturais da organização); interativa (o cerne do clima não são os processos internos, mas também os processos de interação, ou seja, entre os trabalhadores que compõem a organização como também entre questões objetivas e subjetivas dos membros e do cenário organizacional); e cultural (além de propor o acréscimo dos aspectos culturais à abordagem interativa, focaliza os modos como os trabalhadores percebem, interpretam e constroem a realidade social da organização) (Puente-Palácios & Martins, 2013; Moran & Volkwein, 1992).

Principais autores, aplicação e apreciação crítica

Entre os autores internacionais que contribuíram para a elaboração do construto de clima organizacional, podemos destacar Ronald Lippitt e Ralph White, que no final da década de 1930 realizaram estudos com o propósito de investigar as condições psicossociais criadas pelos líderes em ambientes controlados, como os trabalhos de Chris Argyris, que influenciaram sobremaneira as pesquisas referentes ao clima nas organizações. Existe o modelo de investigação elaborado por George Litwin e Robert Stringer, que reúne as características do ambiente de trabalho transversais a distintos perfis de organizações. Tal proposta enfatizou as seguintes nove dimensões: estrutura, responsabilidade, desafio, recompensa, relacionamento, cooperação, conflito, identidade e padrões. Estudaram também o modelo de David Kolb, no qual é estabelecida uma escala de sete fatores/indicadores, além de responsabilidade, padrões e recompensas.

Há os estudos de Steve Kozlowski e Mary Doherty, que procuraram avaliar as relações entre o clima organizacional e a liderança, e as pesquisas de Robert Levering, que investigaram as correlações entre o desempenho econômico/financeiro das empresas e o nível de satisfação dos empregados com elas. No Brasil, podemos destacar os estudos de Roberto Sbragia, os quais identificaram deficiências institucionais referentes às políticas e estratégias de recursos humanos. Não menos importantes foram os estudos de Roberto Coda, que contemplaram os fenômenos motivação, cultura, bem-estar e liderança.

Destacam-se também os estudos de Marco Antônio Oliveira, nos quais o autor resgatou a multiplicidade de conceitos referentes a clima organizacional e propôs um modelo situacional para a investigação do clima nas organizações. Por fim, é preciso lembrar os pioneiros estudos de Edla Lanzer Pereira, cujo esforço foi o de estabelecer distinções entre os construtos clima e cultura organizacional. A sistematicidade das pesquisas, aliada ao *feedback*, representa instrumentos de grande valia para o aprimoramento do ambiente físico e psicossocial de trabalho.

As relações entre cultura e clima organizacional

A vizinhança conceitual entre cultura e clima organizacional se deve ao fato de que os valores e crenças são expressos, entre outros aspectos, por meio das percepções compartilhadas dos membros da comunidade organizacional. Tal fato, não raro, tem gerado vieses na utilização dos conceitos, na medida em que estes são compreendidos de modo equivocado como sinônimos. Enquanto a cultura se caracteriza como fenômeno mais estático e profundo, o clima é percebido por meio de estruturas e processos organizacionais. Ou seja, a cultura compreende o jeito de ser típico de uma comunidade organizacional. Já o clima representa o modo como o ambiente físico e psicossocial é percebido pelos trabalhadores que a integram (Glisson, 2007). A percepção do clima organizacional espelha tanto as normas e valores do sistema formal quanto a sua reinterpretação pelo sistema informal (Katz & Khan, 1987).

Em que pese à proximidade conceitual existente entre os fenômenos, é elevado o consenso de que cultura e clima organizacionais constituem fenômenos distintos que se inter-relacionam. As relações entre clima e cultura podem ser mais claramente percebidas ao se desejar protagonizar mudanças no clima organizacional. A construção de um clima desejável torna-se incoerente se as variáveis de sustentação de tais mudanças forem incompatíveis com os pressupostos essenciais da cultura organizacional. À guisa de ilustração, se os valores organizacionais arraigados forem o individualismo e a competição, dificilmente as novas dimensões propostas para o clima organizacional favorecerão a construção do espírito de equipe e de cooperação. Os limites epistemológicos, conceituais e metodológicos entre clima e cultura começaram a ser demarcados a partir da década de 1990.

No final do século XX foi publicado o *Handbook of Organizational Culture and Climate*, um estudo por meio do qual foi realizada revisão teórica referente aos construtos cultura e clima, diferenciando-os de outros construtos, como influência social, comprometimento, envolvimento, identidade social, lealdade, cidadania, entre outros. Cabe ressaltar que os fenômenos cultura e clima são complexos e caracterizados por múltiplas definições. Ao pesquisador compete fazer escolhas teóricas e metodológicas, de modo a tratar os fenômenos de maneira coerente e consistente. Embora relacionados, os construtos cultura e clima não constituem sinônimos, uma vez que apresentam atributos distintivos.

A cultura refere-se a um conjunto de normas, crenças, valores e mitos com relativa estabilidade que define padrões de comportamentos. Já o clima é expresso por meio de representações compartilhadas, oriundas das percepções dos atores organizacionais, edificadas a partir dos valores arraigados e do sistema de crenças predominante em determinada organização.

Referências

Argyris, C. (1950). Organization of a Bank. In G. C. Homans. *The Human Group*. New York: Harcourt, Brace.

Barros, B. T. (2003). *Fusões e aquisições no Brasil – Entendendo as razões dos sucessos e fracassos*. São Paulo: Atlas.

Coelho Júnior, F. A., & Borges-Andrade, J. E. (2004). Percepção de cultura organizacional: uma análise empírica da produção científica brasileira. *Psico-USF*, *9*(2), 191-199.

Competence. (n.d.-a). In Cambridge dictionaries online. Recuperado de: http://dictionary.cambridge.org/us/dictionary/americanenglish/competent?q=competence.

Competence. (n.d.-b). In Oxford dictionary. Recuperado de: http://www.oxforddictionaries.com/us/definition/american_english/competence?q=competence.

Etkin, J., & Schvarstein, L. (2002). Identidad de las organizaciones: Invariancia y cambio. Buenos Aires: Paidos.

Fernandes, M. E. R., Marques, A. L., & Carrieri, A. P. (2009, dez.). Identidade organizacional e os componentes do processo de identificação: uma proposta de integração. *Cadernos EBAPE, BR*, 7(4), artigo 11, Rio de Janeiro.

Freitas, M. E. (2007). *Cultura organizacional: evolução e crítica*. [Coleção Debates em Administração] São Paulo: Thomson.

Glisson, C. (2007, jun. 12). Assessing and changing organizational culture and climate for effective services. *Research on Social Work Practice*, *17*, 736.

Gomes, I. G., & Gomes, A. C. (2010). Clima organizacional: uma revisão histórica do construto. *Psicologia em Revista*, *16*(1), 158-179, Belo Horizonte.

Hofstede, G. (2013). Replicating and extending cross-national value. *Insights*, *13*(2), 5-7.

Jaques, E. (1951). *The changing culture of a factory: a study of authority and participation in an industrial setting*. London: Tavistock.

Katz, D., & Kahn, P. L. (1987). *Psicologia social das organizações*. São Paulo: Atlas.

Lewin, K., Lippitt, R., & White, R. (1939). Patterns of aggressive behaviors in experimentally created social climates. *Journal of Social Psychology*, *10*, 271-299.

Litwin, G. H., & Stringer, R. A. Jr. (1968). *Motivation and organizational climate*. Boston: Harvard University Press.

Menezes, I. G., & Gomes, A. C. P. (2010). Clima organizacional: uma revisão histórica do construto. *Psicologia em Revista*, *16*(1), 158-179, Belo Horizonte.

Moran, E., & Volkwein, J. (1992). The cultural approach to the formation of organizational climate. *Human Relations*, *45*(1), 19-47.

Morgan, G. (2002). *Imagens da organização: edição executiva*. São Paulo: Atlas.

Oliveira, M. A. (1995). *Pesquisa de clima interno nas empresas: o caso dos desconfiômetros avariados*. São Paulo: Nobel.

Oliveira, M. A. (2009). *A face oculta da empresa: como decifrar e gerenciar a cultura corporativa*. Rio de Janeiro: Editora Senac Rio.

Paschini, S. (2006). *Estratégia: alinhando cultura organizacional e estratégia de RH à estratégia de negócios*. Rio de Janeiro: Qualitymark.

Puente-Palacios, K., & Martins, M. C. F. (2013). Gestão do clima organizacional. In L. O. Borges & L. Mourão, *O trabalho e as organizações: atuações a partir da psicologia*. Porto Alegre: Artmed.

Rocha, L. C. S., Pelogio, E. A., & Añez, M. E. M. (2013). Cultura e clima organizacionais: um estudo em indústrias de laticínios do estado do Rio Grande do Norte. *Gest. Prod.*, *20*(2), 455-468.

Santos, J. V., & Gonçalves, G. A. (2010). Cultura organizacional: o impacto visível de uma dimensão invisível. *Psico, PUC-RS*, *41*(3), 393-398, Porto Alegre.

Schein, E. (2009). *Cultura organizacional e liderança.* São Paulo: Atlas.

Silva, N., Zanelli, J. C., & Tolfo, S. R. (2013). Diagnóstico e gestão da cultura nas organizações. In L. O. Borges & L. Mourão. *O trabalho e as organizações: atuações a partir da psicologia.* Porto Alegre: Artmed.

Smircich, L. (1983). Concepts of culture and organizational analysis. *Administrative Science Quaterly*, *28*, 339-358.

Tamayo, A. (2008). Valores organizacionais e comprometimento afetivo. *Revista de Administração Mackenzie*, *6*(3), 192-213.

Toro, F. A. (2001). *El clima organizacional: perfil de empresas colombianas.* Medellín: Cincel.

Trice, H. M., & Beyer, J. M. (1993). *The cultures of work organizations.* New York: Prentice-Hall.

Desempenho

Francisco Antonio Coelho Junior

Nos últimos anos, especialmente na literatura internacional, muitos avanços têm sido observados na produção científica sobre desempenho no trabalho (Bendassoli, 2012). O estudo dessa variável, historicamente, vem sendo considerado um dos temas mais investigados na PT&O. Mais em termos da compreensão das variáveis capazes de explicar desempenho, ou o que o causa ou determina, do que em relação a compreender os mecanismos ou processos envolvidos no ato de desempenhar.

As temáticas geralmente abordadas nos estudos sobre desempenho no trabalho tratam da atribuição de causalidade do desempenho sobre o impacto na avaliação exercido pela relação pessoal estabelecida entre avaliador e avaliado, bem como sobre erros de avaliação e problemas metodológicos e conceituais na área. Pouco se produz ou se compreende sobre como o indivíduo está desempenhando, ou seja, quais as estratégias, como se faz o uso de competências, quais os mecanismos ou procedimentos adotados para o alcance de um resultado esperado, enfim.

Desempenho é a variável mais transversal nos estudos organizacionais (Coelho Jr., 2009). É do tipo que faz interface com diversas variáveis de PT&O. Isso porque desempenho é fundamental às organizações, já que elas devem, continuamente, atuar no sentido de maximizá-lo. Sonnentag e Frese (2002) verificaram que 146 metanálises referenciavam a investigação de desempenho no trabalho nos últimos vinte anos em periódicos de PT&O. A maioria delas (54,8%) investigou desempenho em nível individual como construto norteador, demonstrando haver prevalência desse nível de análise (micro) na sua operacionalização.

Histórico

A aferição do desempenho manifestado no trabalho é uma necessidade antiga por parte dos gestores. Seus primórdios remontam aos séculos XIV e XV. Até meados do século XIX, muitos instrumentos de avaliação foram desenvolvidos, com vistas à análise dos resultados fomentando as práticas de departamento de pessoal, especialmente promoções na carreira e demissões.

Na década de 1910, especialmente com a aplicação de princípios da escola científica de administração, houve um aumento do interesse na padronização dos processos de trabalho com vistas à maximização dos resultados. Os recursos eram mais bem alocados, e os trabalhadores capacitados em torno de suas deficiências no trabalho. Antes da Segunda

Guerra Mundial, poucas organizações, de fato, utilizaram, efetivamente, sistemas formais de avaliação do desempenho. Poucas empresas estatais, além das forças armadas, utilizavam com maior sistematicidade tal prática. Os resultados da avaliação ou serviam para comunicar aos gestores informações referentes ao *status* do trabalho executado por seus subordinados, ou serviria de apoio à tomada de decisão a partir do levantamento de informações relativas ao trabalho.

O uso de medidas de aferição de desempenho nas organizações objetivava fornecer insumos consistentes ao redesenho de práticas e políticas organizacionais. Essa é a justificativa para que, desde os primórdios, o foco no gerenciamento de desempenho consistisse principalmente na etapa de avaliação.

Mais recentemente, a partir da segunda fase da Revolução Industrial (meados de 1945), a avaliação de desempenho passou a ser concebida como tática às ações de capacitação. Descrições de cargo fundamentavam as políticas de recrutamento, seleção e eram a base para a formulação de indicadores de desempenho.

A partir de 1990, com a gênese e consolidação dos programas de gestão por competências nas organizações, a gestão do desempenho emergiu como tática e passou a figurar como elemento-chave no planejamento de trabalho. A aquisição de competências seria facilitada por ações de gestão focadas na maximização da *performance*. Assim, mais do que simplesmente avaliar, interessava-se desenvolver outras etapas de gestão em todos os níveis (individual, grupal e contextual) com foco no planejamento, monitoramento, avaliação e revisão. Essa é a perspectiva atual.

Definições

O conceito de desempenho é de natureza plural, já que é constituído por variáveis de ordem individual, de grupos e equipes de trabalho, de contexto e organizacional. É um construto multinível (Coelho Jr. & Borges-Andrade, 2011).

Isso significa afirmar que múltiplos fatores ou aspectos, individuais ou em interação, são capazes de gerar um bom ou um péssimo desempenho. Fatores relacionados ao indivíduo dizem respeito ao nível micro. Assim, o querer fazer, as competências que ele já possui ou não em seu repertório, sua motivação, seus níveis de comprometimento e significado com o trabalho e tantos outros fatores humanos geram efeitos sobre o desempenho.

Fatores relacionados ao contexto dizem respeito aos níveis meso e macro. O nível de mesoinfluência se verifica na análise da dinâmica do trabalho, em fatores relacionados à composição da equipe/grupo de trabalho, em componentes ou dimensões da estrutura organizacional, à força do clima, potência da equipe e outros. Já o nível macro corresponde a elementos da organização como um todo, e é capaz de exercer influência na efetividade do desempenho. O planejamento estratégico já consolidado, as competências organizacionais, a ampla comunicação da missão, dos objetivos e visões e tantos outros elementos também impactam sobre o tipo de desempenho produzido.

Feito esse preâmbulo, ressalta-se que, apesar da grande relevância da variável desempenho no trabalho, relativamente pouco esforço se empreende na tentativa de integrar as múltiplas perspectivas teóricas associadas a ele. Não se verifica uma perspectiva teórica sistêmica no estudo empírico de desempenho que permitisse uma análise mais complexa ou abrangente de acordo com a natureza do próprio construto.

Desempenho remete ao empreendimento de esforços por parte do indivíduo que são voltados à execução de certos tipos de comportamentos previamente planejados e esperados. Refere-se à execução ou modo de executar um trabalho, atividade ou empreendimento, algo que exige competência prévia e/ou eficiência na execução.

Desempenho vincula-se ao empenho em alguma atividade ou trabalho, que se relaciona à apresentação de resultados específicos ou algum rendimento manifestado em torno de algo esperado. O produto de uma ação (ato ou efeito de realizar algo) ou manifestação de algum comportamento resulta em desempenho. Refere-se à consecução de tarefas, responsabilidades e deveres que são atribuídos ao indivíduo e que este manifesta explicitamente. Diz respeito, também, às competências aplicadas ao contexto do cargo, à execução de uma obrigação ou tarefa, ou à maneira como atua ou age em termos de efetividade (eficácia e eficiência) e rendimento em relação a algo. Remete ao empreendimento intencional em ações orientadas pelo seu resultado esperado, que tem um propósito consciente ou motivação prévia.

O ponto-chave na definição de desempenho refere-se à distinção entre o aspecto de ação (por exemplo, comportamento) e o aspecto de resultado desse desempenho. O aspecto comportamental diz respeito ao que o indivíduo faz durante seu trabalho (como montar partes de um veículo, vender peças de computadores), àquilo que o indivíduo faz de relevante para a consecução das metas organizacionais. O aspecto de resultado refere-se a consequências ou ao efeito do comportamento individual (por exemplo, quantos veículos foram montados, quantos computadores foram vendidos, quantas peças foram desenhadas). Em parte significativa das pesquisas, os aspectos comportamental e de resultado de desempenho são confundidos. Entretanto, verifica-se que os aspectos de resultados dependem de outros fatores que não apenas o aspecto comportamental do desempenho. Na prática, é difícil descrever o aspecto comportamental (eficiência) de desempenho sem fazer referência explícita aos seus resultados, daí a importância da psicologia na investigação dos processos psicológicos relacionados ao desempenho.

Os qualificadores de desempenho referem-se à qualidade, quantidade, custo e tempo, ou seja, como é feito, visando a um objetivo específico e gerando que tipo de custo (financeiro e temporal). Abrange, assim, fatores de eficiência (meios ou processos) e eficácia (resultado efetivo) no âmbito da organização.

Ademais, *performance* remete ao cumprimento de objetivos e metas de trabalho a partir da mobilização de meios e recursos para tal. Desempenho, assim, não é só resultado. Implica o saber fazer e o uso de repertório disponível (competências, recursos, materiais e outros) com vistas ao atingimento de um produto. Ainda, não é todo o tipo de comportamento manifestado pelo indivíduo que se traduz em desempenho, mas somente aquele que é relacionado às suas tarefas e atribuições, àquilo que é esperado para a execução de seu cargo.

Modelos teóricos

A classificação proposta por Campbell (1990) foi uma das primeiras tentativas sistemáticas de se definir categorias para investigação de desempenho no trabalho. O autor apresentou oito grandes divisões indicadoras de *performance*, imprescindíveis à sua investigação. São elas: desempenho ou resultado de tarefas específicas do cargo; desempenho ou resultado de tarefas não necessariamente específicas de um cargo; comunicação escrita e oral; grau de esforço despendido; disciplina; facilitação do desempenho de pares e grupo de trabalho; capacidade de supervisão, de gerenciamento e de autoadministrar a própria execução de seu trabalho. Tais dimensões são encontradas na literatura de PT&O e abarcam importantes elementos relacionados à execução de qualquer atividade no âmbito das organizações.

A clássica concepção de Campbell (1990) ressalta a importância de se verificar o tipo de comportamento que o indivíduo manifesta no exercício das suas atribuições. Cada uma das dimensões é constituída por subcomponentes (no fator administração/gerenciamento, tem-se os seguintes subfatores: planejamento, organização, treinamento, comunicação, desenvolvimento dos subordinados, entre outros), que podem oscilar em maior ou menor grau de intensidade, dependendo da natureza e complexidade de cada atividade. Cabe ao pesquisador estabelecer as bases de análise daquilo que, efetivamente, representa desempenho.

Segundo Sonnentag e Frese (2002), Campbell (1990) negligenciou variáveis ambientais ou situacionais como dimensões capazes de gerar influência sobre o desempenho. Apontam, ainda, que o referido autor descreveu os componentes de desempenho em função de três grandes determinantes: o conhecimento declarativo, relacionado a fatos, princípios, metas, interesses, capacidades e experiência; o conhecimento procedimental, que se vincula às habilidades cognitivas, psicomotoras e sociais necessárias ao desempenho da tarefa; e motivação, que compreende o nível de esforço despendido pelo indivíduo e o grau de persistência dele no desempenho. Campbell (1990) assume que há interações entre esses três tipos de determinantes, mas não as especificou.

Fatores que afetam desempenho

A análise das diferenças individuais relacionadas à *performance* e os processos cognitivos sociais compartilhados entre membros de grupos e equipes de trabalho relacionados à aquisição de competências são duas das principais perspectivas de análise científica desse construto na literatura de PT&O. Todavia, outras vertentes teóricas tendem a considerar desempenho sob o nível organizacional, para além de fatores individuais (Brito & Vasconcelos, 2004).

O desempenho deve ser efetivo em termos das expectativas e padrões de excelência que as organizações determinam ao alcance dos seus resultados. O ato de desempenhar não é responsabilidade apenas do indivíduo. Fatores tais como a disponibilidade de materiais, o apoio sistemático da chefia e o saber fazer o trabalho são considerados essenciais ao planejamento de desempenho de indivíduos e equipes/grupos de trabalho no exercício das suas atribuições.

Aspectos principalmente relacionados ao contexto têm efeito direto sobre o padrão, a qualidade e o tipo de desempenho manifestado. É de se supor, portanto, que as organizações provenham todo o tipo de apoio ao desempenho por meio do arranjo de recursos (financeiros, materiais, logísticos e outros) e de suporte gerencial que oportunizem chances aos indivíduos de conseguirem executar o que deles se espera em situação de trabalho. Assim, as organizações têm mais chances de alcançarem sua missão e objetivos institucionais, que justificam sua existência. Um motorista de ônibus, por exemplo, precisa ter o veículo em constante manutenção para conseguir exercer bem suas atribuições (e não ficar parado pelo caminho enguiçado!). Espera-se que um professor tenha condições mínimas (sala disponível, por exemplo) para conseguir ministrar sua aula, por mais motivado que ele esteja. Tantas outras atribuições dependem fundamentalmente das condições que são dadas pelo contexto ou ambiência (fatores situacionais) para que haja grau de *expertise* em sua realização.

Assim, ao se trabalhar com o estudo da variável desempenho, é preciso ter em mente que será necessário minimamente isolar ou considerar os efeitos de outros agentes causadores de desempenho para além do objeto de interesse do pesquisador. Isto porque várias "coisas" causam desempenho, e o pesquisador precisa estar ciente dos efeitos indiretos ou intervenientes desses aspectos que podem influenciar os resultados de sua pesquisa. Há aspectos que o pesquisador sequer conhece ou supõe interferir em sua pesquisa, por isso a necessidade de relativização quando se investiga este construto.

Essa diferenciação por meio de níveis, além de explicar aquilo que causa, também se aplica ao próprio construto desempenho. Desempenho é investigado sob o prisma individual, das equipes/grupos de trabalho e, também, organizacional. No nível individual espera-se que o indivíduo seja capaz de desenvolver e aplicar ferramentas e estratégias voltadas à aplicação de competências relacionadas ao pleno exercício de seu cargo, ou seja, aplicar seu atual repertório voltado à consecução daquilo que é exigido para sua função. Já o desempenho de equipes diz respeito a parâmetros estabelecidos em conjunto, em que a interdependência de tarefas ou de pessoas acontece. O agente de análise é o grupo, logo, as expectativas de desempenho também são definidas em função do grupo.

No nível organizacional, desempenho diz respeito ao atendimento das expectativas do negócio da organização, dos resultados em nível macro utilizando como parâmetro os desempenhos das unidades setoriais e dos indivíduos.

Aplicabilidade do construto

O objeto de estudo da PT&O, no que diz respeito à investigação de desempenho no trabalho, refere-se à identificação de atributos ou dimensões psicológicas relacionadas ao ato de desempenhar. A pergunta "o que acontece quando alguém está desempenhando?" é o ponto de partida para importante parte dos estudos empíricos na área. Na psicologia, inclusive, não são abordados temas de desempenho que comumente são encontrados em outros campos de saber, tais como o desempenho econométrico ou o percentual de participação da organização no mercado, por exemplo, mas sim os processos comportamentais envolvidos no ato de desempenhar.

Os pesquisadores de PT&O e campos de saberes afins adotam diversas perspectivas teóricas e metodológicas para medir desempenho. Há, na literatura, debates controversos relacionados ao tipo de medida e critério mais apropriados para aferir desempenho no trabalho e sua validade de construto. Encontram-se, frequentemente, relatos empíricos que se referem a medidas de autorrelato ou autoavaliação de desempenho. Por outro lado, medidas de heteroavaliação de desempenho, principalmente de 360 graus, também são frequentemente utilizadas. Há, ainda, um grande volume de publicações nacionais e internacionais que discutem a aplicabilidade de medidas quantitativas ou objetivas a fim de se avaliar desempenho (Oliveira-Castro, 1994).

Muito se tem produzido acerca do impacto gerado pela avaliação de desempenho no ambiente organizacional, bem como sobre os processos inerentes à avaliação em si.

Em condições ideais, para ser considerado eficaz, um desempenho no trabalho requer, fundamentalmente, que cada indivíduo saiba executar as tarefas e rotinas organizacionais que lhe são designadas para o preenchimento de seu papel ocupacional. O indivíduo precisa reter as competências necessárias ao seu posto ocupacional, ainda que haja condições de apoio tanto do ambiente quanto dos atores sociais que mantenham relação com ele, especialmente chefia e colegas de trabalho. Além disso, fatores disposicionais, vinculados ao querer fazer, também são condições imprescindíveis ao desempenho.

Em última instância, desempenho é o tipo de variável que é produto ou sofre o efeito de um sem-número de outras variáveis. Não há como dissociar desempenho das características do trabalho, ou do fato de o indivíduo possuir ou não um conjunto de competências que facilitem o desempenho efetivo. Ações de aprendizagem informal, ou mesmo as formalmente estabelecidas (TD&E), visam, também, a gerar efeito sobre desempenho.

Até mesmo certos aspectos ou traços de personalidade mantêm relação com o desempenho, haja vista que, para certas atividades ou ocupações (por exemplo relacionadas à carreira na segurança pública, em que se espera uma agressividade adequada ao cargo, resiliência, resistência à frustração e outras dimensões da personalidade), certos perfis profissiográficos podem ser mais requeridos para o mais adequado exercício da função. Da mesma forma, novos arranjos do trabalho, como teletrabalho, também têm no desempenho o principal parâmetro de seu êxito, especialmente no alinhamento do produto do desempenho em relação às metas e aos objetivos organizacionais.

No que se refere à literatura brasileira em PT&O e campos de saber afins, como a administração, parece-se ignorar outras dimensões associadas ao ato de desempenhar no trabalho, tradicionalmente, as etapas de planejamento, monitoramento e revisão. É dada, também, maior ênfase ao desempenho na condição de variável individual, não em termos de suas causas e efeitos nos níveis de grupos/equipes de trabalho ou mesmo organizacional.

Desempenho no trabalho foi uma variável tradicionalmente investigada por meio de medidas bastante heterogêneas e multicriteriais. Há, então, a necessidade de se ampliar o leque das investigações em relação a ela no contexto da PT&O, contemplando, principalmente, variáveis referentes a suas dimensões psicológicas a fim de prover um avanço teórico e empírico mais efetivo nas publicações nacionais.

As relações entre variáveis concernentes à saúde mental no trabalho, como bem-estar, qualidade de vida no trabalho, satisfação e bem-estar psicológico com o desempenho, precisam ser investigadas de modo mais aprofundado.

O papel dos colegas e da chefia também precisa ser mais bem explorado em termos de facilitadores da *performance*. Características da tarefa, especialmente considerando a natureza e finalidade da atividade típicas de certos postos ocupacionais (como os de alta periculosidade), ainda precisam ser mais bem examinadas, especialmente considerando dimensões ou configurações da estrutura organizacional. Os arranjos organizacionais e tipos de departamentalização (burocrático, adhocrático, matricial e outros) também precisam ser mais bem considerados quando analisados os fatores que causam desempenho. A influência de variáveis relativas ao significado, centralidade e sentido atribuídos ao trabalho também precisa ser mais investigada.

No contexto brasileiro, em que até hoje se verifica uma influência marcante do taylorismo/fordismo na configuração do trabalho, até mesmo como reflexo do ritmo lento de modernização quando comparado aos países europeus e da América do Norte, as pesquisas que investigam a variável "desempenho" ainda remontam a princípios de organização e controle do trabalho, enfocando, principalmente, a etapa de avaliação nos relatos empíricos publicados.

Mais recentemente, o gerenciamento do desempenho, com foco nas etapas de planejamento, monitoramento e revisão, passou a ter, efetivamente, caráter tático às organizações. Assim, este construto carece mais de uma análise compreensiva em termos do que foi produzido até então, incorporando-se teorias particulares a uma metateoria sobre desempenho. As causas e efeitos do desempenho da tarefa, aliados ao desempenho contextual (fora daquilo que é prescrito nas descrições de tarefas), por meio de modelagem multinível, em que competências organizacionais podem, inclusive, ser agregadas à compreensão desse fenômeno, precisam ser trazidos a esse debate.

Referências

Bendassoli, P. (2012). Desempenho no trabalho: revisão da literatura. *Psicologia Argumento, 30*(68), 171-184.

Brito, L. A. L., & Vasconcelos, F. C. (2004). A heterogeneidade do desempenho, suas causas e o conceito de vantagem competitiva: proposta de uma métrica. *Revista de Administração Contemporânea, 8* (edição especial), 107-129.

Campbell, J. P. (1990). Modeling the performance prediction problem in industrial and organizational psychology. In M. D. Dunnette & L. M. Hough (Eds.). *Handbook of Industrial and Organizational Psychology.* Palo Alto, CA: Consulting Psychologists Press.

Coelho Jr., F. A. (2009). Gestão do desempenho humano no trabalho: interfaces teóricas, etapas constitutivas e implicações práticas. Trabalho apresentado no *III Encontro de Gestão de Pessoas e Relações de Trabalho*, João Pessoa, PB.

Coelho Jr., F. A., & Borges-Andrade, J. E. (2011). Discussão sobre algumas contribuições da modelagem multinível para a investigação de desempenho no trabalho. *Psico-USF, 16*(2), 135-142.

Oliveira-Castro, G. A. (1994). Avaliação de desempenho em psicologia: questões conceituais e metodológicas. *Psicologia: Teoria e Pesquisa, 10*(3), 355-374.

Sonnentag, S., & Frese, M. (2002). Performance concepts and performance theory. In S. Sonnentag (Ed.). *Psychological Management of Individual Performance* (3-27). Chichester, NJ: Wiley.

Desemprego

José Newton Garcia de Araújo

Segundo um relatório da Organização Internacional do Trabalho (BBC Brasil, 2012), havia no mundo, em 2011, 27 milhões a mais de desempregados que em 2007, ano em que surgiram os primeiros sinais da atual crise econômica global, com a deterioração da atividade econômica. Se hoje há cerca de 200 milhões de desempregados no planeta, calcula-se que, em 2015, esse número poderá chegar a 208 milhões. Mais do que um caso de recessão, devido a crises pontuais, esses dados remetem ao fenômeno do *desemprego estrutural*.

A fim de situar, historicamente, as origens do desemprego, julgamos apropriado abordar, antes dele, o próprio aparecimento do emprego. Para isso, vamos lembrar, em breves traços, alguns modelos de sociedades, ao longo da história humana, e suas formas de desenvolvimento econômico e social.

Comecemos pelas comunidades primitivas. Nelas, a terra e os frutos do trabalho eram de todos. A produção coletiva dos meios de sobrevivência se confundia com a própria produção da vida, ou seja, trabalho e vida não se distinguiam. Com o aumento da população, ao longo dos séculos, cresce a necessidade de maior produção de alimentos e, para tanto, de mais mão de obra. Esta era, muitas vezes, imposta aos prisioneiros de guerras, daí surgindo as primeiras formas de escravidão.

Nas civilizações antigas, a escravidão tornou-se naturalizada, além de inerente ao funcionamento das sociedades. Assim, no chamado *modo de produção asiático*, vigente em países do Oriente, como Índia e China, ou da África, como o Egito, os escravos e camponeses eram duramente explorados, devendo dar todo o excedente de sua produção aos reis ou faraós, que os distribuíam aos nobres, aos militares e ao clero. Essa divisão entre produtores e não produtores já apontava para as primeiras sociedades de classes. Na Antiguidade greco-romana, o escravo era uma posse de seu senhor, pertencia à sua casa (*oikos*) tanto quanto os animais e outros utensílios, sem nenhum pagamento em troca de seu trabalho.

Na Idade Média, o feudalismo era o modo de produção dominante. Os servos, em geral camponeses miseráveis, cuidavam da agropecuária, além de pagar tributos e jurar fidelidade aos seus senhores (feudais), em troca de proteção e de um pedaço de terra onde morar. Ainda na Idade Média, paralelamente ao feudalismo, aparecem os artesãos e suas "corporações de ofício". O mestre-artesão era quem detinha o conhecimento técnico, à frente de um grupo de aprendizes que trabalhavam para ele, como mão de obra barata, em troca de roupa e comida, mas também de conhecimento. Cada corporação agrupava um ofício – pedreiros, carpinteiros, ferreiros, ourives, comerciantes etc. Com a extinção progressiva do feudalismo, os camponeses buscam as periferias das cidades medievais, formando povoados ou burgos – seus habitantes eram chamados burgueses – nos quais floresciam as atividades artesanais e o comércio.

O nascimento do capitalismo

Até então, prisioneiros, escravos e camponeses trabalhavam para seus senhores, mas não tinham salário nem emprego. O mesmo ocorria com os artesãos. A dinâmica da história econômica gera, pois, distintos modos de produção e de relações de trabalho. Foi assim que uma nova mudança se produziu, quando os comerciantes, nos burgos, passaram a ter lucros crescentes, acúmulo de capital e de poder econômico. Começa a nascer uma nova classe, a burguesia, e um novo modo de produção econômica e social, o capitalismo.

A sociedade feudal e artesanal dá lugar, então, à sociedade industrial, ao aparecimento das máquinas, fenômeno conhecido como primeira Revolução Industrial. Na Inglaterra, surgem as primeiras fábricas no final do século XVIII. Os capitalistas, detendo a propriedade privada dos meios de produção, criam novas relações de trabalho, instituem o salário e impõem formas específicas de controle sobre a nascente classe operária, composta por crianças, homens, mulheres e idosos, que trabalhavam até dezoito horas por dia, em condições degradantes e sem qualquer proteção social.

Chegamos aqui ao que nos interessa: o capitalismo funda a sociedade de classes – uma dominante, dos proprietários, outra dominada, dos trabalhadores sem propriedade. É nesse contexto que nasce ou se institucionaliza a atividade assalariada ou o emprego. O que é, então, o emprego? É uma relação de troca, por meio da qual um trabalhador ou um coletivo de trabalhadores, privados de meios próprios de subsistência, vendem sua força de trabalho – suas capacidades física e mental, suas habilidades e competências – ao capitalista, proprietário desses meios de produção.

Observe-se que *força de trabalho* não é sinônimo de trabalho. Ela é a mercadoria que o indivíduo troca por um salário, para garantir sua sobrevivência mínima, às vezes nem isso. O emprego é, pois, essa troca desigual que gera um valor excedente, isto é, um lucro, para o capitalista. A esse excedente Marx (1983) chamou de *mais-valia*. Lembremos que esse filósofo concebe o trabalho em um duplo viés: de um lado, em sua dimensão antropogênica, visto como a atividade por meio da qual o homem transforma o mundo, produz cultura e, ao mesmo tempo, também se produz e se transforma; de outro lado, em seu aspecto deformado que, com o capitalismo, torna-se fonte de exploração e alienação. Assim, o trabalhador decai à condição de mercadoria vendida como força de trabalho. O objeto que ele produz lhe é estranho, não lhe pertence.

Anotemos ainda que a categoria emprego gera a noção de trabalho livre, ou seja, o trabalhador é livre para vender ou não sua força de trabalho ao empregador. É isso que o faz juridicamente diferente do escravo, que não tinha salário nem emprego, pois era propriedade de seu senhor.

Nas muitas décadas que se seguem, nesse novo modo de produção, os trabalhadores nada tinham para sobreviver, além de seu salário. É ao longo de duras lutas pela conquista de seus direitos que eles, em meados do século XX, conseguiriam consolidar aquilo que Castel (1999) chamou de *sociedade salarial*. Nesta, as relações contratuais de trabalho inserem-se na estrutura do estado de bem-estar social, que garante aos trabalhadores suportes sociais ou *propriedade social*, como aposentadoria, seguro desemprego, férias, assistência à saúde, enfim, todo o aparato que conhecemos como Previdência Social. Isso ocorreu primeiro nas sociedades capitalistas avançadas ou nos países centrais do capitalismo, com o chamado pleno emprego (até 3% de desemprego), especialmente nos "trinta anos gloriosos" do capitalismo, período entre o fim da Segunda Guerra Mundial e meados dos anos 1970. Nessas sociedades, a atividade assalariada ou o trabalho-emprego torna-se a forma hegemônica de inserção social. No entanto, tal cenário começa a se degradar, em seguida, dando lugar a uma nova ordem econômica mundial. Desde então, o fenômeno do desemprego vai ocupar, gradativamente, o centro da cena social.

Vemos, pois, que tanto o emprego quanto o desemprego nasceram com o capitalismo, ou seja, não havia a categoria social de *desempregados* nas sociedades primitivas, escravistas ou feudais. Se, no período medieval, 20% da população era constituída de andarilhos ou vagabundos, indigentes, doentes mentais, criminosos etc., estes não eram tratados como desempregados. Os conceitos de emprego e desemprego emergem, de fato, com o modo de produção capitalista e suas formas de controle sobre o trabalhador.

O cenário do neoliberalismo

Como então localizar o desemprego nos dias atuais? Lembremos que, por volta dos anos 1970, a terceira Revolução Industrial provoca a chamada *reestruturação produtiva*. Com o esgotamento do modelo taylorista-fordista (que, de fato, não desapareceu), emerge o toyotismo, modelo japonês de produção. Suas inovações tecnológicas incluem a microeletrônica, a robotização, a informatização, a telecomunicação, a biotecnologia, entre outras. No plano organizacional, aparecem os modelos gerenciais conhecidos como *just-in-time*, *kanban*, as ilhas de produção, os CCQ (círculos de controle de qualidade) e a *qualidade total*.

Do ponto de vista político e doutrinário, o liberalismo econômico dá lugar ao neoliberalismo, que deflagra um ataque frontal às políticas do estado de bem-estar social, preconizando a "reforma do Estado", no sentido de reduzi-lo a um "Estado mínimo". Isso inclui a privatização de empresas públicas e, entre suas consequências perversas, a terceirização de vários setores, provocando a retração dos gastos públicos, transferidos para o capital privado. Além disso, o mercado passa a privilegiar o capital especulativo, em detrimento do investimento na produção.

É nesse contexto que se situa o *desemprego estrutural*. A desregulamentação dos mercados favorece também a fusão entre grandes empresas, com a consequente concentração do capital. Na lógica concorrencial, as empresas precisam produzir mais, investindo maciçamente em novas tecnologias, dispensando milhares de trabalhadores. Por exemplo: no Brasil, o número de empregados no setor bancário, em dez anos (1989-1999), passou de 811.425 mil para 414.803 mil, ou seja, 396.662 mil trabalhadores perdem seu emprego nesse curto período. Outro exemplo, mais atual, ocorre no corte manual da cana-de-açúcar das usinas sucroalcooleiras. Nelas, o trabalho braçal, embora altamente degradante, está sendo substituído por colhedoras mecânicas. Só uma dessas máquinas substitui cerca de 100 trabalhadores. Nos próximos anos, milhares de cortadores de cana estarão desempregados. Trata-se de mais um caso do chamado desemprego tecnológico.

Nessa nova ordem do capitalismo globalizado, ocorre, paralelamente ao desemprego, a perda progressiva das conquistas jurídicas e sociais dos trabalhadores, seguida da precarização de suas vidas e de seu trabalho. Os sindicatos se enfraquecem diante da desregulamentação dos contratos de trabalho. Em consequência, proliferam o trabalho temporário, o trabalho parcial, a jornada dupla, o aumento de horas extras, além da já citada subcontratação de empresas ou terceirização de serviços, responsáveis, em princípio, pelas atividades consideradas "meio" e não "fim", no processo produtivo (embora haja empresas que terceirizem suas atividades-fim), o que aumenta ainda mais a vulnerabilidade do trabalhador, nas formas de trabalho informal ou de subemprego.

Para Castel e Haroche (2001), na sociedade salarial, o trabalho-emprego não significava apenas uma relação econômica, mas algo que inseria o indivíduo na estrutura social. No entanto, o capitalismo flexível torna-se um celeiro de desempregados, de *inimpregáveis*, ou seja, sujeitos cujas competências tornam-se defasadas ou inúteis, pois as novas tecnologias fizeram desaparecer suas profissões. Para o autor, trata-se do retorno à vulnerabilidade, à *desfiliação social* das massas de trabalhadores, inclusive aqueles que antes tinham estabilidade no emprego.

Nessa desregulamentação do mercado, há grande heterogeneidade nas bases formais e informais dos contratos de trabalho, de modo que às vezes torna-se difícil distinguir os limites entre trabalho precarizado, subemprego e o desemprego propriamente dito. Por isso mesmo, torna-se problemático definir o desemprego. Não basta caracterizá-lo como falta de trabalho ou desocupação, no caso das pessoas que procuram e não encontram emprego.

Tomemos o caso do *trabalho informal*, no qual milhões de empregados são privados da carteira de trabalho, da estabilidade, do vínculo jurídico com o empregador, dos benefícios previdenciários (FGTS, seguro-desemprego, licença-maternidade, aposentadoria e outros). Vale destacar aqui alguns tipos de trabalhadores "autônomos", como o vendedor ambulante, a passadeira, a diarista, a prostituta, o encanador ou o eletricista que vivem de "bicos", além das pessoas envolvidas em contrabando, tráfico de drogas e de armas.

A Fundação Sistema Estadual de Análise de Dados (Seade, 2012) propõe as seguintes situações para definir os desempregados: *desemprego aberto* – referente a pessoas que procuraram trabalho nos últimos trinta dias e estão sem atividade nos últimos sete dias anteriores ao momento de serem entrevistadas; *desemprego oculto pelo trabalho precário* – referente a pessoas que exerceram algum trabalho ou autoocupação, de forma descontínua e irregular, tendo procurado emprego até doze meses anteriores; *desemprego oculto pelo desalento e outros* – referente a pessoas que, tendo procurado trabalho nos últimos doze meses, deixaram de fazê-lo nos últimos trinta dias, por desestímulo diante das tentativas fracassadas de busca. Além desses casos, citemos as milhares de crianças, jovens e adultos em situações *análogas ao trabalho escravo*, no campo e nas cidades. Em síntese, independente de critérios técnicos, pode-se afirmar que todas essas figuras anteriores de desocupação e/ou ocupação precária pertencem, cada qual com suas especificidades, à categoria de desemprego.

O desemprego e o papel da psicologia

Vimos, em síntese, que a reestruturação produtiva ocorre em um momento histórico dominado pelo neoliberalismo, em que a diminuição do papel do Estado e a desregulamentação globalizada dos mercados de trabalho dão lugar ao desemprego e à vulnerabilidade das classes trabalhadoras, bem como à miséria e à violência social.

Nesse caso, se é a terceira Revolução Industrial que gera o chamado desemprego tecnológico, estar desempregado não significa, forçosamente, despreparo pessoal, como sugere a ideologia neoliberal. Foi com ela que nasceu, por exemplo, a teoria do capital humano e, com ela, o discurso do empreendedorismo individual, apontado como solução quase mágica para o desemprego. Tal discurso é mais uma forma de controle social, ao culpabilizar, perversamente, milhões de trabalhadores como incompetentes ou fracassados, por estarem fora do mercado de trabalho.

Essa discussão nos leva, finalmente, a perguntar sobre o papel da psicologia diante do fenômeno do desemprego. Antes de qualquer resposta, lembremos que Freud (1930/1974), embora tendo uma representação negativa do trabalho (ele se refere, por exemplo, a uma natural aversão do homem pelo trabalho, ou diz que a grande maioria das pessoas só trabalha por pressão ou necessidade), reconhece seu valor como forma de pertencimento social, prendendo o indivíduo à realidade, dando-lhe um lugar seguro na comunidade humana. Além disso, acrescenta Freud, muitos componentes libidinais – narcísicos, agressivos ou mesmo eróticos – deslocam-se para o trabalho, que empresta um valor inestimável aos relacionamentos humanos a ele vinculados.

Vemos, então, que uma das consequências do desemprego é que o trabalhador se vê retirado desse lugar supostamente seguro na comunidade humana. Em sentido próximo, Antunes (1995) diz que a crise do desemprego afeta tanto os aspectos materiais quanto a subjetividade da "classe-que-vive-do-trabalho". Lima e Borges (2002) comentam que, além da perda de renda, o desemprego mergulha o indivíduo em um universo de incertezas quanto ao seu futuro pessoal e profissional, deixando-o excluído do convívio social, sujeito a discriminações, desestruturando seus laços sociais e afetivos.

Em outras palavras, esse estado de sofrimento pode levar à perda de referências identitárias e ao próprio sentido de existir, às vezes produzindo distúrbios somáticos, psíquicos e comportamentais, alguns deles culminando no suicídio. Uma categoria de desempregados, já citada anteriormente, cuja denominação tem uma nítida conotação psicológica, é a dos *desalentados* – pessoas que, desempregadas há mais de doze meses, após muitas tentativas frustradas, desistiram de procurar emprego.

Em pesquisa feita junto ao Conselho Regional de Psicologia/MG (Araújo, Monteiro, Lima & Souza (2006), foi possível levantar um quadro variado de elementos que traduziam a vulnerabilidade psicossocial e seus impactos sobre a saúde mental de *trabalhadores em situação de desemprego*. Os sujeitos da pesquisa, além da perda do nível socioeconômico anterior, relataram experiências como fome, desgaste das relações familiares e sociais, discriminação social, sentimentos de humilhação, vergonha, culpa e inutilidade, além de revolta e, às vezes, desespero, com ideias de autoextermínio. Relataram também reações orgânicas e comportamentais, como irritabilidade, agressividade, desânimo e insônias, intercaladas com episódios de pesadelos. O uso de álcool e outras drogas, assim como o apelo inócuo à religião, também foram relatados.

Essa pesquisa foi realizada dentro do projeto "Apoio psicológico ao trabalhador em situação de desemprego", e fez parte de outras frentes de trabalho incluídas no então "Banco Social de Serviços em Psicologia", do Conselho Federal de Psicologia (CFP) e de seus Conselhos Regionais. Ela aponta para a participação do CFP em políticas públicas, algumas delas continuadas por meio do Centro de Referência Técnica em Psicologia e Políticas Públicas (Crepop) e de suas atuações junto ao Centro de Referência em Assistência Social (Cras) e ao Sistema Único de Assistência Social (Suas). Questões como geração de emprego e renda, capacitação técnica de adolescentes, economia solidária, saúde do trabalhador assistido no SUS, entre outras, fazem parte desse programa.

Vale assinalar também, nas últimas décadas, a considerável diversidade de pesquisas e publicações, no campo da psicologia, ligadas tanto às relações entre trabalho/saúde/adoecimento quanto aos dramas psicossociais e às estratégias de sobrevivência do trabalhador desempregado.

Sabemos ainda que, do lado das políticas públicas governamentais, da iniciativa privada e de ONGs, não cessam as experiências relativas à formação, qualificação e retreinamento dos trabalhadores, visando minorar os problemas advindos do desemprego no Brasil. Essas medidas têm, por certo, inegáveis efeitos positivos, mas são limitadas. A realidade do *desemprego estrutural* exige estratégias globais ainda não visíveis no atual horizonte das relações políticas e econômicas globais, enquanto estas estiverem regidas pelo modo de produção capitalista e pela ideologia neoliberal.

Referências

Antunes, R. (1995). *Adeus ao trabalho? Ensaio sobre as metamorfoses e a centralidade do mundo do trabalho.* São Paulo: Cortez.

Araújo, J. N. G., Monteiro, L. S. S., Lima, S. T. N., & Souza, D. F. X. (2006). Trabalhadores em situação de desemprego: uma experiência de apoio psicológico. *Mental, 4*(7), 107-125.

BBC Brasil (2012). *OIT: Desemprego afeta cerca de 1 bilhão de trabalhadores pelo mundo.* Recuperado em 27 junho, 2012, de http://www.cidadeverde.com/oit-desemprego-afeta-cerca-de-1-bilhao-de-trabalhadores-pelo-mundo-92777.

Castel, R. (1999). *As metamorfoses da questão social: uma crônica do salário.* Petrópolis: Vozes, 1999.

Castel, R., & Haroche, C. (2001). *Propriété privée, propriété sociale, propriété de soi.* Paris: Fayard.

Freud, S. (1974). O mal-estar na civilização. In S. Freud. *Edição standard brasileira das obras completas de Sigmund Freud* (pp. 75-171). Vol. XXI. Rio de Janeiro: Imago. (Trabalho original publicado em 1930).

Lima, M. E. A., & Borges, A. F. (2002). Impactos do desemprego de longa duração. In I. B. Goulart (Org.). *Psicologia organizacional: teoria, pesquisa e temas correlatos* (pp. 337-355). São Paulo: Casa do Psicólogo.

Marx, K. (1983). *Manuscritos econômico-filosóficos.* São Paulo: Ática.

Seade (2012). *Fundação Sistema Estadual de Análise de Dados.* Recuperado em 29 junho, 2012, de http://www.seade.gov.br/produtos/ped/pedmv98/conceito.html.

Desenvolvimento organizacional

Iris Barbosa Goulart

Desenvolvimento organizacional é uma expressão ligada à área de gestão de pessoas, que surgiu nos Estados Unidos por volta da década de 1940, a partir de duas fontes básicas: o treinamento em laboratório e as pesquisas de levantamento e *feedback*. Essas áreas receberam influência teórica de vários autores, e por isso englobam conceitos diversos, merecendo destaque o trabalho desenvolvido por Kurt Lewin no desenvolvimento da teoria de campo da psicologia social (French & Bell, 1972).

O treinamento em laboratório foi iniciado por Kurt Lewin e pesquisadores a ele associados, no Massachussetts Institute of Technology (MIT), para atender à solicitação da Connecticut Interracial Commission (Comissão Inter-racial de Connecticut) e pelo Committee on Community Interrelations of the American Jewish Congress (Comitê de Inter-relações Comunitárias do Congresso Judeu Americano). Pretendia-se analisar atividades não estruturadas de pequenos grupos nas quais os participantes aprendem a partir de suas próprias interações e da dinâmica evolutiva do seu grupo, a fim de facilitar mudanças comportamentais na volta ao ambiente natural de trabalho. Esse trabalho constituiu o primeiro Grupo T, e os estudos desenvolvidos ajudaram na pesquisa e no treinamento de líderes comunitários. Os pesquisadores concluíram que: o *feedback* de informações sobre a interação de grupo é uma rica experiência de aprendizagem; o processo de construção de grupo tem um potencial para aprendizagem que pode ser transferido para situações organizacionais.

A partir da experiência inicial, o Office of Naval Research (Departamento de Pesquisas Navais) e a National Education Association (Associação Nacional de Educação) financiaram a continuação dos trabalhos nessa área, sendo criados os National Training Laboratories – NTL (Laboratórios Nacionais de Treinamento) em Bethel, no estado de Maine, Estados Unidos. Durante os anos 1950, começaram a surgir laboratórios regionais de treinamento, a experiência com Grupos T se estendeu para negócios e para a indústria e houve uma ênfase crescente nas relações intergrupos e nas relações interpessoais. Os Grupos T a partir dessa época passaram a ser citados como "grupos de desenvolvimento", sendo muito usados no treinamento organizacional, e o desenvolvimento organizacional surgiu como uma nova tendência para a melhoria da organização (Bowditch & Buono, 2006).

Outra contribuição importante para o desenvolvimento organizacional foi o emprego de levantamento de atitudes e sessões de *feedback* de dados. O trabalho de Floyd Mann na Detroit Edison Company, que recebeu a designação de "cadeia interligada de conferências", no final da década de 1940 e no início dos anos 1950, foi um dos primeiros estudos que podem ser caracterizados como pesquisa de levantamento de atitude de empregados e gestores organizacionais. As sessões eram conduzidas em grupos de tarefa e cada supervisor e seus subordinados discutiam os resultados; a partir dessas discussões, planejava-se a introdução de mudanças positivas nas organizações.

As pesquisas de levantamento e *feedback* também tiveram sua origem no trabalho de Kurt Lewin e do Research Center for Group Dynamics (Centro de Pesquisas para Dinâmica de Grupo), fundado por ele no Massachussetts Institute of Technology (MIT), em 1945. Após a morte de Lewin, em 1947, a equipe mudou-se para Michigan, unindo-se ao Centro de Pesquisas da Universidade de Michigan, formando o Institute for Social Research (Instituto de Pesquisas Sociais) (Bowditch & Buono, 2006).

Na Europa, o desenvolvimento organizacional sofreu a influência da orientação sociotécnica do London's Tavistock Institute of Human Relations (Instituto Tavistock de Relações Humanas de Londres). Em lugar de as organizações serem consideradas sistemas técnicos fechados, aos quais as pessoas eram forçadas a se adaptar, o Instituto Tavistock introduziu o conceito de "sistema sociotécnico aberto", que tinha como foco a interação e a inter-relação das dimensões humanas e técnicas do trabalho.

No Brasil, o desenvolvimento organizacional (DO) passou a ser abordado no início da década de 1960, provavelmente em 1962, com base na visão de alguns autores sobre a influência da organização e do ambiente e sobre o desenvolvimento do ser humano. Gualazzi (s./d.) observa que o conceito de desenvolvimento organizacional está intimamente ligado às noções de mudança e de capacidade adaptativa à mudança. Pode-se inferir que a maioria das contribuições para o florescimento da área no Brasil está associada ao desenvolvimento da sociologia do trabalho e da psicologia da indústria, que evoluiu para a psicologia organizacional. Essas abordagens, à época, passaram a ser amplamente utilizadas nas organizações, visando ao desenvolvimento das potencialidades das pessoas, do ambiente social e da empresa.

Fatores influenciadores da emergência do desenvolvimento organizacional

A partir dessa referência histórica, podem-se identificar alguns fatores que justificam o florescimento do desenvolvimento organizacional (DO):

1. A significativa dificuldade de reunir e operacionalizar os preceitos das diversas teorias sobre a organização, muitas vezes conflitantes entre si.
2. O desenvolvimento dos estudos sobre a motivação humana e sua interferência sobre a dinâmica das organizações.
3. As mudanças que se processaram no mundo a partir do final da Segunda Guerra: a transformação rápida do ambiente organizacional, o acelerado

desenvolvimento tecnológico e a necessidade de compatibilizar duas áreas em desenvolvimento: o estudo da estrutura organizacional e o estudo do comportamento humano.

4. O paradigma de crescimento humano e organizacional, que emergiu a partir dos estudos organizacionais, da abordagem de relações humanas e da psicologia industrial, as teorias estruturalistas, as teorias intergrupais sobre conflitos, competição entre grupos, negociação e relações de poder, que se estabeleceram em meados do século XX (Schein, 1982).

Conceito de desenvolvimento organizacional

A discussão do conceito de desenvolvimento organizacional requer que se apresente, inicialmente, o conceito de organização adotado pelos especialistas em DO, os quais adotam uma orientação tipicamente comportamentalista: "uma organização é a coordenação de diferentes atividades de contribuintes individuais com a finalidade de efetuar transações planejadas com o ambiente" (Robbins, 1999, p. 404). Esse conceito utiliza a noção tradicional de divisão do trabalho ao se referir às diferentes atividades e à coordenação existente na organização, e refere-se às pessoas como contribuintes das organizações, de tal modo que cada participante contribui de forma diferenciada, em razão das suas características individuais e do sistema de recompensas oferecidas pela organização.

De acordo com Galazzi (s./d.), a compreensão de DO está associada aos conceitos de mudança e de capacidade adaptativa à mudança. O processo de mudança organizacional se inicia com o surgimento de forças que criam a necessidade de mudança em alguma parte da organização. Essas forças podem ser exógenas (forças externas) ou endógenas (forças internas) à organização. As forças exógenas provêm do ambiente e são constituídas pelas novas tecnologias, novas oportunidades ou limitações advindas do ambiente econômico, político e social. Toda organização atua em um determinado meio ambiente e sua sobrevivência depende da maneira como ela se relaciona com esse meio. Por isso, a organização deve ser estruturada e dinamizada em função das condições e circunstâncias que caracterizam o meio no qual ela opera. As forças endógenas que criam necessidade de mudança estrutural e comportamental provêm da tensão organizacional, das interações entre as pessoas, dos sentimentos ou dos resultados de desempenho no trabalho e representam condições de equilíbrio já perturbadas, dentro de uma ou mais partes da organização.

O desenvolvimento da organização é um processo planejado de modificações culturais e estruturais, permanentemente aplicado a uma organização, visando institucionalizar uma série de tecnologias sociais, de tal forma que a organização fique habilitada a diagnosticar, planejar e implementar essas modificações com ou sem assistência externa.

Logo, o DO constitui um esforço complexo destinado a mudar atitudes, valores, comportamentos e estrutura da organização, de tal maneira que esta possa se adaptar melhor às novas conjunturas. Como o ambiente organizacional é altamente dinâmico e sujeito a uma mutação acentuada, torna-se necessário um esforço planejado de mudança, um programa de desenvolvimento organizacional. Portanto, infere-se que a organização que se propõe a adotar o modelo de desenvolvimento organizacional deve manifestar uma capacidade de adaptação à mudança.

Embora o desenvolvimento organizacional seja uma metodologia voltada à promoção de mudanças, algumas características o diferenciam de outras práticas de mudança organizacional:

- O enfoque dual na cultura e no processo, bem como nos aspectos humanos/sociais e técnicos/estruturais da organização.
- A ênfase na colaboração entre os membros da organização e o agente de mudança, capacitando o sistema de clientes a resolver problemas por si mesmo por meio do ensino de habilidades e do conhecimento do aprendizado contínuo com métodos autoanalíticos.
- A ênfase na participação e no envolvimento em resolução de problemas e em tomadas de decisão em todos os níveis organizacionais.
- Uma visão dos profissionais de DO como facilitadores e coaprendizes de sistema de clientes e colaboradores com esse sistema.
- Enfoque no sistema total, com uma visão desenvolvimental que busca o melhoramento mútuo de indivíduos e da organização (Bowditch & Buono, 2006).

Intervenções de desenvolvimento organizacional

Cummings e Worley (2009) relatam que as intervenções de desenvolvimento organizacional são constituídas por uma sequência de atividades, ações e eventos, destinadas a ajudar uma organização a implementar melhoria de sua *performance* e efetividade. A proposta de intervenção, ou plano de ação, deriva de um cuidadoso diagnóstico e se orienta para resolver problemas específicos e investir em áreas particulares do funcionamento organizacional identificadas nesse diagnóstico. Intervenções de DO variam, segundo os autores, desde programas estandardizados, que foram desenvolvidos e usados em muitas organizações, até programas elaborados para uma organização específica ou para um departamento.

O especialista em DO tem como responsabilidade fundamental engajar os membros do sistema cliente em atividades destinadas a realizar o diagnóstico necessário e desenvolver e implementar planos para uma mudança construtiva. Essas intervenções alteram o *status quo* vigente e são voltadas para as mudanças que venham a tornar a organização ou uma unidade dela mais efetiva.

Alguns critérios definem uma intervenção efetiva: o quanto ela atende às necessidades da organização; o grau em que ela se baseia no conhecimento causal dos objetivos e como ela transfere a administração da competência para os membros da organização.

Para atender ao primeiro critério, a intervenção efetiva deve ser baseada em informações válidas sobre o funcionamento da organização, o que implica realização de um diagnóstico acurado da organização. O segundo critério, que envolve o conhecimento dos objetivos, é importante porque as intervenções são realizadas para produzirem resultados específicos e, para isso, é necessário que sejam baseadas em conhecimento válido de que esses objetivos podem ser produzidos atualmente. Os autores realçam que, infelizmente, não há no campo de DO a base científica para designar uma intervenção efetiva tal como se tem na medicina e na engenharia, já que o conhecimento dos efeitos da intervenção em DO está em um estágio rudimentar de desenvolvimento. O terceiro critério de uma intervenção efetiva envolve a transferência para os membros da organização da oportunidade de planejar e encaminhar as atividades de mudança nesse momento em que as alterações tecnológicas, econômicas, políticas e sociais são rápidas e persistentes (Cummins & Worley, 2009).

Para que seja realizada uma intervenção efetiva, as atividades devem ser iniciadas por um consultor ou gerente, que se dedica a planejar a mudança e ajudar o sistema, que é o cliente, a desenvolver sua própria capacidade de resolver problemas (Bennis, 1972). Schermerhorn, Hunt e Osborn (1999) enumeram as principais intervenções de DO:

Intervenções gerais na organização

Essas intervenções buscam atingir os principais objetivos de desempenho, e ao mesmo tempo mantêm um alto padrão de qualidade de vida para os funcionários. Nesse caso, incluem-se os seguintes itens:

- *Feedback* de pesquisa, que começa com a coleta de dados obtidos mediante respostas dos membros da organização a um questionário e os resultados são devolvidos a esses membros, como base para um trabalho colaborativo destinado a desenvolver planos de ação.
- Reuniões de confrontação, que visam ajudar a determinar como uma organização pode ser melhorada e tomar as medidas iniciais para isso. Nesse caso, o consultor solicita aos participantes que façam listas individuais daquilo que deve ser feito para melhorar a situação; em seguida, os pequenos grupos discutem os resultados até se obter um conjunto de ações que a alta administração, que também é representada na amostra dos sujeitos, pode endossar e implementar.
- Reprojeto estrutural, que envolve o realinhamento da estrutura da organização ou de subsistemas principais para melhorar o desempenho. Uma série de membros da estrutura formal da organização é selecionada temporariamente para participar de sessões periódicas, em pequenos grupos, visando à solução de problemas.

Intervenções de grupos e intergrupos

Neste caso, incluem-se a formação de equipes, a consultoria de processos e a formação de equipes intergrupos.

- A formação de equipes envolve a participação de um gerente ou consultor que engaja os membros do grupo em uma série de atividades, visando analisar como o grupo pode funcionar melhor. Quando as reuniões são realizadas fora da empresa, durante dois ou três dias, o processo de reflexão costuma ser mais evoluído.
- A consultoria de processos envolve atividades estruturadas, facilitadas pelo especialista em DO, com o objetivo de melhorar o funcionamento do grupo. O foco mais específico é constituído pelos processos fundamentais que o grupo trabalha em conjunto, abordando aspectos como normas, métodos de tomada de decisão, conflitos, atividades de trabalho e manutenção.
- A formação de equipes intergrupos é uma composição especial, que visa ajudar dois ou mais grupos a melhorar seu relacionamento no trabalho, a fim de alcançar maior eficácia do grupo. O especialista em DO envolve os representantes em atividades destinadas a aumentar a conscientização de como cada grupo percebe o outro e, a partir daí, encontrar uma solução colaborativa para os problemas identificados.

Intervenções individuais

Neste nível, são focalizadas questões pessoais e questões que têm relação com o cargo ou a carreira. Constituem modalidades de intervenções individuais as seguintes:

- O treinamento de sensibilidade, projetado para aumentar a autoconsciência das pessoas e sua sensibilidade em relação aos seus pares. As pessoas que trabalham com um treinador em um pequeno grupo (Grupo T) são incentivadas a compartilhar sentimentos e preocupações, além de escutar o que é expresso pelos demais. Devido ao fato de tocar questões muito íntimas e pessoais, esse grupo de treinamento requer o acompanhamento de um profissional habilidoso, para evitar problemas.
- A negociação de papéis é uma técnica destinada a esclarecer o que as pessoas esperam dar e receber daqueles com os quais se desenvolve o trabalho. Como os papéis e as pessoas mudam com o tempo, a negociação pode facilitar a compreensão das tarefas e da necessidade de interação entre os trabalhadores de uma organização.
- O reprojeto de cargo é um processo destinado a ajustar as demandas da tarefa com a finalidade de obter e manter uma combinação ideal. Um modelo sugerido

por Hackman e Oldham sugere que seja feita uma análise das características do cargo; uma análise das necessidades e capacidades dos trabalhadores para exercerem tais cargos e uma tomada de ação para ajustar as características do cargo de modo a combinar com as preferências individuais.

Considerações finais

O desenvolvimento organizacional emergiu como um método de investigação, em uma época em que transformações econômicas, sociais, políticas e econômicas em todo o mundo impuseram a necessidade de mudanças nas organizações. Na condição de processo planejado de modificações culturais e estruturais, o desenvolvimento organizacional se caracteriza pela integração das variáveis e intervenções de estrutura e processos.

O diferencial do desenvolvimento organizacional é que esse método procurou levar em conta a relação entre as mudanças que deveriam ser implementadas e o bem-estar dos membros da organização em um sistema social mais amplo (Huse, 1980; Bowditch & Buono, 2006).

A responsabilidade atribuída aos especialistas em DO realça a importância de formação desses profissionais, especialmente no que se refere aos conhecimentos de Psicologia do Trabalho e das Organizações.

Referências

Bennis, W. (1972). *Desenvolvimento organizacional.* São Paulo: Edgard Blucher.

Bowditch, J. L., & Buono, A. F. (2006). *Elementos de comportamento organizacional* (Luiz Henrique Baptista Machado, Trad.). Rio de Janeiro: LTC.

Cummings, T. G., & Worley, C. G. (2009). *Organization development & change* (9th ed.). Mason, OH: South-Western, a part of Cengage Learning.

French, W. I., & Bell, C. H. (1972). A brief history of organization development. *Journal of Contemporary Business,* 1-8.

Gualazzi, I. L. (s./d.). *Teoria do desenvolvimento organizacional.* Recuperado em junho, 2012, de http://www.lgti.ufsc.br/O&m/aulas/Aula3/teoria.htm.

Huse, E. F. (1980). *Organization development and change* (pp. 30-33). St. Paul, MN: West.

Robbins, S. (1999). *Comportamento organizacional.* Rio de Janeiro: LTC.

Schein, E. (1982). *Psicologia organizacional.* Rio de Janeiro: Prentice Hall.

Schermerhorn, J. R., Hunt, J. G., & Osborn, R. N. (1999). *Fundamentos de comportamento organizacional* (2a ed., Sara Rivka Gedanke, Trad.). Porto Alegre: Bookman.

Diagnóstico organizacional

Narbal Silva

A construção e a aplicação de diagnósticos por meio de sucessivas etapas revestidas de coerência nas organizações se caracterizam como ferramentas psicossociais úteis para intervenções. Os procedimentos de intervenção diagnóstica se mantêm atuais porque os problemas humanos, tecnológicos, estruturais, processuais, econômicos, políticos, culturais e sociais, ou de outra ordem, são recorrentes nas organizações.

Por conseguinte, influenciam fenômenos, tais como: atitudes, motivação, satisfação, contrato psicológico, comprometimento, conflito, estresse, cultura organizacional, aprendizagem, felicidade, entre outros correlatos, como produtividade, qualidade e rentabilidade. As tendências no mundo do trabalho contemporâneo têm exigido de gestores e demais trabalhadores mudanças rápidas e profundas nos âmbitos interno e externo das organizações em que atuam.

Para enfrentar e se adaptar às mudanças, os gestores e demais trabalhadores necessitam identificar problemas e virtudes, de modo que possam aprimorar estruturas, processos, aspectos sociemocionais dos participantes da comunidade organizacional, bem como as múltiplas e complexas relações das organizações com o ambiente externo. O diagnóstico organizacional, portanto, constitui opção relevante de intervenção nas organizações contemporâneas. Pode ser caracterizado como um processo composto por diversas etapas, por meio das quais se torna viável tomar consciência de problemas e potencialidades de diferentes ordens.

A etimologia da palavra

O termo diagnóstico tem origem na palavra grega *diagnõstikós,* sendo que "dia" significa através de, durante, por meio de, e *"gnõstikós"* denota conhecimento obtido através, durante ou por meio de, e "*gnostici*" quer dizer conhecimento de, e as tentativas de compreender as características essenciais de uma determinada situação (Morgan, 1996).

No sentido *lato sensu*, a palavra tem como significado o conhecimento efetivo ou em confirmação sobre algo no momento do seu exame. Também é compreendida como a descrição detalhada de fenômenos físicos ou psicossociais protagonizada por meio de ações/intervenções de natureza investigatória, ou como juízo explícito das características, composição, comportamento, natureza, entre outras qualidades obtidas de determinado fenômeno via coleta de dados.

Por conseguinte, tem como inerente ao seu significado a natureza descritiva. Nessa perspectiva, não possui o significado médico de identificar/diagnosticar doenças e prescrever medicamentos ou tratamentos com o propósito da cura. Contudo, paradoxalmente, nos dicionários é notória a identificação do conceito com a descoberta de doenças ou enfermidades.

Os significados conferidos ao conceito

As diferentes perspectivas epistemológicas que contemplam o conceito de diagnóstico organizacional podem ser demonstradas em um contínuo, que compreende desde teorias, cujos pressupostos básicos supõem a existência de uma realidade objetiva, até perspectivas em que a realidade não é algo objetivo, mas um conjunto de significados socialmente construídos e compartilhados (Burrel & Morgan, 1979). Na literatura, o conceito tem sido contemplado a partir de diferentes perspectivas teóricas, o que tem, em decorrência, gerado a construção de diferentes significados.

Na perspectiva objetivista da realidade social, diagnóstico pode ser concebido como instrumento que visa mapear, por meio de mensuração quantitativa, o contexto interno e externo das organizações, a partir das percepções dos gestores de topo, demais gestores e trabalhadores, fornecedores, clientes, entre outros interessados no propósito da organização. Ainda nessa direção, pode ser aceito como atividade que os gestores e/ou demais trabalhadores executam para determinar as questões e/ou problemas percebidos como relevantes, e que por isso precisam ser equacionados.

Também constitui processo de verificação temporal e espacial, cuja finalidade é diagnosticar sintomas de procedimentos não adequados, ou que poderiam estar mais alinhados com as necessidades e expectativas existentes na organização (Newman & Warren, 1980). Em suma, dentro de uma lógica objetivista da realidade social e orientado pelo tradicional modelo médico-paciente (diagnóstico da doença e prescrição da cura), pressupõe a análise da situação-problema, para que, em seguida, possam ser apresentadas alternativas para os problemas identificados (Araújo, 2005).

De modo oposto, em uma lógica subjetivista da realidade social, diagnóstico pode ser concebido como a captura de percepções individuais e coletivas que necessitam ser compreendidas sob a perspectiva construcionista social e interacionista simbólica, psicanalítica, cognitivista, fenomenológica, entre outras orientações interpretativistas da realidade social. Nesse caso, tem como foco a estrutura, a tecnologia, os processos grupais, as interações humanas, o desempenho e as relações entre papéis, entre outros aspectos que podem estar relacionados.

A partir de uma concepção interpretativista da realidade social, constitui intervenção baseada em fatos, significados conferidos a fenômenos, escuta ativa, reflexões e diálogo. Nessa ótica, são consideradas as múltiplas percepções, compartilhadas ou não, dos atores organizacionais. O que significa mapear relações sistêmicas e identificar suas principais tendências/consequências (lógica da causalidade múltipla), o que, em princípio, permite compreender a realidade social a partir de diferentes facetas (Morgan, 1996).

As etapas do processo diagnóstico

O diagnóstico organizacional se caracteriza como etiológico ao se orientar para a identificação de causas, e é prognóstico quando está voltado para o desenvolvimento futuro ou estado posterior (Dorsch, 2001). Encontra-se construído por meio de processos e é composto, em geral, pelas etapas a seguir: 1) contatos preliminares e inserção (contatos mútuos são estabelecidos, objetivos e expectativas são explicitados e acordos são selados); 2) identificação e formulação dos problemas (poderá ocorrer de modo compartilhado ou não, os procedimentos de indentificação também poderão variar, dependendo das escolhas epistemológicas e teóricas); 3) construção de alternativas (também poderão ser construídas de modos mais ou menos compartilhados, dependendo de posições epistemológicas, ontológicas e de natureza humana); 4) antecipação de consequências (cenários são elaborados com o intuito de antever possíveis decorrências dos problemas definidos e respectivas ações engendradas); 5) elaboração de planos (a elaboração de planos visando a ações poderá ocorrer de modos mais ou menos compartilhados em função dos motivos elencados nas etapas 2 e 3; 6) execução (as ações são postas em prática); 7) avaliação e suporte (é avaliar de modo sistemático e recorrente, para, se for o caso, alterar por meio de suportes técnicos e comportamentais, os cursos de ação).

Na Figura 1, apresentada a seguir, estão descritas as etapas básicas do diagnóstico organizacional. Ela representa o caráter dinâmico, sistêmico e circular do diagnóstico organizacional.

Figura 1 Etapas fundamentais do processo diagnóstico

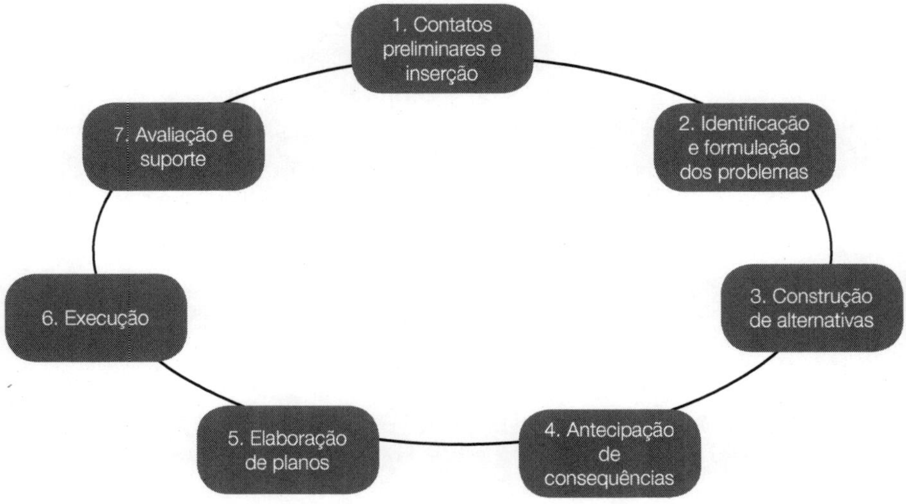

Fonte: Elaboração do autor.

A etapa inicial ou preliminar de contatos e inserção profissional nas organizações tem como propósito exploratório a coleta de informações. O propósito inicial é o de compreender os problemas apontados pelos gestores e demais trabalhadores. Tais problemas podem estar alocados em qualquer âmbito da estrutura, dos processos e das múltiplas e complexas interações humanas nas organizações.

Em seguida, são elaboradas alternativas que são sucedidas pela construção de cenários futuros, cuja função é gerar proatividade por meio da antecipação de possíveis consequências. Depois, são concebidos planos de ação que, em etapa consequente, são postos em prática. Por fim, as ações escolhidas são avaliadas e, caso necessário, suportes técnicos e comportamentais poderão ser disponibilizados. A função essencial dessa etapa é a de retroalimentar o processo diagnóstico.

Alguns modelos de diagnóstico organizacional

Na perspectiva objetiva e funcional da realidade social (Burrel & Morgan, 1979), os pressupostos da teoria de sistemas abertos orientam muitos modelos de diagnóstico organizacional na atualidade. O ambiente influencia os sistemas sociais na medida em que esse ambiente provê entradas ou insumos aos sistemas (Katz & Kahn, 1987). Nessa perspectiva, o processo diagnóstico contribui para que gestores e demais trabalhadores compreendam problemas e necessidades que devem ser atendidas, e que, em decorrência, possam abrir perspectivas para mudanças.

O ponto de partida está em reconhecer o estado atual de determinado problema. Sobre ele são exercidas forças motrizes que impulsionam e forças restritivas ou de resistência (Lewin, 1951). A intenção e desafios dos planejadores ou agentes da mudança é passar do estado atual para um estado desejado. Para isso, é preciso romper o sistema de forças, de modo a eliminar ou diminuir as resistências às mudanças e fortalecer aquelas que as impulsionam. O estado de equilíbrio atual deve ser desestabilizado para que, em momento subsequente, o equilíbrio possa ser restabelecido. No modelo apresentado por Leavitt (1965) são contempladas quatro categorias de variáveis: tarefa, estrutura, tecnologia e humana. As atividades de trabalho envolvidas no fornecimento de produtos e serviços compõem as variáveis de tarefa. As de estrutura incluem os sistemas de autoridade, sistemas de comunicação e fluxos de trabalho. As tecnológicas, por sua vez, incluem todos os equipamentos e máquinas necessários para a variável tarefa. Por fim, as variáveis humanas estão vinculadas às pessoas que realizam tarefas, objetivos e propósitos organizacionais.

Um modelo bastante difundido e aplicado nas organizações é a escala de intensidade construída por Likert (1971). Por meio dessa escala, é possível avaliar as percepções dos participantes que estão inseridos nos principais níveis da organização (estratégico, tático e operacional). Com base na construção de um questionário composto por 43 itens, orientado por sete dimensões organizacionais – motivação, comunicação, interação, tomada de decisões, estabelecimento de metas, controle e desempenho –, o autor descreveu quatro tipos de sistemas de gestão: 1) autoritário; 2) benevolente; 3) consultivo; e 4) participativo. No modelo das seis caixas de Weisbord (1976) são descritas as seguintes categorias: propósitos organizacionais, estrutura, sistemas de recompensas, suporte organizacional e relacionamento humano. Tais categorias se encontram conectadas entre si e com o fenômeno liderança.

O modelo do quadro dos 7S de McKinsey (Cunha & Cunha, 1999) é composto por sete conjuntos de variáveis denominados alavancas que, na língua inglesa, constituem palavras iniciadas com a letra "S". As variáveis apresentadas a seguir são consideradas essenciais no sistema organizacional: estrutura (*structure*), estratégia (*strategy*), sistemas (*systems*), habilidades (*skills*), estilo (*style*), quadro (*staff*) e valores compartilhados (*shared values*). Também com base na teoria dos sistemas abertos, o modelo do diagnóstico do comportamento individual e grupal desenvolvido por Harrison (1987) põe foco nos resultados e na qualidade de vida no trabalho. A análise é feita em três níveis: individual, grupal e organizacional.

As variáveis que afetam o desempenho individual e os resultados de qualidade de vida no trabalho são caracterizadas pelas atitudes individuais, crenças e motivações individuais. Os resultados também incluem a qualidade dos esforços de cada membro no trabalho, sua iniciativa, cooperação e comprometimento. A percepção da segurança no emprego, condições de trabalho, o significado do trabalho, os desafios impostos pelo trabalho e o grau em que o trabalho contribui para a felicidade e o bem-estar é vinculado à qualidade de vida no trabalho. Já os resultados negativos são relacionados ao absenteísmo e aos atrasos. O desempenho do grupo é extraído das variáveis, composição, estrutura e tecnologia, bem como ao comportamento grupal, os processos e a cultura.

Por fim, os resultados associados ao desempenho do grupo são percebidos por meio das soluções, planos e táticas elaborados durante as operações. O levantamento de atitudes aliados a sessões de *feedback*, também denominado "pesquisas de levantamento e *feedback*", é considerado um procedimento que se encontra entre os mais importantes do desenvolvimento organizacional. O pressuposto básico é que as informações geradas por meio dos funcionários constituem instrumentos eficazes para mudanças profundas e significativas nas interações humanas. Essa perspectiva é composta por cinco etapas inter-relacionadas que formam a base de um processo participativo de desenvolvimento organizacional: ingresso na organização cliente (é empreendido um diagnóstico preliminar), etapa de planejamento e desenvolvimento (realização de diversas reuniões com pessoas de diferentes unidades da organização), etapa de implementação e aplicação (teste piloto dos instrumentos de coleta de dados e aplicação em uma amostra ou na totalidade dos empregados), etapa de análise e de *feedback* (análise preliminar dos dados e disponibilização por meio de relatórios e reuniões) e continuação do programa e desenvolvimento da organização (as informações são usadas com o propósito de subsidiar as mudanças compreendidas como necessárias) (Bowditch & Buono, 2006).

Os pressupostos epistemológicos, ontológicos e de natureza humana, calcados em teorias subjetivistas, interpretativas e voluntaristas, também orientam modelos de diagnóstico organizacional (Burrel & Morgan, 1979). Um exemplo disso são os princípios de consultoria de processos humanos ou consultoria de procedimentos. Os propósitos fundamentais são dois: construir um diagnóstico compartilhado via relações autênticas de ajuda e construir relações diagnósticas que permitam perceber, compreender e agir nas questões/problemas humanos, bem como identificar e ajudar, de modo apreciativo, as virtudes humanas (definidos por meio de tomada de consciência) existentes no ambiente interno e externo das organizações (Schein, 2008).

O suposto básico é que a "organização cliente" possa definir as "verdadeiras queixas" e propor soluções para superar os problemas identificados. Também tem como propósito descobrir alternativas que possam levar à construção de ações que proporcionem mudanças profundas (Schein, 2008). Outra possibilidade de investigação nessa perspectiva é o denominado diagnóstico participativo. O que supõe perspectiva interdisciplinar pelo uso de diferentes e complementares teorias, ancoradas no diálogo e na reflexão. Nesse caso, a ênfase recai sobre o diagnóstico em grupo (Naves, Mafra, Gomes & Amâncio, 2000). Os grupos focais também constituem possibilidade de diagnóstico coletivo. Em síntese, caracteriza-se como um procedimento de pesquisa que coleta dados por meio da intervenção diagnóstica em grupos (Morgan, 1996). Por fim, outra possibilidade de diagnóstico organizacional é a que ocorre por meio de procedimentos etnográficos de pesquisa. Nesta perspectiva, o processo de captura do ambiente físico e psicossocial ocorre por meio de intensas vivências (os pesquisadores, neste caso, desempenham o papel de atores da comunidade organizacional, mas com o propósito explícito e consentido de capturar a realidade social por meio de observações diretas) na realidade social da organização (Piccoli & Godoi, 2012).

Também na perspectiva etnográfica, a pesquisa-ação constitui outra possibilidade de investigação. A pesquisa-ação consiste em conectar pesquisa e ação dentro de um processo no qual os atores implicados participam ativamente do diagnóstico e das soluções e aplicações advindas (Thiollent, 1997). As diferentes modalidades e possibilidades epistemológicas, ontológicas e de natureza humana que impulsionam as teorias e práticas referentes às inúmeras possibilidades de diagnosticar as organizações constituem, por si só, processos claros de intervenção. Tais intervenções ocorrem por meio de diversos procedimentos de pesquisa quantitativos e qualitativos.

Tem se tornado comum combinar métodos quantitativos e qualitativos com o intuito de desvendar realidades físicas e psicossociais nas organizações. Tal junção é denominada triangulação intramétodo (combinação de instrumentos típicos do método qualitativo ou quantitativo) e intermétodo (combinação de instrumentos de cada um dos métodos). Os instrumentos de coleta de dados mais utilizados em desenhos diagnósticos compostos pela triangulação ou não são os seguintes: questionário, roteiro de entrevista e de observação direta, caderno de campo, filmagem, apresentação de estímulos mais ou menos estruturados para suscitar projeções, análise de documentos, entre outros.

O conceito no campo de conhecimento da psicologia das organizações e do trabalho

Nas organizações, em especial no campo de conhecimento da Psicologia do Trabalho e das Organizações, tem-se como pressuposto que os psicólogos devem orientar suas atuações por meio da identificação e intervenções em problemas e virtudes humanas nas organizações. Embora o termo diagnóstico seja difundido na literatura dos estudos organizacionais, o seu uso foi derivado de uma prática clínica clássica, orientado pelo denominado "modelo médico", no qual o organismo é concebido como amputado do contexto externo e relativamente desvinculado das influências ou relações de multideterminação sistêmica entre as variáveis internas e externas ao objeto, sujeito, organismo ou sistema.

O psicólogo é trazido à organização pelos gestores ou outros trabalhadores com o intuito de descobrir o que está sem função ou disfuncional, e em qual parte específica. Por conseguinte, a expectativa é que seja proposto e implementado um programa de tratamento ou prescritas medidas capazes de remediar as situações problemas (Schein, 2008). No campo de conhecimento da psicologia das organizações e do trabalho, são comuns as intervenções por meio de diagnósticos de fenômenos psicossociais específicos.

Exemplos disso são os diagnósticos de clima, poder, contexto de trabalho, envolvimento, equipes, estilos de funcionamento, identidade, justiça, motivação, atitudes, satisfação, saúde, suporte, valor, cultura, qualidade de vida, comprometimento, pós-carreira, felicidade e bem-estar, entre outros (Siqueira, 2008). Em suma, as intervenções nas organizações, sejam técnicas ou comportamentais, orientadas por perspectivas objetivas/funcionais, subjetivas/interpretativas ou ambas, quando antecedidas por diagnósticos coerentes e válidos, tendem a se tornar eficazes, o que, por sua vez, endereçarão o psicólogo a um patamar estratégico e político de atuação. Outro aspecto importante a ser considerado é que as escolhas de como proceder em todas as etapas do diagnóstico organizacional devem, o máximo possível e dentro de limites e possibilidades, levar em conta o alinhamento com a cultura organizacional.

Referências

Araújo, L. C. G. de. (2005). *Organizações, sistemas e métodos e as modernas ferramentas de gestão organizacional.* São Paulo: Atlas.

Bowditch, J. L., & Buono, A. F. (2006). *Fundamentos de comportamento organizacional.* Rio de Janeiro: LTC.

Burrel, G., & Morgan, G. (1979). *Sociological paradigms and organisational analysis. Elements of the Sociology of Corporate Life*. London: Heinemann.

Cunha, M. P., & Cunha, J. V. da (1999). *Dialética e novas organizações*. Trabalho apresentado no Seminário Diálogos sobre Mudança Organizacional. Estoril, Portugal.

Dorsch, F. (2008). *Dicionário de Psicologia*. Petrópolis, RJ: Vozes.

Harrison, M. I. (1987). *Diagnosing organizations: Methods, models, and processes*. Newbury Park, CA: Sage.

Katz, D., & Khan, R. L. (1987). *Psicologia social das organizações* (3a ed.). São Paulo: Atlas.

Leavitt, H. J. (1965). Applying organizational change in industry: Structural, technological and humanistic approaches. In J. G. March (ed.). *Handbook of Organizations*. Chicago: Rand McNally.

Lewin, K. (1951). *Field theory in social science; selected theoretical papers*. New York: Harper & Row.

Likert, R. (1971). *Novos padrões de administração*. São Paulo: Pioneira.

Moreira, E. G. (2008). *Diagnóstico organizacional*. Curitiba: IESDE Brasil.

Morgan, D. L. (1996). Focus groups author(s): David L. Morgan Source. *Annual Review of Sociology*, *22*, 129-152.

Naves, F. L.; Mafra, L. A. S.; Gomes, M. A. O.; Amâncio, R. Diagnóstico organizacional participativo: potenciais e limites na análise de organizações. *Organizações & Sociedade – O&S*. v. 7, n. 19, pp. 53-66, set./dez. 2000.

Newman, W. H., & Warren, E. K. (1980). *Diagnóstico: um pré-requisito para boas decisões*. São Paulo: Atlas.

Piccoli, P., & Godoi, C. K. (2012). Motivação para o trabalho voluntário contínuo: uma pesquisa etnográfica em uma organização espírita. *Revista Organizações & Sociedade*, *19*(62), 399-415, Salvador.

Schein, E. A. (2008). *Princípios da consultoria de processos: para construir relações que transformam*. São Paulo; Peirópolis: Instituto Fonte para o Desenvolvimento Social.

Siqueira, M. M. (Org.) (2008). *Medidas do comportamento organizacional: ferramentas de diagnóstico e de gestão*. Porto Alegre: Artmed. 344p.

Thiollent, M. (1997). *Pesquisa-ação nas organizações*. São Paulo: Atlas.

Weisbord, M. R. (1976). Organizational diagnosis: Six places to look for trouble with or without a theory. *Group & Organization Studies (pre-1986)*, *1*(4), Abi/Inform Global, 430.

Diversidade no trabalho

José Roberto Heloani
Eduardo Pinto e Silva

O termo diversidade, derivado do latim *diversitas, diversitatis*, remete-nos a contradição, variedade, diferença, ou ainda, dessemelhança, divergência, oposição. Na condição de um conceito, a diversidade pode ser relacionada a outros, tais como os de identidade, estigma, discriminação, estereótipo, preconceito etc. O respeito à diversidade é apontado em muitos discursos. A menção à diversidade se faz presente nas falas produzidas pelos movimentos sociais, na legislação relativa ao trabalho, nos textos oficiais que estabelecem diretrizes de políticas públicas, ou, ainda, em preleções acadêmicas, nas quais se destacam as que analisam questões étnico-raciais e de gênero e que geralmente tomam como foco o multiculturalismo. A diversidade, quando referida em relação ao mundo do trabalho, geralmente é discutida ao lado de questões como inclusão e democratização. E o Brasil, vale ressaltar, é fortemente marcado pela diversidade étnica e cultural, como bem sinaliza Gilberto Freyre (1954), no que concerne à imensa capacidade inter-relacional desde os primórdios do processo de colonização.

Consoante o artigo terceiro da Carta Magna de 1988 (Constituição, 1988), preconceitos de origem, raça, sexo, cor, idade e quaisquer outras formas de discriminação, tais como a prática do racismo, constituíram-se juridicamente em crimes inafiançáveis e imprescritíveis, sujeitos à pena de reclusão nos termos da lei. O efeito dos movimentos sociais se fez sentir sobre o contexto legislativo, pois de 1988 a 1997, a lei recebeu várias emendas abrangentes que incluem um leque enorme de outras formas e expressões de discriminação. No trabalho, por exemplo, os critérios referentes à ocupação diferencial de cargos, às promoções e responsabilidades no mundo corporativo passam a ponderar variáveis outrora desconsideradas, como a cor da pele, o sexo e questões de gênero, deficiência e mobilidade reduzida, e, portanto, a inclusão social.

Podemos citar como principal exemplo a "lei de cotas" que prevê uma determinada quantidade de vagas para trabalhadores com deficiência. Lei n. 8.213 (1991) é uma norma jurídica de contratação de deficientes nas empresas. Essa lei dispõe sobre os Planos de Benefícios da Previdência e dá outras providências à contratação de portadores de necessidades especiais. A empresa com cem ou mais funcionários está obrigada a preencher de 2 a 5% dos seus cargos com beneficiários reabilitados, ou pessoas portadoras de deficiência, na seguinte proporção: até 200 funcionários (2%); de 201 a 500 (3%); de 501 a 1.000 (4%); de 1.001 funcionários em diante (5%). Assim, observamos que os princípios concernentes a "tratar desigualmente os desiguais, para produzir igualdade", começam a fazer escola no direito brasileiro. Extirpar as diferenças, isto é, visibilizar e viabilizar o valor de ser igual, diante da lei e da sociedade e o direito de cidadania – direito a ter direitos –, já são escopos da doutrina jurídica e jurisprudência progressistas.

No entanto, o genuíno respeito à orientação sexual nas organizações, sobretudo nas empresas brasileiras, não tem sido tão exitoso. Boa parte das conquistas no que concerne aos "direitos gays" nas empresas é produto de árdua luta em nível sociopolítico e também de um bem articulado grupo de pressão de LGBT, ou melhor, de movimentos orquestrados por lésbicas, gays, bissexuais, transexuais e travestis.

Contextos de trabalho

No mundo do trabalho e nas organizações, a heterogeneidade e a interdisciplinaridade são muitas vezes apontadas como desejáveis para se lidar com problemas e situações complexas, uma vez que diagnósticos e ações pautadas em uma visão homogeneizante e disciplinar dificultam um tratamento aprofundado da complexidade da realidade concreta. No entanto, embora o termo diversidade se insira positivamente em múltiplos discursos, de modo a contribuir para superação de estigmas e preconceitos, também produz o que Foucault denominou dispositivos de poder, e, nesse sentido, em nome da diversidade, reproduzem-se, de forma sutil senão dissimulada, hierarquias e classificações entre sujeitos "diferentes". Tende a ser produzida uma ideia-força, que, em última instância, proclama que a diferença é sempre do outro, mas a forma ou modo de "incluí-lo" é "nossa". Isso significa que os critérios e *modus operandi* da inclusão, do dito "diferente", são pautados pelo que a ele se opõe, e se apresenta como "normal". A diferença ou dessemelhança em relação ao que é concebido como "normal" envolve, assim, uma série de estigmas e preconceitos.

Assim sendo, o modo de organização do trabalho pós-fordista impõe mecanismos e estratégias de controle e de submissão cada vez mais manipuladores nos segmentos sociais que já são objeto de alguma forma de discriminação. Na prática, as organizações costumam adotar um espectro de uniformidade e conformidade no seu dia a dia, como se as diferenças pudessem desvanecer-se sob a formalidade do cargo. A questão da diversidade tem se consolidado na literatura organizacional, principalmente em razão das diferenças entre os empregados contratados. Na década de 1980, nos países de capitalismo central, a diversidade surgiu como um dos mais convenientes temas da literatura organizacional e afins. Os discursos concernentes ao assunto são geralmente dúbios, mas igualmente persistentes e de difícil contestação. Em busca da chamada "responsabilidade social", tão em voga na atualidade, empresas investem, pelo menos de forma imagética, em práticas inclusivas que as possam definir como mais politicamente corretas em relação às concorrentes que dispensam tais ações.

Definição

Em essência, a diversidade se relaciona ao respeito à individualidade e ao seu reconhecimento, a forma pela qual os indivíduos se percebem – suas identidades visíveis e invisíveis. Para a teoria da identidade social, as pessoas tendem a dispor em categorias – com decorrências inter-relacionais –, um processo que provoca estereótipos e, eventualmente, estigmas. Não raro, indivíduos de identidades minoritárias são alvo de discriminação (Dubar, 1997; Ciampa, 2001).

Embora discriminação e assédio sejam conceitos distintos, o primeiro é um dos principais componentes do assédio moral. Em nossos estudos sobre assédio moral, constatamos que pessoas pardas, negras, homoafetivas, com deformações aparentes, obesas ou muito magras, ou portadoras de distintas deficiências, são mais passíveis de discriminação do que as ditas "normais". O assédio,

> [...] "conduta abusiva, intencional, frequente e repetida" que ocorre no "ambiente de trabalho", visa a "diminuir, humilhar, vexar, constranger, desqualificar e demolir psiquicamente um indivíduo ou um grupo", de modo que, na discriminação nele operante, as "condições de trabalho" são degradadas, ao mesmo tempo em que são atingidas a "dignidade" e as integridades "pessoal e profissional" (Freitas, Heloani & Barreto, 2008, p. 37).

Para Goffman (1988), a identidade social seria o conjunto de atributos considerados comuns e que determinam que o indivíduo seja aceito como membro de uma categoria. Assim, formam-se preconcepções que se transformam em expectativas normativas. Para o mesmo autor, a identidade social virtual se caracteriza por aquilo que esperamos que o indivíduo seja, ao passo que aquilo que na realidade prova possuir constituiria a sua identidade social real. Dessa forma, dar-se-ia o "estigma" quando viesse a ocorrer "uma discrepância entre a identidade social virtual [aquilo que esperamos que ele seja] e a identidade social real [aquilo que ele realmente é]" (Goffman, 1988, p. 12).

Historicamente, o termo estigma esteve ligado a sinais corporais que evidenciavam algo de extraordinário, fora do comum, ou mesmo negativo do *status* de quem o apresentava. Tinha como função sinalizar a pessoa para categorizá-la como criminosa, traidora ou escrava. Hoje é mais aplicado ao infortúnio do que a simples evidência corporal. Nesse sentido, o termo estigma diz respeito a uma suposta característica (maldade, fraqueza, defeito, desvantagem etc.) de um indivíduo que o torna diferente de outros que estejam em uma categoria na qual o primeiro possa ser incluído. Deixa de ser considerado um indivíduo comum e é reduzido a uma pessoa estragada e diminuída. Mas adverte Goffman (1988, p. 13) que "um atributo que estigmatiza alguém pode confirmar a normalidade de outrem, portanto, ele não é, em si mesmo, nem honroso, nem desonroso".

O estigma não deve ser confundido com o estereótipo. Entendemos por estereótipo uma série de características peculiares de uma pessoa. Nem sempre estas são negativas. Os estereótipos podem ser negativos ou positivos. Ou melhor, as características podem não ser desejáveis ou aceitáveis. O estereótipo pode ser definido como parte do preconceito, sendo este sempre um sentimento ou opinião desfavorável, sem reflexão ou conhecimento do assunto; geralmente possui uma dose de intolerância. Assim, o estereótipo é um "conceito preconcebido" concernente a uma pessoa, grupo, ideia ou até a um objeto representado que mantém as características de rigidez, reducionismo, generalização excessiva e falta de informações. Pode conotar um entendimento simplório da realidade social. Difere da discriminação – como se verá adiante –, pois esta se caracteriza pelo tratamento pior ou injusto dado a alguém por causa de suas características pessoais.

O que acontece com o indivíduo estigmatizado? Goffman (1988) sugere algumas possibilidades tanto do ponto de vista físico como do psicológico. Do ponto de vista físico, o indivíduo pode usar o seu estigma para ganhos secundários como desculpa pelo infortúnio a que chegou. É o sujeito que se coloca como vítima da desgraça e busca sensibilizar o outro e forçar uma compensação. O operário que expõe o dedo que perdeu e que pede ajuda financeira procura ganhos secundários como desculpa pela situação de fracasso a que chegou. Ele também pode tentar corrigir o problema de forma indireta dedicando um significativo esforço pessoal ao domínio de áreas restritas à sua inserção (por exemplo, o deficiente físico que busca amenizar a adversidade e que aprende a nadar). Por fim, pode tentar corrigir diretamente o problema mediante cirurgia, psicoterapia e outras intervenções. Ou mesmo encarar as privações como uma bênção secreta, mormente devido à crença de que o sofrimento pode ensinar muito sobre as pessoas e sobre a própria vida.

Para entendermos como as pessoas se sentem estigmatizadas do ponto de vista psicológico, é importante explicitarmos o que Sullivan (1986) considera a respeito de um indivíduo que tivesse consciência de sua suposta "inferioridade", por meio de uma citação desse autor: "Ter consciência da inferioridade significa que a pessoa não pode afastar do pensamento a formulação de uma espécie de sentimento crônico do pior tipo de insegurança que conduz à ansiedade e, talvez, a algo ainda pior, no caso de se considerar a inveja como realmente pior do que a ansiedade" (p. 145).

Como já argumentamos, o estigma não deve ser confundido com estereótipo. O estereótipo diz respeito a um processo de sedimentação de conceitos e definições socialmente estabelecidas que nos obrigam a pensar e julgar de maneira semelhante, e perigosa, em relação ao mesmo fato. É como se fosse um modelo mental. As características – padronizadas e cristalizadas – associadas a determinados sujeitos, e não raro, a determinadas ocupações, não são necessariamente negativas. Porém, é sempre negativo quando o estereótipo é a representação coletiva do preconceito. Como apontado, o estigma hipostasia uma suposta característica ligada a uma suposta maldade, fraqueza, defeito e/ou desvantagem que faz com que o dito "diferente", o outro, seja discriminado em relação à categoria a qual "nós" nos incluímos. Essa diferenciação, neste sentido, é um dispositivo de poder, de hierarquização e normalização, tal como se aponta na diversa e rica obra de Foucault (Castro, 2009).

Assim, a discussão sobre os estigmas e estereótipos nos remete à discriminação e aos preconceitos. Em seu significado positivo, a discriminação se relaciona ao projeto iluminista do discernimento sob a égide da razão. Porém, seu significado negativo lhe é oposto e tem forte relação com o preconceito. Neste caso, seria um discernimento que poderia ser interpretado tal como o faz Adorno (1990): um discernimento aparente que, sob um véu, produz a barbárie e não a razão esclarecedora. Enquanto a discriminação no sentido positivo significa observar as diferenças entre objetos, significados e sentimentos, no seu sentido negativo ela implica desqualificação do diferente. Para Adorno (1990), a discriminação deixa de ser um processo da lógica formal (o sentido positivo) para se tornar parte da lógica da dominação e até da exclusão, na qual o máximo da discriminação é a segregação e a eliminação do diferente.

O vocábulo diferença, tal como o termo discriminação, tem uma dupla conotação. Implica elementos distintos por meio da categorização. Ontologicamente, expressa qualidades distintas. Mas, em outro sentido, pode explicitar que essas diferenças são subordinações, ou seja, as diferenças são hierarquizadas no processo ideológico de dominação. A discriminação – em sua dimensão social – ocorre quando é criada uma condição de incômodo, de esquiva, de hostilidade, enfim, de estranhamento. Ou melhor, de desqualificação do não igual, quando uma pessoa é tratada como se fosse inferior aos outros em função de suas características ou propriedades: cor de pele, raça (embora a antropologia nos ensine que só existe uma raça, a humana), condições financeiras, idade, possuir uma necessidade especial (algum atributo mental ou físico) ou mesmo sua orientação sexual.

A discriminação negativa está associada ao preconceito, ao estereótipo e ao estigma. O preconceito é uma predisposição individual para discriminar, desvalorizar, subordinar e segregar pessoas identificadas com estigmas e estereótipos negativos. Além do preconceito, o estereótipo também torna sutilmente negativo o processo de discriminação. Por exemplo, o preconceito sutil de afirmar a diferença para justificar a não convivência.

Para Heller (1972), em sua análise da alienação no cotidiano, o preconceito se caracteriza por um pensamento cuja base é a ultrageneralização que nega a singularidade e a diversidade em um sentido diametralmente oposto ao do ser humano-genérico. Ainda segundo Heller (1972), a base do preconceito é o afeto, sendo a crença em sua "validade" algo um tanto arraigado no imaginário social. O preconceito não é removível com base na razão ou esclarecimento no sentido positivo do termo discriminação, isto é, discernimento ou observância às diferenças entre objetos, significados e sentimentos.

Implicações

As políticas de afetividade nas empresas, em nome da diversidade e da empatia, produzem, de forma um tanto dissimulada e perversa, um campo rico ao individualismo e à negação da subjetividade, sendo esta falsamente reconhecida pelas novas formas de gestão. Formas de se pensar e agir nas organizações, que banalizam e naturalizam a competição desenfreada e a insensibilidade para com o sofrimento do outro, são produzidas pela cultura da *performance* e da injunção do sempre mais e do sucesso (Gaulejac, 2007). Eis uma consequência indesejada de como a potencialmente transformadora diversidade é cooptada e direcionada para uma reprodução da lógica mercantil e reificadora que predomina nas relações e no mundo do trabalho. Recomenda-se, do ponto de vista prático e teórico, o resgate do esclarecimento autêntico e das formas de discriminação em seu sentido positivo, nos quais as diferenças entre objetos, significados e sentimentos sejam pautadas pela ética e solidariedade. Como apontamos, há arcabouços legais e movimentos sociais já consolidados, mas a lógica organizacional e a racionalidade instrumental ainda se mostram recalcitrantes. A diversidade no trabalho só se faz possível se este se constituir como um espaço social de reconhecimento, de gratificação e de mobilização da subjetividade e das singularidades que nos diferenciam e que nos tornam irredutíveis uns aos outros. Caso contrário, pode abater os vínculos de fidelidade com os colegas, recrudescer conflitos e aumentar os já comuns problemas de comunicação, pois, para muitos "colaboradores", coexistir com pessoas muito diferentes pode ser intolerável (Irigaray, 2008).

A função psíquica do trabalho, de constituição da identidade e da subjetividade, só se faz possível pela via da substituição da diversidade enquanto dispositivo de poder pela diversidade como estratégia de concretização do desejo inscrito no coletivo e no agir institucional radicalmente transformador da reificação. Não nos resta dúvida de que há, em muitos casos, discrepância entre o discurso e a *práxis* organizacional concernente a essa questão. A autoafirmação identitária, forjada pela cultura da *performance* e da competição generalizada, deve ser substituída, portanto, pelo trabalho coletivo no qual reconhecimento e diversidade sejam voltados para a plenitude da condição humano-genérica. E essa possibilidade só é possível com base no respeito às diferenças e singularidades, o que é muito distinto do culto ao narcisismo e individualismo hoje predominantes.

Referências

Adorno, T. W. (1990). *Negative dialectics*. New York: Routlege.

Castro, E. (2009). *Vocabulário de Foucault: um percurso pelos seus temas, conceitos e autores*. Belo Horizonte: Autêntica.

Ciampa, A. C. (2001). *A estória do Severino e a história da Severina: um ensaio de psicologia social.* São Paulo: Brasiliense.

Constituição da República Federativa do Brasil de 1988 (1988). Brasília. Recuperado em 26 setembro, 2014, de http://www.planalto.gov.br/CCIVIL_03/constituicao/constituicao.htm.

Dubar, C. (1997). *A socialização.* Portugal: Editora Porto.

Freitas, M. E., Heloani, R., & Barreto, M.. (2008). *Assédio moral no trabalho.* São Paulo: Cengage Learning.

Freyre, G. (1954). *Casa-grande & senzala.* Rio de Janeiro: José Olympio.

Gaulejac, V. (2007). *Gestão como doença social: ideologia, poder gerencialista e fragmentação social.* Aparecida, SP: Ideias & Letras.

Goffman, E. (1988). *Estigma: notas sobre a manipulação da identidade deteriorada.* Rio de Janeiro: Zahar.

Heller, A. (1972). *O cotidiano e a história.* Rio de Janeiro: Paz e Terra.

Irigary, H. A. R. (2008). *As diversidades nas organizações brasileiras: estudo sobre orientação sexual e ambiente de trabalho.* Tese de Doutorado em Administração de Empresas, EAESP-FGV, São Paulo, SP, Brasil.

Sullivan, H. S. (1986). *Clinical studies in psychiatry.* New York: W. W. Norton & Company.

Emoções e trabalho

Sônia Maria Guedes Gondim

O livro de Calhoun e Solomon (1984) intitulado *What is an emotion?* apresenta um amplo panorama de estudos clássicos em psicologia filosófica. Aristóteles (384-322 a.C.) é considerado o principal precursor, tendo definido a emoção como um modo mais ou menos inteligente de conceber uma situação dominada pelo desejo. A raiva, por exemplo, nada mais seria que o desejo de vingança. As emoções poderiam ser moldadas pela educação e pela mudança de hábitos, o que sugere uma concepção mais alinhada a um domínio volitivo, moral e cognitivo.

A definição de emoções de Descartes (1596-1650) é influenciada por sua visão dualista, que separa mente e corpo. As emoções seriam paixões, um subconjunto do fenômeno mental, mas também sentimentos decorrentes de agitação e excitação física. Spinoza (1632-1677) fez oposição a essa visão dualista, encontrando fundamento nos estoicos, como Sêneca (4 a.C.-65 d.C.), que concebiam as emoções como falsos julgamentos sobre o mundo. As emoções seriam uma espécie de pensamento confuso em que a mente afirma a disposição do corpo sobre algo e define um tipo de existência. Inveja, por exemplo, seria o pensamento confuso que induz o homem a sofrer com a fortuna do outro e regozijar-se com o infortúnio desse mesmo outro. Humildade seria o sofrimento crescente vindo da contemplação do homem de suas próprias fraquezas do corpo e da mente.

Hume (1771-1776) teve um papel importante no desenvolvimento do conceito de sentimentos morais, distanciando-se daqueles que acreditavam ser o conhecimento moral baseado na razão. Para Hume, os sentimentos é que motivam as pessoas a agirem certo ou errado. Seguindo os passos de Descartes, Hume define emoções como variados graus de agitação física e mental. As emoções poderiam ser diretas (derivadas dos sentimentos de prazer ou sofrimento) e indiretas (que seriam sentimentos associados a crenças sobre dado objeto e que envolvem outras pessoas). O contentamento, por ter recebido um presente inesperado, e a tristeza, por ter levado um tombo, seriam exemplos de emoções diretas. O orgulho e o amor seriam exemplos de emoções indiretas.

A menção a Darwin (1809-1882) e a publicação de seu livro em 1859 *Origin of the species* é obrigatória em qualquer referência histórica ou conceitual das emoções. Após essa publicação, Darwin aplicou sua teoria geral da evolução e seleção natural a diversos temas, como o das emoções, afirmando que as expressões emocionais de homens e dos demais animais eram similares. Essa ideia foi desenvolvida na sua publicação *The expression of emotion in man and animal* de 1872. As expressões emocionais eram explicadas por três princípios: (a) o da utilidade associada ao hábito (processo evolutivo da espécie);

(b) o da antítese, tendo em vista que algumas emoções são o oposto da outra; e (c) o das mudanças fisiológicas do sistema nervoso decorrentes da experiência emocional.

Em 1884, William James (1842-1910) publicou um importante ensaio intitulado *What is an emotion?* ao mesmo tempo que Lange (1834-1900), um psicólogo dinamarquês, desenvolvia teoria similar. Em 1885, ambos os autores apresentaram uma teoria que veio a ser conhecida como a teoria fisiológica da emoção de James-Lange. Cada experiência emocional possui um padrão específico de resposta somático-visceral e motora-expressiva, sendo ativada fisiologicamente. Quando se vê uma cobra, o coração dispara, os músculos se contraem e ocorrem outras manifestações neurofisiológicas que preparam a pessoa para a ação. O estado mental de medo como fruto da percepção somente existe associado às mudanças neurofisiológicas. Se porventura uma pessoa não tivesse nenhuma alteração fisiológica diante de uma cobra, o medo nada mais seria que uma percepção intelectual de um estado neutro ou frio. Na perspectiva dessa teoria, não se chora porque se sente tristeza, mas se fica triste por chorar. Seria uma experiência neurofisiológica.

Embora tendo forte influência nas teorias posteriores, surgiram oponentes à teoria de James-Lange. Cannon (1871-1945), por exemplo, a partir de seus estudos sobre as mudanças corporais na dor, na fome, no medo e na raiva, apresentou evidências empíricas de que as mudanças fisiológicas corporais não são as únicas definidoras das emoções. Ou seja, não existe um padrão específico de mudança fisiológica para cada tipo de emoção. Embora Cannon afirmasse haver associação entre emoções e distúrbios fisiológicos, contra-argumentava que as emoções não são simplesmente a percepção desses distúrbios viscerais. As vísceras são estruturas relativamente sensíveis e com poucas terminações nervosas, incapazes de diferenciar estados fisiológicos. Além disso, as respostas do Sistema Nervoso são lentas, ao passo que as respostas emocionais diante de estímulos específicos são rápidas, não podendo ser aquelas a causa desta. A indução de mudanças viscerais de forma artificial (injeção de adrenalina) não provoca reações emocionais apesar das mudanças corporais.

A novidade na perspectiva de Dewey (1859-1952) é sua valorização pragmática da experiência emocional. As emoções possuem três componentes: o sentimento, o propósito e o objeto, que tem uma qualidade emocional. A pessoa que dá um pulo para trás quando vê algo assustador não experimenta o seu salto como uma expressão de medo, mas o saltar seria um movimento intencional para se afastar de algo qualificado como ameaçador.

Uma abordagem mais cognitiva da emoção é trazida por Schachter (1922-1997) e Singer (1934-). Baseando-se fortemente na teoria de James-Lange, os autores afirmam que as emoções são modos de excitação do corpo, mas há outros fatores cognitivos que explicam a variedade das emoções e de repertório verbal. Denominada de teoria dos dois componentes da emoção (ou bifatorial), concebe o primeiro componente como aquele que é passível de medição (fisiológico), enquanto o segundo componente, o cognitivo, é difícil e complexo de quantificar. A proposição dos autores sugere que os estados emocionais podem ser considerados em função da prontidão fisiológica e da cognição apropriada a esse estado de prontidão. Por exemplo, se uma pessoa começa a sentir uma excitação, mas não tem uma explicação do porquê, rotulará o que sente em termos das cognições disponíveis. Poderá lembrar-se de um evento mais recente que lhe trouxe alegria e se descreverá alegre. Mas poderá também definir o que sente como raiva, se logo após a manifestação de excitação mental ou física receber repentinamente um telefonema de um colega de trabalho, que lhe acusa injustamente. Neste caso, atribuiria seu estado de excitação a uma antecipação do que estaria por vir (pressentimento e premonição), dando-lhe sentido.

A contribuição de Marañón (1924) procura fazer uma integração entre a ativação fisiológica e os processos cognitivos. A ativação fisiológica é condição necessária, mas não suficiente para que se produza emoção. A partir de suas investigações com injeção de adrenalina, concluiu que a experiência emocional é fruto da integração entre o componente fisiológico que desencadeia a emoção fria e o componente subjetivo, responsável pela emoção quente. Não pode haver emoção sem ativação fisiológica, nem emoção sem componente cognitivo, a emoção é fruto da integração de ambos os componentes.

Embora Freud (1856-1939) não tenha de fato desenvolvido uma teoria da emoção, suas concepções sobre esse tópico são fundamentais na formulação teórica da psicanálise. Freud tinha uma perspectiva ambivalente em relação às emoções, denominando-as como afetos. Ao mesmo tempo em que definia as emoções como sensações e sentimentos sentidos (conscientes), fazia menção à culpa inconsciente ou à repressão da hostilidade. Em outras palavras, as emoções seriam tanto simples sentimentos como também instintos (inatos ou inconscientes) direcionados a um objeto consciente. Uma emoção ou afeto seria um efeito. O uso de expressões como afeto inconsciente e emoção inconsciente se refere às suas vicissitudes, por consequência da repressão do impulso. Três vicissitudes são possíveis: (a) o afeto permanece inteiro ou em parte; (b) ele se transforma em uma qualidade distinta, acima de tudo em ansiedade; ou (c) ele é suprimido, não se desenvolvendo de todo. Sabe-se que o verdadeiro objetivo da repressão é a supressão, mas que nem sempre isso ocorre. Quando ela é bem-sucedida, o afeto é referido como inconsciente. Essa psicodinâmica do afeto explicaria os transtornos mentais.

Certamente esse breve passeio histórico deixa de fora muitos autores e teorias contemporâneas, mas o que foi apresentado permite ao leitor situar algumas das raízes do pensamento filosófico sobre o tema com influência na psicologia. Algumas teorias mais contemporâneas serão mencionadas em outras seções deste verbete.

Demarcando conceitos: as emoções e outros estados afetivos

É amplamente difundido na literatura que as emoções e os demais estados afetivos (sentimentos, humores, temperamentos) cumprem funções essenciais na vida humana. Ao analisarem diversas conceituações disponíveis na literatura, Kleinginna e Kleinginna (1981) destacaram as principais dimensões enfatizadas nessas definições: (a) afetiva, que enfoca a ativação fisiológica, aspectos subjetivos e a experiência interna; (b) cognitiva, que aborda a percepção e os aspectos interpretativos de estados fisiológicos, corporais, situacionais e mentais; (c) reativa, que enfatiza os fatores eliciadores de estados afetivos; (d) neurofisiológica, que coloca ênfase nas relações entre processos emocionais e cerebrais; (e) expressiva, que destaca a manifestação visível dos estados afetivos; (f) disfuncional, que coloca em relevo as anomalias e disfunções dos estados afetivos; (g) adaptativa, que enfatiza a funcionalidade das emoções e estados afetivos no desenvolvimento ontológico e filogenético; (h) multifatorial, que destaca a multidimensionalidade do processo emocional, articulando aspectos fisiológicos, cognitivos, afetivos e condutais; (i) delimitatória, que focaliza a diferença da emoção de outros processos afetivos afins, como a motivação; e (j) integrativa, que põe ênfase nas relações entre emoções e outros processos afetivos afins.

Depreende-se das inúmeras dimensões incluídas nas definições de emoções que são processos em que estão implicadas condições desencadeantes (estímulos externos e internos), experiências subjetivas ou sentimentos (interpretação subjetiva), diversos níveis de processamento cognitivo (processos valorativos), mudanças fisiológicas (processos de ativação), padrões expressivos de comunicação (expressividade), efeitos motivadores de ações e funções adaptativas (Fernández-Abascal, Rodríguez, Sánchez, Díaz & Sánchez, 2010). Cabe acrescentar que Damásio (1994) introduziu a hipótese de marcadores somáticos, para se referir ao fato de os estados corporais ativados por experiências passadas de recompensa e castigo guiarem os processos de tomada de decisões de modo adaptativo. Ou seja, as situações de vida ficam marcadas somaticamente como agradáveis ou desagradáveis e orientam a tomada de decisão individual para realizar ou evitar ações.

Em resumo, as emoções e os diversos estados afetivos (sentimentos, humores e temperamentos) cumprem três funções básicas: (a) adaptativas (preparar o organismo para a ação); (b) social (comunicar estados de ânimo); e (c) motivacional (ativar condutas específicas).

Com o de intuito oferecer melhor demarcação conceitual, os afetos são concebidos como uma categoria mais ampla, abarcando as emoções, os sentimentos, os humores e os temperamentos (Gross, 2013). Os sentimentos, por sua vez, envolvem a interpretação subjetiva (nível cognitivo) da situação. Por exemplo, a decepção seria um sentimento decorrente da consciência e da experiência negativa em relação à quebra de uma expectativa e que poderia perdurar até que a situação interna fosse redefinida.

O humor é um estado afetivo desencadeado em um contexto e que se generaliza para outros contextos, tal como ocorre quando se discute com alguém no ambiente de trabalho e a insatisfação daí decorrente repercute em situações diversas, tais como nas interações com familiares e amigos. O humor, portanto, perde o objeto emocional e pode ser dirigido a vários objetos de modo indiscriminado. Enfim, o humor é instável e modificável por eventos externos. Por último, o temperamento seria a manifestação de um estado afetivo individual, persistente no tempo, pouco passível de modificação por fatores circunstanciais e que estaria relacionado aos traços pessoais e de personalidade.

Em resumo, a emoção seria uma manifestação reativa, com vida curta de apenas alguns segundos, o humor se estenderia por um período de minutos a dias, ao passo que o temperamento seria um estado bem mais duradouro. No que tange ao objeto a que se dirige, a emoção teria um foco bem definido, ao contrário do humor e do temperamento, o primeiro difuso e o segundo ajustado a um contexto específico. Por fim, em relação ao estado, a emoção seria breve, o humor, um pouco mais longo e o temperamento, estável no tempo. Ainda que existam diferenciações, alguns autores tratam esses conceitos como intercambiáveis e em muitos textos da literatura especializada é comum o autor fazer referência a emoções, quando a rigor inclui outros estados afetivos, como sentimentos, humores e temperamentos.

Enfim, ainda que se tenha feito um esforço para diferenciar estados afetivos e emocionais, os termos emoções, sentimentos e afetos são, muitas vezes, usados de modo intercambiável na literatura especializada, o que dificulta o alinhamento conceitual (Izard, 2010).

Classificação das emoções

As emoções podem ser classificadas em primárias e secundárias. As primeiras tiveram um papel fundamental na evolução das espécies, incluindo a humana, e embora haja controvérsias sobre quais seriam elas, as mais comumente referidas são tristeza (função de reintegração), alegria (função de afiliação), asco (função de afastamento), surpresa (função de exploração), medo (função de proteção) e raiva (função de autodefesa) (Ekman, 1992).

Emoções secundárias, também chamadas de sentimentos, dizem respeito a outros tipos de emoções e estados afetivos que cumprem funções adaptativas de natureza social, moral e autoconsciente, dentre as quais se destacam culpa, inveja, vergonha, orgulho, arrogância, ciúme. Tais emoções são consideradas autoconscientes, tendo em vista que para sua emergência necessitam da identidade pessoal, da internalização de normas sociais (discernir o que é certo ou errado) e da capacidade de autoavaliação das ações e pensamentos. Daí a importante relação entre emoção e a formação da identidade pessoal e social, incluindo o autoconceito, a autoestima e o *self* (Bosma & Kunnen, 2001).

As emoções secundárias decorrem de processos de aprendizagem e do contexto cultural e emergem em situações de interação social. Ao contrário das emoções básicas, elas não estariam fortemente relacionadas a mudanças corporais específicas. Cumpririam um papel fundamental nas interações sociais. Portanto, as emoções serviriam não só para autorregular o comportamento pessoal, mas também o comportamento das demais pessoas, o que permite compreender a função dos sentimentos no comportamento moral. O orgulho e a culpa, por exemplo, não teriam uma forma de expressão facial particular e tampouco estariam associados a mudanças fisiológicas específicas, pois seriam aprendidos no processo de socialização. Nas interações sociais, o orgulho seria uma forma de enaltecer resultados pessoais ou reconhecer os êxitos de pessoas e grupos de referência, ao passo que a culpa seria decorrente da crença de que se rompeu com uma norma social que necessita ser, de algum modo, reparada. Embora se possa reconhecer que os dois sentimentos estejam presentes em muitas culturas, seus valores sociais e as situações eliciadoras sofrem variação. Em culturas mais fortemente orientadas por valores individualistas, o orgulho pode ser valorado e rotineiramente manifestado em conquistas pessoais ou de outrem, ao passo que em culturas mais coletivistas ele é um contravalor, sendo desestimulado e digno de reprovação (Gondim & Alvaro-Estramiana, 2010).

As emoções secundárias ou sentimentos também contribuem para a aproximação e o afastamento de grupos sociais, o que permite explicar tanto comportamentos pró-sociais como atos de violência e discriminação. As emoções intergrupais são vivenciadas pelos indivíduos quando eles se identificam com o grupo social (identidade social), fazendo desse grupo parte de sua identidade pessoal (Mackie, Devos & Smith, 2000). Quatro critérios são definidos como identificadores das emoções intergrupais: (a) distinguem-se das emoções no nível individual; (b) dependem do grau de identificação com o grupo; (c) exigem um nível de compartilhamento no grupo; e (d) orientam as atitudes e os comportamentos nas relações com os membros do grupo e de outros grupos (Smith, Seger & Mackie, 2007). Em resumo, a premissa básica da teoria das emoções intergrupais é que quando os indivíduos se identificam com o grupo, essa identidade intragrupo passa a fazer parte do seu eu, adquirindo significância emocional e social.

Em suma, as expressões faciais associadas às emoções básicas são universais e inatas, porque não exigem condições prévias para que elas se manifestem. O mesmo não pode ser dito sobre os sentimentos subjetivos detrás das expressões emocionais. Os sentimentos (emoções secundárias, sociais, morais, autoconscientes e grupais etc.) são suscetíveis a processos de socialização que moldam sua intensidade e frequência. E isto repercute no repertório verbal de três maneiras: na extensão de termos para expressar os mesmos sentimentos, na criação de palavras para expressá-los e na qualidade das relações entre indivíduos e grupos. Por exemplo, embora se tenha clareza de que as culturas de modo geral possuem mais palavras para expressar afetos negativos que positivos, o repertório léxico pode variar. Enquanto o inglês possui cerca de 2 mil palavras para se referir a estados emocionais, o chinês só possui 750 (Parkinson, Fischer & Manstead, 2005). Outro exemplo é a palavra saudade, que se refere a um sentimento de ter boas lembranças afetivas acerca de algo ou de alguém, mesclado com a tristeza pela perda. Refere-se a um tipo particular de experiência emocional na cultura brasileira que está associada a um termo verbal e permite compartilhamento com os demais membros da cultura. Embora não haja tradução para outros idiomas, a presença da palavra saudade no vocabulário português sugere a necessidade cultural de tornar comunicável esse sentimento ambivalente.

Principais correntes teóricas dos estudos das emoções em psicologia

O livro de Strongman (1996) oferece uma visão panorâmica das principais correntes teóricas das emoções em psicologia, classificadas em: (a) clínicas; (b) comportamentais; (c) fisiológicas; (d) desenvolvimentistas; (e) sociais; e (f) cognitivistas. Será feita uma breve descrição de algumas abordagens, dando prioridade àquelas de maior repercussão nos estudos em psicologia do trabalho e das organizações.

A abordagem clínica parte da premissa de que a emoção desempenha papel principal nas perturbações mentais, uma vez que se considera a vinculação de algumas psicopatologias as disfunções emocionais. A abordagem comportamental considera a emoção como uma resposta aprendida e fundamental para a sobrevivência. As teorias fisiológicas creem que as emoções têm uma base biológica, neurofisiológica, de grande relevância na história evolutiva. Preocupam-se, em grande medida, com as áreas específicas do sistema nervoso e com os mecanismos envolvidos no processo emocional. Estudos mais recentes destacam a importância da amídala cerebral no processamento emocional e no condicionamento da resposta de medo e de defesa (Ledoux, 2001). Na abordagem desenvolvimentista, por sua vez, a emoção é tratada do ponto de vista da emergência e de suas mudanças no decurso da vida. Há estudos desde o reconhecimento de faces em crianças a estudos sobre memória emocional em adultos.

A abordagem social concebe as emoções como fenômenos sociais decorrentes de processos da socialização, da cultura e da interação com os demais, sendo decisiva nas relações intra e intergrupais. Também é farta a literatura disponível sobre emoções em psicologia social e na sociologia. Há três autores considerados fundamentais na sociologia das emoções: Kemper, Hochschild e Scheff (Beriscate-Alaustuey, 2000). A teoria interacional social das emoções de Kemper (1978) afirma que as emoções estão condicionadas à natureza da situação social que os homens sentem. Solidão, inveja, orgulho e muitas outras emoções correspondem a situações sociais específicas. O equilíbrio entre o poder e o *status* contribuiria para a emergência de emoções positivas e negativas. O poder é uma dimensão que gera uma relação de dominação e de controle sobre a emoção do outro. O *status*, ao contrário, é uma dimensão de aceitação e aprovação social voluntária da outra parte que gera um tipo de emoção distinta na interação. A culpa, por exemplo, seria decorrente da percepção de abuso do poder sobre o outro. O medo e a ansiedade seriam emoções decorrentes da percepção de pouco poder pessoal e sujeição ao poder do outro. A vergonha seria decorrente da percepção de que se tem mais *status* do que se merece. O amor seria decorrente da concessão de alto *status* ao outro.

Hochschild (1975) influenciada por Goffman e o interacionismo simbólico se ocupou do modo como o ser humano opera no universo emocional. Para a autora, as emoções estão carregadas de significados e de sentidos atrelados a contextos sócio-históricos específicos, em que se incluem a dimensão normativa, expressiva e política. Com isso, Hochschild consegue articular em sua teoria das emoções a experiência emocional (sentimento), o manejo da emoção (expressividade), as normas de sentimentos *(feelings rules)*, a estrutura social e a ideologia. As normas impõem intensidade, direção e duração das emoções nos contextos sociais e forçam um constrangimento emocional que se não aceito gera dissonância. Espera-se, por exemplo, que nos funerais as pessoas esbocem tristeza e sentimentos de perda. A força da norma social leva as pessoas a se sentirem dissonantes caso não sintam tristeza, o que ativa um processo de manejo emocional para lidar com a situação.

A contribuição teórica de Scheff (1990) para as emoções se baseia na noção de vínculos seguros e inseguros. Segundo o autor, a manutenção dos laços ou vínculos sociais é o mais crucial dos motivos humanos. Vínculos seguros são aqueles que os indivíduos mantêm respeito para com o outro, com uma adequada distância social, nem demasiado longe, nem demasiado perto, em que o indivíduo não se sente anulado ou engolido pela interação ou pelo grupo, tampouco isolado. Ao contrário, vínculos inseguros são aqueles em que ou há grande isolamento do indivíduo na relação interpessoal ou no grupo, ou completa absorção, anulando sua individualidade. Os vínculos seguros seriam responsáveis pela solidariedade e os vínculos inseguros pela alienação.

A abordagem cognitiva traz outra perspectiva de entendimento do processamento emocional para além das alterações fisiológicas. Seu foco é na natureza e no funcionamento da avaliação subjetiva, no processo de interpretação de eventos externos e internos à pessoa, no processamento da informação e nas redes semânticas que sustentam as emoções. A valoração pessoal dos diversos aspectos do ambiente seria um elemento-chave do processo emocional, o que permitiria entender o que faz com que uma emoção seja distinta de outra e por que há diferenças individuais nas respostas a situações idênticas. As teorias cognitivas possuem forte influência na atualidade e alguns de seus representantes mais significativos são Magda Arnold, Nico Fridja, Richard Lazarus, Andrew Ortony e Claus Scherer.

Cabe destaque a Scherer (1999) por sua contribuição aos estudos de atribuições de emoções. Inspirado nas contribuições de outros autores, como Lazarus, Scherer afirma que cada emoção é caracterizada por um significado específico derivado da valoração. As pessoas se utilizam de critérios fixos para valorar os acontecimentos, dentre os quais se destacam: (a) a novidade; (b) o alinhamento com as metas ou necessidades pessoais; e (c) a compatibilidade com as crenças pessoais e sociais. Desse modo, as emoções se diferenciam de acordo com as distintas classes de cognições a elas associadas. Atribuições causais internas (controle da pessoa) ou externas (fora do controle pessoal) teriam um papel importante na experiência emocional pessoal e na percepção da experiência emocional alheia, com repercussões para a interação interpessoal.

A inteligência emocional segue a tradição de abordagem cognitiva no estudo das emoções, já que se trata de um conceito em que se crê no controle cognitivo sobre a emoção. Inicialmente descrita por Salovey e Mayer na década de 1990, a inteligência emocional é a habilidade para: (a) perceber, valorar e expressar as emoções adequadamente e adaptativamente; (b) compreender as emoções e usar os recursos emocionais; e (c) regular as emoções pessoais e alheias. Os especialistas se dividem entre compreender a inteligência emocional como traço ou como habilidade. No primeiro caso, formaria parte da personalidade, e no segundo, seria passível de ser desenvolvida.

A forte tradição cognitivista nos estudos da emoção foi confrontada por Zajonc em 1980 quando defendeu o ponto de vista de que os processos afetivos e cognitivos funcionavam de modo independente. O afeto, a rigor, seria ativado antes do reconhecimento do objeto. Os estudos da amídala cerebral de certo modo vieram a corroborar o ponto de vista da primazia do afeto, uma vez que a ativação da amídala em decorrência de um estímulo emocional desencadeia a resposta emocional de modo direto mais rapidamente que o processamento do estímulo emocional pelo córtex sensorial. Isso explicaria por que diante de uma situação de medo a pessoa agride ou foge do perigo antes de ter consciência do que está acontecendo. No entanto, estudos mais detalhados sobre o sistema nervoso demonstram que os mecanismos da emoção e da cognição são intergeminados e não funcionam como processos totalmente independentes (Phelps, 2006). Estudos bem mais recentes ratificam as relações complexas entre manifestações emocionais e processos cognitivos e apresentam evidências neurais de que a tristeza, medo e alegria (emoções básicas) compartilham experiências comuns de afeto, permitindo inferir haver um conjunto de sentimentos de valência e ativação que configuram o que vem a ser chamado pela abordagem do construcionismo psicológico de "núcleo do afeto" (*core affect*) (Wilson-Mendenhal, Barrett & Barsalou, 2013). Ou seja, não há um mecanismo cerebral específico para cada tipo de emoção discreta (ou básica). O estímulo emocional ativa um núcleo de afeto (as mesmas áreas cerebrais), e os processos cognitivos gerais é que definem que tipo de emoção está sendo sentido e expresso, um forte argumento a favor das teorias do construcionismo social (Gross & Barrett, 2011). A abordagem do construcionismo psicológico (como Barrett; Clore & Ortony; James; Schacter & Singer; Russel) aproxima-se em alguns pontos da abordagem da avaliação cognitiva, principalmente em relação à importância da experiência pessoal na manifestação emocional, mas se aproxima do construcionismo social ao afirmar que não há uma única tendência de resposta e nem uma única manifestação para cada tipo de emoção. O universal aqui seriam os aspectos psicológicos envolvidos na emergência da emoção.

Há ao menos três *handbooks* que oferecem uma visão ampla das diversas abordagens das emoções. O *Handbook of affective sciences*, editado por Davidson, Scherer e Goldsmith (2003), o *Handbook of emotion regulation*, de James J. Gross (2013)[1], e o *Handbook of emotions*, editado por Lewis e Haviland-Jones (2000).

O estudo das emoções em contextos de trabalho

O interesse pelas emoções no campo dos estudos organizacionais aparece com mais força a partir das décadas de 1980 e 1990. Algumas razões podem explicar por que um fenômeno tão rotineiro da vida das organizações ficou tanto tempo negligenciado. A primeira é a forte crença na antítese entre cognição e emoção, percebendo-se esta última como disfuncional e fora de controle racional. A segunda é a supervalorização das teorias organizacionais em processos racionais, para eliminar a dimensão subjetiva, exemplificadas pelas teorias da administração científica e da burocracia. As teorias das relações humanas e os estudos sobre liderança e pequenos grupos desenvolvidos no Instituto de Tavistok na década de 1930 começam a reconhecer a importância das emoções no contexto de trabalho.

A partir dos anos de 1980 e, principalmente, na década de 1990, o estudo das emoções no trabalho passa a ter maior destaque. Uma das autoras mais expoentes dessa nova perspectiva de estudo de emoções em organizações é Hochschild (1979, 1983), socióloga que cunhou a expressão trabalho emocional, definindo-a como um conjunto amplo de estudos que têm como foco a expressão emocional que se manifesta nas interações de trabalho. O trabalho emocional é considerado um esforço da pessoa para gerenciar seus estados afetivos com o fito de expressar emoções compatíveis com as demandas organizacionais e ocupacionais. O interesse por esse fenômeno reside nos impactos negativos que esse tipo de gerenciamento emocional pode ter no bem-estar do trabalhador e nas próprias organizações.

Os trabalhos de Hochschild tiveram grande repercussão nos estudos posteriores sobre controle emocional no trabalho, devido a sua ênfase na exigência cada vez maior de os trabalhadores terem habilidade de gerenciar suas emoções para o bom exercício funcional, especialmente nas organizações de prestação de serviços, cuja imagem depende muito da qualidade da relação entre o empregado e o cliente. No Brasil, no entanto, foram publicados poucos estudos sobre trabalho emocional.

Na década de 1990, Isen e Baron (1991) estudaram a influência dos estados de ânimo na conduta laboral. Em 1993, Fineman publica uma monografia sobre as emoções nas organizações. Nos anos seguintes, foi criada a rede Emonet, que reúne milhares

---

1 A primeira edição é de 2007.

de investigadores interessados no estudo das emoções nas organizações. O tema dos sentimentos e emoções no trabalho ganhou importância nos congressos internacionais. Foram publicados dois números especiais sobre emoções nas organizações do *European Journal of Work and Organizational Psychology* (1999) e outro no *Journal of Organizational Behavior* (2000). Ashkanasy, Härtel e Zerbe, no ano 2000, editaram um manual sobre emoções no trabalho, abordando aspectos de pesquisa, teóricos e práticos. A série anual publicada pelo grupo Emerald sobre *Research on Emotion in Organizations*, editada pelos mesmos autores e iniciada em 2005, está em sua oitava edição. Finalmente, em 2005, é lançado um periódico específico, o *International Journal of Work Organisation and Emotion.*

Ao analisar os estudos no Brasil, as emoções ainda constituem um tópico pouco estudado. Mais recentemente aparecem os estudos sobre estresse no trabalho, saúde, bem-estar subjetivo, bem-estar psicológico e bem-estar no trabalho, influenciados pelo movimento da psicologia positiva, que passou a estimular a pesquisa de aspectos positivos promotores de qualidade de vida, em substituição a uma tendência de se voltar para os fatores contributivos para o adoecimento (Seligman & Csikszentmihalyi, 2000). De forte tradição no Brasil e em franca expansão, os estudos sobre o sofrimento, criatividade, subjetividade e trabalho se inserem nas denominadas clínicas do trabalho em que se encontram a psicodinâmica do trabalho, a clínica da atividade, a psicossociologia e a ergologia.

Para concluir

Neste verbete, procuramos apresentar um panorama geral e atualizado dos principais aspectos abordados na literatura sobre emoções. Começamos com um breve histórico para, em seguida, delimitar conceitualmente emoções, sentimentos, humores e temperamento, situando-os na categoria mais ampla dos afetos. Na sequência, classificamos as emoções em básicas, autoconscientes, sociais e intergrupais, e apresentamos algumas perspectivas teóricas do estudo das emoções na psicologia, apontando evidências recentes a favor das teorias do construcionismo psicológico na explicação dos processos emocionais. Finalizamos com os estudos de emoções em contextos de trabalho.

Referências

Ashkanasy, N. M., Härtel, C. E., & Zerbe, W. J. (2000). *Emotions in the workplace: Research, theory, and practice.* Westport, CT: Quorum Books.

Beriscate-Alaustuey, E. (2000). La sociologia de la emoción y la emoción en la sociologia. *Papers, 62*, 145-156.

Bosma, H. A., & Kunnen, E. S. (Eds.) (2001). Identity and emotion. *Development through self-organization.* Cambridge, United Kingdom: Cambridge University Press.

Calhoun, C., & Solomon, R. C. (1984). *What is an emotion? Classic readings in philosophical Psychology.* New York: Oxford University Press.

Damasio, A. R. (1994). *Descartes´error. Emotion, reason, and the human brain.* New York: Grosset/ Putman Book.

Darwin, C. (1859). *On the origin of species by natural selection.* Londres: Murray.

Davidson, R. J., Scherer, K. R., & Goldsmith, H. H. (2003). *Handbook of affective sciences.* New York: Oxford University Press.

Ekman, P. (1992). An argument for basic emotions. *Cognition and emotion*, *6*, 169-200.

Fernández-Abascal, E. G., Rodríguez, B. G., Sánchez, M. P. J., Díaz, M. D. M., & Sánchez, F. J. D. (2010). *Psicología de la emoción.* Madrid: Editorial Universitaria Ramón Areces.

Fineman, S. (1993). *Emotion in organization.* London: Sage.

Frijda, N. H. (1986). *The emotions.* Cambridge, United Kingdom: Cambridge University Press.

Gondim, S. M. G., & Alvaro-Estramiana, J. L. (2010). Naturaleza y cultura en el studio de las emociones. *Revista Española de Sociología*, *13*(1), 31-47.

Gross, J. J. (2013). *Handbook of emotion regulation* (2nd edition). New York: The Guilford Press.

Gross, J. J., & Barrett, L. F. (2011). Emotion generation and emotion regulation: One or two depends on your point of view. *Emotion Review*, *3*(1), 8-16.

Hochschild, A. R. (1975). The sociology of feeling and emotion: selected possibilities. In M. Millan & R. M. Kanter (Eds.). *Another voice. Feminist perspectives on social life and social science* (pp. 280-307). New York: Anchor Books.

Hochschild, A. R. (1979). Emotion work, feeling rules, and social structure. *American Journal of Sociology*, *85*(3), 551-575.

Hochschild, A. R. (1983). *The managed heart. The commercialization of human feeling.* Los Angeles: University of California Press.

Isen, A. M., & Baron, R. A. (1991). Positive affect as a factor in organizational behavior. *Research in Organizational Behavior*, *13*, 1-53.

Izard, C. E. (2010). The many meanings/Aspects of emotion: Definitions, functions, activation, and regulation. *Emotion Review*, *2*(4), 363-370.

Kemper, T. D. (1978). *A social interactional theory of emotions.* New York: John Wiley & Sons.

Kleinignna, P. R. Jr., & Kleinignna, A. M. (1981). A categorized list of emotion definitions, with a suggestion for a consensual definition. *Motivation and emotions*, *5*, 345-379.

Ledoux, J. (2001). *O cérebro emocional: os misteriosos alicerces da vida emocional.* Rio de Janeiro: Objetiva.

Lewis, M., & Haviland-Jones, J. (2000). *Handbook of emotions* (2nd edition). New York: The Guilford Press.

Mackie, D. M., Devos, T., & Smith, E. R. (2000). Intergroup emotions: explaining offensive action tendencies in an intergroup context. *Journal of Personality and Social Psychology*, *79*, 602-616.

Marañón, G. (1924). Contribution a I'étude de l'action emotive de l'adrenaline. *Revue Francaise d'Endocrinologie*, *5*, 301-325.

Parkinson, B., Fischer, A. H., & Manstead, A. S. R. (2005). *Emotion in social relations. Culture, group, and interpersonal processes.* New York: Psychology Press.

Phelps, E. A. (2006). Emotion and cognition. Insights from studies of the human ammygdala. *Annual Review of Psychology*, *57*, 37-53.

Scheff, T. J. (1990). *Microsociology. Discourse, emotions and social structure.* Chicago: The University of Chicago Press.

Scherer, K. R. (1999). Appraisal theories. In T. Dalgleish, & M. Power (Eds.). *Handbook of cognition and emotion* (pp. 637-663). Chichester, NJ: John Wiley & Sons.

Seligman, M. E. P., & Csikszentmihalyi, M. (2000). Positive psychology: An introduction. *American Psychologist*, *55*, 5-14.

Smith, E. R., Seger, C. R., & Mackie, D. M. (2007). Can emotions be truly group level? Evidence for four conceptual criteria. *Journal of Personality and Social Psychology*, *93*, 431-446.

Strongman, K. T. (1996). *A psicologia da emoção. Uma perspectiva sobre a teoria das emoções*. Lisboa: Climepsi Editores.

Wilson-Mendenhal, C. D., Barrett, L. F., & Barsalou, L. W. (2013). Neural evidence that human emotions share core affective properties. *Psychological Science*, *24*(6), 947-956.

Zajonc, R. B. (1980). Feeling and thinking: Preferences need no inferences. *American Psychologist*, *35*(2), 151-175.

Engajamento no trabalho

Maria Cristina Ferreira
Helenides Mendonça

O estudo do engajamento no trabalho ganhou força na literatura organizacional na esteira da psicologia positiva, que se preocupa prioritariamente com as virtudes e potencialidades positivas do ser humano, isto é, com os aspectos positivos da saúde e bem-estar, em oposição aos aspectos negativos da doença. Alinhados a tal perspectiva e opondo-se, assim, à psicologia organizacional tradicional, que enfocava sobremaneira a doença e as mazelas decorrentes do mundo do trabalho, os estudiosos das organizações e da saúde ocupacional, em especial os europeus, começaram, na primeira década do século XXI, a se interessar pela análise do engajamento no trabalho e de suas consequências para os indivíduos e para as organizações. O presente verbete faz uma revisão do estado da arte sobre o engajamento no trabalho, no que tange à sua conceituação, diferenças quanto a construtos similares, principal modelo teórico de referência, dados empíricos sobre seus antecedentes e consequentes, e posição atual da literatura brasileira nessa área, em comparação com a produção internacional sobre o tema.

O conceito de engajamento no trabalho

Várias são as definições sobre o engajamento no trabalho encontradas na literatura organizacional. Tais definições associam-se a três principais linhas de pesquisa sobre o fenômeno, iniciadas, respectivamente, por Kahn (1990), Maslach e Leiter (2008) e Schaufeli e Bakker (Bakker, Schaufeli, Leiter & Taris, 2008; Schaufeli, Salanova, González-Romá & Bakker, 2002).

Em uma das primeiras abordagens sobre o engajamento no trabalho, Khan (1990) introduziu a expressão engajamento pessoal para caracterizar o desempenho de papéis de trabalho em que o indivíduo expressa seu verdadeiro eu físico, cognitivo e emocional. Para ele, os empregados engajados no trabalho mostram-se fisicamente envolvidos, cognitivamente vigilantes e emocionalmente conectados às tarefas que lhes são prescritas.

Outro ponto de vista sobre o engajamento é o adotado por Maslach e Leiter (2008). Para esses autores, as relações psicológicas que os indivíduos estabelecem com seu trabalho podem ser expressas em um contínuo que varia de um polo negativo, associado ao *burnout* (síndrome psicológica decorrente de exposição crônica e prolongada a estressores do trabalho), a um polo positivo, relacionado ao engajamento (estado energético de envolvimento com atividades laborais pessoalmente prazerosas que asseguram a eficácia profissional). Nesse sentido, o referido contínuo compõe-se de três dimensões bipolares: exaustão *versus* energia; cinismo *versus* envolvimento; e ineficácia *versus* eficácia. A primeira delas diz respeito ao fato de os indivíduos apresentarem ou não sentimentos de esgotamento físico e/ou mental, enquanto a segunda associa-se à demonstração ou não de distanciamento em relação aos indivíduos e demais aspectos presentes no contexto do trabalho. A terceira e última dimensão, por fim, relaciona-se aos sentimentos de incompetência e falta de realização profissional ou vice-versa. Os adeptos de tal posição costumam utilizar o *Maslach Burnout Inventory* (MBI) como medida tanto do *burnout* quanto do engajamento, com os escores altos nas três dimensões do instrumento indicando níveis maiores de engajamento do que de *burnout*.

A linha de pesquisa sobre o engajamento no trabalho iniciada por Bakker, Schaufeli e seus colaboradores (Bakker *et al.*, 2008; Schaufeli *et al.*, 2002) tem sido a mais frequentemente utilizada atualmente nos estudos sobre tal fenômeno. De acordo com eles, o *burnout* e o engajamento consistem em fenômenos correlacionados, mas distintos, que devem, portanto, ser mensurados de forma independente, já que um empregado que vivencia baixos níveis de *burnout* nem sempre irá apresentar um alto engajamento, assim como aqueles que demonstram alto engajamento não irão necessariamente apresentar índices baixos de *burnout*.

Nesse sentido, Schaufeli *et al.* (2002) defendem que o engajamento no trabalho consiste em um estado psicológico difuso, de natureza afetivo-cognitiva, que se manifesta na dedicação, vigor e absorção ao trabalho. O vigor caracteriza-se por níveis elevados de energia, que levam os empregados a vivenciar seu trabalho como algo estimulante, como algo que justifica envidar esforços e persistir na presença de dificuldades. A dedicação, por sua vez, concretiza-se no envolvimento com o próprio trabalho e nos sentimentos de que ele é algo significativo e que, dessa forma, desperta entusiasmo e orgulho. A absorção, por fim, traduz-se em uma elevada concentração, que faz que os empregados não percebam o tempo passar e não consigam se desligar do trabalho.

Em síntese, o engajamento no trabalho manifesta-se em alto grau de energia e em forte identificação com o próprio trabalho (Bakker *et al.*, 2008). Desse modo, ele se configura como um estado psicológico positivo relacionado ao trabalho, de caráter motivacional, que se reflete no desejo de realmente contribuir para o sucesso organizacional. O referido construto diferencia-se, assim, dos traços psicológicos, que são mais duradouros que os estados psicológicos, bem como das emoções, que são, ao contrário, mais momentâneas que os estados psicológicos (Schaufeli *et al.*, 2002). O engajamento sob tal perspectiva tem sido avaliado principalmente por meio da Escala de Engajamento no Trabalho de Utrecht (UWES, na sigla em inglês), composta de itens associados às três dimensões preconizadas pelos autores: vigor, dedicação e absorção.

O engajamento no trabalho e construtos similares

Uma questão que tem permeado a literatura sobre o engajamento no trabalho diz respeito à sua real diferenciação de construtos conceitualmente similares, tais como o envolvimento, a satisfação e o comprometimento organizacional. Nesse sentido, Bakker, Albrecht e Leiter (2011) assinalam que os profissionais aplicados têm apresentado a tendência de conceituar o engajamento por meio do comprometimento organizacional e do comportamento extrapapel, como se o construto em questão consistisse tão somente em um novo rótulo para antigos fenômenos. No entanto, algumas investigações têm evidenciado que o envolvimento laboral, o comprometimento organizacional e o engajamento no trabalho consistem em fenômenos distintos, embora relacionados, em função de todos eles se referirem a estados psicológicos positivos associados ao trabalho.

Tentativas teóricas mais recentes de dirimir as dúvidas sobre os reais limites conceituais entre o engajamento no trabalho e conceitos similares, bem como sobre sua verdadeira relação com o *burnout*, têm recorrido ao modelo circular de emoções e afetos no trabalho (Warr, 2007). De acordo com o referido modelo, as emoções não são entidades isoladas, encontrando-se, ao contrário, inter-relacionadas, além de terem, como base, dois sistemas neurofisiológicos distintos. Logo, elas podem ser descritas por dois eixos: prazer *versus* desprazer e ativação alta *versus* ativação baixa. Da combinação de um dos polos de cada eixo resultam quatro diferentes quadrantes, associados aos afetos positivos de alta ativação (como o entusiasmo); aos afetos negativos de alta ativação (como a ansiedade); aos afetos positivos de baixa ativação (como a satisfação) e aos afetos negativos de baixa ativação (como a depressão).

Apoiando-se no modelo circular para diferenciar a satisfação no trabalho do engajamento no trabalho, Inceoglu e Fleck (2010) defendem que o engajamento situa-se no quadrante de afetos positivos de alta ativação (como energia, entusiasmo e vigor), ao passo que a satisfação se encontra no quadrante dos afetos positivos de baixa ativação (contentamento e conforto, por exemplo). De modo similar, Bakker *et al.* (2011) diferenciam o *burnout* do engajamento em função de o primeiro estar no quadrante dos afetos positivos de alta excitação, e o segundo, no quadrante dos afetos negativos de baixa ativação.

O Modelo de Demandas e Recursos do Trabalho sobre o processo de engajamento no trabalho

O Modelo de Demandas e Recursos do Trabalho (JD-R) tem sido a estrutura de referência teórica preferencialmente adotada nos estudos sobre o engajamento no trabalho que vêm sendo conduzidos na perspectiva introduzida por Bakker *et al.* (2008) e por Schaufeli *et al.* (2002). De acordo com esse modelo (Bakker & Demerouti, 2008), os aspectos psicossociais do trabalho podem ser alocados em duas principais categorias: demandas do trabalho e recursos do trabalho.

As demandas do trabalho dizem respeito aos fenômenos do contexto laboral (físicos, psicológicos, sociais e organizacionais) que exigem esforço físico ou psicológico (cognitivo e emocional) do trabalhador e, consequentemente, implicam custos fisiológicos e psicológicos. A sobrecarga de trabalho e as dificuldades de relacionamento interpessoal constituem-se em exemplos de tais demandas. Já os recursos do trabalho referem-se às características das situações de trabalho que reduzem as demandas laborais e os custos a elas associados, em razão de se mostrarem funcionais para o alcance de metas e estimularem a aprendizagem e o desenvolvimento pessoal. São exemplos desses recursos as oportunidades de carreira, a segurança no trabalho, o suporte de colegas e de supervisores, a clareza de papéis, a participação na tomada de decisões, a autonomia, a variedade de habilidades etc.

Os custos decorrentes dessas demandas podem se tornar crônicos e acabar por exaurir os recursos físicos e mentais, levando os indivíduos a um estado de exaustão, que progressivamente suga toda a sua energia. Já os recursos do trabalho revestem-se de caráter motivacional intrínseco e extrínseco. Seu papel motivador intrínseco manifesta-se no fato de eles possibilitarem a satisfação de necessidades humanas básicas (tais como as necessidades de autonomia, socialização e competência), que possibilitam o crescimento pessoal. O papel motivador extrínseco dos recursos do trabalho, por outro lado, concretiza-se no fato de eles facilitarem o uso das habilidades e esforços necessários à realização das tarefas, viabilizando, assim, o alcance de metas. Dessa forma, os recursos do trabalho constituem-se nos principais fatores responsáveis pelo engajamento no trabalho, sendo sua influência ainda maior quando as demandas do trabalho também são altas, em função de seu potencial motivacional contribuir para o alcance de metas, especialmente nas situações de alta demanda.

O Modelo de Demandas e Recursos preconiza, também, que não apenas os recursos do trabalho, mas também os recursos pessoais, interferem no engajamento no trabalho. Tais recursos consistem em autoavaliações positivas que levam os indivíduos intrinsecamente motivados às metas e, consequentemente, aos altos padrões de desempenho e de satisfação no trabalho. Desse modo, os empregados mais engajados tendem a apresentar recursos pessoais como o otimismo, a autoeficácia, a autoestima, a resiliência e um estilo ativo de enfrentamento que os ajudam a controlar seu ambiente de trabalho e a obter sucesso.

Os antecedentes e consequentes do engajamento no trabalho

Os pressupostos do Modelo de Demandas e Recursos têm motivado várias investigações destinadas a verificar os principais antecedentes e consequentes do engajamento no trabalho, sendo que vários desses achados encontram-se relatados em duas obras recentes sobre esse construto, organizadas, respectivamente, por Albrecht (2010) e por Bakker e Leiter (2010). Um desses pressupostos faz referência aos efeitos positivos dos recursos do trabalho sobre o engajamento. Nesse sentido, uma metanálise destinada a testar os efeitos dos recursos do trabalho sobre o engajamento laborativo identificou que: o grau de controle sobre o trabalho ou autonomia, o suporte social, o *feedback*, a inovação e o clima organizacional constituíam-se em preditores do vigor e da dedicação; apenas os dois primeiros fenômenos atuaram também como preditores da absorção. Estendendo tais resultados, outra metanálise concluiu que, além dos preditores já mencionados, as oportunidades de desenvolvimento, as recompensas e o reconhecimento, a variedade no trabalho e o ajuste aos papéis de trabalho também apresentavam relações positivas consistentes com o engajamento no trabalho.

Outro pressuposto do Modelo de Demandas e Recursos diz respeito aos efeitos interativos dos recursos do trabalho e das demandas do trabalho sobre o engajamento, no sentido de que tal fenômeno é mais afetado pelos recursos do trabalho especialmente quando as demandas do trabalho também são altas. Nessa direção, tem-se verificado que a variedade de habilidades e os contatos com os colegas demonstram associações positivas mais altas com o engajamento no trabalho, quando a sobrecarga de trabalho e as condições físicas mostram-se desfavoráveis. Outras evidências atestam que o suporte do supervisor, a inovação, a apreciação e o clima organizacional apresentam maiores efeitos sobre o engajamento no trabalho de professores, quando seus alunos demonstram maiores índices de comportamentos inadequados.

Atendo-se aos efeitos dos recursos pessoais sobre o engajamento no trabalho, também previstos no Modelo de Demandas e Recursos, os dados empíricos têm demonstrado que os empregados mais engajados acreditam ser mais capazes de lidar com as exigências com as quais se defrontam (autoeficazes), ter mais experiências positivas em sua vida (otimistas) e satisfazer melhor suas necessidades, participando das atividades em sua organização (autoestima com base na organização). Em outras palavras, tem-se verificado que não apenas os recursos do trabalho, mas também os recursos pessoais, ajudam o indivíduo a controlar o impacto de seu ambiente de trabalho.

No que diz respeito aos consequentes do engajamento no trabalho, alguns estudos têm demonstrado que ele se associa direta e positivamente às intenções de rotatividade, ao comprometimento organizacional, às atitudes positivas em relação ao trabalho e ao clima de serviços e lealdade do consumidor, além de atuar como mediador das relações entre os recursos do trabalho e tais fenômenos. Evidências de relações inversas diretas foram também observadas entre o engajamento no trabalho e a ansiedade e depressão. Já no que se refere ao desempenho no trabalho, algumas investigações têm constatado que o engajamento no trabalho mantém relações positivas com o comportamento intra e extrapapel e com a excelência no desempenho das atividades diárias. Em síntese, as investigações até aqui realizadas têm apresentado resultados consistentes quanto ao fato de os recursos do trabalho, assim como os recursos pessoais, contribuírem para a predição do engajamento, em especial quando as demandas do trabalho tornam-se mais altas.

O estudo do engajamento no trabalho no contexto brasileiro

A sobrevivência das organizações contemporâneas está intimamente vinculada à seleção e retenção de empregados engajados com seu trabalho e capazes, assim, de contribuir para o alcance das metas organizacionais e da tão almejada vantagem competitiva. Desse modo, as investigações sobre o engajamento no trabalho revestem-se de particular relevância para o atual contexto do trabalho.

Tais pesquisas, apesar de terem se desenvolvido basicamente na última década, já reuniram um conjunto significativo de evidências acerca do leque de preditores organizacionais e individuais do referido construto. Assim é que várias investigações têm demonstrado que diversos recursos pessoais e do trabalho contribuem para a emergência do engajamento no trabalho, em função de satisfazerem necessidades psicológicas básicas e contribuírem para o alcance de metas no contexto laborativo, particularmente quando as demandas de tal contexto também se mostram excessivas.

A análise mais detalhada dessas investigações revela, no entanto, que elas têm sido conduzidas principalmente em amostras europeias e, em menor escala, em amostras norte-americanas. Uma consulta realizada em junho de 2012 nas bases de dados nacionais SciELO[1] e PePSIC[2], evidenciou que os pesquisadores brasileiros ainda não se interessaram pelo estudo científico do engajamento no trabalho. Nesse sentido, a consulta às referidas bases, com o uso das palavras-chave "engajamento no trabalho", "engajamento e trabalho", "engajamento laboral", e "engajamento com a tarefa", não retornou um único artigo. Em busca mais geral, com o uso da palavra-chave "engajamento", houve, no PePSIC, o retorno de um único artigo relativo ao engajamento cívico e no SciELO, cinco artigos relacionados ao engajamento político. Em busca mais refinada, foi possível localizar alguns artigos que utilizavam no interior do texto a palavra "engajamento" ou "engajado", ainda que esse não fosse seu principal foco. Além disso, em todos eles, a palavra era usada com a conotação de participação e não com o significado atual que a expressão engajamento no trabalho passou a ter na literatura organizacional, conforme aqui exposto.

Nesse sentido, estudos voltados para a investigação do engajamento no trabalho na realidade brasileira, especialmente no que tange à caracterização de suas dimensões, diferenciação de construtos similares (como o comprometimento organizacional e a satisfação no trabalho) e principais antecedentes e consequentes, revestem-se de implicações teóricas e práticas. No plano teórico, essas pesquisas poderão contribuir para ampliar a compreensão acerca da rede nomológica que caracteriza o construto, não apenas em termos de seus principais antecedentes e consequentes, mas também no que diz respeito ao seu funcionamento em outros contextos culturais. Desse modo, os dados daí advindos

---

1 SciELO – Scientific Electronic Library Online (http://www.scielo.org/).

2 PePSIC – Periódicos Eletrônicos de Psicologia (http://pepsic.bvsalud.org/).

poderão trazer contribuições significativas à construção de teorias sobre o engajamento no trabalho apoiadas em dados empíricos sólidos.

Adicionalmente, o aprofundamento da compreensão acerca de alguns dos fatores responsáveis pelo engajamento no trabalho em organizações brasileiras poderá fornecer subsídios valiosos ao desenvolvimento de intervenções futuras orientadas pelos resultados a serem alcançados. Assim, por exemplo, a adoção de intervenções destinadas a criar ambientes organizacionais que estimulem níveis mais elevados de engajamento no trabalho poderá se revelar um investimento com grandes possibilidades de retorno organizacional. Em resumo, uma agenda futura e sistemática de pesquisa com foco no engajamento do trabalho poderá obter resultados promissores em direção à promoção do bem-estar no trabalho e à conquista de vantagem competitiva para as organizações brasileiras que investirem em seu capital humano.

Referências

Albrecht, S. L. (Ed.) (2010). *Handbook of employee engagement: Perspectives, issues, research and practice.* Northampton, MA: Edward Elgar.

Bakker, A. B., Albrecht, S. L., & Leiter, M. P. (2011). Key questions regarding work engagement. *European Journal of Work and Organizational Psychology, 20*, 4-28.

Bakker, A. B., & Demerouti, E. (2008). Towards a model of work engagement. *Career Development International, 13*, 209-223.

Bakker, A. B., & Leiter, M. P. (2010) (Eds.). *Work engagement: A handbook of essential theory and practice.* New York: Psychology Press.

Bakker, A. B., Schaufeli, W. B., Leiter, M. P., & Taris, T. W. (2008). Work engagement: An emerging concept in occupational health psychology. *Work and Stress, 22*, 187-200.

Inceoglu, I., & Fleck, S. (2010). Engagement as a motivational construct. In S. L. Albrecht (Ed.). *Handbook of employee engagement: Perspectives, issues, research and practice* (pp. 74-86). Northampton, MA: Edward Elgar.

Kahn, W. A. (1990). Psychological conditions of personal engagement and disengagement at work. *Academy of Management Journal, 33*, 692-724.

Maslach, C., & Leiter, M. P. (2008). Early predictors of job burnout and engagement. *Journal of Applied Psychology, 93*, 498-512.

Schaufeli, W. B., Salanova, M., González-Romá. V., & Bakker, A. B. (2002). The measurement of engagement and burnout: A confirmatory factor analytic approach. *Journal of Happiness Studies, 3*, 71-92.

Warr, P. (2007). *Work, happiness, and unhappiness.* Mahwah, NJ: Lawrence Erlbaum Associates.

Estresse nas organizações de trabalho

José Carlos Zanelli

O termo estresse ou *stress*, ainda mais difundido no Brasil do que o primeiro, certamente é um conceito que adquiriu ampla popularização. É motivo para brincadeiras e, outras vezes, desqualificações ou ofensas a pessoas que apresentam comportamentos não desejados para alguém ou para um grupo. O "não se estresse" da linguagem coloquial de hoje, em muitas circunstâncias, substituiu o "não fique nervoso" de outrora. Tem, nesses contextos, conotações de tensão, aborrecimento, mau humor, contrariedade, descontentamento, rancor, irritação, raiva, impetuosidade, contestação e assim por diante. Na sua origem, tem o significado de apertar, comprimir, restringir.

Está largamente associado ao trabalho quando, em determinadas situações, a recomendação para quem se revela "estressado" é a de diminuir o ritmo e a carga de trabalho (trabalhar menos), como solução para seus problemas. O que, nas análises científicas, tem sido uma hipótese plausível. Ou seja, há um aumento no número de horas trabalhadas por parcela expressiva da população mundial em concomitância aos resultados das mensurações que denotam acréscimo de estresse e suas consequências negativas (Zanelli, Calzaretta, García, Lipp & Chambel, 2010). O que, se não comprova a hipótese, justifica a conjetura.

As mudanças das últimas décadas no mundo do trabalho têm sido descritas em abundância na literatura. Tais mudanças, ao lado das demandas crescentes dos trabalhadores, desestabilizam antigas instituições e ameaçam certezas arraigadas. A globalização progressiva, as reconfigurações nos quadros de empregados, a modernização e rapidez dos avanços tecnológicos são relatados como fatores que estão na origem do estresse patológico (Ovejero Bernal, 2010). Alteram-se as condições econômicas, sociopolíticas e demográficas – o que afeta a qualidade de vida e a saúde. As exigências por adaptações constantes atingem a racionalidade, emoções e comportamentos e tornam vulneráveis aqueles que têm dificuldades de enfrentar as pressões.

Nas organizações de trabalho, em qualquer setor produtivo, as demandas são cada vez mais complexas. Exigem qualificações e esforços que ultrapassam os movimentos físicos automatizados e requerem cada vez mais habilidades cognitivas e controle emocional. Levar tarefas para casa ou ocupar as horas que deveriam ser de lazer com atividades que antes ficavam restritas ao local de trabalho se tornou comum.

O desequilíbrio entre as exigências do trabalho e as necessidades e expectativas pessoais e familiares submete ao desgaste físico e emocional, ao mesmo tempo em que não raro, há solicitação insistente de participação e comprometimento, em contextos de valores antiéticos, nos quais a difusão de desconfiança e desrespeito é usual. Há ainda o retorno financeiro e o reconhecimento, que na maior parte dos casos, são desproporcionais aos esforços e dedicação demandados (Zanelli *et al.*, 2010).

O trabalho que compreende potencial emancipador é dotado de significado coerente com os valores e percepções de quem o executa, e constitui elemento de construção positiva da pessoa. Permite acreditar em si, sentir-se digno e estar bem consigo mesmo. As pressões e riscos emanados globalmente, e concretizados nas organizações, difundem um modo de vida em ritmo intenso, no qual múltiplas solicitações colocam em risco a autonomia, a convivência saudável e a sustentabilidade, em sentido extenso.

Conceitos, teorias e modelos

O cenário atual do mundo, marcado pela supremacia que o trabalho alcançou, portanto, é condizente com a difusão do uso do termo estresse. No meio científico, o termo foi consolidado por Hans Selye, que, como estudante de medicina, observou as reações de angústia e tristeza e, posteriormente, em 1936, pelas pesquisas como endocrinologista, cunhou a denominação síndrome geral de adaptação ou síndrome do estresse biológico. Ancorado em descobertas da fisiologia que postulavam que o ambiente interno dos organismos deveria permanecer constante, apesar das mudanças do ambiente externo, e na concepção de homeostase como o estado de equilíbrio interno do organismo, Selye interpretou o estresse como a ruptura desse equilíbrio (Lipp, 2003).

No Brasil, o Laboratório de Estudos Psicofisiológicos do *Stress* da Pontifícia Universidade Católica de Campinas, desde a década de 1980, é pioneiro em estudos do fenômeno. Uma equipe de profissionais, coordenados por Marilda Lipp, realiza pesquisas de múltiplos aspectos do fenômeno, entre eles os que estão diretamente ligados ao âmbito do trabalho, como publicado em Lipp (2004). Tal autora propõe uma definição com foco em uma reação do indivíduo, que inclui componentes físicos e psicológicos. Seria consequência de alterações psicofisiológicas que ocorrem quando esse indivíduo está em contextos que o façam muito feliz, excitem, confundam, irritem ou atemorizem (Lipp, 1996).

Embora interligadas, são várias as definições de estresse. É necessário identificar os modelos que estão em suas origens ou pressupostos. Visto como um estímulo, é uma condição do ambiente, externo ao indivíduo, que desequilibra seu funcionamento. Como resposta, o estresse é analisado como um conjunto de reações fisiológicas e psicológicas diante dos estressores. Finalmente, como mediação, é estudado como resultante de processos de percepção e avaliação na interação entre as exigências do entorno e os recursos e as capacidades de reposta da pessoa. Nessa última perspectiva, está o Modelo Transacional de Estresse e Capacidade de Enfrentamentos

(Lazarus & Folkman, 1984; Folkman & Moskowitz, 2004): as experiências estressantes são entendidas como transações entre a pessoa e seu entorno, no qual o impacto dos fatores externos é mediado pela avaliação que o sujeito faz dos recursos psicológicos, sociais e culturais com os quais pode contar. Enfrentamento ou *coping*, nesse modelo, refere-se aos esforços cognitivos e comportamentais que a pessoa investe para lidar com as demandas (internas e/ou externas), demasiadas ou excessivas para os recursos que dispõe.

As primeiras teorias de estresse relacionado ao trabalho estão baseadas nos estímulos e nas respostas. Os estímulos, no geral, estão associados a eventos e circunstâncias ameaçadoras da vida. As respostas são vistas nos aspectos das reações fisiológicas, ao passo que na perspectiva psicológica são observados os padrões de pensamentos e emoções e o resultado comportamental. As teorias contemporâneas enfatizam as trocas interativas e o processo, ou seja, as transações entre a pessoa, como agente ativo, e o ambiente externo. Portanto, um processo no qual é possível influenciar os efeitos potenciais dos agentes estressores por meio de estratégias comportamentais, cognitivas e emocionais.

O Modelo de Demandas e Controle (Karasek, 1979; Karasek & Theodore, 1990), utilizado em numerosas pesquisas e intervenções, está situado entre as teorias contemporâneas. Explica o estresse laboral ao considerar as demandas psicológicas do trabalho como fatores de risco, em paralelo à possibilidade de controlar essas demandas, tomar decisões relativas às tarefas e ao suporte dos colegas e/ou dos supervisores. Demandas estão relacionadas com a carga de trabalho, atenção necessária, pressão de tempo, interrupções aleatórias etc. Controle concerne às possibilidades de o trabalhador utilizar suas capacidades, ter flexibilidade e autonomia, interferir no desenvolvimento das atividades etc.

No ambiente de trabalho é relevante considerar que estímulos potencialmente indutores de estresse desencadeiam diferentes respostas em diferentes indivíduos, a depender das avaliações cognitivas das circunstâncias e dos recursos pessoais. Cumpre observar o estresse como transação entre a pessoa e seu entorno – um fenômeno que resulta da interpretação e do quanto os acontecimentos ou circunstâncias são significativas para o trabalhador ou o grupo de trabalho. Os estressores no contexto laboral estão no escopo dos riscos psicossociais [consultar verbete].

A resposta de estresse só irá ocorrer se o trabalhador ou o grupo interpretar que o risco ou a ameaça terá efeitos penosos caso não sejam modificados. Ou seja, a concepção de estresse abarca a noção de estratégias de enfrentamento, que podem ser utilizadas pela pessoa ou grupo para controlar o risco e os efeitos individuais e, nas situações de trabalho, os efeitos organizacionais.

As exigências, originadas objetivamente ou na interpretação do trabalhador e do grupo de trabalho, em comparação com os recursos disponíveis (pessoais e ambientais) podem ser vividas como discrepâncias ou desajustes. Se percebidas como desafios e com possibilidades de êxito, o estresse poderá ter resultados positivos, tanto para as pessoas como para a organização. Se, ao contrário, o entendimento for de impossibilidade ou dificuldade extrema, somada à relevância atribuída à tarefa ou ao objetivo proposto e redução da capacidade de enfrentamento, os efeitos serão nocivos.

O estresse é positivo (eustresse ou *eustress*), portanto, quando o nível de ativação do organismo é adequado e proporciona um processo tolerável de tensão e relaxamento para o trabalhador. Pode ser acompanhado de satisfação e facilitar do êxito. Ao contrário, o estresse é negativo (distresse ou *distress*) quando a tensão é constante e os períodos de relaxamento reduzidos, seja por variáveis internas ou externas a quem trabalha, quando conduz ao desgaste e a sentimentos de fracasso. Contudo, deve-se salientar que tanto o excesso de ativação como a baixa ativação guardam potencial de desgaste do organismo, em especial quando é cumulativo e foge ao controle quanto à duração e à intensidade.

Efeitos danosos do estresse no trabalho

Ressalte-se que, inicialmente, o processo com potencial danoso inclui a percepção de demandas exageradas e a avaliação de escassez dos recursos de enfrentamento. A fase seguinte será de buscas de estratégias que eliminem ou atenuem a fonte de estresse, por um lado, e, por outro, neutralizem ou reduzam as consequências negativas. Os resultados da vivência nociva têm implicações de caráter fisiológico, atitudinal e comportamental, já que estão atrelados às diferenças individuais. Diversos efeitos podem ser observados em função da persistência e da gravidade do evento estressor, entre eles, as alterações de maior ou menor permanência na saúde e bem-estar individual e da coletividade.

Vivências de estresse danoso, por conseguinte, provocam respostas fisiológicas, cognitivo-afetivas e comportamentais. Quanto mais prolongadas, é claro, ocasionam maiores dificuldades de adaptação ou enfermidades, aqui consideradas as perdas de saúde física, psicológica e social. Para o sistema organizacional, repercute em ritmos e sequências previsíveis, como o aumento do absenteísmo, e, às vezes, funestas, como a vulnerabilidade a acidentes. Uma representação simplificada desse processo pode ser vista na Figura 1.

Figura 1 Prccesso de estresse danoso no trabalho, elementos que o compõe e suas consequências

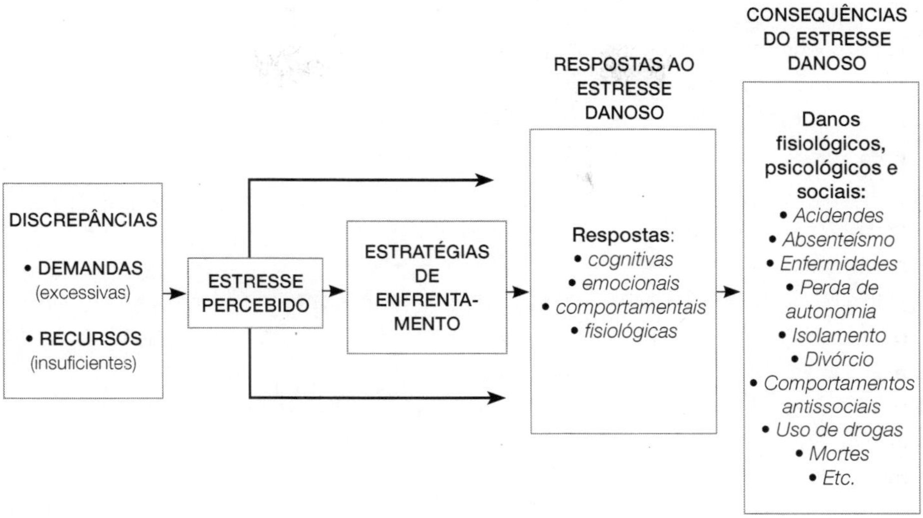

Fonte: Elaborada com base no Modelo Demandas e Controle de Karasek (1979).

No que tange à saúde individual, os diagnósticos, registrados nos afastamentos por motivos médicos, associam com frequência o estresse a problemas respiratórios, imunológicos, sexuais, digestivos e alterações cardiovasculares e do sistema nervoso. Além disso, está na base das manifestações de ansiedade e depressão. Repercute na comunidade, uma vez que pode afetar a satisfação e a qualidade de vida no trabalho. De algum modo, tende a afastar o trabalhador dos objetivos de suas atividades, dos objetivos de sua área e da própria organização, com consequências para a comunicação e outros processos organizacionais. Fica evidenciado no absenteísmo e no presenteísmo, nos afastamentos por licença médica, apatia, conflitos interpessoais e outras manifestações.

Âmbitos de intervenção

As estratégias para redução dos estressores abrangem pelo menos três âmbitos de intervenção: organizacional, grupal e individual. Há que se considerar ações no âmbito organizacional relacionadas à flexibilidade nos horários de trabalho e nos turnos, incremento da autonomia e da responsabilidade dos trabalhadores, incentivo à participação inclusiva na tomada de decisões, enriquecimento dos postos de trabalho, valorização dos postos de trabalho e significado das tarefas, controle do próprio trabalho, variação no uso das habilidades, clarificação dos objetivos nos grupos de trabalho, *feedback* continuado e, não menos importante, aprimoramento do ambiente físico. Entre os principais estressores do ambiente laboral físico – que têm recebido considerável atenção, se comparados a outros fatores –, são identificados: a iluminação, a temperatura, a higiene do lugar de trabalho, a toxicidade, o ruído, as vibrações, as condições climatológicas, a disponibilidade e disposição do espaço físico para o trabalho (Peiró, 2000).

No âmbito grupal, merece atenção o suporte por parte dos pares e supervisores. Denominado de apoio social no trabalho, favorece a obtenção de informações, o aprendizado e o aperfeiçoamento de competências, o reconhecimento, o *feedback* das realizações e, de grande relevância, o auxílio emocional, por meio de escutas e outros tipos de ajuda. Concerne desenvolver nas unidades gestores, bem como no conjunto dos trabalhadores, aprendizagens para prestar apoio social, fomentar a cooperação e fornecer *feedbacks*, de modo que cada um tenha a possibilidade de saber como é percebido e avaliar o que e como faz. Pressupõe-se, antes de tudo, a construção de um ambiente de respeito e confiança, em base de valores dignos e éticos. Na conclusão alicerçada por Tamayo (2007), priorizar valores pode ser um fator de prevenção do estresse ocupacional.

Johnson, Cooper, Cartwright, Donald, Taylor e Millet (2005) ampliaram uma tipologia de fontes de estresse organizacional e do trabalho com os seguintes itens: características intrínsecas do trabalho, papel ou papéis da pessoa na organização, relacionamentos interpessoais no trabalho, perspectivas de carreira e progressão, estrutura, cultura e clima, interface trabalho-família, segurança no trabalho, remuneração e benefícios, recursos e comunicação.

Entre as estratégias de enfrentamento no âmbito individual, são diferenciadas aquelas dirigidas a lidar com o problema e as dirigidas a controlar a resposta emocional. Entre as primeiras, o psicólogo pode desenvolver nos trabalhadores habilidades em solução de problemas, de organização pessoal e de gestão do tempo, desenvolver assertividade e fortalecer a resiliência. Para o autocontrole emocional, podem ser ensinadas técnicas para o manejo de respostas cognitivas, emocionais, comportamentais e fisiológicas associadas à percepção de riscos.

Avaliação e fontes de risco

A avaliação dos estressores potenciais no ambiente de trabalho, como etapa precedente das propostas de intervenção, deve percorrer as etapas de identificação dos fatores de estresse, a escolha de um método, incluindo os procedimentos e técnicas de observação direta e indireta, o planejamento e execução da recolha das informações, análise dos resultados e elaboração do relatório, propostas de intervenções, elaboração e execução das intervenções, acompanhamento e controle do processo de intervenção.

As principais fontes de risco de estresse no trabalho podem ser resumidas em categorias relativas ao desempenho, no que tange à ambiguidade e conflito de papéis. Nas interações sociais, ocorre o assédio psicológico (ou moral), os conflitos com superiores e com os pares, o conflito trabalho-família, a discriminação no lugar de trabalho por motivos de diversidade e os desentendimentos com usuários e cliente. Quanto à organização, observa-se a configuração estrutural (centralização, complexidade ou diferenciação, formalização), as novas tecnologias (tecnoestresse) e as possibilidades de desenvolvimento da carreira. Enfim, a avaliação do clima e cultura organizacional revela indícios cruciais para a compreensão dos fatores estressores do contexto de trabalho.

Em suma, modelos teóricos são importantes para dar direção a intervenções factíveis e avaliáveis porque são testáveis e, ao testá-los, podemos fazer melhor uso e obter melhor compreensão do ambiente de trabalho. Refinar as teorias de estresse organizacional e do trabalho pode auxiliar no enfrentamento do desafio de compreender e colaborar na busca de soluções para os incomensuráveis problemas interpostos pelo trabalho à saúde, decorrentes da complexa gama de eventos do mundo atual.

Referências

Folkman, S., & Moskowitz, J. T. (2004). Coping: pitfalls and promise. *Annual Review of Psychologist, 55*, 745-774.

Johnson, S., Cooper, C., Cartwright, S., Donald, I., Taylor, P. J., & Millet, C. (2005). The experience of work-related stress across occupations. *Journal of Managerial Psychology, 20*(2), 178-187.

Karasek, R. A. (1979). Job demands, job decision latitude, and mental strain: implications for job redesign. *Administrative Science Quarterly, 24*(2), 285-308.

Karasek, R. A., & Theodore, T. (1990). *Healthy work. Stress, productivity, and the reconstruction of working life*. New York: Free Press.

Lazarus, R. S., & Folkman, S. (1984). *Stress, appraisal and coping*. New York: Springer.

Lipp, M. E. N. (Org.) (1996). *Pesquisas sobre stress no Brasil: saúde, ocupações e grupos de riscos*. Campinas, SP: Papirus.

Lipp, M. E. N. (2003). *Mecanismos neuropsicofisiológicos do stress: teoria e aplicações clínicas*. São Paulo: Casa do Psicólogo.

Lipp, M. E. N. (2004). *Stress* no trabalho: implicações para a pessoa e para a empresa. In F. C. Nunes Sobrinho (Org.). *Pedagogia institucional: Fatores humanos nas organizações*. Rio de Janeiro: Zit.

Ovejero Bernal, A. (2010). *Psicologia do trabalho em um mundo globalizado: como enfrentar o assédio psicológico e o estresse no trabalho*. Porto alegre: Artmed.

Peiró, J. M. (2000). *Desencadenantes del estrés laboral*. Madrid: Ediciones Pirámide.

Tamayo, A. (2007, maio/ago.). Impacto dos valores da organização no estresse ocupacional. *RAC-Eletrônica, 1*(2), art. 2, 20-33.

Zanelli, J. C., Calzaretta, A. V., García, A. J., Lipp, M. E. N., & Chambel, M. J. (2010). *Estresse nas organizações de trabalho: compreensão e intervenção baseadas em evidências*. Porto Alegre: Artmed.

Exclusão social e integração pelo trabalho

Vanessa Andrade de Barros

Exclusão social é uma noção que possui amplo significado, designando fenômenos vastos e diferenciados, o que torna difícil sua delimitação. Refere-se, de forma geral, a situações nas quais uma pessoa ou um grupo de pessoas, por razões diversas e em determinado contexto histórico, encontram-se impedidas de participar das trocas sociais. Atualmente, seu sentido mais comum engloba desemprego, pobreza material e enfraquecimento dos vínculos sociais, relacionados a processos de precarização salarial que leva à desqualificação de grandes contingentes populacionais.

Historicamente, pode-se considerar o movimento francês *Aide à Toute Détresse (ATD) – Quart Monde* como o promotor da noção de exclusão social; esta foi utilizada originalmente em 1960 por esse movimento para denunciar o surgimento de favelas e de um subproletariado urbano, em um período de forte industrialização. Em 1974, no bojo de um grande debate público sobre os diversos cenários de exclusão, a publicação do livro *Les Exclus* de René Lenoir (1974) populariza seu uso operando uma transformação no conceito ao deslocar seu objeto: substitui a categoria socioeconômica do subproletariado por outra, médico-jurídica, de inadaptados (Clavel, 1998).

A partir desse momento, excluídos passaram a ser aqueles que manifestavam incapacidade de viver como as pessoas consideradas normais e adaptadas às normas vigentes. Nessa categoria incluíam-se as pessoas com deficiência, os idosos, os pobres, os marginais, os imigrantes, os mendigos e todos aqueles que, por razões involuntárias ou voluntariamente, passavam a viver como desadaptados. Ocupavam o lugar de objeto de tratamento do Estado: objeto de decisões tecnocráticas, de disputas políticas, de lutas e de tratamentos médicos e sociais, visando modificar seus comportamentos. Nesse sentido, variadas associações e profissionais sociais eram chamados a trabalhar com esse público excluído para transformá-lo e tirá-lo dessa condição. Desenvolve-se à época um discurso liberal-humanista, desconectado de análises socioeconômicas, que conclama a sociedade a colaborar, em um "espírito solidário", com tal segmento da população.

O início da crise econômica dos anos 1980 reabilita o sentido socioeconômico da noção de exclusão, ampliando seu escopo com discussões relativas à pobreza, precariedade de condições de vida e desigualdade social. Passa a ter, a partir do final dessa década, o mesmo significado que possui atualmente, de desqualificação social (Paugan, 1991), vivida por um número crescente de pessoas que precisam ser reinseridas profissional e socialmente.

No Brasil, como aponta Oliveira (1997), as raízes da noção de exclusão encontram-se na obra *Dependência e desenvolvimento na America Latina*, de Cardoso e Faletto (1970), que utilizam a expressão "sistema social excludente" ao se referirem à intensificação do padrão que caracteriza o capitalismo nas economias periféricas. Lúcio Kowarick (1979), por sua vez, nota que os parâmetros do "milagre brasileiro" são excludentes, e Alba Zaluar (1985), na década de 1980, em seu estudo sobre os pobres da periferia do Rio de Janeiro, utiliza o termo "excluído" ao referir-se ao olhar etnocêntrico que vê esse segmento populacional como o avesso da civilização.

Além desses trabalhos, são numerosos os estudos no Brasil que versam sobre a noção de exclusão e seus correlatos, dos quais: Milton Santos (1987), em sua vasta obra na qual destacam-se as relações entre espaço e cidadania nos processos de exclusão social; Souza Martins (1997), defensor da ideia de que a exclusão é a expressão das contradições do sistema capitalista e, como tal, um processo, contrapondo-se ao reducionismo interpretativo do conceito de exclusão econômica; Aldaíza Sposati (1996), em seu cuidadoso e multidimensional mapa da exclusão/inclusão social da cidade de São Paulo; Bader Sawaia (1999), que utiliza em seus estudos sobre exclusão o conceito de sofrimento ético-político como guia analítico da dialética inclusão/exclusão e organizadora do livro *As artimanhas da exclusão*, uma importante coletânea interdisciplinar sobre essa temática; e a tradução da obra de Janice Perlman (1977) sobre a marginalidade como consequência de um modelo econômico excludente.

Exclusão e integração: noções polêmicas

Robert Castel (2009), referência no debate sobre o assunto, é um crítico da noção de exclusão e propõe o conceito de desafiliação, significando uma ruptura de pertencimento, de vínculo societal. Sua crítica apresenta os seguintes argumentos:

1. A heterogeneidade de situações em que a noção de exclusão é utilizada, o que elimina as especificidades de cada uma delas. O desempregado de longa duração, por exemplo, não está na mesma situação do jovem pobre, morador de periferia, que nunca trabalhou e não possui qualificações para as novas exigências do mundo do trabalho; ou do egresso do sistema carcerário, sem qualificação para o mercado formal, desempregado, a quem é exigido um atestado de bons antecedentes, que ele não possui; ou que não é a mesma daqueles que moram nas ruas, dos catadores de materiais recicláveis, das pessoas deficientes, dos doentes crônicos, idosos, entre outras situações específicas. Segundo esse autor, a noção de exclusão não é uma noção analítica, o que impossibilita conduzir investigações precisas sobre conteúdos que pretende abarcar. Uma vez que os traços que constituem as situações de exclusão não se encontram na mesma noção, mas são particulares de cada uma em sua singularidade, identificar, por

exemplo, as situações citadas como de exclusão significa apenas colocar uma qualificação negativa que nomeia uma falta (os sem trabalho, sem qualificação, sem moradia fixa, sem documento, sem escolaridade), não explicitando em que consiste a exclusão dessas populações nem o que a produz.

2. Falar de exclusão conduz a ter como autônomas situações-limite que só fazem sentido se inseridas em um processo, na medida em que nomeia situações que traduzem degradação de pessoas ou grupos em relação a posições anteriormente ocupadas social e economicamente. Assim, a exclusão não ocorre pelo estado pessoal, individual daqueles que se encontram colocados fora dos circuitos das trocas sociais, mas como resultado de trajetórias diferentes entre si, das quais carregam os traços.
3. Focalizar a atenção sobre a exclusão economiza a necessidade de interrogar as dinâmicas sociais globais responsáveis pelos desequilíbrios atuais que as produzem; descrevem-se estados de falta, de carência, ignorando os processos que os geram. Procede-se a análises setoriais, descontínuas e deslocadas dos processos sociais mais abrangentes e, assim, a luta contra a exclusão corresponde a um tipo clássico de alvo da ação social: delimitar zonas de intervenção que resultam em atividades de reparação. É a tradição da assistência social que caracteriza populações específicas a partir de um déficit preciso, cristalizando categorias cada vez mais numerosas de populações que necessitariam de tratamento especial: inválidos, deficientes, velhos, pobres, crianças em dificuldade, famílias monoparentais, desempregados etc.

Existem, no entanto, ainda segundo Castel (2009), situações em que é legítimo nomear como exclusão sem que tais nomeações sejam arbitrárias nem acidentais. Tais situações possuem características comuns: elas impõem uma condição específica que se sustenta sobre regras, mobilizam aparelhos especializados e se cumprem por meio de rituais. Nesses casos, a exclusão é uma forma de discriminação negativa, construída a partir de regras estabelecidas processualmente e pode se dar de forma total ou parcial, definitiva ou provisória. Como exemplo, podem ser citadas as situações de:

1. Supressão completa de uma comunidade, sob a forma de expulsão ou por eliminação – os genocídios.
2. Espaços fechados separados da comunidade, em seu interior – guetos, leprosários, manicômios, prisões.
3. Certas categorias da população que recebem um *status* especial, permitindo-lhes coexistir com as demais, mas com privação de alguns direitos e da participação em algumas atividades sociais; são transformados em cidadãos de segunda classe – os judeus na França às vésperas da ocupação.

Roche e Abécassis (2001), por sua vez, nessa mesma perspectiva analítica, entendem que a exclusão é um processo e a atenção não deve ser dirigida às populações designadas por substantivos: os precários, os excluídos, os instáveis, os inadaptados etc., mas focada fundamentalmente na maneira pela qual as relações socioeconômicas geraram tais situações. Tradicionalmente, os problemas da precarização do trabalho e da exclusão social foram tratados separadamente, estudados por pesquisadores de campos disciplinares diferentes. O efeito negativo que tal separação provocou foi especialmente o de desconectar a exclusão daquilo que, no universo do trabalho e da gestão, a produziu; concebendo-a como simples disfuncionamento social foi impossível notar que a exclusão é a condição do funcionamento do sistema econômico social neoliberal.

Assim, a degradação das relações de trabalho e a crise da sociedade salarial produziram situações de vulnerabilidade que hoje são chamadas de exclusão (Castel, 2009). Precarização, marginalização, vulnerabilização fazem parte dessa semântica e indicam aqueles que são alvos potenciais de políticas de inserção.

Estes, por sua vez, são duplamente ameaçados de exclusão: a) por sua situação precária, marginal, vulnerável, são levados a viver nas periferias e margens, que acabam por se constituírem em locais de relegação, onde se juntam os desfavorecidos, as chamadas "classes perigosas"; e b) por usufruírem das políticas de integração que visam reparar as desigualdades socioeconômicas. Nesse caso, a discriminação positiva a que estão submetidas por tais políticas, o direito a receber tratamento diferenciado por meio de ações afirmativas (por exemplo, cota para negros e alunos de escolas públicas em universidades; reserva de vagas para deficientes em concursos públicos e empresas privadas, entre outras) pode se transformar em discriminação negativa, estigmatizando as populações usuárias de tais políticas como cidadãos de segunda classe, excluindo-os e limitando sua participação social.

O significado da noção de integração relaciona-se, assim, à inserção de pessoas ou grupos em um determinado sistema normativo do qual eles estavam excluídos. Define-se na contraposição à noção de exclusão, podendo ser substituído pelos termos: inclusão, reintegração, recuperação, sempre no sentido de construção de um modo de vida mais qualificado que o anterior. Efetiva-se, via de regra, por meio das políticas públicas de ações afirmativas, assim como por meio de ações privadas ou de organizações não governamentais e de movimentos associativos, religiosos ou leigos.

Essa utilização do termo integração é problematizada por Baratta (2004), para quem, integrar as populações excluídas só é possível na medida em que se possa corrigir as condições de exclusão, de modo a facilitar o desenvolvimento das pessoas e aumentar suas competências pessoais e profissionais. Segundo esse autor, isso somente se daria com a transformação da sociedade, na medida em que é o próprio sistema social que constrói historicamente a exclusão.

As chamadas políticas de inserção, construídas para lutar contra a exclusão, também são criticadas por Castel (2009). Para ele, tais políticas não mudam a situação geral que produz a exclusão, mantendo as pessoas na mesma posição de dependência gerada pela precariedade de condições de vida. Observa que a prática de deslocar o tratamento social para as margens não é nova; corresponde a um princípio da economia que mostra ser mais fácil e mais realista intervir sobre os efeitos visíveis de uma disfunção social do que controlar o processo que o provoca; isso porque se pode trabalhar sobre os efeitos, em uma perspectiva técnica, ao passo que o domínio do processo exige um tratamento político. Assim, a construção dessas políticas de inserção implica a renúncia a intervir para construir um novo modelo de sociedade, preventivo, que impediria a precarização e desqualificação, preservando a integração social.

Sophie Mappa (1981), nessa mesma perspectiva crítica, chama a atenção para o fato de que todo processo de integração produz quase automaticamente uma nova exclusão, uma vez que não envolve o universo da população necessitada. O programa bolsa família, por exemplo, não atende a todos os lares carentes; os programas de atendimento à população de rua não atingem todos os moradores; a distribuição de remédios nos postos de saúde não contempla todos os doentes; nem todos os catadores de materiais recicláveis participam de cooperativas, assim como não existe trabalho para todos os que necessitam.

A população que não é atendida por ações de integração pode ficar reduzida a uma situação de patologia social que a coloca em condição de maior *vulnerabilidade*: não conseguem ser acolhidas, ficam presas na crise, na miséria, em situações que não dominam. A solução de seus problemas não lhes pertence, são incapazes de agir, restando-lhes apenas atividades marginais, bicos e pequenas ocupações como alternativa de sobrevivência.

No interior dessa contradição e em meio a diferentes programas e ações de inserção social da população excluída e de políticas públicas visando garantir direitos a esse segmento populacional, destaca-se a proposta de integração pelo trabalho, considerado como recurso privilegiado para promover a reinserção social e profissional. Tal proposta é paradoxal na medida em que, como explicitado anteriormente, na origem dos processos de exclusão está a crise da sociedade do emprego, a precarização das relações contratuais, em suma, as transformações e novas exigências do mundo do trabalho que expulsou de seu interior estes que agora devem ser integrados.

Integração pelo trabalho

A expressão integração pelo trabalho significa inserir as pessoas nas sociabilidades produzidas pelo mundo do trabalho e do assalariamento, transformando suas condições de vida. Sua importância nos processos de integração relaciona-se ao lugar excessivamente relevante da atividade econômica (Mappa, 1981), às possibilidades de desenvolvimento pessoal e de aprendizagem que contém e à sua participação na construção de referências culturais e de sociabilidades. É por meio do trabalho que se tem acesso ao reconhecimento de si e, simultaneamente, pela via da alteridade, ao reconhecimento do outro, constituindo-se como espaço fundamental de inscrição do sujeito em uma história coletiva.

Os estudos e experiências da psiquiatria social francesa sobre o trabalho como recurso terapêutico, na década de 1940, podem ser considerados precursores das propostas de integração pelo trabalho. Paul Sivadon, Louis Le Guillant e François Tosquelles, principais nomes dessa corrente, embora possuindo concepções diferentes sobre o uso do trabalho no tratamento dos doentes mentais, concordavam sobre sua importância como forma de reinserção do paciente psiquiátrico na sociedade (Billiard, 2001). Nesse sentido, as experiências de Tosquelles no Hospital Saint-Alban, de Sivadon no Centro de Tratamento e de Readaptação Social (CTRS) do hospital psiquiátrico de Ville-Evrard e de Le Guillant no CTRS do hospital psiquiátrico de Villejuif são importantes referências sobre o chamado "trabalho real" dos pacientes, assim chamado para designar o trabalho profissional, assalariado ou independente, que transformava o doente em sujeito produtor, em oposição ao trabalho terapêutico no interior dos hospitais ou em instituições especializadas (Billiard, 2001).

É igualmente no seio desse movimento que se desenvolve o campo disciplinar da psicopatologia do trabalho buscando compreender a relação entre determinadas atividades e o adoecimento mental do trabalhador. Tem-se então que, se por um lado o trabalho possui possibilidades terapêuticas e de interação social, possui também potencial patogênico que sob certas condições e organização pode levar os trabalhadores a processos de sofrimento e adoecimento que os excluiriam das sociabilidades construídas pelo trabalho.

Existe, de fato, uma positividade do trabalho, observada tanto nos sujeitos que estão marginalizados quanto nas políticas públicas e de instituições de acolhimento aos excluídos; são, no entanto, referências genéricas, que não consideram seus constrangimentos e as condições concretas de sua realização.

Isso porque, como o trabalho constitui-se em norma de integração social, não estar trabalhando pode significar não estar integrado, da mesma forma como são considerados não integrados todos os que vivem à margem da sociedade – loucos, presos, egressos do sistema prisional, mendigos e os que estão fora do mercado formal de trabalho: informais, deficientes, doentes crônicos, entre outros já mencionados. Para esses sujeitos e para os programas construídos com o objetivo de vencer a exclusão, trabalhar constituiria a garantia de integração social e o rompimento com essa posição marginal.

Nesse caso, políticas de ações afirmativas como reserva de vagas de emprego para deficientes, formação profissional para presos e egressos de penitenciárias, implantação de programas de geração de trabalho e renda e de projetos de economia solidária para populações carentes, como já indicados anteriormente, podem se constituir em recursos importantes para promover a integração social pelo trabalho. É necessário, no entanto, abandonar as concepções que tomam o trabalho como sinônimo de fazer alguma coisa, como exercício muscular e produção de objetos, e reconhecê-lo em sua função constituinte da vida subjetiva e do vínculo social, garantindo-o como um direito de cidadania, distinto de ações assistenciais, humanitárias e terapêuticas.

Pesquisas recentes apontam a eficácia dessa perspectiva, como a investigação realizada junto a catadores de materiais recicláveis sobre a criação de cooperativas de trabalho, incrementadas por políticas de geração de trabalho e renda (Lima, Varella, Oliveira, Parreira & Rutkowski, 2011), sobre o trabalho real como fonte de recuperação do dependente químico (Mata, 2008) e como meio de integração social do deficiente físico (Ribeiro & Lima, 2010; Carvalho Freitas & Marques, 2009).

Por outro lado, as pesquisas realizadas no sistema prisional (Barros & Lhuilier, 2013) demonstram a importância do trabalho como meio de suportar o encarceramento, de fazer passar o tempo da pena, mas indicam que tal como é implementado no interior das prisões, em sua maioria não alcança o objetivo anunciado pelo Estado de promover a reintegração social. As atividades realizadas pelos detentos cumprem especialmente a função de ocupar o tempo, sem se constituírem em formação profissional e pessoal. O trabalho é utilizado como recompensa por bom comportamento e retirado como punição; não se constitui como direito, mas como favor. Do mesmo modo, as políticas de acolhimento ao egresso prisional (Barbalho & Barros 2011) não rompem com a perspectiva de utilização do trabalho como ocupação, não oferecem possibilidades de desenvolvimento do sujeito, o que pode levar ao fracasso suas tentativas de reintegração na sociedade por meio do trabalho real.

As reflexões e pesquisas elencadas evidenciam que o trabalho é, de fato, um importante eixo dos processos de inserção social, na medida em que oferece ao sujeito recursos materiais e simbólicos para a construção de novos modos de vida e novas experiências. No entanto, é necessário voltar ao paradoxo mencionado anteriormente: grande parte da população excluída (e para a qual o trabalho seria vetor de inserção social) encontra-se nessa situação em decorrência das novas configurações do mundo do trabalho que não aceitam *handcaps*. Assim, para que a integração pelo trabalho possa se efetivar, é necessário construir um mundo do trabalho livre, que acolha sem restrições, que seja democrático e que possibilite o desenvolvimento pessoal e coletivo. A experiência das cooperativas de catadores de materiais recicláveis, presentes em várias cidades do país, pode ser um caminho nessa direção.

Referências

Baratta, A. (2004). *Criminología crítica y crítica del derecho penal: introducción a la sociología jurídico penal.* Buenos Aires: Siglo XXI Editores.

Barbalho, L. A., & Barros, V. A. (2011). O lugar do trabalho na vida do egresso do sistema prisional: um estudo de caso. *Gerais: Revista Interinstitucional de Psicologia, 3*, 198-212.

Barros, V. A., & Lhuilier, D. (2013). Marginalidade e reintegração social: o trabalho nas prisões. In L. O. Borges & L. Mourão (Orgs.). *O trabalho e as organizações. Atuações a partir da psicologia* (pp. 669-694, v. 1). Porto Alegre: Artmed.

Billiard, I. (2001). *Santé mentale et travail l'emergence de la psychopathologie du travail.* Paris: La Dispute.

Cardoso, F. H., & Falleto, E. (1970). *Dependência e desenvolvimento na América Latina.* Rio de Janeiro: Zahar.

Carvalho Freitas, M. N., & Marques, A. L. (2009). *Trabalho e pessoas com deficiência – pesquisas, práticas e instrumento de diagnóstico.* Curitiba, PR: Juruá.

Castel, R. (2009). *La montée des incertitudes. Travail Protections Statut de L'individu.* Paris: Le Seuil.

Clavel, G. (1998). *La société d'exclusion.* Paris: L'Harmattan.

Kowarick, L. (1979). *A espoliação urbana.* Rio de Janeiro: Paz e Terra.

Lenoir, R. (1974). *Les exclus.* Paris: Le Seuil.

Lima F. P. A., Varella, C. V. S., Oliveira, F. G., Parreira, G. F., & Rutkowski, J. (2011). Tecnologias sociais da reciclagem: efetivando políticas de coleta seletiva com catadores. *Gerais: Revista Interinstitucional de Psicologia, 4*, 131-146.

Mappa, S. (1981). *Les deux sources de l'exclusion.* Paris: Karthala.

Martins, J. S. (1997). *Exclusão social e a nova desigualdade.* São Paulo: Paulus.

Mata, C. C. (2008). O trabalho na comunidade terapêutica: fonte de recuperação do dependente químico. Belo Horizonte: Terra da Sobriedade.

Oliveira, L. (1997). Os excluídos existem? Notas sobre a elaboração de um novo conceito. *Revista Brasileira de Ciências Sociais, 12* (33), 49-61.

Paugan, S. (1991). *La disqualification sociale. Essai sur la nouvelle pauvreté.* Paris: Presses Universitaires de France.

Perlman, J. (1977). *O mito da marginalidade urbana – favelas e políticas no Rio de Janeiro.* Rio de Janeiro: Paz e Terra.

Ribeiro, R. P. D., & Lima, M. E. A. (2010). O trabalho do deficiente como fator de desenvolvimento. *Cadernos de Psicologia Social do Trabalho, 13*(2), 195-207.

Roche, P., & Abecasses, F. (2001). *Précarisation du travail et lien social.* Paris: L'Harmattan.

Santos, M. (1987). *O espaço do cidadão.* São Paulo: Nobel.

Sawaia, B. (Org.) (1999). *As artimanhas da exclusão.* Petrópolis, RJ: Vozes.

Sposatti, A. (1996). *Mapa da exclusão/inclusão na cidade de São Paulo.* São Paulo: EDUC.

Zaluar, A. (1985). *A máquina e a revolta.* São Paulo: Brasiliense.

Felicidade e trabalho

Sigmar Malvezzi

A vida humana é um movimento autocriador agenciado por estruturas biológicas e subjetivas como os sentidos, a volição, o pensamento e a consciência. Nesse movimento, todo indivíduo dispõe de escolhas a partir de possibilidades oferecidas pelo mundo para criar sua existência, dar a ela uma identidade e parte de suas condições. Por meio de suas escolhas, os indivíduos criam e articulam trajetórias direcionando sua existência por algum vetor que oferece sentidos, sentimentos positivos e realizações. Desde os registros mais primitivos da vida humana, esse vetor tem sido expresso por uma condição de existência, verbalizada pela palavra felicidade.

Ser feliz parece ser o vetor indicativo da finalidade da vida humana nos conteúdos dos mitos mais remotos da história do pensamento e das mais diversas culturas. A felicidade aparece como um condutor mágico capaz de colocar os povos mais distintos, em diferentes momentos de suas histórias, convergindo para o mesmo alvo: ser feliz. O compartilhamento desse mesmo vetor não diminui a dificuldade da compreensão de seu sentido. "O que é a felicidade?", "Por que a felicidade é proposta como finalidade da existência?" e "Como atingir a felicidade?" são questões propostas há séculos e ainda abertas, instigantes e distantes de qualquer consenso entre os indivíduos interessados e os dedicados a encontrar respostas para elas.

A história do conceito de felicidade

As referências mais antigas sobre o conceito de felicidade ocorreram por meio de palavras que explicitaram seu sentido e sua complexidade, esclarecendo-o, porém sem superar as controvérsias que parecem crescer quanto mais a reflexão sobre ele é aprofundada. Tais referências são encontradas em muitos textos primitivos, como os poemas de Hesíodo, os hinos de Homero, os escritos dos filósofos pré-socráticos e na Torá da tradição hebraica. Nos dois poetas mencionados, aparecem as palavras *olbios* e *makarios,* que, grosseiramente, podem ser traduzidas por "abençoado", cujo sentido comunica a ideia de pessoas favorecidas pelos deuses que desfrutam da prosperidade material e moral e gozam de imunidade ao sofrimento. No relato da criação apresentado no livro do Gênesis, aparecem duas referências à ideia de felicidade, o descanso de Javé, no sétimo dia, e a contemplação de sua própria obra, "quando constatou que tudo era bom". Igualmente, nos relatos de Heródoto aparece a palavra *eutychia,* que significa pessoa afortunada. Nos diálogos de Platão, a palavra *euprattein* é colocada com idêntico sentido, quando é feita uma referência às ideias de Sócrates sobre a felicidade.

As ideias de bem-estar e de prosperidade encontradas nas línguas e culturas mais antigas atravessaram o tempo e contaminaram a formação da maioria das palavras que expressam felicidade nas línguas ocidentais na história mais recente. No idioma inglês, a palavra *happiness* teve sua origem na raiz *happ*, da língua nórdica, que significa fortuna. Igualmente, da palavra latina *bonum*, com o sentido de algum bem, surgiu a palavra *bonheur*, no francês. Nos idiomas italiano, espanhol e português, as palavras *felicitá*, *felicidad* e *felicidade* são igualmente originárias do termo latino *felix*, que significa feliz. Todas essas palavras, como também *gluck*, no idioma alemão, com os sentidos de felicidade e sorte, guardam em seus significados correspondência com o termo *eudaimonia* do grego antigo.

Nos registros colhidos de diferentes povos em momentos distintos da história, percebe-se que não tem sido difícil encontrar, nas diversas línguas e culturas, alguma palavra para expressar um estado de existência que pode ser alcançado por todos, que é um bem superior aos outros, um estado de prazer distinto de outros estados positivos, como alegria, qualidade de vida, sensações positivas, satisfação ou bem-estar. Deles se poderia inferir um definição provisória que configura felicidade como um bem duradouro que dá sentido à ação humana, propicia sentimentos de alegria e direciona o movimento autocriador da vida.

A ampla variedade de respostas às questões "o que é a felicidade?" e "como ser feliz?" está registrada nas tradições populares, nas reflexões filosóficas e na diversidade de narrativas artísticas em prosa e verso de todas as civilizações. Essa busca produziu incontável número de definições sobre o que é a felicidade, comunicadas entre gerações, disputada entre doutrinas religiosas e, mais recentemente, investigada de modo sistemático no território das ciências. A psicologia participa e contribui ativamente na busca de respostas. Nessa longa história, não faltaram palavras para representar a ideia de felicidade. Aparecem, como seus sinônimos mais comuns, as palavras bem-estar, satisfação, fortuna, alegria, eudemonia e beatitude. As explicações oferecidas para a compreensão do conceito de felicidade passam por essas palavras e conceitos, que são pouco operacionais e mais intuitivos nas diferenciações entre eles mesmos. Kant (1981, p. 27) registra essa dificuldade de compreensão do que é a felicidade reconhecendo que "o conceito de felicidade é de tal forma indeterminado que mesmo aquele que busca a felicidade não seria capaz de definir de forma consistente o que é que ele está procurando".

Definição

Afinal, o que é felicidade? Apesar das divergências no conteúdo, três pontos são comuns nas respostas oferecidas para as questões básicas sobre o que é a felicidade. O primeiro ponto aparece na força unificadora da palavra felicidade para expressar conteúdos e sentidos diversos em sua ampla gama de definições. Em todas as línguas e culturas há sempre alguma palavra que expressa o sentido de felicidade conotando-a como finalidade da existência humana. O segundo ponto comum trata da possibilidade de que todos os seres humanos podem atingir a felicidade, como se infere nos filósofos desde Sócrates e nas culturas, desde os mais remotos registros das tradições culturais dos egípcios e do povo de Israel. Em *Euthydemus*, Platão (1993) afirma que o desejo de felicidade é autoevidente e pergunta se existiria alguém que não deseja ser feliz?

O terceiro ponto trata de três elementos implicados na felicidade. O primeiro é a ideia de que felicidade seria o mais alto bem na vida, como se, para o ser humano, bastasse ser feliz. O segundo refere-se à ideia da felicidade como um prazer sem fim, ou de algo que não tem limite de tempo, não existe para ter duração efêmera. Finalmente, o terceiro refere-se à ideia do prazer perfeito, ou seja, segundo as palavras de Tomás de Aquino, a felicidade seria a realização de todos os desejos, ou uma condição na qual os desejos deixaram de ser potencialidade para ser ato.

Obviamente, cada um desses elementos cria uma espécie de círculo vicioso, no qual uma palavra imprecisa, vaga e de sentido indeterminado é explicada por outra que enfrenta idêntica indeterminância e imprecisão de sentido. Essas explicações demandam algum tipo de confrontação entre seus distintos sentidos. A felicidade é um conceito intuitivo aprendido no processo de socialização primária, como conhecimento tácito e, como tal, entra no repertório de referências e do discurso dos indivíduos. Todos os indivíduos utilizam essa palavra e atribuem a ela um significado quando a escutam ou a leem. Para a maioria das pessoas, basta esse conhecimento tácito sobre o que é a felicidade, mas para os pensadores interessados na reflexão sistemática, ou na precisão científica, essa intuição do conceito não é satisfatória. Distingue-se felicidade de condições de existência que a compõem e a ela estão correlacionados.

Conceitos como alegria, qualidade de vida, sensações positivas, satisfação e bem-estar são entendidos como condições desejáveis e necessárias na vida, porém, aparecem de alguma forma subordinadas à felicidade que se impõe como finalidade máxima e como algo de caráter totalizador na existência humana que é mais do que cada um, ou do que todo esse conjunto de condições. A felicidade consiste em uma condição de vida que vai além das condições de existência e que não é limitada à ausência de qualquer sofrimento, nem restrita à permanência de sensações agradáveis produzidas pelos sentidos. A intuição que as pessoas têm sobre a felicidade resvala no território da contemplação como algo mais transcendente e profundo do que a instrumentalidade sensorial, como revela a análise filosófica do conceito.

O exame da história do pensamento filosófico atesta que a felicidade implica compreensão de aspectos ontológicos da existência humana. Mesmo um resumo superficial revela que os diversos filósofos colocam a felicidade como o estado de existência próprio da condição humana, no qual a realização de desejos e aspirações ocorre de modo autêntico, ou seja, em consistência com a condição humana. Aqui o referencial para a autenticidade é dado pela ontologia de cada um dos filósofos. Assim, para

Platão, a felicidade é um estado de existência que transcende os prazeres instáveis, imperfeitos e sem plenitude. A felicidade é um prazer guiado pelo *nous* (conhecimento), que tem capacidade para ordenar os outros prazeres. Para Aristóteles, a felicidade consiste no desenvolvimento e uso da sabedoria. Ele afirma, em *Ética a Nicômaco* (Aristóteles, 1985), que todo ser humano aspira a um bem mais alto e esse bem é atingido pelo exercício da sabedoria.

Agostinho de Hipona, afastando-se um pouco da tradição grega, situa a felicidade no amor e, particularmente, no amor sublime que ele identifica como o amor a Deus. Para Agostinho, a felicidade é a beatidude que ele mesmo explicita na vida com Deus e para Deus. Hegel amplia esses critérios agregando a consciência como elemento fundamental da felicidade. Na visão hegeliana, a felicidade decorre do estágio mais alto da consciência, no qual o indivíduo atinge o estado de liberdade por força de sua interdependência na vida, na felicidade e no direito diante de todos os outros indivíduos.

Marx agrega ao conceito de felicidade a relação do indivíduo com o trabalho, ao afirmar que o trabalho é um grande privilégio, uma propriedade exclusiva do ser humano, capaz de colocar o indivíduo na trajetória da felicidade. Não obstante essa potencialidade, o trabalho pode ser uma forma de destruição de sua vida e impedir sua felicidade (Marx, 1975), isso se o engajamento na vida laboral produzir alienação.

Com base nessa amostra de referenciais ontológicos da história do pensamento, pode-se dizer que a felicidade é compreendida como um estado de existência no qual o indivíduo desponta como um ser humano autêntico, uma vez que sua vida revela que ele realiza suas potencialidades ontológicas do bem mais alto e sem fim da vida. Em todos esses referenciais, e ainda naqueles que foram omitidos aqui, a felicidade é um estado de existência que transcende o universo das sensações positivas para aparecer como realização das distintas propriedades ontológicas identificadas como a própria condição humana.

Essa concepção é claramente manifestada por Thomas More (2010), em seu ensaio *A utopia*, no qual, provavelmente, influenciado pelas potencialidades visíveis no desenvolvimento da industrialização, More enriqueceu o sentido da felicidade pela ideia do sonho de uma sociedade mais bem viabilizada na realização responsável das potencialidades humanas dirigidas pelo vetor da perfeição. Para ele, o que direciona o movimento autocriador é uma utopia de um mundo feliz. Nesse caso, tal como em Marx, a felicidade das pessoas é uma condição dependente tanto do indivíduo como das macroestruturas que constituem a sociedade.

Psicologia e felicidade

No território da psicologia, a compreensão do conceito de felicidade recebeu significativas contribuições tanto na produção teórica como na busca de fundamentos empíricos para as pressuposições e hipóteses. Todas a grandes perspectivas da psicologia, tais como o behaviorismo, a psicanálise e a Gestalt, oferecem conceitos que instrumentalizam a investigação da felicidade. A história recente da pesquisa empírica sobre a felicidade revela essa abertura em conceitos, tais como o reforçamento positivo, o prazer e o equilíbrio. Dos trabalhos que estudaram a felicidade fundamentados em algum desses paradigmas, infere-se consistência com as propostas oferecidas pelo campo da filosofia. Para a psicologia, a felicidade é a razão final da existência, é um estado resultante do comportamento consistente com as contingências da estrutura biológica e subjetiva do ser humano. As diversas grandes narrativas oferecem teorias e conceitos que esclarecem causas e contingências para a produção e o reconhecimento da felicidade nos indivíduos.

Dentre as contribuições registradas no campo da psicologia sobre o conceito de felicidade, aparece o ensaio de Brian Baxter (1982) sobre a autenticidade ontológica do ser humano. Nesse ensaio, a felicidade é conceituada como corolário da autenticidade ontológica do ser humano, ou seja, um indivíduo atinge o estado de felicidade por meio do crescimento ontológico, quando ele realiza suas potencialidades explorando as potencialidades do mundo sob o controle de sua consciência em reciprocidade com os outros, tal como proposto por Hegel. Para Baxter, um indivíduo não é feliz se sua relação com o mundo é limitada ao simples controle sobre o fazer, pois ao agir dessa forma, ele limita sua visão das potencialidades disponíveis no mundo, restringindo seu crescimento.

Baxter (1982) entende que a felicidade é atingida no processo de autorrealização. Ela implica uma relação de "ceder", ou seja, de enxergar as potencialidades para poder explorar o mundo na direção de seus desejos. Por meio de suas experiências e ações, o indivíduo aprende a diferenciar ideais banais de ideais sublimes e direciona seu movimento autocriador para a realização de ideais. Freud é outro autor que também contribuiu para a compreensão da felicidade propondo o mecanismo da idealização como fonte e instrumento da felicidade. Nos meandros complexos da personalidade humana encontram-se estruturas que criam ideais capazes de oferecer sentido e instrumentalidade para a realização dos desejos atendendo às pulsões oriundas do princípio do prazer. Para ele, a felicidade é resultado da realização desses ideais que estão abrigados nos níveis inconscientes da personalidade.

Além das grandes narrativas e ensaios, nos laboratórios e núcleos de pesquisa espalhados pelo mundo foram produzidas investigações que enriqueceram significativamente o conhecimento empírico e experimental sobre a felicidade no campo da psicologia. A literatura oferece ampla diversidade de pesquisas empíricas nas quais fatores como personalidade, comunicação relações interpessoais, motivação e crescimento foram confrontados com a realização da felicidade. Nesses estudos, a psicologia enriqueceu a compreensão do conceito de felicidade e de sua relação com outros conceitos, como "bem-estar", "sentido subjetivo da vida", alegria, prazer e autovalidação, que não são apresentados como seu sinônimo, mas como parte da felicidade, ou como complemento esclarecedor de seu conteúdo (Warr, 2007). Embora tais estudos esclareçam relações entre felicidade e diversos fatores da personalidade e das condições de vida, eles pouco contribuíram para a superação das ambiguidades presentes no conceito.

Ainda dentro da psicologia, aparecem estudos sobre o trabalho e o amor como dois aspectos da vida humana frequentemente relacionados ao estado de felicidade, pela sua potencialidade como meios de realização da felicidade. A tendência dessa relação entre felicidade, amor e trabalho revela que o vínculo existente é o da contribuição com a realização pessoal. O trabalho e o amor são duas ações que apresentam muitas interfaces com o ser feliz ou infeliz (Smelser, 1981).

Se a filosofia contribuiu com a diferenciação ontológica dos elementos presentes no conceito de felicidade, a psicologia contribuiu com a diferenciação dos elementos associados ao bem-estar subjetivo, ao confrontar a felicidade com os processos, tais como a autorrealização, a aceitação de si mesmo, a potencialidade de ressignificância da realidade, a autonomia, os propósitos da vida e o empreendedorismo.

Como afirmou Aristóteles, a busca da felicidade é uma condição autoevidente nas pessoas. Essa facilidade de identificação dessa dimensão e finalidade da vida humana não a torna mais fácil de ser compreendida, porque o conceito de felicidade é uma espécie de arapuca devido à sua legitimação generalizada e à sua indeterminância. Tal conceito é corriqueiro, porém as pessoas não sabem bem o que significa. Reconhecendo que o ser humano é plural em suas dimensões, a felicidade é um estado de existência que tem relação com sua condição biológica, suas estruturas subjetivas e sua consciência. Nesse território, qualquer reducionismo arriscaria a negação do ser humano em sua condição ontológica. Percebe-se a relação entre a existência e a felicidade como algo que transcende cada uma dessas distintas dimensões. O indivíduo aprende a identificar o estado de felicidade a partir de seu amadurecimento. Ele aprende a reconhecer que é feliz mesmo tendo que suportar algum incômodo físico, como o cansaço e as dores musculares depois de uma competição na qual ele foi vencedor. Igualmente, o indivíduo aprende a identificar sua liberdade como condição construída pelo aprendizado de submissão às propriedades funcionais do mundo. A felicidade é um estado de existência percebido e buscado no fazer, no sentir e no refletir.

Referências

Aristóteles (1985). *Ética a Nicômaco.* (2.ed.). Brasília: Editora Universidade de Brasília.

Baxter, B. (1982). *Alienation and autheticity.* London: Tavistock Publications.

Darwin, C. (1965). The expression of the emotions in man and animals. Chicago: University of Chicago Press. (Original work published 1872).

Kant, I. (1981). *Grounding for the metaphysics of morals.* Indianapolis, IN: Hacket.

Marx, K. (1975). Reflexions of a young man on the choice of a profession. In K. Marx & F. Engels. *Collected Works.* Moscow: Progress Publishers.

More, T. (2010). *A Utopia.* (Vol. 7, 1a ed). (Coleção livros que mudaram o mundo). São Paulo: Folha de São Paulo.

Platão (1993). *Euthydemus.* New York: Hackett Publishing. (Obra que data de 384 a.C.).

Smelser, N. J. (1981). *Themes of Work and Love in Adulthood.* Cambridge, MA: Harvard University Press.

Warr, P. B. (2007). *Work, happiness, and unhappiness.* Mahwah, NJ: Erlbaum.

Gênero e trabalho

Henrique Caetano Nardi

A relação gênero e trabalho é um dos elementos centrais na definição das estruturas e dinâmicas sociais e para a forma como nos constituímos como sujeitos em um determinado contexto cultural e histórico. Mulheres e homens têm ocupado postos de trabalho diferentes em grande parte de nossa história e na maioria das culturas conhecidas. Essa divisão é atribuída a características socialmente construídas relativas a tarefas, habilidades e competências designadas como masculinas ou femininas. No mundo ocidental, embora essas distinções tenham se atenuado nos últimos cinquenta anos, ainda são muito evidentes, tanto do ponto de vista salarial como das hierarquias gerenciais. No Brasil, o censo do Instituto Brasileiro de Geografia e Estatística (IBGE) de 2010 indica que as mulheres, apesar de nítido aumento da renda na última década, ainda ganham, em média, 25% menos que os homens. Essa diferença é ainda mais marcante se consideramos a cor da pele, ou seja, homens brancos ganham mais que mulheres brancas que, por sua vez, ganham mais que mulheres negras.

A chamada divisão sexual do trabalho distribui funções e atividades no interior da sociedade, assim como remete para posições sociais distintas no âmbito do público e do privado. As mulheres, apesar de todas as mudanças contemporâneas, ainda são as maiores responsáveis pelas tarefas domésticas e pelas atividades associadas ao cuidado, como nos setores da saúde, no ensino de pré-escola e fundamental, na assistência social, assim como nos serviços de limpeza. Nesse contexto, a psicologia como profissão ainda é majoritariamente desempenhada por mulheres. Essas divisões internas no mercado de trabalho e no espaço público e privado se associam a outras partilhas binárias na sociedade em torno das construções do masculino e do feminino, tais como: natureza/cultura, razão/sensibilidade, força/fragilidade, entre outras, que foram classicamente descritas no livro *A dominação masculina* de Pierre Bourdieu (2003).

A história do conceito

O conceito de gênero tem sua emergência política e acadêmica associada aos movimentos feministas. As lutas das mulheres pela conquista de direitos igualitários atravessa nossa história recente, sobretudo desde o final do século XIX, embora a feminista francesa Olympe de Gouges seja citada como uma das precursoras do movimento, em razão de sua Declaração dos Direitos da Mulher e da Cidadã (Scott, 2005), na qual denunciava a desigualdade política das mulheres no contexto da Revolução Francesa. O termo gênero, no senso comum, remete à situação das mulheres e, muitas vezes, é usado de forma intercambiada com o termo sexo. Entretanto, seu uso acadêmico e político contemporâneo tem origem na segunda metade do século XX, estando ligado ao feminismo norte-americano.

Gênero, conceitualmente, remete a uma divisão sexuada socialmente imposta. Ele é o produto das relações sociais que impõem formas de agir e pensar designadas como masculinas aos homens e femininas às mulheres, ambas intrinsecamente ligadas à heterossexualidade obrigatória (Rubin, 1975). O gênero é um elemento transversal presente em todas as esferas da vida social e é dependente da norma heterossexual. Uma evidência presente no cotidiano das ações da norma que regula as relações entre gênero e sexualidade é que homens e mulheres homossexuais, por exemplo, são questionados/as do ponto de vista de suas masculinidades e feminilidades e, de forma recorrente, não são considerados/as no imaginário social como homens e mulheres "verdadeiros/as". A norma impõe tanto expressões de gênero mais ou menos rígidas para ambos os sexos dependendo do contexto social, assim como uma coerência dicotômica e recíproca em relação ao conjunto sexo-gênero-sexualidade, ou seja, pessoas com um corpo biologicamente identificado como o de uma mulher devem aprender a expressar-se socialmente de forma feminina e desejar homens masculinos e vice-versa. O não cumprimento da norma é motivo frequente de discriminação no ambiente de trabalho, tanto impedindo ou dificultando que mulheres e homens exerçam profissões consideradas como não apropriadas para as expectativas em relação à masculinidade e feminilidade e fazendo que gays e lésbicas sejam obrigados/as a esconder ou dissimular a expressão de suas sexualidades. Ainda, a associação intrínseca entre o regramento social de gênero e da sexualidade é a principal razão da dificuldade do acesso de travestis e transexuais ao mercado de trabalho.

Historicamente, o conceito de gênero é atribuído ao psicanalista norte-americano Robert Stoller, que, em 1963, cunhou o termo "identidade de gênero", diferenciando o sexo como ligado aos hormônios, aos genes e à anatomia, e o gênero como relacionado à cultura. Nas ciências sociais esse conceito foi reformulado pelos movimentos feministas a partir dos anos 1970.

Assim, antes de entrarmos na discussão do conceito de gênero na sua relação com o trabalho, é importante resgatar brevemente a história do movimento feminista, pois ele introduz o conceito nos campos político e acadêmico. O movimento é usualmente dividido em três ondas que demarcam diferentes formas de abordar a relação sexo-gênero. A primeira onda vai do final do século XIX ao início do século XX, principalmente na Europa e América do Norte, contando com algumas representantes no Brasil como Bertha Lutz. Naquele momento, as reinvindicações centravam-se em direitos iguais de cidadania, tais como: o voto, o acesso à educação, o trabalho (para as mulheres da burguesia, pois as mulheres da classe trabalhadora sempre tiveram de trabalhar), ter direito legal sobre posses e bens. Na transição para a segunda onda, duas autoras foram importantes: Margaret Mead, antropóloga norte-americana que, a partir de 1930, usa o conceito de papel social para designar os papéis feminino e masculino e suas diferentes formas de apresentação em culturas distintas, demonstrando que estes não eram universais ou naturais, e Simone de Beauvoir, filósofa francesa que publica, em 1949, seu livro *O segundo sexo*, mostrando que, para além da igualdade de direitos, era necessário combater os regramentos sociais que produziam a inferiorização das mulheres em relação aos homens a partir da construção de uma diferença essencializada.

Para as feministas da segunda onda (de 1960 a 1990), a grande questão era encontrar respostas para a subordinação feminina que, apesar das distinções entre as culturas, atravessaria a história da humanidade. Nessa direção, o conceito de patriarcado – entendido como um sistema social no qual a diferença sexual serve como base da opressão e da subordinação da mulher pelo homem – foi resgatado do trabalho de Friedrich Engels pelas feministas da segunda onda como a raiz cultural da desigualdade. O grande feito desse período foi, a partir de uma inspiração marxista, construir a ideia de um sujeito político coletivo – as mulheres – historicamente oprimido pelo patriarcado. É importante ressaltar que as feministas de segunda onda não questionaram a associação do sexo como natural e do gênero como produto da cultura. A essencialização do sexo como natural e a ideia de mulheres como um sujeito coletivo vão ser questionadas a partir das diferenças entre as mulheres no que tange à classe, cor e origem nacional pelo feminismo da terceira onda. Um passo importante na passagem para a terceira onda foi o conceito de sistema sexo-gênero proposto por Gayle Rubin (1975). Ao explorar as teorias de Marx e Engels, Freud e Lacan e Lévi-Strauss como estruturantes para compreender a opressão das mulheres, a autora aponta para a interdição da homossexualidade e para a heterossexualidade obrigatória como fatores essenciais na construção social do gênero, introduzindo a ideia de que um gênero não só identifica um sexo, mas também obriga que o desejo sexual das mulheres seja dirigido aos homens e vice-versa.

Como assinalado anteriormente, a identidade do movimento feminista passa a ser questionada pelas mulheres negras norte-americanas e do terceiro mundo por representar, principalmente, os interesses de mulheres brancas, heterossexuais, de classe média e oriundas dos países industrializados. A ênfase na identidade das mulheres teria apagado as diferenças na opressão de mulheres baseadas na raça/cor, classe social e país de nascimento, ocultando assim a divisão internacional do trabalho e a opressão de mulheres por outras mulheres. A terceira onda, ou feminismo da diferença, a partir da década de 1990, caracteriza-se pelo esforço em eliminar radicalmente as distinções entre sexo e gênero sustentadas na lógica natureza/cultura. As teóricas desse movimento introduzem as contribuições pós-estruturalistas no que tange aos conceitos de poder e sistemas de dominação. Nesta direção, Judith Butler (2003), em seu livro *Problemas de gênero: feminismo e subversão da identidade*, vai questionar a coerência entre sexo, gênero e desejo ao explorar o caráter performativo do gênero, mostrando que as expressões de gênero, apesar de um elemento corpóreo, são sempre efeitos de discurso.

As relações de gênero e o trabalho

No campo das relações entre gênero e trabalho, vamos encontrar o debate explicitado anteriormente. A entrada massiva das mulheres no mercado de trabalho nos Estados Unidos, sobretudo na indústria, durante a Segunda Guerra Mundial, foi um fator histórico importante para o movimento feminista. O acesso à educação e as lutas pela igualdade de chances no mercado de trabalho, assim como a persistência da discriminação, são elementos centrais para compreender o papel do conceito de gênero na sua relação com o trabalho. Como forma de combater a discriminação nesse campo, a ação do movimento feminista junto aos organismos internacionais resultou em diretivas e resoluções. A Organização Internacional do Trabalho (OIT) desenvolveu não somente uma legislação internacional "protetiva" para as mulheres trabalhadoras – limitando horas de trabalho, proibindo o trabalho feminino em condições insalubres, assegurando direitos em relação à maternidade –, mas também assegurou preceitos de igualdade de gênero, por exemplo, por meio das convenções: *Equal Remuneration for Men and Women Workers for Work of Equal Value*, de 1951, e *Discrimination in Respect of Employment and Occupation*, de 1958. No âmbito da Organização das Nações Unidas (ONU), em 1979, é aprovado o principal documento internacional que propõe a adoção dos princípios de equidade de gênero até nossos dias, intitulado "Convenção sobre a Eliminação de Todas as Formas de Discriminação contra a Mulher" (Cedaw, na sigla em inglês), ratificado pelo governo brasileiro no ano de 1982. As ações no Brasil tardaram a ser implantadas, mas foram paulatinamente criadas no âmbito do executivo, assim como diretivas sobre igualdade de remuneração e cotas para mulheres no âmbito dos partidos políticos.

No campo acadêmico brasileiro, são as cientistas sociais feministas que vão inicialmente introduzir esse debate a partir de uma perspectiva interdisciplinar, sendo importante citar os trabalhos de Heleieth Saffioti (1978), Maria Cristina Bruschini (2007) e Helena Hirata e Danièle Kergoat (2007) entre muitas outras pesquisadoras. A relação entre o espaço produtivo e o reprodutivo, derivada do campo marxista, vai estar presente no debate. Assim, as temáticas da dupla jornada, do não pagamento das tarefas domésticas, da discriminação no acesso a postos hierarquicamente superiores em razão da maternidade, da naturalização da divisão sexual do trabalho com a atribuição às mulheres de atividades repetitivas e de pouco conteúdo são centrais até hoje. No campo do trabalho, historicamente, a psicologia contribuiu para a manutenção da divisão binária de gênero, uma vez que uma de suas áreas principais de atuação e de afirmação profissional é a Psicologia do Trabalho e das Organizações. A ideia do "homem certo para o posto certo" (e não da "mulher certa"), associada à construção de perfis profissionais, obedeceu ao regramento social de gênero.

Hoje, no campo da pesquisa, a psicologia mudou de perspectiva e age, sobretudo, denunciado a persistência dos efeitos discriminatórios da divisão binária de gênero, delegando às mulheres funções de menor responsabilidade e inferiores na hierarquia profissional.

O debate acadêmico brasileiro no campo

Em uma breve revisão da literatura utilizando os indexadores SciELO[1] e PePSIC[2], em maio de 2012, cruzando as palavras-chave: "divisão sexual do trabalho", "sexo" e "gênero", encontramos 49 artigos disponíveis *on-line*. A maior parte dos estudos foi escrita por pesquisadoras mulheres e se ocupam de diversos aspectos que caracterizam o trabalho das mulheres como: diferença salarial, dupla jornada, naturalização das tarefas e persistência da discriminação em diversos setores da economia, passando da nova economia e do trabalho imaterial ao trabalho informal e precarizado.

No Brasil são também importantes os estudos referentes à saúde das trabalhadoras e trabalhadores, mostrando como as diferentes formas de adoecimento e de sofrimento psíquico no trabalho estão associados à divisão sexual do trabalho. No caso das lesões por esforços repetitivos (LER) ou doenças osteomusculares relacionadas ao trabalho (DORT), por exemplo, viu-se no Brasil uma verdadeira epidemia que atingiu principalmente as mulheres a partir dos anos 1980. A análise das causas do adoecimento evidenciou os efeitos das tarefas repetitivas destinadas às mulheres, as quais eram somadas a tarefas domésticas também repetitivas, mostrando como a dupla jornada agravava o dano produzido na execução do trabalho.

Conceitualmente, a maioria dos estudos, sobretudo aqueles anteriores aos anos 2000, toma gênero como um termo diretamente associado ao sexo e pouco se dedica a pensar a construção social da feminilidade e da masculinidade. Diversas correntes teóricas e estratégias de pesquisa se fazem presentes nas análises das relações de gênero e trabalho, desde as representações sociais, psicodinâmica do trabalho, psicanálise, fenomenologia, estudos etnográficos, psicometria, estudos demográficos, entre outras. Entretanto, somente pesquisas próximas ao construcionismo social e a uma perspectiva pós-estruturalista vão explorar as masculinidades na sua relação com o trabalho. Nesses últimos estudos, encontraremos mais pesquisadores homens, o que talvez demonstre como a divisão sexual também opera na autoria das pesquisas.

Considerações finais

O conceito de gênero não é hegemônico no campo dos estudos sobre trabalho. A corrente francesa, com seguidores no Brasil, trabalhou durante muito tempo exclusivamente com o conceito de relações sociais de sexo, sustentado na perspectiva do sujeito coletivo "mulheres" derivado da segunda onda do feminismo. Esse conceito define que as relações entre os sexos são marcadas pela dominação transversal de um grupo sobre o outro, ou seja, dos homens sobre as mulheres, nos mesmos moldes da dominação de

1 SciELO – Scientific Electronic Library Online (http://www.scielo.org/).

2 PePSIC – Periódicos Eletrônicos em Psicologia (http://pepsic.bvsalud.org/).

classe. Embora não questione a divisão natureza/cultura (sexo/gênero) e não aponte para a relação com a heterossexualidade obrigatória, o conceito de relações sociais de sexo mostra como a opressão e a dominação são dinâmicas, modificando-se de acordo com o contexto histórico e cultural. Na contemporaneidade, principalmente a partir do final dos anos 1990, a leitura pós-estruturalismo francês pelas feministas anglo-saxãs fez sua entrada na França e o termo "relações de gênero" passou a ter importância equivalente ao conceito de relações sociais de sexo, embora a controvérsia teórica sobre qual dos conceitos é mais potente se mantenha.

Em síntese, podemos afirmar que a análise da relação gênero e trabalho – tomando como base duas excelentes revisões organizadas por Donna Haraway (2004) e Adriana Piscitelli (2009) – busca compreender não somente as distinções entre homens e mulheres, entre masculino e feminino, mas a construção das masculinidades e feminilidades na sua articulação com outros marcadores sociais da diferença que produzem desigualdades como raça/cor, classe, escolaridade, nacionalidade, idade, diversidade sexual e corporal.

Referências

Bourdieu, P. (2003). *A dominação masculina.* Rio de Janeiro: Bertrand Brasil.

Brasil (2010). Censo 2010. Instituto Brasileiro de Geografia e Estatística, Brasília. Recuperado em 10 out., 2014, de http://censo2010.ibge.gov.br.

Bruschini, M. C. A. (2007). Trabalho e gênero no Brasil nos últimos dez anos. *Cadernos de Pesquisa,* 37, 537-572.

Butler, J. (2003). *Problemas de gênero: feminismo e subversão da identidade.* Rio de Janeiro: Civilização Brasileira.

Haraway, D. (2004). "Gênero" para um dicionário marxista: a política sexual de uma palavra. *Cadernos Pagu, 22*, 201-246.

Hirata, H., & Kergoat, D. (2007). Novas configurações da divisão sexual do trabalho. *Cadernos de Pesquisa, 37(132)*, 595-609.

Piscitelli, A. (2009). Gênero: a história de um conceito. In H. B. Almeida & J. Szwaco. *Diferenças, igualdade* (pp. 116-149). São Paulo: Berlendis & Vertecchia.

Rubin, G. (1975). The traffic in women: notes on the political economy of sex. In R. Reiter, *Toward an anthropology of women* (pp. 157-210). New York: Monthly Review Press.

Saffioti, H. I. B. (1978). *Emprego doméstico e capitalismo.* Petrópolis, RJ: Vozes.

Scott, J. W. (2005). O enigma da igualdade. *Estudos Feministas, 13*, 11-30.

Gênero profissional

Jorge Tarcisio da Rocha Falcão
Alda Karoline Lima da Silva

O conceito de *gênero profissional* diz respeito à dimensão da atividade do trabalho relacionada a aspectos da cultura, dos grupos sociais e da história, abarcando desde aspectos mais abrangentes, referentes ao contetxo sócio-histórico mais amplo, até aspectos mais pontuais, referentes à atividade laboral propriamente dita. À guisa de exemplo, pensemos acerca da atividade profissional dos operários especializados que trabalhavam nas linhas de montagem pioneiras das fábricas da Ford Industries, nos EUA, durante a década de 1920; veremos que aqueles operários se inseriam em coletivos de trabalhadores coparticipantes em uma determinada modalidade de atividade laboral, em regime de compartilhamento de expectativas e projetos, rotinas, saúde e adoecimento, normas explícitas e implícitas de regulação do trabalho, e estavam inseridos em determinado contexto sócio-histórico-econômico usualmente referido na literatura como paradigma fordista-taylorista da organização e gestão do trabalho.

Charles Chaplin, por sua vez, provê uma ilustração cinematográfica tão bela quanto poderosa do que aludimos aqui com o filme que dirigiu e protagonizou, *Tempos modernos* (1936), que valeria como um "documentário" do que seria a vida de um trabalhador daqueles tempos, coletivos e organizações. O gênero profissional, portanto, insere e transcende o indivíduo-trabalhador, provendo tal indivíduo em termos de referências (que nascem da ocupação profissional mas a transcendem no lazer, nos agrupamentos residenciais, na própria identidade social), em termos de uma instância da qual o trabalhador precisa se aproximar e à qual precisa pertencer, e simultaneamente precisa se demarcar para sua especificação original como trabalhador que tem seu próprio "estilo", conforme será desenvolvido mais adiante.

O conceito de gênero profissional remete a uma instância ou nível constitutivo da própria unidade de análise da psicologia do trabalho e das organizações. Se considerarmos que essa unidade de análise diz respeito à atividade de trabalho, estarão abarcadas de forma simultânea e interconstitutiva as instâncias *individual, interpessoal, transpessoal* e *impessoal,* e nesse sentido convém assinalar que se trata de transposição para a psicologia do trabalho e das organizações de princípio originalmente estabelecido para todo o campo da psicologia pela abordagem histórico-cultural preconizada por Lev S. Vygotsky, Alexis Leontiev e Alexander Luria (Vygotsky, 2001; Vygotsky & Luria, 1996; Luria, 1992; Leontiev, 1984).

A instância pessoal abarca a esfera das vivências subjetivas do indivíduo trabalhador, notadamente em termos de desenvolvimento, saúde, adoecimento, sentimentos e emoções, bem como em termos da dinâmica dialógica de constituição de uma singularidade que parte e retorna para um contexto cultural que o circunda, no qual se inclui e do qual busca se demarcar (retomando-se aqui o conceito de *separação inclusiva* proposto por Jaan Valsiner) (2000, 2001).

A instância interpessoal diz respeito à esfera de interação do indivíduo com um *alter* (Markovà, 2006), ou seja, um "outro" que não pode ser assimilado à ideia de uma instância ontológica demarcada e independente, com a qual o indivíduo "interage" (A→←B), mas alguém cuja (co)constituição comporta necessariamente elementos de mediação semiótica que fazem que *self* e *alter* se insiram em dinâmica dialógica em que se demarcam e se coconstituem simultaneamente (A⇔B). No âmbito de tal dinâmica, o autoconceito (assim como toda a esfera de construção de significado) de cada indivíduo acha-se inexoravelmente atravessado pelo que o Outro lhe oferece em função do *excedente de visão* de que cada indivíduo dispõe em relação a qualquer outro indivíduo com o qual interage (Bakhtin, 1977).

A instância transpessoal diz respeito ao coletivo de indivíduos trabalhadores, abarcando um sistema dinâmico que sedimenta práticas socioprofissionais a meio caminho entre a localidade de um grupo que tem história e peculiaridades próprias, e uma carreira ou atividade laboral inscritas na cultura e na história; este último nível, em que se inserem os regramentos abstratos, jurídico-formais e genéricos, constitui a instância impessoal de abordagem da atividade de trabalho.

Gênero profissional como fenômeno processual

O gênero profissional situa-se na interface entre a terceira (instância transpessoal) e quarta (instância impessoal) das instâncias de análise descritas anteriormente. Se pensarmos em um *continuum* vertical que se inicia com a instância pessoal e culmina com a instância impessoal, podemos propor que a instância transpessoal (lócus do gênero profissional) nutre-se para "baixo" das peculiaridades dos coletivos de trabalho (médicos de certo hospital ou contexto de exercício profissional, condutores de metrô de determinado sistema urbano de transportes), e para "cima" dos regramentos estabelecidos muitas vezes em lei para o exercício profissional. Nesse sentido, conforme aludido por Silva (2012, p. 18), o gênero profissional provê "[...] referência laboral imediata, com aspectos relacionados à trajetória de história de vida do indivíduo e a movimentos históricos mais amplos e impessoais, como, por exemplo, a emergência de novas formas de prática profissional".

Apesar do interfaceamento aludido anteriormente, o gênero profissional não se confunde com nenhum dos dois polos que contudo o constituem, e nem tem existência ontológica própria, posto tratar-se de processo dinâmico real e material, porém abstrato e inacessível, na condição de fenômeno coisificável, que emerge do compartilhamento diacrônico da atividade de trabalho, comportando não somente as atividades realizadas mas também aquelas que foram impedidas, as interdições e recomendações, tanto explícitas como implícitas, bem como o conjunto de iniciativas do coletivo para dar conta do processo de passagem das prescrições de tarefa para a atividade real cotidiana "vencedora" (Vygotsky, 1995). Silva (2012) ressalta o papel do gênero como referência coletiva à ação individual, pois seria graças ao gênero profissional e por meio dele que os trabalhadores saberiam o que deveriam fazer, sem a necessidade constante de reespecificar a tarefa cada vez que ela lhe fosse apresentada; nesse sentido, Silva (2012, p. 74) apresenta apropriadamente o gênero profissional como "um instrumento coletivo da atividade individual".

A circunscrição teórica do conceito de gênero profissional aqui apresentada é igualmente tributária da contribuição do Círculo Bakhtin para os gêneros discursivos (Bakhtin, 1977), cuja transposição para a psicologia do trabalho é operada pela perspectiva teórica da Clínica da Atividade (Clot, 2005). Os conceitos de gênero e estilização/ventriloquia têm forte impacto e contribuição na construção da perspectiva de gênero profissional, inovação criativa, poder de agir, bem-estar/mal-estar e adoecimento em contexto de trabalho. Dito de forma bastante resumida, o Círculo de Bakhtin parte da premissa central acerca do papel da linguagem como constitutiva do ser humano, não por conta da sujeição desse sujeito a estruturas formais de uma língua, mas devido ao atravessamento da linguagem por aspectos sociais, culturais e históricos. Tais aspectos gerarão o que Faraco (2003, p. 107) irá chamar os gêneros do discurso de "formas relativamente estáveis de dizer".

Tais gêneros exercem sobre os indivíduos que os constituem e dele participam uma pressão homogeneizadora, no sentido de submeter esses indivíduos a visões de mundo compartilhadas e geradoras de "verdades sociais", mas ao mesmo tempo os gêneros comportam sempre certo grau de heterogeneidade, seja em função de que as pessoas transitam necessariamente por diversos gêneros simultaneamente, seja porque cada um é capaz de interação com o gênero, dele partir para dele discrepar, gerando uma tensão criadora que vai permitir a cada indivíduo certo grau de "autoria", mesmo em um contexto em que aparentemente tudo já foi dito.

Nesse sentido, os gêneros discursivos se assentam necessariamente sobre a estabilidade do coletivo sedimentado, mas observados de perto, em sua dinâmica de funcionamento processual, comportam necessariamente certo grau de heterogeneidade ou heteroglossia, que deixa margem para que cada indivíduo fale à sua maneira a partir de uma herança discursiva comum e compartilhada. Tal margem de liberdade na fronteira dialógica entre indivíduo e gênero permitirá a estilização criativa, cuja contrapartida será a submissão reverberativa à fala social que faz do indivíduo alguém que fala "por ventriloquia". Esse conceito foi proposto pelo Círculo Bakhtin (Bakhtin, 1977) para se referir a determinado padrão pouco produtivo de funcionamento que aprisionaria o sujeito a posições/ideias de outro(s), em uma condição de repetição, e sem produzir um modo próprio (singular) de significar a realidade.

Os construtos teóricos discutidos anteriormente alimentarão o conceito de gênero profissional, considerado como sedimentação e práticas de um coletivo de trabalho ao longo de um processo histórico, social e cultural. O gênero fornece, portanto, uma matriz de "verdades do ofício" para seus participantes, mas que evolui e se renova nos embates contínuos entre seus membros, e entre tais membros e o coletivo, a cada vez que um gesto profissional coletivamente consagrado sofre algum grau de inovação (ou estilização) por parte do indivíduo trabalhador em seu contexto de atividade.

Tal perspectiva encontra eco na proposta de saúde e normalidade, enquanto opostos da patologia, elaborada por Georges Canguilhem, para quem o normal é necessariamente normativo, ou seja, reside na capacidade de o indivíduo reagir às vicissitudes de sua trajetória de vida com base em diversidade de alternativas que não o circunscrevem a uma matriz restrita de possibilidades, mas abrem espaço para a inovação criativa (nesse sentido, ser "normal" não significa se submeter a uma norma, mas gerar normas, ou ser normativo) (Canguilhem, 1984).

Na condição de matriz coletiva de referência para a prática profissional, o gênero profissional fornece ao indivíduo trabalhador que nele se insere um quadro de inserção e referência confortável, na medida em que orienta, guia, responde e oferece base comum para a atenuação da diversidade gerada pela singularidade de percursos e histórias de vida de cada indivíduo. A mesmo tempo, o gênero profissional desafia o sujeito a conseguir "autorar" sua prática profissional, ou render-se à submissão ao já dito, já estabelecido. Os conceitos de poder de agir e impedimento da atividade de trabalho, propostos pela Clínica da Atividade, não podem ser entendido fora da dinâmica que se estabelece entre o indivíduo trabalhador e seu gênero profissional de referência (Clot, 2010). Poder de agir diz respeito à margem de gestão de que dispõe o indivíduo trabalhador em termos de escolha das opções de atividade de trabalho para a realização de tarefa prescrita, presentes nesse rol de opções alternativas coletivas que comportarão sempre, em maior ou menor escalas, inovações estilizadoras do indivíduo que as mobiliza.

Os impedimentos da atividade de trabalho, por sua vez, dizem respeito ao cerceamento patógeno de tal margem de possibilidades; disso resultam duas premissas importantes: primeiro, os riscos psicossociais que eventualmente pairam sobre a atividade de trabalho só podem ser devidamente considerados em contexto de saúde/adoecimento do trabalhador quando se inserem no domínio das possibilidades de agir *versus* impedimento da atividade desse trabalhador diante desses riscos; em outras palavras, a mera eliminação de tais riscos não é garantia de melhoria da qualidade de vida em contexto de trabalho; segundo, o gênero profissional fornece ao indivíduo matriz inescapável de inserção e referência, sem a qual a atividade de trabalho torna-se perigosamente solitária, mas o gênero profissional comporta sempre margem de discrepância que gera simultaneamente tensão, risco de exclusão e margem de estilização criativa individual por meio da qual desenvolve-se e reafirma-se o poder de agir do trabalhador, e sem a qual o indivíduo se estiola e adoece, como ocorre no trabalho placardizado (ver verbete específico neste dicionário).

Observe que as premissas até aqui apresentadas, por seu alcance e complexidade, têm consequências de caráter metodológico que serão tratadas na seção de conclusões do presente verbete.

Conclusões e desdobramentos para a pesquisa

A afirmação segundo a qual o gênero profissional não teria existência ontológica própria, posto tratar-se de processo dinâmico real e material, porém abstrato e inacessível enquanto fenômeno concreto e coisificável, conduz necessariamente à conclusão de que o gênero não seria passível de metrificação ou abordagem que o sintetize em termos de um perfil de gênero. Há de fato uma distinção a se fazer aqui. O gênero profissional aludido até o presente ponto, aquele em que se dão trocas dinâmicas que orientam o dia a dia da atividade de trabalho, não é efetivamente passível de enquadramento por métodos conducentes a sínteses a partir de categorias prévias de análise, itemizadas em questionários tratados por algoritmos de resumo de informação como é o caso das análises fatoriais e das classificações hierárquicas ou conducentes a grupos não hierárquicos (clusterização). O gênero, enquanto fenômeno processual, evidencia-se em funcionamento, e nesse sentido as ferramentas indicadas para sua abordagem deveriam considerar a necessidade de capturar tal processualidade.

Não obstante, o levantamento de aspectos sociodemográficos, por exemplo, permite obter dados que vão situar determinado grupo de praticantes de uma ocupação laboral, dados estes que serão cruciais para a análise interpretativa do gênero profissional como processo. Entenda-se: a ferramenta representada pelo questionário, conducente ao estabelecimento de perfil geral e eventualmente perfis de subgrupos, não "captura" o gênero profissional, que não pode nem deve ser resumido a um "perfil" (apesar de se considerar seu caráter de sedimento de práticas coletivas compartilhadas); não obstante, é absolutamente relevante dispor de dados desse tipo para subsidiar a compreensão do dinamismo inerente ao gênero profissional em estudo.

Tem-se aqui um raciocínio semelhante àquele utilizado para os riscos psicossociais em contexto de trabalho: a utilização de ferramentas descritivas baseadas em questionários pode efetivamente contribuir para a abordagem "epidemiológica" do risco psicossocial (como o estabelecimento de um "mapa de risco das ocupações profissionais brasileiras"), estabelecendo padrões de comparação entre ocupações profissionais mais ou menos "arriscadas"; essa abordagem não fornece, contudo, qualquer informação acerca de como se dá a gestão, por parte do trabalhador, dos riscos considerados inerentes à sua prática profissional, como é o caso dos horários de trabalho variáveis e não convencionais de algumas categorias profissionais (como os trabalhadores da área de saúde vinculados às unidades de tratamento intensivo – as UTIs).

Esse procedimento de gestão do risco não pode ser compreendido apenas em termos da ação exógena de um fator de risco, mas da gestão desse fator de risco no âmbito do poder de agir disponível para determinado trabalhador (com os sentimentos de satisfação pelo trabalho bem-feito ou frustração pelo impedimento da atividades decorrentes dessa gestão).

O gênero profissional, por sua complexidade e importância para o entendimento da atividade laboral, demanda articulação de esforços na pesquisa e na prática profissional do psicólogo do trabalho e das organizações, distinguindo-se índices empíricos caracterizadores de grupos humanos em termos, por exemplo, de seus riscos e indicadores gerais de saúde/adoecimento, de processos em que o que se observa como dado comportamental emergente (aquilo que efetivamente se faz na atividade de trabalho) tem tanto valor quanto aquilo que não foi feito mas poderia tê-lo sido, e mesmo poderá vir a ser feito no âmbito da dinâmica de funcionamento desse gênero profissional.

Referências

Bakhtin, M. (1977). *Le Marxisme et la philosophie du langage: essai d'application de la méthode sociologique en linguistique.* Paris: Les Éditions du Minuit.

Canguillhem, G. (1984). *Le normal et le pathologique.* Paris: Presses Universitaires de France.

Clot, Y. (2005). L'autoconfrontation croisée en analyse du travail: l'apport de la théorie bakhtinienne du dialogue. *Bibliothèque des cahiers de l'Institut de Lingüistique de Louvain (BCILL), 115*, 37-55.

Clot, Y. (2010). *Trabalho e poder de agir.* Belo Horizonte, Fabrefactum.

Faraco, C. A. (2003). *Linguagem & diálogo: as ideias linguísticas do Círculo de Bakhtin.* Curitiba: Criar Edições.

Leontiev, A. (1984). *Activité, conscience, personnalité.* Paris; Moscou: Éditions du Progrès.

Luria, A. R. (1992). *A construção da mente.* São Paulo: Ícone.

Luria, A. R. (1994). O cérebro humano e a atividade consciente. In L. Vygotsky, A. R. Luria & A. Leontiev, *Linguagem, desenvolvimento e aprendizagem.* São Paulo: Ícone.

Markovà, I. (2006). *Dialogicidade e representações sociais: as dinâmicas da mente.* Petrópolis, RJ: Vozes.

Silva, A. K. L. (2012). *Atividade do professor na educação a distância: interações com o gênero profissional docente.* Dissertação de mestrado não publicada. Programa de pós-graduação em psicologia, CCHLA-UFRN, Natal, RN, Brasil.

Spinoza, B. (1965). *Éthique.* Paris: Flammarion. (Trabalho original publicado em 1677).

Valsiner, J. (2000). *Culture and human development.* London: Sage.

Valsiner, J. (2001). *Comparative study of human cultural development.* Madrid: Fundación Infancia y Aprendizaje.

Vygotsky, L. S. (1995). Psychisme, conscient, inconscient. *Société Française, 51*, 37-52, Paris.

Vygotsky, L. S. (2001). *A construção do pensamento e da linguagem.* São Paulo: Martins Fontes.

Vygotsky, L. S., & Luria, A. R. (1996). *A história do comportamento: o macaco, o primitivo e a criança.* Porto Alegre: Artmed.

Gestão de carreira

Elza Veloso
Joel Dutra

Em um ambiente de grande incerteza e ambiguidade, com arquiteturas organizacionais e de negócios cada vez mais complexas, com múltiplas formas de se estabelecerem relações de trabalho, a compreensão da carreira não está somente condicionada às oportunidades profissionais oferecidas pelas organizações, mas também às oportunidades oferecidas por novas formas de construir uma relação de trabalho e às necessidades pessoais e familiares dos trabalhadores. Nesse quadro, as pessoas são chamadas à responsabilidade pela própria carreira e a assumir sua evolução profissional (Arthur & Rousseau, 1996; Arthur, Inkson & Pringle, 1999; Mainiero & Sullivan, 2006). As pessoas, atualmente, são impelidas a pensar sua carreira dentro de parâmetros totalmente diferentes, cada vez tendo menos a empresa como referência para suas decisões e, cada vez mais, utilizando seu próprio referencial e as oportunidades oferecidas pelo mercado como base para o seu posicionamento profissional e para a construção de seu futuro.

Histórico e significado de carreira

Na proposta de London e Stumph (1982), a carreira envolve a ocorrência de transições ligadas a necessidades individuais e imposições da organização e da sociedade. Para os autores, *carreira* consiste na sequência de posições ocupadas e de trabalhos realizados durante a vida profissional de uma pessoa, considerando que o entendimento e a avaliação das experiências profissionais fazem parte da perspectiva do indivíduo na carreira. Já na perspectiva da organização, engloba políticas, procedimentos e decisões ligadas à carreira na empresa.

A vida profissional envolve necessidades individuais e circunstâncias impostas pela sociedade, nem sempre passíveis de controle. Portanto, o estudo do tema deve considerar fatores de imprevisibilidade. A definição de London e Stumph (1982) encerra conceitos importantes, uma vez que trata a carreira como uma série de estágios e transições que variam conforme pressões originadas no próprio indivíduo e no ambiente, e não a partir da suposição de que a carreira seja linear. A partir de tais considerações, é possível identificar a incidência de *movimento* na carreira, tanto para o indivíduo quanto para a organização.

Na definição adotada por Arthur, Hall e Lawrence (1989a), a carreira envolve a sequência de experiências profissionais, sendo que o trabalho influencia a maneira como os indivíduos enxergam e interagem com outras pessoas, organizações e sociedade.

A carreira, nesse caso, proporciona uma *perspectiva variável* na interação entre o indivíduo e a sociedade. Na constatação de tal interação, nota-se que as organizações estão inseridas na sociedade e são responsáveis por oferecer suporte e condições para uma relação de alavancagem mútua de expectativas. Já às pessoas cabe a gestão de seu desenvolvimento, de sua competitividade profissional e de sua carreira.

Embora as organizações dependam do desempenho do seu pessoal e as pessoas dependam do trabalho e das oportunidades de carreira oferecidas pelas organizações (Schein, 1978), hoje, trabalhar pode significar algo mais que ter um emprego. O fator *segurança* pode estar mais relacionado a qualificações pessoais e a atitudes sobre a própria carreira que às possibilidades atreladas ao empregador.

Segundo Hall (2002), o termo *carreira* tolera um excesso de significados. O autor pontua quatro conotações distintas nas quais o termo é usado, tanto popularmente quanto na ciência comportamental:

1. *Carreira como avanço*: é a visão que povoa o pensamento das pessoas sobre carreira. A mobilidade é vertical em uma hierarquia organizacional com sequência de promoções e *movimentos para cima*.
2. *Carreira como profissão*: uma maneira também popular, mas menos comum, de enxergar carreiras é a de que certas ocupações representam carreiras e outras não. Nessa visão seriam consideradas *carreira* somente as ocupações que periodicamente são submetidas a movimentos progressivos de *status*, enquanto os trabalhos que normalmente não conduzem a um avanço progressivo não são relacionados à construção de uma carreira.
3. *Carreira como a sequência de trabalhos durante a vida*: nessa definição, mais representativa para os escritores que tratam da ciência comportamental, não há julgamento de valor sobre o tipo de ocupação, ou seja, a carreira de uma pessoa é sua história ou a série de posições ocupadas, desconsiderando os níveis ou tipo de trabalho. De acordo com essa visão, todas as pessoas com histórias de trabalho têm carreiras.
4. *Carreira como a sequência de experiências relativas a funções ao longo da vida*: nessa definição, também representativa para os escritores que tratam da ciência comportamental, a carreira representa a maneira como a pessoa experimenta a sequência de trabalhos e atividades que constituem sua história de trabalho.

Hall (2002) enfatiza que a terceira concepção, na proposta de Hughes e Coser (1994), corresponde à carreira objetiva – que significa *sequência de trabalhos* – e a quarta à carreira subjetiva, composta pelas experiências particulares no trabalho, que considera as mudanças de aspirações, padrões de satisfação, autoconcepções e outras atitudes da pessoa voltadas para seu trabalho e a sua vida. Hall (2002) entende que ambas compõem duas faces do mesmo processo e que são consistentes por não representarem juízo de valor sobre o tipo de trabalho realizado pelo indivíduo. Dessa forma, o termo *carreira* pode se referir à história de uma pessoa em um papel particular ou *status*, independentemente do trabalho, como dona de casa, paciente de um hospital, membro de uma associação sem fins lucrativos etc.

Refletindo sobre as várias concepções apresentadas em seu estudo, Hall (2002, p. 12) define *carreira* como "a sequência individualmente percebida de atitudes e comportamentos associada com experiências relacionadas ao trabalho e atividades durante a vida de uma pessoa".

Utilização pela pessoa – planejamento individual de carreira

Hoje, o papel da pessoa na gestão de sua carreira é constantemente enfatizado. Peiperl e Arthur (2000) afirmam que, na era contemporânea, a imagem de segurança aparece atrelada à empregabilidade em vez de estar garantida por um emprego. Os indivíduos são incitados a acumular conhecimento e a gerenciar suas carreiras para conseguir mobilidade no mercado de trabalho.

Na atualidade, o senso comum prediz que os trabalhadores devam assumir um papel ativo no planejamento da própria carreira. Para isso, é preciso, segundo Martins (2001), considerar, entre outros fatores, a necessidade de autoconhecimento para que a pessoa desenvolva um referencial próprio nas escolhas profissionais, pois sem tal referencial, o indivíduo tende a se perder na impessoalidade dos parâmetros externos, reduzindo suas chances de autorrealização. Como parâmetros externos, o autor considera a influência do ambiente, estratificado em três diferentes níveis: *família*, *sociedade* e *cultura*. Essa influência acontece da seguinte forma (Martins, 2001):

- A *família* influencia a escolha inicial, direta ou indiretamente e, nas escolhas de redefinição de carreira, a influência pode ser tanto motivadora quanto impeditiva.
- A *sociedade* influencia as escolhas, tanto pelas características da comunidade onde se vive – como clima e expectativa de crescimento de uma atividade, por exemplo – quanto por interferências diretas do grupo ou classe social, que definem o que é prestígio e o que é uma ocupação *sem futuro*.
- A *cultura* – que tem caráter *invisível* – afeta decisões por meio dos vários *juízos de valor* emitidos e pelo significado atribuído às opções de carreira disponíveis.

Apesar de as influências externas serem naturais, é importante o desenvolvimento de um referencial próprio nas escolhas de carreira, pois a ausência de um projeto profissional pode levar a pessoa a riscos como *armadilhas profissionais*, *falta de foco* e *alternativas restritas*.

No conceito âncoras de carreira de Schein (1996), elementos da realidade de uma pessoa determinam preferências que resultam em padrões de escolha durante sua trajetória profissional. Na perspectiva do autor, fundamentada em uma pesquisa que realizou por meio do acompanhamento da carreira de 44 alunos da Sloan School of Management, do Massachussetts Institute of Technology (MIT), no período de 1961 a 1963 (quinze alunos formados em 1961; quinze alunos formados em 1962 e catorze alunos formados em 1963), as escolhas profissionais são determinadas por padrões individuais de comportamento. O grande produto desses estudos foi a descrição de um conjunto de atitudes autopercebidas, valores, necessidades e talentos, que são desenvolvidos com o passar do tempo e formam guias e direções, constituindo-se no que Schein (1978, 1990) chama de âncoras de carreira. A âncora de carreira é importante porque influencia escolhas, afeta decisões para a mudança de um trabalho/emprego para outro, determina visões do futuro, influencia a escolha de ocupações específicas e afeta as reações do indivíduo diante do trabalho.

Análise das principais produções e evolução das teorias de carreira

Anos 1970

Arthur, Hall e Lawrence (1989b) afirmam que, no início dos anos 1970, ainda não existia um campo estabelecido para a análise das carreiras nos estudos das organizações e da gestão. Segundo os autores, não havia interesse em associar os casos de carreira no longo prazo com o trabalho em organizações para formar uma teoria útil e para executar pesquisas em número suficiente para integrar importantes disciplinas da ciência social, como a psicologia, sociologia, ciência política, economia e antropologia. A principal base teórica na época era proporcionada pelos psicólogos vocacionais e sociólogos. Porém, na segunda metade dessa década, observações de estudantes sustentaram novas iniciativas e surgiram três livros-chave que ajudaram a ampliar o foco em carreiras: *Career in organizations* (Hall, 1976), *Career dynamics* (Schein, 1978) e *Organizational careers* (Van Maaner, 1977).

Anos 1980

Segundo Arthur, Hall e Lawrence (1989b), no início dos anos 1980, eventos e reuniões foram promovidos consolidando grupos de interesse que passaram a gerar produção acadêmica sobre os temas envolvidos no assunto *carreira*. A aplicação das ideias desses grupos permitiu a consolidação de teorias e a formação de paradigmas.

Conforme Hall (1986), o campo científico relativo à carreira é, simultaneamente, teórico e prático. Nos anos 1980, o desenvolvimento da teoria, pesquisa e prática tinha a atenção voltada ao planejamento de recursos humanos, "o processo de articular as estratégias do gerenciamento de recursos humanos aos objetivos básicos do negócio" (Hall, 1986, p. 5). Segundo o autor, as principais pesquisas envolviam planos de sucessão, avaliação e desenvolvimento do potencial de gerência, além de treinamento de gerentes em forma de *coaching* e *counselling*. Surgia, também, a atenção aos movimentos não tradicionais de carreira, que favoreciam o desenvolvimento profissional das mulheres e das minorias.

Hall (1996) explica que essa fase representa o auge das carreiras organizacionais, quando pessoas que tinham um trabalho eram mais preocupadas em satisfazer expectativas normais e com a sobrevivência que com encontrar seu próprio caminho profissional.

O *Handbook of career theory* (Arthur, Hall & Lawrence, 1989c) foi editado no final dessa década e anunciava que os esforços de construção do campo de estudo de carreira, iniciados na década de 1970, estavam se consolidando. As teorias de carreira tornavam-se legítimas e o livro trazia a proposta de sistematizá-las, pois tais teorias, até então, vinham sendo mais testadas que desenvolvidas.

Anos 1990

Embora Hall (1996) tenha proposto reflexões sobre a carreira proteana, em que a carreira é gerenciada pela pessoa e não pela organização nos anos 1970, foi na década de 1990 que essa discussão ganhou um sentido mais concreto. Nessa época, os recursos haviam se tornado mais escassos e culturas organizacionais e sociais haviam mudado o suficiente para que pessoas não tivessem, ou, em muitos casos, não quisessem ter expectativas profissionais de longo prazo em uma única organização. Dessa forma, as questões que dirigiam os estudos sobre carreira passam a ter mais foco em significado que dinheiro; em propósito que poder; em identidade que ego; em aprendizado que talento. (Hall, 1996).

Surge, nessa década, a concepção de carreiras sem fronteiras, que não caracteriza uma forma singular de carreira, mas abrange *possíveis formas* e que desafia as concepções tradicionais de trabalho. A obra *The boundaryless career* foi editada com o propósito de sistematizar textos que tratassem das novas tendências do trabalho que se refletem na postura do trabalhador e nas organizações (Arthur & Rousseau, 1996).

No Brasil, até a metade dessa década, não havia literatura nacional sobre o assunto carreira; o livro *Administração de carreiras* (Dutra, 1996) foi editado com a proposta de suprir essa lacuna, e direcionava-se a profissionais preocupados com a gestão de pessoas, a estudantes atraídos pelo tema e a pessoas interessadas em pensar suas carreiras.

Anos 2000

Conforme Hall (2002), nos anos 2000, como resultado do *downsizing* e *outplacement*, observou-se o aumento do autoemprego, contrato independente, organização de consultores privados, empreendedorismo e similares. A atenção das teorias de carreira passou a considerar, de forma concreta, a *perda de fronteiras*. Embora o autor afirme que as carreiras não se tornaram totalmente *sem fronteiras*, entende que as fronteiras assumiram caráter mais permeável e que o movimento entre elas se tornou natural e essencial. Os estudos sobre a carreira proteana e carreiras sem fronteiras tornaram-se emergentes nesse contexto.

Considerando essas abordagens, Mainiero e Sullivan (2006) trataram a questão do gênero na carreira enfatizando o fenômeno alardeado pela mídia: *the opt-out revolution*, que relata a opção de mulheres altamente capacitadas de não aspirar a cargos executivos. As autoras examinaram os padrões de carreira de homens e mulheres e afirmaram que as carreiras não se tornaram sem fronteiras, mas sim *caleidoscópio*. Nessa concepção, entende-se que homens e mulheres, atualmente, trabalham tanto dentro quanto fora das fronteiras organizacionais, visando, primordialmente, conciliar suas necessidades particulares de autenticidade, balanceamento e desafios.

Também em 2006, o livro *Encyclopedia of career development* (Greenhaus & Callanan, 2006) ofereceu a ampliação das perspectivas dos estudos sobre carreira. Além da sistematização de conceitos tradicionais relacionados ao tema, como os ligados à psicologia e sociologia, diferentes pontos de vista foram abordados, acrescentando às reflexões tradicionais as dimensões *global*, *cultural* e *internacional*. Atendendo a preocupações contemporâneas sobre o assunto, valores sociais emergentes levaram os estudos a considerar fatores como etnia, classe social, gênero e relação entre trabalho e família.

Na sequência, Schein (2007) afirmou que, conforme o mundo se torna mais global, complexo, diverso e individualista, mais importante o assunto *carreira* tem se tornado; atendendo a essas mudanças, vários tópicos foram incorporados aos estudos e permitiram diferentes abordagens de pesquisa. Além dos psicólogos e sociólogos, que usualmente se interessam pelo assunto, antropólogos e estudiosos de gerenciamento passaram a abordar o tema, e incorporou-se também a abordagem clínica, mais baseada em casos, que passa a revelar dinâmicas desconhecidas da carreira. Segundo o autor, o *Handbook of career studies* (Gunz & Peiperl, 2007) é organizado com a proposta de suprir as lacunas de integração entre essas várias disciplinas e de atender à necessidade de reflexão sobre os múltiplos paradigmas ligados ao tema.

No Brasil, o livro *Gestão de carreiras na era do conhecimento* (Martins, 2001) apresentou, no início da década, resultados de pesquisa sobre o assunto, que apontavam indícios do *comportamento proteano* de carreira entre os pesquisados brasileiros. A publicação do livro *Gestão de carreiras* (Costa & Balassiano, 2006) criticou a réplica de preceitos originados em material publicado no exterior e se propôs a sistematizar reflexões e pesquisas ligadas ao tema que tenham validade no contexto brasileiro.

Anos 2010

A exemplo da ampliação da produção sobre o tema nos anos 2000, é esperado que, nos anos 2010, a produção ligada ao campo de carreira seja vasta, tanto no Brasil quanto no exterior. Neste começo de década, no contexto internacional, nota-se o foco dos estudos voltado à cultura. Briscoe, Hall e Mayrhofer (2012) editaram o livro *Careers around the world*, voltado à necessidade primordial de considerar o contexto cultural nos estudos sobre carreira. Essa obra foi organizada buscando explorar os seguintes assuntos: o papel da cultura na análise das carreiras; a importância da cultura diante de outras forças contextuais; as formas de influência dos fatores contextuais sobre os diferente aspectos das carreiras; as adaptações metodológicas e teóricas necessárias ao estudo de configurações multiculturais; a relevância prática de olhar as questões-chave sobre carreiras ao redor do mundo; e a organização do processo de pesquisa de questões sobre carreira entre as culturas.

No Brasil, o início da década é marcado pelo esforço de ampliação das publicações relacionadas ao tema, voltadas tanto ao mundo acadêmico quanto a organizações que necessitam montar e aprimorar sua estrutura de carreira. Nesse sentido, o livro *Gestão de carreiras na empresa contemporânea* (Dutra, 2010) foi estruturado para apresentar elementos que possibilitem um olhar ampliado sobre a gestão de pessoas e oferecer aos trabalhadores condições para analisar sua carreira sob diferentes perspectivas.

Paralelamente, de forma condizente com as preocupações relacionadas à transição profissional apresentadas no livro de Dutra (2010), também destacamos a organização, por Kilimnik (2011), da obra *Transformações e transições nas carreiras*, reunindo estudos nacionais e internacionais, voltados às transformações no mundo do trabalho, que ocasionaram transformações nas carreiras, principalmente a partir da década de 1990.

Síntese da evolução das teorias de carreira

A Tabela 1 sintetiza a evolução das teorias de carreira.

Tabela 1 Síntese da evolução das teorias de carreira

Década	Principais ocorrências
Anos 1970	Observações de estudantes sustentaram novas iniciativas e surgiram três livros-chave que ajudaram a consolidar o foco em carreiras: *Career in organizations*; *Career dynamics* e *Organizational careers*.
Anos 1980	Eventos e reuniões foram promovidos consolidando grupos de interesse que passaram a gerar produção acadêmica, estabelecendo teorias e a formação de paradigmas voltados, predominantemente, às carreiras organizacionais. O *Handbook of career theory* foi editado colaborando para a consolidação do *campo de estudo* de carreira.
Anos 1990	A obra *The boundaryless career* foi editada consolidando a concepção de carreiras sem fronteiras. A discussão sobre a carreira proteana ganhou mais sentido do que quando foi proposta nos anos 1970. As questões que dirigiam os estudos sobre carreira passam a ter mais foco em significado que dinheiro, em propósito que poder, em identidade que ego e em aprendizado que talento. Foi lançado no Brasil o livro *Administração de carreiras,* o primeiro a tratar do assunto no país.

continua

continuação

Anos 2000	A atenção das teorias de carreira passou a considerar de forma concreta a *perda de fronteiras.* Foi lançado o livro *The opt-out revolt,* que considera as questões de gênero nas carreiras e propõe a abordagem de carreira caleidoscópica. As perspectivas dos estudos sobre carreira foram ampliadas e o livro *Encyclopedia of career development* acrescentou às análises sobre o tema as perspectivas global, cultural e internacional. O *Handbook of career studies* foi organizado com a proposta de suprir lacunas de integração entre as várias disciplinas que tratam do assunto e atender à necessidade de reflexão sobre os múltiplos paradigmas ligados ao tema. No Brasil, a publicação do livro *Gestão de carreiras* critica a réplica de preceitos originados em material publicado no exterior e sistematiza reflexões e pesquisas que tenham validade no contexto brasileiro.
Anos 2010	A produção do início da década sinaliza que os estudos sobre carreira devem avançar em número e qualidade. O livro *Careers around the world* simboliza a preocupação com o impacto do fator cultural nos estudos das carreiras. No Brasil, o livro *Gestão de carreiras na empresa contemporânea* busca a ampliação do olhar sobre as carreiras. Já a obra *Transformações e transições nas carreiras* marca a preocupação com as transformações no mundo do trabalho que impactam as carreiras.

Fonte: Adaptada de Veloso e Dutra (2010); Veloso (2012).

Apreciação crítica do conceito e tendências

Em termos conceituais, Sullivan e Baruch (2009), em seu levantamento sobre os avanços das teorias de carreira, construíram uma agenda com sete tópicos para futuros estudos sobre o tema, que devem contribuir com a visão da evolução dos estudos na área:

- O *primeiro* ponto sugerido é a necessidade da ampliação dos estudos sobre carreira proteana.
- O *segundo* sugere a realização de pesquisas sobre os pontos negativos das novas formas de carreira (carreira proteana e sem fronteiras), tanto no aspecto individual quanto no organizacional, e, inclusive, no nível nacional.
- *Terceiro*, é preciso ampliar os estudos sobre carreiras sem fronteiras, clarificando seus conceitos, incluindo diferenças de gênero e questões de cultura.
- *Quarto*, é preciso colocar atenção em como diferentes organizações impulsionam diferentes tipos de carreira.
- *Quinto*, deve ser testada a integração da carreira proteana e sem fronteiras com outros modelos de carreira, como a caleidoscópica.
- *Sexto*, as carreiras caleidoscópicas devem ser analisadas sobre novas perspectivas, inclusive a geracional.

- O *sétimo* tópico sugerido é a promoção de estudos sobre carreira em países não ocidentais, uma vez que a maior parte dos estudos se baseia em pesquisas realizadas nos Estados Unidos.

Essa última sugestão mostra a importância da expansão das pesquisas sobre carreira, não somente em países não ocidentais, mas também em países como o Brasil, onde o avanço das carreiras seguiu rumo influenciado pelos momentos econômicos e sociais que pontuaram as mudanças no mundo do trabalho.

Em termos práticos, diante dos desafios que se apresentam para a gestão de pessoas, teremos grande pressão sobre a forma de pensar os parâmetros para estabelecer a movimentação, o desenvolvimento e a valorização das pessoas pela empresa. Podemos visualizar de imediato algumas pressões, descritas a seguir.

Transparência nos critérios

Atualmente, na maior parte das empresas do setor privado, os sistemas de carreira são inexistentes ou herméticos, ou seja, a maior parte das pessoas não sabe exatamente o que necessita fazer para ascender na carreira ou fazer jus a um diferencial em seu padrão de recompensa. Um sistema de gestão de pessoas transparente pressupõe coerência de critérios e equidade em sua aplicação. Há uma clara tendência de associação entre os sistemas de recompensa e os critérios de ascensão na carreira. Na medida em que ficam claros os critérios de ascensão profissional, o mesmo ocorre com os critérios de recompensa.

A pressão por maior transparência advém de um ambiente extremamente competitivo pela mão de obra. Atrair e reter pessoas interessantes para a empresa ou para o negócio pressupõe oferecer perspectivas claras de ascensão profissional e, por consequência, crescimento salarial.

Fidelização da pessoa com a empresa

Em um ambiente extremamente competitivo as pessoas terão diferentes ofertas de trabalho com diferentes formas de organização e relações de trabalho. As empresas conseguirão uma relação de compromisso das pessoas a partir de um conjunto de pequenas ações que, em seu conjunto, farão a diferença.

A construção do comprometimento das pessoas com a organização estará, cada vez mais, nos detalhes. Da mesma forma, as pessoas estarão atentas a aspectos subjetivos da carreira e da valorização. O simbólico e o subjetivo na valorização ganharão importância e estarão de mãos dadas com os aspectos mais objetivos da valorização.

Diferentes vínculos empregatícios

As organizações trabalham com ações para otimizar a sua massa salarial. Uma forma de fazê-lo é a terceirização de atividades que não sejam ligadas à sua atividade-fim. Terceirização implica cuidar da equidade de tratamento do terceiro, principalmente no que tange à criação de situações de trabalho que propiciem o desenvolvimento e crescimento na carreira. Há necessidade de equalização dos aspectos remuneratórios e de valorização dos terceiros em relação aos praticados para o pessoal da casa. As pessoas trabalharão lado a lado, executando atividades e responsabilidades de mesma complexidade e natureza e com recompensas, eventualmente, distintas.

Garantir a equidade nas possibilidades de desenvolvimento e valorização entre o pessoal da empresa e o pessoal de empresa que presta serviços é um grande desafio. Mais uma vez, a análise da complexidade das atribuições e responsabilidades do pessoal próprio e de terceiros será fundamental para garantir a equidade.

Referências

Arthur, M. B., Hall, D. T., & Lawrence, B. S. (1989a). Generating new directions in career theory: the case for a transdisciplinary approach. In M. B. Arthur, D. T. Hall, & B. S. Lawrence (Eds.). *Handbook of career theory*. New York: Cambridge University Press.

Arthur, M. B., Hall, D. T., & Lawrence, B. S. (1989b). Preface. In M. B. Arthur, D. T. Hall, & B. S. Lawrence (Eds.). *Handbook of career theory*. New York: Cambridge University Press.

Arthur, M. B., Hall, D. T., & Lawrence, B. S. (1989c). *Handbook of career theory*. New York: Cambridge University Press.

Arthur, M. B., & Rousseau, D. M. (1996). Introduction: the boundaryless career as a new employment principle. In M. B. Arthur, & D. M. Rousseau, *The boundaryless career: a new employment principle for a new organizational era*. New York: Oxford, University Press.

Arthur, M. B., Inkson, K., & Pringle, J. K. (1999). *The new careers: individual action and economic change*. London: Sage.

Briscoe, J. P., Hall, D. T., & Mayrhofer, W. (2012). *Careers around the world: individual and contextual perspectives*. New York; London: Routledge; Taylor & Francis Group.

Costa, I. S. A., & Balassiano A. M. (2006). *Gestão de carreiras: dilemas e perspectivas*. São Paulo: Atlas.

Dutra, J. S. (1996). *Administração de carreiras*. São Paulo: Atlas.

Dutra, J. S. (2004). *Competências: conceitos e instrumentos para a gestão de pessoas na empresa moderna*. São Paulo: Atlas.

Dutra, J. S. (2007). O conceito de competência e sua contribuição para a gestão de carreira. In E. M. Q. O. Chamon (Ed.). *Gestão de organizações públicas e privadas: uma abordagem interdisciplinar*. Rio de Janeiro: Brasport.

Dutra, J. S. (2008). Gestão de carreiras. *GVexecutivo*, 7(7), 57-61.

Dutra, J. S. (Org.). (2010). *Gestão de carreiras na empresa contemporânea*. São Paulo: Atlas.

Greenhaus, J., & Callaman, G. A. (2006). *Encyclopedia of career development*. Thousand Oaks, CA: Sage.

Gunz, H., & Peiperl, M. (2007). *Handbook of career studies*. Thousand Oaks, CA: Sage.

Hall, D. T. (1976). *Career in organizations*. Pacific Palisades, CA: Goodyear.

Hall, D. T. (1986). An overview of current career development theory. In D. Hall *et al. Career development in organizations.* San Francisco: Jossey-Bass Publishers.

Hall, D. T. (2002). *Careers in and out of organizations.* London: Sage.

Hall, D. T., & Mirvis, P. H. (1996). The new protean career: psychological success and the path with a heart. In *The career is dead – long live the career.* San Francisco: Jossey-Bass Publishers.

Hughes, E. C., & Coser, L. A. (1994). *On work, race and the sociological imagination.* Chicago: University of Chicago Press.

Ibarra, H. (2004). *Working identity: unconventional strategies for reinventing your career.* Boston: Harvard Bussiness School Press.

Kilimnik, Z. M. (2011). *Transformações e transições nas carreiras: estudos nacionais e internacionais sobre o tema.* Rio de Janeiro: Qualitymark.

London, M., & Stumpf, S. (1982). *Managing careers.* Reading, MA: Addison-Wesley

Mainiero, L. A., & Sullivan, S. E. (2006). *The opt-out revolt: Why people are leaving companies to create kaleidoscope careers.* Mountain view, CA: Davies-Black Publishing.

Martins, H. T. (2001). *Gestão de carreiras na era do conhecimento: uma abordagem conceitual e resultados de pesquisa.* Rio de Janeiro: Qualitymark.

Morison, R., Erickson, T., & Dychtwald, K. (2006). A crise da meia carreira. *Harvard Business Review Brasil*, março, 48-57.

Peiperl, M. A., & Arthur, M. B. (2000). Topics for conversation: career themes old and news. In Peirpel, M. A. *et al.* (Eds.). *Career frontiers: new conceptions of working lives.* Oxford: Oxford University Press.

Quishida, A. (2007). *Adaptação à transição de carreira na meia idade: um estudo exploratório sob o enfoque do lócus de controle.* Dissertação de mestrado em administração. Departamento de administração. Faculdade de Economia, Administração e Contabilidade da Universidade de São Paulo, São Paulo, SP, Brasil.

Schein, E. H. (1978). *Career dynamics: matching individual and organizational needs.* Reading, MA: Addison-Wesley.

Schein, E. H. (1990). *Career anchors: Discovering your real values.* San Diego: Pfeiffer & Company, University Associates, Inc.

Schein, E. H. (1996). Identidade profissional: como ajustar suas inclinações a suas opções de trabalho. São Paulo: Nobel.

Schein, E. H. (2007). *Foreword: career research – some personal perspectives.* In H. Gunz & M. Peiperl (Eds.). *Handbook of career studies.* Thousand Oaks, CA: Sage.

Sullivan, S. E., & Baruch, Y. (2009). Advances in career theory and research: a critical review and agenda for future studies. *Journal of Management, 35*(6), 1541-1571.

Van Maaner, J. (1977). *Organizational careers: some new perspectives.* New York: Wiley.

Veloso, E. F. R. (2012). *Carreiras sem fronteiras e transição profissional no Brasil: desafios e oportunidades para pessoas e organizações.* São Paulo, Atlas.

Veloso, E. F. R., & Dutra, J. S. (2010). Evolução do conceito de carreira e sua aplicação para a organização e para as pessoas. In J. S. Dutra (Org.). *Gestão de carreiras na empresa contemporânea.* São Paulo: Atlas.

Grupos e equipes

Katia Puente-Palacios

A presença de equipes no âmbito organizacional constitui prática cada dia mas frequente. Isso demonstra a importância que a elas tem sido atribuída tendo em vista as contribuições que podem oferecer para o sucesso organizacional. Embora o estudo sistematizado sobre seu funcionamento tenha sido intensificado a partir da década de 1990, é de longa data que os psicólogos sociais interessam-se pelo estudo de comportamentos de indivíduos inseridos em grupos, embora essas pesquisas não tenham tido como foco as organizações de trabalho.

Definição e características das equipes

Equipes podem ser caracterizadas como conjuntos de pessoas que trabalham de maneira cooperada para realizar tarefas de alguma forma interligadas, que compartilham responsabilidades por resultados coletivos e veem a si mesmas e são vistas por outras como uma entidade social. Esse conjunto de atributos é aceito pela maioria dos autores da área como elementos centrais de identificação das equipes, ainda que definições mais complexas possam ser encontradas.

Ainda assim, pode ser observado que de acordo com o interesse do autor, ênfase diferenciada pode ser dada a cada característica. Entretanto, as visões teóricas são convergentes ao defender que equipes constituem sistemas organizados de ações protagonizadas por pessoas em prol de um objetivo de trabalho que lhes é comum.

No âmbito das organizações, podem ser identificados diversos termos utilizados para se referir às equipes. Entre as denominações mais comuns estão grupos autônomos, semiautônomos, grupos gerenciais, comitês, círculos de qualidade, equipes emergenciais, grupos de empreendimento, grupos força-tarefa e times. Embora o estudo pontual do significado de cada termo possa apontar a existência de propriedades específicas, no geral, todos eles são corriqueiramente entendidos como equipes.

A questão que se coloca a esse respeito é que nem sempre essas células de trabalho possuem de fato atributos que permitam qualificá-las como equipes. Por exemplo, é muito comum encontrar gestores que se referem ao conjunto de pessoas sob seu comando como "a minha equipe", quando na verdade fazem referência a membros de um mesmo departamento ou de uma unidade. Isso leva ao questionamento: será que todo conjunto de trabalhadores é uma equipe? A resposta é não. Equipes possuem como característica que as diferencia de outros agrupamentos a existência de maior compartilhamento, seja de responsabilidades, de metas, de demandas ou de tecnologias. Todavia, vale destacar que não é a existência de um ou mais atributos que condiciona a equipe, mas a existência de uma série deles.

Para melhor pontuar a especificidade das propriedades presentes em equipes, vamos diferenciá-las de grupos de trabalho. Não obstante esses dois termos possam fazer referência a agrupamentos muito similares, apresentam também diferenças significativas. Tais diferenças podem ser descritas resumidamente como a intensidade da independência existente em relação à responsabilidade assumida, à execução do trabalho, ou ainda às metas postas. A descrição dessas propriedades é pertinente na caracterização de ambos os agrupamentos, mas o diferencial será dado pela força com que aparecem. Portanto, a especificidade de cada um não se dá pela presença ou ausência de certos atributos, mas pela intensidade com que eles se manifestam. No caso dos grupos, demandas de interação menos salientes, assim como metas de trabalho mais individualizadas estarão mais presentes. Por sua vez, no caso das equipes, atributos que fazem referência ao coletivo irão ocorrer de maneira mais veemente.

Metaforicamente, grupos e equipes de trabalho podem ser descritos como pontos diferentes de um contínuo. Um dos extremos, o direito, por exemplo, mostra atributos como compartilhamento, corresponsabilidade, interdependência. Já o extremo esquerdo condensa atributos como autonomia, trabalho individual e independência. Nesse contínuo, as equipes constituem unidades localizadas mais próximas do polo direito ao passo que os grupos estariam mais perto do polo esquerdo. Nenhum dos dois, contudo, estaria de fato no polo correspondente, mas localizados mais próximo a ele. Isso porque se o grupo (de trabalho) não mostra qualquer compartilhamento ou responsabilidade comum sobre o trabalho, estaríamos tratando de um agregado de pessoas, e não de um grupo. Por outro lado, equipes nas quais todas as ações ocorrem de maneira compartilhada e com máximo grau de interdependência constituem unidades inoperantes, já que um desenho de extrema interdependência iria resultar em inviabilidade do trabalho, tendo em vista a morosidade nos processos coletivos resultante da demanda de realização conjunta de todas as atividades.

Dessa forma, as diferenças entre grupo e equipes podem ser compreendidas como resultantes da intensidade com que os atributos que as caracterizam se manifestam e não pela presença ou ausência deles. Isso torna pertinente afirmar que as equipes de trabalho podem ser compreendidas como um tipo de grupo caracterizado mais intensamente por adjetivos como coletivo, interdependente e compartilhado. Para uma descrição detalhada das particularidades das equipes, veja Puente-Palacios e Gonzalez-Romá (2013).

Elementos envolvidos no desenho de equipes de trabalho

Buscando organizar os elementos que configuram o processo de funcionamento das equipes, diversos modelos têm sido propostos. Em termos gerais, eles defendem que esses elementos podem ser classificados sob as denominações de *inputs*, ou entradas, processos, e *outputs*, ou saídas. Os *inputs* constituem propriedades que estão presentes desde a origem ou desde a composição da equipe. Podem ser, por exemplo, habilidades dos membros, tamanho da equipe ou ainda regras organizacionais. Constituem, portanto, o ponto de partida das atividades da equipe.

Em relação aos *inputs*, eles condensam atributos de diversas origens. Isso significa que o ponto de partida do trabalho em equipe não se reduz às características das pessoas. Também devem ser consideradas as marcas da organização que estão presentes como pano de fundo sobre o qual o trabalho da equipe vai se desenvolver; nesse sentido, possuem poder de influenciar o funcionamento da equipe. Entre essas características organizacionais, cabe mencionar as políticas de gestão de pessoas, especialmente aquelas relacionadas aos sistemas de recompensas. Também se incluem os programas de treinamento, estilo de gestão ou supervisão, suporte ao desempenho e cultura organizacional, só para citar alguns.

No que diz respeito aos *inputs* da própria equipe, podem ser apontadas características como heterogeneidade, experiência anterior, domínio da tarefa, valorização da meta de trabalho. Por último, os *inputs* dos indivíduos condensam atributos das pessoas integrantes da equipe. Assim, envolvem tanto capacidades como conhecimentos e atitudes dos seus membros. Também se incluem nesse conjunto traços, estados e afetos dos indivíduos.

Em relação ao segundo elemento – processos –, teorizações mais recentes como a feita por Mathieu, Maynard, Rapp e Gilson (2008) ou ainda Ilgen, Hollenbeck, Johnson e Jundt (2005) apontam a inadequação do uso desse termo, já que, segundo demonstram esses autores, fenômenos complexos e de natureza diversa têm sido conjugados sob a mesma denominação, sem considerar as suas peculiaridades. Por essa razão, defendem as vantagens da separação em dois conjuntos de processos. O primeiro, mantendo essa denominação, faz referência às ações promovidas pelos membros das equipes durante a sua convivência e atuação na qualidade de unidade de desempenho. Captura a forma como os membros combinam seus recursos individuais, coordenando conhecimentos, habilidades e esforços para cumprir a demanda de trabalho. O segundo conjunto recebe a denominação de estados emergentes; estes são concebidos como estados afetivos, motivacionais e atributos cognitivos da equipe. O nome que lhes fora dado traduz a transformação dinâmica que sofrem e a partir da qual contribuições individuais dão lugar a propriedades coletivas.

Os estados emergentes, portanto, nascem como características dos membros que compõem as equipes. Assim, na etapa inicial do trabalho da equipe, estes são propriedades individuais. Contudo, ao longo da convivência dos membros quando eles passam a compartilhar situações diversas, tanto relativas ao trabalho como a questões de cunho pessoal, inicia-se o processo de compartilhamento desses atributos.

Os membros das equipes, dessa forma, começam a apresentar atributos similares, por exemplo, atitudes, conhecimentos, afetos que são compartilhados entre eles de maneira tão imbricada que não se pode mais diferenciar qual é a parte do fenômeno que é oriunda de cada membro. Nesse sentido, é feita referência a essas propriedades descrevendo-as como atributos coletivos ou estados emergentes.

Por fim, o terceiro elemento do processo de funcionamento das equipes é o denominado *output*. Também conhecido como saída ou ainda resultados, refere-se às consequências esperadas ou não do trabalho realizado pelo conjunto dos membros. Incluem-se tanto os indicadores duros de produtividade como subjetivos do desempenho, auto e heteroavaliado.

Discorrendo a respeito dos resultados do trabalho em equipe, observa-se que diversos termos são adotados para descrevê-los, por vezes assumindo tratar-se de sinônimos, ao passo que em outras lhes atribuem significados claramente diferenciáveis. Essa prática resulta em confusão conceitual que precisa ser superada, pois, caso contrário, enfrentam-se dificuldades na construção do conhecimento na área. Visando delimitar o significado de alguns deles, Puente-Palacios e Gonzalez-Romá (2013) apresentam diferenciações entre os termos desempenho, efetividade e produtividade. Para tanto, descrevem o primeiro como conjunto de comportamentos relevantes para que a meta de trabalho seja atingida. A efetividade, por sua vez, é compreendida como o grau em que os resultados do desempenho se aproximam das metas especificadas. Por fim, a produtividade é referida como a geração de resultados com dispêndio mínimo de recursos e esforços, sendo usado desta forma como sinônimo de eficiência. Assim, embora todos eles possam ser considerados *outputs* ou resultados do trabalho da equipe, não são sinônimos e um não substitui o outro. Da especificidade desses construtos depreende-se que equipes podem ter um bom desempenho, mas não necessariamente ser efetivas.

Efetividade das equipes

Especificamente falando sobre a efetividade de equipes de trabalho, autores da área lançam luz sobre o campo teórico descrevendo diversos critérios que podem ser adotados como indicadores. Hackman (1987) compreende a efetividade como um termo geral que envolve diversos aspectos. Para esse autor, o seu diagnóstico deve contemplar três critérios, a saber: a) desempenho compatível com as demandas de trabalho postas, que pode ser avaliado por clientes internos ou externos à organização; b) saldo afetivo favorável resultante da experiência de trabalho em equipe, relatado pelos próprio membros; e c) sobrevivência ou viabilidade da equipe para cuja operacionalização o autor sugere considerar a intensidade que ocorre rotatividade entre membros da equipe.

Tendo em vista a proposta apresentada, torna-se pertinente afirmar que, ao dizer que uma equipe é efetiva, implicitamente diz-se que essa unidade de desempenho realiza um trabalho cujo produto (ou serviço) é considerado satisfatório pelo cliente interno ou externo, os membros consideram que a experiência de trabalho coletivo deixa um saldo afetivo favorável (estão satisfeitos) e a equipe não teve perda de membros ou as pessoas estão dispostas a enfrentar outros desafios de trabalho com a mesma equipe.

O crescente interesse testemunhado nos últimos anos pela compreensão do funcionamento das equipes resulta das contribuições que essas unidades podem oferecer para diversos resultados. Estudos empíricos da área evidenciam associação entre trabalho e processos da equipe e consequências favoráveis para os indivíduos, como satisfação e comprometimento. No caso de resultados para a equipe, podem ser identificadas vantagens na forma de coesão, confiança ou clima afetivo positivo para o trabalho. Por fim, ao investigar efeitos positivos do trabalho em equipes para as organizações, podem ser identificadas vantagens inclusive de cunho financeiro (relação entre atributos da equipe e lucro obtido).

Ainda assim, é necessário apontar que não é a simples estruturação de equipes que resulta nas vantagens ora descritas. Os achados trazidos pelas pesquisas empíricas mostram que sob certas circunstâncias e para a realização de determinadas tarefas, equipes de trabalho podem gerar consequências positivas, tanto para seus membros de maneira individualizada como para a equipe como um todo e para a organização.

De maneira específica, o conhecimento da área já construído revela que parte da efetividade do trabalho em equipe resulta de ela contar com pessoas dotadas das competências necessárias. Essas competências tanto são relativas às tarefas a serem executadas como são relativas às relações a serem mantidas entre os membros. Assim, as pessoas que passam a fazer parte da equipe devem possuir um conjunto de saberes técnicos necessários para enfrentar a demanda de trabalho posta, mas também devem ser capazes de trabalhar de maneira cooperada, coordenada e compartilhada. Portanto, uma pessoa que domina um determinado campo do conhecimento e é muito competente na realização de uma tarefa pode não ser um bom candidato a trabalhar em equipe, caso ela não possua as competências relacionais que essa modalidade de trabalho demanda. O contrário também é verdadeiro. Uma pessoa com elevadas competências relacionais pode não ser um bom candidato a trabalho em equipe se o seu conhecimento técnico não for compatível com a demanda de trabalho posta.

Todavia, é importante lembrar que muitas dessas competências podem ser desenvolvidas. Tanto as técnicas como as relacionais podem ser aprimoradas pela realização de ações de aprendizagem formal e informal. Ainda assim, nem todas as pessoas podem oferecer as suas melhores contribuições quando colocadas para trabalhar em equipes. Isso porque existem preferências e estilos pessoais, assim como existem tarefas específicas. Pode ocorrer de uma pessoa ser muito competente em certas tarefas, que ao ser colocada para trabalhar em equipe, na realização das mesmas tarefas, não consegue mostrar todo o seu potencial.

Assim, as equipes de trabalho constituem uma das possibilidades de organização do trabalho que pode trazer vantagens para a empresa e para os próprios membros. A conclusão de que o trabalho em equipes é a melhor opção para que a organização enfrente determinado desafio somente será alcançada a partir da adequada análise e planificação da situação de trabalho.

Também precisa ser destacado que a existência de um conjunto de pessoas com o repertório de competências técnicas e relacionais não é suficiente para que o trabalho dessa equipe seja efetivo. Isso porque o adequado funcionamento e desempenho da equipe demanda que ela conte com o suporte organizacional necessário que tanto viabiliza a realização do trabalho como permite a manutenção de um clima favorável ao bom desempenho e à manutenção de relações interpessoais harmoniosas.

Para encerrar, devemos lembrar que equipes de trabalho constituem um tipo específico de grupo existente no cenário organizacional que se caracteriza pela presença de propriedades relativas a trabalho, metas e identidade compartilhadas. O seu funcionamento resulta da participação de diversos elementos conhecidos como entradas, processos, estados emergentes e resultados, e eles pertencem tanto ao nível dos indivíduos como ao das equipes e da organização. Equipes podem ser uma alternativa para enfrentar os desafios do atual mundo do trabalho, mas irão oferecer as contribuições esperadas se planejadas, organizadas e acompanhadas de maneira apropriada pelos gestores organizacionais de sorte a potencializar ao máximo as vantagens que podem oferecer, sem descuidar o saldo afetivo favorável, visto na forma de satisfação dos membros, resultante da experiência de trabalho compartilhado.

Referências

Hackman, J. (1987). The design of work teams. In J. Lorsch (Ed.). *Handbook of organizational behavior* (pp. 315-342). New York: Prentice-Hall.

Ilgen, D. R., Hollenbeck, J. R., Johnson, M., & Jundt, D. (2005). Teams in organizations: from input-process-output models to IMOI models. *Annual Review of Psychology, 56*, 517-543.

Mathieu, J. E., Maynard, M. T., Rapp, T., & Gilson. (2008). Team effectiveness 1997-2007: A review of recent advancements and a glipse into the future. *Journal of Management, 34*, 410--476.

Puente-Palacios, K. E., & Gonzalez-Romá. V. (2013). Gestão de equipes. In L. Borges & L. Mourão. *O trabalho e a organização: atuações a partir da psicologia* (pp. 311-341). Porto Alegre: Artmed.

História da psicologia do trabalho e das organizações

Maria da Graça Jacques

A psicologia se constitui, como ciência e profissão, de modo complexo, em cenários geográficos, históricos, políticos, ideológicos que lhe conferem diferentes olhares e recortes, o que se reflete no modo de contar sua história. O olhar do autor, seu texto e contexto, o lugar de onde fala e para quem fala são alguns desses recortes, sem esquecer a conjuntura do contexto social em que a história é contada.

Ainda, é importante assinalar que o processo histórico é contínuo, mas não linear: possui idas e vindas, desvios, recuos, avanços, inversões... Embora algumas ideias e práticas hegemônicas em determinados momentos não se apresentam como blocos monolíticos, viabilizando outros olhares e recortes que priorizam outros percursos e interpretações para contar a história sobre a trajetória de qualquer fenômeno.

Tais reflexões se fazem pertinentes quando se procura descrever uma história/trajetória de uma ciência/profissão (e suas subdivisões) que tem seus fundamentos em um cenário histórico e geográfico peculiar. No caso da psicologia, o culto à individualidade, aliado ao movimento romântico e à consolidação do modo capitalista de produção no espaço europeu da segunda metade do século XIX, fornece alguns dos alicerces para a sua constituição como disciplina autônoma, inscrita no movimento de fragmentação da filosofia como um todo.

Os diversos manuais de história da psicologia registram a publicação de um livro sobre psicofísica, em 1860, por Fechner, e a criação de um laboratório, em 1879, por Wundt (ambos no território alemão), como os marcos do processo. São representativos, também, da opção de ruptura metodológica (e não teórica) da psicologia em relação à filosofia, apropriando-se do modelo das ciências físicas e naturais na busca de reconhecimento científico.

O mesmo modelo se encontra na aproximação com o mundo do trabalho. Segundo Zanelli e Bastos (2004), tais raízes se encontram em laboratórios construídos na Itália e na Alemanha, nos finais do século XIX, voltados ao estudo da fadiga e das cargas de trabalho.

É com seu instrumental teórico e metodológico que a psicologia se debruça sobre o mundo do trabalho, em especial sua vertente que emigra para os Estados Unidos, atendendo à demanda por uma ciência pragmática, aplicada à industrialização crescente. A preocupação fundamental é a elaboração e publicação de testes psicológicos com o objetivo de medir as diferenças individuais na busca do homem certo para a tarefa certa, apregoada por Taylor e pelos princípios da Escola da Administração Científica, com base na premissa de que o trabalhador desempenha tanto melhor quanto mais adaptado à sua função.

Embora a publicação de um livro sobre psicologia da publicidade, por Scott, em 1903, é o livro de Hugo Münsterberg, de 1913, com o nome de *Economic experimental psychology*, formalmente considerado como o primeiro texto organizado sobre a aplicação da psicologia ao campo industrial em que a grande indústria é o modelo hegemônico vigente. Segundo seus postulados, à psicologia experimental caberia a formulação dos postulados teóricos e a psicologia aplicada, dedicar-se às demandas do contexto industrial, com a denominação de psicologia industrial.

Como disciplina autônoma e coerente com sua opção metodológica, a psicologia se alia às vertentes naturalistas sobre a concepção do humano que a distancia de autores identificados com concepções de caráter social, entre elas, aquelas que elegem a categoria trabalho como categoria constitutiva por excelência do humano. São representativas as concepções de Hegel e de Marx em que o trabalho se apresenta como central no processo de humanização e emancipação, concepções que se inscrevem no ideário de valorização da categoria trabalho, característica da cultura ocidental do século XIX e primeira metade do século XX. A psicologia se apresenta como uma ciência em que o trabalho se mostra como área de aplicação, em especial no cenário da grande indústria.

Nos Estados Unidos ganha relevância o trabalho desenvolvido pelo psicólogo australiano Elton Mayo. Em seu estudo experimental com operárias na empresa Western Electric na sua fábrica em Hawthorne (Chicago), de 1924 a 1933, constatou o quanto o engajamento e a participação no experimento contribuíam para o aumento da produtividade dessas trabalhadoras. A consideração pela dimensão social para além da dimensão técnica do trabalho consolida o engajamento da psicologia aplicada ao mundo do trabalho e o emprego de seu instrumental nas práticas de gestão para além da seleção dos trabalhadores. Mayo publica, em 1933, a obra *The humans problems of industrial civilization*, que sinaliza a mudança de perspectiva, dos incentivos financeiros para os não financeiros.

A perspectiva humanista ganha reforço com a produção teórica da psicologia sobre motivação, liderança, aprendizagem, cognição, entre outros temas, em consonância com os valores de equilíbrio, cooperação e adaptação, na condição de princípios norteadores das políticas de administração de pessoal. Entre as décadas de 1930 e 1960, as relações humanas e a psicometria se constituíram como as principais atividades da psicologia industrial já ampliada para outros espaços de trabalho, dando visibilidade à restrição do adjetivo industrial para dar conta da abrangência da aplicabilidade da psicologia.

Como assinala Spink (1996), ao chegar à década de 1950, o processo de criação do campo profissional gerencial se consolida e se expande; a palavra organização amplia seu significado para além do sentido de dar ou por ordem e se apresenta como um objeto a ser estudado, ampliando a discussão sobre suas características e gerenciamento. A administração e a psicologia incorporam a expressão aos seus arcabouços teóricos e a expressão psicologia organizacional passa a designar também a aplicação da psicologia ao mundo do trabalho, atendendo às demandas das diferentes escolas da administração. O rótulo psicologia industrial empregado até 1961 no *Annual Review of Psychology* se torna restritivo e, nesse mesmo periódico, em 1967, aparece o primeiro capítulo de psicologia organizacional.

Cenário brasileiro

No Brasil, a trajetória da psicologia tem um percurso similar. A produção da disciplina que alcança *status* de disciplina independente no cenário europeu do século XIX chega ao país por brasileiros que estudaram no exterior ou por estrangeiros que vêm aqui ministrar cursos. As demandas oriundas de uma sociedade em direção à industrialização encontra substrato de natureza científica em especial nos instrumentos de medidas psicológicas que ganham relevância com o impulso à industrialização no governo Vargas (1930-1945/1951-1954).

Antes mesmo da regulamentação da profissão, em 27 de agosto de 1962, constata-se a atuação profissional do psicólogo (chamado, também, de psicotécnico ou psicologista) para além dos campos médico e educacional de suas origens para a realização de atividades de seleção e orientação profissional, como no Instituto de Orientação Profissional da Fundação Getúlio Vargas, criado na década de 1940, como na estrada de ferro Sorocabana ou no Banco de Lavoura de Minas Gerais (Jacó-Vilela, 2012). A política desenvolvimentista do governo Kubitschek (1956-1961) incrementa a aplicação da psicologia ao contexto de trabalho, crescendo a demanda por seus serviços. Sá (2012) registra que desde as primeiras leis que procuravam regulamentar a profissão no Brasil, a atividade de seleção de pessoal aparece como uma das modalidades previstas, consolidada na Lei 4.119 Conselho Federal de Psicologia (1962) que regulamenta a profissão.

O cenário brasileiro, assim como os cenários europeu e estadunidense, constrói uma psicologia aplicada ao mundo do trabalho com tecnologias que atendem à demanda da ciência administrativa e do modelo econômico vigente. No entanto, a perspectiva adaptacionista e o alinhamento com a manutenção e a difusão de normas e valores compatíveis com a acumulação do capital assumida pela psicologia recebem críticas de autores identificados com outros rumos para o conhecimento psicológico.

A psicologia e o trabalho

Datam da década de 1950 as críticas de Fromm ao pontuar que a aplicabilidade da psicologia ao mundo do trabalho incrementa o empresário de utilidades, sem se comprometer com a situação do trabalhador. No Brasil, um texto se tornou emblemático para dar visibilidade à desconsideração dessa psicologia aplicada ao mundo do trabalho presente no meio acadêmico em especial, mas também no meio profissional: "O papel do psicólogo na organização industrial (notas sobre o lobo mau em psicologia)", texto de Codo (1985), publicado em livro organizado por Lane e o próprio autor, em que apresentam outra perspectiva para a psicologia social em contraposição ao modelo hegemônico da psicologia social de origem estadunidense.

O texto (que ganhou reconhecimento como "o lobo mau") descreve o mal-estar e o lugar menor da psicologia aplicada ao mundo do trabalho na representação simbólica da profissão, tanto entre seus pares como fora deles, pelo seu alinhamento com formas de dominação. Embora as advertências do autor de que tal alinhamento não é um privilégio da psicologia, mas da produção científica em geral, as críticas ganham repercussão e se alastram para outras áreas de aplicação.

Há uma tentativa de criar um espaço menos problemático a partir da aproximação com o enfoque da psicologia institucional de tradição francesa. No Brasil, tais intervenções se direcionam a instituições públicas e organizações das áreas da saúde e da educação, como hospitais e escolas.

Por outro lado, em paralelo a toda crítica, a chamada, principalmente, psicologia organizacional ganha espaço entre os gestores administrativos. Segundo pesquisa realizada em 1988 pelo Conselho Federal de Psicologia no território brasileiro, tal área de aplicação aparece como a que ocupa o segundo lugar entre os profissionais como lugar de trabalho, só superada por aqueles que se identificam como psicólogos clínicos. A pesquisa identifica que 40% dos profissionais da área realizavam atividades de recrutamento e seleção de pessoal com aplicação de testes psicológicos (Conselho Federal de Psicologia, 1988).

As transformações no mundo do trabalho como as aceleradas mudanças tecnológicas, a competição internalizada, as novas demandas dos clientes, os novos modos de organização do trabalho introduzidos com o título genérico de reestruturação produtiva a partir da década de 1980 impõem novas demandas à psicologia organizacional. As sucessivas crises no mercado formal de trabalho e a necessidade de ampliação do campo para outros espaços de trabalho demandam uma nova denominação que remete à noção de que o trabalho se faz em territórios não circunscritos à organização. A psicologia aplicada ao mundo do trabalho passa a ser representada como Psicologia do Trabalho e das Organizações.

Malvezzi (2004) e Zanelli e Bastos (2004) visualizam, além de um campo promissor, uma ampliação e uma complexificação da psicologia enquanto Psicologia do Trabalho e das Organizações. É possível reconhecer as contribuições do campo tanto no estudo do comportamento micro-organizacional (motivação, liderança, comunicação, valores, poder, entre outros) como macro-organizacional (cultura e clima, mudança, identidade, aprendizagem organizacionais, entre outros), além de temas variados e emergentes (como desemprego, gênero, empreendedorismo, assédio moral, entre outros) e aqueles relacionados à gestão de pessoas (recrutamento e seleção, avaliação de desempenho, treinamento e desenvolvimento, *coaching* etc.).

No Brasil, a criação da Associação Brasileira de Psicologia do Trabalho e das Organizações, em 2001, seus congressos e seu periódico científico contribuíram para dar visibilidade à área, para se constituírem como pontos de referência e como fóruns de discussão política e científica. Do mesmo modo, o aumento no número dos Grupos de Trabalho nos Simpósios da Associação Nacional de Pesquisa e Pós-Graduação em Psicologia (Anpepp) sobre as temáticas do campo da Psicologia do Trabalho e das Organizações ilustra a ampliação e a complexificação do campo.

A visualização das temáticas relacionadas ao campo da psicologia do trabalho e das organizações nos simpósios da Anpepp remete à diversidade de enfoques que o campo referencia não só no Brasil, mas no contexto internacional. A aproximação com a produção teórica da psicologia social contempla algumas vertentes para uma reflexão que vai além do âmbito da aplicação da psicologia ao mundo do trabalho e das organizações. A categoria trabalho se apresenta como categoria constitutiva da subjetividade humana, incluindo a produção de novos aplicativos com base em uma concepção de homem de caráter social em que o trabalho humano tem lugar de figura e não de fundo.

Os estudos, pesquisas e dados estatísticos sobre saúde e suas relações com o mundo do trabalho contribuem para fundamentar o espaço de produção teórica no campo da Psicologia do Trabalho e das Organizações em que o este representa categoria constitutiva da identidade e da subjetividade. A partir dessa vertente, o qualitativo trabalho rompe as fronteiras do espaço da ciência aplicada.

Para finalizar, vale dizer que contar uma história é lembrar que o fato histórico não existe, mas é construído de forma retrospectiva a partir de um recorte do todo. Tal pressuposto enseja que outros recortes podem e devem ser construídos sobre a história da Psicologia do Trabalho e das Organizações, nem mais ou menos "verdadeiros", mas como modos de se contar essa história.

Referências

Codo, W. (1985). O papel do psicólogo na organização industrial (notas sobre o "lobo mau" em psicologia). In S. Lane & W. Codo (Orgs.). *Psicologia social: o homem em movimento* (pp. 195--202). São Paulo: Brasiliense.

Conselho Federal de Psicologia (1962). Lei 4.119 (Dispõe sobre os cursos de formação em Psicologia e regulamenta a profissão de Psicólogo). Brasília, DF: Autor.

Conselho Federal de Psicologia (1988). *Quem é o psicólogo brasileiro?* São Paulo: Edicom.

Jacó-Vilela, A. M. (2012). História da psicologia no Brasil: uma narrativa por meio do seu ensino. *Psicologia, ciência e profissão, 32*(1), 28-43.

Malvezzi, S. (2004). Prefácio. In J. C. Zanelli, J. E. Borges-Andrade & A. V. Bastos (Orgs.). *Psicologia, organizações e trabalho no Brasil* (pp. 13-17). Porto Alegre: Artmed.

Sá, M. A. (2012). A participação dos psicólogos de São Paulo na regulamentação da profissão. *Psicologia, ciência e profissão, 32*(1), 86-101.

Spink, P. K. (1996). Organização como fenômeno psicossocial: notas para uma redefinição da psicologia do trabalho. *Psicologia & Sociedade, 8*(1), 174-192.

Zanelli, J. C., & Bastos, A. V. (2004). Inserção profissional do psicólogo em organizações e no trabalho. In J. C. Zanelli, J. E. Borges-Andrade & A. V. Bastos (Orgs.). *Psicologia, organizações e trabalho no Brasil* (pp. 466-491). Porto Alegre: Artmed.

Identidade organizacional

Alexandre de Pádua Carrieri
Mariana Mayumi Souza

O conceito de identidade tem sido largamente utilizado em diversos campos do conhecimento, desde a lógica e a filosofia clássica, passando pela psicologia e pela sociologia. Podemos considerar que o conceito chega aos estudos organizacionais na década de 1980, com a publicação do artigo seminal de Albert e Whetten (1985). Desde então, o termo identidade organizacional ganhou força, em conjunto com o crescimento de estudos sobre cultura e simbolismo nas organizações. O interesse por esses temas se relaciona à crescente complexidade dos mercados, das relações trabalhistas e das estruturas organizacionais modernas. Questões identitárias surgiriam quando membros da organização se perguntaram: Quem somos nós? Que tipo de negócio nós estamos desenvolvendo? O que queremos ser? (Albert & Whetten, 1985).

A identidade organizacional, portanto, é um termo que relaciona a busca de uma definição identitária com o contexto das organizações. De forma geral, podemos definir identidade organizacional como os aspectos identitários que seriam coletivamente compartilhados pelos membros de uma organização e/ou pelo público que lhe é externo.

A identidade organizacional poderia ser compreendida como resultante dos esquemas cognitivos ou da percepção a respeito dos atributos diferenciadores e essenciais da organização, incluindo seu posicionamento no contexto (*status*) e comparações relevantes com outros grupos e organizações. Além disso, existiria uma relação psicológica entre identidade individual e organizacional: a associação com organizações que tenham identidade positiva pode ter um efeito positivo na identidade social de um indivíduo. Dessa forma, o ato de reconhecer-se como membro da organização está associado ao componente cognitivo do processo de identificação (Albert & Whetten, 1985; Nogueira & Machado da Silva, 2003).

Estudos a respeito da identidade organizacional têm tomado rumos diversos e, assim, as denominações empregadas também parecem variar de acordo com a abordagem a ser seguida. Uma primeira distinção a ser feita é entre os termos *identidade organizacional* e *identidade nas organizações*. O primeiro se relacionaria a estudos que envolvem a tentativa de reconhecimento de instâncias identitárias que abarcassem e definissem toda uma organização. No caso dos estudos sobre identidade nas organizações, o pesquisador encontrar-se-ia mais aberto à emergência de instâncias identitárias variadas, intra ou supraorganizacionais (Ravasi & Rekom, 2003; Bauer & Mesquita, 2007).

Wood Júnior e Caldas (1995) diferenciam e classificam as abordagens que um estudo relacionado à identidade e às organizações pode seguir. A primeira dimensão de distinção seria a respeito do objeto em foco. É possível distinguir estudos que se concentram na identidade individual e outros que se ocupam da identidade coletiva relacionada a contextos mais abrangentes (grupos, organizações etc). A segunda dimensão de distinção, por sua vez, seria referente às diferentes perspectivas do conceito de identidade, ou seja, se o conceito se refere a um atributo definido interna ou externamente à entidade analisada. É possível, portanto, diferenciar estudos que focalizam a identidade organizacional daqueles que buscam desvendar a imagem da organização.

Wood Júnior e Caldas (1995) observam que as diversas combinações possíveis entre as dimensões externa e interna de estudo da identidade dão origem a uma variada gama de abordagens para o conceito. Dentro da noção de identidade definida internamente, é interessante traçar uma analogia entre a identidade individual e a organizacional. Para os autores, tal analogia permite inferir que o comportamento individual é comparável à cultura organizacional como um todo. A organização, em diversas abordagens, pode ser vista como um ator coletivo, análogo a um indivíduo dotado de identidade, imagem e cultura.

Definições e desdobramentos

Pioneiros nos estudos de analogia entre a identidade individual e a organizacional, Albert e Whetten (1985) focam a identidade das organizações como um todo. Segundo os autores, as organizações, assim como os indivíduos, também possuiriam um caráter central, uma identidade que compreenderia as crenças partilhadas pelos indivíduos sobre o que é central, distintivo e duradouro na organização. Esses três critérios seriam suficientes para definir identidade organizacional como um conceito científico.

De acordo com Albert e Whetten (1985), o julgamento das características centrais, distintivas e duradouras da organização não é definitivo, podendo variar de acordo com o propósito, com o ponto de vista e com a situação do julgamento. Assim, um cientista, ao pesquisar uma organização, identificaria certas características que podem diferir das características listadas por executivos no momento da formulação de estratégias. Os autores enxergam tal relatividade no conceito de identidade organizacional não como um obstáculo metodológico a ser resolvido, mas como uma possibilidade de explorar as variadas formas de autoclassificação de uma organização.

Estudos que focam a identidade organizacional como objeto genérico e homogêneo tratariam de uma identidade *holográfica*. Nessa visão, haveria uma identidade predominante que percorreria toda a organização e remeteria à ideologia da alta administração. Já estudos que consideram como objeto identidades múltiplas no interior das organizações tratariam de uma identidade *ideográfica*. Existiriam, nesse sentido, diversas identidades grupais e fragmentadas no interior das organizações, que refletiriam a diversidade ideológica que as permeia (Albert & Whetten, 1985).

Analogamente ao que foi observado por Martin e Frost (2001) sobre a coexistência de níveis de integração, diferenciação e fragmentação em uma cultura organizacional, é possível abordar tanto as representações de uma identidade fictícia, homogênea e única disseminados pela alta administração como também as representações de identidades grupais e fragmentadas nas organizações. O indivíduo estaria propenso a se identificar simultaneamente com vários grupos, muitas vezes contraditórios. Como o fato de pertencer a um grupo não excluiria a possibilidade de pertencer a outros, a identificação tenderia a se estabelecer em relação aos grupos considerados mais relevantes para o indivíduo, em função da percepção do seu prestígio (Carrieri, 2001; Pratt & Foreman, 2000).

Já sob a perspectiva da identidade individual nas organizações, os estudos em sua maioria incorporam uma noção relacional baseada em categorizações. O indivíduo, inserido na estrutura organizacional, constrói sua identidade em relação à organização e a outras categorias subjacentes, como o grupo de trabalho, de uma unidade, de um departamento, de um grupo da mesma idade ou de pequenos grupos com características próprias. Assim, cada membro da organização interage pessoal e simbolicamente com outros, formando e reconhecendo identidades (Tajfel & Turner, 1985; Almeida, 2005; Fernandes, 2008).

A partir da identificação das diferentes correntes de estudo, Wood Jr. e Caldas (1995) contestam a clássica definição de identidade organizacional traçada por Albert e Whetten (1985). Nesse sentido, tal conceito não pode ser entendido como algo fechado, como se fosse um atributo que as organizações possuem. Esta seria apenas uma entre as várias abordagens de estudo possíveis. Os autores em questão defendem o entendimento da identidade como uma *metáfora*, não como um conceito ou variável. O estudo dessa metáfora deveria ser tomado como uma visão referencial a ser adicionada a outras na compreensão de fenômenos organizacionais.

Avanços na questão da identidade nas organizações não propõem uma definição única para o conceito, mas sim três formas básicas de se estudá-lo, fundamentadas em perspectivas distintas: a identidade como múltipla, fluida ou autônoma. A concepção da identidade múltipla propõe o estudo dessa identidade como construto complexo, multifacetado e sujeito a contingências ambientais e temporais. Essa concepção se baseia em estudos sobre diversidade organizacional e sobre representações sociais. Já a visão fluida da identidade a concebe como uma realização social, como produto em mudança contínua, em perpétuo processo de reajuste, reconstrução e renegociação. Essa visão se fundamenta em estudos organizacionais que questionam a solidez de objetos organizacionais e também em estudos sobre narrativas nas organizações. Por fim, a ideia da identidade autônoma propõe que o indivíduo deva conseguir transcender o desempenho de papéis organizacionais, preservando sua capacidade de existir como sujeito. Essa ideia traz contribuições da psicologia social e da teoria crítica, focando a subjetividade e a história de vida dos indivíduos (Carrieri, Paula & Davel, 2008).

A despeito da diversidade de visões e opção paradigmáticas, Bauer e Mesquita (2007) defendem que há ligação entre as diversas concepções da identidade, pois todas se fundamentam a partir do comportamento de indivíduos ou de grupos, ou seja, do comportamento humano nas organizações. Particularmente, na perspectiva dos autores, há uma visão dialética entre indivíduo e organização. As organizações contribuem para a construção da identidade dos indivíduos e estes, por sua vez, são intérpretes e construtores da identidade da organização.

Usos e aplicações

O termo identidade organizacional tem sido empregado por estudiosos no mundo inteiro, fascinados pela busca de similaridades e singularidades entre as organizações e entre indivíduos em contextos organizacionais. O conceito de identidade nas organizações tornou-se relevante para a sociedade em geral diante do cenário de instabilidade no trabalho, crescente individualidade e aplicação predominante da lógica instrumental nas relações sociais. Abordar a construção das identidades, individuais e coletivas, permite trazer à tona o núcleo subjetivo e essencial dos indivíduos. Permite re-humanizar o ambiente organizacional, ampliando a compreensão da dinâmica social, esclarecendo laços identificatórios e de pertencimento (Souza, 2010).

Estudiosos têm chamado atenção para a relação entre a identidade das organizações, a identificação e o contrato psicológico entre os funcionários e a empresa, ou seja, a percepção daqueles em relação ao cumprimento das obrigações desta. Grandes mudanças na identidade da organização podem causar um rompimento desse tipo de contrato, tendo em vista que o funcionário deixaria de se identificar com a organização. O contrato psicológico se enfraquece quando a nova identidade representa uma violação dos compromissos firmados anteriormente entre a organização e seus membros (Ashforth & Mael, 1989; Rodrigues & Child, 2005).

Nesse sentido, o esforço de se conhecer a identidade nas organizações abrange o interesse pela percepção, pelos sentimentos e pelos pensamentos dos membros sobre a organização à qual pertencem (Hatch & Schultz, 1997). Essa aplicação do termo identidade organizacional está mais presente na literatura sobre estudos organizacionais, gestão de pessoas e psicologia do trabalho e se preocupa com a relação identificatória entre empregados e suas organizações. Ashforth e Mael (1989) salientam que a identificação organizacional tem sido largamente reconhecida como uma importante temática nos estudos sobre comportamento organizacional, afetando tanto a satisfação individual quanto a efetividade da organização.

Ao mesmo tempo, o estudo das identidades organizacionais tem se desenvolvido no sentido de fornecer aplicações práticas a gestores, dando-lhes uma compreensão mais ampliada sobre o que são as organizações em que atuam. Esse tipo de aplicação do termo identidade organizacional se relaciona aos conceitos de imagem, reputação e marca corporativa. Dessa forma, geram-se *insights* sobre como organizações em contextos variados tornam-se similares e se diferenciam em certos atributos. De acordo com Moingeon e Ramanantsoa (1997), conhecer a identidade corporativa significa ter noção das características que representam o todo da organização e lhe dão especificidade, estabilidade, coerência ao mesmo tempo em que a tornam identificável. Essa perspectiva estaria mais próxima ao *marketing* e à comunicação corporativa e dá maior ênfase ao papel da alta administração na construção dessa identidade.

Ainda sobre as possibilidades de aplicação do termo, Ravasi e Rekom (2003) apontam que ele pode contribuir para aumentar nosso entendimento sobre a gestão de organizações nascentes. No campo do empreendedorismo, a identidade organizacional pode auxiliar novas organizações a se autodefinirem e, dessa forma, a conquistarem reconhecimento externo sobre o que elas são e quais suas funções na sociedade. Organizações recém-criadas geralmente enfrentam o dilema entre se encaixar em categorias de organizações preexistentes, facilitando a assimilação do público em geral sobre o que ela é, ou se apresentar como uma organização totalmente diferente das que já existem, o que fortalece a percepção de diferenciação, porém dificulta a busca de legitimidade de suas ações. O conceito de identidade organizacional, portanto, poderia guiar empreendedores sobre como definir suas organizações da melhor forma em determinados contextos.

Outra área de relevância para potenciais aplicações do termo identidade organizacional está relacionada aos processos de mudança organizacional. Por um lado, a identidade de uma organização pode ser considerada como seus atributos essenciais, aqueles que não mudariam durante períodos de transição. Dessa forma, o termo poderia ser aplicado como uma noção básica sobre o que a organização é e quais laços identificatórios são estabelecidos entre os indivíduos a ela relacionados, configurando-se como um núcleo imutável e seguro durante o processo de mudança. Por outro lado, há aplicações do termo identidade organizacional quando se almeja alterar os próprios sentidos definidores de uma organização e de seus processos identificatórios. Esses contextos geralmente envolveriam momentos de crise identitária, em que os gestores precisam reposicionar a atuação da organização na sociedade, ressignificando suas práticas e simbologias. Conhecer a identidade organizacional, nesse contexto, auxiliaria na formulação de estratégias de mudança, que poderiam ser implementadas de formas gradual ou repentina, participativa ou impositiva. Além disso, tal mudança envolveria, em diferentes níveis, os membros internos e o público externo da organização (Ravasi & Rekom, 2003).

Considerações finais

O fascínio pelo conceito de identidade organizacional tem atraído pesquisadores e gestores pela possibilidade de se expandir a compreensão a respeito das organizações e dos indivíduos que, de alguma forma, se relacionam a elas. A grande variedade de perspectivas e arcabouços teóricos que sustentam os diversos usos do termo representa a complexidade das interações entre indivíduos; indivíduos e organizações; e organizações e a socidade de forma geral. Acreditamos que tal diversidade pode ser benéfica para a ampliação do entendimento das relações sociais em contextos organizacionais, favorecendo estudos que explorem a natureza dos vínculos entre níveis individuais, organizacionais e sociais.

Seja qual for a abordagem escolhida, portanto, consideramos que não se deve perder de vista a interligação entre esses níveis, já que eles se encontram intrinsecamente relacionados. Conforme Bauer e Mesquita (2007, p. 28) colocam:

> a identidade organizacional só pode ser compreendida, do ponto de vista dos indivíduos, como construção social intersubjetiva e relacional. Por isso, acredita-se que um estudo sobre identidade nas organizações não possa furtar-se a uma análise dos grupos sociais a que o indivíduo pertence, grupos estes que, a começar pela família, são o palco principal da construção de suas identidades.

Nesse sentido, salienta-se a importância de se estudar os indivíduos em relação aos níveis coletivos e as organizações em relação aos níveis individuais e grupais. Interessados em desvendar a identidade organizacional deveriam, primeiro, identificar os indivíduos a serem enfocados e os grupos que emergem no contexto organizacional em questão. Em seguida, tornar-se-ia possível analisar a relação entre a construção das identidades individuais e identidades coletivas envolvidas, para que, ao final, seja desvendado o processo de construção das identidades no contexto organizacional (Souza, 2010).

Referências

Albert, S., & Whetten, D. A. (1985). Organizational identity. In L. L. Cummings & B. M. Staw (Orgs.). *Research in organizational behavior*, *7*, 263-295. Greenwich, United Kingdom: Jay Press.

Almeida, A. L. C. (2005). *A construção da reputação organizacional.* Tese de doutorado em Administração. Faculdade de Ciências Econômicas, Universidade Federal de Minas Gerais, Belo Horizonte, MG, Brasil.

Ashforth, B., & Mael, F. (1989). Social identity theory and the organization. *Academy of Management Review*, *14*(1), 20-39.

Bauer, M. A. L., & Mesquita, Z. (2007, jan./abr.). As concepções de identidade e as relações entre indivíduos e organizações: um olhar sobre a realidade da agricultura ecológica. *RAC Eletrônica*, *1*(1), art. 2, 16-30.

Carrieri, A. de P. (2001). *O fim do "Mundo Telemig": a transformação das significações culturais em uma empresa de telecomunicações.* Tese de doutorado em administração. Universidade Federal de Minas Gerais, Belo Horizonte, MG, Brasil.

Carrieri, A. de P., Paula, A. P. P., & Davel, E. (2008, abr./jun.). Identidade nas organizações: múltipla? fluida? autônoma? *Organizações & Sociedade, 15*(45), 127-144.

Fernandes, M. E. R. (2008). *De "joia da coroa" à "coroa sem joia": estudo do processo identificatório em duas empresas multinacionais em reestruturação.* Tese de doutorado em administração. Universidade Federal de Minas Gerais, Belo Horizonte, MG, Brasil.

Hatch, M. J., & Schultz, M. (1997). Relations between organizational culture, identity and image. *European Journal of Marketing, 31*, 356-365.

Martin, J. & Frost, P. (2001). Jogos de guerra da cultura organizacional: a luta pelo domínio intelectual. In M. Caldas, R. Fachin & T. Fischer (Orgs.). *Handbook de estudos organizacionais: reflexões e novas direções* (pp. 219-251). São Paulo: Atlas.

Moingeon, B.; Ramanantsoa, B. (1997). Understanding corporate identity: the French school of thought. *European Journal of Marketing, 31*(5), 383-395.

Nogueira, E., & Machado-da-Silva, C. L. (2003). Identidade organizacional – a importância dos valores e crenças: estudo de caso em uma organização extinta por incorporação. *Anais do Encontro Nacional dos Programas de Pós-Graduação em Administração*, Atibaia, São Paulo, 27.

Pratt, M. G., & Foreman, P. O. (2000). Classifying managerial responses to multiple organizational identities. *The Academy of Management Review, 25*(1), 18-42.

Ravasi, D., & Rekom, J. V. (2003). Key issues in organizational identity and identification theory. *Corporate Reputation Review, 6*(2), 118-132.

Rodrigues, S. B., & Child, J. (2005, setembro). Corporate identity and the breach of the psychological contract: reflective imaging through metaphors. *Anais do Encontro Nacional da Associação Nacional de Pós-Graduação e Pesquisa em Administração*, Brasília, DF, Brasil, 29.

Souza, M. M. P. (2010). *O teatro como forma de se colocar no mundo: a formação de identidades no Grupo Galpão.* Dissertação de mestrado em administração. Universidade Federal de Minas Gerais, Belo Horizonte, MG, Brasil.

Tajfel, H., & Turner, J. C. (1985). The social identity theory of intergroup behavior. In S. Worchel & W. G. Austin (Eds.). *Psychology of intergroup relations* (2nd ed., pp. 7-24). Chicago: Nelson--Hall.

Wood Jr., T., & Caldas, M. P. (1995, set./out.). Quem tem medo de eletrochoque? Identidade, terapias convulsivas e mudança organizacional. *Revista de Administração de Empresas – RAE, 35*(5), 13-21, São Paulo.

Identidade profissional

Kátia Barbosa Macêdo

Desde o nascimento, o ser humano é formado a partir daqueles com os quais se vincula e se relaciona. A própria noção de identidade só pode ser compreendida ao se considerar seu conceito constitutivo de alteridade, uma vez que uma pessoa só se estabelece a partir da noção do outro, o eu só se constitui a partir do não eu.

Há uma linha contínua que parte da dimensão psicológica da identidade, em que cada um se percebe como único e distinto dos membros do endogrupo, para a dimensão social da identidade, em que cada um se percebe semelhante aos demais membros do endogrupo, distinguindo-se do exogrupo. A identidade psicológica e a social formam, por conseguinte, uma composição que permite ora destacar a personalidade individual (dimensão psicológica), ora a categoria social (dimensão grupal).

Origem do conceito

O conceito de identidade é relacional e passou por transformações a partir da modernidade, quando a defesa de uma única identidade foi gradativamente substituída pelo discurso das múltiplas identidades. O problema foi a passagem de uma sociabilidade anônima de grupos, em que as pessoas podiam se reconhecer, para uma sociedade anônima sem sociabilidade pública, em que dominavam ou um espaço profissional ou um espaço privado, o privado preponderando nas sociedades anônimas nas quais a sociabilidade pública praticamente desaparecera.

A noção de subjetividade privada data do início da modernidade, ou seja, do Renascimento. Foi justamente na passagem da Idade Média para o Renascimento que o percurso começou. No século XVII, o eu passou a ser tomado como centro do mundo e a própria essência do homem foi identificada à sua racionalidade e consciência. No século XVIII, o eu deixou de ser visto como totalidade e ganhou aspecto de uma apresentação social, uma autoimagem cultivada e civilizada que encobriu, no entanto, algo mais que habitava e constituía as pessoas. O espaço excluído do eu passou a ser iluminado, e a noção do eu passou a considerar que havia uma máscara que encobria a verdade, e que a vida social (urbana e civilizada) era a responsável pelo afastamento do homem de sua verdadeira natureza. O sentimento de identidade individual acentuou-se e difundiu-se amplamente ao longo de todo o século XIX (Ariès & Chartier, 1996).

A modernidade é o resultado do projeto iluminista, que visava à autoemancipação de uma humanidade razoável. Ele se daria por meio de um conjunto de valores e ideais baseados no racionalismo, no individualismo e no universalismo. Nesse sentido, o racionalismo significou fé na razão e na ciência, que substituiria a religião. O individualismo significou ruptura com antigas cosmovisões comunitárias. Houve a transição para uma nova ética e política, com características descentradas e libertas do coletivo. Partindo dessa concepção, o homem passou a valer por si mesmo, e não pelo estatuto que a comunidade lhe outorgava. Emancipar implicava individualizar, desprender o homem das malhas do todo social (Giddens, 1991; Birman, 2007).

O resultado desse processo histórico foi a constituição de um contexto moderno que inclui algumas características que interferem diretamente na noção de identidade. Dentre elas, podem-se destacar: o desenraizamento do sujeito em relação às características culturais do grupo em que nasceu; e o tempo ter perdido sua relação com o passado e o futuro, enfocando apenas no presente. A estratégia da vida pós-moderna é evitar que a identidade se fixe; o ambiente tem atmosfera de medo e angústia; nas relações os indivíduos vivem permanentemente com o problema da identidade não resolvida, com vínculo precário; as individualidades são descartáveis, assim como as identificações e os vínculos eróticos e afetivos. A alteridade e a diferença vão dando lugar à igualdade e à massificação; desenha-se uma cena social em que ter equivale a ser; as parcerias e os grupos se desintegram, e se tornam dependentes do mercado. O cidadão sustentado na ética fundada na lei paterna cede lugar ao consumidor, sustentado na ética do consumo. Há um apagamento da alteridade e a tendência é uma redução do homem à dimensão da imagem.

Derivado do latim *identitās,* equivalente ao latim *ident* (*idem*), repetidamente sem alteração no tempo, o conceito de identidade passou a ser concebido como um fenômeno relacional resultado da oposição entre aquilo que há de comum e faz que um indivíduo se perceba membro de um grupo, e o que há de diferente, levando esse mesmo indivíduo a se perceber não membro de outros grupos. Desse modo, abordar identidade pressupõe uma compreensão dialética, no sentido de que ela se refere tanto às semelhanças internas que a pessoa tem em relação ao seu grupo de pertença (endogrupo) quanto às diferenças que existem em relação aos outros grupos que sentem necessidade de se diferenciar (exogrupo). Além disso, a dialética também se faz necessária para compreender o processo de aculturação (antropologia), socialização (ciências sociais) ou identificação (psicologia e psicanálise) a partir do qual a pessoa é, ao mesmo tempo, influenciada a refletir acerca de normas e valores de seu grupo, como também se torna agente de ação transformadora da cultura.

Definição – significado do conceito e variações no conceito

O conceito de identidade se relaciona e tem como sinônimos as palavras individualidade; personalidade, significando traços distintivos que acompanha uma pessoa no decorrer da vida e a torna única, e ao mesmo tempo membro de um grupo, cultura ou sociedade. Identidade está sempre relacionada à ideia de alteridade, ou seja, é necessário existir o outro e seus caracteres para definir por comparação e diferença com os caracteres pelos quais a pessoa se identifica como si mesma. Para a psicanálise, a identidade foi definida abordando diferentes aspectos: estrutura que expõe e explica o narcisismo, e que faz parte integrante do ego; capacidade de permanecer o mesmo por meio das mudanças; sentimento de continuidade; soma das representações que cada um tem de si mesmo. Ela implica sempre uma relação com o outro.

Utilização

Sentido filosófico: o que faz que uma coisa seja da mesma natureza que outra; qualidade de idêntico; paridade absoluta. Desde sua origem na lógica (toda entidade é idêntica a si mesma) e no campo da filosofia clássica (noção de permanência, singularidade e unicidade), a identidade se viu associada a vários campos do conhecimento das ciências sociais.

Para a antropologia, identidade consiste na soma nunca concluída de um aglomerado de signos, referências e influências que definem o entendimento relacional de determinada entidade, percebida por contraste, ou seja, pela diferença diante das outras, por si ou por outrem.

Para a sociologia, identidade significa o compartilhar de várias ideias e ideais de um determinado grupo. Assim, o indivíduo forma sua personalidade, mas também a recebe do meio, no qual realiza sua interação social. Identidade social é a noção e o sentimento de pertença a determinados grupos (segmentos, categorias) sociais. Nas ciências sociais, é o conjunto dos caracteres próprios e exclusivos de uma pessoa, tais como nome, profissão, sexo, impressões digitais, particularidades físicas etc., o qual é considerado exclusivo dela e, consequentemente, considerado quando ela precisa ser reconhecida. Esse conjunto de caracteres próprios e exclusivos podem auxiliar na diferenciação de pessoas, animais, plantas e objetos inanimados uns dos outros, quer diante do conjunto das diversidades, quer ante seus semelhantes.

Para o direito, a identidade constitui-se em um conjunto de caracteres que, delimitados legalmente, tornam a pessoa, ou um bem, individuada e particularizada, diferenciando-a das demais, e como tal sujeita a direitos e deveres. Identidade ainda pode ser uma construção legal e, portanto, traduzida em sinais e documentos que acompanham o indivíduo.

Principais autores relacionados ao conceito no Brasil

A importância adquirida pela noção de identidade é uma decorrência de sua proximidade com a psicologia do ego, que propõe que se considere o ego como uma estrutura relativamente autônoma e potencialmente isenta de conflitos. As primeiras notações que visam sublinhar a importância da identidade na clínica e na psicopatologia datam da década de 1950. As circunstâncias do surgimento da noção de identidade estão ligadas, por uma parte, à tentativa de ampliar a perspectiva freudiana a uma psicologia geral que inclui as relações do eu como mundo circundante e determina pesquisas sobre o desenvolvimento da criança e, por outra parte, à extensão do campo da psicanálise a patologias mais graves que a neurose, patologias que envolvem perturbações da identidade.

Na psicanálise, a constituição da identidade tem na obra de Erickson (1976) seu principal expoente, motivo pelo qual alguns aspectos centrais dessa obra serão destacados a seguir. Tanto linguística como psicologicamente, identidade e identificação têm raízes comuns. As crianças, em diferentes fases de seu desenvolvimento, identificam-se com aqueles aspectos parciais de pessoas pelos quais elas próprias são mais diretamente afetadas, quer na realidade como em fantasia.

Se considerarmos que a introjeção, a identificação e a formação de identidade são os passos pelos quais o ego se desenvolve em interação cada vez mais madura com os modelos existentes, podemos falar em algumas etapas para a constituição da identidade, conforme Erickson (1976):

1. o mecanismo de introjeção (incorporação primitiva da imagem de outrem) depende, para sua integração, da mutualidade satisfatória entre o adulto assistente e a criança assistida;
2. o destino das identificações infantis depende, por seu turno, da interação satisfatória da criança com representantes idôneos de uma significativa hierarquia de papéis, tal como é proporcionada pelas gerações que convivem em alguma forma de família;
3. finalmente, a formação de identidade começa onde a utilidade da identificação acaba.

Assim, o processo de constituição da identidade surge do repúdio seletivo e da assimilação mútua de identificações da infância e da absorção destas em uma nova configuração, que depende do processo no qual uma cultura ou sociedade reconhece e aceita o indivíduo jovem pelo que ele é.

Quando esse processo ocorre, tanto a identidade individual é reafirmada quanto a identidade grupal ou social é fortalecida, pois a construção é dialética. A comunidade sente-se reconhecida pelo indivíduo que se interessa em solicitar reconhecimento, ou pode sentir-se profundamente rejeitada pelo indivíduo. Assim, os métodos de uma comunidade para identificar um indivíduo como seu membro passam necessariamente pelo desejo desse indivíduo em identificar a si mesmo e aos outros.

A teoria da identidade social foi inicialmente formulada pelos psicólogos sociais Henri Tajfel e John Turner (1986), encontrando-se em um processo de reelaboração contínua. A sua principal área de aplicação é a das relações intergrupais. A identidade pressuposta é aquela que é de fato esperada antes do nascimento do indivíduo para que ele a cumpra posteriormente. Cada posição que a pessoa ocupa a determina na condição de ser no seio da família e da comunidade, possibilitando que a existência material dessa pessoa seja caracterizada pela multiplicidade, mais precisamente pelos vários papéis que vai desempenhar durante a sua vida como ator social.

Designa-se como identidade social a noção (crença) do indivíduo de pertencer a dadas categorias, sendo que essa cognição está sempre acompanhada por um componente afetivo – um sentimento mais ou menos forte de pertença. Cada indivíduo tem uma variedade de identidades sociais que habitualmente se apresentam de maneira estruturada. O conceito da identidade social parte da constatação de que o indivíduo enquadra, mais ou menos automaticamente, as outras pessoas e a si nas variadas categorias de classificação. Os critérios de classificação podem ser objetivos e manifestos, mas também podem ser resultados do pensamento social do indivíduo.

Dejours (1993) afirma que o trabalho tem lugar central na construção da identidade, nas relações de gênero e na construção da sociedade, e complementa ainda as duas dimensões do corpo: a biológica, implicada por produzir energia mecânica e por sofrer acidentes de trabalho e doenças profissionais; e a erógena, implicada na habilidade técnica e na inteligência da tarefa.

Tendo em vista que a identidade constitui a base da saúde mental (toda crise psicopatológica é centrada por uma crise de identidade), podemos nos dar conta de como o trabalho pode constituir uma segunda oportunidade de construirmos nosso equilíbrio psíquico e nossa saúde mental. Mas não há neutralidade do trabalho, e se ele não oferecer a possibilidade de reconhecimento, só produzirá sofrimento e progressivamente impelirá o sujeito à descompensação. Portanto, destaca-se a centralidade do trabalho tanto para a identidade do sujeito como para sua saúde mental. Para Dejours (1993), a conquista da identidade na dinâmica intersubjetiva do reconhecimento no trabalho concerne essencialmente ao acabamento de si no campo das relações sociais. O sofrimento seria a inexistência de possibilidades, a limitação do ser humano a um estado de paralisia. Um risco que inviabiliza a construção da identidade e integridade dos sujeitos. O prazer no trabalho fortalece a identidade do sujeito desde que todos os seus anseios sejam atendidos. Para Dejours, a identidade se constitui no interjogo das relações sociais, sendo que um dos elementos essenciais para a sua produção é o reconhecimento social. O trabalho, nesse sentido, é um campo privilegiado na conquista da identidade pelos indivíduos.

Apreciação crítica do conceito

O conceito de identidade é impreciso e polissêmico. A identidade pode se referir a vários objetos, à pessoa e sua personalidade, ao grupo (identidade biológica, social, profissional, ocupacional e cultural) e a instituições. Atualmente, não se fala mais em identidade, e sim em identidades.

O próprio Freud já comentava que a distância teórica entre a identidade individual e a identidade de grupo deveria ser reduzida, uma vez que, ao mesmo tempo em que de fato uma pessoa se inseria em um determinado grupo (de trabalho ou não), por essa condição, poderia sofrer uma profunda alteração em seu funcionamento mental, como também em sua identidade. Bion (1970) comentava que um grupo tem identidade e psiquismo próprios, uma mente grupal que exerce influência sobre outros grupos e sobre seus próprios membros. Dessa maneira, uma pessoa pode sofrer profunda alteração identitária quando contagiada pela mente grupal, abandonar todas as suas características e assumir a identidade do coletivo que exerce essa influência.

A identidade, hoje, é estudada com relação ao tipo de grupo de pertença ou de afiliação, assim, há identidade sexual, religiosa ou profissional. Como este dicionário é específico para a área de PT&O, comentaremos rapidamente sobre a identidade profissional.

A identidade profissional é construída a partir da dinâmica entre o indivíduo e seu contexto de atuação. Essa identidade começa a ser elaborada desde o processo de formação e está constantemente sendo modificada, à medida que o profissional se insere em contextos profissionais distintos. A identidade profissional se constitui com base nos contextos e tipos de formação e de inserção profissional, nos subgrupos especializados e nas relações de complementaridade e de oposição que marcam os períodos históricos.

Para compreendermos a identidade profissional, devemos partir do seguinte pressuposto: trata-se de uma trajetória na qual o sujeito tem um papel ativo que é construído dialeticamente, no qual há um processo de homogeneização (a pessoa se torna igual aos outros membros de um grupo) e um processo de heterogeneização (a pessoa se diferencia dos outros membros do grupo, com suas características individuais). Além do papel ativo nesse processo, as expectativas sociais em relação ao grupo profissional a que ele pertence também exercem impacto na construção da sua identidade social e profissional.

Considerações finais

As identidades são fruto do processo de socialização e da aprendizagem social. O lugar de nascimento e a cor de pele também suscitam a necessidade de construir identidade para se posicionar no mundo. Todas são identidades construídas para atender à condição de estar no mundo. Porém, também se é levado a assumir duas ou mais identidade que podem concorrer entre si e gerar conflitos.

Sua conceituação interessa a vários ramos do conhecimento (história, sociologia, antropologia, direito etc.), é multi e transdisciplinar e possui diversas definições, conforme o enfoque que lhe é dado. Pode-se falar de vários tipos de identidade, como identidade individual, coletiva, social; falsa ou verdadeira; presumida ou ideal, perdida ou resgatada.

Referências

Ariès, P., & Chartier, R. (1996). *História da vida privada: da renascença ao século das luzes* (Vol. 3). São Paulo: Companhia das Letras.

Bion, W. R. (1970). *Experiências com grupos*. Rio de Janeiro: Imago.

Birman, J. (2007). *Mal-estar na atualidade: a psicanálise e as novas formas de subjetivação* (6a ed.). Rio de Janeiro: Civilização Brasileira.

Dejours, C. (1993). *Travail: usure mentale. De Ia psychopatologie à la psychodynamique du travail.* Paris: Bayard.

Erikson, E. H. (1976). Identidade: Juventude e crise (2a ed.). Rio de Janeiro: Zahar.

Giddens. A. (1991). *As consequências da modernidade* (2a ed.). São Paulo: Editora Unesp.

Tajfel, H., & Turner, J. C. (1986). The social identity theory of intergroup behaviour. In S. Worchel & W. G. Austin (Eds.). *Psychology of intergroup relations* (pp. 7-24, Vol. 2). Chicago: Nelson-Hall.

Intervenção ergonômica

Mário César Ferreira

A atualidade e a importância da intervenção ergonômica se inscrevem no contexto contemporâneo do processo de reestruturação produtiva que preside as transformações aceleradas no mundo do trabalho. Os impactos desse fenômeno vêm, paulatinamente, agudizando velhos problemas e instaurando novos desafios para as ciências do trabalho e da saúde. No limiar do século XXI, o pressuposto da produção flexível que invade as corporações públicas, privadas e do terceiro setor e se pretende um modelo inovador de gestão organizacional e do trabalho se apoia em uma concepção nada inovadora de trabalho, indivíduo e organização. É o modo hegemônico de ver essa tríade, de viés na reificação, que tem orientado as práticas gerencias nocivas para o bem-estar dos trabalhadores e a satisfação de consumidores no setor privado e de cidadãos-usuários dos serviços púbicos.

As evidências de tal nocividade habitam resultados de inúmeras pesquisas. Entre elas, cabe destacar: a precarização do trabalho e das relações formais de emprego; as condições não ergonômicas de trabalho; a usabilidade crítica das novas tecnologias da informação e da comunicação; a reorganização desumana dos horários de trabalho; a sobrecarga crescente de tarefas; o ritmo alucinante do fluxo de produção; a exacerbação do controle de performances; as práticas de assédio moral nos ambientes corporativos; a falta de reconhecimento no trabalho; a pouca ou nenhuma possibilidade de progressão na carreira; e o elo entre o trabalho e vida social em franca fragilização. Estes são alguns dos ingredientes que caracterizam a paisagem da reestruturação produtiva – embalada pelas novas exigências do trabalho e, sobretudo, por um processo de intensificação do trabalho – que colocam em risco permanente a saúde e a segurança no trabalho. Uma paisagem que instala novos desafios, como o teletrabalho e o trabalho em domicílio.

É nesse cenário, com distintos elementos, inquietações e protagonistas, que a intervenção ergonômica se situa e tem sido convocada para agir e propor soluções no contexto das organizações. Todavia, tal "convocação" do mundo do trabalho e de seus protagonistas tem raízes históricas de mais de meio século. Raízes cravadas num período imediatamente anterior ao início da reestruturação produtiva, ou seja, anterior à década circunscrita no período de 1965 a 1975.

Origem histórica

A intervenção ergonômica tem sua origem formal com a criação da sociedade inglesa de ergonomia no final da década de 1940 (Iida, 2005). A criação da Ergonomics Research Society no Reino Unido, em 1949, e os fatos que a antecederam, no contexto da Segunda Guerra Mundial, estão na origem de um estereótipo da intervenção ergonômica que perdura até os dias atuais: o senso comum de que a intervenção ergonômica é sinônimo de "cadeirologia". Quando diferentes especialistas (psicólogos, médicos e engenheiros) atuaram em parceria para adaptar os *cockpits* dos aviões de caça britânicos às atividades dos pilotos, tornando-os mais confortáveis, seguros e eficazes, sem saber, eles estavam criando uma experiência de intervenção interdisciplinar de referência. Uma experiência que, no pós-guerra, seria imediatamente retomada no mundo industrial sob a forma, num primeiro momento, de projetos de bancadas e postos de trabalho (Moraes & Mont'alvão, 1998). Ao mesmo tempo que a vertente de intervenção ergonômica de filiação anglo-saxônica vai se estruturando com o foco no estudo dos fatores humanos para uma aplicabilidade no contexto de projetos industriais (ergonomia de produto), outra vertente de matriz franco-belga vai forjando uma abordagem com o foco na análise e na transformação dos ambientes de trabalho existentes (ergonomia de correção). Se o engenheiro inglês K. F. H. Murrel é a principal referência histórica da vertente anglo-saxônica em ergonomia, o médico e psicólogo francês André Ombredane (1898-1958) e o matemático e psicólogo francês Jean-Marie Faverge (1912-1988) constituem as principais referências históricas da vertente franco-belga. Eles publicaram a obra *L'analyse du Travail. Facteur d'économie humaine et de productivité* (Ombredane & Faverge, 1955), considerada a fundadora da abordagem da ergonomia de avaliação dos ambientes de trabalho (ergonomia da atividade). Os trabalhos de pesquisa de Suzzane Pacaud e de Jules Amar são também considerados indutores dessa vertente.

Definindo intervenção ergonômica

Dois elementos complementares fornecem pistas para a contextualização do conceito de intervenção ergonômica. De um lado, a etimologia do verbete ergonomia (do grego *ergo*, significando tarefa, e por extensão trabalho; e *nomos*, que significa normas, leis) e, de outro, a definição mais recorrente de ergonomia, atualizada no congresso de 2000 da International Ergonomics Association (IEA), como "[...] uma disciplina científica relacionada ao entendimento das interações entre os seres humanos e outros elementos ou sistemas, e à aplicação de teorias, princípios, dados e métodos a projetos a fim de otimizar o bem-estar humano e o desempenho global do sistema"[1]. Esse breve trajeto argumentativo permite, portanto, esboçar o que vem a ser a intervenção ergonômica.

[1] Esta definição pode ser encontrada no site da International Ergonomics Association (IEA), no endereço: http://www.iea.cc. A mesma definição pode também ser encontrada no site da Associação Brasileira de Ergonomia (ABERGO), no endereço: http://www.abergo.org.br.

A intervenção ergonômica expressa o *modus operandi* da ergonomia no tratamento de problemas concretos vivenciados pelos indivíduos, tanto nas organizações corporativas quanto no uso de produtos por clientes e usuários, numa perspectiva de construções de soluções de compromisso que garantam, de modo interdependente, o bem-estar dos indivíduos, a eficiência e a eficácia de produtos e de processos de trabalho. Seus fundamentos teóricos se apoiam, essencialmente, em conhecimentos de duas "disciplinas mães": a fisiologia (com destaque para a antropometria e a biomecânica ocupacional) e a psicologia (com realce para a psicologia cognitiva e neurossensorial). Essas duas disciplinas contribuem com conhecimentos sobre os processos fisiológicos e psicológicos básicos que permitem compreender os funcionamentos, os limites e as capacidades do corpo e da mente humana nas situações de trabalho e na utilização de produtos (Grandjean, 1998). Para além dessas disciplinas, a intervenção ergonômica busca dialogar com outros campos disciplinares afins: as engenharias, a arquitetura, o desenho industrial, as ciências humanas e sociais aplicadas (como a administração e a sociologia do trabalho) e as ciências da saúde (fisioterapia e enfermagem, por exemplo). Tal diálogo se dá em função do objeto específico da intervenção ergonômica (reconversão tecnológica e risco de segurança, usabilidade de aplicativo e satisfação dos usuários) e dos achados produzidos pelas ciências afins ou de interface com a ergonomia.

Em linhas gerais, a intervenção ergonômica tem como traço distintivo maior a face aplicada da ergonomia. Na análise das situações críticas de trabalho, a perspectiva da intervenção ergonômica é compreender para transformá-las, buscando alinhar bem-estar no trabalho e efetividade organizacional (Guérin, Laville, Daniellou, Duraffourg & Kerguellen, 2001). Por sua vez, no contexto da intervenção ergonômica de projetos, a perspectiva é uma concepção orientada para o produto visando a responder aos imperativos de utilidade, usabilidade e satisfação dos usuários (Garrigou, Daniellou, Carballeda & Ruad, 1995). Portanto, o processo de produção de novos conhecimentos é inseparável do processo de intervenção nos contextos corporativos. O enriquecimento teórico permanente em ergonomia se opera com base em uma dialética: a intervenção ergonômica, ao agir sobre o real do trabalho e do produto, alimenta o ciclo de renovação e atualização do seu quadro teórico de referência.

Ciclo básico da intervenção ergonômica

Os trajetos metodológicos percorridos no processo de intervenção ergonômica são diversos quanto à variabilidade e à diversidade de objetos de avaliação de ambientes de trabalho e de concepção de produtos. Isto se dá, fundamentalmente, por duas razões interdependentes: (a) as propriedades intrínsecas do objeto de intervenção subordina a escolha do delineamento metodológico de investigação ergonômica; e (b) o ponto de partida da intervenção ergonômica se opera com base em problemas de natureza prática, formulados por protagonistas concretos, delineando uma abordagem do tipo *bottom-up* na construção de quadros explicativos e elucidativos dos problemas postos.

O ciclo típico de intervenção ergonômica engloba quatro macros etapas distintas e complementares (Figura 1):

- Planejamento da intervenção – Nesta etapa, o trabalho, comumente, consiste em: (a) conhecer e instruir a demanda de intervenção (objeto, foco, problema); (b) estabelecer os objetivos, os passos metodológicos, os instrumentos a serem empregados, os produtos a serem alcançados; (c) definir papéis e responsabilidades dos interlocutores envolvidos e implicados na intervenção ergonômica; e (d) pactuar os princípios éticos que devem orientar o desenvolvimento da intervenção.
- Diagnóstico ergonômico – Nesta etapa, as principais atividades se baseiam em: (a) acessar as fontes primárias e secundárias de informação disponíveis por meio de instrumentos diversos de investigação (análise documental, entrevistas, observações); (b) coletar as informações essenciais para construir as bases de compreensão elucidativa do problema de avaliação e/ou concepção e, ainda, o desenho de soluções; (c) tratar e analisar os resultados obtidos, correlacionando-os com os elementos constitutivos da demanda inicial e as questões que orientaram o percurso metodológico da intervenção ergonômica; (d) restituir aos participantes os resultados obtidos no diagnóstico, validando-os e enriquecendo o quadro de interpretação; e (e) formular soluções, de caráter aplicado (ex.: cadernos de encargos), para o problema inicial.
- Implementação de soluções – Nesta etapa, os passos da intervenção ergonômica concernem fundamentalmente em aplicar, de forma participativa com os atores envolvidos e implicados, as soluções desenhadas e validadas na etapa de diagnóstico.
- Avaliação e replanejamento – Nesta etapa final, o trabalho, comumente, consiste em: (a) realizar uma avaliação das soluções implantadas em termos de impactos para o bem-estar no trabalho/satisfação dos usuários, a eficiência e a eficácia de produtos e serviços; (b) efetuar os ajustes técnicos, operacionais, administrativos que se revelarem necessários; e (c) prospectar a necessidade de replanejamento da intervenção ergonômica diante da evolução do sistema sociotécnico de trabalho ou das situações de uso de produtos.

Essas etapas caracterizam a intervenção ergonômica como um ciclo típico de trajeto metodológico.

Figura 1 Ciclo típico da intervenção ergonômica

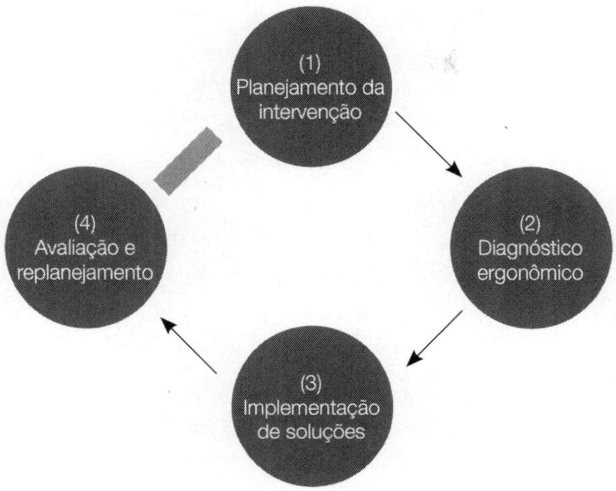

Fonte: Elaboração do autor.

Alguns fatores cruciais influenciam a eficácia da intervenção ergonômica, merecendo destaque: (a) a natureza e origem da demanda; (b) a variabilidade tanto das situações de trabalho ou uso dos produtos quanto dos perfis dos sujeitos envolvidos e implicados na intervenção; (c) a participação efetiva dos interessados no processo de intervenção; (d) o acesso às informações necessárias ao diagnóstico do problema (ex.: acesso às situações de trabalho, à documentação); e (e) a análise da atividade nas situações de trabalho ou no contexto de simulação de uso de produtos (ex.: teste de protótipos).

Aplicações e autores

Os exemplos de aplicação da intervenção ergonômica são abundantes na literatura especializada. Algumas áreas e modalidade de aplicação servem de exemplo: (a) avaliações de dispositivos técnicos e instrumentos de trabalho; (b) análise de usabilidade de aplicativos informatizados; (c) concepção de *layouts* e arranjos de painéis de automóveis; (d) redesenho da organização do trabalho de teleatendimento; (e) gestão da informação e estratégias operatórias no contexto hospitalar; (f) melhoria das relações socioprofissionais no contexto de serviço de atendimento ao público; (g) reorganização do trabalho na prevenção de Distúrbios Osteomusculares Relacionados ao Trabalho (Dort); e (h) formulação de política e programa de Qualidade de Vida no Trabalho.

Entre os principais autores que contribuíram e contribuem para a construção, a disseminação e a popularização da intervenção ergonômica em nível internacional, se encontram: A. Wisner, A. Laville, M. De Montmollin, F. Guérin, E. Grandjean, J. Leplat,

F. Daniellou, P. Cazamian, F. Hubault; J. Duraffourg, R. Patesson, V. De Keyser, M. Chesnais, H. W. Hendrick, E. Wang, C. Teiger, A. Kerguelen, P. Falzon, J. Theureau, A. Weill-Fassina. No Brasil, as pesquisas que se utilizam da intervenção ergonômica estão mais fortemente presentes nas instituições públicas de ensino superior, com destaque para: UFMG, UFSC, UFRJ, UFRGS, UFPE, UnB e USP. Além delas, a intervenção ergonômica no mundo industrial brasileiro tem sido liderada por diversos pesquisadores em ergonomia que trabalham na Fundação Jorge Duprat Figueiredo de Segurança e Medicina do Trabalho (Fundacentro), ligada ao Ministério do Trabalho e Emprego (MTE).

O caráter híbrido que marca a identidade metodológica da intervenção ergonômica pode ser considerado um de seus traços positivos. Ela pode ser caracterizada como bastante heterogênea no campo das ciências do trabalho e da saúde, cabendo assinalar nesse caso algumas características: (a) o método combina distintas opções: *survey*, estudos de casos, pesquisa-ação; (b) a natureza das abordagens é tanto quantitativa (ex.: pesquisas em macroergonomia) quanto qualitativa (ex.: pesquisas em ergonomia da atividade); (c) a adoção de delineamentos correlacionais (ex.: estudos quantitativos) e descritivos (ex.: estudos qualitativos); (d) o recorte temporal das investigações do tipo transversal; (e) os tipos de amostragem são predominantemente probalística e não probalística; (f) o enfoque multinstrumental de diagnósticos (ex.: observações, entrevistas, mensurações físico-ambientais); (g) os objetivos da intervenção são tanto conhecer quanto aplicar; e (h) os tipos de campo do uso da intervenção ergonômica tem sido tanto o setor público quanto o setor privado. Quanto aos principais desafios postos ao desenvolvimento e à consolidação da intervenção ergonômica, é pertinente enfatizar a necessidade de: (a) avançar no aprofundamento teórico de suas bases epistemológicas (ex.: quais são as implicações éticas quando do uso da intervenção ergonômica?); e (b) superar a tradição, no campo da pesquisa, de intervenções ergonômicas restritas, predominantemente, à etapa de diagnóstico.

Para um conhecimento mais ampliado do escopo da intervenção ergonômica – suas vicissitudes, qualidades, potenciais e limites –, é interessante acessar os sites das sociedades de ergonomia, cabendo registro, nesse caso, das seguintes sociedades: International Ergonomics Association (IEA), Société d'Ergonomie de la Langue Française (SELF), Associação Portuguesa de Ergonomia (Apergo) e Associação Brasileira de Ergonomia (Abergo). Nelas é possível constatar a riqueza que marca o fazer da ergonomia por meio das intervenções que ela realiza no Brasil e em outros países.

No campo da psicologia do trabalho e das organizações, a intervenção ergonômica centrada na avaliação dos ambientes de trabalho tem mantido uma interlocução mais próxima com as vertentes da psicologia do trabalho que: (a) se inscrevem numa perspectiva dialética no estudo da atividade trabalho (Cottereau, 1992), com base no enfoque crítico e de engajamento sociopolítico vinculado ao pressuposto de que um "outro mundo é possível"; e (b) se situam no campo dos enfoques do sociocognitivismo, da clínica do trabalho e da atividade, da sociologia clínica, da psicossociologia do trabalho e da ergologia.

A intervenção ergonômica expressa o modo de fazer da ergonomia, sua abordagem metodológica, no trato dos problemas concretos que lhes são apresentados, cujo ponto de chegada deve ser o desenho de soluções que garantam o bem-estar dos indivíduos, a eficiência e a eficácia de produtos e de processos de trabalho. Ela é importante e pertinente diante das mudanças aceleradas que se operam no mundo do trabalho. A intervenção ergonômica é, comparativamente, um enfoque jovem no campo das ciências do trabalho e da saúde. O estereótipo de "cadeirologia" da ergonomia cedeu lugar para uma intervenção em diversos domínios da vida corporativa – embora, graças a seu caráter metodológico híbrido, tenha tido como referência maior as instituições de pesquisa e ensino. No campo da psicologia do trabalho e das organizações, a intervenção ergonômica guarda maior interface e afinidades com as abordagens sociocognitivistas e de natureza clínica.

Referências

Cottereau, A. (1992). Theories de l'action et notion de travail. Note sur quelques difficultés et quelques perspectives. In *Actes du colloque interdisciplinaire travail: Recherche et prospective. Thème transversal no 1 – Concept de travail* (pp. 41-52). Lyon, France: CNRS/PIRTTEM.

Garrigou, A., Daniellou, F., Carballeda, G., & Ruad, S. (1995). Activity analysis in participatory design and analysis of participatory design activity. *International Journal of Industry Ergonomics*, *15*, 311-327.

Grandjean, E. (1998). *Manual de ergonomia: adaptando o trabalho ao homem* (2nd ed.). Porto Alegre: Bookman.

Guérin, F., Laville, A., Daniellou, F., Duraffourg, J., & Kerguellen, A. (2001). *Compreender o trabalho para transformá-lo. A prática da Ergonomia.* São Paulo: Edgard Blücher.

Iida, I. (2005). *Ergonomia: projeto e produção.* São Paulo: Edgard Blücher.

Moraes, A., & Mont'alvão, C. (1998). *Ergonomia: conceitos e aplicações.* Rio de Janeiro: 2AB.

Ombredane, A., & Faverge, J.-M. (1955). *L'analyse du travail: Facteur d'économie humaine et de productivité.* Paris: Presse Universitaire de France – PUF.

Liderança

Sigmar Malvezzi

A liderança é um instrumento milenar da interação humana, reconhecida e frequentemente discutida, porém somente configurada como conceito no início do século XX (Terman, 1904). Em formulação genérica, denomina-se por liderança a influência que pessoas exercem para direcionar e regular os comportamentos de outras, visando à eficácia de ações coletivas e o apoio a empreendimentos compartilhados. Ações coletivas e empreendimentos compartilhados são meios necessários para a realização da grande maioria dos objetivos propostos por pessoas, grupos e instituições. Ambos requerem significativo esforço de integração e sinergia entre os comportamentos das pessoas envolvidas em sua realização.

A eficácia desse esforço para a construção de competências coletivas é dificultada e desafiada pela diversidade e instabilidade de fatores influentes nos comportamentos, como observadas na espontaneidade, nas discordâncias quanto às instrumentalidades, prioridades, significados, nos desvios das normas e na ruptura de compromissos. Por esses motivos, a criação de ações coletivas demanda algum tipo de força integradora, como a liderança.

A interação social, matéria-prima das ações coletivas, é um evento complexo, agenciado por indivíduos com interesses potencialmente opostos, por isso, todo empreendimento que depende da interação requer a construção da complementaridade, da integração e da sinergia entre as pessoas e seus comportamentos. A regulagem dessa construção é uma ferramenta necessária para a eficácia da ação coletiva e tem sido viabilizada com sucesso por meio da liderança. A literatura da gestão e dos conflitos insiste na liderança como instrumento necessário nos momentos históricos caracterizados pela fragmentação social, cultural ou econômica (Olson-Buchanan, Bryan & Thompson, 2013).

História do conceito

Analogamente a outros conceitos, a compreensão da liderança evoluiu com o pensamento e com a diferenciação da sociedade. Inicialmente entendida como força divina, presente na influência dos sacerdotes e pajés, a liderança foi pouco a pouco se revelando como um poder relacional, ou seja, um poder oriundo da interação e não de propriedades das pessoas. Nessa trajetória, a liderança foi entendida como força de influência despontada de características pessoais geneticamente herdadas e, como tal, sustentou e legitimou monarquias hereditárias por muitos séculos.

A partir das ebulições políticas observadas na sociedade desde o século XVII, em paralelo ao surgimento do Iluminismo e ao desenvolvimento da observação sistemática na produção de conhecimento científico, a compreensão da liderança foi enriquecida pelo reconhecimento de características aprendidas pela experiência de comando em grupos diversos e pela convivência social. A teoria das características pessoais tornou-se mais complexa com a constatação de traços aprendidos e com a identificação de ideais individuais e compartilhados entre as causas da adesão a líderes.

Até o início do século XX, a liderança era um fenômeno observado nos animais, nas crianças, nos adolescentes, nos indivíduos dotados de popularidade e nas multidões. Os estudos desse fenômeno nesses distintos grupos e seus diferentes contextos não convergiam entre si para alguma explicação transversal a todos, mas ampliavam as possíveis causas da influência da liderança que, nesse momento, variavam de magnetismo a mimetismo.

A pesquisa científica da liderança recebeu novas e significativas contribuições após a Primeira Guerra Mundial, por força da progressiva complexidade da sociedade impulsionada pelo processo de industrialização e seus derivativos, como a adaptação das estruturas e da cultura a novas condições tecnológicas e econômicas e aos movimentos sociais e políticos diversos que surgiram a partir dos anos 1920. Governos, empresas, instituições e associações diversas necessitavam aprender sobre a viabilização da influência efetiva sobre pessoas e equipes, numa sociedade que se concentrava, geograficamente, em centros urbanos e se diferenciava em grupos com interesses opostos e valores diversificados.

Nesse momento, a compreensão da liderança era um conhecimento necessário, seja como força de produção, seja como instrumento de poder político, seja como meio de transformação social diante da crescente instabilidade, desvios e tensões sociais que impactavam em todos os aspectos da vida. Essa evolução foi fomentada e abrigada pelo desenvolvimento e contribuição da psicologia social, que, nesse momento histórico, era enriquecida por experimentos, novos conceitos e diversas teorias, fartamente constatadas nos trabalhos de pensadores como G. H. Mead, K. Lewin, G. Homans e R. F. Bales.

Definição de liderança

Dentro desse contexto, o conceito de liderança foi pouco a pouco formatado e enriquecido pela compreensão do processo grupal e pelo desenvolvimento de ampla diversidade de abordagens e metodologias criadas para sua apreensão como objeto de estudo que variaram do behaviorismo à psicanálise. A liderança foi um objeto estudado por todas as abordagens da psicologia como se fosse a prova necessária para sua legitimação como grande narrativa. Um dos desafios mais significativos enfrentado pelos pesquisadores e praticantes, nessa trajetória, foi a questão da fronteira entre os traços de personalidade e a força do processo grupal na construção da liderança. Como cada um desses dois fatores afeta a liderança e como ambos se integram para produzir o líder?

Diversos estudos foram dedicados à busca da existência de algum perfil de traços de personalidade comum aos indivíduos que exerciam algum tipo de liderança. Tais estudos evoluíram em distintas direções, como constatados nas teorias tipológicas, na diferenciação entre liderança autocrática e democrática e no reconhecimento das lideranças carismáticas. Além disso, outros estudos dirigidos à investigação do processo grupal demonstraram de modo consistente a influência do contexto na reação dos indivíduos às tentativas externas de controle de seus comportamentos. As divergências teóricas e as controvérsias nesses estudos abriram caminhos distintos para as ciências sociais aplicadas, como a administração, e para as ciências comportamentais, como a psicologia. Desde os anos 1950, o conceito de liderança foi se tornando uma preocupação disseminada na compreensão de grupos políticos, como os sindicatos, e na busca de instrumentos de eficácia na construção de competências coletivas nas empresas de produção econômica.

Enriquecida pela pluralidade desses distintos olhares e pela diversidade de contextos de interação social, a liderança foi reconhecida como um fenômeno complexo que ocorre dentro de uma estrutura dinâmica de condicionalidades e galgada de simples instrumento de influência interpessoal para o patamar de recurso estratégico da ação afirmativa e empreendedora, como observado, nos anos 1960, na torrente de movimentos sociais que engolfavam a preocupação com a diversidade como elemento político e a participação na gestão das empresas que fomentou o aprofundamento na compreensão do funcionamento e poder dos grupos de trabalho. Esses dois reconhecimentos foram reconfirmados, duas décadas depois, por força do aprofundamento do processo de globalização social, comercial e econômica por força da implementação das redes de comunicação eletrônica.

A compressão do tempo e do espaço promovida pelas redes eletrônicas no ambiente da teleinformação colocou a construção da integração, cooperação e sinergia dentro de pequenos grupos na dependência dos agenciamentos sociais como força capaz de cuidar das incertezas e da variabilidade que caracterizam os eventos na dinâmica da estrutura de redes. Nesse contexto, os agenciamentos sociais requerem ação de liderança pelo seu caráter de ação artesanal e pela demanda de flexibilidade, autonomia e credibilidade na escolha de estratégias de ação. Por esse motivo, a liderança desponta como instrumento mais apropriado e mais eficaz do que a autoridade para cuidar da integração, dos contratos psicológicos e da complementaridade nas ações coletivas. Essa potencialidade de força integradora presente no processo de liderança advém de sua capacidade para intervir na convergência de discursos e ações que fomentam a adaptação dos indivíduos às demandas dos problemas e situações do contexto. A influência exercida pela liderança oferece instrumentalidade de adaptação dos indivíduos para a sua diversidade de interesses, pela oferta de racionalidades que dão sentido e pela oferta de *feedback* à ação.

Desde a disseminação das teorias sobre o processo grupal produzidas dentro da psicologia social, a força da liderança desponta como propriedade da relação eu-outro, embora possa parecer que seja um atributo que as pessoas têm e aplicam sobre as outras.

Os indivíduos não nascem líderes, mas aprendem a viabilizar sua influência sobre os outros e a coordenar ações conjuntas, integradas e sinérgicas entre pessoas e grupos a partir do uso que fazem de suas características na interação com os outros. Aprender a liderar implica menos adquirir novas características do que treinar-se a agir dentro de redes de interação a partir das características que o indivíduo já tem. Longe de ser uma competência portátil, a liderança é uma influência construída dentro de algum contexto social específico com os elementos concretos e subjetivos disponíveis nesse contexto. É uma competência desafiada a se sustentar diante das mudanças que ocorrem nos contextos. Por isso, a liderança não é propriedade de pessoas portadoras de características especiais, mas da ação social empreendedora.

Diversas características pessoais, até mesmo opostas entre si, podem contribuir para a construção de lideranças dependendo do modo como tais características são aplicadas, das demandas da situação e de inúmeras circunstâncias que têm poder de alterar valores, funções e significados nas redes de interação entre as pessoas. Igualmente, estratégias de ação visando à construção da liderança podem funcionar bem em uma situação e ser um fracasso em outra. Entendida dessa forma, a liderança é uma ação do indivíduo sujeita à validação interna dentro das redes sociais nas quais o indivíduo atua. Sua validação pode ser observada na adesão e na legitimação propostas na racionalidade comunicada pela ação daquele que tenta influenciar os outros. Essa ação nem sempre é validada por todos os membros envolvidos na situação. Sua validação é um processo complexo no qual muitos fatores, tais como o impacto sobre os valores e significados, a percepção de pertencimentos, o reconhecimento dos benefícios e custos e a expectativa da viabilidade da inovação proposta, estão implicados. Entendida dessa forma, a construção da liderança abriga dois grandes processos que foram bem sintetizados por Bales (1950): a inovação e a integração.

Tentando regular e direcionar a conduta dos outros, o indivíduo propõe, consciente ou intuitivamente, mudanças nas cadeias de razões, nos sentidos, nos valores, nas trajetórias de ação manifestadas em seu discurso, ou de modo tácito, em sua ação, ou em ambos, nas quais desponta alguma nova versão da situação, ou do problema, seja em sua racionalidade, seja na instrumentalidade, seja na sua relação com outros eventos, ou em seus resultados. Essas inovações são processadas e avaliadas como algo que faz ou não sentido, que atende ou não às necessidades, que contribui ou não com os objetivos, que agrega ou não valor ao resultado e à interação.

A inovação proposta para a ação pode ser validada ou não pelos outros indivíduos implicados na situação, dando início a um processo de confrontação de informações, de juízos, de interesses e/ou de princípios. Esse processo pode ocorrer como ação de curto ou de longo prazos, pode explicitar conflitos, gerar resistências, inspirar a busca de alianças, fomentar a luta pelo poder e até mesmo produzir mudanças na inovação proposta. Uma vez validada a proposta, seus patrocinadores são reconhecidos como indivíduos que foram bem-sucedidos no empenho de influenciar, facilitando ou regulando o comportamento dos outros. Como as interações entre os indivíduos que participam da ação coletiva constituem um processo contínuo, sua sustentabilidade depende de outro tipo de esforço que é a reintegração dos elementos e estruturas que foram afetadas pela mudança proposta e validada.

Esse processo consiste na reconstrução da interação entre os indivíduos visando à sustentabilidade da ação coletiva. Agora portadora de elementos novos, a trama de interações sociais deve ser reajustada em diversos elementos pelo reconhecimento, aceitação e apoio à superação de novas dissonâncias cognitivas, pelo auxílio ao desenvolvimento de novas competências eventualmente requeridas pela mudança, pelo estímulo para algum ajuste das identidades dos indivíduos, pela colaboração no desenho de novos papéis e por outros fatores requeridos para a superação de eventuais desgastes, incompetências e conflitos.

A construção da liderança: principais teorias

Inúmeras explicações teóricas foram elaboradas para esclarecer o processo de construção da liderança e ampla diversidade de estudos foram realizados visando à identificação de funções e das relações entre líderes e problemas específicos da sociedade. As principais teorias elaboradas podem facilmente ser encontradas na obra clássica produzida por Stogdill (1974), assim como as funções e competências observadas na ação de liderança podem ser encontradas em periódicos como *Leadership Quarterly*, *Human Relations*, *Revista de Psicologia das Organizações e do Trabalho* e *Psicologia e Sociedade Abrapso*. Nessa literatura, despontam algumas teorias que abrangem a diversidade de perspectivas e paradigmas do estudo da liderança.

As principais teorias de liderança compreendem a teoria dos traços, a teoria dos comportamentos, a teoria das contingências situacionais, a teoria do processo grupal, a teoria das trocas entre o líder e os liderados, a teoria transformacional, a teoria do carisma, a teoria da identificação e projeção, a teoria construtivista e a teoria da liderança emergente, cuja análise e explicitação não cabem neste espaço. Em paralelo a essas teorias, encontram-se inúmeros estudos probabilísticos e determinísticos que buscaram relações entre liderança e diversos fenômenos próprios da interação social, das estruturas biológicas e subjetivas, bem como das contingências do contexto como identidade, competências, aprendizagem, percepção, comunicação, carreira, contratos psicológicos, emoções, inteligência emocional, conflitos trabalhistas, ação comunitária, neuroses e sustentabilidade, dentre amplo espectro desses elementos.

Complementando esse repertório de interfaces da liderança, encontram-se diversos estudos que exploraram a relação dessa influência com as culturas nacionais. A maioria desses estudos identifica relações consistentes entre a ação de liderança e predicados culturais, como se observa, no caso do Brasil, a relação entre liderança e sociabilidade, religiosidade, otimismo, distância com a autoridade e família. Dificilmente se poderia ignorar o denominado "jeitinho brasileiro" como instrumento e obstáculo ao exercício da liderança. Como é largamente conhecido, o "jeitinho brasileiro" foi identificado em diversas situações, como mecanismos ou técnicas invisíveis dos brasileiros na busca do controle sobre situações sociais, como ação de alta eficácia adaptativa capaz de quebrar regras sem causar danos ou consequências problemáticas. Se o brasileiro típico é um indivíduo pouco propenso à crítica aberta e à confrontação, tais traços afetam sua racionalidade predominante na interação com os outros, e por corolário, na busca da integração de pessoas em ações coletivas.

Considerações finais

Em resumo, pode-se deduzir que qualquer tentativa de definição de liderança é um grande e quase insuperável desafio. Uma definição é colocada neste texto como referência descritiva, mais do que como conceito. A liderança consiste na influência efetiva por parte de indivíduos sobre outros para direcionar e regular o comportamento dos outros em prol de alguma ação coletiva no espaço social ao qual ambos, influenciador e influenciado, pertencem. A liderança é constatada na relação de causalidade entre a ação de algum indivíduo e alguma alteração concreta no comportamento dos outros. A ação da liderança é viabilizada e detectada na interação social manifestada nos comportamentos e nos discursos que têm como efeito a criação de competências e empenho dos outros na contribuição e integração de seus comportamentos a alguma ação em comum.

Na liderança ocorrem duas ações: de um lado ocorre a proposta de diferenciação por parte de alguém e, por outro lado, sua legitimação por parte dos outros. Como tal, a influência criada pela liderança é menos fruto do voluntarismo do que da atuação eficaz sobre a realização de objetivos compartilhados com efeito capacitador e energizador sobre os comportamentos dos outros na busca de objetivos próprios e compartilhados. A liderança consiste numa ação sobre a interação que propicia visão, oportunidades de inovação, de crítica, de aprendizagem para o grupo e de crescimento para os indivíduos.

A liderança é um fenômeno próprio dos grupos e equipes e atua como instrumento consistente para a realização de objetivos que demandam complementaridade de ações. Como conceito, a liderança consiste numa situação complexa que requer investigação como totalidade, embora possa e deva receber contribuições de pesquisas que a estudam em seus fragmentos. Portanto, a liderança é uma influência oriunda da dinâmica social e não da força dos predicados do indivíduo. Por isso, não é correto falar em líder, mas em liderança, uma vez que esse poder não é permanente e nem teria continuidade se não fosse continuamente reconstruído pela interação entre os indivíduos.

Referências

Bales, R. F. (1950). *Interaction process analysis.* New York: Addison-Wesley.

De Vries, M. K. (1989). The leader as mirror – Clinical reflexions. *Human Relations, 42*(7), 607-23.

Fiedler, E. (1967). A theory of effective leadership effectiveness. New York: Mcgraw-Hill.

Gibb, C. A. (1969). Leadership. In G. Lindzey & Elliot Aronson (Eds.). *Handbook of leadership* (pp. 205-282). Reading, MA: Addion-Wesley.

Olson-Buchanan, J. B., Bryan, L. K., & Thompson, L. F. (Eds.) (2013). *Using I-O psychology for the greater good: Helping those who help others.* New York: Routledge Academic.

Smith, P., & Malvezzi, S. (1999). Leadership in Latin American organizations: an event management/perspective. *Interamerican Journal of Psychology, 33*(2), 93-120.

Stogdill, R. M. (1974). Handbook of leadership: A survey of theory and research. New York: Free Press.

Storey, J. (Ed.) (2004). *Leadership in organizations – Current issues and key trends.* London: Routledge.

Terman, L. M. (1904). A preliminary study in the psychology and pedagogy of leadership. *The Pedagogical Seminary, XI*, 413-451.

Tichy, N., & Devanna, M. (1986). *The transformational leader.* New York: Wiley.

Mentoring

Mauro de Oliveira Magalhães

A origem do termo mentor remonta à mitologia grega. Mentor, personagem da Odisseia de Homero (século VIII a.C.), na verdade a deusa Atenas em disfarce, era um amigo próximo de Ulisses, rei de Ítaca. Quando Ulisses partiu para a guerra de Troia, ele confiou a Mentor seu filho Telêmaco, a fim de manter o seu reino e preparar um sucessor ao trono. Mentor participou intensamente da educação da criança, formando seus valores e sabedoria. A narrativa de Homero destaca a importância de Mentor na transição de Telêmaco para a vida adulta. O sucesso dessa relação mitológica indica a razão da sobrevivência do termo mentor para significar qualidades de sabedoria, amizade, educação e orientação, que permaneceram fundamentais para este conceito.

No século XX, o conceito de mentor ressurgiu com força na obra de D. Levinson (Levinson, Darrow, Klein, Levinson & McKee, 1978) sobre o desenvolvimento na vida adulta. No seu estudo longitudinal, o autor usou o termo para indicar alguém que auxiliou, com influência marcante e positiva, no desenvolvimento de outra pessoa em direção à maturidade adulta. E sugeriu que um mentor pode catalisar e reduzir o tempo necessário para vencer tarefas e transições do desenvolvimento. Essas ideias promoveram um rápido crescimento do interesse sobre o tema, que perdura até hoje.

Conceituações

Em sua aplicação na gestão de pessoas nas organizações de trabalho, o significado da palavra de língua inglesa *mentoring* pode ser genericamente definido como um relacionamento no qual uma pessoa com maior conhecimento e experiência, o mentor, supervisiona e orienta o desenvolvimento da carreira de outra com menos conhecimento e experiência, que chamaremos aqui de "mentorado". As aplicações tradicionais estão associadas ao desenvolvimento de jovens talentos e à formação de lideranças. O mentor deve ser uma pessoa com grande experiência profissional no campo de trabalho do mentorado e, portanto, geralmente possui as respostas essenciais para as demandas deste último. Nesse contexto, o conceito agrega outros elementos como proteção e "apadrinhamento" em um relacionamento de longo prazo que visa ao desenvolvimento e facilitação do progresso de carreira do mentorado. Nesse sentido, o mentor auxilia na obtenção de oportunidades para o jovem profissional desenvolver suas potencialidades e orienta sobre temas e relações políticas que podem ter impacto sobre sua carreira, aspectos referentes ao que se entende por apadrinhamento. Portanto, o papel do mentor integra funções relacionadas à carreira, que incluem transmissão de conhecimentos, orientação, proteção, definição de atribuições desafiadoras e provimento de visibilidade organizacional; e funções psicossociais, que incluem a modelagem de comportamentos, aceitação, encorajamento e amizade. Na verdade, o caráter mais duradouro e de intimidade interpessoal que se desenvolve em relacionamentos de *mentoring*, principalmente o informal, abre possibilidades para a abordagem das mais diversas questões de desenvolvimento pessoal nesse contexto, em que o mentor não raro assume o papel de um conselheiro.

Por outro lado, há muitas variações nas definições de *mentoring*, e as ideias e práticas sobre o tema sofreram transformações nos últimos anos. Alguns autores mantêm a ênfase no envolvimento interpessoal e na profundidade de relacionamentos de longo prazo como requisitos para a caracterização do *mentoring*. Por outro lado, alguns consideram que relacionamentos de curto prazo focados no desenvolvimento de habilidades ou comportamentos específicos podem ser incluídos neste conceito (Kram & Higgins, 2009).

Em primeiro lugar, é preciso distinguir entre o *mentoring* informal e o formal. O *mentoring* informal ocorre espontaneamente nos diversos cenários de vida, inclusive no trabalho, em relacionamentos que tratam as questões do indivíduo mentorado em diversos graus de abrangência e profundidade. Essas relações ocorrem naturalmente, são focadas nas necessidades dos indivíduos e tendem a se caracterizar pelo elevado envolvimento interpessoal. Por outro lado, a atividade formal de *mentoring* é aquela organizada e promovida por terceiros, como os gestores de pessoas nas organizações de trabalho. Nesse caso, tem por foco as metas organizacionais e está associada à moderada intensidade de vínculo interpessoal. Em programas formais, mentores e mentorados são mutuamente designados por intermédio de critérios predefinidos, tais como área de atuação, experiência profissional e objetivo do relacionamento.

Resgate histórico

A história do uso de relações formais de *mentoring* remonta a 1931, quando a Jewel Tea Company implementou um programa no qual cada recém-empregado com perspectivas de ascensão gerencial era designado a um gestor experiente durante o período inicial da sua carreira. Este último, o mentor, deveria orientar e acelerar o desenvolvimento do jovem profissional. Esses programas não se expandiram significativamente antes dos anos 1980, quando os relatos de sua eficácia para o desenvolvimento de carreiras e a elevação do desempenho no trabalho se multiplicaram. Os processos macroeconômicos em curso na época – elevação da competitividade, inovações tecnológicas, entre outros – contribuíram para essa expansão, e profissionais de gestão de pessoas passaram a defender programas de *mentoring* como recursos importantes para um melhor planejamento sucessório e desenvolvimento de lideranças.

O crescimento do *mentoring* patrocinado pelas organizações de trabalho também foi impulsionado pelas novas leis relacionadas à igualdade de oportunidades e ações afirmativas que passaram a vigorar nos Estados Unidos nos anos 1970. Observou-se que mulheres e minorias raciais apresentavam índices de *turnover* elevados e enfrentavam maior estagnação em suas carreiras. Portanto, programas de *mentoring* foram direcionados a esses grupos.

Objetivos

O aumento do número de programas formais foi acompanhado pela diversificação dos seus objetivos e abrangência. Na atualidade, programas de *mentoring* têm sido utilizados de modo a alcançar metas organizacionais nas áreas de recrutamento, socialização e retenção de empregados, desenvolvimento técnico e gerencial, planejamento de carreira, ações afirmativas, mudança organizacional, entre outros aspectos.

A tendência à escassez de trabalhadores qualificados e preparados para enfrentar os desafios de posições de responsabilidade tem forçado as organizações a encontrar alternativas para a atração e retenção desses profissionais. A designação de mentores em programas formais pode diminuir a evasão de talentos e aumentar o comprometimento organizacional por meio da assistência a novos empregados em sua fase de adaptação à cultura organizacional e a seu papel de trabalho. Deste modo, o *mentoring* também pode acelerar a aquisição da capacidade contributiva do trabalhador recém-chegado.

Programas de *mentoring* podem ser recursos importantes para atender estratégias de planejamento sucessório, proporcionando uma forma concreta de preparação e desenvolvimento de pessoas para fins de movimentação a posições de maior responsabilidade. Essas relações formais de desenvolvimento podem encurtar o ciclo de desenvolvimento de líderes organizacionais.

Os processos de mudança organizacional também podem ser facilitados por esses programas, pois a troca produtiva de ideias em relacionamentos de *mentoring* bem-sucedidos está associada à inovação e criatividade no contexto de trabalho (Noe, Greenberger & Wang, 2002).

O *mentoring* também tem sido utilizado para efetivar acordos de cooperação entre entidades coletivas, tais como organizações ou mesmo países. Nesses casos, tem por objetivo a transferência de tecnologias, conhecimentos e práticas que promovam o desenvolvimento social e econômico da entidade receptora. Um exemplo importante desse tipo de *mentoring* é o destinado ao desenvolvimento de pessoas e iniciativas empreendedoras.

Efetividade do *mentoring*

As diversas experiências com programas formais de *mentoring* são suficientes para esclarecer as condições essenciais para que resultem em benefícios para indivíduos e organizações. Essas condições incluem o estabelecimento prévio de objetivos específicos para o programa de forma integrada às estratégias empresarial e de recursos humanos, orientação e treinamento para os participantes, monitoramento e avaliação de resultados, participação voluntária, apoio ativo da alta gerência e competência do coordenador do programa (Noe *et al.*, 2002).

Em programas formais, o sucesso das relações de *mentoring* se mostrou dependente das características pessoais dos envolvidos e do adequado pareamento e sintonia entre mentores e mentorados. As características do indivíduo mentorado associadas a resultados positivos incluem uma elevada motivação para o aprendizado, abertura a mudanças e inteligência emocional. O papel do mentor requer habilidades sociais e de discernimento e equilíbrio entre suas necessidades pessoais, as necessidades da organização e as demandas do seu mentorado. Em consideração a esses fatores, se revela a importância da preparação dos indivíduos para a participação em programas formais de *mentoring*. Mentores e mentorados devem ser instruídos e treinados para lidar com as complexidades inerentes a relacionamentos dessa natureza (Ragins, 2002).

As relações de *mentoring* foram associadas a consequências positivas para o indivíduo mentorado, tais como satisfação na carreira e no emprego, comprometimento no trabalho, clareza de identidade profissional e senso de competência (Chandler & Kram, 2005). A pesquisa sobre as consequências do *mentoring* para os mentores revelou que estes podem obter diversos benefícios de seu papel, que incluem o acesso à informação, *feedback*, melhor desempenho no trabalho, expansão de redes de apoio social, satisfação na carreira, reconhecimento e respeito de outras pessoas (Chandler & Kram, 2005). Porém, outros estudos concluíram que relações de *mentoring* também podem ter efeitos negativos decorrentes, por exemplo, da interação entre pessoas com crenças e atitudes incompatíveis (Eby, McManus, Simon & Russell, 2000).

As pesquisas sistemáticas sobre a efetividade de programas de *mentoring* obtiveram resultados diversos e inconclusivos. Estudos de metanálise revelaram que os efeitos positivos de programas de *mentoring* sobre o desenvolvimento de carreira dos envolvidos são moderados, embora consistentes (Kammeyer-Mueller & Judge, 2008). Esse panorama heterogêneo pode ser explicado por diferenças entre as concepções de *mentoring* e de infraestrutura associadas aos programas formais (Wanberg, Welsh & Hezlett, 2003; Noe *et al.*, 2002). Neste sentido, sugere-se que as relações de *mentoring* e seus resultados sejam contextualizados por meio de uma abordagem mais qualitativa dos seus processos peculiares em cada realidade organizacional (Kammeyer-Mueller & Judge, 2008)

Em síntese, programas formais têm o potencial de promover alianças de *mentoring* efetivas, mas pesquisas adicionais são necessárias para especificar precisamente em quais condições se obtém o retorno do investimento realizado. Sobre essas condições, constata-se que quando programas formais estão alinhados com a estratégia empresarial e de recursos humanos, e a cultura organizacional e seus sistemas de compensação estão igualmente alinhados e regidos por valores de aprendizagem e desenvolvimento, consequências individuais e organizacionais positivas são mais prováveis (Noe *et al.*, 2002).

Perspectivas e debates atuais

Sabe-se que, no decorrer de suas carreiras, indivíduos obtêm apoio e orientação de diversas pessoas em diversos tipos de relacionamento formais ou informais, estabelecendo uma rede de relações de apoio e desenvolvimento que viabilizem seus planos de vida e carreira. Nesta perspectiva, observa-se o crescimento de abordagens grupais em programas de *mentoring*, nos quais participantes são encorajados a estabelecer relacionamentos com seus colegas de trabalho, bem como com seus gestores mais experientes (Kram & Higgins, 2009).

Kram e Higgins (2009) consideram que o contexto atual de instabilidade no emprego e na carreira inviabiliza relações de *mentoring* de longo prazo e recomendam que o trabalhador diversifique esse tipo de relacionamento. Os autores defendem que o *mentoring* deve mudar de uma abordagem inespecífica de temas de vida/carreira em um vínculo único com uma pessoa especial para adotar um foco em questões específicas a serem tratadas em diversos relacionamentos pertinentes a cada demanda. Esses mesmos autores argumentam que, em ambientes cada vez mais multiculturais, globalizados, baseados no trabalho em equipe e com tecnologias em ritmo acelerado de inovação, um único mentor não seria capaz de oferecer as orientações e de promover as experiências e oportunidades necessárias para o crescimento de jovens profissionais. Os autores também descartam a designação formal de mentores como uma prática útil e defendem que o cultivo de uma rede de relações de desenvolvimento é uma abordagem mais efetiva para estimular a aprendizagem e o crescimento contínuos. Nesta perspectiva, cada indivíduo seria capaz de estabelecer um conjunto de relacionamentos pertinentes às suas necessidades e prioridades, e de formar a sua rede de desenvolvimento, cujos componentes podem estar distribuídos em diversos departamentos, organizações e regiões.

Outros autores argumentam que relações de *mentoring* não são o mesmo que a assistência ou tutoria recebida de colegas de trabalho em relação a um tema específico; e asseveram que, em relação ao seu mentorado, mentores devem possuir maior experiência e realizações dentro de um ambiente ou organização em particular. Portanto, o requisito de maior experiência é considerado crítico, e descartam-se relacionamentos horizontais entre pares como exemplos de *mentoring* (Ehrich & Hansford, 1999).

No Brasil, as atividades de *mentoring* nas organizações de trabalho tendem a ser informais, pois a maioria das empresas não se utiliza de programas formais. Nas organizações de trabalho, o *mentoring* é mais citado como estratégia de desenvolvimento de talentos e lideranças. Em pequena escala se observam programas destinados a profissionais recém-contratados nos quais o *mentoring* adquire as feições de uma ferramenta para a socialização de novos empregados. Por outro lado, está presente em programas de fomento ao empreendedorismo relacionados a objetivos de desenvolvimento de setores específicos da economia e, em sua maioria, realizados por iniciativas governamentais e/ou de associações empresariais. Ademais, no Brasil, o *mentoring* é frequentemente confundido com *coaching* (cf. verbete *Coaching*). Porém, as diferenças entre os conceitos são importantes. O *coaching* tende a um foco mais restrito às questões de desempenho e ao alcance de metas de carreira, em conformidade com as demandas organizacionais. O *mentoring* possui um caráter mais abrangente, incluindo os diversos temas de desenvolvimento pessoal e profissional.

Considerações finais

De modo geral, profissionais maduros são capazes de listar pessoas que ocuparam o papel de mentores e aceleraram o desenvolvimento de suas carreiras. Mentores são esses indivíduos que, devido às suas habilidades sociais e senioridade em determinado campo de carreira, são capazes de educar, instruir e orientar profissionais menos experientes para o desenvolvimento de suas potencialidades e crescimento profissional.

No contexto da gestão de pessoas, programas formais de *mentoring* podem ser delineados de modo a estabelecer esses relacionamentos, assim formalizados para atingir objetivos associados às necessidades da organização de trabalho. Sabe-se que a eficácia organizacional depende do quão bem mobiliza talentos, desenvolvendo as carreiras de seus empregados e formando líderes competentes. O *mentoring* surgiu e se mantém como uma estratégia de desenvolvimento profissional e de lideranças. Além disso, tem se mostrado uma ferramenta útil para a promoção do comprometimento, aprendizagem, desempenho e inovação no trabalho.

Por fim, profissionais de gestão de pessoas interessados na implantação de programas formais de *mentoring* devem saber que o sucesso dessas iniciativas depende da preparação e adequado pareamento dos participantes, de sua integração a estratégias empresariais, de uma cultura organizacional favorável e de sistemas de gestão de pessoas alinhados por valores de aprendizagem e desenvolvimento contínuos.

Referências

Chandler, D. E., & Kram, K. E. (2005). Mentoring and development networks in the new career context. In H. Gunz & M. Peiperl (Eds.). *Handbook of career studies (241-267)*. London: Sage.

Eby, L. T., McManus, S. E., Simon, S. A., & Russell, J. E. A. (2000). The protégé's perspective regarding negative mentoring experiences: The development of a taxonomy. *Journal of Vocational Behavior, 57*, 1-21.

Ehrich, L. C., & Hansford, B. (1999). Mentoring: Pros and cons for HRM. *Asia Pacific Journal of Human Resources, 37*(3), 92-107.

Kammeyer-Mueller, J. D., & Judge, T. A. (2008). A quantitative review of mentoring research: Test of a model. *Journal of Vocational Behavior*, 72, 269-283.

Kram, K. E., & Higgins, M. C. (2009). *A new mindset on mentoring: Creating developmental networks at work*. Cambridge, MA: Massachusetts Institute of Technology.

Levinson, D. J., Darrow, C. N., Klein, E. B., Levinson, M. H., & McKee, B. (1978). *The seasons of a man's life*. New York: Ballantine Books.

Noe, R. A., Greenberger, D. B., & Wang, S. (2002). Mentoring: A review of the literature and research agenda. In G. R. Ferris & J. J. Martocchio (Eds.). *Research in Personnel and Human Resource Management* (Vol. 21, pp. 129-173). Oxford, United Kingdom: JAI Press.

Ragins, B. R. (2002). Understanding diversified mentoring relationships: Definitions, challenges, and strategies. In D. Clutterbuck & B. R. Ragins (Eds.). *Mentoring and diversity: An international perspective* (pp. 23-53). Woburn, MA: Butterworth Heinemann.

Wanberg, C. R., Welsh, E. T., & Hezlett, S. A. (2003). Mentoring research: A review and dynamic process model. In G. R. Ferris & J. J. Martocchio (Eds.). *Research in Personnel and Human Resources Management* (Vol. 22, pp. 39-124). Greenwich, CT: Elsevier Science.

Métodos de pesquisa em Psicologia do Trabalho e das Organizações

Sônia Maria Guedes Gondim
Marcos Emanoel Pereira

Métodos científicos podem ser definidos como caminhos escolhidos por adesão a um conjunto de regras e parâmetros para estudar um fenômeno definido teórica e empiricamente. Os procedimentos metodológicos asseguram a produção de conhecimento válido para explicar e compreender um dado objeto de estudo.

A discussão dos métodos científicos se insere no campo da epistemologia, um ramo da filosofia que se ocupa da origem e da validade do conhecimento. As suposições epistemológicas (ex.: dogmatismo, ceticismo, perspectivismo e relativismo) às quais os pesquisadores aderem nem sempre estão de acordo sobre o que seria o conhecimento válido e a forma de obtê-lo, o que tem implicações na escolha de métodos e técnicas de investigação. Para o dogmatismo, o conhecimento é fruto da revelação pela fé; ao passo que para as formas de ceticismo, o conhecimento válido não é possível (ceticismo global), ou somente é possível para algumas áreas do saber (ceticismo local). Para o relativismo, as verdades moral, religiosa, política, científica variam conforme a época, o lugar, o grupo social e os indivíduos. Por sua vez, para o perspectivismo, a ciência busca a verdade, embora ela só possa ser alcançada em parte ao se levar em conta o contexto e a pessoa.

Duas abordagens orientam a produção do conhecimento na ciência: a nomotética e a idiográfica. Nas abordagens nomotéticas, os métodos estão focados na elaboração de modelos explicativos e na formulação de leis gerais sobre os fenômenos, contrapondo-se às abordagens idiográficas, cuja preocupação é compreender o fenômeno em um específico contexto geográfico, histórico e cultural (foco no particular). No primeiro caso, encontram-se as abordagens experimentais, quase experimentais e correlacionais, que de certo modo assumem que os parâmetros científicos adotados nas ciências sociais devem ser os mesmos das ciências exatas. A opção por métodos quantitativos, pelo controle de variáveis e pelo uso de testes estatísticos para aumentar a probabilidade de explicar o fenômeno com menor margem de erro requer, no entanto, muitos cuidados nos procedimentos de composição de amostra, no tratamento dos dados e na escolha de análises estatísticas.

As abordagens idiográficas, ao contrário, assumem que as ciências sociais se distanciam das ciências naturais pelo objeto e método, optando pelo uso de técnicas qualitativas e interpretativas. Adotam, portanto, procedimentos metodológicos de coleta e análise de dados que privilegiam a compreensão do fenômeno, colocando em destaque os atores envolvidos e o contexto natural em que ocorrem. A interpretação, a intersubjetividade, os sentidos e significados pessoais, os atos de fala e os discursos são os caminhos para apreender o fenômeno e transformar a realidade pelo autoconhecimento, uma das principais metas dos pesquisadores de abordagem qualitativa.

Classificação dos métodos de pesquisa e sua aplicação em PT&O

Existem diversas classificações de métodos científicos, dependendo do desenho da pesquisa, tipo de corte, técnicas de coleta e de análise de dados. A Tabela 1 permite apresentar uma visão simplificada de algumas dessas classificações, o que ajudará na visualização do panorama geral do uso de métodos em Psicologia do Trabalho e das Organizações a ser apresentado na seção subsequente. É importante salientar que apesar de a orientação da escolha dos métodos e técnicas estar mais fortemente atrelada à adesão às abordagens metacientíficas nomotética ou idiográfica, conforme assinaladas na seção anterior, os métodos e técnicas podem ser combinados, dependendo dos objetivos do pesquisador. Informações mais aprofundadas devem ser buscadas em manuais de metodologia de pesquisa.

Tabela 1 Resumo de alguns critérios de classificação de métodos e técnicas

Critérios	Especificação do critério	Classificações	
Apreensão do fenômeno	Delimitação do fenômeno a ser estudado	Criação e simulação do fenômeno	Observação do fenômeno na natureza
Relações entre variáveis	Problemas de pesquisa sem prever relação entre variáveis, sem variável antecedente ou independente, ou prevendo relações entre variáveis independentes e dependentes	Experimentação Pesquisas de opinião ou de levantamento Pesquisas exploratórias	Pesquisas correlacionais e de caráter preditivo
Controle de variável	Maior ou menor controle de variáveis	Experimentais, quase experimentais	Estudos de campo Estudos de caso Ambiente natural Pesquisa participativa Pesquisa ação
Corte temporal	Apreensão do fenômeno em um momento no tempo ou ao longo do tempo	Transversal	Longitudinal

continua

continuação

Modalidades de coleta de dados	Técnicas por meio das quais os dados são coletados	Observação sistemática Entrevistas estruturadas Questionários estruturados Escalas e inventários	Observação participante Entrevistas não diretivas Entrevistas episódicas Entrevistas grupais Grupos focais Entrevistas narrativas Análise documental História oral
Tipos de análises	São escolhidas mediante a definição dos problemas de pesquisa, a presença de hipóteses norteadoras ou que estabelecem relações entre variáveis. Podem ser análises numéricas e textuais.	Descritivas Redução de fatores Correlacionais Preditivas Confirmatórias Multinível Agregação de conteúdo (quantificação)	Descritivas Interpretativas De discurso De conteúdo De conversação Etnográfica De eventos Imagens Núcleo de sentido

Fonte: Elaboração dos autores.

Com o objetivo de oferecer um panorama de como vêm sendo utilizados os métodos de pesquisa no contexto da Psicologia do Trabalho e das Organizações, far-se-á menção a um estudo sobre o ensino em PT&O no Brasil (Gondim, Bastos, Borges-Andrade & Peixoto, 2012) em que participaram 141 professores. Encontrou-se predominância da descrição (65%) e dos estudos de casos em situações naturais (60%). A pesquisa-ação (52%), os experimentos de campo (44%) e os estudos inferenciais (28%) também são bastante usados. As simulações de computadores (6%) e experimentos e laboratório (5%) praticamente não são usados por pesquisadores docentes da área. As técnicas de coleta de dados mais usadas são as entrevistas (25%) e os questionários (20%). Observação, escalas validadas e análise documental aparecem na mesma proporção (14%), sendo seguidos pelos grupos focais (13%).

Os dados sinalizaram também haver diferenças de uso de métodos pelos pesquisadores. Os que se dedicam a temas de trabalho fazem uso maciço de entrevistas (91%), seguidas dos questionários (68%), da observação (61%), dos grupos de discussão ou focais (58%) e da análise documental (53%). Aqueles que se dedicam a temas de organizações usam prioritariamente questionários (88%), seguidos das escalas (84%) e entrevistas (80%). Por último, os que estudam temas de gestão usam em proporções iguais as entrevistas e os questionários (80%). Em menor frequência aparecem as escalas (60%) e os grupos de discussão (50%).

A título de conclusão, os questionários e entrevistas são os mais usados por docentes-pesquisadores que se dedicam aos temas trabalho, organização e gestão. As diferenças aparecem em relação às demais técnicas usadas. Para os estudiosos do trabalho, a observação é a mais usada; aqueles que se dedicam ao estudo das organizações preferem as escalas e, por último, os que elegem a gestão escolhem mais os grupos de discussão.

Descrevendo um pouco mais alguns métodos e técnicas de pesquisa

A análise descritiva, ainda que seja uma etapa obrigatória em praticamente todas as pesquisas, pode ser concebida como método autônomo de investigação quando adotada por pesquisadores de abordagem qualitativa ou idiográfica. Os estudos de caso em situações naturais geralmente assumem um caráter descritivo, sendo bastante usados por pesquisadores de abordagem idiográfica, cujo objetivo é apenas retratar e compreender uma dada realidade. Não obstante, há estudos de caso que fazem uso de métodos mistos e de abordagem quantitativa e nomotética.

A pesquisa-ação tem uma forte identidade com a abordagem idiográfica e qualitativa, haja vista a sua preocupação com a mudança social. A pesquisa-ação pode estar associada à pesquisa-participante, quando procura envolver o público-alvo na elaboração e coleta de dados da pesquisa, além de propiciar a conscientização da realidade social e sua transformação.

Experimentos de campo são alinhados a uma abordagem nomotética e demandam uma ação direta do pesquisador para criar um espaço artificial com a finalidade de, ao acessar a experiência cotidiana, ser capaz de identificar os mecanismos reais que explicam os objetos de estudo. A preocupação é com a eliminação de fontes alternativas de explicação. Os estudos de correlação também se alinham à abordagem nomotética, na medida em que têm por objetivo avaliar a força da associação entre duas ou mais variáveis, entre dois construtos teóricos e também o poder de ajuste entre modelos e dados empíricos.

De forte identidade com a abordagem nomotética, os experimentos de laboratório exigem do pesquisador maior controle de procedimentos. Procura-se determinar o efeito de uma ou mais variáveis independentes (desenhos uni e multifatoriais), sobre uma ou mais variáveis dependentes (desenho uni ou multivariado), mediante controle das fontes de variância estranhas ao estudo e da minimização das variâncias secundárias.

As simulações computacionais, por sua vez, envolvem duas classes de estudos: aqueles desenhados para simular por meio de *software* especializado as possíveis fontes de ação do fenômeno e aqueles que visam a reproduzir, no ambiente computacional, experimentos clássicos em psicologia.

Em relação às técnicas de coleta de dados, as entrevistas são bastante utilizadas e podem ser definidas como um diálogo entre entrevistador e entrevistado com o objetivo de avaliar a percepção individual sobre um dado fenômeno. Há inúmeros tipos de entrevistas, desde as mais estruturadas, semelhantes a um questionário, com roteiro e perguntas direcionadas, até as menos estruturadas, em que se incluem as entrevistas narrativas e a história de vida (métodos de autorrelato), com tópicos ou roteiros bastante flexíveis.

Os questionários constituem um conjunto de perguntas que podem ser apresentadas sob a forma de medidas, escalas de atitudes, inventários, perguntas abertas e fechadas, cujo objetivo é ordenar o tipo de informação que se deseja coletar e tratar os dados para fins de generalização empírica. As medidas psicológicas são métodos de transformar um conjunto de atributos qualitativos em atributos quantitativos (variáveis), obedecendo a cinco elementos numéricos: identidade, ordem, intervalo, origem e unidade de medida. A construção da medida psicológica obedece a uma relação entre atributos de um objeto e sua referência simbólica representada em um tipo de escala: intervalar (ex.: atitudes – ponto zero arbitrário), de razão (ex.: nível de estresse – ponto zero estabelecido), ordinal (ex.: hierarquia de valores) e nominal (ex.: sexo, *status*, ocupação).

Métodos observacionais envolvem a identificação de padrões de conduta e variam desde um distanciamento do observador em relação ao fenômeno observado (observação sistemática – abordagem nomotética) até uma participação mais ativa do observador no referido processo (observação participante – abordagem idiográfica). A observação sistemática requer definição de categorias dos comportamentos a codificar e dos sistemas de codificação (unidade de tempo e tipos de eventos), além do treinamento do observador que fará uso do sistema de codificação. A observação participante demanda um nível de envolvimento do pesquisador no contexto da observação, para que adote a perspectiva daqueles que estão sendo estudados.

Grupo focal ou de discussão é um método de pesquisa qualitativa em que se cria um *setting* de interação social entre quatro e doze pessoas, com a finalidade de discutir um tema específico, sob a mediação de um moderador. O objetivo é identificar similaridades e divergências de crenças, representações e pontos de vista sobre um dado tópico em estudo.

Além da diversidade de métodos e técnicas em pesquisas de Psicologia do Trabalho e das Organizações, tem havido um crescimento do discurso a favor do uso de métodos mistos, impulsionado pela demanda de aumentar o escopo do entendimento dos fenômenos organizacionais e do trabalho. O uso de métodos mistos pode ser feito de modo sequencial ou simultâneo. A abordagem quantitativa pode ser a opção inicial para que se tenha uma visão geral para posteriormente buscar-se a singularidade do fenômeno estudado mediante a utilização da abordagem qualitativa. Se o objetivo é caracterizar melhor o fenômeno, os métodos qualitativos se apresentam como ponto de partida, sendo seguidos pelos métodos quantitativos para a formalização das explicações ou a generalização empírica.

Outro aspecto de natureza metodológica que tem sido discutido atualmente diz respeito aos níveis de análise. A Psicologia do Trabalho e das Organizações possui três níveis: indivíduo, grupo e organização, e para compreender os fenômenos que ocorrem em organizações de trabalho, torna-se necessário adotar perspectivas integrativas. Por exemplo, traços pessoais de liderança estão no nível de análise do indivíduo, mas compreender a liderança requer incluir no estudo o nível de análise do contexto, que pode ser o grupo a que se dirige esta liderança (características compartilhadas dos membros da equipe) e a organização (estrutura e tipo da organização).

Comparando o cenário internacional e nacional no uso de métodos e técnicas de pesquisa em PT&O

As Tabelas 2 e 3 oferecem um panorama geral do cenário atual em termos de uso de métodos e técnicas de pesquisa no subdomínio de organizações e trabalho em algumas revisões internacionais e nacionais, respectivamente.

Tabela 2 Revisões internacionais que sinalizam uso de métodos em PT&O e áreas afins

Principais conclusões	Autores
Surveys (40%) Corte transversal (79%) Nível individual (73%) Predomínio de análise correlacional	Podsakoff e Dalton (1987)
Estudos experimentais (40%) Estudos não experimentais (50%) Predomínio de análise de variância e de medidas de comparação com teste t Crescimento do uso de análise multivariada	Stone-Romero, Weaver e Glenar (1995)
Aumento dos estudos de campo em 10% de um período ao outro Aumento de 9% no uso de corte transversal Inclusão do nível de análise de grupo Aumento de 11% no uso de análise de regressão	Scandura e Williams (2000)
Crescimento da análise multinível (25%)	Hitt, Beamish, Jackson e Mathieu (2007)
Estudos *survey* de corte transversal (33%) Estudos longitudinais (13%) Tipos de análises: Correlacionais e de regressão múltipla (17%) Modelagem de equação estrutural (12%) Análise multinível (11%)	Aguinis, Pierce, Bosco e Muslin (2009)
Autores canadenses, chineses e estadunidenses optam por métodos quantitativos Australianos, por métodos qualitativos e mistos	Grimmer e Hanson (2009)
Predomínio de métodos quantitativos, seguido de métodos mistos e métodos qualitativos	Molina Azorín e Cameron (2010)

Fonte: Elaboração dos autores.

Tabela 3 Revisões nacionais que sinalizam o uso de métodos em PT&O e áreas afins

Principais conclusões	Autores
Predomínio de métodos quantitativos	Bastos, França, Pinho e Pereira (1997)
55% periódicos internacionais com foco no teste de hipóteses, buscando relações de causa e efeito 19% estudos exploratórios 7,3% descritivos Periódicos nacionais com predomínio de estudos qualitativos, descritivos e interpretativos Uso combinado de questionários e entrevistas Prevalência de estudos de corte transversal	Vergara e Peci (2003)
Análise de conteúdo (35,56%) Análises inferenciais (32,44%)	Borges-Andrade, Coelho Jr. e Queiroga (2006)
Predomínio de métodos quantitativos	Rossoni (2006)
Predomínio de métodos quantitativos	Tonetto, Amazarray, Koller e Gomes (2008)
Métodos quantitativos (42%) Métodos qualitativos (42%) Métodos mistos (16%) Uso de questionários, escalas, entrevistas e observações Análise: testes inferenciais, descritivos e análise de conteúdo	Borges-Andrade e Pagotto (2010)
Predomínio de métodos qualitativos (45%) Quantitativos (13%) Mistos (8%)	Campos, Duarte, Cezar e Pereira (2011)

Fonte: Elaboração dos autores.

Ao comparar o uso de métodos de pesquisa em PT&O no cenário nacional e internacional, constata-se que no Brasil as revisões concluem haver maior equilíbrio entre o uso de métodos qualitativos e quantitativos. Todavia, predominam os estudos descritivos, de corte transversal.

Em relação à produção internacional, os artigos de revisão consultados sinalizam que os métodos quantitativos predominam. *Surveys* de corte transversal com nível de análise individual e análises de correlação se destacam. O nível do grupo no modelo multinível aparece mais recentemente, assim como o uso de técnicas de regressão múltipla, modelagem de equações estruturais e análise multinível. Estudos qualitativos parecem servir mais a propósitos de construção teórica. As diferenças encontradas do uso de métodos qualitativos e quantitativos estão associadas ao país de procedência dos pesquisadores, o que parece ter relação com o tipo de formação acadêmica.

Desafios para a pesquisa em PT&O

Alinhar teoria (ou os construtos teóricos) às estratégias de coleta, tratamento e análise de dados é um dos principais desafios dos pesquisadores em diversos campos da produção do conhecimento (Klein, Dansereau & Hall, 1994; Rousseau, 1985). Quando não há alinhamento entre os níveis teórico (construto) e o metodológico (medida e análise), o pesquisador corre riscos em relação à validade da interpretação e das conclusões que podem ser extraídas.

O campo da Psicologia do Trabalho e das Organizações lida com diferentes níveis de abordagem teórica e de análise, o que agrava o desafio do alinhamento. O trabalho é realizado por um indivíduo, envolvendo algum nível de interação social, e situado em um contexto histórico-sociocultural. Ao situar o trabalho no contexto mais amplo das organizações, outros níveis de abordagem são acrescentados. Os primeiros três níveis são o do indivíduo, das díades e dos grupos, que possuem o mesmo contexto de trabalho (a organização). O quarto nível é o da organização, que funciona como uma unidade que se relaciona com outras organizações, que por sua vez estão inseridas em uma dada sociedade econômica, política e social. Em síntese, o campo de PT&O exige uma abordagem multinível em que variáveis previsoras de diferentes níveis interferem na explicação dos fenômenos.

O nível da teoria diz respeito à suposição que se tem de como o objeto é apreendido, ou seja, se na homogeneidade, independência ou heterogeneidade. No primeiro caso, o fenômeno é compreendido pela similaridade (homogeneidade); no segundo, pelas diferenças (independência); no terceiro e último caso, pela variabilidade dentro da homogeneidade, levando em conta o contexto e a situação (heterogeneidade).

No nível metodológico, as medidas (estratégias de coleta de dados) e as análises necessitam estar alinhadas ao nível da teoria (construto). Se o construto é do nível individual, por exemplo, motivação para o trabalho, a medida deve ser do nível do indivíduo. Se o construto é do nível do grupo, por exemplo, desempenho da equipe, a medida deve estar alinhada a esse nível, que pode ser o consenso de respostas dos membros do grupo sobre o desempenho da equipe ou uma medida objetiva do desempenho do grupo (ex.: números de horas gastas pelos membros da equipe para concluir uma tarefa). Se o construto é do nível do contexto mais amplo, por exemplo, a organização, o nível da medida precisa incluir dimensões que descrevam a sua variabilidade, por exemplo, inovação (como número de patentes anuais em comparação com outras organizações similares). A inclusão de cada nível exige que a amostra assegure variabilidade, o que torna um desafio ainda maior quando se acrescenta o nível da organização. Talvez essa dificuldade justifique em parte o predomínio da abordagem no nível do indivíduo nos estudos em PT&O.

O segundo desafio diz respeito a fazer melhor uso do método para o avanço da produção de conhecimento científico. O método é um caminho de apreensão de facetas da realidade social. O mundo não nos é dado. A teoria exerce papel fundamental na apreensão do fenômeno em estudo.

Recentemente, o progresso teórico na pesquisa organizacional e de gerenciamento tem ocupado a pauta de discussão, haja vista a pulverização de teorias parciais (ou microteorias) no campo, sem que sejam esgotadas suas possibilidades de comparação com outras teorias, de testes empíricos e de refinamento conceitual (Edwards, 2010; Knippenberg, 2011; McKinley, 2010). A preocupação atual parece ser a de construir teoria sem se preocupar com o consenso sobre a sua validade, que exige colocar à prova (por meio de métodos científicos) as suposições teóricas de explicação dos fenômenos. Essa atitude na ciência contribui para a proliferação de teorias não testadas (pela não replicação de trabalhos empíricos existentes), reduzindo a capacidade de produzir conhecimento útil para os profissionais que atuam em organizações.

Esse estado de coisas encontra apoio em políticas editoriais de revistas científicas que valorizam em demasia o caráter inovador do conhecimento na área de publicação. No entanto, há duas questões de base que norteiam essa política e que necessitam escrutínio crítico: (1) O que se entende por inovação teórica?; e (2) O avanço do conhecimento é decorrente da inovação ou do incrementalismo? (Corley & Gioia, 2011; Ferris, Hochwarter & Buckley, 2012). A teoria não é um fim em si mesmo, mas uma via de acesso aos fenômenos estudados. O excesso de preocupação com a inovação leva ao superficialismo no tratamento cuidadoso das proposições derivadas da teoria, o que permitiria aperfeiçoá-las na explicação do fenômeno. A perspectiva de que a contribuição teórica é principalmente obtida pela via incremental sustenta-se em seis suposições: 1) a teoria deve permitir o aprofundamento de uma perspectiva de visão do fenômeno; 2) a teoria deve ser provocativa no sentido de fazer com que os pesquisadores queiram testá-la em vários de seus aspectos; 3) a teoria deve ser fundamentada em pressupostos consistentes; 4) a teoria deve ser passível de teste de provas para corroboração e refutação; 5) a teoria deve servir a múltiplos contextos nos quais se manifesta o fenômeno; e 6) a teoria deve facilitar o subsequente refinamento empírico (metodológico).

Além do contínuo entre inovar e incrementar, a contribuição teórica na subárea de PT&O também pode ser classificada em sua utilidade: científica ou prática (Corley & Gioia, 2011). É indubitável que em uma área de ciência aplicada os problemas práticos são importantes para a elaboração de boas teorias, evitando o distanciamento dos fenômenos que pretendem explicar. Decorre daí a relevância de se pensar que a teoria deve ser passível de aplicação prática e transformação social. Essa discussão torna-se oportuna, uma vez que o tipo de contribuição teórica que se pretende oferecer à subárea de PT&O tem implicações nas escolhas metodológicas, no desenho da pesquisa, nos instrumentos de coleta e no tratamento e análise de dados.

Considerações finais

Três objetivos nortearam a redação deste verbete. O primeiro foi oferecer um panorama geral dos principais critérios que orientam a classificação dos métodos e técnicas de pesquisa, sinalizando para o leitor a importância de recorrer aos manuais de metodologia de pesquisa. O segundo objetivo foi propiciar uma visão geral dos principais métodos e técnicas usados pelos que produzem conhecimento em PT&O no Brasil, além de comparar estudos de revisão de literatura nacionais e internacionais. O terceiro objetivo foi apontar alguns desafios metodológicos na produção do conhecimento na área de PT&O, haja vista ser uma área em que estão em jogo diversos níveis de análise (indivíduo, grupo, organização e contexto), exigindo cuidados no alinhamento entre o referencial teórico, o problema da pesquisa, os objetivos, a definição das variáveis e os tipos de análise.

Referências

Aguinis, H., Pierce, C. A., Bosco, F. A., & Muslin, I. S. (2009). First decade of organizational research methods. Trends in design, measurement, and data-analysis topics. *Organizational Research Methods, 12*(1), 69-112.

Bastos, A. V. B., França, A., Pinho, A. P. M., & Pereira, L. (1997). Pesquisa em comportamento organizacional no Brasil: O que foi divulgado nos nossos periódicos científicos? [Resumo]. In Sociedade Interamericana de Psicologia (Ed.). *Anais do XXVI Congresso Interamericano de Psicologia* (p. 52). São Paulo: Sociedade Interamericana de Psicologia.

Borges-Andrade, J. E., Coelho Jr., F. A., & Queiroga, F. (2006). Pesquisa sobre microcomportamento organizacional no Brasil: o estado de arte [Resumo]. In *Anais do II Congresso Brasileiro de Psicologia do Trabalho e das Organizações* (v. 1, p. 1). Brasília: SBPOT. Recuperado de http://www.sbpot.org.br/iicbpot/anais.asp.

Borges-Andrade, J. E., & Pagotto, C. P. (2010). O estado da arte da pesquisa brasileira em Psicologia do Trabalho e das Organizações. *Psicologia: Teoria e Pesquisa, 6*, 37-50.

Campos, K. C. L., Duarte, C., Cezar, E. O., & Pereira, G. O. A. (2011). Psicologia do Trabalho e das Organizações – Retrato da produção científica na última década. *Psicologia, Ciência e Profissão, 31*(4), 702-717.

Corley, K. G., & Gioia, D. A. (2011). Building theory about theory building: What constitutes a theoretical contribution? *Academy of Management Review, 36*, 12-32.

Edwards, J. R. (2010). Reconsidering theoretical progress in organizational and management research. *Organizational Research Methods, 13*(4), 615-619.

Ferris, G. R., Hochwarter, W. A., & Buckley, M. R. (2012). Theory in the organizational sciences: How will we know it when we see it? *Organizational Psychology Review, 2*(1), 94-106.

Gondim, S. M. G., Bastos, A. V. B., Borges-Andrade, J. E., & Peixoto, A. A. (2012). A formação em PO&T no Brasil. [Resumo]. In Sociedade Brasileira de Psicologia do Trabalho e das Organizações (Ed.), *Anais do VI Congresso Brasileiro de Psicologia do Trabalho e das Organizações.* Rio de Janeiro: SBPOT. Recuperado de http://www.sbpot.org.br/iicbpot/anais.asp.

Grimmer, M., & Hanson, D. (2009, December). Qualitative and quantitative research published in the International Journal of Human Resource Management. In *23rd Annaual Australian & New Zealand Academy of Management* (ANZAM) Conference. Melbourne, Australia.

Hitt, M. A., Beamish, P. W., Jackson, S. E., & Mathieu, J. E. (2007). Building theoretical and empirical bridges across levels: Multilevel research in management. *Academy of Management Journal, 50*, 1385-1399.

Klein, K. J., Dansereau, F., & Hall, R. J. (1994). Levels issues in theory development, data collection, and analysis. *Academy of Management Review, 19*(2), 195-229.

Knippenberg, D. van (2011). Advancing theory in organizational psychology. *Organizational Psychology Review, 1*(1), 3-8.

McKinley, W. (2010). Organizational theory development: Displacement of ends? *Organization Studies*, 31(1), 47-68.

Molina Azorín, J. M. and Cameron, R. (2010). The application of mixed methods in organizational research: A literature review. *Electronic Journal of Business Research Methods, 8*(2), 95-105.

Podsakoff, P. M., & Dalton, D.R. (1987). Research methodology in organizational studies. *Journal of Management, 13*, 419-441.

Rossoni, L. (2006). *A dinâmica de relações no campo da pesquisa em organizações e estratégia no Brasil: uma análise institucional.* Dissertação de Mestrado. Universidade Federal do Paraná, Curitiba.

Rousseau, D. (1985). Issue of level in organizational research: Multilevel and cross-level perspectives. In I. L. Cummings & B. M. Staw (Eds.). *Research in organizational behavior* (pp. 1-37). Greenwich, CT: JAI Press.

Scandura, T. A., & Williams, E. A. (2000). Research methodology in management: Currente practices, trends and implications to the future research. *Academy of Management Journal, 43*, 1248-1264.

Stone-Romero, E. F., Weaver, A. E., & Glenar, J. L. (1995). Trends in research design and data analysis strategies in organizational research. *Journal of Management, 21*, 141-157.

Tashakkori, A., & Teddie, C. (Eds.) (2003). *Handbook of mixed methods in social and behavior research.* Thousand Oaks, CA: Sage.

Tonetto, A. M., Amazarray, M. R., Koller, S. H., & Gomes, W. B. (2008). Psicologia do Trabalho e das Organizações no Brasil: desenvolvimento científico e contemporâneo. *Psicologia & Sociedade, 20*, 165-173.

Vergara, S.C. & Peci, A. (2003). Escolhas metodológicas em estudos organizacionais. *Revista Organizações & Sociedade, 10*(27), 13-26.

Modelo de gestão de pessoas

André Luiz Fischer

O conceito de Modelo de Gestão de Pessoas (MGP) ou de Recursos Humanos (MGRH) é recente na literatura e na prática organizacional. Ele aparece com mais frequência, entre estudiosos e profissionais, na primeira década dos anos 2000 e seu uso propõe, em geral, uma tentativa de dar outro significado para a ideia de área ou departamento de gestão de recursos humanos.

Nesse sentido, pode-se dizer que o termo é resultado das transformações que ocorreram nas organizações contemporâneas e das reflexões teóricas que sobre elas se realizaram. Consideram-se aqui como organizações contemporâneas as empresas, e outros tipos de instituições, que estão inseridas num mundo bastante diferente da sociedade industrial clássica. Uma realidade na qual o trabalho e os sistemas de produção sofrem mudanças intensas e constantes, fruto de um contexto econômico, tecnológico e social que vem sendo denominado, por diferentes autores, como: capitalismo flexível (Sennett, 2004), pós-industrial (Bell, 1973), pós-capitalista, pós-moderna (Harvey, 1992) ou modernidade líquida (Bauman, 1999).

De uma forma sintética, podemos dizer que o conceito de Modelo de Gestão de Pessoas procura abranger tudo aquilo que uma organização institucionaliza com o objetivo de gerir a sua relação com os indivíduos e grupos que nela trabalham. Como a maioria dos eventos organizacionais pode ser categorizada como processos, e como conjuntos de processos são agrupados em sistemas, o conceito de Sistema de Gestão de Pessoas pode ser considerado similar ao de Modelo de Gestão de Pessoas.

A noção de modelo

Uma definição mais detalhada do conceito implica a sua decomposição. Tomemos em primeiro lugar a noção de modelo. Trata-se de um conceito complexo e carregado de significações filosóficas, científicas e metodológicas que não serão abordadas aqui. Entretanto, no campo dos praticantes da administração, tem sido comum o uso desse termo para denominar qualquer tipo de conjunto de processos e práticas orientados por uma determinada corrente de pensamento comum.

Definiram-se assim os modelos de gestão empresarial, que classificam a forma das organizações se estruturarem em tipologias. Podemos, então, encontrar na literatura um diversificado número de nomenclaturas e classificações, tais como o modelo clássico, o modelo burocrático, o modelo inovador ou empreendedor. No campo da gestão da produção também foram identificados e propostos diferentes modelos de organização do trabalho ou de práticas de manufatura. O mais conhecido dentre eles é o modelo de qualidade total, batizado em determinada época, pela sua origem oriental, como modelo japonês, em contraposição às práticas tradicionais, de procedência predominantemente norte-americana. Na indústria foi grande ainda a influência do modelo sócio-técnico, de grupos semiautônomos organizados por células de trabalho, originado na escola europeia de gestão da produção, com forte influência dos pesquisadores do Tavistock Center.

No Brasil, a Fundação Nacional da Qualidade (FNQ) também utiliza o conceito de modelo para definir os parâmetros de seus processos de certificação das boas práticas. A referência por ela estabelecida para orientar as empresas candidatas recebe a denominação de Modelo de Excelência da Gestão.

Aplicados desta forma, os chamados modelos de gestão são normativos, ou seja, tem por objetivo regular determinado campo de ação da vida organizacional determinando uma forma característica de ele operar. Mas, embora limitados a uma área de atuação – produção, *marketing*, tecnologia da informação ou, como no nosso caso, em recursos humanos –, eles são transversais, interferindo nas várias dimensões das organizações que fazem interface com o propósito daquele modelo. Esta talvez seja uma das principais características dos modelos de gestão e um dos principais motivos da popularização do uso desse conceito: os modelos são, em geral, maiores do que as áreas e funções organizacionais, invadindo esferas que, tradicionalmente, eram limitadas às suas próprias dimensões.

A popularização do conceito parece responder à complexidade das organizações na atualidade, que não comporta mais nada que seja circunscrito às áreas estanques e isoladas do contexto organizacional mais amplo. O dinamismo da empresa competitiva implica estratégias, processos, projetos e especialidades que se interpenetram, sendo assim mais bem representados por sistemas e modelos do que por unidades organizacionais e funções.

Tomando como exemplo o modelo de qualidade total, mais popular e disseminado nas organizações, observa-se que ele é, na essência, uma prática de manufatura, que tem por principal objetivo garantir a qualidade em todas as fases do processo produtivo, mas sua prática implica mudanças em outras esferas de gestão, tais como custos, gestão estratégica, de processos e, evidentemente, gestão de pessoas.

Assim, não é incomum encontrarmos hoje empresas de destaque no cenário nacional e internacional que definem e procuram implantar seus modelos de gestão de pessoas. Buscam, com isso, estabelecer os parâmetros gerais, que orientam todos os aspectos referentes à gestão do trabalho e ao relacionamento humano. Também nesse caso o modelo vai além das atribuições da área, abrangendo campos que não eram tradicionais das funções de RH, como gestão da mudança, disseminação de estratégias, comunicação interna, gestão do conhecimento e aprendizagem organizacional, entre outros. Em resumo, a noção de modelo tenta assim representar, na linguagem profissional, a complexidade da diversificada rede de interfaces entre as diferentes áreas de gestão que predomina na empresa contemporânea. No caso particular deste texto, das interfaces pertinentes a recursos humanos.

A gestão de pessoas

O uso da expressão gestão de pessoas, em substituição à administração de recursos humanos, segundo aspecto a considerar no termo em questão, é bastante peculiar da cultura profissional brasileira. Na verdade ela revela como essa cultura foi definindo suas opções semânticas ao longo do tempo.

Não se tem conhecimento do uso de conceitos similares à gestão de pessoas em lugar de recursos humanos no plano internacional, seja nas organizações, seja na literatura. Vale ressalvar apenas a menção que aparece no início da obra clássica de Boxal e Purcell sobre gestão estratégica de recursos humanos, na qual se afirma: "termos como relações com os empregados (*employee relations*), gestão do trabalho (*labour management*) e gestão de pessoas (*people management*) são usados como sinônimos" (Boxal & Purcell, 2011, p. 1). Mas trata-se de uma exceção, em geral, nos manuais e artigos norte-americanos e europeus mais influentes considera-se que as empresas estruturam as suas áreas, sistemas e, mais raramente, modelos de gestão de recursos humanos (*human resources management*) e não de gestão de pessoas.

Entre os autores internacionais, há algum debate ainda sobre a diferença entre as nomenclaturas *personnel management* (gestão de pessoal) e *human resources* (recursos humanos) (Storey, 1992), mas é comum se propor uma alternativa de sentido semelhante ao que frequentemente se adota no Brasil como gestão de pessoas.

O que a linguagem profissional parece querer representar com o uso do termo são as particularidades da ação desempenhada pelo modelo: *a gestão* e o seu foco de atenção, *as pessoas*. No primeiro caso, busca-se contrapor o termo *gestão* à *administração* para enfatizar o caráter mais moderno e negociado de conduzir a relação com as pessoas. O segundo termo, *pessoas*, procura concretizar na linguagem uma antiga obstinação daqueles que militam na área: diferenciar as "pessoas" dos demais recursos da organização. O objetivo aqui é sempre justificado pela necessidade de ressaltar o caráter predominantemente "humano" das relações que se estabelecem nas organizações.

Embora discutível e tachada por muitos de modismo, essa nova representação pode encontrar sustentação nas análises sobre as mudanças que incidiram sobre o trabalho humano no mundo organizacional contemporâneo. Parece inegável que as relações de trabalho e emprego se tornaram mais individualizadas, ou seja, mais dirigidas para as pessoas do que para coletividades. Assim, negocia-se com os indivíduos, mais do que com os sindicatos, remunera-se por *performance* e por metas estabelecidas para cada posto de trabalho, o desempenho é avaliado pessoa a pessoa e as carreiras se fazem no plano mais individual do que profissional. Além disso, a demanda das empresas também se concentrou mais em competências tipicamente humanas, aquelas que somente o homem pode colocar no trabalho, como capacidade de inovação, iniciativa, decisão, antecipação e aprendizado. Como já se comprovou exaustivamente, em que pesem as tentativas de "comoditizar" o trabalho para simplificar a sua gestão, as habilidades mecânicas, como força, destreza e disciplina, vêm sendo cada vez mais absorvidas pela tecnologia.

Portanto, embora seja arriscado e, no mínimo, polêmico dizer que as relações de trabalho encontram-se mais "humanizadas", é forçoso reconhecer que as pessoas – tidas aqui como indivíduos e como competências humanas – são o principal foco de atenção da empresa. Isto talvez justifique encontrar alternativas para o conceito de "recurso" para denominar os esforços que se empreendem para a sua gestão.

Objetivos do modelo

A abordagem de recursos humanos como modelo pressupõe um conjunto de elementos direcionados para determinados objetivos. Cabe aqui uma reflexão a respeito desses objetivos e desses componentes.

Como acontece com qualquer construto das ciências sociais aplicadas, a definição dos objetivos de um modelo dependerá sempre dos pressupostos teóricos e ideológicos dos quais se parte. Autores como Armstrong (2011) e Boxal e Purcell (2011) apontam várias teorias que podem levar a diferentes orientações de objetivos para recursos humanos. São mais frequentemente citadas: a Visão da Firma Baseada em Recursos (VBR), a Teoria do Capital Humano, as teorias comportamentais, a Teoria Institucional, e a teoria da Vantagem Competitiva. As múltiplas possibilidades de variação dos objetivos em função da referência teórica adotada não serão, evidentemente, exploradas aqui. Importa apenas ressaltar que devem ser consideradas para aqueles que se dedicarem a um estudo mais aprofundado sobre o tema.

A dimensão ideológica, cultural e ética tem também grande influência na especificação de uma finalidade para os modelos de gestão de pessoas. Isto por que o conceito envolve várias questões centrais da essência humana, tais como: o caráter e o sentido do trabalho; seu uso para obtenção de lucro; como forma de subsistência, como mecanismo de identificação e de sociabilidade. Enfim, os parâmetros que devem nortear relações entre as pessoas, instituições e grupos vão muito além da simples definição funcional de um sistema administrativo. Karen Legge, por exemplo, uma autora reconhecida por sua perspectiva crítica, coloca grande ênfase no caráter ideológico da gestão de RH. Ela considera que a retórica contemporânea sobre recursos humanos, que destaca a flexibilidade, o comprometimento e a qualidade do trabalho, na verdade corresponde a uma reafirmação dos valores que, na língua inglesa, corresponde à sigla WASP (*White, Anglo-Saxon, Protestant*), ou seja, valores ocidentais pautados pelo individualismo, pela ética do trabalho e por uma visão de mundo centrada no estilo de vida norte-americano. Dessa perspectiva, o objetivo principal do modelo se concentraria menos em objetivos de negócio e mais em "regular as contradições inerentes ao capitalismo da pós-modernidade" (Legge, 2005, p. XV).

Autores mais normativos definem os objetivos de gestão de pessoas sob uma ótica mais empresarial. Dave Ulrich talvez seja um dos mais lidos e citados pela literatura acadêmica e, principalmente, profissional. Para esse autor, "Sistema de Gestão de Recursos Humanos deve ser a fonte de competências organizacionais, que permite que as firmas aprendam e capitalizem novas oportunidades" (Ulrich & Lake, 1990, p. 96). Essa definição, com forte vinculação à VBR, é detalhada nos quatro objetivos propostos por Guest (1991) e aqui resumidos:

- *Comprometimento*: comportamento voltado para os objetivos acordados (entre as pessoas e a organização); e comportamento atitudinal refletido em uma forte identificação com a empresa.
- *Flexibilidade*: flexibilidade funcional, que significa a existência de uma estrutura organizacional adaptável com capacidade de (absorver a) inovação gerencial.
- *Qualidade*: refere-se a todos os aspectos do comportamento gerencial que implicam diretamente na qualidade dos bens e serviços, incluindo a gestão dos empregados e investimentos na qualidade dos empregados.
- *Integração estratégica*: a habilidade de integrar as questões de GRH com os planos estratégicos, assegurando a coerência dos vários aspectos de RH e fazendo com que os gerentes de linha incorporem uma perspectiva de RH em seus processos de decisão.

No Brasil essas definições de objetivos são em geral aceitas. Fischer (2002, p. 12), dando ênfase para o caráter comportamental da gestão de pessoas, considera que ela consiste na "maneira pela qual uma empresa se organiza para gerenciar e orientar o comportamento humano no trabalho". Dutra concentra sua definição de objetivos do modelo na relação entre pessoas e organizações: "o principal foco de atenção é o de conciliar as expectativas das pessoas com as expectativas da organização" (Dutra, 2001).

Componentes do modelo

Pelo fato de seu caráter transversal às funções organizacionais e pelas diversas possibilidades de configuração que um modelo real de gestão de pessoas pode assumir, é praticamente impossível descrever exaustivamente seus componentes. É evidente que os processos tradicionais de recursos humanos estarão nele inseridos, mas outras atividades que interferem no comportamento devem ser consideradas de acordo com as características e a conjuntura vivida pela organização.

Assim, além das funções clássicas de recursos humanos, tais como recrutamento, seleção, educação e remuneração, o modelo deverá adotar uma estrutura de governança, especificará um perfil da liderança e poderá incorporar outros processos que, como vimos, não são exclusivos de RH, mas dependem ou interferem no comportamento humano no trabalho.

O uso do conceito na prática e na teoria

Como vimos, o conceito de Modelo de Gestão de Pessoas é explicitamente utilizado para comportar as diretrizes, processos e objetivos das organizações nesta área. Espera-se com isso orientar o comportamento dos diversos agentes envolvidos, tais como: gestores de equipes, dirigentes, profissionais especializados em RH, prestadores de serviço, entre outros. Com a construção e disseminação do modelo, fica também facilitada a criação de mecanismos de avaliação do sucesso das ações de recursos humanos, bem como mais bem definidas as áreas de interface com as demais funções organizacionais.

No campo teórico e acadêmico, o conceito é menos consensual, o que torna seu uso mais polêmico e difuso. Os autores de diferentes origens adotam mais frequentemente o termo *sistemas de gestão de pessoas* para representar a realidade das organizações ou propor alternativas que orientam a atuação dos profissionais.

São conhecidos os sistemas voltados para o comprometimento (*High Commitment Management* – HCM) ou ainda aqueles que contribuiriam melhor com a *performance* da firma (*High Performance Work Systems* – HPWS). Consistem em configurações de práticas recomendadas por pesquisadores em gestão estratégica de recursos humanos. Em geral, são produzidos a partir de pesquisas que estabelecem correlações estatísticas entre práticas adotadas pelas empresas e o desempenho organizacional por elas alcançado.

No Brasil, Dutra propõe um modelo baseado no conceito de competências (Dutra, 2001), Hanashiro (2008) defende uma visão baseada em *stakeholders*, e Fischer (1998) constrói, a partir de uma abordagem histórica, quatro modelos de gestão: clássico, motivacional, estratégico e competitivo. O modelo clássico seria característico das organizações industriais tradicionais, nas quais o papel de recursos humanos se resumiria às funções transacionais e burocráticas. O modelo motivacional surge a partir das grandes corporações norte-americanas, que demandam estruturas técnicas para a prestação de serviços convencionais de RH, tais como remuneração, contratação, seleção, treinamento e benefícios. A psicologia industrial e a chamada Escola de Relações Humanas forneceriam o lastro teórico e a legitimidade acadêmica dos processos e ferramentas adotados nessa fase. Segue-se a era da estratégia e as preocupações passam a se concentrar em como adequar o modelo às estratégias do negócio, questão que ainda permanece como um desafio para o profissional e os estudiosos do tema, ainda que tenha gerado uma importante corrente de pensamento e pesquisa tanto no campo acadêmico como profissional.

Ainda segundo o autor, vem se esboçando na atualidade um novo modelo que ainda não definiu totalmente as suas características mais essenciais: o modelo competitivo. Sabemos que a lógica de competências oferece uma referência importante para a sua constituição. Mas sabemos também, pela avaliação das inúmeras experiências de aplicação desse conceito nas organizações, que ele está longe de se configurar como uma solução definitiva e completa das contradições que permeiam o trabalho na empresa contemporânea.

Referências

Armstrong, M. (2011). *Handbook of strategic human resource management.* London: Kogan Page.

Bauman, Z. (1999). *Modernidade e ambivalência.* Rio de Janeiro: Jorge Zahar.

Bell, D. (1973). *The coming of post-industrial society: A venture in social forecasting.* New York: Basic Books.

Boxal, P. & Purcell, J. (2011). *Strategy and human resource management.* New York: Palgrave.

Dutra, J. S. (2001). *Gestão por competências.* São Paulo: Gente.

Fischer, A. L. (1998). A constituição do Modelo Competitivo de Gestão de Pessoas. Tese de Doutorado. Faculdade de Economia, Administração e Contabilidade, Universidade de São Paulo, São Paulo.

Fischer, A. L. (2002). Um resgate conceitual e histórico dos modelos de gestão de pessoas. In M. T. L. Fleury (Ed.). *As pessoas na organização* (pp. 11-34). São Paulo: Gente.

Guest, D. E. (1991). Personal management: the end of the orthodoxy? *British Journal of Industrial Relations, 29*(2), 140-176.

Hanashiro, D. M. M. (2008). *Gestão do fator humano. Uma visão baseada em* stakeholders. São Paulo: Saraiva.

Harvey, D. (1992). *A condição pós-moderna.* São Paulo: Loyola.

Legge, K. (2005). *Human resource management: Rhetorics and realities.* New York: Palgrave.

Sennett, R. (2004). *A corrosão do caráter: consequências pessoais do trabalho no novo capitalismo.* Rio de Janeiro: Record.

Storey, J. (1992). *Developments in the management of human resources.* Oxford, United Kingdom: Blackwell.

Ulrich, D., & Lake, D. G. (1990). *Organizational capability: Competing from the inside out.* New York: John Wiley & Sons.

Motivação e satisfação no trabalho

Narbal Silva

A motivação constitui fenômeno de natureza psicossocial e pressupõe escolhas ou decisões que, ancoradas em capacidades e esforços, são expressas em comportamentos. Ao conceito também é conferido o significado de motivos, razões, necessidades, interesses, tendências ou impulsos que as pessoas têm para se comportar de formas específicas, visando a objetivos que resultem na satisfação parcial ou total (Gondim & Silva, 2013). Apresenta-se como processo psicológico intrínseco ao ser humano. Os motivos estão internalizados e relacionados às necessidades e às expectativas que os seres humanos têm em relação a algo considerado relevante. A motivação pode ainda ser definida como ação, cujo potencial propulsor são as necessidades e as expectativas internas, as quais se refletem, como dissemos, nos comportamentos.

As revisões mais recentes da literatura indicam o aumento significativo de estudos, sobretudo os de natureza empírica, cujo propósito comum é o de melhorar a compreensão dos fatores que influenciam a motivação no trabalho (Lathan & Pinder, 2005). Ao considerarem que o esforço físico e psíquico constitui atividade importante na vida do ser humano, os psicólogos, entre outros profissionais e acadêmicos, também vêm demonstrando reiterado interesse pelo entendimento do que vem a ser satisfação. Em suma, a crise enfrentada pelos pressupostos tayloristas/fordistas em meados do século XX despertou cada vez mais a vontade de acadêmicos e gestores de entender as ações consideradas importantes para gerar percepções e sentimentos que denotem motivação e satisfação das pessoas em situações de trabalho (Bernal, 2010).

Aspectos etimológicos e históricos do conceito de motivação no trabalho

A palavra motivação, que em latim é *motivus*, significa orientação, intensidade e direção do comportamento para objetivos. É impulso interno que endereça a ação. A questão fundamental referente à motivação é a seguinte: por que o ser humano se comporta do modo como ele o faz? Por conseguinte, o estudo da motivação se orienta por princípios que ajudam a compreender os motivos que levam os seres humanos, em situações específicas, escolherem, iniciarem e manterem determinados cursos de ações (Rudolph, 2003). Nessa perspectiva, a palavra assume o significado de tudo que pode fazer mover, tudo que causa ou determina algo, ou até mesmo o fim ou razão de uma ação.

A etimologia da palavra parece ter oferecido a justificativa para a ampliação do seu sentido, o que pode significar que as teorias sobre motivação caracterizam-se também como teorias da ação (Gondim & Silva, 2013). Desde o século V a.C., Platão, Aristóteles e outros filósofos gregos já se preocupavam com muitos dos mesmos fenômenos ou questões humanas, como motivação e felicidade. Na era industrial, as primeiras inquietações com a motivação humana podem ser localizadas nos clássicos estudos de Frederick Taylor, que foram sistematizados em 1911, no livro *Princípios da administração científica*. Tais princípios se encontram ancorados no conceito de ser humano racional e econômico, o que significa compreender as recompensas extrínsecas como constituintes de motivos essenciais à construção de comportamentos no trabalho.

Em que pese as pessoas poderem *agir* (ação) por meio de fatores externos, o que frequentemente ocorre é *reação* a estímulos do ambiente – definida por Herzberg como movimento. As reações ou movimentos têm suas origens nas teorias de base comportamentalistas (Bergamini, 1990). Exemplos de estímulos externos ou recompensas extrínsecas são o dinheiro, benefícios, prêmios, promoções, entre outros. No ano de 1927, foram feitos estudos em Hawthorne, em uma fábrica da Western Electric Company. O objetivo era determinar a relação entre intensidade da iluminação e produtividade de um grupo de operárias. Os estudos foram coordenados pelo psicólogo Elton Mayo (1933) e se estenderam à fadiga, acidentes no trabalho, rotatividade do pessoal (*turnover*) e ao efeito das condições de trabalho sobre a produtividade do trabalhador. As descobertas feitas por meio desse estudo demonstraram que a qualidade saudável das interações humanas influencia sobremaneira a motivação dos trabalhadores. Como consequência, refutou o conceito taylorista/fordista de ser humano racional econômico e o ressignificou para uma visão de ser humano social. Ou seja, o foco mudou de *homo economicus* para *homo socialis*.

Uma terceira contribuição também relevante para o estudo da motivação no trabalho foi a do psicólogo humanista Abraham Maslow. Ao descrever e explicar a hierarquia das necessidades humanas, Maslow (1943) enfatizou que o ser humano é um animal que nunca deixa de desejar, de ter anseios por algo, e que as necessidades de autoatualização e realização são as que de fato constituem fontes legítimas de motivação. Para Maslow, somos seres incompletos, cuja realização depende das relações que estabelecemos com os outros.

Com base nesses pressupostos, o conceito de ser humano no trabalho passou a ser de *homo complexus*, que, por conseguinte, avança, mas não refuta a ideia de *homo socialis*. Nessa concepção, quatro características são consideradas importantes: necessidades múltiplas e complexas; desejo de autodesenvolvimento e realização; busca por trabalho que propicia sentido à existência; e autonomia de pensamento (Motta, 2002). Tais características apoiam-se em uma visão de ser humano racional, mas dotado de impulsos e desejos, constituído de corporalidade, mas não circunscrito e limitado a ela. É constituído de vida interior, que não é restrita às manifestações da cultura, embora esteja conectado a ela. Por fim, a compreensão do ser humano nessa concepção é a de um ser integrado, organizado, capaz de escolhas e de criar significados para sua realidade social (Sampaio, 2009).

Na atualidade, os estudos realizados sobre motivação demonstram que as pessoas possuem necessidades e expectativas distintas. Portanto, as fontes, tipos e intensidade de energias interiores que determinam os comportamentos variam entre os seres humanos e ao longo do tempo. Desse modo, o estudo da motivação humana contempla pesquisas dos motivos pelos quais as pessoas fazem o que fazem e se encaminham na direção de objetivos considerados relevantes, o que constituem escolhas de natureza interior ou intrínsecas a psique de cada ser humano (Bergamini, 2003).

Na atualidade, os psicólogos, em especial os que atuam em organizações e trabalho, têm se ocupado com tentativas de explicar e intervir no comportamento humano, de modo a torná-lo mais efetivo nas organizações. A motivação das pessoas para que possam atingir níveis elevados de desempenho tem constituído propósito fundamental para a psicologia das organizações e do trabalho. Novas teorias têm sido propostas. Um exemplo é a psicologia positiva, para qual o ser humano, quando se encontra motivado e capacitado para determinada atividade, sente-se desafiado pela tarefa, concentra-se na sua realização, podendo até perder a noção de tempo (na literatura, isto é conhecido por *fluxo*) (Csikszentmihalyi, 2004).

Classificação das teorias motivacionais

As teorias da motivação disponíveis na literatura podem ser classificadas do seguinte modo: a classificação unidimensional de Campbell (1970), que discrimina as teorias de conteúdo das teorias de processo; a classificação bidimensional proposta por Thierry (1994), que inclui, além da dimensão conteúdo *versus* processo, a dimensão reforço *versus* cognição; e, por fim, o terceiro modelo é o da classificação unidimensional de Kanfer (1992), que organiza as teorias a partir de um contínuo que estabelece proximidade e distanciamento da ação.

No primeiro grupo, as teorias da motivação estão distribuídas em teorias de conteúdo e teorias de processo. Nesse grupo, a motivação humana é compreendida a partir das necessidades (ou carências), e o comportamento é endereçado para a satisfação das necessidades humanas. O foco reside em identificar as necessidades que orientam as ações humanas (Ramos, 1990). Exemplos de teorias motivacionais pertencentes a esse grupo são a hierarquia das necessidades humanas, de Maslow (1943), e a teoria dos dois fatores, de Herzberg (1968).

No segundo grupo residem as denominadas teorias de processo. Nestas, a motivação constitui ações orientadas à tomada de decisão entremeadas por percepções, objetivos, expectativas e metas pessoais. Ainda nesse grupo, além da diferenciação entre as teorias de conteúdo e de processo, é estabelecida a inclusão das teorias que enfatizam o componente reforço como importante para a motivação (Thierry, 1994).

O argumento que justifica a inclusão do reforço na explicação da motivação é que as teorias, ao enfatizarem a relevância do reforço na motivação, endereçam atenção para as consequências geradas pelas ações (fator externo). Desse modo, ampliam-se as possibilidades de as pessoas continuarem motivadas a repetir determinada ação. De modo contrário, as teorias que enfatizam a cognição dirigem a atenção para o que ocorre no sistema cognitivo da pessoa (fator interno). O foco reside nas percepções, interpretações e informações armazenadas, que são organizadas e recuperadas conforme as escolhas feitas. Nessa perspectiva, a motivação é consequência, não do que ocorre após a ação (recompensa), mas, sim, pelo que decorre na mente (desejos, intenções e metas) e, por conseguinte, orienta ações futuras.

Por fim, no terceiro grupo não são considerados os aspectos apresentados nos grupos antecedentes. Conforme os pressupostos epistemológicos e teóricos que orientam esse grupo, uma teoria ao ser classificada como de conteúdo ou de processo, ou relacionar a motivação com o que ocorre após a ação (reforço) ou na mente humana (cognição), não caracteriza elemento essencial de distinção das teorias que tratam da motivação (Kanfer, 1992). Nessa ótica, a motivação é explicada por meio de uma teoria da ação. Por conseguinte, sua relevância deve ser destacada a partir do que repercute de modo ativo na orientação à mudança do ser humano. O significado disso é que uma teoria da motivação amplia sua relevância à medida que proporciona possibilidades objetivas de atuação para alterar ações humanas.

Os modelos de classificação descritos permitem visualizar como as teorias podem ser agrupadas, uma vez que classificam, ordenam e simplificam o conhecimento produzido a respeito de determinado fenômeno. Recentemente, as teorias que versam sobre a motivação têm sido concebidas por meio de novos arranjos de natureza mais complexa. O esforço tem sido o de avançar além de concepções centradas exclusivamente no instinto (direção ativada por componentes biológicos), na homeostase (busca de equilíbrio) e no hedonismo (busca por autoaperfeiçoamento contínuo). As tentativas mais recentes são as de compreender a motivação em seu contexto físico e psicossocial (Schunk, 2012).

Satisfação

Aspectos etimológicos e históricos

A origem da palavra satisfação em latim é *satis*, cujos significados é "bastante", "suficiente", "em quantidade adequada", combinada com *facere,* o que quer dizer fazer do modo desejado, possível. O taylorismo (1911) teve impacto significativo sobre o estudo de satisfação no ambiente de trabalho. A utilização da gestão científica nas indústrias aumentou a produtividade; contudo, os trabalhadores ficavam exaustos e insatisfeitos.

Outro antecedente importante para o estudo de satisfação foi à experiência de Hawthorne. Tais estudos (1924-1933), conforme referido na seção que trata da história da construção do conceito de motivação, demonstraram que mudanças no trabalho interferem na satisfação (atitudes) dos trabalhadores. Os estudos mais sistematizados sobre satisfação no trabalho prosseguiram na década de 1930 (Klijn, 1998) e, desde então, têm despertado o interesse de profissionais de saúde e de pesquisadores das mais diversas áreas.

O interesse pela compreensão dos sentimentos que afloram das relações entre trabalhadores e suas situações de trabalho levaram ao estabelecimento de interfaces entre percepções, sentimentos positivos no trabalho e a motivação. Tais relações podem ser vistas nas teorias motivacionais de conteúdo e processos, como na teoria de motivação-higiene (Herzberg, 1968), na teoria de satisfação de necessidades (Vroom, 1964) e na teoria de expectativas e instrumentalidade (Hackman & Porter, 1971). Nessas concepções, a satisfação, como variável antecedente, constitui componente da motivação que explica o desempenho, a produtividade e o baixo absenteísmo.

Nas décadas de 1970 e 1980, o conceito passou a ter o significado de atitude, ou seja, compreendido como disposições construídas por meio de percepções, interpretações e sentimentos que orientam modos ou tendências para se comportar (Siqueira, 2008). Outro tipo de perspectiva que orienta os estudos sobre satisfação no trabalho se ancora em pressupostos de base humanista. Nessa perspectiva, a identificação de níveis de satisfação representa a possibilidade de avaliar a saúde e o bem-estar das pessoas em situações de trabalho. Ainda nessa concepção reside o princípio de que os sentimentos que emergem no contexto de trabalho são transferidos para as demais esferas da vida dos trabalhadores, inclusive à saúde física e psíquica (Siqueira & Gomide Jr., 2013).

Por fim, pode-se concluir que os conceitos de satisfação no trabalho mais aceitos e divulgados no meio científico são os que levam em conta a relevância dos aspectos psicossociais no ambiente de trabalho. A suposição básica é a de que a conjunção de acontecimentos ou circunstâncias, num dado tempo e espaço, influencia a satisfação no trabalho (Locke, 1969). O processo de satisfação no trabalho é decorrente da complexa e dinâmica interação das condições gerais de vida, das interações humanas, dos processos existentes no trabalho e do controle que os trabalhadores têm das suas condições de vida e trabalho. Por conseguinte, a satisfação no trabalho pode ser fonte de saúde. Contudo, o seu oposto, a insatisfação, pode gerar prejuízos à saúde física, mental e social, gerando problemas humanos no ambiente de trabalho (Marqueze & Moreno, 2005).

Possíveis relações entre motivação e satisfação

Os conceitos de motivação e satisfação, embora relacionados, caracterizam-se como construtos independentes. Ou seja, motivação não é sinônimo de satisfação, e vice-versa.

A motivação refere-se aos fatores internos dos seres humanos, tais como necessidades, desejos e interesses que estimulam, mantêm e direcionam o comportamento para o alcance de determinado objetivo. É a tensão construída pela existência de uma ou mais necessidades. Já o conceito de satisfação indica atitude (disposição) expressa por meio de sensações ou sentimentos decorrentes do atendimento parcial ou total de necessidades e expectativas (Huffman, Vernoy & Vernoy, 2003; Steuer, 1989).

Enquanto estado emocional agradável (positivo), a satisfação é considerada como resultante da avaliação que o ser humano faz de seu trabalho, da percepção de como este satisfaz ou permite a satisfação de seus valores considerados importantes (Locke, 1969). Em tal definição, pode-se observar dois aspectos relevantes: (a) um componente cognitivo, que diz respeito ao que o ser humano pensa da situação em que se encontra; e (b) um componente afetivo ou emocional, referente ao sentimento de bem-estar de uma pessoa enquanto trabalha (Wright & Cropanzano, 2000). Em circunstâncias de trabalho, também pode ser definido como um sentimento experienciado pelo trabalhador em resposta à situação total do trabalho (Harris, 1989).

Os conceitos de motivação e satisfação no trabalho se caracterizam como de natureza psicossocial. São complexos e podem ser compreendidos a partir de diferentes perspectivas epistemológicas, teóricas, objetivistas e subjetivistas da realidade social. No que se refere à atitude de satisfação, ou o seu oposto, a respeito de aspectos do ambiente físico e psicossocial de trabalho, parte das dificuldades decorrem de os conceitos expressarem estados predominantemente subjetivos. As implicações disso é que as interpretações dos eventos ou situações podem variar entre os seres humanos ao longo do tempo.

Além disso, tais atitudes podem ser influenciadas por forças internas e externas que circundam o ambiente de trabalho. Por conseguinte, não são raras as definições errôneas que tratam o conceito como sinônimo de motivação. O imbróglio conceitual tem sido comumente explicado pelas falhas na formulação de hipóteses e na seleção de instrumentos de pesquisas, especialmente os que relacionam satisfação e produtividade Pérez-Ramos (1980).

Possibilidades de transposição dos conceitos motivação e satisfação às organizações

A aplicação dos conceitos de motivação e satisfação, em geral, não constituem panaceias para todos os problemas organizacionais, em especial os referentes à satisfação, qualidade, produtividade e ao comprometimento organizacional. Isso porque, em geral, tais teorias apresentam limitações que suscitam pelo menos duas grandes questões. A necessidade de mais estudos para avaliar a validade das teorias e a relevância de os gestores escolherem métodos e técnicas de pesquisa que permitam diagnosticar o que motiva as pessoas no trabalho. Tais questões são complementares, tendo em vista que os estudos de validação das teorias motivacionais podem fornecer subsídios para a realização de intervenções com o intuito de incrementar a motivação no trabalho.

A utilização dessas teorias em programas de aumento da motivação no trabalho pode proporcionar evidências que permitam estabelecer comparações entre elas. Em geral, a diversidade de abordagens motivacionais gera dificuldades na identificação de qual teoria adotar diante das características específicas do contexto organizacional. Uma possibilidade de superar tal dificuldade pode estar em compreender o alcance e as limitações de cada uma delas, enquanto abordagens parciais, que podem ser úteis na motivação das pessoas de modos variados e circunstanciais (Lady & Becker, 1987). Assim sendo, a teoria da expectância pode ser relevante na compreensão das opções com as quais os trabalhadores se defrontam.

Do mesmo modo, a teoria do estabelecimento de metas é pertinente para antecipar ações. Por último, o desempenho insatisfatório pode ser compreendido pelas abordagens das expectativas ou das necessidades. Os eventos organizacionais que expressam baixos níveis de comprometimento, como o absenteísmo e a rotatividade, podem ser explicados por meio da teoria da expectância. A ação voluntária de se desligar do quadro funcional de uma organização pode ser compreendida pela alegação de que as recompensas percebidas são inadequadas, de que as recompensas são desiguais, quando comparadas às de outras pessoas que desempenham atividades semelhantes ou, ainda, de que é inviável atingir as metas que foram previamente estabelecidas (abordagem da expectativa).

Em síntese, é essencial identificar, nas situações que envolvem as pessoas nas organizações, os fatores que verdadeiramente atuam como facilitadores do comportamento humano motivado no trabalho para atuar de modo efetivo no pleno desenvolvimento destes. Para isso, é necessário que os gestores e os demais trabalhadores desenvolvam competências para diagnosticar os elementos intrínsecos e extrínsecos que facilitam como também os que restringem a motivação no trabalho (Evans, 1986).

Os sistemas de reconhecimento extrínsecos – por exemplo salários, participação nos lucros, benefícios e promoções etc. –, e os intrínsecos – ser referido como competente, perceber que tem responsabilidade, participar ativamente de aspectos da vida organizacional e ter perspectivas de crescimento pessoal e profissional, entre outros –, constituem fortes mobilizadores de disposições para práticas de alto desempenho no ambiente de trabalho. Mas vale lembrar que um aspecto essencial que deve ser levado em consideração, seja qual for o tipo ou forma de reconhecimento utilizado, é que ele deve ir ao encontro de necessidades e expectativas das pessoas, de modo que possa ser valorizado efetivamente por quem o recebe (Vechio, 2008).

Por fim, as diferentes teorias motivacionais e suas múltiplas e complexas relações com a satisfação não podem ser concebidas como soluções fáceis para a compreensão da disposição que as pessoas criam para se comportar. A concepção da necessidade de integração de diferentes teorias, entendidas como complementos parciais que auxiliam na visibilidade do quadro motivacional de determinado agrupamento humano, parece apontar a tendência dos teóricos que estudam as relações entre esses dois fenômenos.

Referências

Bergamini, C. W. (1990, abr./jun.). Motivação: mitos, crenças e mal-entendidos. *Revista de Administração de Empresas, 30*(2), 23-24, São Paulo.

Bergamini, C. W. (2003, nov./jan.). Motivação: uma viagem ao centro do conceito. *Rae Executivo, 1*(2).

Bernal, A. O. (2010). *Psicologia do trabalho em um mundo globalizado.* Porto Alegre: Artmed.

Campbell, J. P. (1970). *Managerial behavior, performance and efectiveness.* New York: McGraw-Hill.

Csikszentmihalyi, M. (2004). *Gestão qualificada: a conexão entre felicidade e negócio.* Porto Alegre: Bookman.

Evans, M. G. (1986). Organizational behavior: the central role of motivation. *Journal of Management, 12*(2), 203-222.

Hackman, R., & Porter, L. W. (1971). Predicciones de la eficiencia en el trabajo por la teoria de las expectativas. In E. A. Fleishman & A. R. Bass (Orgs.). *Estudios de psicologia industrial y del personal* (pp. 295-304). México, DF: Trillas.

Harris, R. B. (1989). Reviewing nursing stress according to a proposed coping-adaption framework. *Advances in Nursing Science, 11*(2), 12-28.

Herzberg, F. (1968). *One more time: How do you motivate employees?* Cambridge, MA: Harvard Business Review.

Huffman, K., Vernoy, M., & Vernoy, J. (2003). *Psicologia.* São Paulo: Atlas.

Generali, S. G. (2011). Abordagem humanista: a crença no poder das escolhas. In Generali, S. G., *Psicologia aplicada à administração.* São Paulo: Elsevier.

Gondim, S. M. G., & Silva, N. (2013). Motivação no trabalho. In Zanelli, J. C., Borges-Andrade, J. E. & Bastos, A. V. B. (Org.). *Psicologia, organizações e trabalho no Brasil* (edição revisada e ampliada). Porto Alegre: Artmed.

Kanfer, R. (1992). Work motivation: new directions in theory and research. *International Review of Industrial and Organizational Psychology, 7*, 1-53.

Klijn, T. M. P. (1998). *Satisfação no trabalho de mulheres acadêmicas da Universidade de Concepción.* Tese de Doutorado. Escola de Enfermagem de Ribeirão Preto e Escola de Enfermagem da Universidade de São Paulo, São Paulo.

Landy, F. J., & Becker, W. S. (1987). Motivation theory reconsidered. In L. L. Cummings & B. M. Staw (Eds.), *Research in organization behavior, 9*, 1-38 (Greenwich, CT: JAI).

Lathan, C. P., & Pinder, C. C. (2005). Work motivation: theory and research at the dawn of the twenty-first century. *Annual Review of Psychology, 56*, 485-516.

Locke, E. A. (1969). What is job satisfaction? *Organizational Behaviour Human Performance, 4*(4), 309-336.

Marqueze, E. C., & Moreno, C. R. C. (2005). Satisfação no trabalho: uma breve revisão. *Revista Brasileira de Saúde Ocupacional, 30*(112), 69-79, São Paulo.

Maslow, A. (1943). A theory of human motivation. *Psychological Review, 50*, 370-396.

Mayo, E. (1933). *The human problems of an industrial civilization.* New York: The Macmillan Company.

Pérez-Ramos, J. (1980). Satisfação no trabalho: metas e tendências. Tese de Livre-docência, Instituto de Psicologia de Assis, Universidade Estadual Júlio de Mesquita Filho, Assis.

Ramos, J. P. (1990). Motivação no trabalho: abordagens teóricas. *Psicologia-USP, 1*(2), 127-140, São Paulo.

Rudolph, U. (2003). *Motivationspsychologie.* Weinheim, Germany: Beltz.

Sampaio, J. R. O. (2009, jan./fev./mar.). Maslow desconhecido: uma revisão de seus principais trabalhos sobre motivação. *R. Adm., 44*(1), 5-16, São Paulo.

Schunk, D, H. (2012). *Learning theories: an educational perspective* (6a ed., pp. 345-398). New York: Pearson Education Inc.

Siqueira, M. M. M. (Org.) (2008). *Medidas do comportamento organizacional: ferramentas de diagnóstico e de gestão.* Porto Alegre: Artmed. 344p.

Siqueira, M. M. M., & Gomide Júnior, S. (2013). Vínculos do indivíduo com o trabalho e com a organização. In Zanelli, J. C., Borges-Andrade, J. E. & Bastos, A. V. B. (Org.), *Psicologia, organizações e trabalho no Brasil* (edição revisada e ampliada). Porto Alegre: Artmed.

Steuer, R. S. (1989). Satisfação no trabalho, conflito e ambiguidade de papéis: estudo junto às enfermeiras de Maternidade Escola do Município de São Paulo. Dissertação de mestrado, Faculdade de Saúde Pública, Universidade de São Paulo, São Paulo.

Taylor, F. W. (1911). *Principles of scientific management.* New York: Harper & Row.

Thierry H. (1994). Motivation and satisfaction. In Drenth, P. J. D., Thierry, H. (Orgs.). *A Handbook of Work and Organizational Psychology*, (Vol. 4, pp. 253-289). New York: Psychology Press.

Vechio, R. P. (2008). *Comportamento organizacional.* São Paulo: Cengage Learning.

Vroom, V. H. (1964). *Work and motivation.* New York: Willey.

Wright, T. A., & Cropanzano, R. (2000), Psychological well-being and job satisfaction as predictors of job performance. *Journal of Occupational Health Psychology, 5*(1), 84-94.

Mudança organizacional

José Carlos Zanelli

Mudanças nas organizações são processos que se confundem com o próprio ato administrativo, no sentido de que, a cada dia, onde há trabalho é preciso ter resultados, que se concretizam nos produtos ou nos serviços prestados. Ou seja, transformar recursos em bens e serviços para atender demandas é a essência da coordenação recorrente de mudanças. Embora as padronizações estabelecidas, o ambiente interno e o externo das organizações nunca serão os mesmos de um momento para o outro. Uma máquina que deixa de funcionar, um conflito que surge, um cliente insatisfeito, uma novidade tributária são exemplos das mudanças cotidianas nas organizações. No entanto, a tendência corriqueira é de compreender o termo mudança quando são evidentes ou acentuadas as transformações no local de trabalho: mudança tecnológica, mudança de gestão, mudança de procedimentos operacionais etc.

Em proporção global, diante da degradação progressiva do ambiente, uma parcela da humanidade enfrenta o desafio de tornar as organizações sustentáveis ou, em outras palavras, transitar para um modelo econômico ambientalmente sustentável. Sem dúvida, é um assunto crucial para a sobrevivência, não apenas da espécie humana. Envolve áreas complexas, como a hídrica, a agrícola, a florestal, a energética e outras, em interações não menos complexas, como os seus vínculos com a miséria e as desigualdades sociais. Fala-se em uma necessária mudança de paradigma – ou seja, é preciso alterar o modo como as pessoas percebem e reagem aos estímulos – em escala local, nacional e global. Em contraposição, os interesses econômicos, diante da possibilidade de redução de lucros, atuam com forte resistência a tais mudanças.

A mudança paradigmática – esclarecida por Kuhn (1978) em seus estudos de modelos explicativos das ciências –, embora inicie com um ou alguns indivíduos para progressivamente alcançar escala global, diz respeito ao que os membros de uma comunidade compartilham. Tal noção tem influenciado os conceitos e âmbitos de mudança transpostos às organizações de trabalho.

Características e âmbitos de mudança organizacional

A definição de mudança organizacional nas várias áreas de conhecimento que se dedicam ao assunto, com certeza, é heterogênea. O conceito é repetidamente associado às demandas, descontinuidades, multideterminações, resultados, planejamento, desempenho, desenvolvimento, transformações ambientais, inovações tecnológicas, cultura e outros processos. Em si, concerne a um processo contínuo, no qual inícios e términos não são acentuados e precisos (Weick & Quinn, 1999).

De um modo resumido e, portanto, com as deficiências de toda simplificação, pode-se afirmar que são respostas (eventos em processo) dos subsistemas que compõem a organização às transformações do ambiente, interno e externo, para manter a congruência ou busca de sobrevivência do conjunto ou do sistema organizacional.

De modo geral, a abundante literatura sobre o assunto registra que o objetivo final das mudanças é passar do estado presente para um estado desejado – processo que recebe o nome de alavancagem. Podem ser classificadas em recorrentes ou singulares, planejadas ou não planejadas, incrementais ou radicais. Isso depende do quanto são conhecidas ou similares em suas características, intencionais ou previstas, progressivas ou abruptas. Em qualquer forma, estão relacionadas a diferenças, na sequência temporal, entre estados ou condições dos constituintes de uma organização ou das unidades organizacionais, aqui incluídos os setores, grupos ou indivíduos. Podem ir além do âmbito de uma organização e envolver redes, comunidades ou o âmbito societário.

A mudança incremental é conduzida por meio de intervenções parceladas e cada etapa tende a ter pequeno impacto. Determina, cumulativamente, como o nome induz supor, o efeito maior pretendido. Do ponto de vista emocional, pode ocasionar menos desconforto aos trabalhadores, se comparada à mudança radical, que é episódica e intensa, com chance de produzir forte impacto na comunidade interna e externa à organização, assim como aumentar o nível de ansiedade, ou mesmo traumatizar pessoas e grupos. Podem ser mescladas entre si e entrelaçarem-se com as possibilidades de planejamento ou emergências. As possibilidades de planejamentos ou emergências dependem de quanto os problemas são previsíveis ou fortuitos e eventuais (Zanelli & Silva, 2008).

No âmbito individual, ou psicológico, mudanças envolvem componentes atitudinais e perceptivos. Cognições e emoções são componentes básicos das atitudes – compreendidas, de modo simples, como disposições ou probabilidade de uma pessoa agir na direção proposta. No caso, por definição, para fazer seu trabalho dentro de um ambiente de busca ativa das modificações, uma pessoa deve entender e comprometer-se com o propósito. As resistências que surgem são justificadas por falta de clareza ou de entendimento da lógica da mudança e por percepções negativas das consequências. O que, no senso comum, é difundido como "sair da zona de conforto".

O processo educativo, em sentido extenso, das intervenções individuais às macroestruturais é a via pela qual é possível chegar às mudanças de comportamento. Contudo, no âmbito organizacional, é claro, mudar uma pessoa não é o suficiente. As condições de trabalho devem reforçar o novo fazer. Outra vez, apenas isso não é o suficiente. O grupo, a unidade, a própria organização, os amigos, os parentes, os meios de comunicação, enfim, uma gama de fatores interdependentes funciona a favor ou contra a manutenção dos comportamentos. Fique claro que alguns indivíduos conseguem persistir tenaz e isoladamente em seus propósitos, porém, quando a mudança necessária é de cunho coletivo, não será um ou poucos indivíduos que sustentarão uma mudança efetiva por muito tempo. A mudança organizacional, por conseguinte, depende da coletividade local e, mais além, da sociedade.

Figura 1 Interdependência dos fatos sociais, individuais e culturais como determinantes da ação humana

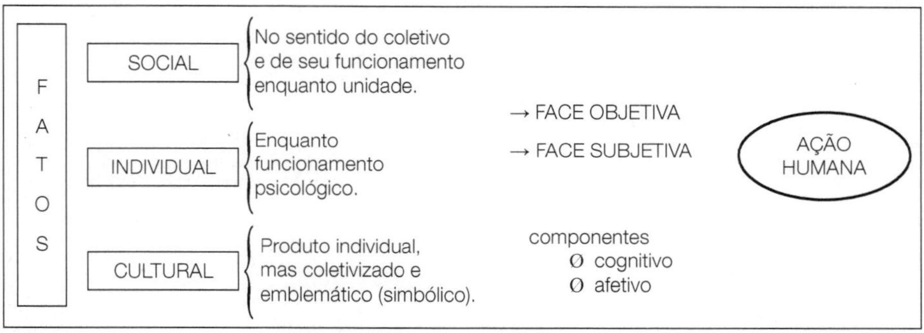

Fonte: Elaborada com base em Duran (1993).

Tem sido recorrente o uso dos fundamentos da psicologia, da sociologia e da antropologia para o estudo da interação humana ou, *mutatis mutandis*, dos fenômenos psicossociais. Trata-se, portanto, de analisar a interação humana em uma perspectiva de integração dos aspectos psicológicos e sociais, perpassados inevitavelmente pelos elementos culturais. Duran (1993) destacou a relevância da análise das mudanças mediadas por uma rede de interações. O âmbito individual-psicológico é viabilizado pelos âmbitos mais abrangentes, o social-sociológico e o cultural-antropológico. Por sua vez, estes dois são constituídos articuladamente pelo individual-psicológico. Ater-se às dimensões amplas faz com que se perca a observação das influências das individualidades, assim como ater-se às individualidades faz com que se perca a observação das influências das dimensões amplas. Assim, o social é construído pela interação e é nele que se configura o individual. Também o cultural é construído pelas ações interdependentes e dos significados compartilhados. Mudanças, por conseguinte, estão assentadas nas interações que transformam ou reproduzem o individual, o social e o cultural, fruto das influências cruzadas. Configuram, progressivamente, comunidades, culturas e indivíduos renovados ou conservados (no sentido de permanência dos comportamentos ou de resistência à mudança).

Figura 2 A ação humana como objeto de análise das ciências do comportamento e a mediação da rede de interações no processo de mudança

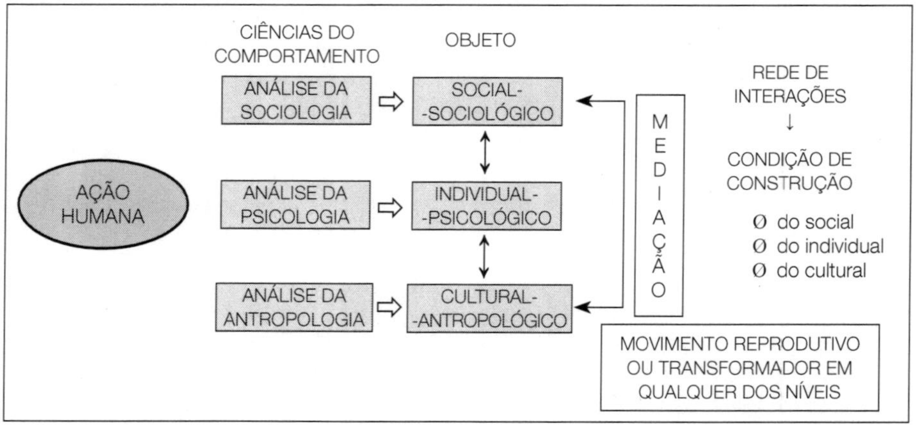

Fonte: Elaborada com base em Duran (1993).

O modelo explicativo de mudança comportamental, conforme representado esquematicamente nas Figuras 1 e 2, inclui determinantes tanto subjetivos (cognições, emoções e outros processos psicológicos), como objetivos (condições do ambiente que mantêm os novos comportamentos). Modelos explicativos que tendem a enfatizar aspectos do funcionamento subjetivo são chamados de voluntaristas, no sentido de que as mudanças ocorrem, ou não, devido a construtos de natureza individual. Em contraste, outros modelos destacam os aspectos objetivos ou as contingências mediatas e imediatas de controle da ação e são chamados de deterministas. Tais tendências fundamentam os modelos científicos de explicação das mudanças, mas também são alicerces na construção dos modelos mentais dos gestores. Ou seja, no dia a dia do dirigente, suas decisões podem estar calcadas em pressupostos que orientam seu modo de entender a realidade organizacional e de administrá-la – por exemplo, quanto valoriza a participação dos trabalhadores ou quanto acredita na efetivação das mudanças pelo estabelecimento de regras rígidas. Morgan (1996) sintetiza interpretações que formam oito convergências, que denomina de metáforas das organizações. Em cada uma, podem ser decodificados os pressupostos ou visões de mundo daqueles que são responsáveis pela direção das mudanças e que acabam entranhadas ou constituindo a própria organização.

Modelos para diagnóstico e mudança organizacional

A teoria do campo psicológico, formulada por Kurt Lewin, um pioneiro nos estudos de mudança, postula que o comportamento é multideterminado por características da pessoa e características da situção em que se encontra. Teve penetração imediata nos estudos de mudanças organizacionais. Operou na disseminação da ideia de que a mudança organizacional surge da necessidade de romper o equilíbrio de forças existentes em um dado momento. Sobre os resultados pretendidos, na lógica desse modelo, atuam forças restritivas, na forma de resistências. Portanto, é necessário identificá-las, bem como as forças propulsoras, que devem ser incrementadas. As dificuldades desse processo são atribuídas à tendência das pessoas a permanecerem em seus estágios atuais e, mesmo quando se mostram dispostas a mudar, voltam com rapidez aos padrões antigos.

A proposta de Kurt Lewin para tornar a mudança duradoura estabelece três etapas, nominadas figurativamente: descongelamento, mudança propriamente dita e recongelamento. Descongelar significa tornar clara a necessidade da mudança, a ponto do indivíduo, do grupo e da comunidade organizacional percebê-la e aceitá-la. A mudança propriamente dita implica utilizar procedimentos e técnicas que reconfigurem valores aos participantes da mudança, de tal modo que as atitudes sejam interiorizadas e os comportamentos comecem a ocorrer na direção proposta. No recongelamento, os novos padrões de comportamento, de cada um e do conjunto de pessoas, devem ser apoiados persistentemente. Comunicação adequada e compartilhamento das recompensas advindas da mudança são cruciais para a consolidação. As recompensas são entendidas como ulteriores aos benefícios simplesmente materiais. Comemoram-se os sentimentos de triunfo e as conquistas expressivas para o coletivo.

O período de transição que vem a seguir é parte das mais relevantes no processo de mudança. Requer dos gestores tenacidade para assegurar os resultados finais, o alinhamento e a estabilização em curto prazo. Compreender o processo e explicitá-lo à comunidade é imperativo. Para tanto, recursos estão disponíveis na literatura.

Falletta (2008) revisa doze modelos de diagnóstico organizacional. Explica que um modelo é uma representação que nos ajuda a compreender de forma clara e rápida o que estamos observando. Argumenta, ainda, que eles auxiliam a melhorar a nossa compreensão do comportamento organizacional, sistematizar e interpretar os dados e fornecer uma linguagem compartilhada. A seguir, estão sequenciados com base em um critério cronológico de apresentação:

1. Modelo de análise do campo de forças (1951);
2. Modelo de Leavitt (1965);
3. Modelo da teoria de sistemas abertos (1966);
4. Modelo de análise de sistemas de Likert (1967);
5. Modelo das seis caixas de Weisbord (1976);
6. Modelo da congruência para a análise organizacional (1977);
7. Modelo do quadro dos 7S de McKinsey (1981-1982);
8. Modelo do quadro cultural, político e técnico de Tichy (1983);
9. Modelo da programação de alto desempenho (1984);
10. Modelo do diagnóstico do comportamento individual e grupal (1987);

11. Modelo de Burke-Litwin de desempenho e mudança organizacional (1992);
12. Modelo de Falletta de inteligência organizacional (2008).

Por sua vez, Price (2009, p. 266) apresenta o que denomina de "um inventário de ferramentas e técnicas que você pode querer utilizar em várias fases, ao longo dos processos de planejamento, desenvolvimento e avaliação da mudança":

1. Método 6-3-5;
2. Diagrama Awakishi;
3. Matriz amplitude *versus* profundidade;
4. Modelo de demandas, restrições e escolhas;
5. Análise do campo de forças;
6. Diagrama de causa e efeito de Ishikawa;
7. Modelo dos sete "S" de McKinsey;
8. Mapas mentais;
9. Técnica de grupo nominal;
10. Mapa de poder *versus* interesse;
11. Diagramas de fluxo de processo;
12. Seis chapéus do pensamento;
13. A técnica da flor de lótus;
14. Modelo TROPICS;
15. A folha de balanço SFA.

Detalhamentos de tais modelos, procedimentos e técnicas podem ser aprofundados em consulta direta às referências – Falletta (2008) e Price (2009) – alocadas na seção final deste verbete.

Gestão da mudança

O desenvolvimento organizacional, difundido pela sigla DO, teve origem na década de 1960. É reconhecido por oferecer um arsenal de procedimentos e técnicas, além de impulsionar as teorias ligadas às ciências comportamentais aplicadas ao ambiente de trabalho. Utiliza largamente os princípios e conceitos relativos ao funcionamento de grupos, à cultura e à mudança organizacional, na perspectiva sistêmica. Consagrou um modelo de aplicação que estabelece a etapa do diagnóstico como passo preliminar às intervenções, e posterior avaliação.

A consecução dos objetivos depende da adequação do diagnóstico ao identificar necessidades pertinentes, das multideterminações dos problemas e da urgência das intervenções, do planejamento para sobrepujar ou acatar resistências e do ajuste dos momentos próprios para as intervenções. Os métodos associados aos princípios de gestão dos processos de mudança são variáveis, desde os que abarcam o conjunto dos trabalhadores e que acentuam a educação e comunicação, participação e envolvimento, facilitação e apoio, negociação e acordo, até outros métodos, alguns de caráter francamente autocrático, nos quais agem a manipulação, a cooptação, a coerção implícita ou explícita (Kotter & Schlesinger, 1979). As diferentes alternativas de ações ou métodos estão conectadas ao estágio de crescimento organizacional, das aprendizagens e da maturidade que, comumente, são reveladas em sua cultura. Nem sempre se mantêm uniformes ao longo do tempo, porque variam em razão dos acontecimentos internos e externos e dependem, em suas aplicações, da natureza dos problemas a serem enfrentados.

Abandonar antigos padrões pode ser percebido como ameaça, desconforto, perda de controle e resultar em inquietação. Tais efeitos são minimizados pela redução de incompreensões, pela participação para aumentar a democracia no controle, pela facilitação no processo de adaptação, concessão de tempo, pela não imposição, pela persuasão, pela flexibilidade e abertura. Participação e autonomia aos trabalhadores podem demandar mais tempo, mas facilitam a aceitação da mudança. O programa de mudança, nesse caso, é amplamente discutido por tantos participantes da organização quanto possível, desde os níveis decisórios centrais até os escalões de menor poder. Quando se trata de um contingente de trabalhadores grande ou muito grande, a participação pode ser feita mediada por representantes das unidades, setores ou departamentos. Isto é conhecido como planejamento participativo por representações. Ressalvados os aspectos técnicos, sob responsabilidade dos especialistas, facilitar a divulgação e as decisões em conjunto tem efeitos positivos no comprometimento com o programa.

A gestão da mudança, considerando o papel precípuo da busca de sobrevivência organizacional, confunde-se com a própria finalidade da administração, em um sentido teleológico. Impõe-se ao processo de gestão, portanto, identificar os elementos de resistência, as intervenções apropriadas aos objetivos consonantes com a missão, a adesão autêntica das posições centrais de poder, o preparo das diferentes posições na hierarquia, a conveniência ou adequação da cultura organizacional, as subculturas de apoio e assim por diante. Ressalte-se que resistências não são, necessariamente, nocivas. Analisadas criteriosamente, podem indicar redirecionamentos imperativos, inclusive a suspensão do processo.

A resistência é categorizada como manifesta ou explícita quando um ou mais participantes declaram abertamente a discordância em relação aos propósitos, e velada ou implícita quando não mostram oposição à mudança, mas não aceitam os seus propósitos. Tende a ocorrer nos níveis hierárquicos de menor poder, mormente em sistemas de controle rígidos e intransigentes. Projetos de mudança tendem a falhar, de acordo com Senge (1990/2009), se confrontam os pressupostos dos modelos mentais (visões de mundo), ancorados em crenças pessoais arraigadas. Tais fenômenos, de caráter inconsciente, podem dificultar vitalmente as aprendizagens propícias ou necessárias. Tornam a mudança ainda mais difícil quando incidem nos níveis gestores, o que não é raro.

Argyris (1992) as denominou de rotinas organizacionais defensivas: ações e políticas que levam as pessoas, ou unidades completas de uma organização, a evitar vivências de embaraços ou sentimentos de ameaça.

Pina e Cunha, Cabral-Cardoso, Campos e Cunha, e Rego (2006) resumem as principais razões para o malogro das mudanças a duas ordens de fatores. Os primeiros, de ordem psicológica, são obstáculos interpostos pelas pessoas que resistem às mudanças: tendência para evitar os riscos e incertezas, rotinas defensivas, percepção de que a mudança colide com os interesses individuais e descrença nos resultados da mudança. A segunda ordem de fatores, nominados obstáculos organizacionais, concerne às coordenações insuficientes (por serem parceladas ou desintegradas), deficiências na comunicação e uso indevido de procedimentos e técnicas. Para lidar com tais obstáculos, Price (2009) reúne artigos seminais sobre mudança nas organizações, além de oferecer, como já destacamos, um conjunto de procedimentos e técnicas, de diversos autores, validadas ao longo de anos ou décadas de aplicação.

Ao mesmo tempo que se instalam condições favoráveis de cunho procedimental e técnico, é preciso desenvolver significados de coesão, alinhamento e compromisso na comunidade. Contextos democráticos de renovação organizacional são marcados pela coordenação participativa e decisão emancipada dos rumos assumidos. Em tais contextos, disciplina, apoio e confiança são valores arraigados na cultura – ambientes reconhecidos, do ponto de vista psicossocial, como saudáveis.

Mais uma vez, é preciso ressalvar que nem sempre as decisões e o tempo imputado para mudar, a depender das pressões ambientais, proporcionam o compartilhamento e a participação almejáveis. A organização pode ser forçada a mudar em rápida resposta a necessidades internas ou influências de seu contexto que, nas contingências atuais, podem sobrevir de pontos geograficamente muito distantes de seu local de atuação. De algum modo, empresas, organizações públicas ou do terceiro setor sofrem pressões de variadas fontes: políticas, tecnológicas, de comunicação, concorrenciais e outras.

Considerações finais

A quantidade de publicações que têm os fenômenos e processos de mudança como foco, na área das ciências sociais aplicadas e outras, é proeminente. Para muitos pesquisadores e autores da psicologia, é um conceito de centralidade inconteste, equiparado ao conceito de aprendizagem, sobretudo nestes tempos de constantes e intensas transformações, em qualquer dimensão do fazer humano. O interesse tanto desponta pela necessidade de adaptações, de um lado, e de inovações, de outro, como pelas consequências das mudanças. No plano coletivo, inadaptações e incapacidade de inovar levam a conflitos e até à dissolução de comunidades. No plano individual, podem intensificar o estresse, tolher o bem-estar, potencializar a desconfiança, perturbar a comunicação e outros efeitos.

Em síntese, repassemos aspectos que foram mencionados e que atuam como fatores de restrição ou facilitação do aprendizado favorável à mudança bem-sucedida. Desde os interesses econômicos, diante da possibilidade de redução de lucros por parte dos detentores do poder até as percepções individuais negativas das consequências da mudança, conjugam-se fatores de restrição. Desde a gestão democrática e participativa até a compreensão, aceitação e comprometimento individual com o propósito da mudança, compatibilizam-se fatores de facilitação. Renovar ou conservar, no sentido de manutenção de padrões estabelecidos de comportamento, portanto, depende das interações que transformam ou reproduzem o individual, o social e o cultural, em complexa e dinâmica interdependência de fatores.

Kurt Lewin, pesquisador pioneiro e de inconteste relevância, ensinou que a mudança organizacional surge da necessidade de romper o equilíbrio de forças existentes em um dado momento. A partir desse postulado, tornou-se necessário desenvolver modelos e instrumentos para indentificar as forças de resistências e as forças propulsoras, bem como procedimentos para reforçar os padrões compatíveis com o que se pretende. Assim, a consecução dos objetivos de mudança está vinculada ao êxito ao identificar necessidades, à pertinência do planejamento para superar ou acatar (porque resistências não são, necessariamente, nocivas) e do ajuste dos momentos próprios para as intervenções.

A escolha de métodos está associada aos pressupostos ou visão de mundo dos gestores. A inclusão do conjunto dos trabalhadores nas decisões, a educação, a comunicação transparente, a participação, a negociação e o acordo contrapõem-se à manipulação, cooptação, coerção implícita ou explícita. Os efeitos de tais escolhas são observados na redução de incompreensões, na colaboração para fortalecer a democracia e na facilitação do processo de adaptação. Enfim, participação e autonomia aos trabalhadores podem demandar mais tempo, mas facilitam o processo de mudança.

Referências

Argyris, C. (1992). *Enfrentando defesas empresariais.* Rio de Janeiro: Campus.

Duran, A. P. (1993). Interação social: o social, o cultural e o psicológico. *Temas em Psicologia, 1*(3). Recuperado em 28 de junho, 2012, de http://pepsic.bvsalud.org/scielo.php?pid=S1413-389X1993000300002&script=sci_arttext.

Falletta, S. V. (2008). *Organizational diagnostic models: a review & synthesis.* Sacramento, CA: Leadersphere. Recuperado de www.leadersphere.com/img/OrgmodelsR2009.pdf.

Kotter, J., & Schlesinger, L. (1979). Choosing strategies for change. *Harvard Business Review, 57*, 106-114.

Kuhn, T. (1978). *Estrutura das revoluções científicas.* São Paulo: Perspectiva.

Morgan, G. (1996). *Imagens da organização.* São Paulo: Atlas.

Pina e Cunha, M., Cabral-Cardoso, C., Campos e Cunha, R., & Rego, A. (2006). *Manual de comportamento organizacional e gestão*. Lisboa: Editora RH.

Price, D. (2009) (Ed.). *The principles and practice of change*. New York: Palgrave Macmillan.

Senge, P. (2009). *A quinta disciplina*. São Paulo: Best Seller. (Obra original publicada em 1990).

Weick, K. E., & Quinn, R. E. (1999). Organizational change and development. *Annual Review of Psychology*, *50*, 361-386.

Zanelli, J. C., & Silva, N. (2008). *Interação humana e gestão: a construção psicossocial das organizações de trabalho*. São Paulo: Casa do Psicólogo.

Novas formas de trabalho na contemporaneidade

José Roberto Heloani

Progressos extraordinários em todos os campos do conhecimento humano ocorreram no século XX. Não obstante, ele foi também o cenário das maiores guerras produzidas pela humanidade, tanto em relação ao número de países envolvidos quanto na extensão dos prejuízos delas decorrentes. O historiador Hobsbawn (1996) qualifica esse período de "breve século" e também o mais assassino na história humana.

A recuperação das economias destruídas durante o conflito elevou os padrões de produção e consumo dessas populações em virtude do grande aporte de capitais efetivado, do gigantismo das empresas que cresciam mediante estratégias de integração e diversificação de investimentos, da oferta barata de fontes de financiamentos internacionais, da modernização tecnológica e das novas estruturas organizacionais, dadas pelo modelo *holding*, que não mais se limitavam pela propriedade do capital. O pós-Segunda Guerra significou, portanto, um período de crescimento econômico sem precedentes para as sociedades capitalistas. Tudo corria às mil maravilhas no universo de possibilidades aparentemente infinitas da produção e do consumo em massa, até a crise do petróleo nos anos 1970 forçar a busca por matérias-primas e mão de obra mais baratas, o desenvolvimento de novos métodos de gestão, novos processos produtivos e financeiros.

Essa oscilação da iniciativa privada será acompanhada, no primeiro mundo, pela fragilização imagética (no nosso entendimento foi intencional) do *welfare state* que a essa época começava a dar sinais de fadiga e declínio. O estado desacreditado, subnutrido (pois um significativo aporte de verbas é desviado para a manutenção de guerras coloniais e intervenções – do tipo Vietnã – e não para a manutenção de suas funções básicas, tal como saúde, educação etc.) parecia não ter condições de garantir o pleno emprego, e o sistema público de previdência social começava a ruir, o que contribuiria para a perda de sua popularidade para a iniciativa privada que apresentava ganhos de produtividade nada mal para uma época de vacas magras (Heloani, 2000, 2003).

Grandes modificações na esfera estatal, na década de 1980, ocorreram, inicialmente, na Inglaterra de Margareth Thatcher, a "Dama de Ferro", onde esta protagonizou processos de privatização de parcelas do setor público, que seriam seguidos por diversos outros países desenvolvidos e em vias de desenvolvimento nos anos seguintes. A reivindicação a um estado mínimo encontrou eco cada vez mais ampliado entre os partidários do neoliberalismo econômico, e as empresas privadas ressurgiram no cenário na qualidade de principal ator socioeconômico, especialmente após a queda do muro de Berlim, em 1989. Esse episódio valorizaria ainda mais o papel das empresas e exerceria uma forte influência na sua legitimação social como representantes genuínas do melhor sistema econômico já inventado, aquele baseado no livre mercado. Esquecendo-se da finalidade última, as empresas públicas emulam e se tornam cada vez mais parecidas com as da iniciativa privada.

Do fordismo às novas formas de trabalho

A flexibilidade e seus derivados torna-se a nova palavra de ordem diante do que se convencionou chamar de rigidez do fordista e seu sistema regulatório. Esse processo foi analisado por Harvey (2000) por meio do conceito de acumulação flexível.

O modo de regulação fordista começa a ser rompido com a crise iniciada no final dos anos 1960 e início dos 1970: pelo questionamento feito às suas bases pelos movimentos operário e estudantil; pela crise do petróleo (1973) e as políticas de ajuste dela decorrentes; e pela baixa competitividade das indústrias europeias e americanas diante das indústrias japonesas do setor automotivo. Novos processos e experiências no campo da produção emergem em contraposição à produção em série e em massa. É a partir daí que surgem novas formas de acumulação de riquezas e de organização do trabalho e da produção, que trazem graves consequências para a qualidade de vida dos trabalhadores.

Os elementos do "toyotismo", ou modelo japonês de produção, vão sendo adotados por grandes empresas em várias partes do mundo, inicialmente pela grande indústria automobilística e, posteriormente, por outros setores de indústria e de serviços. Essa expansão surgiu como resposta do capital à crise dos anos 1970.

Na produção ocorre a flexibilização dos processos de trabalho, a redução dos níveis hierárquicos, trabalho em equipe e adaptabilidade do trabalhador, além da eliminação da demarcação de tarefas. Diferentemente do fordismo, a ênfase das estratégias empresariais requisitam a corresponsabilidade do trabalhador no processo produtivo. Há uma maior flexibilidade – com constantes inovações – dos produtos e dos padrões de consumo.

A flexibilidade envolve a implantação de processos de terceirização, de subcontratação por parte das grandes indústrias, que incentivam a formação de pequenos negócios (estruturas antigas de produção, familiar e artesanal), e de descentralização da produção. A grande quantidade de mão de obra excedente (desempregados ou subempregados) permite impor contratos de trabalho mais flexíveis.

De acordo com Harvey (2000), a classe trabalhadora que emerge desses processos pode ficar assim caracterizada: no centro aparecem os trabalhadores em tempo integral que gozam de maior segurança no emprego, boas perspectivas de promoção e de reciclagem, pensão e seguro, além de outras vantagens indiretas. Estes devem ser flexíveis e adaptáveis a diferentes postos de trabalho, inclusive geograficamente. O grupo de trabalhadores periféricos pode ser subdividido em dois grupos distintos: o primeiro é composto por trabalhadores em tempo integral, que possuem habilidades facilmente disponíveis no mercado, no qual se inclui o pessoal do setor financeiro, as secretárias e o pessoal de trabalho rotineiro. Esse grupo de trabalhadores apresenta menores chances de acesso à carreira e alta rotatividade no emprego. O segundo grupo periférico apresenta uma alta taxa de rotatividade e grande flexibilidade numérica, e é constituído por trabalhadores em tempo parcial, contratados por tempo determinado, temporários e subcontratados.

Segundo Bihr (1999), ao analisar esse mesmo processo no espectro atual, três conjuntos se delineiam: os operários estáveis e com garantias, empregados do Estado ou de setores pouco ameaçados pela rediscussão fordista; proletários excluídos do mercado de trabalho cuja crise joga definitivamente no "olho da rua" ou proíbe o acesso à vida ativa, como é o caso dos idosos e dos jovens que ficam condenados ao desemprego de longa duração e à dependência da seguridade social ou mergulhados na pobreza e miséria; e a massa flutuante de trabalhadores incluídos nos processos de subcontratação, terceirização e nos trabalhos domésticos e por encomenda, temporários, estagiários, da economia subterrânea e até clandestinos.

Ao contrário do período fordista, quando se observava uma indústria mais concentrada, a nova organização assenta um processo de "externalização", desconcentração e "desaglomeração" de grandes unidades produtivas controladas pela informática e pelo desenvolvimento de filiais. É um processo que preserva no núcleo central trabalhadores ligados à atividade principal da empresa; torna externos os demais, via terceirização.

O novo modelo busca maior produtividade com a adoção da automação do processo de trabalho, da gestão informatizada dos fluxos produtivos alterando, significativamente, a organização e a divisão do trabalho. A relação "operário especializado" e "máquina especializada", marca fundamental da *organização fordista*, é substituída por uma relação "equipe polivalente" e "sistema de máquinas automatizadas", ou melhor, *toyotismo*. Esse novo modelo, principalmente para as atividades que ocupam o centro das atividades produtivas, visa à superação do taylorismo, introduzindo uma relativa recomposição das funções de concepção, alterando o sistema de qualificações em que a mecanização taylorista é muito pouco absorvida. São essas as situações de trabalho que vêm provocando o aumento do desemprego e instabilidade, impactando significativamente na identidade dos trabalhadores.

A necessidade de as empresas ajustarem sua capacidade produtiva a uma demanda variável em volume e composição do consumo é designada por flexibilidade. Isso requer, simultaneamente, uma organização flexível do trabalho, na qual o trabalhador seja capaz de ocupar diferentes postos de trabalho. A exigência de flexibilidade conjuga-se com a de fluidez para requerer uma mão de obra polivalente, qualificada, bem formada, operando em equipes e impactando na composição socioprofissional do proletariado (Bihr, 1999).

A organização flexível pressupõe uma ruptura com as condições das normas legais que regem o trabalho e incentiva o trabalho em tempo parcial. Exige, ainda, dos trabalhadores, jornada de trabalho flexível adaptada aos imprevistos da produção, bem como implanta mecanismos individualizantes de remuneração baseados no desempenho e na qualificação. Ou seja, estabelece-se a regulação pelo mercado, com a flexibilização, desindexação e individualização dos salários.

Novos métodos de gestão

Os novos métodos de gestão que pretendem o envolvimento do trabalhador no novo processo produtivo – funções de concepção e trabalho em equipes – transformam trabalhadores em aliados das organizações pela manipulação da subjetividade. Essas estratégias empresariais vão sendo generalizadas para diversos ramos, sendo adotadas em escritórios, empresas do setor de serviços e do comércio, inclusive em áreas do setor público. Neste particular, durante a década de 1990 no Brasil, pode-se observar a adoção da reorganização do trabalho, da terceirização em importantes empresas estatais e na gestão de políticas públicas de um modo geral.

Autores como Sennett (2005), Enriquez (1993, 2006), Castoriadis (1990, 1996, 1999), Le Goff (1999), De Gaulejac (1994, 2005), Dejours (1998) apontam como os mal-estares das sociedades atuais: a progressiva corrosão dos vínculos sociais e dos valores coletivos, a emergência da importância do indivíduo e exacerbação do individualismo, a negação da existência e do reconhecimento do que é diferente e não consensual, a instrumentalização do indivíduo e a sua mutação de ser humano para um número ou uma coisa passível de ser vendida e descartada e à elevação do sentimento de impotência e exclusão daqueles que não desempenham uma função produtiva ou tenham um emprego.

Dejours (1998) e Enriquez (2006) nos lembram que o que antes era chamado de "exército de reserva" era parte do sistema e poderia ter o seu emprego de volta no momento seguinte, porém, a tecnologia atual elimina empregos, o que acaba com a esperança dos desempregados em voltar a encontrar um lugar no mundo do trabalho ou, ainda, deve dar-se por satisfeito aquele que consegue uma posição qualquer, mesmo que ela não lhe traga nenhuma satisfação, nenhum reconhecimento e não lhe reclama nenhuma criatividade ou possibilidade de crescimento (Dejours, 1998). Encontramos nesses autores argumentos que sustentam as diferentes facetas das questões identitárias, considerando-as estreitamente relacionadas com a violência que acompanha o progresso social e econômico do final do século XX e do início deste século.

Essa violência pode ser encontrada nos problemas de identidade caracterizados pela impossibilidade de os indivíduos se autodefinirem para si próprios, pela sua desorientação quanto aos valores coletivos e pelo aumento da insignificância de indivíduos e sociedades, que buscam sentidos e formas de reconhecimento na vida social, porém sem serem jamais satisfeitos. A competição generalizada reforça o sentimento de hostilidade, inveja e indiferença ao outro, que passa a ser visto como objeto de ódio e ressentimento, o que nos parece uma nova forma de violência social, latente e induzida, que se apresenta em um nível de profundidade diferente daquela que é própria do recalcamento e das pulsões humanas.

A década de 1990 daria acabamento ao movimento de valorização das empresas, que doravante seriam consideradas como as responsáveis pela riqueza das nações, pelo aprofundamento do desenvolvimento tecnológico, pela conquista de mercados nos confins do planeta e pela elevação seguida de índices de produtividade, o que justificaria antecipadamente as reestruturações a serem feitas e serviria de álibi aos "efeitos colaterais" que delas resultariam. Nessa época vários autores analisaram a possibilidade da emergência de uma sociedade sem empregos e o que ela poderia trazer como resultados sociais (Forrester, 1997; Bridges, 1995; Pastore, 1997; Rifikin, 1995).

Fim da Guerra Fria, agora é a vez da guerra econômica. O movimento de globalização se intensificaria, a formação de blocos econômicos regionais ganharia relevo e a tecnologia informática se tornaria indispensável nas relações pessoais, sociais e organizacionais. A combinação desses fatores favoreceu o refinamento de um modo informacional de gestão que está na origem das estruturas organizacionais em rede, que romperam com os modos anteriores de interdependência entre economia e sociedade (Castells, 2000, 2001).

A organização do trabalho fundada em relações de longo prazo e superespecializadas, desenvolvidas em unidades isoladas que assentavam as bases do fordismo-keynesianismo, não serviria mais a esses objetivos, pois seria preciso adequar a estrutura organizacional, transformar as relações produtivas e tecnológicas e modernizar os processos administrativos, produtivos e financeiros de forma a torná-las compatível com o novo paradigma informacional e global. A interdependência global forçou uma nova forma de relação com a economia, com o estado e com a sociedade e o fortalecimento do papel do capital se deu em detrimento do enfraquecimento sindical e da degradação das condições de trabalho. A nova organização do trabalho alterou completamente a relação com o tempo e o espaço, tem se desenvolvido cada vez mais como um fluxo (Semprini, 2003) e prescinde de vínculos sociais duradouros ou referências no passado.

Ora, se o processo de trabalho está no cerne da estrutura social, mudanças significativas no primeiro fator alteram a relação com o segundo e isto se verifica no crescimento da produção sem a criação de empregos e na imposição de perda gradativa das proteções institucionais aos trabalhadores. As novas formas de gestão do trabalho têm tornado os trabalhadores vulneráveis ao desemprego, à queda de salários, à precarização, à uma competição extremamente acirrada, à deterioração do clima no ambiente de trabalho, todas essas condições portadoras de violência. Os sindicatos que continuaram funcionando nas bases industriais anteriores mostraram-se esclerosados e perderam força política diante da natureza revolucionária da informática e da economia cada vez mais globalizada e interdependente, das novas estruturas ocupacionais e especializações em local flexível e em fluxo, bem como diante da entrada de novos tipos de trabalhadores até então não representados (mulheres, jovens e imigrantes). A categoria de empregos que mais cresce nas sociedades atuais é a dos trabalhos temporários e em tempo parcial, o que fomenta o clima de ameaça ao fantasma do desemprego intermitente ou prolongado.

Paralelamente, o realinhamento estratégico das empresas seria concentrado no crescimento via aquisições, fusões ou alianças e consórcios e seria redefinido o *core-business* que melhor integrasse os incrementos de produtividade dos diversos negócios. A circulação de capitais, pois, intensificou-se com o uso da informática, facilitando a execução cada vez mais rápida de processos de compra, fusão e parcerias entre empresas. Juntos, o processo de globalização e uso intensivo da internet se reforçariam mutuamente e passariam a exigir um novo tipo organizacional e uma organização do trabalho pautada pelas características de flexibilidade, aprendizagem contínua, custos sempre em queda, desempenhos sempre mais elevados, equipes multiculturais e mobilidade em todos os sentidos (Freitas, 2005). Empresas e indivíduos seriam incentivados a serem nômades sempre, a desenvolverem vínculos transitórios e a definirem metas apuráveis no curto prazo. O sucesso passaria a ser medido pela capacidade de ser o melhor e de mudar o mais rapidamente possível.

A estrutura organizacional bastante verticalizada seria enxugada por meio da redução de níveis hierárquicos e de unidades, da segmentação ou fragmentação de seu funcionamento em células ou projetos, da efetivação de processos de terceirização de atividades de apoio ou processos complementares de produção, da incorporação tecnológica permanente e interdependente, da eliminação de custos via demissão em massa, da elevação da qualificação do pessoal remanescente, da flexibilidade e atualização permanentes, da avaliação de resultados em prazos cada vez mais curtos e de mudanças de localização geográfica para territórios mais vantajosos ou com legislação menos restritiva. Essas variáveis foram recobertas pela denominação "externalidades", que é uma forma de se retirar das empresas as responsabilidades pelas consequências sociais de suas decisões (Stiglitz, 2002; Heloani, 2003)

Trabalho e identidade

Com a ênfase cada vez maior recaindo sobre o aspecto econômico e o paulatino enfraquecimento de outras instituições sociais, a relação do indivíduo com o seu emprego tornou-se praticamente a sua fonte principal de identidade social e pessoal, uma vez que este indivíduo foi reduzido ao seu papel profissional e é no ambiente de trabalho que ele vivencia a concretude de alguns valores coletivos; vale dizer, é o estatuto profissional que hoje referencia o sujeito social. Nesse sentido, o vínculo profissional ganha uma relevância paradoxal, pois estamos falando de um mundo em que o vínculo com o trabalho tende a ser cada vez mais raro, mais curto e mais superficial, ao mesmo tempo em que torna-se a referência central que testemunha a existência do indivíduo. Isto posto, precisamos considerar um outro problema configurado pela tendência ao agravamento da crise de identidade em virtude do afrouxamento desse vínculo social com o trabalho. Ou seja, o que acontece aos indivíduos que não têm um emprego? Resposta: a total ausência de reconhecimento de existência e a sua impossibilidade de encontrar um lugar social.

Ora, uma parte substancial da nossa identidade é dada pelo olhar do outro, ou seja, pelo reconhecimento que somos capazes de suscitar no outro. Esse reconhecimento assume duas formas: a de que fazemos parte de algo maior e a de que somos seres singulares. Na medida em que o trabalho assume cada vez mais centralidade na vida do indivíduo, o seu pertencimento a um grupo, no qual ele possa desenvolver e demonstrar a sua capacidade de criação e realização, torna-se crucial. Assim, podemos dizer que não existe uma separação entre o mundo objetivo do emprego e o mundo subjetivo do reconhecimento da existência do indivíduo, pois esses mundos se materializam na essência de uma relação dual, na qual a singularidade do fórum interior individual encontra ou não significação no espaço ampliado do mundo do emprego. É preocupante o estreitamento das fontes de reconhecimento, pois sem ele o indivíduo seca, desenvolve patologias e pode até morrer diante do atestado de sua inutilidade para si e para os demais. A ausência de reconhecimento mata, pois o que deixa de ser reconhecido não diz mais respeito a um mero emprego, mas a uma existência que só é validada por ele.

A perda de sentido, a perversão dos valores sociais, a comunicação ou as exigências paradoxais, a dissolução do coletivo, a transformação do ser humano em coisa, bem como a pressão imposta por uma competição sem limites, a ameaça permanente da exclusão e a perda de confiança generalizada são sintomas de uma economia que parece se desenvolver às custas da sociedade. Ora, já sabemos que para as grandes empresas o desemprego não é um problema, mas uma solução e uma forma de terem elevados imediatamente os preços de suas ações nas bolsas mundiais. Um simples anúncio de reestruturação ou de uma fusão, que fatalmente implicam em demissões, serve de estimulo extra à gula dos investidores e à melhoria dos humores do mercado. Numa economia cada vez mais globalizada, na qual as empresas são cada vez mais nômades, não tem importância maior o que acontece com as economias locais ou a degradação das sociedades locais, pois o que é vislumbrado pelas empresas é o cenário que pode lhes garantir os maiores retornos rapidamente; esse cenário é o alhures, não importa o que ocorre localmente, afinal numa guerra não se pode pensar em questões menores (De Gaulejac, 2005; Freitas, 2006, 2007).

Novas formas de violência

Na empresa, a violência não é repressiva, mas psíquica, ligada às exigências paradoxais impostas pela nova organização do trabalho. Quanto mais o profissional tem sucesso, maior a sua dependência de palco para mais sucesso; quanto mais a empresa progride, mais o indivíduo regride; quanto mais ele se identifica a ela, mais perde a sua autonomia; quanto mais ela diz que o humano é o seu ativo mais importante, mais ela o degrada em suas ações. Ou seja, estamos lidando com o funcionamento de um sistema que manipula as armadilhas do desejo do indivíduo; nele, o sentimento de potência do indivíduo o torna impotente, pois a imagem de expansão ilimitada não é outra senão a ilusão de uma projeção da imagem sem limites, que a empresa cultiva de si e a repassa por meio da sua cultura (Enriquez, 1992; Freitas, 1999).

O medo de fracassar, de não estar à altura e da perda do seu lugar serão permanentes companheiros do indivíduo nesta organização de ética de resultados cada vez mais elevados e legitimada na sociedade dos indivíduos sob pressão contínua. O que fica evidente é, pois, a iniquidade do contrato social para aquele que não tem mais lugar no mundo do trabalho; este passa a ser visto e sente-se como o inútil, o imprestável, o fracassado e o peso para as políticas sociais, se houver. A falta do emprego decreta a morte social do sujeito, pois ele não encontra mais na sociedade um lugar, um estatuto, uma identidade, um reconhecimento ou uma existência social. A exclusão social é a ausência total desses vínculos, e quando o indivíduo não encontra respostas às suas necessidades vitais de valorização e de identificação a um grupo, ele perde a noção de dignidade própria e a compreensão das regras que sustentam o social, o que pode originar mais violência (De Gaulejac & Léonetti, 1994; Dejours, 1998).

Quanto aos indivíduos que estão ativos no mercado, estes devem desenvolver a aprendizagem contínua não apenas em relação aos conteúdos de seu trabalho, mas também uma aprendizagem insuflada pela sobrecarga gerada pela multiplicidade de tarefas, pelas metas sempre puxadas para cima, pela demonstração constante de sua sede por desafios, pelo sentimento de culpa por não ser excepcional e brilhante todos os dias, pela necessidade de esconder a angústia de ser desmascarado pelo julgamento excessivo dos seus avaliadores, ou ainda pelo sofrimento escondido resultante do medo de nunca alcançar a sua realização, ou o de nunca ser bom o bastante. O custo dessa excelência (Aubert & De Gaulejac, 1991) ou as armadilhas da perfeição (Hendlin, 1992) podem ser traduzidos em múltiplas manifestações de sofrimento no trabalho (Ramaut, 2006), pelo complexo de impostura (Clance, 1986) e pelo estresse profissional (Légeron, 2003), que marcam a violenta competição no ambiente de trabalho atual, que, mais uma vez, paradoxalmente, reclama o trabalho de equipe e a confiança na partilha de informações e conhecimentos em um ambiente em que não confiar deve ser a regra.

Diversos estudiosos (por exemplo, Aubert & De Gaulejac, 1991; Hendlin, 1992; Clance, 1986) apontam que a cultura da ansiedade, gerada pela busca da perfeição e pela conquista sem falhas, provoca "doenças vergonhosas", caracterizadas por uma lógica que não garante nenhuma confiança ou crédito pelo que o sujeito realizou, já que a cada nova tarefa, parte-se do zero e inicia-se uma nova contagem de metas, resultados e aprendizagem; ou seja, um mecanismo que esgota o indivíduo e o exaure na realização de projetos que ele próprio não reconhece mais a importância apenas pelo fato de que já está feito. Isto significa que o profissional, por brilhante e realizador que seja, sente-se sempre dançando sobre uma navalha, pois ele nunca é bom o bastante e se condena a resultados cada vez mais elevados, modelando a sua imagem a um ideal insaciável e inatingível, encarnando um herói que já nasce morto (Freitas, 1999). Muitos profissionais duvidam de seu sucesso, estão convencidos que ele não se deve às suas competências e inteligência e têm medo de serem desmascarados.

Diante desse cenário que penaliza quem não tem um emprego e quem o tem, depreendemos que os modos como o trabalho está organizado e é gerido favorecem relações violentas, pois neles imperam regras incertas, mutáveis, promessas não cumpridas, reconhecimentos negados, punições arbitrárias, exigências de submissão de uns e de arrogância de outros. A rentabilização do ser humano, ou seja, a sua transformação em coisa, em projeto ou em capital permite uma justificativa da violência no ambiente de trabalho e neutraliza o mote da sobrevivência e do vale-tudo para salvar-se, deixando um rastro de estigmatizados como perdedores e descartáveis. A sociedade como um todo está sob pressão diante da competição generalizada e da penalização do trabalho face a desmedida do capital (Linhart, 2007), o que muitas vezes leva ao esquecimento de que a finalidade da sociedade não é a de promover maiores lucros para as empresas, mas produzir os vínculos sociais e as instituições que lhe dão corpo, garantindo os direitos dos cidadãos que a formam.

Referências

Aubert, N., & De Gaulejac, V. (1991). *Lê coût de l'excellence.* Paris: Seuil.

Bihr, A. (1999). *Da grande noite à alternativa: movimento operário europeu em crise.* São Paulo: Boitempo.

Bridges, W. (1995). *O mundo sem empregos.* São Paulo: Makron.

Castells, M. (2000). *O fim do milênio.* São Paulo: Paz e Terra.

Castells, M. (2001). *A sociedade em rede.* São Paulo: Paz e Terra.

Castoriadis, C. (1990). La crise du processus identificatoire. Conexions. *Éres, 55*, 123-136, Paris.

Castoriadis, C. (1996). *La montée de l'insignificance.* Carrefour du labyranthe IV, Paris: Seuil.

Castoriadis, C. (1999). *Dialogue.* Paris: Editions de l'aube.

Clance, P. R. (1986). *Le complexe d'imposture.* Paris: Flammarion.

De Gaulejac,V. (2005). *La société malade de la gestión.* Paris: Seuil.

De Gaulejac,V., & Léonetti, I. T. (1994). *La lutte des places.* Paris: Desclée de Brouwer.

Dejours, C. (1998). *Soufrance en France.* Paris: Seuil.

Dejours, C., Dessors, D., & Desriaux, E. (1993). Por um trabalho, fator de equilíbrio. *RAE-FGV, 33*(3), 98-104, São Paulo.

Enriquez, E. (1992). L'entreprise comme lien social – un colosse aux pieds d'argile. In Sainsaulieu, R., *L'entreprise – une affaire de société* (pp. 203-228). Paris: Presses de la foundation nationale des science politiques.

Enriquez, E. (1993). Les enjeux ethiques dans les organisations modernes. *Sociologie & Sociétés, XX*(1), 25-38.

Enriquez, E. (2006, jan./jun.). O homem do século XXI: sujeito autônomo ou descartável. *RAE--FGV-Eletronica, 5*(1), São Paulo.

Enriquez, E., & Haroche, C. (2002). *La face obscure des démocracies modernes.* Ramonville Saint-Agne.

Forrester, V. (1997). *O horror econômico.* São Paulo: Unesp.

Freitas, M. E. (1999). *Cultura organizacional: identidade, sedução e carisma.* Rio de Janeiro: FGV.

Freitas, M. E. (2005, jan./mar.). Existe uma saúde moral nas organizações? *O&S, 12*(32), 13-27, Salvador.

Freitas, M. E. (2006). A gestão contemporânea está doente? In R. Villarta, T. H. P. Freire de Carvalho, A. Gonçalves & G. L. Gutierrez (Orgs.). *Qualidade de vida e fadiga institucional* (pp. 47-72). Campinas: IPÊS.

Freitas, M. E. (2007). A metáfora da guerra e a violência no mundo do trabalho. In A. P. Carrieri & A. Saraiva (Orgs.). *Simbolismo organizacional.* São Paulo: Atlas.

Freitas, M. E., Heloani, R., & Barreto, M. (2008). *Assédio moral no trabalho.* São Paulo: Cenage.

Harvey, D. (2000). *A condição pós-moderna.* São Paulo: Loyola.

Heloani, R. (2000). *Organização do trabalho e administração: uma visão multidisciplinar* (5a ed.). São Paulo: Cortez.

Heloani, R. (2003). *Gestão e organização do capitalismo globalizado: história da manipulação psicológica no mundo do trabalho.* São Pulo: Atlas.

Hendlin, S. J. (1992). *Lês pièges de la perfection.* Paris: Puf.

Hobsbawn, E. (1996). *A era dos extremos.* São Paulo: Companhia das Letras.

Légeron, P. (2003). *Le stress au travail.* Paris: Odile Jacob.

Le Goff, J. P. (1999). *La barbarie douce.* Paris: La Découverte.

Linhart, D. (2007). *A desmedida do capital.* São Paulo: Boitempo.

Pastore, J. (1997). *A agonia do emprego.* São Paulo: LTr.

Ramaut, D. (2006). *Journal d'un médicin du travail.* Paris: Le Cherche Midi.

Rifikin, J. (1995). *O fim dos empregos.* São Paulo: Makron Books.

Semprini, A. (2003). *La société de flux.* Paris: L'Harmattan.

Sennet, R. (2005). *A corrosão do caráter.* Rio de Janeiro: Record.

Stiglitz, J. (2002). *Os malefícios da globalização.* São Paulo: Cia das Letras.

Ócio e trabalho

Cássio Braz de Aquino

Ócio e trabalho são categorias que, ao longo da história, sempre estiveram próximas. Essa aproximação, no entanto, está repleta de imprecisões conceituais que resultaram inclusive numa percepção predominante recentemente como atividades sociais opostas.

Na contemporaneidade, o ócio parece reassumir certo relevo, numa sociedade demarcada por discursos controversos com relação ao trabalho – que chegam ao extremo de apregoar seu desaparecimento. Hoje, a relação entre ócio e trabalho é marcada por confusões que derivam, segundo os teóricos dos tempos sociais (Sue, 1995; Pronovost, 1996), da percepção de tempo dedicado a cada uma dessas atividades e que atribuem um caráter de centralidade a uma ou outra na estruturação da vida social. Atualmente, diante das frequentes referências à perda da centralidade do trabalho (Mèda, 1998; Offe, 1987; Habermas, 1987), a vinculação entre essas duas categorias volta a ganhar relevo, tornando-se um campo emergente para os estudos da psicologia.

Na Grécia Antiga, trabalho e ócio figuravam como conceitos antagônicos e com valores muito distintos do que se conhece no momento atual. Se, hoje, privilegia-se a temporalidade como o recurso que demarca a cisão entre as duas atividades – tempo de trabalho e tempo liberado (em que o ócio se evidencia) – naquela época, segundo Aristóteles, o ócio era um estado, ou seja, constituía-se como uma condição da liberdade de não trabalhar. A substancialidade das categorias deu lugar a uma vinculação espaço-temporal na designação destas.

O ócio, tal como o concebemos hoje, não pode ser compreendido sem uma alusão à Grécia Antiga. São os filósofos gregos que tanto tomam o tema do ócio como fundamental dentro da sua civilização como fixam as bases etimológicas do termo.

Aristóteles é, sem dúvida, quem mais dedica atenção ao termo *schole,* que etimologicamente significa parar ou cessar. De Grazia (1966), baseado no pensamento de Aristóteles, reconhece a centralidade do termo na compreensão da dinâmica da sociedade grega de então, ao indicar que, para o filósofo, a vida podia ser dividida em distintas partes: ação e ócio, guerra e paz. Essa distinção proposta por De Grazia (1966) é importante porque reconhece que o ócio é uma oposição à ação – compreendida como toda atividade dirigida a pessoas e objetos visando à obtenção de um dado fim – e não especificamente ao trabalho. A compreensão de trabalho dos gregos, ao qual se opunha o ócio, na concepção de Aristóteles, era a *ascholia*, que corresponde à ideia de ocupação. Assim, o ócio era compreendido pelos gregos como estar livre da necessidade de estar ocupado.

Não haveria no ócio qualquer conotação de atividade para consecução de outro fim. O ócio é a atividade que leva em si a própria razão do seu fim. Platão e Aristóteles viam na contemplação a forma, por excelência, de aproximar-se da verdade. A contemplação era o próprio exercício da verdade e esta era a plenitude do ócio. Tal concepção acaba impondo um critério valorativo para as atividades trabalho e ócio, ficando aquela como uma atividade inferior a esta.

A concepção grega de liberdade plena e desvinculada das necessidades se viu confrontada com a concepção romana. Entre os romanos, a concepção de ócio constituiu-se vinculada ao trabalho. Etimologicamente, na Roma Antiga, o *otium* era reconhecido como a vivência de atividades preferidas pelo cidadão (comum) romano quando retirado da vida pública. O seu oposto era o *negotium,* atividade vinculada à atividade produtiva. Assim, prevaleceu a noção de ócio como o momento de descanso e recreação que sucedia o momento de ocupação do homem, fosse o comércio ou o exército (De Grazia, 1966).

A perspectiva que se sobressai entre os romanos é fundamental na compreensão contemporânea do ócio. É ela que introduz um corte na perspectiva grega – superioridade do ócio como atividade suprema e aproximação ao âmbito divino. Tal concepção somente existiu entre os gregos. É a ideia reduzida de *otium* – que prevalece entre os romanos – que se manterá como referência até o período da Revolução Industrial.

Ao longo de toda Idade Média, o ócio sucumbirá como atividade assim como o próprio trabalho, pois estarão submetidos aos valores religiosos. É com a Revolução Industrial que mais uma vez ócio e trabalho se articularão na constituição de uma nova ordem societal mediados agora pela temporalidade.

Confusão entre ócio e lazer na sociedade que privilegia o trabalho

A partir do Renascimento se estabelece uma dualidade nítida entre vida ativa e vida contemplativa. A ética do trabalho, legitimada a partir desse momento histórico como ética da sociedade capitalista, distinta do que ocorria na Idade Média, introduz a máxima de que a riqueza não é mais "pecado", ao contrário, está de acordo com a vontade divina. O trabalho, associado à vida ativa e à ação produtiva, ganha um lugar especial na organização social. Ao considerar que um ato é produtivo quando converte uma dada matéria em algo útil, Smith (1982) estabelece o trabalho como elemento básico da riqueza. O ócio, ao não participar da lógica produtiva, mas associar-se à vida contemplativa, não contribui para a riqueza das nações.

Essa valorização do trabalho deslocou o ócio a um lugar quase marginal ante os valores do capitalismo moderno. Surge daí a noção de uma rivalidade entre as duas categorias – ócio e trabalho – uma vez que no emergente modelo capitalista, uma atividade, para ser valorada, deveria necessariamente ser geradora da riqueza.

Alguns autores foram emblemáticos na discussão que dualizava trabalho e ócio, e tiveram contribuição para a relação que se desenvolveu entre as duas categorias. O tempo aparecia como elemento privilegiado na mediação entre ócio e trabalho. Assim, Marx (1976, 1977), Lafargue (1999) e Veblen (1965), ao traçarem críticas ao modelo industrialista, davam subsídios a uma nova ideia de ócio, ora como modelo de um tempo de expressão real dos indivíduos – impedido de se manifestar na espaço-temporalidade de um trabalho profundamente alienado das organizações da época –, ora como referente ostentatório e de divisão de classes.

É efetivamente na sociedade industrial que o tempo passa a ser o grande mediador da relação entre o trabalho e o ócio. Ao tomar o trabalho como atividade central da estruturação social, o tempo dedicado a ele se torna o tempo *dominante* (Sue, 1995) ou *pivô* (Pronovost, 1996), ficando todas as demais atividades, e suas respectivas temporalidades, como residuais. Com o ócio não foi diferente.

Essa relação de dominância só começa a ser alterada com as lutas trabalhistas, inicialmente, e, mais tarde, com os processos de reestruturação produtiva, que atuaram diretamente sobre a redução da jornada laboral e a organização do trabalho. Isso possibilitou a liberação de tempo para as denominadas atividades residuais. As expansões do mercado e das práticas de consumo acabaram (re)significando a noção de ócio, embora não mais em seu contexto original de liberdade e autonomia, mas seguindo da perspectiva romana. A concepção que emergiu nesse contexto, agora denominado de lazer, ratifica a dicotomia com o trabalho, mediado pela temporalidade. A liberação do tempo de trabalho configura a atividade de lazer, concebida como novo sentido do ócio e caracterizada por Dumazedier (1962) como constituída de três funções significativas: descanso, divertimento e livre desenvolvimento. Lazer e ócio passaram a ser tratados como sinônimos, embora na realidade não o sejam.

O ócio, compreendido como contemplação e voltado à busca da liberdade e da autonomia do sujeito, acaba subjugado pela noção de lazer, que é sempre uma ação heterodeterminada, tal como define Munné (1992). Algo semelhante ocorreu na relação trabalho e emprego, quando este último, no contexto da sociedade salarial, acabou tornando-se referente do primeiro.

Atribui-se aos teóricos da Escola de Frankfurt a crítica a uma identificação dos termos ócio e lazer, associando este último a um território potencialmente apropriado pela lógica do capital. Com a "ética do trabalho", a concepção de ócio adquire um valor profundamente pejorativo, mas com a emergência da "estética do consumo" (Bauman, 1999), principalmente com a reestruturação produtiva, o ócio, agora confundido com lazer, passa a ser tratado como atividade fundamental para o desenvolvimento da sociedade.

O contexto contemporâneo do ócio, do lazer e do trabalho

É Dumazedier (1962) que, no seio da sociedade salarial, reintroduz o lugar do ócio. Ele concebe sua relevância na nova estruturação social por meio da constatação de uma transformação radical de seu estatuto em apenas um século. Como sociólogo crítico do trabalho, ele reconhece no ócio uma atividade fundamental de enfrentamento à alienação do trabalho. Entretanto, a mudança no estatuto não é suficiente para recuperar o seu estatuto original, de liberdade e autonomia (Salis, 2004). O reconhecimento do caráter de oposição à alienação do trabalho, no entanto, viabiliza o resgate como espaço para realização e expressão individual, constituindo-se uma atividade fundamental para a transformação social.

Assim como a sociedade salarial promoveu a colonização metonímica do trabalho pelo emprego, algo semelhante ocorreu entre o ócio e o lazer. Não se pode pensar, contemporaneamente, o ócio dentro do ideal grego, mas tampouco menosprezar essa compreensão. Contemporaneamente, o ócio se torna um fenômeno complexo que não restringe sua compreensão às atividades de lazer – mantendo ainda o ideário de contemplação, liberdade e autonomia –, e, ao mesmo tempo, não as exclui. Não fora isso suficiente, na caracterização da articulação com o trabalho, o século XX viu surgir e se expandir um setor econômico que é denominado de indústria do lazer, tornando essa relação ainda mais multifacetada.

Se, por um lado, surge e adquire relevo uma corrente sociológica que dá atenção ao ócio como um fenômeno voltado ao descanso, à satisfação das necessidades culturais de desenvolvimento pessoal e à animação sociocultural, não se pode esquecer que, de outro, o estabelecimento de um setor econômico em expansão crescente introduz uma análise distinta das duas esferas já identificadas – ócio autêntico e lazer. O surgimento e rápida expansão da indústria do lazer – serviços de comunicação em massa, diversão e turismo – é responsável pela nova compreensão do ócio fortemente marcada pelo consumo.

O crescimento da indústria do lazer, que se configura como um segmento do ócio, é responsável por um curioso paradoxo. A expansão das atividades do setor depende de uma maior disponibilidade de tempo dos trabalhadores. Por outro lado, o estabelecimento de uma indústria solidificada do lazer passa a constituir um espaço fundamental para a geração de empregos. Percebe-se, assim, a vinculação das duas atividades – trabalho e ócio – numa terceira dimensão, a saber, a constituição de um setor econômico. Em pouco mais de um século, o ócio passou de atividade marginal a atividade com forte potencial econômico, e sobre o qual se depositam expectativas para minimizar os efeitos nefastos da geração de emprego na indústria.

Ócio e trabalho na contemporaneidade

As profundas transformações do mundo do trabalho têm repercussão na concepção de ócio na contemporaneidade. Isso permite compreender que ambas as categorias se integram, seja pelo viés econômico, seja pela ideia de enfrentamento à alienação advinda do modo de organização do trabalho que prevaleceu na sociedade industrial.

Apesar do vínculo com o trabalho, o ócio pouco tem sido estudado no contexto da Psicologia do Trabalho e das Organizações no Brasil. Em outros países, no entanto, forma parte do interesse dos psicólogos e demais cientistas sociais – Cuenca (2004),

Neulinger (1974), De Grazia (1966), Dumazedier (1962), Munné (1992), Munné & Codina (1997). São esses teóricos que embasam as pesquisas, ainda incipientes, que começam a se desenvolver no nosso contexto. Autores como Padilha (2000), Aquino (2010), Martins (2008), Salis (2004) e Rhoden (2010), entre outros, estão iniciando esses estudos integrados à psicologia, muito embora com vieses distintos, que variam de um referencial integrativo e crítico entre o trabalho e o consumo – os dois primeiros –, a uma ideia do ócio como atividade autônoma – os últimos. As contribuições atuais estão centradas na perspectiva das recentes e significativas transformações da organização do trabalho. Aspectos como a reconfiguração da temporalidade laboral – contratos por tempo determinado, jornadas parciais, redução de jornadas –, a reestruturação produtiva e o uso massificado da tecnologia da informação recolocam a relação entre ócio e trabalho num novo cenário.

Diante do descrito anteriormente, é possível identificar três dimensões distintas do ócio com o trabalho:

a) Aquela que concebe o ócio como uma atividade autônoma, que não guarda relação direta com a esfera do trabalho, a exemplo do que foi na Grécia Antiga e que deve ser entendida em sua dimensão de autonomia e liberdade do sujeito que a vivencia, mas que pressupõe um atendimento de necessidades básicas em outra esfera de realização (escravidão, distribuição equitativa das riquezas etc.).
b) Aquela que se centra nos estudos do lazer, mais próximos da perspectiva sociológica cujo grande representante é o francês Dumazedier e o italiano De Grazia e que se vinculam ao descanso, diversão e qualidade de vida, como forma de enfrentar a alienação causada pelo trabalho.
c) Aquela que se vincula ao aspecto econômico e organizacional que implica a constituição de um setor prestador de serviços com características próprias e demandando uma forma de organização laboral específica.

A prevalência de qualquer uma dessas vertentes, com a exclusão das demais, tenderá a uma visão parcial da relação ócio e trabalho. Munné (1980), em uma abordagem psicossociológica, qualifica que o ócio é uma forma de comportar-se no tempo, mas é um fenômeno ambivalente e multiforme, exatamente porque reconhece a presença de todas essas dimensões na sua caracterização. O autor explica que ele pode ser tomado como fator de criação de si mesmo, mas também como fonte de alienação, a exemplo do que ocorre com o trabalho, além da própria ideia de confundir-se como um setor da economia. Mais que oposição, ócio e trabalho constituem hoje categorias que se complementam na tentativa de compreender a produção do sujeito contemporâneo.

A demanda de uma nova articulação entre ócio e trabalho

É essa complexidade que leva à compreensão de que o ócio não pode ser tomado como uma oposição ao trabalho e tampouco se oponha ao tempo de trabalho. Como atividade multifacetada, o ócio pode ser entendido como oposição ao trabalho, quando mediado pela dimensão temporal na qual seu exercício pressupõe a liberação do tempo laboral; pode também ser entendido como um território/setor específico de uma forma determinada de organização do trabalho; e pode ainda ser tomado como atividade autônoma que, assim como o trabalho, é constitutiva da produção subjetiva dos sujeitos.

O resgate da relação entre o ócio e o trabalho, na contemporaneidade, está, sobretudo, "simplificada" na distribuição do tempo e da territorialidade em que essas atividades se realizam. Como atividades, trabalho e ócio são reconhecidos e devem ser conjuntamente estudados como fatores reveladores da estrutura social. As dimensões de articulação entre ambas, anteriormente descritas, podem constituir referentes fundamentais na noção do bem-estar psicológico e social. Atividades com tais características pressupõem uma visão interdisciplinar em sua caracterização, e tendem a adquirir cada vez mais relevância como objeto de estudo das ciências sociais e de forma destacada na psicologia.

Numa análise sócio-histórica, é possível ver que não há uma relação linear entre ócio e trabalho, mas há entrelaçamento dessas categorias. Potencialmente, é uma área que deveria ser contígua à psicologia do trabalho, principalmente naquilo que concebe o ócio como atividade de enfrentamento à alienação do trabalho e como espaço de bem-estar e qualidade de vida, assim como pelo fato de constituir-se um setor econômico que demanda, por sua organização e forma de inserção laboral específicas, uma compreensão das estruturas muito particulares da gestão de pessoas que ali atuam.

Infelizmente, essa é uma percepção mais clara por parte dos teóricos dos estudos do ócio, quase sempre pedagogos, educadores físicos e sociólogos. Os que estudam o trabalho, de forma especial os psicólogos, parecem estar despertando agora para as implicações entre ambas. O reconhecimento da centralidade laboral, assunto tão caro aos estudiosos do fenômeno laboral, deve ser mediado pelas vinculações com o ócio e o tempo que os estrutura.

Em qualquer uma das suas dimensões, o ócio deve ser alvo de interesse da psicologia do trabalho e das organizações. Tal como afirma Cuenca (2004), o ócio é "um modo de ser e perceber, um estado mental, ou, melhor, um âmbito da experiência humana determinado pela atitude com a que se leva a cabo uma ação", e por isso não pode ser tomado como sinônimo de tempo livre, não deve ser reconhecido como oposta ao trabalho, tampouco limitado a uma atividade ou mesmo conjunto delas.

Não fora isso o suficiente, como experiência humana, o ócio extrapola a compreensão eminentemente econômica ou compensatória do desgaste causado pela atividade produtiva e se alia ao trabalho, no seu sentido mais ontológico, como elemento fundamental na produção do sujeito contemporâneo.

Referências

Bauman, Z. (1999). *Trabajo, consumismo y nuevos pobres.* Barcelona: Gedisa.

Cuenca, M. C. (2004). *Pedagogía del Ocio. Modelos y propuestas.* Bilbao, Espanha: Universidad de Deusto.

De Grazia, S. (1966). *Tiempo, trabajo y ocio.* Madrid: Alianza.

Dumazedier, J. (1962). *Vers une civilisation du loisir?* Paris: Éditions du Seuil.

Habermas, J. (1987). *Teoría de la acción comunicativa* (2 vols.). Madrid: Taurus.

Lafargue, P. (1999). *O direito à preguiça.* Sao Paulo: Hucitec, Unesp.

Marx, K. (1976). *El capital: crítica de la economía política.* Madrid: Akal.

Marx, K. (1977). *Manuscritos económicos y filosóficos.* Madrid: Alianza Editorial.

Mèda, D. (1998). *El trabajo, un valor en peligro de extinción.* Barcelona: Gedisa.

Munné, F. (1992). *Psicosociología del tiempo libre. Un enfoque crítico.* Mexico, DF: Trillas.

Offe, C. (1987). *La sociedad del trabajo. Problemas estructurales y perspectivas de futuro.* Madrid: Alianza Editorial.

Pronovost. G. (1996). *Sociologie du temps.* Bruxelles: De Boeck.

Salis. V. D. (2004). *Ócio criador, trabalho e saúde.* Sao Paulo: Claridade

Smith, A. (1982). *Investigación sobre la naturaleza y causas de la riqueza de las naciones.* Mexico, DF: Fondo de Cultura Económica.

Sue, R. (1995). *Temps et ordre social.* Paris: PUF.

Veblen, T. (1965). *A teoria da classe ociosa.* São Paulo: Editora Livraria Pioneira.

Literatura básica (internacional)

Cuenca, M. C. (2004). *Pedagogía del Ocio. Modelos y propuestas.* Bilbao, Espanha: Universidad de Deusto.

De Grazia, S. (1966). *Tiempo, trabajo y ocio.* Madrid: Alianza.

Dumazedier, J. (1962). *Vers une civilisation du loisir?* Paris: Éditions du Seuil.

Munné, F. (1980). *Psicosociología del tiempo libre. Un enfoque crítico.* Mexico, DF: Trillas.

Munné, F., & Codina, N. (1997). Psicología social del ocio y el tiempo libre. In J. L. Alvaro, A. Garrido & J. R. Torregrosa (Eds.). *Psicología social aplicada* (pp. 429-447). Madrid: McGraw-Hill.

Neulinger, J. (1974). *Psychology of leisure: research approaches to the study of leisure.* Springfield, IL: Charles C. Thomas.

Vega, M. T. (1998). Perspectiva psicosocial del ocio. In F. Gil, (Coord.) (1998). *Para comprender el ocio* (pp. 75-106). Navarra, Espanha: Editorial Verbo Divino.

Literatura complementar (nacional)

Aquino, C. A. B. (2010). Entre o trabalho e o lazer: o tempo como mediador. In K. B. Macêdo (Org.). *O trabalho de quem faz arte e diverte os outros* (pp. 57-74). Goiânia: PUC de Goiás.

Martins, J. C. O. (2008). Educação para o ócio no trabalho: potencializando sujeitos para a vida. In J. C. de O. Martins & M. C. Cabeza (Eds.). *Ócio para viver no século XXI* (pp. 219-248). Fortaleza: As Musas.

Padilha, V. (2000). *Tempo livre e capitalismo: um par imperfeito.* Campinas: Alínea.

Rhoden, I. (2010). O ócio como experiência subjetiva: contribuições da psicologia do ócio. *Revista Mal-Estar e Subjetividade (Impressa), IX*, 1233-1232.

Organizações

Antonio Virgílio Bittencourt Bastos
Adriano de Lemos Alves Peixoto

A presença das organizações em nosso cotidiano é tão intensa e disseminada que, por vezes, se torna difícil imaginar um mundo sem a sua existência. Estamos sob a ação direta de uma organização quando ligamos a luz, abrimos a torneira, compramos comida nos supermercados, pagamos nossos impostos e taxas, assistimos à televisão, vamos à escola ou vemos um filme, por exemplo. As organizações moldam o espaço e a sociedades nas quais elas atuam sendo por elas moldadas. Essa ubiquidade faz com que o estudo das organizações seja tópico de extrema relevância para a compreensão da nossa realidade cotidiana.

A origem do termo organização pode ser traçada até o grego antigo (*organon*), significando "ferramenta" ou ainda, "aquilo através do qual se realiza uma atividade". Com o tempo, ela foi incorporada ao latim (*organum*) apresentando um conjunto de significados muito diversos, podendo se referir tanto a um instrumento musical quanto a partes do corpo, significando, literalmente, "aquele que funciona". Tanto no caso da palavra latina quanto grega, tem o mesmo radical ao da palavra trabalho (*ergon*). Essa palavra, por sua vez, deu origem no latim medieval ao verbo *organizare*, que era utilizado com o sentido de "dotar [um organismo] de uma estrutura coordenada" (Oxford, 2012).

Foi esse uso biológico do termo que passou do latim para o francês medieval, sendo que, por volta do século XIV, é possível encontrar referências a um "estado do corpo organizado" (Starbuck, 2005, p. 156). Deve-se registrar que os dicionários antigos não consagram o uso dessa expressão de forma continuada, sugerindo um termo de uso pouco comum ou mesmo esporádico nesse período.

É interessante observar que, desde a sua origem, a noção de organização remete a múltiplos significados: de um lado, temos a ideia de constituição de um corpo, uma unidade, e de outro lado, percebemos que ela está intrinsecamente associada ao trabalho. Tanto um quanto o outro são elementos de fundamental importância para a compreensão dos desdobramentos posteriores do vocábulo.

É somente por volta dos anos 1800 que a palavra entra de vez para o uso cotidiano compondo, dessa feita, o vocabulário básico dos escritos políticos em que adquire um novo sentido, passando a ser utilizada para descrever uma propriedade ou característica das sociedades e/ou de alguns de seus grupos políticos. Expressões como "organização social (humana)" passam a ser utilizadas tanto como forma de estabelecimento de um contraponto a um estado natural, primitivo, da sociedade, quanto para designar uma ordem social entre os diversos grupos e classes que compõem a sociedade. Nesse período a palavra organização aparece, com frequência, associada a expressões tais como hierarquia, subordinação e autoridade.

Ao final do século XIX, há uma expansão conceitual com o reconhecimento de que grupos menores do que sociedades podem possuir organização, e a palavra começa a ser utilizada para se referir não mais a uma propriedade de um grupo social, mas ao próprio grupo social, ainda que inicialmente essa utilização estivesse restrita a grupos de associação voluntária, tais como clubes, sociedades esportivas, recreacionais e grupos políticos. No início do século XX, os dicionários passam a se referir à organização como, simultaneamente, uma ação ou processo de organizar, ordenar, colocar em um formato sistemático e a um corpo organizado de pessoas. É somente nos idos dos anos 1920 que o termo passou a se referir a uma categoria geral de sistemas sociais (entidades) formalmente constituídos de médio e grande porte.

O sentido atual da expressão organização – o de um corpo organizado de pessoas com um objetivo específico – somente vai se definir e generalizar na sociedade a partir dos anos 1950 com o início dos estudos sistemáticos sobre as organizações, caracterizando o surgimento de um campo específico de estudos: o da teoria das organizações.

Ao analisar a diversidade conceitual que envolve a noção de *organização*, Bastos, Loiola, Queiroz e Silva (2004) apontam para duas dimensões principais em torno das quais o conceito pode ser compreendido. De um lado, temos uma dimensão verbal na qual organização remete a uma ação, um ato ou um processo de organizar. De outro lado, o vocábulo apresenta uma dimensão substantiva indicando uma "[...] entidade possuidora de existência própria independente das pessoas e de suas atividades" (Bastos *et al.*, 2004, p. 70). Podemos pensar ainda em uma terceira dimensão, adjetiva, que pode ser utilizada para compreensão do termo, que nesse caso, está associada a um conjunto de características ou propriedades desse algo construído, como é o caso da organização eficiente ou organização flexível.

Esses múltiplos sentidos associados à palavra se refletirão em distintas concepções teóricas sobre a organização e nos múltiplos focos de análise que caracterizam o campo de estudos, gerando tensões entre os diversos significados possíveis em função do nível de análise, do tipo de fenômeno investigado e da abordagem conceitual utilizada. Aqueles que esposam uma concepção de organização como ação ou processo estão interessados nas interações entre os indivíduos, partindo do pressuposto que as organizações são fluidas e que resultam dos processos de interação social. Já aqueles que defendem uma visão mais substantiva de organização a veem como uma entidade com personalidade própria (pessoas jurídicas) que tem valores, normas, regras, que são capazes de moldar o comportamento de seus membros e de influenciar a sociedade, e cuja existência preexiste ao ingresso daqueles que dela participam. E, por fim, existem aqueles que se afinam com uma perspectiva de organização como sistema social construído pela interação de sujeitos, sendo o fenômeno organizacional único e incomparável, uma construção cultural que se objetiva e se institucionaliza (Maggi, 2006).

Os antecedentes das teorias sobre a organização

Enquanto fenômeno concreto, as organizações existem há muitos séculos, sendo que algumas de suas formas originais sobreviveram ao longo dos anos, podendo ser observadas no nosso cotidiano. É o caso dos exércitos, da igreja, dos negócios ou das casas reais. Ao longo da história, são inúmeros os exemplos que encontramos com descrições, orientações e prescrições sobre como essas organizações deveriam funcionar e ser geridas. Entretanto, nesses estágios originais, assumiam-se que as relações entre líderes e liderados eram o foco principal de atenção. Sempre que as organizações são citadas, elas aparecem como expressão particular do local onde relações superior/subordinados se desenvolvem. Ou seja, elas sempre são contexto, e não objeto de análise e investigação. Nunca são feitas generalizações sobre sua natureza para outros domínios ou para outras organizações. Os resultados observados das ações dessas organizações eram percebidos como produtos das ações dos indivíduos, e daí as prescrições sobre como organizá-las, e não como produtos de um sistema social distinto, diferente dos pequenos grupos informais e das grandes sociedades.

No campo dos estudos gerenciais, um dos exemplos mais eloquentes e conhecidos que podemos utilizar para ilustrar essa posição é o livro do filósofo chinês Sun Tzu, *A arte da guerra*. Escrito por volta de 500 a.C., ele foi concebido para orientar o imperador a como conduzir seu exército, manter o controle sobre sua tropa e atingir os resultados almejados pela ação militar. No texto o autor não propõe que seus métodos de planejamento, direção, coordenação, controle e organização possam ter qualquer outra aplicação ou alcance que não o da *ars bellum*. Entretanto, não deixa de ser curioso observar que nos dias atuais, esse mesmo texto é utilizado dentro da escola da administração estratégica para orientar os gestores a conduzir uma empresa no mercado, um objetivo impensável até pouco tempo atrás.

Diante do alcance e da permeabilidade das organizações em nossas vidas, não deixa de ser surpreendente a constatação de que seu estudo sistemático é um fenômeno relativamente novo. Por outro lado, nos pouco mais de sessenta anos de existência desse campo, ele tem refletido todas as mudanças e desenvolvimentos que podem ser observadas nas ciências sociais nesse período (Tsoukas & Knudsen, 2005), configurando uma grande diversidade de perspectivas conceituais e teóricas.

As primeiras teorias sobre as organizações começam a surgir a partir da segunda metade do século XIX, quando profundas mudanças econômicas e sociais (educação, especialização de tarefas ocupacionais e tecnologias) ganham corpo, tornando a compreensão do significado de organização relevante para um conjunto cada vez mais amplo de interessados.

Nesse período observamos que o processo de industrialização trouxe uma série de desafios que somente puderam ser superados pela criação das grandes corporações industriais, o que levou à criação de um conjunto de ocupações administrativas as quais exigiam uma força de trabalho educada, capaz de lidar com os novos desafios gerenciais e técnicos no processo produtivo, impactando de forma significativa as relações no ambiente de trabalho, com o mercado e com o Estado. Por exemplo, no ambiente de trabalho, o crescimento do tamanho das fábricas mostrou que, a partir daquele momento, não se podia contar mais com os mecanismos de coordenação direta do trabalho que vão sendo substituídos pela comunicação escrita, impondo a necessidade de desenvolver um conjunto consistente e padronizado de procedimentos a serem seguidos por todos os funcionários. Já o crescimento e a expansão dos mercados trouxeram consigo a necessidade de regular as trocas entre os diversos agentes sociais, tornando os contratos entre os vários agentes do mercado cada vez mais comuns, complexos e detalhados. E, por fim, a própria ação do estado via regulação (normas e regras) e tributação (impostos, taxas e contribuições) introduziu mudanças significativas no funcionamento e na regulação das grandes corporações com reflexos no funcionamento do próprio Estado. Os exemplos citados mostram a necessidade de se desenvolver e compreender a ação dessa entidade social que vai ganhando corpo e importância nesse período.

A expansão dos empreendimentos industriais levou ao surgimento de um grande número de sistemas sociais similares (grandes empresas/corporações), que estimulou a generalização desse formato de organização para outros contextos, impondo, cada vez mais, a necessidade de se compreender a natureza e as particularidades do seu funcionamento. É nesse período que vai se configurando a noção das organizações como entidade social distinta (King, 2009).

Um passo mais significativo para a compreensão das organizações como objetos científicos veio no início do século XX, quando Max Weber extrapolou a noção de burocracia, usualmente aplicada à compreensão das unidades governamentais, para outros tipos de organizações. Seu objetivo consistia em compreender o fenômeno social a partir de grupos com propriedades mutualmente reforçadores (tipos ideais). Ele enfatizava as virtudes técnicas dessa forma de governo, ao passo que suas deficiências eram consideradas contingências a serem superadas, indicando que as burocracias modernas eram particularmente adequadas para enfrentar os complexos desafios administrativos impostos pela sociedade capitalista industrial. Entre as suas características mais importantes das burocracias, encontramos: a) divisão do trabalho em áreas de autoridade e especialização; b) hierarquia; c) ação administrativa baseada em regras formais e não em relações pessoais; d) especialização funcional; e) baseada no conhecimento; e f) trabalho permanente que leva à especialização e à vocação.

Entretanto, mesmo no tempo de Weber, não foram poucas as críticas dirigidas à essa forma de organização. A aderência às regras burocráticas levaria a uma valorização das próprias regras em detrimento da realização dos objetivos para os quais a organização existia; esse tipo de estrutura favoreceria o surgimento de um espírito de corpo (corporativismo) que desestimula a competição colocando clientes em segundo plano e estimulando o desprezo pelos superiores hierárquicos; e a padronização das regras e dos procedimentos levaria a uma desconsideração das necessidades individuais conferindo às organizações um caráter arrogante. De qualquer forma, o caráter racional das burocracias (rapidamente identificado pelos primeiros teóricos da organização com *eficiência*) e sua suave aderência ao paradigma mecânico que imperava nas ciências e na engenharia na época fizeram dela um primeiro grande modelo explicativo das organizações e modelo paradigmático clássico utilizado pelas teorias posteriores para explicar seu funcionamento, seja por contraste, seja por similaridade.

Uma importante "virada" nos estudos das organizações advém do reconhecimento de que elas influenciavam o comportamento das pessoas que atuavam dentro e fora de seus limites. É nesse momento que a psicologia entra em campo, coincidindo com a criação de um novo campo de estudos.

A constituição de um campo de estudos e de um objeto de investigação

De forma mais objetiva, a ideia de um conhecimento sistemático e específico sobre as organizações emerge nos anos 1950 tendo como "ponto de partida" uma série de seminários realizados na Rand Corporation e na Universidade de Princeton, organizados pelo psicólogo Herbert Simon (1916-2001). Para esse novo campo intelectual, convergiram acadêmicos das mais variadas áreas do conhecimento, tais como sociólogos, psicólogos, engenheiros, gestores e economistas lançando as bases do que viria a ser conhecido como "estudos organizacionais", "ciência das organizações" ou ainda "teoria das organizações" (Shenhav, 2005). Um campo tipicamente interdisciplinar e complexo, que pode ser abordado a partir de múltiplas perspectivas.

Nesse primeiro momento, o estudo das organizações incluía tópicos bastante diversos e relacionados a fenômenos/comportamentos intraorganizacionais, tais como moral, liderança, processos decisórios e efeito das organizações sobre os empregados. A separação desses temas entre comportamento organizacional e teoria da organização somente se efetiva nos anos 1960, quando há um significativo e crescente interesse pelo novo campo de estudos. A sua importância e influência na psicologia aplicada ao estudo dos fenômenos do trabalho pode ser percebida pela incorporação do novo campo de investigação à sua tradicional denominação, passando a ser conhecida como psicologia do trabalho e das organizações (na Europa), psicologia das organizações e do trabalho (no Brasil) e psicologia industrial e organizacional (EUA).

Taxonomias: paradigmas e metáforas

Numa clássica contribuição para mapear a diversidade que marca o campo das teorias organizacionais, Burell e Morgan (1979) desenvolveram um esquema analítico que se mostrou uma poderosa ferramenta conceitual ou um mapa intelectual, como eles próprios denominam, para localizar a contribuição de diversos teóricos e pesquisadores no terreno das ciências sociais e nas teorias organizacionais, em particular. Os autores partem de uma tese central de que todas as teorias de organização estão apoiadas em uma filosofia da ciência e em uma teoria da sociedade. Assim desenvolveram uma matriz conceitual que configura um espaço ou campo estruturado a partir de dois grandes eixos. Ao longo do primeiro eixo, localizam-se pressupostos ontológicos, epistemológicos, metodológicos e sobre a natureza humana que fundamentam a ciência social. Nessa dimensão, temos como polos opostos uma perspectiva *objetivista* (examina relações e regularidades entre elementos da realidade, buscando conceitos e leis universais; é mais realista, positivista, determinista e nomotética) e outra *subjetivista* (focada em como o indivíduo cria, modifica e interpreta o seu mundo, mais relativista ou nominalista, antipositivista, voluntarista e idiográfica). O segundo eixo refere-se aos pressupostos quanto à natureza da sociedade, tendo como polos opostos uma visão da *regulação* (que enfatiza a ordem, estabilidade, solidariedade, integração, coesão e a unidade da sociedade) e uma visão da *mudança radical* (que enfatiza o conflito e a contradição estruturais, a mudança, a desintegração, a emancipação, a privação e os modos de dominação).

Com base nesses dois eixos e quatro polos, o esquema gera quatro grandes campos ou paradigmas, como se vê na Figura 1.

Figura 1 Matriz conceitual para interpretação das teorias organizacionais

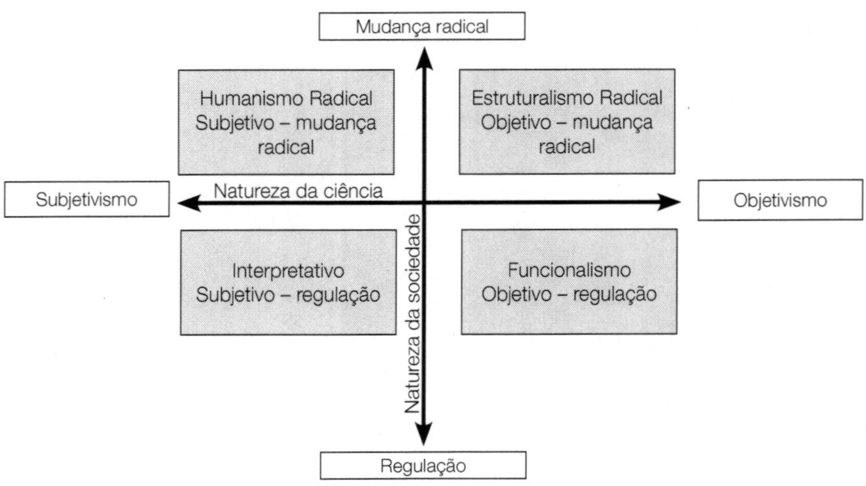

Fonte: Burell e Morgan (1979).

A cada campo se filiam as diferentes teorias sociológicas que dão base para as teorias organizacionais.

- O paradigma funcionalista é o dominante nos estudos organizacionais. Caracteriza-se por buscar explicações racionais para os negócios humanos. Nesse campo são incluídas as teorias gerencialistas e os trabalhos dos psicólogos organizacionais. Taylor, Fayol, Elton Mayo são nomes de destaque. Inclui também: a teoria dos sistemas sociotécnicos que nasceu no Instituto de Tavistock; as teorias do equilíbrio (de Chester Barnard a Simon); a teoria dos sistemas abertos de Katz e Khan; as teorias behavioristas (Joan Woodward); e a teoria da contingência de Lawrence e Lorsh.
- O paradigma interpretativo, na ampla gama de pensamentos filosóficos e sociológicos, apresenta como característica comum buscar entender e explicar o mundo social a partir, principalmente, do ponto de vista dos atores diretamente envolvidos no processo social. Dilthey, Husserl e Weber são nomes decisivos na elaboração deste campo que no estudo das atividades organizacionais inclui as abordagens etnometodológicas e o interacionismo simbólico fenomenológico.
- O paradigma humanista radical é fundamentado na noção de que o indivíduo cria o mundo em que vive. Os humanistas radicais não só tentam entender a natureza do processo de criação do mundo em que vivem, como também sujeitam-no à crítica. Tendo como raiz o idealismo alemão, inclui a teoria crítica (Luckács, Gramsci e a Escola de Frankfurt). As organizações são exemplos de "intermediações" que, de uma perspectiva do humanismo radical, contribuem para a alienação do homem de seu verdadeiro ser. São trabalhos que convergem para uma teoria de antiorganização.
- O paradigma estruturalista radical tem suas raízes numa visão materialista do mundo social e natural. Tem como objetivo fazer uma crítica do *status quo* nos acontecimentos sociais. Interessa-se não apenas por compreender o mundo, mas também por transformá-lo. A base deste campo encontra-se nos trabalhos de Karl Marx. No campo organizacional, tal paradigma está presente entre os weberianos radicais interessados nas relações de poder e papel do Estado e nas abordagens estrutural-marxistas com o foco nas corporações modernas como a expressão capitalismo monopolista. Em ambas as vertentes, em comum, está o princípio de que as organizações só adquirem significado em relação à totalidade em que se insere.

Em um trabalho posterior, Morgan (1995) nos ofereceu uma forma alternativa de organizar e compreender o conjunto de teorias organizacionais. Distanciando-se da classificação por paradigmas, ele propôs que as organizações fossem estudadas e compreendidas a partir da utilização de metáforas. Ele parte do reconhecimento de que o campo dos estudos organizacionais se estrutura a partir de uma multiplicidade de olhares e perspectivas distintas já que as organizações são fenômenos complexos e paradoxais. Uma vez que os fenômenos complexos são de difícil compreensão direta, eles podem ao menos ser compreendidos por associação, aproximação e analogia a outros campos com os quais o observador tem maior domínio, vivência e experiência. Cada uma das metáforas propõe um tipo distinto de compreensão do que é uma organização, de quais são os seus aspectos mais importantes, quais são as principais correntes teóricas que esposam esse tipo de pensamento e quais as principais consequências de se adotar tais definições. No Quadro 1 a seguir, podemos observar um síntese das principais metáforas propostas por Morgan (1995).

Quadro 1 Metáforas das organizações

Metáfora	Definição de organização
Máquina	As organizações são "máquinas feitas de partes que se interligam, cada uma desempenhando um papel claramente definido no funcionamento do todo" (p. 17). "Quando se fala em organização, habitualmente, se pensa num estado de relações ordenadas entre partes claramente definidas que possuem uma ordem determinada [...]" (p. 24).
Organismo	"As organizações podem ser vistas como sistemas vivos que existem em um ambiente mais amplo, do qual dependem em termos de satisfação de suas necessidades" (p. 44). "Não existe a melhor forma de organizar. A melhor forma depende do tipo de tarefa ou do ambiente dentro do qual se está lidando" (p. 53).
Cérebro	"As organizações são sistemas de processamento de informação, capazes de aprender a aprender" (p. 84). Elas são sistemas de informações, de comunicações e de decisões.
Cultura	"Como culturas, as organizações são vistas como lugares onde residem ideias, valores, normas, rituais e crenças que as sustentam enquanto realidades socialmente construídas" (p. 18). As organizações são processos que "produzem significados comuns" (p. 135).
Sistema político	Organizações são vistas como sistemas de governo. As atividades organizacionais são moldadas pelo conjunto de interesses, conflitos e jogos de poder. "Os eixos principais para se analisar uma organização são as relações entre interesses, conflito e poder" (p. 152).
Prisão psíquica	"As organizações são construídas socialmente, e podem transformar-se em mundos sociais limitadores e constrangedores da criação e da inovação, tornando-se, portanto, prisões psíquicas" (p. 205).
Fluxo e transformação	"A única característica permanente das organizações é a mudança: podemos vê-las como um fluxo de mudança e transformação que ganha estabilidade ao longo do tempo, mas que permanece mudando" (p. 251).
Instrumento de dominação	"As organizações são instrumentos de dominação de alguns grupos sobre outros". As pessoas são usadas e exploradas para atingir os fins organizacionais. Há um "lado avesso da vida organizacional" (p. 281).

Fonte: Bastos *et al.* (2004).

É importante observar que essas múltiplas definições de organizações representam a diversidade da vida social que caracteriza o mundo em que vivemos. As organizações são parte importante e significativa de nossa vida social. Elas próprias são produtos sociais de um tempo específico e de um espaço delimitado, existindo para suprir necessidades humanas, sendo veículo para a realização dos seus desejos e aspirações.

De uma forma sintética, pode-se afirmar que as organizações, como coletividades em ação, se definem, segundo Srour (1998), a partir de três dimensões: econômica (produzem bens e serviços a partir de uma infraestrutura material), política (constituem sistemas de poder que regula interesses internos e externos) e simbólica (apoiam-se em padrões culturais introjetados pelos seus membros). São, portanto, simultaneamente, unidades produtivas, entidades políticas e agências ideológicas. Dessa forma, constituem "um terreno de contradições em que agentes coletivos se defrontam, com base em interesses divergentes em credos ou *ethos* dissonantes" (Srour, 1998, p. 125).

Considerações finais

É possível que a melhor definição que capture a multiplicidade de sentidos, abordagens conceituais e possibilidades de definição de uma organização seja a de Morgan (1995, p. 354), quando ele diz que "[...] as organizações são muitas coisas ao mesmo tempo!". Entretanto, em meio à diversidade, é possível visualizar uma estrutura conceitual básica ou ao menos um núcleo comum às diversas teorias partindo da ideia de ser a organização

> [...] um agrupamento social ou de indivíduos em interação. Organizações, assim, são criações ou ferramentas sociais, produtos de ações individuais e coletivas; sua dinâmica e seus processos entrelaçam-se com processos e dinâmicas de indivíduos e grupos em um espaço e tempo que delimitam e circunscrevem suas interações (Bastos, 2001, p. 94).

Referências

Bastos, A. V. B. (2001). Cognição e ação nas organizações. In E. Davel, & S. C. Vergara (Orgs.). *Gestão com pessoas e subjetividade* (pp. 79-113). São Paulo: Atlas.

Bastos, A. V. B., Loiola, E., Queiroz, N., & Silva, T. (2004). Conceito e perspectivas de estudo das organizações. In J. C. Zanelli, J. E. Borges-Andrade & A. V. B. Bastos (Orgs.). *Psicologia, organizações e trabalho no Brasil* (pp. 53-89). Porto Alegre: Artmed.

Burrel, G., & Morgan, G. (1979). *Sociological paradigms and organizational analysis.* London: Heineman.

King, B. (2009). Finding the organization in organizational theory: A meta-theory of the organization as a social actor. *Organization Science, 21*(1), 290-305.

Oxford (2012). *The Oxford English Dictionary.* Oxford, United Kingdom: Oxford University Press.

Maggi, B. (2006). *Do agir organizacional.* São Paulo: Edgard Blucher.

Morgan, G. (1995). *Imagens da organização.* São Paulo: Atlas.

Shenhav, Y. (2005). The historical and epistemological foundations of organizational theory. In H. Tsoukas & C. Knudsen (Eds.). *The Oxford handbook of organization theory. Meta-theoretical perspectives* (pp. 183-208). Oxford, United Kingdom: Oxford University Press.

Srour, R. H. (1998). *Poder, cultura e ética nas organizações.* São Paulo: Campus.

Starbuck, W. H. (2005). The origins of organization theory. In H. Tsoukas & C. Knudsen (Eds.), *The Oxford handbook of organization theory. Meta-theoretical perspectives* (pp. 143-181). Oxford, United Kingdom: Oxford University Press.

Tsoukas, H. & Knudsen, C. (2005). *The Oxford handbook of organizational theory.* Oxford: Oxford University Press.

Orientação profissional

Lucy Leal Melo-Silva
Marcelo Afonso Ribeiro

A orientação profissional é um campo de atividades que nasceu de forma contemporânea à seleção profissional, com os mesmos princípios e bases teóricas e técnicas, entretanto a orientação profissional se consolidou como uma estratégia de intervenção para o auxílio aos jovens em processos de escolha profissional, sendo vinculada, principalmente, às escolas, objetivando a preparação para o mundo do trabalho, enquanto a seleção profissional que se fixou nas empresas, com objetivos de gestão de pessoas, gerou um distanciamento entre as duas áreas por quase todo o século XX.

Em função das transformações sociolaborais e educacionais que se iniciaram nos anos 1970, as duas áreas vêm se aproximando, fazendo emergir interfaces muito interessantes entre a orientação profissional e a psicologia do trabalho e das organizações. Essas interfaces cumprem o objetivo central de produção teórica, principalmente por meio de estudos das carreiras (cf. verbete *Carreira*), e auxílio estratégico e técnico para o planejamento e construção dos projetos de vida no trabalho, bem como no desenvolvimento e gestão das carreiras, gerando articulações com processos contemporâneos de gestão de pessoas (gestão de carreira, *coaching*, *mentoring* e *counseling*), e com temas do campo da psicologia do trabalho e das organizações (aprendizagem, cognição social, competências e qualificação, e personalidade) e áreas fins (aposentadoria e pós-carreira, desemprego e identidade profissional).

Gênese e consolidação da orientação profissional

A prática da orientação sempre foi uma preocupação presente na história da humanidade, principalmente marcada pelo conselho de uma pessoa mais experiente na busca de soluções para problemas emergentes na vida das pessoas. Da mesma forma, a ideia de uma orientação profissional percorre essa história de forma pontual e localizada por meio da criação de noções como habilidades, engenhos, talentos e da sistematização de possibilidades ocupacionais em guias e manuais, como as descrições dos ofícios realizadas por Campbell, em 1474, e Garzoni, em 1585 (Ribeiro & Melo-Silva, 2011a).

Apesar de iniciativas pontuais, a orientação profissional só pode ser concebida quando as possibilidades de escolha profissional e de inserções diversas no mundo do trabalho se tornaram uma realidade potencial ao longo do século XVIII, em função das mudanças no modo de produção (revolução industrial e capitalismo), da emergência de um modelo social liberal (valorização do esforço pessoal para ascensão social) e do surgimento e desenvolvimento da psicologia (criação de instrumentos para identificação das capacidades individuais e auxílio nos processos de inserção no trabalho).

Diante desse contexto, propostas pontuais foram surgindo no decorrer no século XIX para, no início do século XX, Frank Parsons, norte-americano de Boston, organizar e propor uma concepção e um método intitulados de orientação vocacional, para auxiliar jovens e adultos em seus processos de escolha e inserção no trabalho com objetivo central de ajustamento vocacional (ajustamento pessoa-ocupação).

Parsons é considerado o pai da orientação profissional, pois foi o primeiro a propor uma série de princípios e de ações encadeadas e intencionalmente ordenadas que fundaram esse novo campo, denominado orientação vocacional, por meio da sistematização de uma base teórica e de uma estratégia de intervenção, além da criação de um centro pioneiro de orientação vocacional em Boston (Vocation Bureau), da proposta de um curso de formação para orientadores e de uma revista especializada, e, principalmente, da publicação do livro *Choosing a vocation*, em 1909 (Parsons, 1909/2005).

A orientação profissional, influenciada pelo *Zeigeist* positivista do início do século XX, surge com uma concepção mecanicista de ser humano e de mundo (pessoa e sociedade teriam uma configuração estável e definitiva com pouca possibilidade de mudança), com um princípio central de ajustamento vocacional (pessoa certa para o lugar certo) e com um método baseado na descrição das características pessoais e das ocupações por meio de técnicas psicométricas e de um ajustamento pessoa-ocupação cientificamente realizado, que se consolidou como a representação social do que seria uma orientação profissional, ou seja, a descoberta da vocação por meio de "testes vocacionais".

É importante salientar que nunca existiu um "teste vocacional" capaz de indicar a vocação de alguém, e sim uma estratégia baseada no uso de instrumentos psicométricos de diagnóstico das características pessoais validados cientificamente, que se consolidou como o primeiro enfoque teórico em orientação profissional denominado traço-fator. A sistematização da proposta de Parsons ao longo das décadas iniciais do século XX ilustra esse enfoque (Brown, 2002; Parsons, 1909/2005; Ribeiro & Melo-Silva, 2011a).

Principais definições de orientação profissional

A orientação profissional não é um conceito, mas, sim, um campo ou domínio do conhecimento teórico e prático, cujas bases estão fundadas na psicologia, na educação e na sociologia. Pode ser, sinteticamente, definida como estratégia de compreensão e intervenção para o auxílio de pessoas em seus processos de escolhas, elaboração de projetos e desenvolvimento de carreira.

Não há um consenso sobre a terminologia a ser utilizada para designar esse campo. Embora no Brasil o termo mais empregado seja orientação profissional, é frequente o uso dos termos orientação vocacional, orientação de carreira e aconselhamento de carreira.

Para Bohoslavsky (1977), psicólogo argentino que exerceu e ainda exerce muita influência no Brasil, a orientação vocacional consiste em um campo de atividades dos cientistas sociais, que constitui uma ampla gama de tarefas realizadas em nível de diagnóstico, de investigação, de prevenção e a solução da problemática vocacional. Para o referido autor, os procedimentos utilizados no processo de orientação frente à situação de escolha são de competência do psicólogo, pedagogo, sociólogo ou professor secundário.

A orientação vocacional e a orientação profissional estão mais associadas aos trabalhos de auxílio desenvolvidos por psicólogos e pedagogos aos jovens em momentos de escolhas educacionais (cursos técnicos, cursos superiores, reescolha), enquanto a orientação ou aconselhamento de carreira refere-se mais aos trabalhos de consultores, das mais variadas formações, no auxílio a adultos, principalmente, para recolocação, transição ou saída do mundo do trabalho, sendo, muitas vezes, indiferenciados de trabalhos de *coaching*, *mentoring* e *counseling* (cf. os respectivos verbetes neste dicionário).

Internacionalmente, a primeira nomeação utilizada foi orientação vocacional (*vocational guidance*), conforme proposta de Parsons, e ficou associada à ideia de um processo diagnóstico das características das pessoas e da escolha das ocupações que melhor se ajustassem a esse perfil, no qual o orientador era mais diretivo e fazia uso de instrumentos psicométricos para realizar a orientação (Parsons, 1909/2005).

Essa forma de compreensão e atuação sofreu modificação por volta dos anos 1940, quando o foco da orientação deixou de ser apenas o diagnóstico para ser ampliado para um processo de construção das escolhas vocacionais, sendo nomeado de aconselhamento vocacional (*vocational counseling*), que incluía, além dos instrumentos de diagnóstico, um trabalho de aconselhamento.

Posteriormente, o foco da orientação deixa de ser a escolha para se transformar no auxílio ao desenvolvimento vocacional, ou seja, ciclo evolutivo vital de experiências no trabalho e de saliência de papéis sociais, também nomeada de carreira interna ou subjetiva, transformando-se em aconselhamento de carreira (*career counseling*) ou desenvolvimento de carreira (*career development*), terminologia de pouco uso no Brasil.

Ainda com base no cenário internacional, cumpre destacar o movimento de Educação para a Carreira (*Career Education*), presente, sobretudo, em países desenvolvidos. Trata-se de uma modalidade da orientação profissional realizada como parte integrante dos projetos pedagógicos das instituições educacionais, que objetiva ajudar as pessoas a relacionar educação e trabalho, a desenvolver suas carreiras e a tornar o trabalho (remunerado ou não) uma parte significativa de seu estilo de vida (Hoyt, 2005). Essa modalidade de intervenção enfatiza a aprendizagem ao longo da vida e a empregabilidade sustentada, ultrapassando-se assim as intervenções em momentos pontuais do desenvolvimento. Portanto, Educação para a Carreira é muito mais que preparar para a escolha, para o trabalho ou para o mercado de trabalho (Munhoz, 2010).

Cada terminologia guarda relação com as bases teóricas propostas por cada perspectiva em orientação profissional, conforme se verá no próximo tópico (Brown, 2002; Guichard & Huteau, 2001; Melo-Silva & Jacquemin, 2001; Ribeiro & Melo-Silva, 2011a, 2011b; Savickas & Walsh, 1996).

Principais autores e seus campos de estudos e intervenção

O campo de estudos e intervenção em orientação profissional, construído ao longo do século XX, e que está em renovação desde o início do século XXI, tem uma longa história e tradição com vários enfoques teórico-técnicos propostos e desenvolvidos.

Tendo como base a síntese realizada por Ribeiro e Melo-Silva (2011a, 2011b), os principais enfoques teóricos em orientação profissional podem ser organizados em dois grandes grupos: tradicionais e contemporâneos. Os enfoques tradicionais são: traço-fator, psicodinâmico, desenvolvimentista-evolutivo, sociocognitivo e transicional, que serão detalhados a seguir.

1. *Enfoque traço-fator* (orientação vocacional): ajuda nos processos de ajustamento vocacional/ocupacional por meio da utilização de testes psicométricos para elaboração de um diagnóstico vocacional e de uma orientação mais diretiva (principais autores: Frank Parsons, John Holland, Edmund Williamson).
2. *Enfoque psicodinâmico* (orientação vocacional/ocupacional): ajuda na compreensão da psicodinâmica vocacional dos sujeitos possibilitando a escolha e a elaboração do projeto vocacional/ocupacional por meio de uma estratégia clínica pautada em entrevistas. É um dos enfoques mais utilizados no Brasil (principal autor latino-americano: Rodolfo Bohoslasky).
3. *Enfoque desenvolvimentista-evolutivo* (aconselhamento de carreira): busca entender o processo de desenvolvimento vocacional e de carreira (*life-span* ou ciclo de vida) em relação ao processo de saliência de papéis sociais (*life-space* ou espaço de vida) por meio do modelo do arco-íris de carreira (*life career rainbow*), articulando dimensões pessoais do autoconceito com dimensões sociais dos papéis sociais. Em termos técnicos, utiliza-se de instrumentos de avaliação vocacional e estratégias de aconselhamento para auxiliar no desenvolvimento da carreira. Forneceu as bases para o desenvolvimento do paradigma construtivista mais contemporâneo, que será descrito a seguir (principal autor: Donald Super, considerado um dos mais importantes da orientação profissional mundial).
4. *Enfoque sociocognitivo* (aconselhamento vocacional): entende a escolha vocacional como um processo sociognitivo de tomada de decisão e concebe o desenvolvimento ancorado em processos de autorregulação e de aprendizagem, com especial ênfase na autoeficácia, nas expectativas de resultados e nos objetivos. Em termos técnicos, trabalham com inventários de identificação de crenças e com

estratégias de aprendizagem, salientando a importância do desenvolvimento de competências de decisão. É um dos enfoques mais utilizados no mundo e com presença gradativa no Brasil (principais autores: Robert Lent, Steven Brown, John Krumboltz, Dennis Pelletier e Linda Gottfredson).

5. *Enfoque transicional* (aconselhamento de carreira): busca analisar e intervir nos momentos de transição de carreira por meio da identificação dos fatores que operam nela e da proposição de um plano de metas para a carreira (principal autora: Nancy Schlössberg).

Por sua vez, entre os enfoques contemporâneos, observa-se um embate epistemológico entre três bases paradigmáticas distintas: objetivismo, construtivismo e construcionismo. Todos tentando responder às demandas atuais de um mundo sociolaboral mais flexível, instável, descontínuo e heterogêneo que coloca um desafio: como ajudar as pessoas nas escolhas e construções de seus projetos de vida no trabalho diante de uma realidade com as características descritas anteriormente? (Young & Collin, 2004).

As propostas contemporâneas embasadas no *objetivismo* são representadas por atualizações dos enfoques traço-fator e buscam identificar uma ordem por detrás do caos aparente da instabilidade e da flexibilidade, como o enfoque da teoria do caos, que visa a introduzir pequenas perturbações no sistema de funcionamento da pessoa e depois auxiliá-la no processo de reconstrução de si, desenvolvendo a habilidade de se autoconhecer e de lidar com as mudanças constantes que a vida atual impõe. De base positivista, propõe um aconselhamento de carreira que segue utilizando instrumentos psicométricos associado a técnicas diretivas de aconselhamento (principais autores: Robert Pryor e Jim Bright).

As propostas contemporâneas embasadas no *construtivismo* têm se mostrado as mais utilizadas no mundo e são avanços das teorias desenvolvimentistas tradicionais, buscando integrar a flexibilidade e heterogeneidade do mundo contemporâneo com a permanência de algumas características individuais. Exemplos do paradigma *construtivista* em aconselhamento de carreira são descritos a seguir.

1. *Enfoque desenvolvimentista-contextual*: propõe a compreensão do desenvolvimento de carreira por meio de uma visão positivista de pessoa (estrutura interna e predeterminada de funcionamento) e de uma visão multidimensional do contexto, ou seja, as pessoas utilizam sua estrutura predefinida de funcionamento para se adaptar a um contexto que, de verdade, muda. Utilizam as mesmas estratégias adaptadas do enfoque desenvolvimentista tradicional (instrumentos psicométricos e entrevistas), sendo Fred Vondracek seu principal autor.
2. *Enfoque do* life design (construção da vida): busca compreender os processos de construção vocacional (*vocational designing*) por meio da articulação de três processos: a construção de si (*self-making*), a modelagem da identidade (*identity shaping*) e a resultante da articulação dos dois primeiros processos, que é o pro-

cesso de construção de carreira (*career construction*). Para tal tarefa, utiliza-se da estratégia das entrevistas, nas quais os orientandos constroem narrativas da vida que são analisadas em conjunto com o orientador, para possibilitar o desenvolvimento de quatro competências básicas (adaptabilidade, narrabilidade, atividade e intencionalidade) e a reconstrução da carreira num processo de coconstrução orientador-orientando. O *life design* é uma proposta de um grupo de autores, sendo Mark Savickas, Maria Eduarda Duarte e Jean Guichard alguns deles.

As propostas contemporâneas *construcionistas* têm suas bases na teoria contextualista da ação, proposta por Richard Young e Ladislav Valach, e em algumas propostas socioconstrucionistas incipientes, como as de David Blustein e Marcelo Afonso Ribeiro. Na primeira proposta, o aconselhamento de carreira, realizado por meio de entrevistas, é focado no trabalho de construção e reconstrução das narrativas de carreira que permitiriam a construção de si em direção ao outro, sendo organizadora de si e do contexto pelo estabelecimento de coerência e continuidade nas ações vinculares (*joint action*) e de um plano de ação (projeto – *project*), possibilitador da criação de uma estrutura e de um processo dentro do qual é possível compreender a ação (carreira – *career*).

Nas propostas socioconstrucionistas, enfatiza-se a necessidade de construção de narrativas de sua trajetória de vida no trabalho, de maneira que elas possam ser significadas e reconhecidas como carreiras, por meio de trabalhos realizados em oficinas grupais.

Além dessas propostas, no Brasil existe a sistematização de um enfoque sócio-histórico em orientação profissional que, baseado no materialismo histórico, aponta a importância que a orientação deve possibilitar para que a pessoa compreenda o contexto sócio-histórico de que é oriunda, amplie sua consciência social e permita que se instrumente para transformar a realidade na qual vive (principal autor: Silvio Bock).

Apreciação crítica do conceito e implicações brasileiras

A orientação profissional é um campo muito presente na realidade brasileira, sobretudo de adolescentes em situação de exame de vestibular, permanecendo mais presente em ações no interior de instituições educacionais (escolas de ensino médio e universidades), consultórios e clínicas psicológicas, e algumas instituições de assistência social. Faz poucas interfaces com ações de gestão de pessoas e de *coaching*, *mentoring* e *counseling*, que permitiriam articulações interessantes entre os dois domínios do conhecimento: orientação profissional e psicologia do trabalho e das organizações.

O principal desafio para a orientação profissional é se abrir para articulações e desenvolver metodologias que permitam a ação em contextos também do trabalho e na relação estendida e ampla das pessoas com o mundo do trabalho, como estão buscando os modelos construtivistas e construcionistas de aconselhamento de carreira.

Outro ponto importante e central diz respeito, justamente, ao termo "orientação profissional", que já não é mais representativo do escopo de compreensão e intervenção do campo, ficando restrito a uma orientação para as profissões, as quais constituem, apenas, parte do mundo do trabalho e não seu todo, limitando o entendimento de sua potencialidade de atuação. Por conta disso, já existem propostas de ampliação do termo para orientação profissional e de carreira ou, então, sua transformação para aconselhamento ou orientação de carreira, que é o termo mais utilizado internacionalmente.

Considerações finais

A orientação profissional é um campo teórico-técnico que visa a auxiliar pessoas em seus processos de escolhas, de elaboração de projetos de vida no trabalho e de construção e desenvolvimento de suas carreiras, e tem atuado mais em contextos educacionais, mas pode intervir em outros contextos e em outros momentos da vida das pessoas para ajudar nas mais variadas demandas das relações entre pessoa e mundo do trabalho, a partir de enfoques diferenciados e com potencialidade para estabelecer articulações, principalmente, com a área da gestão de pessoas (gestão de carreira, *coaching*, *mentoring* e *counseling*) e com temas da psicologia do trabalho e das organizações (aposentadoria e pós-carreira e desemprego).

Referências

Bohoslavsky, R. (1977). *Orientação vocacional: a estratégia clínica.* São Paulo: Martins Fontes.

Brown, D. (2002). *Career choice and development.* San Francisco: Jossey-Bass.

Guichard, J., & Huteau, M. (2001). *Psicologia da orientação.* Lisboa: Instituto Piaget.

Hoyt, K. B. (2005). Career education as a federal legislative effort. In K. B. Hoyt (Ed.). *Career education: History and future* (pp. 3-74). Broken Arrow, OK: National Career Development Association.

Melo-Silva, L. L., & Jacquemin, A. (2001). *Intervenção em orientação vocacional/profissional: avaliando resultados e processos.* São Paulo: Vetor.

Munhoz, I. M. S. (2010). *Educação para a carreira e representações sociais de professores: limites e possibilidades na educação básica.* Tese de Doutorado (Psicologia). Faculdade de Filosofia Ciências e Letras de Ribeirão Preto, Universidade de São Paulo, Ribeirão Preto, SP.

Parsons, F. (2005). *Choosing a vocation.* Boston: Houghton Mifflin. (Obra original publicada em 1909).

Ribeiro, M. A., & Melo-Silva, L. L. (Orgs.) (2011a). *Compêndio de orientação profissional e de carreira (vol. 1): perspectivas históricas e enfoques teóricos clássicos e modernos.* São Paulo: Vetor.

Ribeiro, M. A., & Melo-Silva, L. L. (Orgs.) (2011b). *Compêndio de orientação profissional e de carreira (vol. 2): enfoques teóricos contemporâneos e modelos de intervenção.* São Paulo: Vetor.

Savickas, M. L., & Walsh, W. B. (1996). *Handbook of career counseling – Theory and practice.* Palo Alto, CA: Davies-Black.

Young, R. A., & Collin, A. (2004). Introduction: Constructivism and social constructionism in the career field. *Journal of Vocational Behavior, 64*, 373-388.

Personalidade e trabalho

Mauro de Oliveira Magalhães

A psicologia da personalidade investiga as questões e experiências fundamentais do ser humano, as dimensões descritivas de diferenças entre pessoas e as configurações únicas das experiências individuais. Afirmar que as pessoas são diferentes é uma obviedade. Compreender como e por que elas diferem é uma tarefa complexa. O estudo da personalidade tem por objetivos principais descobrir leis gerais sobre como a unicidade dos indivíduos se desenvolve, compreender o ponto de vista do indivíduo sobre si mesmo, definir os elementos fundamentais que compõem a configuração das individualidades e quais processos mantêm a estabilidade dessa estrutura, e ainda prever comportamentos a partir de características individuais.

As pessoas compartilham algumas questões fundamentais sobre suas vidas. Essas questões talvez nunca sejam plenamente respondidas. No entanto, constituem preocupações que qualificam a experiência e a condição humana como tal. Em algumas dessas questões, a psicologia da personalidade pode ser útil na construção de respostas mais satisfatórias. Por exemplo, uma primeira pergunta refere-se à inevitável tarefa de autoconhecimento: "Quem sou eu?". A pergunta seguinte e logicamente associada expressa a necessidade de conhecer as pessoas, pois são nossas potenciais parceiras de trabalho, amizade, relações amorosas etc.: "Quem são os outros?". A seguir, decorrem as questões sobre o futuro e suas escolhas: "Qual é o meu futuro?" ou "Quais escolhas de vida me trarão maior satisfação pessoal?". As respostas podem ser mais apropriadas e pertinentes à medida que conhecemos o significado das diferenças individuais em comportamentos e experiência, compreendendo diferenças em valores e motivações, em preferências sobre atividades de trabalho, entre outros aspectos que compõem e/ou expressam a personalidade e tem impacto significativo na vida das pessoas.

Convergências e divergências conceituais

As diversas conceituações contemporâneas da personalidade revelam um nível satisfatório de consenso em seus aspectos formais. Essas conceituações convergem no uso de termos como organização, padrão ou sistema integrado de pensamentos, emoções e comportamentos sustentados em processos psicológicos mais ou menos conscientes ou explícitos. Esse sistema possui relativa estabilidade e consistência, pois expressa processos adaptativos que ocorrem na interface das experiências subjetivas intrapsíquicas e de interação no ambiente físico e social. Não obstante, é um sistema aberto e em desenvolvimento, sujeito a processos de aprendizagem e mudança. Por fim, a personalidade se expressa em comportamentos que tendem a impactar de modo consistente e peculiar o ambiente externo ao indivíduo.

Psicólogos da personalidade entendem que sem esse conceito integrador ou coordenador é impossível dar conta, ou mesmo descrever, a interação dos processos mentais que constituem o indivíduo. No entanto, as teorias sobre a personalidade diferem em seus posicionamentos sobre critérios como o grau de controle e compreensão que os indivíduos têm sobre o próprio comportamento, a força relativa de fatores hereditários e ambientais, a existência de componentes universais da personalidade, as possibilidades reais de aprendizagem e mudança, e a importância dos fatores situacionais para a ativação ou determinação de comportamentos atribuídos à personalidade.

As explicações oferecidas por diferentes pesquisadores e teóricos sobre como a personalidade se desenvolve se mantêm ou se modifica, como pode ser estudada e quais seus componentes, variáveis e processos relevantes podem divergir ainda mais. A fim de compreender essas diferenças, é necessário um breve resgate histórico do campo.

O estudo da personalidade tem diversas origens e delimitou diversas tradições de teoria, pesquisa e aplicação. Na tradição clínica, as demandas da prática médica psiquiátrica levaram cientistas práticos, como Freud, Jung e McDougall, a construir modelos heurísticos e explicativos capazes de dar conta das necessidades prementes da sua atividade profissional como psicoterapeutas. Sendo assim, as teorias da personalidade ligadas à prática da psicoterapia possuem características especulativas e pouco fundamentadas em pesquisa empírica rigorosa. Dessa forma, apresentam grande variabilidade de pressupostos e formas de aplicação. A tradição psicométrica preocupou-se, inicialmente, com o estudo das diferenças individuais, destacando a importância da medida e análise quantitativa de dados, com aplicações na seleção e orientação profissional, por exemplo. Por fim, a tradição experimental preocupou-se em examinar os processos básicos que constituem a personalidade e suas variações, comoas pesquisas sobre estilos cognitivos de H. A. Witkin (McAdams, 2006).

Perspectivas de estudo e aplicação

Allport (1937) alertou que a personalidade possui um aspecto constitucional e outro aparente. Em termos constitucionais, a personalidade refere-se a fatores internos dos indivíduos que explicam seus comportamentos. Esses fatores incluem disposições genéticas que determinam inclinações básicas de humor, reatividade emocional e grau de atividade, e os demais processos cognitivos, afetivos e interpessoais que as pessoas desenvolvem para compreender e lidar com estímulos fisiológicos e com o entorno social. Por outro lado, no seu aspecto aparente, a personalidade se refere às características interpessoais distintivas de um indivíduo tal como descritas por outras pessoas que o observam em uma variedade de situações, sendo o equivalente à sua reputação. Do ponto de vista pragmático, a personalidade é mais evidente e consequente na e para a interação social, pois é socialmente que o ser humano primariamente se expressa. Observa-se que o uso leigo da palavra personalidade realça os traços que caracterizam as habilidades sociais (capacidade de produzir reações positivas nos demais em diferentes situações) e as impressões marcantes que o indivíduo causa em outras pessoas (agressividade, timidez etc.).

Hogan e Holland (2003) também apontam duas perspectivas de entendimento do construto: interna e externa. A personalidade do ponto de vista interno e subjetivo do indivíduo é denominada identidade, declarada em aspirações, metas e intenções que são o reflexo dos valores pessoais. Do ponto de vista externo, a personalidade é denominada reputação e, portanto, revela como outras pessoas percebem o sujeito. Nesse sentido, G. W. Allport (1937) descreveu duas formas básicas de estudo da personalidade: nomotética e idiográfica. A abordagem nomotética está interessada na construção de leis gerais que possam ser aplicadas a muitas pessoas, como a investigação dos descritores ou traços universais de personalidade, que podem ser denominadas de taxonomias da reputação. Na abordagem idiográfica, o objetivo é compreender a unicidade e singularidade de um indivíduo particular, que é a sua experiência de identidade. H. Murray é um dos principais representantes dessa ênfase teórica e metodológica e a sua obra tem encontrado maior aplicação na psicologia clínica. Estudos idiográficos da personalidade tem escassa representação no campo da Psicologia do Trabalho e das Organizações. Portanto, a seguir será tratada em mais detalhes a abordagem nomotética.

Abordagem nomotética: os traços de personalidade

Na abordagem nomotética, a pesquisa sobre diferenças individuais procura, primeiramente, desenvolver taxonomias descritivas de como as pessoas diferem, ou seja, taxonomias de traços de personalidade. Os traços são termos descritivos que representam padrões estilísticos de cognição, afeto e comportamento que subjazem a uma disposição comportamental duradoura que tende a se manifestar diante de determinadas situações. Inúmeras medidas psicométricas de traços foram desenvolvidas e procedimentos de análise fatorial foram utilizados para determinar a validade desses construtos.

A elaboração de modelos e medidas fatoriais de personalidade tem um longo percurso histórico. Em 1936, G. W. Allport e H. Odbert elaboraram uma lista extensa e compreensiva de 18 mil "termos de traços", palavras utilizadas para diferenciar o comportamento de pessoas, em dicionários da língua inglesa. Essa lista foi exaustivamente analisada em sua estrutura, e categorias e subcategorias de termos foram criadas. Essa tradição de pesquisa contou com o trabalho posterior de inúmeros pesquisadores, com destaque para R. B. Cattell e H. Eysenck, nos anos 1940, e L. R. Goldberg, a partir dos anos 1980. Por fim, L. R. Goldberg trouxe evidências convincentes para um modelo de cinco grandes fatores de personalidade, que nomeou de *Big Five*. Esse modelo se tornou o representante maior das taxonomias fatoriais da personalidade. E a sua larga utilização deve-se ao acúmulo de evidências de sua universalidade e aplicabilidade (Cattell, 1945; Goldberg, 1990; McAdams, 2006).

Os cinco grandes fatores são: extroversão (intensidade e quantidade de interações sociais, necessidade de estimulação e capacidade de alegrar-se), abertura à experiência (apreciação da experiência em si mesma, tolerância à ambiguidade e exploração), socialização (dimensão de compaixão *versus* antagonismo em pensamentos, sentimentos e ações), realização (organização e persistência) e estabilidade emocional (ajustamento *versus* instabilidade emocional). Goldberg (1990) observou que os cinco fatores sugerem que o vocabulário utilizado em diferentes idiomas e culturas se desenvolve, entre outros aspectos, com a preocupação de identificar cinco categorias de informações sobre pessoas. O indivíduo com quem se vai interagir tende a ser avaliado em cinco dimensões: (1) ativo e dominante ou passivo e submisso; (2) socialmente amigável ou frio/distante; (3) responsável ou negligente; (4) imprevisível ou normal/estável; e (5) aberto a novas experiências ou convencional/conservador.

Aplicações na Psicologia do Trabalho e das Organizações

No contexto da Psicologia do Trabalho e das Organizações, destaca-se a tradição nomotética psicométrica que, neste campo de aplicação, preocupa-se em identificar as características de personalidade associadas a comportamentos individuais relevantes no ambiente de trabalho. A partir dos anos 1990, uma série de estudos de metanálises revelaram que medidas de personalidade, organizadas em termos do modelo dos cinco grandes fatores, predizem o desempenho ocupacional numa grande diversidade de tarefas e contextos organizacionais. Além do desempenho, os cincos grandes fatores se mostraram preditores importantes de outras diversas variáveis de comportamento organizacional, tais como: motivação e atitudes no trabalho; comportamentos de liderança, poder e influência; estresse, adaptabilidade e *coping*; desempenho de equipes; vínculos com a carreira e com a organização; comportamentos contraprodutivos, acidentes no trabalho, conflito e negociação. Neste breve panorama, a seguir destacam-se as aplicações da avaliação da personalidade na seleção de pessoal.

Para conectar personalidade e desempenho de forma adequada, é preciso compreender que alguns traços podem ser muito relevantes em alguns papéis e ambientes de trabalho, mas pouco importantes ou inócuos em outros. Portanto, a influência da personalidade no desempenho deve ser examinada na dependência da situação específica em que comportamentos terão seus efeitos. A personalidade é constituída de predisposições para se comportar de determinada maneira e será relacionada ao melhor desempenho quando essas predisposições são ativadas de forma a responder adequadamente as demandas da situação. Então, para compreender de modo completo e preciso esta relação, é necessário especificar quais os traços que contribuem para os comportamentos requeridos em contextos e funções de trabalho particulares. Pesquisadores devem especificar as características dos ambientes de trabalho e suas demandas a fim de esclarecer as conexões entre personalidade e suas diversas consequências em cada ambiente.

A análise de determinado contexto ocupacional permite estabelecer as características de personalidade que aumentam as chances do indivíduo obter sucesso e satisfação naquele ambiente. A identificação desses traços pessoais favoráveis se dá mediante o conhecimento das relações empiricamente consolidadas entre personalidade e desempenho em contextos de trabalho definidos. Portanto, profissionais da área de gestão de pessoas devem saber identificar onde determinados traços de personalidade podem ser favoráveis ou desfavoráveis.

Por exemplo, em determinada ocupação espera-se que o trabalhador seja prudente, atento a regras e, além disso, o trabalho oferece poucas oportunidades de interação social. Operadores de equipamentos pesados na indústria e motoristas de transporte de cargas são exemplos de trabalhadores inseridos nesse tipo de contexto. Nesses casos, critérios de seleção de pessoal deverão considerar que pessoas introvertidas e disciplinadas sejam mais adequadas a esse tipo de trabalho. Em termos do modelo dos cinco grandes fatores de personalidade, essas características podem ser traduzidas em escores elevados nos traços realização e estabilidade emocional e baixos nos traços sociabilidade e extroversão. Esses escores compõem um perfil de indivíduo que prefere pouca interação social e tende a ser disciplinado, persistente e atento a regras. Neste caso, uma decisão equivocada, selecionar pessoas extrovertidas e com baixa realização para essas ocupações, pode trazer consequências negativas importantes. Por exemplo, motoristas com elevada extroversão e baixa realização tendem a ser impulsivos e propensos a acidentes, não se adaptam a atividades solitárias e tendem a buscar interação social quando esta pode ser prejudicial ao trabalho e à sua própria segurança. Por outro lado, em outras ocupações, que incluem processos de criação, por exemplo, escores baixos de realização podem ser favoráveis. Assim como atividades que requerem contato interpessoal intenso são adequadas a indivíduos que apreciem essa demanda, com escores elevados em traços de sociabilidade e extroversão.

Outro campo de aplicação da psicologia da personalidade que se destaca na literatura da área refere-se à avaliação de potencial gerencial, isto é, a definição de critérios de personalidade para o exercício da liderança ou do papel de gestor em diferentes contextos. Assim como nos exemplos anteriores, as características de personalidade favoráveis dependem do contexto em que a função de gestão/liderança ocorre.

Este é um campo de pesquisa e aplicação que se reveste de importância ao se considerar que trabalhadores informam que a relação com suas chefias imediatas está entre os aspectos mais estressores do seu trabalho. Gestores inábeis impõem custos elevados à sociedade, degradando a qualidade de vida de muitas pessoas.

De modo geral, as pesquisas relatam que as causas mais frequentes do fracasso de gestores estão relacionadas à carência de habilidades sociais; sendo que essas limitações tendem a se manifestar em situações de pressão e estresse. Em comparação, gestores que mantém a coesão, desempenho e bem-estar de suas equipes em níveis satisfatórios caracterizam-se por capacidade de empatia, de lidar adequadamente com erros, adversidades e o estresse decorrente, e de envolver os demais na solução de problemas. Porém, reitera-se que as relações entre personalidade e desempenho de gestores também deve dar atenção às características do contexto em que o potencial gestor irá trabalhar.

Considerações finais

A psicologia da personalidade é o estudo científico da pessoa como uma totalidade que se configura para dar respostas às necessidades básicas da existência, As pessoas necessitam e desejam obter aceitação social e reconhecimento por contribuições dadas à coletividade, conquistar condições de influência e controle sobre o ambiente físico e social, e encontrar um propósito para suas vidas. As respostas individuais a essas demandas comuns da natureza humana possuem consistência em torno de um estilo pessoal e integrado de processos de cognição, afeto e comportamento, que é denominado personalidade.

Portanto, finalizando, é importante dizer que o profissional interessado na psicologia da personalidade e suas aplicações não deve perder de vista que a premissa fundamental do conceito de personalidade é que esta expressa um processo complexo e global de interações entre os diversos subsistemas psicológicos da pessoa. O uso de instrumentos e técnicas de avaliação da personalidade somente será adequado e efetivo se o profissional souber articular dados de diversas fontes de modo a encontrar as convergências que constituem a individualidade.

Referências

Allport, G. W. (1937). *Personality: A psychological interpretation.* New York: Henry Holt & Company.

Cattell, R. B. (1945). The description of personality: Principles and findings in a factor analysis. *American Journal of Psychology, 58*, 69-90.

Funder, D. C. (2004). *The personality puzzle.* New York: Norton.

Goldberg, L. R. (1990). An alternative "description of personality": The Big-Five factor structure. *Journal of Personality and Social Psychology, 59*, 1216-1229.

Hogan, J., & Holland, B. (2003). Using theory to evaluate personality and job performance relations. *Journal of Applied Psychology, 88*, 100-112.

McAdams, D. P. (2006). *The person*: A new introduction to personality psychology. Hoboken, NJ: John Wiley & Sons.

Murray, H. A. (1938). *Explorations in personality.* New York: Oxford University Press.

Planejamento de recursos humanos

Iris Barbosa Goulart

A Administração de Recursos Humanos (ARH) é uma área da administração que já recebeu diversas denominações ao longo dos anos. Inicialmente, por volta dos anos 1950, os temas da ARH compuseram o que se denominou relações industriais. A partir da década de 1970, diante do desenvolvimento industrial, as atividades receberam o nome de Administração de Recursos Humanos e, a partir dos anos 1990, a tendência tem sido adotar os títulos de Gestão de Pessoas, Talentos ou Seres Humanos. Essa diversidade de designações para a mesma área traduz, por um lado, a valorização das pessoas na organização, evitando-se nivelá-las a outros recursos e, por outro lado, evidencia o reconhecimento das empresas de que o ser humano é um bem intangível, valioso e deve ser considerado em seus projetos e orçamentos.

A Administração de Recursos Humanos (ARH), Gestão de Recursos Humanos (GRH) ou Gestão de Pessoas (GP) inclui todas as atividades exercidas para atrair e reter funcionários, a fim de assegurar que eles tenham um alto desempenho e contribuam para a realização das metas organizacionais (Jones & George, 2008).

Essa área, tradicionalmente tratada como mera função administrativa, hoje é reconhecida como importante contribuição para o sucesso organizacional (Phillips, 1996). Tem-se apontado a necessidade de integrar as práticas de Administração de RH com os objetivos estratégicos da organização (Daley, Vasu & Weinstein, 2002; Delery & Doty, 1996). Nessa perspectiva, a administração estratégica de RH tem foco na implementação de práticas e políticas consistentes que assegurem o desenvolvimento do capital humano e contribuam para que a organização alcance seus objetivos.

De acordo com Maximiano (2011), o processo de planejamento é a ferramenta utilizada pelas organizações para administrar as relações com o futuro. Jones e George (2008) realçam que esse planejamento inclui todas as atividades empreendidas pelos gerentes para prever suas necessidades atuais e futuras de recursos humanos. Os recursos humanos atuais são os funcionários que uma organização precisa no momento para oferecer bens e serviços de alta qualidade aos clientes. As necessidades futuras de recursos humanos dizem respeito aos funcionários que a organização precisará em alguma data posterior para atingir suas metas de longo prazo.

Conceito de planejamento de recursos humanos

O planejamento de recursos humanos constitui um processo graças ao qual são definidas as decisões que serão tomadas no âmbito da administração de pessoas da empresa, tanto no presente quanto no futuro (Carvalho & Serafim, 1998).

Lucena (2008, p. 84) apresenta o seguinte conceito de planejamento de recursos humanos:

> O planejamento de recursos humanos compreende o processo gerencial de identificação e análise das necessidades organizacionais de recursos humanos e o consequente desenvolvimento de políticas, programas, sistemas e atividades que satisfaçam essas necessidades a curto, médio e longo prazos, tendo em vista assegurar a realização das estratégias do negócio, dos objetivos da empresa e de sua continuidade sob condições de mudanças.

A autora aponta elementos-chave que dimensionam a abrangência do planejamento de recursos humanos: a integração com o negócio e os objetivos da empresa, a participação gerencial, a dimensão do tempo e a integração dos processos, programas e atividades de recursos humanos.

A filosofia do planejamento de recursos humanos busca sua integração com os negócios e os objetivos da empresa e estabelece uma perspectiva técnica que se subordina às exigências do ambiente empresarial, às mudanças do ambiente externo e às políticas de recursos humanos (Lucena, 2008). A partir do momento que a empresa define suas metas e a posição que deseja conquistar no mercado, identificando as condições ambientais em que atua, ela deve ter clareza sobre a quantidade e as características das pessoas que serão necessárias.

A referência à participação gerencial se justifica porque os gerentes devem se envolver com a gestão de pessoas e o setor de recursos humanos deve tornar-se o órgão que assessora todos os gerentes da organização, atendendo às necessidades por meio de programas, atividades e informações.

O elemento dimensão de tempo se refere à necessária previsão de um plano de ação a curto, médio e longo prazo. No ambiente de mudanças que caracteriza o funcionamento organizacional na atualidade, a dimensão do tempo para essa previsão deve levar em conta as características da empresa e as peculiaridades exigidas de cada profissional, para que o negócio se mantenha competitivo, rentável e privilegiado no mercado.

A integração dos processos, programas e atividades de recursos humanos faz com que as iniciativas, os programas e as atividades possam fluir globalmente, havendo interação de atividades e reciprocidade de participação. Assim, quando houver necessidade de recrutamento de um profissional, as ações deverão levar em conta o mercado, sem perder de vista os planos de sucessão, a disponibilidade interna e os meios de assegurar a capacitação do profissional. Os planos de treinamento e desenvolvimento precisam considerar a avaliação de desempenho, além de informar os projetos de sucessão. Observadas essas interações, o planejamento de recursos humanos deverá dimensionar o relacionamento com a organização, visando a atender às expectativas dos usuários.

O planejamento de recursos humanos inclui, portanto, a previsão da demanda e a previsão de oferta. A previsão da demanda se refere ao número de funcionários e às suas qualificações para atenderem às necessidades da organização, tendo em vista suas metas e suas estratégias. A previsão da oferta estima a disponibilidade e a qualificação dos funcionários atuais da organização, tanto em vista do mercado interno quanto das possibilidades do mercado de trabalho externo.

Maximiano (2011) identifica três níveis de planejamentos nas organizações, variáveis de acordo com a sua abrangência: estratégicos, funcionais e operacionais. Os planos estratégicos abrangem toda a organização, definindo sua relação com o ambiente; são planos que estabelecem a missão, os produtos e serviços a serem oferecidos, os clientes e mercados a serem atendidos. Os planos funcionais ou administrativos traduzem os planos estratégicos em ações especializadas de *marketing*, operações, recursos humanos, finanças. Os planos operacionais definem atividades e recursos que possibilitam a realização dos objetivos estratégicos ou funcionais. Cronogramas e orçamentos são ferramentas de planejamento operacional. Logo, o planejamento de recursos humanos se caracteriza como um plano funcional.

Etapas do planejamento de recursos humanos

Jackson e Schuler (1990) sugerem que o planejamento de recursos humanos possui quatro fases, que são: (a) reunir e analisar os dados para a demanda atual de recursos humanos, para os planos do futuro e para a demanda futura de recursos humanos; (b) estabelecer os objetivos dos recursos humanos; (c) designar e implementar programas que possam preparar a organização para alcançar seus objetivos de recursos humanos; e (d) monitorar e avaliar esses programas.

Os autores observam, entretanto, que essas quatro fases do planejamento de recursos humanos variam de acordo com três diferentes horizontes de tempo: termo curto (até um ano); termo intermediário (dois ou três anos) e termo longo (acima de três anos).

Embora as quatro fases descritas sejam as mesmas para todas as organizações, há diferenças na sua operacionalização, de acordo com o horizonte do tempo de que a organização dispõe. É necessário que as organizações procurem integrar suas atividades ao longo das quatro fases de planejamento por meio dos três horizontes de tempo. Deve haver, também, um sistema dinâmico de interligação das fases entre si, de tal modo que as fases iniciais possam servir de *input* para as fases posteriores, fornecendo resultados de avaliações que auxiliem adaptações que devam ser feitas nos objetivos e nos programas.

Essa relação de fases do planejamento de RH, além de sujeita a variações de acordo com as transformações econômicas e tecnológicas e com as mudanças no ambiente organizacional, busca realçar a importante relação que o planejamento dos recursos humanos deve ter com o planejamento da organização, buscando sempre o alcance dos objetivos da empresa e o sucesso do negócio (Lucena, 2008).

Componentes do planejamento de recursos humanos

Lucena (2008) enumera os seguintes componentes básicos do planejamento de recursos humanos: planejamento organizacional, estrutura e descrições de cargos, cargos-chave e cargos críticos, linha de sucessão e perfil profissional. A autora tece considerações sobre cada um desses cinco elementos.

A estrutura organizacional estabelece a relação entre a organização do trabalho, os processos operacionais e a capacitação profissional correspondente; conhecê-la implica em conhecer a dinâmica empresarial, ou seja, o negócio, os resultados esperados, os riscos, os desafios que a empresa pode enfrentar, as relações com o mercado, as mutações no ambiente externo e seu impacto no desempenho organizacional. A estrutura organizacional constitui, portanto, a base sobre a qual se definirão as necessidades de pessoal, mas é também o meio para se realizar o negócio da empresa.

O segundo componente – estrutura e descrições de cargos – se justifica porque o planejamento organizacional procura, a partir da missão e das áreas de responsabilidade de cada unidade organizacional, estabelecer as posições de trabalho, as atribuições, responsabilidades e autoridades.

O terceiro componente se refere à contribuição esperada e aos requisitos de competência profissional e pessoal necessários para o desempenho de cada cargo. A designação cargo-chave é reservada àqueles cargos que são indispensáveis para o funcionamento da empresa, sem os quais o negócio pode ser prejudicado ou até mesmo paralisado. O cargo crítico é aquele que tem uma função específica num momento determinado; um exemplo é o cargo de um inovador, quando o produto perde aceitação no mercado, outro exemplo é o cargo de uma pessoa com grande resistência à frustração, capaz de influenciar positivamente os demais em momentos de crise determinada por fatores externos à empresa ou mesmo por crise interna.

As linhas de sucessão ou linhas de acesso permitem uma visualização da hierarquia dos cargos do ponto de vista de suas afinidades, níveis de complexidade e necessidade de qualificação dos profissionais que devem ocupá-los. Ao organizar uma linha de sucessão para a área técnica ou para a área gerencial, tem-se maior clareza sobre os requisitos necessários para que o ocupante de um cargo possa ascender a níveis mais elevados, atingindo novos estágios de carreira. A linha de sucessão refere-se aos cargos e não propriamente aos ocupantes desses cargos. As características dos ocupantes dos cargos hierarquicamente dispostos numa linha de sucessão são analisadas quando se organiza o plano de sucessão da empresa. Nesse momento, as características de cada profissional são levantadas e faz-se um estudo detalhado de suas possibilidades para a ocupação da gerência superior.

Uma vez definidos esses componentes, tem-se o delineamento do perfil profissional de cada trabalhador e torna-se possível definir os planos de cargos e os salários a serem adotados.

Considerações finais

Alguns fatores são responsáveis pelo crescente interesse pelo planejamento de recursos humanos: a globalização da economia, as novas tecnologias, as condições econômicas e a mudança da força de trabalho. Essas transformações passaram a exigir dos trabalhadores novas habilidades, atitudes e conhecimentos, além de expectativas e possibilidades bem diferentes daqueles exigidos das gerações anteriores.

No momento em que o capital intelectual representa um grande valor para as organizações, o planejamento de recursos humanos ganha importância, uma vez que seu papel consiste em definir as necessidades atuais e futuras de pessoas capazes de alavancar os processos para o alcance dos objetivos organizacionais.

O planejamento de recursos humanos deve subsidiar, portanto, as seguintes definições: a identificação de cargos-chave e de cargos-críticos; o dimensionamento dos planos de sucessão; o processo de colocação de pessoas (recrutamento, seleção e colocação), a elaboração dos planos de treinamento e desenvolvimento da organização; e a formulação do processo de avaliação do desempenho.

Referências

Amaral, W. F. (Org.). Queiroz, M A. M. S., Foscarini, R. D., Lopes V. H. (Colabs.). (2008). *Como elaborar um planejamento de recursos humanos*. Belo Horizonte: SEBRAE/MG.

Carvalho, A. V. de, & Serafim, O. C. G. (1998). *Administração de recursos humanos*. São Paulo: Pioneira.

Daley, D., Vasu, M. L., & Weinstein, M. B. (2002). Strategic human resource management: Perceptions among North Carolina County social service professionals. *Public Personnel Management*, *31*, 359-375.

Delery, J. E., & Doty, D. H. (1996). Modes of theorizing in strategic human resource management: Tests of universalistic, contingency and configurational performance predictions. *Academy of Management Journal*, *39*, 802-835.

Jackson, S. E., & Schuler, R. S. (1990, february). Human resources planning: Challenges for industrial/organizational psychologists. *American Psychology*, 223-239.

Jones, G. R., & George, J. M. (2008). *Administração contemporânea* (Maria Lúcia G. L. Rosa, Trad., Alexandre Faria, Rev. Téc.). São Paulo: McGraw Hill.

Lucena, M. D. S. (2008). *Planejamento de recursos humanos*. São Paulo: Atlas.

Maximiano, A. C. A. (2011). *Teoria geral da administração: da revolução urbana à revolução digital*. São Paulo: Atlas.

Phillips, J. J. (1996). *Accountability in human resource management*. Huston, TX: Gulf.

Poder organizacional, grupal e pessoal

Maria das Graças Torres da Paz

Estudos sobre o poder vêm instigando os pensadores desde a Antiguidade. Nos primeiros escritos filosóficos de Platão e Aristóteles já são encontradas discussões sobre o assunto, identificando-se o quanto é polêmico o seu teor. A gênese do conceito de poder está vinculada mais propriamente à filosofia e à ciência política, mas constata-se uma disseminação de sua investigação por todas as áreas das humanidades e dos estudos sociais. Algumas concepções de poder, no entanto, tornaram-se marcos na literatura sobre o tema, como os estudos de Hobbes que, ao fazer a análise do poder, considera a perspectiva do poder maior: o poder estatal. E os estudos de Maquiavel que, numa outra linha, tem uma concepção que se baseia na análise das estratégias de exercício e manutenção do poder, com a proposição de que o poder deve ser compreendido como um fenômeno que envolve uma rede capilarizada, um encadeamento de poder. Poder não é algo que se tem, mas algo que se exerce. Foucault, na mesma linha de Maquiavel, considera que o poder só existe em ação e não é tão somente manutenção nem reprodução das relações econômicas. Ele apresenta um caráter mais positivo sobre o poder, salientando a importância de considerá-lo como uma rede produtiva que atravessa todo o corpo social, muito mais do que uma instância negativa que tem por função reprimir.

Os trabalhos desses autores, além de outros, geraram diferentes perspectivas para explicar e abordar esse fenômeno em todos os tipos de situações, sendo ampliados para outras entidades sociais que detêm a capacidade de alterar os resultados, as decisões e os comportamentos das pessoas, incluindo as organizações, que passam a ser vistas como ambientes permeados por relações de poder entre indivíduos e grupos.

Concepções de poder

Nos estudos de poder que deram suporte à compreensão do fenômeno no âmbito de diferentes contextos sociais, algumas definições se salientam. Para Galbraith (1908/1984), poder consistiria na imposição de desejos e propósitos de alguém ou de algum grupo sobre outros, incluindo aqueles que relutam e se opõem; para French e Raven (1959), o poder seria a influência potencial que um indivíduo poderia exercer sobre outro; para Etzioni (1980), seria a habilidade de um indivíduo influenciar outro a executar suas diretivas ou quaisquer normas que ele apoia; para Giddens (1978), o poder, em sentido mais geral, constitui a capacidade transformadora da ação humana, ou seja, a habilidade de os indivíduos alterarem o curso dos acontecimentos. No sentido mais restrito, vincula-se à propriedade de interação, no que concerne à garantia dos resultados de uma ação, quando a sua realização depende da atuação de outras pessoas; para Mintzberg (1983), seria a capacidade de afetar o comportamento organizacional; para Enz (1989), seria um fenômeno que sustenta a configuração e a preservação dos interesses de grupos ou de subculturas predominantes na organização, diante de determinadas ações nela implementadas.

Identifica-se que os conceitos retratam visões distintas e essa dificuldade de conceituação deve-se, inclusive, à dificuldade de se estabelecer um quadro de referências que permita retratar o poder em todas as suas manifestações. Mesmo com a utilização de diferentes paradigmas em suas construções teóricas, alguns aspectos comuns são enfatizados em relação às conceituações de poder apresentadas e são caracterizadas por vários estudiosos do tema: o fenômeno do poder é universal; trata-se de uma capacidade que todas as pessoas possuem e que poderá ou não ser utilizada; pressupõe relacionamento direto e ou indireto entre quem exerce o poder e quem é o alvo; envolve atos de influência; não pressupõe necessariamente o assentimento do influenciado em relação ao influenciador; o poder não é definido apenas como propriedade, entidade ou oposição, mas, principalmente, como um relacionamento no qual duas ou mais pessoas trazem variados recursos para o processo; a arena do poder não é apenas um campo exclusivo de uma elite ou de pessoas legitimadas; o poder permeia as relações humanas.

O poder está presente em todos os relacionamentos e para melhor compreender suas manifestações duas fontes gerais de poder devem ser consideradas: o poder pessoal e o poder contextual – organizacional e grupal –, que não são estanques.

Poder organizacional

Essa fonte de poder tem suas bases no sistema no qual o indivíduo está inserido, estando ligado a uma determinada estrutura. Tende a ser despersonalizado, sendo normalmente transferido para o sistema de regras e normas. Esse poder pode ser atribuído às pessoas como representantes da organização, em consonância com suas funções e papéis na estrutura. Perdendo a função ou mudando de papel, o poder lhe é retirado.

Para abordar essa fonte de poder no nível organizacional, a teoria de base adotada neste texto é a teoria do poder organizacional de Mintzberg (1983). Para o autor, o comportamento organizacional é um jogo de poder cujos participantes são influenciadores que jogam para assegurar o alcance de metas organizacionais e pessoais. Segundo a teoria, o poder se configura de seis formas para afetar o comportamento organizacional. Para identificá-las, são feitas articulações entre sistemas de metas da organização (básicas, formais, ideológicas e pessoais compartilhadas), coalizões (externas e internas) e sistemas de influência (autoridade, ideologia, especialistas, político).

Configurações de poder organizacional

A proposta de Mintzberg (1983) contempla seis configurações de poder, formas como este se estrutura na organização para influenciar resultados e a sua dinâmica. São elas: a) *Autocracia*, sistema em que o poder é centrado no mais alto chefe ou na cúpula da organização, que controla a coalizão interna e tenta excluir todas as outras formas de poder. O sistema de influência é o de autoridade, a coalizão interna é personalizada com controle pessoal e a coalizão externa é passiva. As metas são ditadas pelo principal influenciador; b) *Instrumento*, sistema em que o poder é exercido por um grupo de influenciadores externos à organização, frequentemente proprietários, acionistas ou governo. A coalizão externa impõe os objetivos operacionais que são suplementados pelo controle da coalizão interna por meio de uma forte burocracia. O sistema de influência é o de autoridade, a coalizão interna é burocrática e a externa é dominadora. As metas são estabelecidas pelo influenciador externo; c) *Missionária* é um sistema ideológico, centrado na missão que domina toda a atividade organizacional e tem o suporte de todos os seus membros. Os membros se identificam fortemente com a missão, professam lealdade, preservam os objetivos, estendem e aperfeiçoam a missão da organização. O sistema de influência é o ideológico. A coalizão interna é dominadora e a externa é passiva. As metas são ideológicas ou utópicas; d) *Meritocracia* é o sistema em que os peritos são os mais fortes influenciadores e têm o poder fundado na habilidade e no domínio de conhecimentos. São os decisores da organização. O sistema de influência é o de especialista, a coalizão interna é profissional, mas politizada, e a externa é passiva. As metas são as dos especialistas; e) *Sistema autônomo*, no qual o poder é do sistema propriamente dito, apoiado por todos que estão dentro dele, especialmente os administradores, linha gerencial e *staff* de analistas. O poder é centrado na coalizão interna, que procura aumentar o controle do seu próprio ambiente para garantir a passividade da coalizão externa. O sistema de influência é o de autoridade baseado na competência, a coalizão interna é burocrática, mas politizada, e a coalizão externa é passiva. As metas são claras e operacionalizadas; f) *Arena política*, ocorre quando a organização é dominada pela política, os influenciadores disputam com os outros para perseguir objetivos que em boa parte das vezes são pessoais, e os conflitos aumentam entre a coalizão interna e a externa. Como resultado, a organização torna-se incapaz de perseguir algum objetivo com consistência. O sistema de influência é essencialmente o político, a coalizão interna é fortemente politizada e a externa é dividida e as metas fluídas e distorcidas.

Para o exercício do poder nas organizações, faz-se necessário ter certas características pessoais como habilidade política, inteligência, atratividade, dentre outras. Assim, o poder pessoal é imprescindível ao jogo de poder organizacional, uma vez que são as pessoas que agem nas organizações e em nome delas.

Poder pessoal

Consiste na capacidade potencial de influenciar tanto pessoas quanto grupos. Origina-se do próprio indivíduo e envolve suas características de personalidade, experiências, vivências, energia vital, motivações, capacidade de enfrentar desafios, maturidade emocional, assertividade, competências, inclusive interpessoal. O poder pessoal independe do *status* e do papel que o indivíduo representa e ocupa no contexto social, embora tanto um quanto outro possam fortalecer o poder pessoal. É um conjunto de atributos pessoais e profissionais, é individual e intransferível. É uma fonte interna de poder, mas que só se materializa na relação com o outro, de forma que as organizações devem ser vistas como ambientes permeados por relações de poder entre indivíduos, segundo Paz, Martins e Neiva (no prelo).

A Teoria da Troca ou da Dependência, de Thibaut e Kelley (1959), e as Bases de Poder, de French e Raven (1959), foram as abordagens selecionadas para auxiliar na compreensão da dinâmica do poder entre as pessoas nas organizações. Thibaut e Kelley introduzem dois conceitos importantes para compreensão do estabelecimento de relações de dependência ou independência – Nível de Comparação (CL) e Nível de Comparação por Alternativas (CL_{ALT}).

O CL consiste em um padrão subjetivo que serve como ponto de referência para a avaliação dos resultados da interação. Esse padrão é individual. Se os resultados da interação estiverem acima desse ponto, são considerados agradáveis, se estiverem abaixo, representam desagrado. O CL_{ALT} possibilita julgar a conveniência ou não de cessar uma situação, abandonando-a ou nela continuando. Se a pessoa tem alternativas melhores que a atual, ela abandona a situação, por livre-arbítrio, ou se mantém nela por absoluta falta de alternativas, ou por ter como opções alternativas piores que a atual. O estabelecimento de dependência forçada é nítido.

O critério de resultados acima ou abaixo do CL e do CL_{ALT} é de singular importância nos relacionamentos entre as pessoas. A pessoa mais poderosa tem capacidade de influir nos resultados colhidos por outra pessoa numa relação social, tanto de natureza diádica como grupal.

Os autores distinguem duas formas de poder que denominam controle do destino e controle do comportamento. Pelo controle do destino, uma pessoa pode determinar os resultados de outra, independentemente do que esta faça. Já pelo controle do comportamento, uma pessoa, ao variar o próprio comportamento, torna desejável para a outra variar o seu também. Há, portanto, uma situação de interdependência de comportamentos de pessoas envolvidas no fenômeno do poder social relativo ao controle do comportamento.

A abordagem de French e Raven (1959) destaca seis bases de poder que são utilizadas pelas pessoas para influenciar. São elas: coerção, posição, informação, recompensa, referência e conhecimento, tratadas em tópico específico neste texto.

No ambiente das organizações, no entanto, não apenas o poder individual tem espaço para o seu exercício. O poder dos grupos é fundamental para assegurar a dinamicidade do cotidiano organizacional.

Poder grupal

O grupo funciona como um lócus de satisfação de necessidades sociais e de afiliação de seus membros e por meio dele alguns objetivos particulares são alcançados. O funcionamento dos grupos é fundamental para as organizações e como não são homogêneos e tentam alcançar diferentes objetivos, o poder dos grupos se diferencia.

Poder grupal seria a capacidade de afetar os resultados e a dinâmica do grupo, e Paz, Martins e Neiva (2004) o caracterizam a partir do seu estágio de desenvolvimento. Na perspectiva do poder, os grupos são identificados como: *Personalista*, que corresponde à fase denominada formação do grupo, caracterizada pelo conhecimento dos membros. O poder se expressa de forma individualizada, cada um quer causar alguma impressão, abrindo espaço para a projeção dos mais fortes influenciadores. Porém, o grupo compreende que é preciso estabelecer normas e regras de convivência. *Burocrático*, que corresponde ao estágio denominado crescimento ou tempestade. O grupo ainda funciona com uma forte agenda pessoal, mas os integrantes percebem que é necessário despersonalizar o poder, transferindo-o para o sistema de regras e procedimentos. *Coletivista*, corresponde ao estágio normativo. Esta é a fase da coesão grupal. A tônica é a identificação dos membros com o grupo. Nesta fase, há testagem constante da temperatura do grupo e do nível apropriado de comportamento grupal. O poder migra do sistema de regras para o coletivo, estabelecendo a identidade grupal. *Cívico*, que corresponde ao estágio desempenhado. Somente quando os três estágios anteriores forem completados com sucesso, o grupo passa a vivenciar sua fase de maturidade. Nesta quarta fase, o desempenho do grupo é fortalecido, mas sem comprometer as agendas individuais. Com um desempenho mais maduro, ele consegue definir direitos e deveres dos seus membros, estabelecendo melhor os limites eu-outro. O poder grupal mais uma vez é transferido. Desta forma, ele migra para o civismo. O compromisso com a cidadania é a tônica.

Características de mais de um estágio podem coexistir no grupo, embora uma deva prevalecer. Para exercer o poder, o grupo também precisa de energia, vontade e habilidade, especialmente para barganhar e jogar com outros grupos e com a organização. Eles utilizam bases de poder como as propostas por French e Raven (1959) e Mintzberg (1983), e estabelecem relações de dependência-independência, conforme proposto por Thibaut e Kelley (1959). Os grupos são imprescindíveis para as pessoas, pois se constituem o seu suporte psicológico e são imprescindíveis para as organizações, pois possibilitam o alcance de metas e resultados organizacionais.

Bases de poder

As bases de poder são apresentadas tendo como referência a proposta de French e Raven (1959), enfoque teórico que trata do poder social e que tem servido, assim como a teoria da troca, como referência para estudos na área de psicologia organizacional. A tônica da proposta de seis bases fundamentais de poder já descritas têm correspondência com as bases propostas por Mintzberg (1983), controle de recursos, competência ou habilidade técnica, corpo de conhecimentos crítico para a organização, prerrogativas legais e acesso aos poderosos. A abordagem das bases de poder consiste em examinar quais recursos uma pessoa pode utilizar para exercer influência. A maioria das estratégias de influência pode ser analisada em termos das várias combinações das bases de poder e suas variantes.

As bases de poder e os sistemas de influência das organizações – autoridade, ideológico, especialista e político – são usados por influenciadores, tanto individualmente como em grupos nas organizações, de forma a favorecer o exercício de poder intra e entre grupos. As bases de poder são fontes de onde emanam os poderes de influenciadores. O que torna um influenciador poderoso é a sua habilidade para utilizar uma base de poder, de forma que um influenciador será tão mais poderoso quanto mais a organização ou o grupo depender da base de poder que ele controla. Por outro lado, tanto mais autônoma será a organização ou o grupo quanto menos depender do influenciador. Os influenciadores são jogadores que objetivam alcançar metas organizacionais, grupais e individuais.

Jogos de poder

O movimento do poder nas organizações ocorre por meio dos jogos políticos, de poder, mas para jogar, faz-se necessário a utilização de estratégias que são desenvolvidas por pessoas. Alguns jogadores individualmente gostam mais do jogo que outros, são mais aptos a jogar que outros, da mesma forma que alguns grupos gostam mais das disputas e estão mais preparados para elas que outros. Os jogos de poder podem ocorrer entre pessoas, entre grupos e na organização como um todo, de forma que a dinâmica do poder na organização implica no exercício de poder das pessoas, dos grupos e da organização.

Jogos são mecanismos concretos que as pessoas utilizam para estruturar e regular as suas relações de poder. A regulação entre liberdade e restrição nas organizações e nos grupos ocorre por meio dos jogos de poder. Há jogos de resistência à autoridade: *rebeldia* ou *resistência*, que fazem parte do movimento de resistência à autoridade, à perícia ou à ideologia. Em resposta, os gerentes ou lideranças passam a jogar *contra resistência*, reforçando sua autoridade, aumentando os controles, usando penalidades, utilizando suas prerrogativas legais, podendo ainda lançar mão de influência política, persuasão, bajulação etc.

Há jogos desenvolvidos para construir bases de poder, como o jogo de *patrocínio*, quando um membro mais poderoso promete regalias e benefícios em troca de informações estratégicas. O jogo da *aliança* acontece entre pares que negociam entre si contratos implícitos de suporte mútuo para aumentar o poder de todos. O jogo da *construção de império* é um jogo individual, realizado com o objetivo de aumentar o número de subordinados e de subunidades. A luta é por território e cooptação de "soldados". O jogo de *orçamento* é baseado na expansão das posições e unidades, espaço físico, equipamentos e recursos, especialmente financeiros. O jogo da *perícia* ou *especialização* é jogado por aqueles influenciadores que desejam ostentar conhecimentos; cada indivíduo tenta recorrer à sua perícia explorando-a como meio de influência política. É jogado por quem tem perícia de fato e também por quem faz de conta que tem. O jogo do *domínio* representa a utilização da autoridade e do poder para subjugar subordinados. Acontece quando o poder legítimo é explorado de modo ilegítimo.

Há também os jogos para derrotar rivais. O jogo *linha versus staff* caracteriza-se como um conflito clássico de poder, em que os influenciadores – gerentes de linha e especialistas – jogam para derrotar uns aos outros, podendo ser reduzido à rivalidade entre pares. O jogo *dos campos rivais* é quando dois jogadores ou grupo de jogadores encontram-se claramente um contra o outro, não existindo tréguas. É jogado em situações de mudança e quando há desentendimentos entre as áreas. Às vezes, não há vencedor. A balança pende de um lado a outro e a guerra continua.

Há jogos para efetivar mudanças na organização. O campo central desses jogos está nos processos de tomada de decisão que definem os rumos da organização e que envolvem grandes somas de recursos financeiros. No primeiro deles, o jogo dos *candidatos estratégicos*, influenciadores individuais ou em grupo (especialistas, gerentes de linha ou chefes executivos) visam a mudanças na organização e escolhem um candidato estratégico apoiado por diferentes grupos, que assume o papel de líder e influencia as decisões, constrói império e promove alianças. O jogo da *denúncia* é quando o jogador, um membro da organização, acredita que um comportamento que está tomando espaço na organização viola alguma norma social e, por isso, apita a um influenciador externo que pode intervir na situação, normalmente é um jogo secreto e anônimo. E o jogo "*terroristas*" ou "*jovens turcos*", cujo objetivo é promover uma mudança tão profunda que todo o poder legítimo é questionado, possibilitando uma revolução. Esse jogo é realizado por influenciadores que ocupam altos postos, que se reúnem em pequenos grupos e de modo secreto. Os jogadores são habilidosos para criar alianças com influenciadores externos poderosos, com o objetivo de impor algum tipo de mudança na coalizão interna ou tentam tomar o poder da principal autoridade organizacional. Depois de sua ação, a organização jamais será a mesma. Os jogos de poder perpassam indivíduos e coalizões, e são responsáveis pela fluidez do poder na organização.

Compreender a dinâmica do poder nos contextos organizacionais é necessário, mesmo admitindo que o poder é um fenômeno de difícil investigação, não só por sua complexidade, mas também pela conotação negativa que lhe é atribuída. O conhecimento produzido sobre o tema no Brasil enfoca, mais enfaticamente, as questões de repressão, exploração, manipulação, reprodução de uma dominação de classe, enfim, uma visão oposta à sua caracterização como força que produz o bem, e utiliza abordagens mais qualitativas. Abordagens quantitativas para a investigação do poder já estão sendo adotadas no Brasil, em concordância com muitos estudos no exterior. Instrumentos de medida validados psicometricamente estão sendo construídos, como o de Paz e Neiva (2014), e modelos teóricos estão sendo testados com o apoio de análises estatísticas multivariadas (Dessen & Paz, 2010; Guimarães & Martins, 2006), de forma que a produção de conhecimento sobre o tema está em expansão. O futuro dos estudos sobre poder, no país, é promissor, com a utilização de diferentes abordagens metodológicas e referenciais teóricos, tanto na perspectiva organizacional, quanto grupal e individual.

Considerações finais

O objetivo deste texto foi o de compreender as manifestações de poder individual, grupal e organizacional em complementaridade. Salientou-se o papel dos influenciadores nessa dinâmica, quer seja no sentido de exercer o poder como uma força pessoal, quer seja na dimensão de participar como membro do grupo para atendimento das necessidades deste, quer seja como membro e representante da organização para assegurar o alcance de metas e resultados. Ênfase foi dada às configurações de poder, às formas como o poder se estrutura nas organizações, às bases de poder, às fontes originárias do poder dos influenciadores e aos jogos de poder, estratégias de exercício de poder que possibilitam tanto as mudanças que ocorrem nas organizações quanto a manutenção do *status quo,* assegurando o fluxo do poder.

A partir das concepções de poder apresentadas neste verbete, considera-se importante que os gestores atentem às questões relativas ao poder no seu cotidiano de trabalho. As áreas de gestão de pessoas das organizações se beneficiariam com a identificação da dinâmica do poder em suas organizações. Tomando-se como exemplo os sistemas de avaliação de desempenhos individuais ou de competências expressas desenvolvidos em muitas organizações, associados às configurações de poder, algumas considerações podem ser feitas.

Em organizações com configuração de poder instrumento, é importante que as avaliações sejam muito bem formalizadas, normatizadas. A burocratização do processo pode dar segurança aos avaliados que podem se sentir mais protegidos contra as arbitrariedades do corpo de avaliadores, ao mesmo tempo em que a organização controla formalmente os seus componentes para que se comportem e façam suas entregas em conformidade com as expectativas dos influenciadores externos. Em organizações com configuração autônoma, o sistema de avaliação pode estabelecer resultados esperados com muita clareza e objetividade, uma vez que esta é uma tônica do funcionamento organizacional, mas precisa estar atrelado a um sistema de recompensas que atenda aos critérios de equidade, um valor dos membros dessa configuração.

Na organização com configuração autocrática, como é o mais alto chefe que toma as decisões, não faz sentido implantar um sistema de avaliação que privilegie a negociação de resultados entre chefes e subordinados. Na organização com configuração meritocrática é fundamental não esquecer que os especialistas não se submetem aos administradores, sendo importante que o modelo proposto tenha o aval deles via participação de especialistas na sua construção e implantação. Na organização com configuração missionária, o acompanhamento dos trabalhos de maneira mais formal não é tão importante, uma vez que o controle se dá via doutrinação para manutenção da ideologia da organização. Um sistema formal de avaliação poderia ser dispensável nesse tipo de configuração de poder.

Por fim, as organizações em crise que vivem uma arena política com intensidade de conflitos, com processos de comunicação deficientes e com os membros brigando para atenderem seus objetivos pessoais, os procedimentos avaliativos devem contribuir muito pouco. Considerar a dinâmica do poder nas organizações parece fundamental na construção e reconstrução das práticas organizacionais.

O poder deve ser compreendido como um fenômeno necessário à vida em relação com o outro, que exige a elaboração de estratégias de convivência que assegurem certa disciplinaridade, condição necessária ao funcionamento das coletividades. Não deve ser concebido apenas com uma conotação negativa. Para Paz, Martins e Neiva (2004), o poder como fenômeno não é positivo nem negativo em si mesmo; positivos e negativos são os fins para os quais o poder é utilizado. Trata-se de um fenômeno complexo que possibilita a realização de desejos, o alcance de ideais. É uma força mobilizadora que impulsiona as pessoas, os grupos e as organizações a seguirem suas missões, metas e objetivos, que promove a coesão e agregação de pessoas e grupos, que revitaliza as instituições sociais e dirige a sociedade e que inviabiliza a entropia da espécie humana.

Referências

Dessen, M. C., & Paz, M. G. T. (2010). Bem-estar pessoal nas organizações: o impacto de configurações de poder e características de personalidade. *Psicologia: Teoria e Pesquisa, 26*, 549-556.

Enz, C. A. (1989). The measurement of perceived intraorganizational power: a multi-respondent perspective. *Organization Studies, 10*, 241-25.

Etzioni, A. (1980). *Organizações modernas* (6a ed.). São Paulo: Pioneira.

French, J. R. P., & Raven, B. (1959). The bases of social power. In D. Cartwright (Ed.). *Studies in Social Power* (pp. 150-167). Ann Arbor, MI: Institute for Social Research.

Galbraith, J. K. (1984). *Anatomia do poder.* São Paulo: Pioneira. (Trabalho original publicado em 1908).

Giddens, A. (1978). *As novas regras do método sociológico.* Rio de janeiro: Zahar.

Guimarães, F. V., & Martins, M. C. F. (2006). Bases de poder do supervisor, conflitos intragrupais e comprometimento organizacional e com a equipe. *Revista de Psicologia: Organizações e Trabalho, 8*, 54-78.

Mintzberg, H. (1983). *Power in and around organizations.* New York: Englewood Cliffs; Prentice Hall.

Paz, M. G. T., Martins, M. C. F., & Neiva, E. R (2004). O poder nas organizações. In J. C. Zanelli, J. E. Borges-Andrade & A. V. B. Bastos (Eds.). *Psicologia, organizações e trabalho no Brasil* (pp. 380-406). Porto Alegre: Artmed.

Paz, M. G. T., Martins, M. C. F., & Neiva, E. R (2014). O poder nas organizações. In J. C. Zanelli, J. E. Borges-Andrade & A. V. B. Bastos (Eds.). *Psicologia, organizações e trabalho no Brasil* (2a ed., pp. 450-490).). Porto Alegre: Artmed.

Paz, M. G. T., & Neiva, E. R (2014). Configuração de poder organizacional. In M. M. M. Siqueira (Ed.). *Novas medidas do comportamento organizacional.* Porto Alegre: Artemed.

Thibaut, J. W., & Kelley, H. (1959). *The social psychology of groups.* New York: Wiley and Sons.

Políticas públicas e trabalho

Peter Spink

Para além da CLT

Em primeiro de maio de 1943, o lotado Estádio de São Januário, no então Distrito Federal, no Rio de Janeiro, foi palco simbólico da assinatura pelo então presidente Getulio Vargas do Decreto-Lei 5.452, que introduziria uma nova expressão nas relações entre o Estado e trabalho no Brasil: a Consolidação das Leis do Trabalho (CLT). Falava-se da real possibilidade de um mundo no qual haveria trabalho para todos e, melhor ainda, trabalho-emprego-assalariado-assegurado-regulamentado. Infelizmente, o prometido mundo do trabalho formal não chegou para todos, representando a situação de, no máximo, algo em torno de 60% dos trabalhadores brasileiros em regiões como São Paulo até o início dos anos 1980, antes de cair durante o fim da década de 1990 e o início dos anos 2000 para 40%, voltando para 50% em 2012.

Nos países centrais, democráticos e economicamente desenvolvidos, o emprego informal é – em grande parte e por todos os efeitos – considerado ilegal. As pessoas poderiam ser independentes, autônomas e fazer pequenos serviços, mas estas são consideradas atividades econômicas que devem ser registradas e, portanto, sujeitas aos impostos e demais obrigações legais. Não declarar os ganhos da atividade econômica implica em multas e outras sanções. As atividades econômicas e o trabalho são formais no sentido de registrados e visíveis. Na América Latina, nunca houve algo parecido, parte da razão pela qual a maior parte de nossa carga tributária cai na esfera indireta e, até hoje, a massa salarial disponível para tributação continua baixa. Ou seja, a noção de pleno emprego – entendido no sentido formal, registrado e com pagamentos regulares e potencialmente disponíveis para tributação – nunca foi uma característica dominante das nossas sociedades e, acredito, nem de muitos outros países em desenvolvimento. Ao contrário, para o mercado empresarial e público, em geral, uma porcentagem significativa das pessoas são *sobrantes*, para utilizar a expressão que Robert Castel (1997) cunhou para a situação europeia.

As razões para essa situação são diversas, mas o fato de ela ser relativamente generalizável de um país para outro na América Latina sugere que razões *endogenous* (tais como o regime escravocrato e a economia de plantação) não são por si só suficientes, mesmo quando seus efeitos estão visivelmente presentes (Theodoro, 2005). Parte da resposta talvez seja atribuível aos programas de industrialização com foco na substituição de importação do período após a Segunda Guerra Mundial. Na década de 1940, a taxa de urbanização no Brasil era de 26,3%. Quarenta anos depois alcançaria quase 70%, período em que a população geral triplicou e a população urbana se multiplicou por sete vezes e meia. O Brasil de 1940 não era um Brasil rural, mas, conforme argumentou Milton Santos (1993/2002), um Brasil agrícola; sua urbanidade era em grande parte agrícola. Em 1980 já teríamos, além da expansão interiorana da urbanidade agrícola, um outro urbano, agora industrial – construído em um curtíssimo espaço de tempo e com todos os dramas resultantes (muitos deles agravantes de situações anteriores); inclusive com a ausência efetiva de uma rede de governos locais e conceitos de política pública, planejamento e desenvolvimento urbano que somente viriam mais tarde com a Constituição de 1988. Institucionalmente, a explosão urbana pegou os municípios e seus antigos e novos munícipes de maneira desprotegida.

Usamos a expressão políticas públicas para referir sobre aquilo que governos escolhem fazer e, consequentemente, escolhem não fazer. É uma linguagem de ação, entre outros, que sugere que governos são responsáveis por suas ações, que há questões sérias a serem resolvidas e que estratégias serão formuladas e decisões tomadas que resultarão na mobilização de recursos e, mais importante, em resultados. Temos diversas áreas de política pública que têm impactos direta ou indiretamente no trabalho, seja na sua regulamentação, em relação aos direitos, em relação à saúde e à educação e à própria qualidade do trabalho. Mas há também áreas que são mais difíceis e nas quais a segunda parte da definição (o que escolhem não fazer) é mais presente. Uma destas se refere à complexidade das inserções econômicos em países como o nosso, caracterizado pela ausência do pleno emprego, e é esse o foco deste verbete: o campo das políticas públicas esquecidas. Nosso foco é a necessidade de pensar sobre o terreno além do CLT; uma tarefa nada fácil.

O problema da perspectiva trabalho-emprego-assalariado

A expressão "um trabalho decente por um salário decente" fez parte das lutas e conversas operárias durante grande parte do século XX. Simbolizava uma inserção justa em um mundo caracterizado pelo emprego asalariado e protegido. Questões sobre salário, condições de trabalho, benefícios e a organização do trabalho sempre tiveram como pano de fundo o pressuposto moral de uma relação de trabalho digna e, se não igual, pelo menos justa. Foi nesse contexto dos países centrais que a Psicologia do Trabalho e das Organizações se formou, construída sobre a perspectiva do trabalho assalariado (e sindicalizado) numa empresa de porte suficiente para fiscalizar condições e assegurar direitos previdenciários. Por exemplo, no tradicionalíssimo *Annual Review of Psychology*, cujos capítulos de revisão retratam os principais estudos e pesquisas do ano em foco, a análise das cinquenta edições, entre 1950 e 2000, demonstra que, para a nossa área, foram reportados quase exclusivamente estudos feitos em grandes organizações privadas, públicas ou militares.

Não devemos menoprezar a importância de estudos e trabalhos nesses contextos mais ortodoxos, afinal são situações em que – para usar os dados disponibilizados pelo Ministério Público do Trabalho sobre a situação brasileira – a grande maioria dos cargos de direção continua nas mãos de homens, e a presença de afrodescendentes em muitos setores de serviço é significativamente abaixo da sua presença na sociedade com um todo. Em outras palavras, são campos em que precisamos levar mais a sério nossas políticas transversais sociais, como também há muito a fazer para garantir que as políticas sobre saúde do trabalhador sejam efetivamente implantadas no dia a dia das fábricas, oficinas, lojas, *call-centers* e escritórios. Mas, de uma maneira ou de outra, começamos a ter sinais de engajamento nesses campos, mesmo que a questão da diversidade e da afrodescendência andem em câmera lenta. Devemos continuar com esses esforços, mas nosso desafio maior é de assumir uma segunda agenda: a das políticas esquecidas.

Felizmente, pelo menos nos organismos internacionais, encontramos hoje sinais de que a versão dominante de um mundo de trabalho-emprego-assalariado-assegurado--regulamentado começa a perder força. Até a tradicional Organização Internacional do Trabalho (OIT) aceitou recentemente que a economia informal é responsável por grande parte do emprego não-agrícola dos países em desenvolvimento (OIT, 2010). Carmelo Mesa-Lago (2008) utilizou dados da Comissão Econômica para a América Latina e o Caribe (Cepal) para traçar uma perspectiva possível da situação em alguns países da América Latina, incluindo o Brasil. Ele comenta: "a ideia de que o desenvolvimento irá eventualmente expandir o setor formal e a cobertura de seguridade social e proteção laboral é contrariada pelos dados factuais na América Latina durante os últimos 25 anos" (Mesa-Lago, 2008, p. 85). Ou seja, a noção – propagada diariamente por todos os meios possíveis – de que pleno emprego, entendido enquanto formal, remunerado e registrado, está logo ali depois da próxima esquina é falsa. Não está, nunca esteve e nunca estará. A maioria das pessoas continua e continuará fazendo o que fazia no passado, isto é, procurando jeitos de se virar.

Se virar

O termo cotidiano *se virar* é uma boa maneira prática de quebrar o poder hipnotizante do modelo hegemônico. A expressão traz o sentido de sustento, de ir para lá e para cá, de utilizar habilidades, achar caminhos. Se manifesta, entre outros, em milhares de empreendimentos de base caseira, em pequenos serviços, em empreendimentos alternativos e solidários, em atividades culturais e musicais, em feiras de troca, na agricultura familiar, nos vendedores de rua, no pequeno comércio, no buscar e levar documentos e materiais, na reciclagem, nas microempresas que entram e saem da formalidade, do negócio próprio e em muitas outras inserções não necessariamente tão visíveis no dia a dia. Está presente tanto na nanoeconomia (Spink, 2009) como nas economias locais e regionais.

Em contraste às fracas demandas de boa parte do emprego formal, para o qual basta repetir tarefas que não necessitam mais de meio dia para aprender, as habilidades envolvidas nas atividades do universo complexo e multifacetado do mundo do *se virar* são normalmente mais amplas. Além disso, contrariamente àqueles que argumentam que tais habilidades, produzidas fora da escola e transmitidas na vida diária, são de ordem inferior, quero sugerir – traçando um paralelo com a discussão sobre os saberes locais – que os saberes de *se virar* formam um processo extenso, contínuo e, em grande parte, solidário; composto de conhecimentos, habilidades e aptidões aprendidos, desenvolvidos e transmitidos, esquecidos e relembrados de acordo com a necessidade. Mas, o que sabemos desse processo imenso e ubíquo? Antes de mais nada, sabemos que não se trata de um processo romântico; há oportunidades, sim, mas também armadilhas. Oportunidades não somente para criar novas solidariedades, inventar equipamento ou novos produtos e serviços, mas também as armadilhas dos empréstimos com obrigações escravocratas, ofertas de emprego disfarçadas, organizadores de proteção, atravessadores de todos os tipos.

São milhares de situações que mal conhecemos porque não descrevemos ou que, quando descrevemos, o fazemos com base no modelo anterior e, como resultado, são consideradas periféricas. As cooperativas de materiais recicláveis, como as demais cooperativas e associações, exemplificam não somente esses processos de definição e redefinição do *se virar*, mas também sua complexidade e vulnerabilidade. Fazem parte os pequenos negócios familiares geradores de rendimentos e as muitas atividades da economia popular, incluindo a crescente arena da agricultura urbana. Podemos acrescentar as atividades culturais e especialmente musicais – sobretudo para os jovens –, que cada vez mais fazem parte do *se virar*.

Do informal para o não formal

Discutir o trabalho e a economia informal é recente em termos acadêmicos, datando da década de 1970. Se refere às atividades econômicas que não são registradas ou que são escondidas do Estado, em termos de impostos, previdência, direitos e obrigações trabalhistas. A sua condição de informalidade pode ser permanente ou temporária, quando pensamos, por exemplo, nas pessoas que mudam do formal para o informal e voltam a depender dos custos transacionais dos registros formais.

De modo similar, há no mercado formal um segmento expressivo que é formal em termos de registro, mas seu modo de produção em nada se relaciona com os modelos dominantes do setor. São as atividades econômicas urbanas que são caracterizadas por uma divisão de trabalho simples (e não capitalista) e nas quais os donos estão diretamente envolvidos no processo de criação de bens e serviços (Pérez Sainz, 1998). Aqui, entre outros, se encontra uma parte significativa das micro e pequenas empresas que o Serviço Brasileiro de Apoio às Micro e Pequenas Empresas (Sebrae) estima que devam empregar pelo menos metade das pessoas com carteira assinada no Brasil, ou seja, 50% do emprego fora do setor público. Também podemos situar nesse caso os milhares de pontos comerciais e as microfábricas abertas para a rua, onde se encontram os marceneiros, serralheiros, tapeceiros, e as oficinas mecânicas de todos os tipos, nas quais donos e assistentes trabalham lado ao lado e as perguntas do tipo "onde posso achar", ou "como posso resolver tal problema" são sempre respondidas com cordialidade, com indicações e sugestões.

Thomas (1995), ao discutir a atividade econômica informal com ênfase nas áreas urbanas, distingue quatro setores: o setor das atividades diretas de subsistência (que são produzidas e consumidas no lar); o setor urbano informal; o setor irregular e o setor criminal. Este último, mesmo engajado em atividades de mercado, tem seu foco em bens e serviços declarados ilegais (drogas, assaltos etc.). Entre o setor urbano informal e o irregular, a distinção é delicada e depende bastante do contexto, porque ambos estão envolvidos em transações de mercado. O primeiro (urbano informal) consiste em bens e serviços legais cuja produção e distribuição são "quase-legais" – por exemplo, vendedores ambulantes de produtos legítimos ou produtores de comida de rua. No segundo, o setor irregular – às vezes conhecido como paralelo ou mercado negro –, há uma explícita quebra de leis em relação ao processo produtivo (emprego de trabalhadores informais) ou aos insumos (por exemplo, a "importação" ou geração de cópias).

Um modelo descritivo

Juntando essas e outras propostas, fica claro que uma divisão simples entre formal e informal dificilmente responde à heterogeneidade das múltiplas inserções econômicas presentes. Dois passos são necessários: o primeiro é ampliar as maneiras de olhar essas diferentes inserções econômicas e o segundo é buscar um novo posicionamento integrador que evite a fragmentação que um modelo mais complexo poderia gerar. Em termos do primeiro, sugerimos um modelo descritivo composto de dois quadrantes de formalidade (para as atividades que fazem parte da economia registrada) e dois de não formalidade. O uso da expressão *não formalidade* em vez de *informalidade* é proposital, porque evita a negatividade da expressão mais comum. Isto é, não são "sem forma", ao contrário, têm forma, mas simplesmente não participam dos setores registrados.

Um quadrante seria composto da *área central de trabalho formal*: emprego em manufatura, comércio e serviços, serviço público e similares, conforme a imagem dominante. Um segundo quadrante seria a *área periférica do formal* com suas diversas variantes de serviços, cooperativas, associações, microempresas, pequeno comércio e similares. Um terceiro quadrante representaria a *área periférica do não formal* composto dos trabalhos voluntariamente não formais, o quase-formal e, às vezes, irregulares. O quarto quadrante representaria a *área central do trabalho não formal*, aquela na qual as pessoas se inserem de maneira quase que permanente e em que as possibilidades de alternativas são remotas.

Assim teríamos, no sentido horizontal e não vertical, dois centros e duas periferias: formal central; formal periférico; não formal periférico; não formal central.

É importante realçar que o modelo proposto é descritivo e não normativo. Os quadrantes não são isolados um do outro, uma vez que, de diferentes maneiras (positiva, negativa, apoiadora ou destruidora), o Estado é presença constante. Posicionam-se entre os quadrantes dois e três, por exemplo, as feiras livres semanais de abastecimento de insumos básicos hortifrutigranjeiros e outros. Em São Paulo há mais de 900 feiras gerando trabalho para cerca de 40 mil pessoas cada semana (Sato, 2012). De um lado, os feirantes ocupam um espaço registrado pela prefeitura, mas, por outro lado, podem contar com a presença de membros da família e se movimentam num espaço de transações financeiras, na maioria, em espécie e com a presença de diversas outras atividades agregadas, como carregadores, guardadores de carros e vendedores de limão.

O modelo dos quatro quadrantes ajuda a chamar atenção ao fato demográfico de que o segundo e o terceiro (os dois periféricos que se conectam) representam um imenso espaço de movimentação ocupado pela maioria das pessoas economicamente ativas em nosso país, de um ir e vir de estratégias elaboradas na base da sustentação e frequentemente de situações de inserção plural, em que inserções econômicas diferentes são somadas na busca da sustentação de pessoas, lares e famílias.

Meios de vida

A noção de sustentação de pessoas, lares e famílias permite discutir o segundo de nossos passos: a busca por uma posição integradora que permite o reposicionamento de nossas atividades como psicólogos e também a nossa influência nas formulação de políticas públicas. A noção de sustento, ou de meios de vida, reposiciona a discussão sobre trabalho não mais como dependente ou subordinado a algo chamado de mercado, mas com uma atividade social e também econômica. Na bibliografia internacional, é a expressão em inglês *livelihood* que está cada vez mais sendo usada, porque, conforme comenta Norman Long (2001), expressa bem a ideia de indivíduos e grupos buscando sustentar uma vida, tentando resolver suas diferentes necessidades econômicas e de consumo, lidando com incertezas, respondendo às novas oportunidades e escolhendo entre diferentes posicionamentos de valores. É integradora porque, em todos os quadrantes, pessoas estão ativamente buscando seus meios de vida, e em todos os quadrantes, políticas públicas e as ações do Estado estão presentes, ora ajudando, ora dificultando.

John Friedmann (1992), com base em uma longa experiência na América Latina, chamou atenção para a importância de oito bases de poder social que considerou necessárias para a economia de sustento de um lar. As oito bases são expressas por meio da noção de acesso: acesso a uma base territorial segura, acesso ao tempo excedente, acesso ao conhecimento e habilidades, acesso à informação apropriada, acesso à organização social, acesso às redes sociais, acesso aos instrumentos de trabalho e sustento e acesso aos recursos financeiros. Em todas essas áreas de acesso, o Estado está presente, mas em muitos países essa presença não é nada igual de um quadrante para o outro.

A discussão de políticas públicas no campo do trabalho precisa se reencontrar em novos patamares. Com uma criatividade e diversidade que responda à complexidade e à heterogeneidade das inserções e atividades econômicas, mas ao mesmo tempo que é capaz de reconhecer o que elas têm em comum: a construção de meios de uma vida sustentável. É aqui, talvez, que precisamos prestar mais atenção para um tópico que as crises econômicas recentes têm trazido pelo menos um pouco mais perto à agenda do dia, às propostas de uma renda cidadã para todos a partir de uma certa idade (Suplicy, 2006).

O resultado é um cenário amplo que, ao mudar de quadrante para quadrante, criará desafios específicos para a formulação de políticas públicas e, consequentemente, para os profissionais, pesquisadores e ativistas engajados na sua discussão, implementação e avaliação de impacto. Ao mesmo tempo, se conseguimos integrar esses diferentes temas dentro de uma reflexão mais transversal sobre meios de vida, temos uma boa possibilidade de contribuir para um desenvolvimento mais equitativo.

Referências

Castel, R. (1997). As armadilhas da exclusão. In M. Belfiore-Wanderley, L. Bógus & M. C. Yazbeck (Orgs.). *Desigualdade e a questão social.* São Paulo: Educ.

Friedmann, J. (1992). *Empowerment: the politics of alternative development.* Oxford: Blackwell.

Long, N. (2001). *Development sociology: actor perspectives.* London: Routledge.

Mesa-Lago, C. (2008). Informal employment and pension and healthcare coverage by social insurance in Latin America. *IDS Bulletin, 39*(2), 79-86.

Organização Internacional do Trabalho (OIT) (2010). Informal economy. Recuperado em 22 abril, 2010, de http://www.ilo.org/global/topics/employment-promotion/informal-economy/lang--en/index.htm.

Pérez Sainz, J. P. (1998). The new faces of informality in Central America. *Journal of Latin American Studies, 30*, 117-179.

Santos, M. (2002). *A urbanização brasileira.* São Paulo: Edusp. (Trabalho original publicado em 1993).

Sato, L. (2012). *Feira livre: organização, trabalho, sociabilidade.* São Paulo: Edusp.

Spink, P. K. (2009). Microcadeias produtivas e a nanoeconomia: repensando o trabalho decente. *Cadernos de Psicologia Social do Trabalho, 12*(2), 227-241.

Suplicy, E. M. (2006). *Renda básica de cidadania: a resposta dada pelo vento.* Porto Alegre: L&PM.

Theodoro, M. L. (2005). As características do mercado de trabalho e as origens do informal no Brasil. In L. Jaccoud (Org.). *Questão Social e Políticas Sociais no Brasil Contemporâneo* (pp. 91--126). Brasília: Ipea.

Thomas, J. J. (1995). *Surviving in the city.* London: Pluto Press.

Psicologia social do trabalho

Pedro F. Bendassolli

No contexto brasileiro, há uma diversidade de formas com que a psicologia entra e se apropria dos contextos de trabalho (Bendassolli, 2010). As tentativas de classificação do campo são variadas, cada uma assumindo determinados critérios e focos para delimitar o que ora se chama de psicologia das organizações, ora psicologia do trabalho, ou então psicologia da gestão de pessoas, psicologia industrial (hoje menos comum), ou psicologia do trabalho e das organizações (conjuntamente), dentre outras designações. Dentre estas, uma será alvo deste verbete: a psicologia social do trabalho. Em que consiste essa forma de fazer psicologia nos contextos de trabalho?

Breve contextualização

Se as vias de entrada da psicologia nos contextos de trabalho são bastante diversas, isso também parece ser verdade para o caso da psicologia social, o que se reflete na psicologia social do trabalho. Assim, verifica-se nesse campo uma ampla diversidade de objetos de estudo, de formas de compreensão sobre o trabalho, as organizações, sobre os métodos de pesquisa e intervenção, e sobre o papel do psicólogo. Isto significa que talvez seja mais fiel à realidade falar de *psicologias sociais do trabalho*. Porém, isso não nos impede de uma problematização dessa diversidade, antes o contrário: ela deveria nos estimular.

Uma maneira de começarmos essa problematização é questionando o que há de propriamente *social* nessa psicologia social (do trabalho). Uma pista para essa reflexão pode ser encontrada em um texto de Moscovici (1970). Nele, o autor discute as tensões que atravessam a constituição do campo da psicologia social. Uma delas se refere à definição das unidades específicas do que ele denomina de abordagem psicossocial, no contexto da superação da dicotomia entre psicologia e sociologia, indivíduo e sociedade. Moscovici observa que duas perspectivas tentam resolver essa dicotomia: uma individualista e a outra social.

Na perspectiva individualista, a explicação do social reduz-se às dimensões do sujeito (ego) e do objeto, dando origem a duas psicologias sociais: uma taxonômica e outra diferencial. A primeira busca definir as propriedades do objeto social em relação ao ambiente não social, tentando distinguir o que deriva especificamente do estímulo social. O objetivo é entender como este último modela os processos psicológicos fundamentais – por exemplo, o julgamento, a percepção, as atitudes, mas sem alterar seu modo operatório básico. É denominada de taxonômica, pois seu papel é o de identificar classes de estímulos e suas leis, levantando o problema de compreender como e quando um estímulo adquire um valor social, como e quando se constituem a realidade psíquica e a realidade social.

Na psicologia social diferencial, talvez uma das mais influentes formas de psicologia social apropriada por autores da tradição de psicologia organizacional no Brasil, há uma inversão: passa-se a considerar as características do sujeito (por exemplo, traços de personalidade), e a tratar o objeto (seja ele social ou não) como algo indiferenciado, submetido às "forças" daquele sujeito, o qual é então considerado como a causa dos fenômenos sociais – por exemplo, nas clássicas teorias de liderança (teoria dos traços), é o líder que influencia o grupo de liderados, a despeito da interdependência psicossocial estabelecida na relação entre ambos.

A segunda perspectiva é a social. O ponto central de sua análise passa a ser a unidade global constituída pela interdependência, real ou simbólica, dos diversos sujeitos em sua relação com um ambiente comum, social ou não. Nesse caso, a relação sujeito-objeto é mediada pela intervenção de um outro sujeito, de um *alter*, transformando-se numa relação complexa de sujeito a sujeito e dos sujeitos em relação aos objetos. Aqui podem ser identificadas duas correntes: a da interação, que busca compreender as modificações comportamentais derivadas de se estar na presença de um outro; e uma corrente que concebe as relações sociais como origem de processos específicos que constituem um contexto, um campo psicossocial do qual dependem os fenômenos psicológicos. Entram nessa corrente os estudos sobre normas sociais, sobre a constituição da realidade social, as comparações sociais e intergrupos etc.

Indeterminação psicossocial e trabalho

A conclusão de Moscovici (1970) é de que a psicologia social deveria se ocupar do laço social constituído pela relação entre um *ego* (indivíduo ou grupo) e um *alter* (um indivíduo ou grupo), buscando analisar suas relações com o ambiente, social ou não social, real ou simbólico – não mais uma psicologia ego-objeto, mas ego-alter-objeto. Ele observa que a psicologia social deveria se ocupar dos processos de interiorização e exteriorização do social ao nível individual, bem como dos processos de intervenção do individual no social. Com isso, defende que a unidade de análise da psicologia social envolve os fenômenos *indeterminados psicossocialmente*, ou seja, fenômenos que têm sua gênese no laço *ego-alter*.

A indeterminação psicossocial do objeto da psicologia social elimina a falsa crença do monismo individual, pois a hipótese da solidão do sujeito em relação a seu contexto é sempre perturbada pelo laço social, seja ele real ou simbólico. O sujeito não dispõe, diante de um dado estímulo, de um repertório de respostas independentes. A elaboração do comportamento se dá na presença, real ou imaginária, externa ou *interiorizada*, de um outro cujo repertório de respostas interfere reciprocamente com o seu. Da mesma forma, o social não se reduz a um conjunto de estímulos a modelar processos psicológicos básicos: o social é entendido como o que se instaura no laço entre diversos sujeitos sociais, nas próprias estruturas mentais e cognitivas – o social está *internalizado* no e é *externalizado* pelo sujeito, não sendo, pois, uma "força" que vem de fora, separada do próprio sujeito. De que maneira essa discussão se transpõe à psicologia social do trabalho?

Primeiro, o trabalho é uma atividade eminentemente social, sendo um fenômeno psicossocialmente indeterminado, no sentido de que ele não é apenas individual (uma propriedade de um sujeito/ego), nem apenas social. Mesmo assim, em sua diversidade, não é difícil encontrar em nosso meio uma psicologia social que considera o trabalho como um objeto indiferenciado, priorizando, em vez disso, as reações do sujeito, seus comportamentos, atitudes, exatamente como na perspectiva individualista diferencial discutida anteriormente. Nesse caso, o trabalho não é outra coisa senão o contexto, o ambiente, as "condições" em que o sujeito realiza seus comportamentos.

Similarmente, utilizando a ideia de psicologia social taxonômica, podemos dizer que, nessa forma de fazer psicologia social do trabalho, este consiste de uma classe de estímulos sociais que modelam o desenvolvimento do indivíduo, tais como suas competências, habilidades, atitudes, comprometimento, envolvimento, identidade etc. Nesses casos, há uma compreensão do trabalho como um campo de variáveis a influenciar aqueles processos psicológicos, em geral privados de uma consideração mais complexa sobre o social, quer dizer, o trabalho como atividade eminentemente social, capaz, inclusive, de alterar os próprios processos psicológicos estudados (não apenas seu conteúdo). Um exemplo pode ajudar.

Em um estudo sobre vínculos do indivíduo com o trabalho, o pesquisador pode apropriar-se das teorias do intercâmbio social, por exemplo, e transportá-las para os contextos de trabalho. Nesse caso, o foco não recai sobre o trabalho como um fenômeno psicossocialmente indeterminado, mas, sim, no modo como os mecanismos básicos do intercâmbio social (a percepção dos papéis de doador e receptor) operam em circunstâncias específicas, em atividades ou organizações específicas. Outros exemplos poderiam ser aqui oferecidos nessa direção, mas o que eles aparentemente teriam em comum seria a importação de construtos desenvolvidos na psicologia social "individualista" e utilizados nomologicamente no contexto da PT&O. Daí ser comum a distinção entre conteúdos e processos psicossociais, sendo estes últimos os "continentes" dos primeiros. Inclusive, em termos epistemológicos, se os processos forem afetados pelo conteúdo, isso pode ser entendido como fonte de problemas de consistência de medida. No sentido aludido por Moscovici (1970), estaríamos aqui diante de uma psicologia social sem o social. No caso da PT&O, uma psicologia do trabalho sem trabalho.

Proposta de definição

Como dito, a psicologia social do trabalho demarca-se no campo da PT&O por recorrer a pressupostos da psicologia social em seus esforços de compreender e transformar o trabalho. Defendemos, neste verbete, de que se trata de um tipo de psicologia social que se desenvolveu na América Latina. Para explorar esse ponto, utilizamos ideias apresentadas em dois textos de Martín-Baró, respectivamente um em que ele propõe o conceito de psicologia social da libertação (1986), e outro em que o autor discute as formas de se fazer psicologia do trabalho (1989).

No primeiro caso, Martín-Baró (1986) denuncia a pobreza do aporte da psicologia social em relação aos problemas concretos vivenciados pelos povos latino-americanos, algo que se reflete numa penúria tanto ao nível teórico como da práxis. Mais ainda, o autor menciona o estado de subdesenvolvimento e de colonização da psicologia social, sua dependência a referenciais estrangeiros e sua tendência a psicologizar fenômenos que são, em essência, atravessados por questões sociopolíticas. Como consequência, interesses dominantes são transmutados em problemas de personalidade ou de caráter, e as dimensões políticas dos fenômenos psicossociais são esvaziadas em benefício de um psicologismo subjetivista. Ainda hoje essa crítica ecoa vivamente na psicologia social latino-americana. Um exemplo dessa crítica se observa no campo da saúde do trabalhador (Lacaz, 2007; Sato, 2010), no qual se denuncia a tendência das organizações capitalistas de afastar a discussão sobre os fatores de adoecimento centrados nos processos produtivos para uma discussão sobre a ineficiência de ajuste da pessoa às tarefas que lhe são designadas.

No segundo texto, Martín-Baró (1989) faz uma discussão específica sobre a psicologia do trabalho. Para ele, o campo diferenciou-se em três grandes abordagens: uma psicologia do trabalho que assume uma ênfase individualista; uma outra sistêmica; e uma terceira que assume uma ênfase política.

A ênfase individualista está associada ao modelo capitalista mais tradicional, à administração científica. Nesse modelo, há uma separação entre concepção/planejamento e execução das tarefas, e o controle é disciplinar, especialmente sobre o corpo (tempos, movimentos, espaço). Predomina a lógica do homem-máquina (Malvezzi, 2000).

A ênfase sistêmica emerge da crise e da crítica ao modelo precedente, fato que, segundo Martín-Baró (1989), ocorreu no início do século XX, refletindo-se nas conquistas trabalhistas do período e na consolidação, ainda que em níveis desiguais entre as nações, de um Estado de bem-estar social. Reconhece-se o esgotamento do modelo fordista-taylorista, e os limites do modelo da organização-máquina. É o período do nascimento de novas teorias administrativas, e da ideia de que as organizações são sistemas abertos, em contínua troca com o ambiente, e internamente diferenciados (subsistemas). Trata-se do nascimento do homem funcional e do homem emocional (Malvezzi, 2000), respectivamente um homem visto como capaz de adaptar-se ao ambiente e como possuidor de uma subjetividade, sendo esta um novo componente-chave do desempenho profissional.

Por fim, Martín-Baró (1989) chega à terceira ênfase, denominada por ele de política. O contexto de emergência dessa abordagem em psicologia do trabalho está associado à crise do modelo produtivo, que vingou até meados dos anos de 1970, e com a emergência do que alguns chamaram de terceira revolução industrial, com seu acento na maior participação dos trabalhadores, na horizontalização das estruturas de poder e na recomposição das tarefas. É um período de intensa introdução tecnológica e de redução de postos de trabalho, bem como de enfraquecimento das representações coletivas. Na América Latina, em particular, intensificam-se a precarização do trabalho e as formas de vulnerabilização social. Há, igualmente, uma intensificação dos usos da subjetividade no processo produtivo, manifestando-se em crescente demanda por autonomia, proatividade e desenvolvimento de competências. O foco da gestão de pessoas passa a ser a construção da identificação do indivíduo com a organização, uma gestão simbólica. As questões endereçadas à psicologia se complexificam: como as pessoas atribuem sentido a seu trabalho? Como se comprometem? Como fazer com que a saúde e o bem-estar sejam insumos do processo produtivo?

É nesse contexto que o autor propõe a necessidade de uma ênfase política no encontro da psicologia com o trabalho. Em que ela consistiria? Em uma psicologia preocupada com a questão do poder e do controle, com investigações que extrapolem o nível técnico de análise do trabalho, bem como transcenda a visão psicologizante com a qual a área nasceu. O trabalho é reapresentado como um espaço fundamental de confronto entre distintas forças que compõem o tecido social, com suas reproduções de dominação, submissão e resistência (conflito capital-trabalho).

Embora não possamos estabelecer uma relação direta entre essas ideias de Martín-Baró (1986, 1989) e o que veio a ser chamado, no Brasil, de psicologia social do trabalho, podemos sugerir que elas fazem parte de um caldo que começou a se adensar dentro da psicologia social latino-americana e que contribuiu para o estabelecimento de uma nova agenda de estudos sobre o trabalho, nas quais este é reconhecido como um fenômeno psicossocialmente indeterminado. Nessa agenda é possível observar um distanciamento em relação às outras formas de se fazer psicologia nos contextos laborais, e um claro posicionamento ético-político no sentido de denunciar e, sobretudo, transformar as situações que levam à exploração e à submissão dos trabalhadores.

A psicologia política do trabalho proposta por Martín-Baró (1989) é ilustrativa da postura da psicologia social em relação ao trabalho, embora os termos atuais possam variar de autor para autor: seu foco é analisar o espectro dos comportamentos para além da esfera individual (personalidade, teoria de traços etc.), incorporando a ordem social mais ampla e observando a maneira como cada comportamento responde a interesses de grupos que detêm o poder e que estão representados na estrutura social, da qual o trabalho é uma dimensão fundante. Reciprocamente, ela busca entender os mecanismos por meio dos quais os sujeitos resistem a essa mesma estrutura social e são capazes de promover mudanças e transformações.

Portanto, é algo bem distinto estudar os impactos dos aspectos ambientais presentes nas condições de trabalho sobre a saúde dos trabalhadores, visando à sua adaptação, e estudar os determinantes sociais dos processos que levam ao adoecimento, visando à resistência e às transformações dos modos de organizar o trabalho, para voltar ao exemplo dado anteriormente. Da mesma forma, é bem distinto considerar o trabalho como um contexto do qual se depreendem estímulos a modelar os processos psicológicos básicos de sujeitos individualizados, e o trabalho como um eixo constituinte do próprio sujeito, marcado pela historicidade e pelas dinâmicas das interações e objetivações provisórias estabelecidas no seio do cotidiano. Diferentemente do que vimos na seção anterior, quando falamos de uma psicologia social do trabalho sem trabalho, aqui estamos tratando de uma psicologia que, para alcançar seus objetivos, deve considerar, na relação ego-alter-objeto, o trabalho como atividade de mediação, no que resulta algo como ego(trabalho)-alter(trabalho)-objeto.

Desdobramentos e implicações

Esquematicamente, destacamos alguns temas de estudo dessa psicologia social do trabalho que acabamos de definir. E um primeiro tema pode ser localizado em Spink (1996). Nesse artigo, o autor critica a substancialização do conceito de organização, defendendo a consideração dos *processos organizativos*. Spink observa que, ao se tomar a organização como um dado, um fato, algo natural, atitude observável em autores do campo da psicologia organizacional (em sentido clássico), dimensões antropológicas importantes do funcionamento da realidade social são ocultadas ou simplesmente ignoradas. Organização, antes de significar um substantivo concreto, faz referência a um processo cotidiano amplo, derivado das interações humanas, e que consiste em *pôr em ordem*, em ordenar a vida social.

Na organização reificada, prossegue Spink (1996), não há lugar para o cotidiano, para a consideração das microações que organizam a convivência humana em torno de objetivos comuns. O autor observa que a capacidade de ordenar atividades e ações, de criar e instituir novas formas de agir, ocorre no cotidiano. O conteúdo deste último são os processos comunicativos, as estratégias de negociação dos sentidos que estruturam a ação coordenada e comum que culmina, sempre de modo provisório, na "organização", isto é, em concentrações mais densas dos processos cotidianos. A crítica de Spink, baseada numa perspectiva intersubjetiva radical, se insere numa tradição mais ampla de análise da construção da vida social a partir dos processos de interação, de construção ordinária de sentidos, regras e normas que referendam e instituem o agir coletivo, consubstanciadas nas próprias instituições. A ênfase recai sobre a atividade humana, e não sobre a "estrutura", como se esta fosse algo exterior a determinar e guiar os comportamentos humanos.

Entre as múltiplas implicações dessa redescrição do sentido de organização, com a proposta de enfatizar os processos organizativos, podemos citar a abertura para estudos que não se limitem aos temas clássicos de psicologia organizacional (que tomam a organização como um fato ou dado), ou então que os revisitem, explorando novas formas de considerá-los – por exemplo, o papel da gestão a partir de um olhar desde o cotidiano (Sato & Oliveira, 2008). Outro exemplo são os estudos da psicologia social dedicados à análise dos processos organizativos no setor informal, das profissões ou ocupações esquecidas (Sato, 2013; Spink, 2009), bem como os estudos voltados à economia solidária e às cooperativas de trabalho (Veronese & Guareschi, 2009). Em todos esses casos, o trabalho ocorre nos diversos circuitos cotidianos do "se virar" e do "se sustentar" (cf. verbete *Políticas públicas e trabalho*).

Uma segunda temática de investigação é representada pelos estudos do cotidiano. Tais estudos contemplam, como observa Tedesco (1999), as ações corriqueiras, os pequenos episódios sem importância e sem prestígio (Lefebvre), mas que, não obstante, constituem o substrato da vida social e individual. A cotidianidade é representa pelo mundo da vida (Schutz), pelas artes de fazer, de inventar (Certeau). Ao mesmo tempo que reproduz o instituído, o cotidiano é também espaço da resistência. Tais resistências ocorrem na forma de ações negociadas entre os indivíduos e a estrutura social mais ampla, em transações de sentidos e racionalidades, no uso de táticas e estratégias capazes de promover um desvio entre o vivido e o instituído no vivido.

Dois pressupostos dos estudos do cotidiano parecem ter influência sobre a psicologia social do trabalho. Primeiro, o pressuposto da não coincidência entre os sistemas sociais, com suas formas de generalização, homogeneização e controle, e o vivido, aquilo que é experienciado pelas pessoas, sua vida real. Esse hiato permite com que o sujeito recupere algum poder sobre sua vida, alguma margem de experimentação e inventividade. Outro pressuposto é de que a ação humana não repousa exclusivamente nas estruturas sociais, em seus *scripts* e codificações legitimadas. A ação ocorre nos processos de interação cotidianos, por meio dos quais o sujeito interpreta seu agir graças ao compartilhamento de significados sobre como lidar com a realidade, significados estes produzidos e transmitidos na cultura comum.

Transpondo esses dois pressupostos para a análise do trabalho em psicologia social, temos que a não coincidência entre sistemas sociais (instituído) e mundo da vida (vivência, experiência, cotidiano) passam a se referir ao trabalho prescrito e ao trabalho real, respectivamente. O primeiro consiste das tarefas prescritas, em geral concebidas pela organização do trabalho. Já o trabalho real consiste da atividade, das ações efetivamente realizadas pelo trabalhador para lidar com o real – quando seu corpo está engajado, seus afetos, suas relações e interações com colegas, suas estratégias, astúcias e negociações para adaptar o trabalho à sua vida (Sato, 2002). Isso quer dizer que nem sempre aquilo que é exigido corresponde efetivamente ao que é realizado pelo trabalhador. Numa perspectiva gerencial estrita, isto pode ser interpretado como um desvio de desempenho que deve ser corrigido – por exemplo, por meio de treinamento. Contudo, essa não coincidência é condição para a própria saúde do trabalhador e, paradoxalmente, para a própria realização do trabalho, para o que o torna possível.

O segundo pressuposto, referente às origens da ação, desdobra-se em uma crítica, em psicologia social, de um aspecto fulcral do modo moderno de organização do trabalho: a separação entre planejamento e execução. Historicamente, cabe às instâncias decisionais (gestão) a escolha dos modos operatórios a serem executados pelos trabalhadores, assim destituídos de qualquer positividade no controle de sua própria atividade. A partir de um olhar do cotidiano, pesquisadores têm demonstrado que o próprio trabalhador, com sua sabedoria prática, é responsável pela gestão de seu trabalho. Gestão é a parte intrínseca do trabalho, e não uma instância burocrática *ad hoc* (Sato & Oliveira, 2008). Assume-se que os trabalhadores, ao mesmo tempo que não constroem seu mundo de modo totalmente incondicionado (há regras, valores, posicionamentos hierárquicos, desigualdades estruturais etc.), têm uma margem de manobra, constituída pela micropolítica do cotidiano, que lhes permite levar adiante os diversos processos organizativos em que estão engajados.

Para encerrar, citamos alguns outros temas explorados por pesquisadores do campo da psicologia social do trabalho em nosso país. São eles: (1) saúde e trabalho, em especial os estudos reunidos no campo da saúde do trabalhador (Lacaz, 2007; Sato, 2010); (2) a construção de sentidos e significados no trabalho (Bendassolli & Gondim, 2014; Tolfo, Coutinho, Baasch & Cugnier, 2011); (3) identidade psicossocial e trabalho (Ribeiro, 2012; Bendassolli & Borges-Andrade, 2012); e (4) psicologia social do desemprego (Ribeiro, 2010). Essa lista não é exaustiva, nem de temas e autores, nem de perspectivas, mas serve como um ponto de partida (ou seria um convite?) para o mapeamento da produção em psicologia social do trabalho no Brasil. Se é a diversidade que a caracteriza, não seria o momento de ela vir a público (num mesmo lugar), estimulando a apreciação de proximidades e distanciamentos, das contribuições, avanços e desafios comuns?

Referências

Bendassolli, P. F. (2010). *Psicologia e trabalho: apropriações e significados*. São Paulo: Cengage Learning.

Bendassolli, P. F., & Borges-Andrade, J. E. (2012). Representações e estratégias identitárias na experiência do artista. *Psicologia & Sociedade, 24*(3), 607-618.

Bendassolli, P. F., & Gondim, S. M. G. (2014). Significados, sentidos e função psicológica do trabalho. *Avances en Psicología Latinoamericana, 32*(1), 131-147.

Lacaz, F. A de C. (2007). O campo saúde do trabalhador: resgatando conhecimentos e práticas sobre as relações trabalho-saúde. *Cadernos de Saúde Pública, 23*(4), 757-766.

Malvezzi, S. (2000). Psicologia organizacional. Da administração científica à globalização: uma história de desafios. In C. G. Machado, M. Melo, V. Franco & N. dos Santos (Orgs.). *Interfaces da Psicologia* (pp. 313-326). Braga: Lusografe.

Martín-Baró, I. (1986). Hacia una psicología de la liberación. *Boletín de Psicología de El Salvador, 5*(22), 219-231.

Martín-Baró, I. (1989). Psicología política del trabajo en América Latina. *Revista de Psicología de El Salvador, 8*(31), 5-25.

Moscovici, S. (1970). Préface. In D. Jodelet, J. Viet & P. Besnard (Orgs.). *La psychologie sociale: une discipline en mouvement* (pp. 10-57). Paris: Mouton.

Ribeiro, M. A. (2010). Estratégias micropolíticas para lidar com o desemprego: contribuições da psicologia social do trabalho. *Revista Psicologia Política, 9*, 331-346.

Ribeiro, M. A. (2012). Las construcciones identitarias en el trabajo en la contemporaneidad. *Psykhe, 21*, 61-75.

Sato, L. (2002). Processos organizativos cotidianos e corriqueiros: a abordagem da etnometodologia. *Psicologia e Sociedade, 13*(1), 129-151.

Sato, L. (2010). Psicologia, saúde e trabalho: distintas construções dos objetos "trabalho" e "organizações". In Conselho Federal de Psicologia (Ed.). *Psicologia crítica do trabalho na sociedade contemporânea* (pp. 47-53). Brasília: Conselho Federal de Psicologia.

Sato, L. (2013). Travailler à la marge: reconnaître des professions oubliées. *Nouvelle Revue de Psychosociologie, 15*, 91-104.

Sato, L., & Oliveira, F. de (2008). Compreender a gestão a partir do cotidiano de trabalho. *Aletheia, 27*, 188-197.

Spink, P. K. (1996). A organização como fenômeno psicossocial. *Psicologia & Sociedade, 8*(1), 174-192.

Spink, P. K. (2009). Microcadeias produtivas e a nanoeconomia: repensando o trabalho decente. *Cadernos de Psicologia Social do Trabalho, 12*(2), 227-241.

Tedesco, J. C. (1999). *Paradigmas do cotidiano: introdução à constituição de um campo de análise social.* Santa Cruz do Sul: Edunisc.

Tolfo, S. da R., Coutinho, M. C., Baasch, D., & Cugnier, J. S. (2011). Sentidos y significados del trabajo. *Universitas Psychologica, 10*(1), 175-188.

Veronese, M. V., & Guareschi, P. (2009). Por que trabalhar com economia solidária na psicologia social? *Psico, 40*, 94-101.

Qualidade de vida no trabalho

Ana Cristina Limongi-França

As pessoas vinculadas a uma organização têm desejos e necessidades associadas ao seu contrato psicológico e jurídico de trabalho. Inspirações pessoais são mediadas pelo contrato formal ou informal de trabalho e modeladas pela cultura organizacional e o ambiente no entorno. As vontades e inspirações são mobilizadas pelo desejo de valorização e apoio a hábitos saudáveis, reconhecimento e realização pessoal na carreira e, especialmente, vivência de um trabalho significativo.

As organizações – por sua vez – criam e realizam ações e programas que levam à gestão da qualidade de vida no trabalho, com inúmeros objetivos, entre eles: gerenciar pessoas de forma ética e responsável nas exigências de produtividade, proporcionar um ambiente com relações humanas positivas, aperfeiçoar desempenho pessoal e coletivo e gerenciar fatores psicossociais de capacidade para o trabalho.

A origem do conceito

Qualidade de vida no trabalho (QVT) tem como origem dois movimentos conceituais diversos, mas complementares: a saúde do trabalhador e a gestão da qualidade e produtividade.

O primeiro movimento originário da saúde do trabalhador trata de questões relativas aos fenômenos psicossociais, aos processos de adaptação relativos ao estresse positivo – *eustress*, *coping*, resiliência e *flow* –, à psicopatologia, ao assédio moral e aos riscos ocupacionais, que causam danos ou que demandam proteção à saúde da pessoa no seu ambiente de trabalho, incluindo fatores socioeconômicos associados, como violência na comunidade urbana ou no campo, impactos ambientais, mobilidade e consumo.

O segundo movimento é associado aos esforços de qualidade de produtos e serviços, inovação tecnológica, produtividade ética e responsável, gestão excelência e padronização internacional, sustentada por certificações e políticas de gestão de pessoas atrativas e com ética concorrencial.

O termo qualidade de vida no trabalho vem sendo utilizado, desde os anos 1970 nos Estados Unidos, para ações das empresas. Ainda na América do Norte, o Canadá tem uma forte tradição nesse tema, especialmente nas ações e políticas sociais. Na Europa, a França tem uma das culturas mais críticas e dedicadas nos estudos de condições de trabalho. Os especialistas franceses difundiram conceitos de psicopatologia do trabalho, sofrimento desagregador e sofrimento criativo no trabalho, questões do poder, mitos e inveja nas organizações. Introduziram também métodos de melhorias de condições por meio de pesquisa-ação, pesquisa participante e práticas de discussão como o "espaço coletivo", para conscientização e mudança organizacional por meio de decisões dos trabalhadores e da empresa sobre condições ergonômicas e doenças ocupacionais.

Dejours (1994), um dos principais estudiosos desses pensamentos, define condições de trabalho como as pressões físicas, mecânicas, químicas e biológicas relacionadas ao posto de trabalho. As pressões de trabalho têm por alvo principal o corpo dos trabalhadores, no qual elas podem ocasionar desgaste, envelhecimento e doenças somáticas Dejours, Abdoucheli & Jayet (1993). Esses autores referem-se à qualidade de vida no trabalho como condições sociais e psicológicas do trabalho, especificamente no que se refere ao sofrimento criador (que leva ao prazer) e ao sofrimento patogênico.

A condição humana no trabalho também foi relacionada à "moral de grupo" a partir da demonstração de que uma fábrica é uma instituição social, com o clássico Estudo de Hawtorne (Mayo, 1933). Nesse mesmo período outras teorias surgem para dar conta de explicar o lado social/humano da organização, como os estudos de Maslow sobre motivação (Maslow, 1943), os de Herzberg (1968), e estudos sobre liderança, relação líder-liderado e processos de fixação e atingimento de metas/objetivos (McGregor, 1960; Argyris, 1960). Historicamente, destacam-se, ainda, os trabalhos realizados na Volvo, indústria automobilística sueca, com o modelo sociotécnico, com práticas participativas no desenho da planta e dos cargos.

Para Walton (1973), qualidade de vida no trabalho está relacionada a valores ambientais e humanos, os quais foram negligenciados pelas sociedades industriais em prol do avanço tecnológico, da produtividade e do crescimento econômico. O autor propõe um modelo de qualidade de vida no trabalho composto por oito categorias: compensação justa e adequada; condições de trabalho; uso e desenvolvimento das capacidades pessoais; oportunidade de crescimento e segurança; integração social na organização; cidadania; trabalho e espaço total de vida; e relevância social do produto ou serviço de uma organização.

Por sua vez, Werther e Davis (1983) colocam ênfase no indicador "participação" para avaliar qualidade de vida no trabalho. Eles afirmam que a QVT é um dos grandes desafios da administração e do desenvolvimento de pessoal. Os autores descrevem alguns fatores que afetam a QVT, tais como supervisão, condições de trabalho, pagamento, benefícios e projeto do cargo. Para eles, a qualidade de vida no trabalho depende da existência de cargos/postos interessantes, desafiadores e recompensadores.

Definição

Qualidade de vida no trabalho é a percepção de bem-estar pessoal no trabalho, composta de dimensões relativas às necessidades humanas biológicas, psicológicas, sociais e organizacionais. Essa percepção sofre impactos múltiplos, que podem ser analisados em condições intrínsecas e extrínsecas. As condições intrínsecas são aquelas que dizem respeito a cada pessoa, como sua personalidade, história de vida, dinâmica da sua autoestima, grau de exigência para si, entre outros. As condições extrínsecas relacionam-se à comparação com pares e grupos ocupacionais, socioeconômicos e também às políticas, práticas e serviços de gestão de pessoas da organização ou vínculos contratuais, como terceirizações, cooperativas e consórcios, em que se estabelece o contrato de trabalho.

O conjunto de escolhas de bem-estar para gestão da qualidade de vida no trabalho pressupõe uma visão integrada e dinâmica das necessidades biológicas, psicológicas, sociais e organizacionais. Esse conjunto de escolhas se concretiza em programas, ações, ferramentas gerenciais, inovações tecnológicas, melhorias ergonômicas, entre outros elementos da cultura organizacional e das condições de vida de uma organização.

Há pelo menos três níveis de aplicação e decisão nas questões de qualidade de vida no trabalho:

- Estratégico: é o primeiro nível, que se refere à missão, valores, imagem da organização, impacto e posicionamento na comunidade e no mercado, especialmente integração com os demais eixos da organização, de forma a garantir o bem-estar pessoal e organizacional.
- Gerencial ou tático: é o segundo nível, corresponde à formação e desenvolvimento de competências, lideranças e equipes, metas, atividades de mobilização, comunicação interna e externa, enfim, a implementação da política, diagnóstico, ferramentas, orçamento e condições para difusão de um ambiente saudável e controle dos fatores de mal-estar.
- Operacional: é o terceiro nível de processo decisório, que se divide em duas categorias: operacional interno e operacional externo.

O nível operacional interno se refere a produtos e serviços realizados com os profissionais e recursos da própria organização. Benefícios legais, treinamentos com pessoal interno, compartilhamento de políticas de equidade e justiça social, diversidade, inclusão de pessoas com deficiência, paridade de gênero, integração geracional, primeiro emprego, habilidades nutricionais, arte e lazer, reciclagem, por exemplo.

O nível operacional externo refere-se à contratação de especialistas ou empresas especializadas em atividades de práticas saudáveis, como ginástica laboral, orientação nutricional, teatro educativo, suporte psicoterápico, semanas temáticas, consumo sustentável, competições esportivas, programas de preparação para a aposentadoria, entre outros.

Qualidade de vida no trabalho como processo decisório

Qualidade de vida é um termo de aplicação multidimensional, dentre elas pode-se observar.

1. Qualidade de vida como percepção de bem-estar em múltiplas dimensões humanas, como biológica, psicológica, social, mental, física, espiritual, entre outras.
2. Qualidade de vida como resultado da intervenção de políticas e práticas coletivas, de natureza econômica ou organizacional, como o Índice de Desenvolvimento Humano – IDH, Índice de Desenvolvimento Social – IDS, Índice de Pobreza Humana – IDS, Global Happy Index – HPI.
3. Qualidade de vida como política pública municipal: como o índice de violência urbana, proteção ao meio ambiente, reciclagem e reuso de recursos hídricos e de material de descarte.
4. Qualidade de vida como resultado de boas práticas em gestão de pessoas, especialmente nas áreas de segurança e saúde do trabalho, promoção da saúde, responsabilidade socioambiental, inclusão e justiça social. Por exemplo: controle do colesterol, sobrepeso, hipertensão, violência e assédio moral, ginástica laboral, orientação nutricional, apoio a pessoas com dependência química, entre outros.
5. Qualidade de vida como parte de outros processos de gestão, como os Programas de Qualidade e Produtividade no Brasil e em outros países, Certificações e Indicadores de Excelência Produtiva l, como as Certificações BS 8800 de Sustentabilidade, OHSAS 18002 de Qualidade, Segurança e Produtividade, Sistema Lean de Produção e Método Kaizen.
6. Qualidade de vida com fundamentos da enfermagem e conhecimentos relacionados, liderados pela International Society for Quality of Life Research (ISOQOL) que desenvolve e aplica testes e avaliações visando o máximo bem-estar do paciente.
7. Visão BPSO (Dimensões Biopsicossociais e Organizacionais): originado do conceito de saúde publicado pela OMS em 1986, rapidamente disseminado nos estudos de psicopatologia e também apropriado e ampliado para a análise dos Programas e Ações de QVT. As dimensões têm os seguintes significados:
   - Dimensão biológica: ações relativas às características físicas herdadas e adquiridas, bem como os aspectos metabólicos (alimentação, atividades físicas) e ergonômicos. Referem-se especialmente aos hábitos saudáveis.
   - Dimensão psicológica: afetos, emoções, memória, desejos, personalidade e necessidades. Sintetizada, especialmente, pela autoestima e reconhecimento.
   - Dimensão social: crenças e valores compartilhados, grupos de convivência e afinidades, suporte e acesso a condições sociais e econômicas. Associado principalmente a benefícios, educação, consumo, comunidade e sustentabilidade.

- Dimensão organizacional: missão e valores da organização, tecnologia, mercado e demandas de gestão, produtividade e lideranças. Representado especialmente por lideranças, comunicação e produtividade saudável, gestão de riscos, imagem organizacional interna e externa.

Do ponto de vista da gestão de pessoas, há sempre expectativas de modificações positivas com relação às condições de vida na organização, tanto de forma coletiva como individual. Esperam-se, pois, resultados, os quais estão associados a vários níveis e ações. Por exemplo:

- Resultados associados à oportunidade de atender necessidades de: sobrevivência, redução de ameaça à própria integridade física e de seus familiares, pertencer a um grupo, ter prestígio e autorrealização, conforme estudos clássicos da Psicologia do Trabalho e das Organizações.
- Resultados de redução de ocorrência de determinados comportamentos/situações: menor índice de absenteísmo e presenteísmo, redução ou eliminação do assédio moral e sexual, menor frequência do sentimento de desconfiança entre os colegas e chefias, redução ou eliminação de comportamentos ligados à covardia, sensação de pressão negativa (*distress*), ausência do sentimento de solidão pessoal e desrespeito nos relacionamentos.
- Resultados comportamentais associados ao aumento ou à promoção de: valores relativos a humanismo, pluralidade de ideias, corresponsabilidade, dignidade, ampliação da rede de amigos, otimismo das pessoas com relação ao trabalho e à própria vida, qualidade na comunicação com ênfase na assertividade, compreensão e sentido do trabalho com pressupostos intrinsecamente autênticos e percepção pessoal de bem-estar.
- Resultados de qualidade de vida no trabalho no que se refere a questões da Psicologia do Trabalho e das Organizações: clima organizacional, redução de acidentes e doenças, melhoria da imagem organizacional e redução do *distress.*

Por sua vez, Karasek (1979) desenvolveu um modelo baseado na análise de demanda e controle, a partir do qual propõe medidas preventivas, inspiradas nos conceitos da abordagem sociotécnica. São consideradas as seguintes ações:

- Resolver discrepâncias entre demandas do trabalho, número de empregados e tempo disponível.
- Equilibrar demandas do trabalho e habilidades com as qualificações dos empregados.
- Dimensionar demandas do trabalho e apoio social de colegas e chefes.
- Alinhar demandas do trabalho e capacidade de controle sobre o próprio trabalho.

Apreciação crítica do conceito

Qualidade de vida no trabalho (QVT) é um construto que visa à mudança e à melhoria humana nas organizações, no sentido do olhar diferenciado e valorativo das pessoas. A educação sobre conceitos, direitos, deveres e aplicações da qualidade de vida no trabalho e os valores associados ao bem-estar no trabalho, ética e sustentabilidade geram práticas transformadoras e participativas das condições de vida no trabalho.

No ambiente brasileiro, a partir dos anos 1990, junto com as ações de gestão da qualidade de processos e produtos e a evolução da consciência social e do direito à saúde, reforçada pela necessidade de renovação do estilo de vida, multiplicaram-se ações, estudos, práticas e esforços gerenciais na direção da qualidade pessoal. Esse cenário inclui abordagens sistêmicas, gestão participativa, diagnósticos de clima organizacional, educação nutricional, promoção da saúde, aprofundamento das propostas prevencionistas, relações de trabalho e sindicais, ações ergonômicas e cuidados com a saúde mental do trabalho, bem como a valorização das atividades de lazer, esporte e cultura. Desde o início do terceiro milênio, questões de cidadania, consumo responsável, felicidade como valor, responsabilidade socioambiental e "metas do milênio" também vêm sendo articuladas aos programas de qualidade de vida do trabalho.

Em síntese, ações, programas e sistemas de aumento do bem-estar e redução do mal-estar ser relacionam direta e indiretamente à qualidade da satisfação das pessoas com a empresa, incluindo proteção ocupacional, desenvolvimento pessoal e melhoria do ambiente coletivo de trabalho.

Referências

Argyris, C. (1960). *Understanding organizational behavior*. Homewood, IL: The Dorsey Press Inc.

Bornheim, G. (1984). *Ensaio sobre as obras de Sartre* (Coleção Debates). São Paulo: Perspectiva.

Chambel, M. J. (2012). Contrato psicológico. In S. Gonçalves (Ed.). *Psicologia organizacional: conceitos e práticas* (cap. 3). Porto, Portugal: Lid.

Couto, H. de A. (1987). *Temas de saúde ocupacional*. Belo Horizonte: Ergo.

David, S., Boniwell, I., & Conley Ayers, A. (2013). *The Oxford handbook of hapiness*. Oxford, United Kingdom: Oxford University Press.

Dejours, C., Dessors, D., & Desriaux, F. (1993, maio/jun.). Por um trabalho: fator de equilíbrio. *Revista de Administração de Empresas*, *33*(3), 98-104.

Dejours, C. (1994). *Psicodinâmica do trabalho: contribuições da escola dejouriana à análise da relação prazer, sofrimento trabalho*. São Paulo: Atlas.

Fernandes, E. C. (1996). *Qualidade de vida no trabalho: como medir e melhorar*. Salvador, BA: Casa da Qualidade.

Ferreira, M. C., Antloga, C., Pascoal, T., & Ferreira, R. (Orgs.) (2013). *Qualidade de vida no trabalho: questões fundamentais e perspectivas de análise e intervenção* (v. 15). Brasília: Paralelo.

Fleury, M. T. *et al.* (2002). *As pessoas na organização*. São Paulo: Gente.

Gilioli, R., Fingerhut, M. A., & Kortum-Margot, E. (2003). *Raising awareness of psychological harassment at work* (Protecting Worker´s Health Series 4). Italy : WHO.

Hersey, R., & Blanchard, T. (1986). *Psicologia para administradores.* São Paulo: EPU.

Herzberg, F. (1968). *One more time: How do you motivate employees?* Cambridge, MA: Harvard Business Review.

International Society Quality of Life Research – (ISOQOL) (s./d.) Recuperado de www.isoqol.org.

Karasek, R. (1979). Job demands, job decision latitude, and mental strain: Implications for job redesign. *Administrative Science Quarterly*, *24*, 285-308.

Limongi-França, A. C. (2012). *Qualidade de vida no trabalho: práticas e conceitos nas empresas da sociedade pós-industrial* (2a ed.). São Paulo: Atlas.

Limongi-França, A. C., & Rodrigues, A. L. (2012). *Stress & trabalho: uma abordagem psicossomática* (4a ed.). São Paulo: Atlas.

McGregor, D. (1960). *The Human Side of Enterprise.* New York: McGraw-Hill.

Maslow, A. (1943). A theory of human motivation. *Psychological Review*, *50*, 370-396.

Mayo, E. (1933). *The human problems of an industrial organization.* New York: The Macmillan Co.

Morin, E. (2001, jul./set.). Os sentidos do trabalho (Angelo Soares, Trad.). *Revista de Administração de Empresas – RAE*, *41*(3), 8-19, São Paulo.

Organização Mundial da Saúde (OMS) (s./d.). Recuperado de http://www.paho.org/bra/.

Philippi, S. T. (2006). *A dieta do bom humor: faça escolhas inteligentes e coma de tudo a vida toda.* São Paulo: Panda Books.

Sampaio, J. dos R. (Org.) (2004). *Qualidade de vida no trabalho e psicologia social.* São Paulo: Casa do Psicólogo.

Sant'anna, A. de S. *et al.* (2011). *Qualidade de vida no trabalho: abordagens e conceitos.* Rio de Janeiro: Elzevier; Belo Horizonte: Fundação Dom Cabral.

Sociedade Brasileira de Psicologia do Trabalho e das Organizações (SBPOT) (s./d.). Recuperado de http://www.sbpot.org.br.

Tragtenberg, M. (1995). *Burocracia e ideologia.* São Paulo: Ática.

Walton, R. (1973). Quality of working life: what is it? *MIT Sloan Management Review*, *5*(1), Cambridge, MA.

Werther, W. & Davis, K. (1983). *Administração de pessoal e recursos humanos.* São Paulo: McGraw Hill.

Zanelli, J. C. (2010). *Estresse nas organizações de trabalho: compreensão e intervenção baseadas em evidências.* Porto Alegre: Artmed.

Recrutamento e seleção

Fabiana Queiroga

O uso de "pistas" para tomar decisões e classificar pessoas se tornou muito comum em todas as culturas. Em todos os países existem processos para selecionar pessoas para ocupações. Como disciplina científica, a área de seleção data apenas do início do século XX, quando começou o interesse pela seleção das melhores pessoas para o trabalho. O interesse estava relacionado com o desenvolvimento da psicologia como ciência aplicada, com o desenvolvimento de métodos e procedimentos de avaliação e com o começo dos estudos sobre validade de critério[1]. Tratava-se realmente de um clima fértil para o desenvolvimento científico em psicologia, tendo em vista que Wilhelm Wundt havia fundado o primeiro laboratório de psicologia experimental em 1879, ou seja, no final do século XIX (Salgado, 2000, 2001).

Muitos psicólogos do trabalho e organizacionais acreditam que Hugo Münstenberg foi o pai da seleção científica de pessoas. Ele publicou em 1912, em Leipizg (Alemanha), um dos primeiros materiais que procurava elucidar os aspectos relacionados à eficiência da chamada psicologia industrial. Na primeira metade do século XX, duas tradições "científicas" de seleção de pessoas coexistiram. A primeira delas foi desenvolvida na Europa por pesquisadores com orientação psicotécnica e a segunda esteve na América do Norte. Contudo, nos últimos cinquenta anos do século XX foi diferente: a pesquisa americana marcada pela forte influência psicométrica foi dominante e tem marcado o cenário desde então.

Denominada de seleção de pessoas ou de pessoal, processo seletivo ou ainda de movimentação de pessoas, a prática de selecionar pessoas inclui uma série de procedimentos sistemáticos com a finalidade de identificar, entre os candidatos presentes em um determinado processo, aqueles com melhores desempenhos. Especificamente no contexto organizacional, a seleção de pessoas visa avaliar quais indivíduos apresentam o perfil mais adequado para o desempenho satisfatório na organização para a qual será admitido.

---

1 A validade de critério procura indicar a qualidade de um instrumento ou medida por meio da relação entre o construto por ele avaliado e um determinado indicador (denominado de critério). Por exemplo, a validade de critério de um teste de habilidade cognitiva pode ser verificada por meio da relação entre os escores produzidos pelo teste e o número de relatórios bem produzidos por um trabalhador (para mais detalhes, ver Allen & Yen, 2002; Pasquali, 2010; Urbina, 2007).

Etapas do processo seletivo: o papel do recrutamento e as escolhas de ferramentas

Para a seleção de pessoas atingir o seu objetivo, deve-se estar atento a uma etapa importante que a antecede, que é o recrutamento de candidatos. Esta configura-se, portanto, como a primeira etapa do processo seletivo e refere-se à fase de atração dos candidatos para que concorram às vagas em um processo de seleção. Trata-se de uma fase fundamental da seleção, pois é ela a responsável por conseguir atrair os candidatos com o perfil esperado. Desse modo, para que essa etapa ocorra com sucesso, é necessário que ela se inicie com a seguinte pergunta: qual é o objetivo da seleção?

Ao responder a essa pergunta, o responsável pela seleção vai tomar a primeira decisão, que diz respeito ao tipo de recrutamento, se interno ou externo. Caso a seleção tenha como objetivo estimular a mobilidade entre os funcionários de uma organização (promover os funcionários ou ocupar cargos de maior nível), é indicado que o recrutamento seja interno, isto é, entre os funcionários da própria organização. Esse tipo de recrutamento apresenta como principal vantagem o baixo custo, pois os gastos com a divulgação interna de um processo seletivo e também com o processo de socialização e ambientação dos funcionários tendem a ser menores. Além disso, o recrutamento interno pode ser bastante positivo para motivação dos funcionários que sentem-se mais valorizados com a opção feita pela organização.

Por outro lado, o recrutamento interno pode ser uma desvantagem na medida em que não contribui para a inserção de novos hábitos, costumes e perfis no ambiente de trabalho. Ao contrário, a seleção de um candidato que já atuava na organização apenas reforça elementos da sua cultura. Portanto, se o objetivo da seleção é não apenas agregar força de trabalho para a organização, mas provocar mudanças nas rotinas e arejar o ambiente de trabalho, o recrutamento externo é o mais indicado.

Para realizar o recrutamento, seja ele interno ou externo, o responsável pelo processo seletivo deve procurar, antes de tudo, mapear os desempenhos esperados dos candidatos para então identificar quais aspectos contribuem para que tais desempenhos ocorram conforme o desejado. Esse material deve orientar o selecionador sobre a construção do perfil dos candidatos que ocuparão as vagas. Os primeiros aspectos a serem considerados no perfil dos candidatos são os requisitos necessários para o cumprimento adequado das obrigações em contexto de trabalho, tais como nível de escolaridade, área de formação, flexibilidade de horário, entre outros.

Tais requisitos, se imprescindíveis, devem ser divulgados no anúncio da vaga com vistas a aumentar a eficácia do recrutamento, além de serem importantes para decidir sobre quais canais de divulgação são mais pertinentes para atrair os candidatos para as vagas do processo seletivo. Essas informações também são úteis para filtrar aqueles que não têm o perfil adequado e que apenas oneram a seleção.

Além dos requisitos, também deve compor a análise do perfil do candidato os aspectos técnicos e atitudinais envolvidos na adequada execução das atividades em contexto de trabalho. Essa etapa pode ser contemplada, por exemplo, com uma análise sobre as competências necessárias para o desempenho dos candidatos (Moura, Coelho Jr., Caetano & Albuquerque, 2012). Esses materiais não só subsidiam a conclusão da etapa de recrutamento (porque compõem o perfil dos candidatos), mas também auxiliam na tomada de decisão da etapa seguinte, que é a seleção dos candidatos.

O número de candidatos atraídos para as vagas, a quantidade de candidatos que devem ser selecionados, o tempo para a realização do processo seletivo, o recurso financeiro disponível e, fundamentalmente, as características do perfil dos candidatos que precisam ser avaliadas são elementos essenciais para a decisão quanto à escolha das ferramentas envolvidas em uma seleção de pessoas. Esta é a segunda etapa de um processo seletivo. Entre as ferramentas que o selecionador pode lançar mão estão a análise de currículo e de certificados, a entrevista individual e em grupo, a dinâmica de grupo, a prova escrita, a prova prática e as simulações e a avaliação psicológica. Cabe destacar que muitos dos instrumentos de "papel e lápis" podem ser aplicados via computador quando são disponibilizadas versões de testes informatizados (como é o caso de algumas baterias de testes psicológicos).

Além dos instrumentos mencionados, cabe destacar que entre os *headhunters* (os "caçadores de talentos"), a técnica mais empregada é a observação de aspectos atitudinais considerados fundamentais para o bom desempenho no cargo avaliado. Em geral, esses aspectos estão associados à demonstração de comportamentos proativos por parte dos candidatos, de inclinação para liderança ou ainda de expressão criativa. É interessante ressaltar que parte dessas características compõem o perfil requerido de gestores, pois suas atribuições estão associadas à tomada de decisão e orientação de equipes. Em um processo seletivo para esses candidatos, nem sempre é possível submetê-los a baterias de avaliação ou a diversas etapas de seleção. Nesses casos, as recomendações acabam tendo grande peso na seleção dos candidatos e são combinadas com uma entrevista individual para que haja a decisão final.

A escolha das ferramentas deve incluir quantas, quais e como (em que ordem) elas devem ser aplicadas. Os elementos envolvidos na estruturação de um processo de seleção de pessoal podem ser sintetizados como na Figura 1.

Figura 1 Etapas e procedimentos necessários para a estruturação de processos seletivos

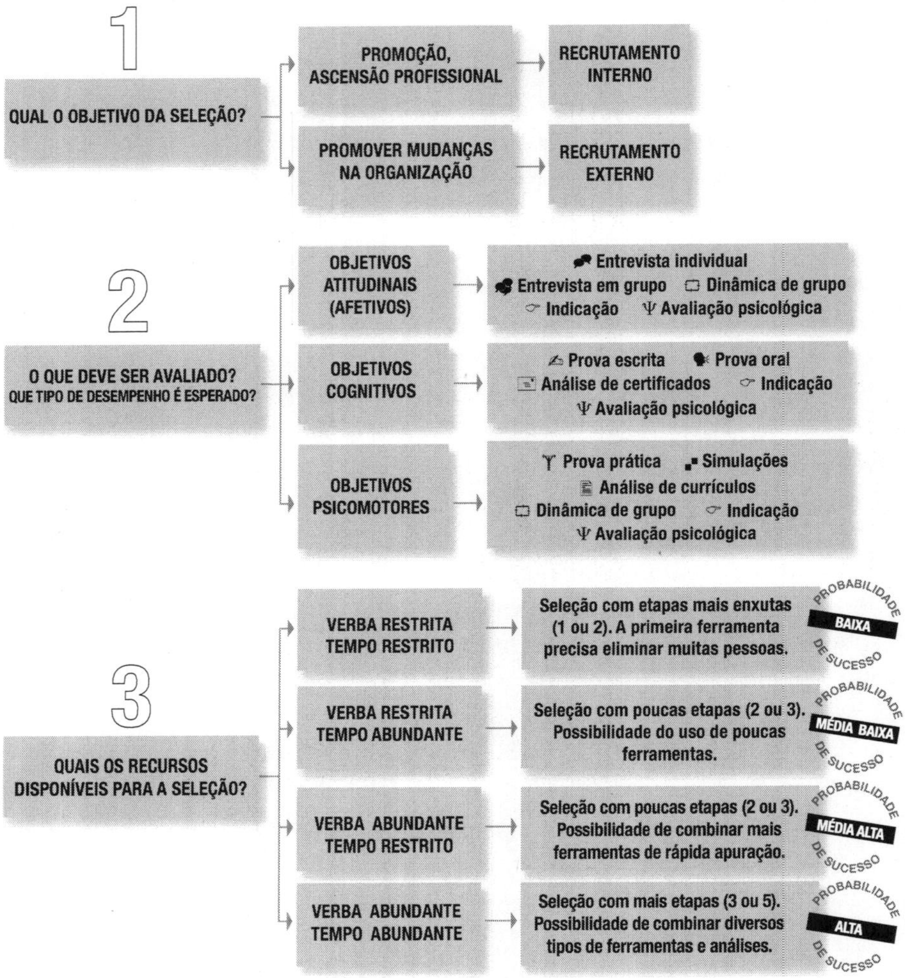

Fonte: Elaboração dos autores.

Nota-se que praticamente todas as perguntas apresentadas na Figura 1 têm suas respostas encontradas em uma minuciosa análise profissiográfica que, por sua vez, deve estar atrelada a um cuidadoso mapeamento de competências (Moura, Coelho Jr., Caetano & Albuquerque, 2012). A análise profissiográfica (ou profissiografia) tem como objetivo realizar um levantamento analítico do perfil de um determinado cargo, ou seja, buscar com o maior detalhamento possível as características necessárias para o exercício de determinada atividade de trabalho, bem como as suas peculiaridades (Brannick, Levine & Morgeson, 2002).

De maneira complementar, o mapeamento de competências objetiva identificar os conhecimentos, habilidades e atitudes (CHAs) necessárias ao desempenho competente no trabalho (Carbone, Brandão, Leite & Vilhena, 2006; Durand, 1998; Prahalad & Hamel, 1995). Assim, a chamada "seleção por competência" é aquela que identifica o conjunto de CHAs para o adequado desempenho no trabalho e procura utilizar as ferramentas adequadas para a sua avaliação. O alinhamento entre o que precisa ser avaliado e a ferramenta selecionada é a chave do sucesso de uma boa seleção de pessoas. Toda ferramenta deve cumprir um propósito claro em um processo seletivo, deve ter um lugar e um objetivo bem definido. Assim, tendo ou não os CHAs mapeados, o uso de uma entrevista em um processo seletivo deve ter um objetivo claro para que sejam feitas ao candidato perguntas úteis e adequadas para a sua avaliação.

Uma seleção de pessoas bem-estruturada pode trazer benefícios tanto para a organização quanto para o trabalhador, que nada tem a ganhar com a ocupação de uma vaga em uma organização que não contempla o seu perfil. Além dos custos emocionais e psicológicos, o trabalhador pode perder outras oportunidades de emprego enquanto participa de uma seleção que não terá condições de assumir, fruto de um procedimento de recrutamento mal elaborado (com requisitos mal especificados, por exemplo).

Para a organização, quanto mais os trabalhadores selecionados estão de acordo com o perfil esperado, menores são os custos com ações de treinamento, desenvolvimento e educação. Além disso, a retenção de pessoas que não permanecerão na organização em médio e longo prazo também gera custos com a demanda de novos processos seletivos. Não se pode deixar de mencionar ainda que a seleção de pessoas é um importante elemento para consolidar a cultura organizacional, pois é o primeiro momento em que os valores preconizados pela organização estão presentes nos candidatos.

Por essas razões e para garantir que os resultados da seleção sejam úteis de fato para a tomada de decisões estratégicas, é importante que as ferramentas utilizadas na seleção não eliminem precocemente os candidatos com potenciais de oferecer bons resultados na organização e nem retenham aqueles com perfil indesejado. Para tanto, é essencial conhecer a validade preditiva[2] das ferramentas e aplicá-las de forma adequada em cada etapa.

Avaliação de candidatos: uma prática de reflexão crítica do recrutamento à seleção

Ao se assumir que o processo de seleção inclui uma *avaliação*, é necessário estar atento para as implicações de tal procedimento. A primeira delas diz respeito à escolha das ferramentas a serem utilizadas que, por sua vez, devem estar de acordo com o objeto a ser

2 A validade preditiva, diz respeito à característica de um instrumento ou medida de antecipar a ocorrência de outro fenômeno correlacionado ao construto por ele mensurado. Por exemplo, a validade preditiva de um teste psicológico será elevada se os indivíduos que obtiverem bons resultados também alcançarem bom desempenho após admitidos (para mais detalhes, ver Allen & Yen, 2002; Pasquali, 2010; Urbina, 2007).

avaliado. Ou seja, a utilização deste ou daquele instrumento de avaliação depende, antes de tudo, da natureza do objeto de avaliação. Uma seleção de pessoas deve iniciar-se, portanto, com o estudo do propósito desse processo e também do objeto que será avaliado. O cumprimento satisfatório dessa etapa permite que as ferramentas de um processo seletivo sejam adequadamente escolhidas para, com isso, tornar a seleção bem estruturada.

A segunda implicação para o processo seletivo está relacionada ao fato de que uma avaliação é um procedimento complexo que demanda a interpretação de resultados de mais de uma fonte de informação. Em outras palavras, ao se realizar uma seleção, deve-se levar em conta o uso de mais de uma ferramenta, pois a avaliação satisfatória e segura de um objeto demanda o contraste entre resultados obtidos por mais de uma fonte. Novamente, a análise do objeto de avaliação deve orientar a decisão de quais ferramentas devem ser utilizadas na seleção. Contudo, é a análise da qualidade e do potencial de cada ferramenta que deve orientar a ordem em que elas devem ser utilizadas e aplicadas.

No contexto brasileiro, a prática de recrutamento e seleção está entre as mais recorrentes no fazer do psicólogo (Gondim, Bastos & Peixoto, 2010). Entretanto, as experiências são relatadas na literatura de maneira pouco instrutiva para a prática. Há muitos relatos descritivos sobre as experiências em seleção de pessoas, mas, em contraposição com a literatura internacional, há poucos dados sobre o valor preditivo das ferramentas utilizadas nesses processos (Gondim & Queiroga, 2013; Queiroga, 2009). Em outras palavras, embora seja fundamental para a adequada estruturação da seleção de pessoas, a literatura brasileira ainda é incipiente ao orientar sobre quais ferramentas aumentam as chances de selecionar as pessoas que terão melhores desempenhos no trabalho.

Não obstante, o profissional não pode deixar de pautar a sua prática no mapeamento adequado do perfil a ser selecionado e na análise cuidadosa das ferramentas que vão auxiliá-lo na avaliação das características presentes em tal perfil. É necessário ressaltar ainda que esse processo é dinâmico, que se inicia com a tomada de decisões conscientes no recrutamento e que precisa ser analisado criticamente a cada seleção a ser realizada, pois não há um protocolo único a ser seguido. A aplicação de cada ferramenta depende, fundamentalmente, do propósito de cada seleção e do que será avaliado em cada processo. Por isso, além de munir-se tecnicamente, o profissional deve ter postura ética e crítica a cada seleção que a ele for demandada.

Referências

Allen, M. J., & Yen, W. M. (2002). *Introduction to measurement theory*. Long Groove, IL: Waveland Press.

Brannick, M. T., Levine, E. L., & Morgeson, F. P. (2002). *Job and work analysis: Methods, research, and applications for human resource management*. Londres: Sage.

Carbone, P. P., Brandão, H. P., Leite, J. B. D., & Vilhena, R. M. P. (2006). *Gestão por competência e gestão do conhecimento*. Rio de Janeiro: FGV.

Durand, T. (1998). Forms of incompetence. In *Proceedings of the fourth international conference on competence-based management* (p. 1-23). Oslo, Noruega: Norwegian School of Management.

Gondim, S. M. G., Bastos, A. V. B., & Peixoto, L. (2010). Áreas de atuação, atividades e abordagens teóricas do psicólogo brasileiro. In A.V. B Bastos & S. M. G. Gondim (Orgs.). *O trabalho do psicólogo no Brasil* (pp. 174-199). Porto Alegre: Artmed.

Gondim, S. M, G., & Queiroga, F. (2013). Recrutamento e seleção de pessoas. In L. O. Borges & L. Mourão (Orgs.). *Pessoas, trabalho e organizações: intervenções a partir da psicologia.* Porto Alegre: Artmed.

Moura, C. F., Coelho Jr., F. A., Caetano, P. F., & Albuquerque, A. S. (2012). Análise profissiográfica e mapeamento de competências nas instituições de segurança pública. *Psicologia: Ciência e Profissão, 32*(2), 388-403.

Pasquali, L. (2010). *Instrumentação psicológica.* Porto Alegre: Artmed.

Prahalad, C. K., & Hamel, G. (1995). *Competindo para o futuro.* Rio de Janeiro: Campus.

Queiroga, F. (2009). *Seleção de pessoas e desempenho no trabalho: um estudo sobre a validade preditiva dos testes de conhecimentos.* Tese de Doutorado em Psicologia. Instituto de Psicologia, Universidade de Brasília, Brasília, DF, Brasil.

Salgado, J. F. (2000). Personnel selection at the beginning of the new millennium. *International journal of selection and assessment, 8*(4), 191-193, Miami.

Salgado, J. F. (2001). Some landmarks of 100 years of the scientific personnel at the beginning of the new century. *International journal of selection and assessment, 9*(1-2), 3-8, Miami.

Urbina, S. (2007). *Fundamento da testagem psicológica.* Porto Alegre: Artmed.

Redes sociais e trabalho

Mauricio Reinert do Nascimento
Mauricio C. Serafim

O acesso ao trabalho foi analisado historicamente a partir de duas perspectivas: uma econômica, utilizando a lógica de mercado de trabalho, ou seja, oferta e demanda determinam possibilidades de emprego e renda; e outra que considera os atributos individuais do trabalhador, ou seja, a obtenção de emprego é função das qualidades e competências do candidato. A partir dos anos 1970, uma terceira perspectiva toma forma e força: a de procurar compreender a mediação da estrutura de redes de relacionamento no acesso ao emprego. Nesse caso, o acesso ao trabalho não decorre exclusivamente de fatores econômicos e sociais macroestruturais, e nem apenas de características individuais do trabalhador, mas está associado em certa medida às redes de relacionamentos nas quais os trabalhadores estão inseridos. Um dos pontos-chave dessa abordagem é que as redes influenciam diretamente o acesso à informação e confiança, fatores fundamentais para empregadores e empregados nas decisões sobre contratação e carreira.

Origem do conceito

O enfoque da Análise de Redes Sociais (ARS) está na relação entre os objetos de análise, e não nos atributos de cada objeto analisado isoladamente. Essa abordagem estrutural é sustentada na noção de que há importantes consequências para o indivíduo devido ao padrão de conexão social na qual ele está inserido. Quatro pressupostos a fundamentam: (a) indivíduos e suas ações são interdependentes; (b) relacionamentos são canais pelos quais fluem recursos (informações, por exemplo); (c) redes de relacionamentos proporcionam oportunidades ao mesmo tempo em que impõem limites à ação do indivíduo; e (d) estruturas são padrões estáveis de relacionamentos entre indivíduos.

A ARS surge a partir de diferentes raízes: psicologia social, sociologia e antropologia, complementados pela matemática e teoria dos grafos. O seu embrião já pode ser encontrado nos trabalhos de Durkheim, Simmel e Weber. Alguns autores consideram o trabalho de Bronislaw Malinowski (1884-1942), *Argonautas do Pacífico* (publicado em 1922), como a primeira análise de rede realizada nas ciências sociais, em suas expedições e interpretações sobre o *kula* (grande círculo do comércio simbólico intertribal). Outros pesquisadores contribuíram mais especificamente com seu desenvolvimento no início do século XX. Jacob L. Moreno (1884-1974) foi um dos precursores, com seus trabalhos seminais sobre sociometria, na qual representava as configurações sociais por meio de sociogramas.

Além dele, um grupo de antropólogos de Manchester, liderado por John Barnes (1918-2010), associou matemática e teoria social para compreender conflito e mudança nas estruturas sociais. É atribuído a Barnes a utilização do termo "redes sociais" pela primeira vez, no artigo publicado nos anos 1950 (Barnes, 1954). E, por fim, os trabalhos desenvolvidos em Harvard, influenciados pelo pesquisador britânico Radcliffe-Brown (1881-1955), que procuravam compreender a formação de subgrupos coesos a partir dos relacionamentos informais nos locais de trabalho. Mas esses esforços se mantiveram isolados, o que dificultou maior impacto no meio acadêmico.

As pesquisas em ARS recrudesceram e se mantiveram periféricas durante o período de 1940 a 1960, para ganhar força novamente na década de 1970, devido, principalmente, a dois fatores. O primeiro foi a disseminação do computador e de *softwares* que auxiliam a análise matemática das redes, pois facilitaram a utilização de uma base de dados maior e por uma gama mais ampla de pesquisadores. O segundo foi o desenvolvimento da ARS em Harvard por meio dos trabalhos de Harrison White (1930-) e seus estudantes. Eles criaram modelos quantitativos de estruturas sociais baseados em padrões de relações que podem ser observados e medidos, em vez de atributos e atitudes dos indivíduos. No ressurgimento da ARS em Harvard, um dos alunos de White que deu uma contribuição original foi Mark Granovetter (1943-), ao pesquisar como o acesso a informações acerca de um emprego por meio da rede de relacionamentos pessoais influencia a mobilidade no mercado de trabalho. Ele encontrou evidências de que o comportamento de busca por trabalho vai além do processo econômico racional descrito pela teoria econômica, constatando que a estrutura da rede de relacionamentos influencia seus resultados.

Definição de redes sociais

Redes sociais são definidas como a estrutura formada pelos relacionamentos que atores possuem com os outros. Atores podem ser indivíduos ou organizações, e os relacionamentos são as ligações mantidas entre eles. Estas podem ser analisadas por meio da frequência dos contatos (laços fortes ou alta frequência e laços fracos ou baixa frequência), das características do relacionamento (amizade, parentesco, trabalho, entre outras) ou pelo conteúdo das informações trocadas.

Além dos relacionamentos, é preciso entender a estrutura que estes formam, pois não apenas os relacionamentos em forma de díades são importantes, mas também a rede maior formada por todos os relacionamentos. A rede pode ser analisada tanto por suas características globais – o tamanho da rede (número de atores participantes), o grau de conexão entre os participantes (número de ligações), a densidade da rede (número de ligações existentes em relação ao número de ligações possíveis), o tipo da rede (rede de trabalho, de amizade ou de empresas) – quanto pela posição que determinado ator ocupa nessa rede, ou seja, a sua centralidade, o grau em que ele serve de intermediário entre os outros participantes e a distância entre ele e os demais atores da rede.

Utilização

As redes sociais contribuem para a compreensão de acesso ao trabalho por indivíduos, bem como para compreender as relações de trabalho como um todo. Quanto ao acesso individual, o trabalho seminal de Mark Granovetter, *Getting a job: A study of contacts and careers* (Granovetter, 1974), identifica a importância dos laços fracos no acesso aos melhores empregos. Segundo o autor, isso decorre do fluxo de informações sobre as empresas, os empregados, os cargos, o tipo de trabalho e as vagas de trabalho que perpassam as redes sociais.

Ao receber uma informação sobre uma vaga em uma determinada empresa de um conhecido que nela trabalha, o indivíduo pode vir a conhecer detalhes muito além daqueles disponíveis em um anúncio de vaga de emprego: por exemplo, como são as pessoas que lá trabalham, como é a empresa, quais os problemas e dificuldades que podem ser encontradas, bem como o que ela tem de pontos positivos. Essa informação obtida por meio das redes sociais possui, além dos detalhes, qualidades que as diferenciam das informações obtidas por outros meios. A primeira diz respeito ao custo de obtenção, que é mais baixo, pois as informações vêm de relacionamentos que já existiam e eram mantidos por outras razões que não a busca por emprego; e a segunda refere-se à confiança nas informações obtidas, já que, como o informante é conhecido, é mais fácil avaliar a sua confiabilidade.

Outra importante contribuição da ARS, para a compreensão do trabalho nas organizações, ocorre na relação entre padrões de relacionamentos informais nos locais de trabalho e a implementação de decisões gerenciais e estratégias de realização das atividades pretendidas. Confiança, controle e poder estão associados à estrutura de redes formais e informais no ambiente de trabalho e influenciam a tomada de decisão e a realização do trabalho. Dessa forma, compreender a mudança ou manutenção dessas estruturas passa a ser crucial.

Implicações brasileiras

No Brasil, pesquisas utilizando a ARS têm demonstrado a importância dos relacionamentos pessoais no acesso ao trabalho. Eduardo Marques, ao pesquisar as relações sociais de indivíduos em situação de pobreza, encontra relação entre a sociabilidade dos indivíduos e o trabalho. Mesmo tendo como alvo da pesquisa indivíduos muito diferentes daqueles pesquisados por Granovetter na década de 1970, os resultados de Marques corroboram aquela pesquisa, pois apontam que indivíduos com padrões de sociabilidade mais ampla, ou seja, cuja rede de relacionamentos vai além da família e da vizinhança, possuem mais chance de estarem em situação de trabalho. Além disso, o trabalho dos indivíduos de sociabilidade mais ampla tende a ser de melhor qualidade. Em ambos os casos, os relacionamentos explicavam melhor a relação do indivíduo com o trabalho do que outras variáveis socioeconômicas, tais como renda, idade e *status* migratório.

Outro trabalho de destaque é de Nadya Araújo Guimarães e colegas, que pesquisaram como a articulação entre as redes de relacionamentos e as trajetórias de vida dos indivíduos afetam sua situação no mercado de trabalho. Por meio de uma análise mais qualitativa, os pesquisadores discutem que a relação entre redes e trabalho precisa ser compreendida a partir da sua interação com as características pessoais dos indivíduos e sua maneira de tecer vínculos e mobilizar sua rede pessoal, as quais podem variar ao longo da sua trajetória de vida. Dessa forma, as redes não podem ser encaradas apenas como fontes de benefícios para o acesso ao trabalho, ao oferecer oportunidades, mas também pode ser fonte de limites à ação dos indivíduos, o que retira o caráter instrumental que poderia ser dado em uma análise mais simplista, quando ela é tratada apenas como uma ferramenta a ser manipulada, com o objetivo de se conseguir um trabalho melhor.

Apreciação crítica

A ARS é uma das abordagens que mais vem se desenvolvendo em ciências sociais, principalmente pelo seu alto poder explicativo e preditivo, bem como pela sua versatilidade ao ser utilizada em conjunto com outras teorias e conceitos, como a organizacional (por exemplo, teoria institucional, nicho organizacional de ecologia populacional, custos de transação e teoria da dependência de recursos). Apesar de suas qualidades, a ARS apresenta algumas limitações. Uma delas é a falta de conhecimento *a priori* sobre como as redes são criadas ou como as combinações dessas relações são formadas.

Autores como Alain Caillé e Michael Callon, ao tratarem desse ponto, afirmam que falta à abordagem reconhecer que as redes são criadas a partir da aposta primordial na dádiva e na confiança. Uma segunda limitação está nos modelos que ainda são falhos em explicar com exatidão como a ação social modifica as estruturas sociais. Terceiro, no mapeamento das redes, por ter enfoque na estrutura, questões como disputas de poder, influência das emoções, condutas éticas que desafiam o grupo, mudança de opinião, conflito entre valores pessoais e normas organizacionais, traições e conspirações possivelmente não serão consideradas. Isso implica num quarto ponto: a abordagem poderá contribuir no entendimento de como as redes influenciam aspectos psicológicos dos indivíduos no trabalho, mas o inverso – como tais aspectos psicológicos podem afetar a rede – ainda carece de mais desenvolvimento.

Referências

Barnes, J. A. (1954). Class and committees in a Norwegian Island Parish. *Human Relations*, 7, 39-58.

Granovetter, M. (1974). *Getting a Job: a study of contacts and careers*. Cambridge, MA: Harvard University Press.

Guimarães, N. A. *et al.* (2012, jun.). Trajetórias, atributos e relações. Representações sobre redes e obtenção de trabalho. *Redes*, *22*.

Marques, E. C. L. (2009). As redes sociais importam para a pobreza urbana? *Dados – Revista de Ciências Sociais*, *52*(2), 471-505.

Martes, A. C. B. (Org.) (2009). *Redes e sociologia econômica*. São Carlos, SP: EdUFSCar.

Scott, J. (2000). *Social network analysis* (2nd ed.). Londres: Sage.

Scott, J., & Carrington, P. (2011). *The Sage handbook of social network analysis*. Londres: Sage.

Wasserman, S., & Faust, K. (1999). *Social network analysis: methods and applications*. New York: Cambridge University Press.

Relações intergrupais nas organizações

Claudio Vaz Torres
Jaqueline Gomes de Jesus

O conceito de relações intergrupais é amplamente utilizado pelas ciências sociais e, no mundo atual, vem sendo adotado pela psicologia social, do trabalho e das organizações, mostrando-se estratégico para se entender e intervir em grupos de trabalho no contexto organizacional, para além dos seus aspectos interpessoais.

A dinâmica intergrupal floresceu e, paradoxalmente, parece ter declinado nos últimos cinquenta anos, por parte de psicólogos que atuam no mundo do trabalho e organizacional, desde que os cientistas sociais começaram a dar uma atenção mais sistemática ao tema. Sumner (1906) se configura como um predecessor da discussão sobre relações intergrupais, com seu estudo primordial sobre a universalidade do etnocentrismo, trazendo a noção de grupo interno (*ingroup*) e grupo externo (*outgroup*).

Em 1927, Thrasher publicou pela primeira vez uma rica descrição de grupos de meninos, que se tornou um marco no estudo de relações intergrupais. Doze anos mais tarde, Lewin, Lippitt e White (1939) deram início às pesquisas experimentais sobre grupos com o seu estudo sobre o efeito de estilos de liderança em grupos de recreação.

A preocupação com o estudo das relações entre os grupos, para além dos aspectos puramente individuais, foi potencializada após o término da Segunda Guerra Mundial (1939-1945), evento de repercussão planetária que evidenciou a dificuldade em se lidar com a questão fundamental da relação entre grupos diferentes, o que se amplia ao nível das nações.

Nesse contexto, cientistas sociais como Watson (1947), Williams (1947) e Leavitt (1951) trouxeram importantes reflexões sobre o tema, entretanto, a hipótese do contato intergrupal de Allport (1954), apresentada como uma estratégia para a diminuição do preconceito entre grupos sociais diferentes, provou ser a mais influente entre os teóricos das relações entre grupos até hoje.

Basicamente, Allport especificou que são quatro as condições para o contato intergrupal ideal: (1) *status* igual na situação de contato; (2) objetivos comuns; (3) cooperação intergrupal; e (4) apoio por parte de figuras de autoridade, da lei ou dos costumes. Este pode ser apontado como o auge da pesquisa intergrupal na primeira metade do século XX, seguido por poucos esforços na década de 1960 (Gold, 1997).

Diversas obras, tais como as três edições do *Group dynamics* (1953, 1960, 1968), de Cartwright e Zander (1968), documentaram o grande interesse que os grupos e sua interação tinham entre psicólogos sociais nos 25 anos seguintes. Na primeira edição do

Handbook of social psychology (Lindzey, 1954), uma seção inteira do volume sobre "áreas especiais" (*special fields*) recebeu o título de "Psicologia grupal e o estudo da interação". Essa seção, porém, desapareceu das edições posteriores da obra.

O interesse sobre a dinâmica intergrupal, especialmente por parte de psicólogos, parece ter declinado a partir de então. A pesquisa com pequenos grupos continua sendo revisada em textos contemporâneos, mas os grupos não ocupam mais o centro da atenção em psicologia social e do trabalho, ou das organizações.

A questão foi reintroduzida na psicologia social a partir da teoria do contato intergrupal aplicada ao problema do preconceito (Amir, 1976; Billig, 1976), fundamentada no pensamento de Allport acerca das condições do contato entre grupos diferentes e utilizada para se entender os processos de colaboração e formação de grupos, em ambientes heterogêneos.

Definição

Para definirmos a relação intergrupal, primeiro se faz necessário definir o que é um grupo. Em uma definição simples, um grupo significa simplesmente dois ou mais elementos de uma coisa qualquer. Contudo, essa definição não nos facilita para encontrarmos respostas às questões que levam os psicólogos sociais, do trabalho ou das organizações a investigar os grupos.

Duas questões gerais requerem um conceito como o de "grupo" (Gold, 1997):

1. Quais são as condições necessárias para que se observem os padrões regulares de comportamento de coletividades de pessoas, independente de quem componha essas coletividades?
2. Quais são as condições para os diferentes tipos e graus de influência que as coletividades têm sobre os indivíduos, e que os indivíduos têm sobre elas?

Quando verificamos as regularidades de comportamento em diferentes grupos, a primeira questão que nos é sugerida é se esse comportamento não pode ser estudado em termos individuais. Parecem existir comportamentos que apenas duas ou mais pessoas podem desempenhar, assim como o estabelecimento de normas sociais, a concordância com fatos, a divisão de recursos, a cooperação em tarefas, e o amor mútuo.

Um exemplo mais preciso desse tipo de comportamento foi encontrado no estudo já clássico de Leavitt (1951), que observou que a alteração das normas sobre quem deveria se comunicar diretamente com quem poderia afetar a produtividade do grupo, sem porém alterar o comportamento dos indivíduos. Assim, a coletividade tem um caráter de entidade, o que é mais do que simplesmente dois ou mais indivíduos juntos.

As pessoas se identificam e se classificam em várias categorias sociais e, por diferentes fatores situacionais, algumas dessas categorias se tornam mais salientes que outras em determinados momentos. Contudo, a percepção de uma identidade exige a existência de outra em contraste ou oposição (Taylor & Moghaddam, 1994). O próprio termo identidade tem o sentido de idêntico, de mesmo, e o reconhecimento das semelhanças pressupõe a existência de diferenças. Sabemos quem somos porque há pessoas diferentes de nós: a identidade está nas fronteiras e não na cultura que essas fronteiras encerram (Galinkin, 2003).

Identificar-se com algum grupo é parte fundamental do processo de entendimento do *self* (Torres & Pérez-Nebra, 2004), que constitui o autoconceito (Bandura, 1982). Assim, a identificação grupal é uma das principais condições para que um grupo exerça influência sobre o indivíduo. A comparação entre grupos que estão em oposição, muitas vezes inevitável, implica na percepção de pertença a um grupo por parte do indivíduo. Logo, por relações intergrupais podemos entender qualquer aspecto da interação humana que envolve indivíduos percebendo a si mesmos como membros de uma categoria social, ou sendo percebido pelos outros como membros de uma categoria social (Taylor & Moghaddam, 1994).

Diversas teorias foram desenvolvidas para a compreensão de como se dá essa relação, especialmente quando ela é entre os grupos de minoria e maioria na organização. Entre elas a teoria de identidade social, equidade, conflito realístico e privação relativa, que podem e são aplicadas na gestão da diversidade e inclusão cultural, além de detalharem outras condições necessárias para os diferentes tipos de influência que as coletividades têm sobre os indivíduos, e vice-versa.

Ao revisitar a teoria de contato intergrupal, Pettigrew (1998) considerou que quatro processos inter-relacionados operam a partir do contato entre grupos e mediam a mudança de atitude: (1) aprendizagem sobre o outro grupo (*outgroup*); (2) mudança de comportamento; (3) geração de laços afetivos; e (4) reavaliação intragrupal. Como não deveria ser surpresa, todos os processos descritos por Pettigrew remetem ao nível de análise grupal e à noção de relações intergrupais. Tais pontos merecem ser mais bem detalhados.

Níveis de análise e relações intergrupais

Dentre as diversas razões que tornam relevante o estudo das relações intergrupais nas organizações e no trabalho, destaca-se um aspecto metodológico e de planejamento de pesquisa: os níveis de análise.

Confusões sobre qual nível de análise empregar (se individual, grupal, organizacional ou cultural) são provavelmente alguns dos maiores problemas no desenvolvimento da pesquisa com trabalho e organizações, que Hofstede (1980) chamou de *falácia ecológica*: a transposição direta entre os níveis de análise cultural e individual, porém aqui aplicada aos níveis de análise grupal e individual.

Se, no estudo das relações intergrupais, nós estamos interessados na explicação de diferenças no nível grupal, então nós temos que tratar cada grupo como uma unidade e confiar apenas em índices que os caracterizam como tais. Não fazê-lo significa aumentar a possibilidade de erros na pesquisa, resultando na formulação de conclusões equivocadas (Klein, Dansereau & Hall, 1994).

Uma pergunta: supondo-se que os grupos em que é identificada uma baixa distância do poder sejam exatamente os mais ricos, em diferentes contextos mundiais (Smith & Bond, 1999), isso significa dizer que indivíduos que se opõem à hierarquia têm uma maior probabilidade de serem ricos? Provavelmente não.

Os maiores industriais do mundo alcançaram seu sucesso utilizando uma visão de gerenciamento extremamente hierárquica. Alguns casos conhecidos, como o de Steve Jobs nos EUA, de Richard Branson no Reino Unido, ou de Ricardo Semler no Brasil, são exceções à regra, eles não representam a maioria dos empresários de sucesso, os quais costumam endossar valores menos igualitários.

Estudos de relações *intergrupais* confiáveis são possíveis apenas se utilizarmos dados de pelo menos *mais de um grupo*. Assim, nesse caso, o nível de análise do estudo deve ser o grupal.

Entretanto, se estamos interessados em explicar as similaridades e diferenças no comportamento de indivíduos pertencentes a um ou a diversos grupos, o nível de análise individual é o necessário. Contudo, será impossível se utilizar o nível individual na comparação entre grupos, a não ser que levemos em consideração as diferenças no nível grupal.

Por exemplo, se queremos estudar as relações entre os valores de empregados e a rotatividade no trabalho em diferentes grupos da organização, então temos que levar em consideração o fato de que a rotatividade pode ser mais frequente em alguns grupos (por exemplo, na indústria da construção, entre homens, entre indivíduos de regiões do país diferentes daquela onde a organização está localizada etc.) do que em outros.

No exemplo anterior, o escore em rotatividade de cada indivíduo deve ser expresso com relação ao escore médio do seu grupo, antes que a hipótese seja testada. Se houver variação na relação, então há que se verificar se essa variação se deveu ou não a um artefato de medida (Smith, 2006).

É importante notar, ainda, que relações intergrupais não devem ser confundidas com comportamento intergrupal ou conflito intergrupal. O comportamento denota um componente concreto e observável nas relações intergrupais, não incluindo processos cognitivos, tais como categorização, estereotipia, atribuições ou atitudes.

Por outro lado, embora seja o conflito, em grande parte, um dos maiores focos dos pesquisadores de relações intergrupais, as relações entre os grupos não têm que ser necessariamente conflituosas. O trabalho de Sherif e Sherif (1969, p. 223), pioneiro na definição de relações intergrupais, define-as como "as relações funcionais entre dois ou mais grupos e seus respectivos membros [...] as ações de um grupo e seus membros que têm impacto sobre um outro grupo e seus membros, independentemente se esses grupos estão verdadeiramente engajados em um confronto direto". Mais recentemente,

Taylor e Moghaddam (1994, p. 6) definiram relações intergrupais como "qualquer aspecto da interação humana que envolve indivíduos se autopercebendo como membros de uma categoria social". Embora ampla, esta nos parece ser uma definição fidedigna do conceito.

Utilização

Assim como a psicologia social pode ser definida como o estudo do comportamento do indivíduo em contextos sociais (Allport, 1954), por silogismo podemos dizer que a psicologia do trabalho e a psicologia organizacional estudarão esse mesmo indivíduo no contexto do trabalho e/ou no contexto das organizações.

Embora a unidade de análise aqui seja a individual, o contexto no qual o comportamento ocorre, implícita e explicitamente, envolve tanto indivíduos como grupos (isso para não citar culturas).

Todavia, o tópico de relações intergrupais, que se presta fortemente ao preenchimento da lacuna na explicação da força de variáveis sociais e psicológicas sobre o comportamento humano, ainda parece não ser central no estudo e na intervenção da Psicologia do Trabalho e das Organizações no Brasil.

Pensar que o interesse no estudo dos grupos não exista mais pode ser uma falácia. Talvez os grupos estudados simplesmente tenham mudado de natureza: em vez de trabalharmos com grupos compostos por meninos (Sherif & Sherif, 1969), ou com grupos de trabalhadores de uma loja de relés (Mayo, 1933), os grupos agora estudados consistem mais de estudantes de turmas introdutórias em psicologia social e dos participantes dos laboratórios de seus professores. Para Gold (1997), os grupos aparecem regularmente nos estudos de psicologia social, porém despistados por esses componentes situacionais.

Ou seja, os grupos estão sendo estudados, sem no entanto se dar ênfase aos processos e relações intergrupais que seguramente têm um efeito presente em tais estudos.

Pesquisas sobre os efeitos da heterogeneidade da equipe de trabalho (O'Reilly, Caldwell & Barnett, 1989) demonstraram que, no passado, embora grupos homogêneos sejam vistos pelos membros da organização como mais socialmente integrados e satisfeitos, grupos heterogêneos oferecem soluções mais criativas e de melhor qualidade.

Quando especificamente a composição racial é investigada, as pesquisas (Tsui, Egan, & O'Reilly, 1992; Tsui, Egan & Xin, 1995) indicam a existência de uma relação negativa entre heterogeneidade racial e intenção de permanência e comprometimento organizacional.

O conceito de relações intergrupais também tem sido amplamente utilizado no entendimento acerca das ações coletivas, de massa, e na formação e atuação dos movimentos sociais, tendo em vista que, em uma perspectiva psicossocial, as pessoas se organizam em grupos e protestam em nome de uma causa comum, muitas vezes sacrificando seu conforto pessoal por várias razões, que podem estar fundamentadas em fatores como: (1) o sentimento de injustiça; (2) a percepção de eficácia do grupo: (3) a identidade social; e (4) a afetividade, demarcando suas necessidades e anseios no espaço público ou mesmo na relação com diferentes organizações (Jesus, 2012).

Apreciação crítica do conceito

O conceito de relações intergrupais tem sido utilizado sem se considerar o diálogo inevitável deste com o de relações interpessoais. Conforme apontou Tajfel (1978), ao conceber o conceito de identidade social, um grupo se constitui a partir da autoidentificação dos seus integrantes como membros desse grupo (*ingroup*), em contraste com indivíduos de outro grupo (*outgroup*), o que gera a sensação de pertencimento. Desse modo, a relação com a outra pessoa (interpessoal) é fundamental para a constituição da relação com o outro grupo (intergrupal), o que poderia ser mais bem aproveitado teórica e empiricamente no mundo do trabalho.

Os textos na área parecem se concentrar, uniformemente, nos processos intragrupais, em uma exclusão ao comportamento intergrupal (Brewer & Kramer, 1985). Um simples exame dos sumários e índices deve ser suficiente para reforçar o ponto de que as relações intergrupais não são um tema central, assim como não o são, paradoxalmente, as teorias de contato intergrupal, velhas conhecidas da psicologia (Lewin, 1943/1997, 1946). E o que parece ser pior, nas raras ocasiões em que grupos são citados, o foco é normalmente em pequenos grupos, no lugar de grupos socialmente baseados e em constante mudança de seus membros, tais como as classes sociais, os grupos etnicorraciais, dentre outros.

Além disso, o conceito de preconceito parece ser somente aplicado a grupos raciais, de gênero ou de orientação sexual, e mesmo assim a discussão é focada no indivíduo que tem ou sofre com algum preconceito, em vez dos conflitos intergrupais.

É provável que grande parte dos impedimentos ao desenvolvimento da pesquisa intergrupal seja imposta exatamente pelos preconceitos que psicólogos (e outros cientistas sociais) têm – *em vez dos preconceitos estudados por eles!* Mais de uma década atrás, Van der Vijver e Leung (2000) sugeriram que esses preconceitos funcionariam como esquemas (*schemata*), agindo como uma espécie de "forma" que acaba por reduzir a riqueza existente na realidade. Isso parece ainda ser uma verdade para pesquisadores da realidade social.

Implicações brasileiras

Embora sendo referência mundial como um país que engloba diversos grupos sociais que se relacionam entre si em relativa harmonia, o campo de estudos em relações intergrupais no Brasil ainda é muito recente, sendo comumente utilizado por teóricos das representações sociais (Vala, 1997; Beldarrain-Durandegui & Souza Filho, 2004).

As primeiras publicações científicas nacionais datam do início dos anos 1990, deixando clara a necessidade de que estudos sobre a área acompanhem a mudança da força de trabalho brasileira. Têm-se destacado as aplicações do conceito em diálogo com análises em nível interpessoal, abordando temas como os microprocessos de afetividade e da atração ou repulsa entre pessoas (Gondim & Siqueira, 2004; Jesus, 2011), e no enfrentamento à discriminação organizacional (Torres & Pérez-Nebra, 2004; Pérez-Nebra & Jesus, 2011).

Existe um extenso campo, ainda inexplorado, sobre os processos micro-organizacionais das relações entre o indivíduo e o(s) grupo(s) no contexto do trabalho. Inexistem pesquisas que considerem a existência, as estratégias e as possíveis repercussões de movimentos sociais *dentro* das organizações de trabalho. Fatores como a globalização do mercado de trabalho brasileiro e o aumento das interações intergrupais sugerem que o interesse pelas relações intergrupais deverá ser continuamente incrementado.

Editores estão cada vez mais conscientes das demandas específicas impostas pelo estudo intergrupal. Logo, é imprescindível que se desenvolva um padrões de pesquisas a ser seguido pelos pesquisadores da área (Van der Vijver & Leung, 2000).

Finalmente, a replicação na pesquisa, que é o calcanhar de Aquiles dos estudos empíricos em psicologia, só poderá aumentar quando nós desenvolvermos uma maior sensibilidade aos nossos preconceitos, quando uma maior ênfase for colocada no teste de teorias e quando os instrumentos metodológicos apropriados forem usados.

Considerações finais

As relações intergrupais nas organizações se referem a um conjunto de fatores relacionados ao processo básico de identificação/desidentificação dos indivíduos com um ou mais grupos, o que incorre em aproximação ou afastamento com relação ao seu e ao outro grupo no contexto organizacional.

Psicólogos sociais, do trabalho e/ou das organizações, entre outros cientistas sociais, têm buscado aplicar o conceito a partir de diferentes dimensões, considerando aspectos individuais, grupais e organizacionais, tais como afetividade, formação de estereótipos, preconceito e discriminação, entre outros que podem ser explorados.

Referências

Allport, G. W. (1954). *The nature of prejudice*. Reading, MA: Addison-Wesley.

Amir, Y. (1976). The role of intergroup contact in change of prejudice and race relations. In P. A. Katz (Org.). *Towards the elimination of racism* (pp. 245-280). New York: Pergamon.

Bandura, A. (1982). Self-efficacy mechanism in human agency. *American Psychologist, 37*, 122-147.

Beldarrain-Durandegui, A., & Souza Filho, E. A. (2004). Representações de grupos nacionais entre jovens segundo o grupo étnico. *Psicologia: Teoria e Pesquisa, 20*(3), 257-266.

Billig, M. (1976). *Social psychology and intergroup relations*. London: Academic Press.

Brewer, M. B., & Kramer, R. M. (1985). The psychology of intergroup attitudes and behavior. *Annual Review of Psychology, 36*, 219-243.

Cartwright, D., & Zander, A. (Orgs.) (1968). *Group dynamics: Research and theory* (3a ed.). New York: Harper & Row.

Dansereau, F., & Alutto, J. A. (1990). Level-of-analysis issues in climate and culture research. In B. Schneider (Ed.). *Organizational climate and culture* (pp. 193-236). San Francisco: Jossey-Bass.

Galinkin, A. L. (2003). Estigma, território e organização social. *Espaço & Geografia, 6*(2), 149-176.

Gold, M. (1997). *A new outline of social psychology.* Washington, DC: American Psychological Association.

Gondim, S. M. G., & Siqueira, M. M. M. (2004). Emoções e afetos no trabalho. In J. C. Zanelli, J. E. Borges-Andrade & A. V. B. Bastos (Orgs.). *Psicologia, organizações e trabalho no Brasil* (pp. 207-236). Porto Alegre: Artmed.

Hofstede, G. (1980). *Culture's consequences: International differences in work related values.* Beverly Hills, CA: Sage.

Jesus, J. G. (2011). Atração e repulsa interpessoal. In C. V. Torres & E. R. Neiva (Orgs.). *Psicologia social: principais temas e vertentes* (pp. 238-249). Porto Alegre: Artmed.

Jesus, J. G. (2012). Psicologia social e movimentos sociais: uma revisão contextualizada. *Psicologia e Saber Social, 1*(2), 163-186. Recuperado de http://www.e-publicacoes.uerj.br/index.php/psi-sabersocial/article/view/4897.

Klein, K. J., Dansereau, F., & Hall, R. J. (1994). Levels issues in theory development, data collection and analysis. *Academy of Management Review, 19*, 195-229.

Leavitt, H. J. (1951). Some effects of certain communication patterns on group performance. *Journal of Abnormal and Social Psychology, 46*, 38-50.

Lewin, K., Lippitt, R., & White, R. (1939). Patterns of aggressive behavior in experimentally created "social climates". *Journal of Social Psychology, 10*, 271-299.

Lewin, K. (1946) Action research and minority problems. *Journal of Social Issues 2*(4), 34-46.

Lewin, K. (1997). Defining the "field at a given time". *Psychological Review, 50*, 292-310. In *Resolving social conflicts & field theory in social science.* Washington, DC: American Psychological Association. (Trabalho original publicado em 1943).

Lindzey, G. (Org.) (1954). *Handbook of social psychology.* Cambridge, MA: Addison-Wesley.

Mayo, E. (1933). *The human problems of an industrial organization.* New York: The Macmillan Co.

O'Reilly, C. A., III, Caldwell, D. F., & Barnett, W. P. (1989). Work group demography, social integration, and turnover. *Administrative Science Quarterly* (34), 21-37.

Pérez-Nebra, A. R., & Jesus, J. G. (2011). Preconceito, estereótipo e discriminação. In C. V. Torres & E. R. Neiva (Orgs.). *Psicologia social: principais temas e vertentes* (pp. 217-237). Porto Alegre: Artmed.

Pettigrew, T. F. (1998). Intergroup contact theory. *Annual Review of Psychology, 49*, 65-85.

Sherif, M., & Sherif, C. W. (1969). *Groups in harmony and tension.* New York: Harper.

Smith, P. B. (2006). When elephants fight, the grass gets trampled: the GLOBE and Hofstede projects. *Journal of International Business Studies, 37*, 915-921.

Smith, P. B., & Bond, M. H. (1999). *Social psychology across cultures: Analysis and perspectives.* Boston: Allyn & Bacon.

Sumner, W. G. (1906). *Folkways: a study of the sociological importance of usages, manners, customs, mores, and morals.* Boston: Ginn and Company.

Tajfel, H. (Ed.) (1978). *Differentiation between social groups: Studies in the social psychology of intergroup relations.* London: Academic Press.

Taylor, D. M., & Moghaddam, F. M. (1994). *Theories of intergroup relations: international social psychological perspectives.* Westport, CT: Praeger Publishers.

Torres, C. V., & Pérez-Nebra, A. (2004). Diversidade cultural no contexto organizacional. In J. C. Zanelli, J. E. Borges-Andrade & A. V. B. Bastos (Orgs.). *Psicologia, Organizações e Trabalho no Brasil* (pp. 443-465). Porto Alegre: Artmed.

Trasher, F. M. (1927). *The gang.* Chicago, IL: University of Chicago Press.

Tsui, A. S., Egan, T. D., & O'Reilly, C. A., III (1992). Being different: relational demography and organizational attachment. *Administrative Science Quarterly, 37(4),* 549-579.

Tsui, A. S., Egan, T. D., & Xin, K. R. (1995). *Diversity in organizations: Lessons from demography research.* Newbury Park, CA: Sage.

Vala, J. (1997). Representações sociais e percepções intergrupais. *Análise Social, 32*, 7-29.

Van der Vijver, F. J. R., & Leung, K. (2000). Methodological issues in psychology research on culture. *Journal of Cross-cultural Psychology, 31*, 33-51.

Watson, G. (1947). *Action for unity.* New York: Harper.

Williams, R. M. (1947). *The reduction of intergroup tensions.* New York: Social Science Research Council.

Resiliência no trabalho

Maria do Carmo Fernandes Martins

A palavra resiliência é cada vez mais utilizada quando se deseja fazer referência a estar preparado para algo difícil, à continuidade da vida, apesar das dificuldades, e à proteção civil diante de grandes dificuldades ambientais ou sociais. Os estudos sobre esse fenômeno, principalmente no contexto da vida dos adultos, são muito recentes. Eles explodiram numericamente desde os anos 2000, período de grandes desastres, como os ataques a Nova York e Washington em 2001, o furacão Katrina nos EUA em 2005; o maremoto no Oceano Índico em 2004, sismos no Paquistão em 2005, na Índia e China em 2006, no Haiti e no Chile em 2010 e no Japão em 2011, além da epidemia do HIV/Aids na África subsaariana e de chuvas torrenciais em várias partes do planeta. Os estudiosos buscam identificar o que torna uma pessoa resiliente e, portanto, capaz de recuperar-se de situações extremamente traumáticas com vistas a fornecer aos envolvidos nessas situações as bases para desenvolver ou aumentar seus níveis de resiliência, tornando-os mais competentes para lidarem com as adversidades.

Origem do conceito

Resiliência é palavra derivada do latin *resilo* ou *resilien* (que significam "de volta" ou "começar a voltar") e denota a retomada de uma configuração ou forma anterior. A palavra foi emprestada de sua utilização na física, área na qual é utilizada para referir-se à propriedade que possuem alguns materiais de retornar ao seu estado original depois de sofrerem deformação provocada por estresse, como temperatura ou força. Portanto, o termo é importado de outra área científica e sua utilização foi adaptada não somente pela psicologia, mas por outras áreas, como ecologia, meio ambiente e ondontologia. Na língua inglesa, *resilient* significa flexível, elástico, e *resilience* ou *resiliency* significam capacidade de reassumir formato anterior. Thomas Young foi o primeiro a empregar o termo resiliência, em 1807, para referir-se à capacidade de um corpo absorver energia sem sofrer deformação. Dicionários da língua portuguesa revelam esses mesmos significados para a palavra.

Evolução dos estudos

Nas ciências voltadas ao estudo do ser humano, investigações sobre resiliência começaram na psiquiatria com estudos sobre esquizofrenia que datam da década de 1940.

Na psicologia, iniciaram-se na área da psicologia do desenvolvimento, focalizando como e porque algumas crianças oriundas de famílias e ambientes com sérios problemas se desenvolviam normalmente enquanto outras se desestruturavam. Alguns estudiosos tiveram papel decisivo para o desenvolvimento do assunto: Anthony (1974), Garmezy (1971), Grotberg (2005), Masten (1994), Rutter (1979) e Werner e Smith (1982). Desde o Holocausto, resiliência passou a ser o termo utilizado para referir-se à característica dos sobreviventes dos campos de concentração nazistas que seguiram com suas vidas depois da tragédia pela qual haviam passado. O termo tem sido empregado ainda para fazer referência à capacidade de os indivíduos resistirem, recuperarem-se de choques e de seguirem em frente apesar das adversidades.

O interesse pelo assunto aumentou a partir da década de 1990. Estudos mais recentes têm ampliado o conceito para o âmbito da vida adulta, mas também para o de comunidades, organizações e populações, para a ecologia, o planejamento urbano e a economia, estendendo sua abrangência para além do campo da engenharia, área na qual se originou o termo.

Definição de resiliência

Desde a década de 2000, a visão do bem-estar do ser humano extrapolou os limites da ausência de doenças ou desvios, passando a incluir características positivas que levam ao florescimento e ao crescimento. Mas crescer e florescer são decorrentes de características positivas, e não simplesmente da ausência das negativas. No âmbito dessa preocupação e do aumento das adversidades coletivas, ressurgiu a preocupação com a resiliência pessoal e coletiva.

Ao falar em resiliência, a preocupação é com comportamentos competentes e adaptativos. Resiliência é o termo aplicado para explicar por que alguns indivíduos revelam bons resultados psicológicos, apesar de terem sofrido experiências de risco. Pode-se definir esse fenômeno, inicialmente, como a capacidade de adaptação exitosa e de manutenção do funcionamento positivo a despeito de adversidades ou exposição a estressores extremos. Seu significado mais atual incorpora os ganhos de crescimento e de aprendizagem que decorrem do enfrentamento de situações adversas.

Embora o conceito de resiliência não esteja claramente estabelecido, confusões teóricas com outros termos, como invulnerabilidade e enfrentamento (*coping*), que permearam a literatura da área no início dos estudos, foram solucionadas ao longo do tempo por meio de publicações dedicadas ao assunto. A Tabela 1 revela como são definidos atualmente os três conceitos em pauta.

Tabela 1 Delimitação dos conceitos de resiliência, enfrentamento e invulnerabilidade

Fenômeno	Conceito
Resiliência	Capacidade dinâmica de adaptação positiva a situações de adversidade significativa; refere-se ao que o indivíduo consegue suportar sem interromper seu funcionamento normal e ao resultado eficiente desse enfrentamento.
Enfrentamento (*coping*)	Conjunto de esforços cognitivos e comportamentais, utilizados com o objetivo de lidar com demandas específicas, internas ou externas, que surgem em situações de estresse; modo de lidar com situações de estresse.
Invulnerabilidade	Capacidade para lidar com os efeitos adversos sem sentir-se atingido ou fragilizado; resistência ao estresse; resistência absoluta ao impacto negativo de situações adversas.

Fonte: Elaboração do autor.

Embora resiliência tenha sido vista como uma característica pessoal tão estável quanto um traço de personalidade, a visão mais contemporânea é a de que se trata de um fenômeno sujeito a mudanças. Atualmente, resiliência é caracterizada como um processo passível de modificações que depende da evolução do indivíduo, do aparecimento de novas vulnerabilidades e de novas forças e resistências conforme as circunstâncias da vida. Em consonância com Masten (1994), Luthans, Luthans e Luthans (2004) e Youssef e Luthans (2007), Bonanno (2005) defende que resiliência é um atributo humano desenvolvível e caracterizado como um estado psicológico. Resiliência é vista por alguns estudiosos (por exemplo, Bonanno, 2005) como uma capacidade natural da qual são dotados os seres humanos.

Contribuição fundamental ao esclarecimento do conceito de resiliência em adultos foi dada por Bonanno (2005), que argumenta que resiliência é mais do que ausência de patologia: é uma trajetória de funcionamento de vida saudável caracterizada pela capacidade de gerar experiências e emoções positivas a partir de eventos negativos. Bonanno (2005) diferenciou o conceito de resiliência para adultos daquele utilizado para referir-se à resiliência em crianças. Para ele, o adulto enfrenta eventos adversos em ambiente de vida normal, enquanto na infância, o próprio ambiente está desestruturado, sendo, ele mesmo, adverso.

Para o adulto, no contexto de normalidade, o evento adverso possui uma duração finita, temporalmente determinada, caracterizando-se como algo que passará. O adulto dispõe de fatores de proteção providos pelo contexto e por suas características individuais, enquanto a criança é muito mais dependente dos protetores externos. Por outro lado, a noção de que a duração da adversidade é limitada permite aos adultos escolherem modos mais efetivos de enfrentamento que não seriam tão funcionais no contexto da infância, pela fase de amadurecimento da criança e pelo fato de que as adversidades são, por vezes, o próprio ambiente de vida e possuem duração longa, difícil de ser determinada.

Analisando-se as publicações sobre o conceito entre 1988 e 2011, identificam-se alguns significados essenciais atribuídos à palavra resiliência. Esses significados foram reunidos em três núcleos centrais que auxiliam a compreensão do conceito e revelam sua evolução conceitual e histórica, conforme se pode constatar na Tabela 2.

Tabela 2 Núcleos de significados atribuídos à palavra resiliência em psicologia

Núcleo central do significado	Conceito	Período de prevalência do conceito
Adaptação positiva	Processo dinâmico de adaptação positiva (que produz consequências boas ou melhores do que aquelas obtidas na ausência do risco) no contexto de adversidade significativa; capacidade de responder adaptativamente às mudanças disruptivas.	1982 até a data atual
Resistência	Capacidade individual de resistência diante das dificuldades.	1987-2004
Recuperação	Capacidade de ultrapassar o trauma vivido, de reconstruir a vida; capacidade de recuperar-se das adversidades.	1991-1997

Fonte: Elaboração do autor.

Em torno do núcleo de significado central mais sólido e duradouro que faz alusão à adaptação positiva diante de mudanças e adversidades, reúne-se o maior número de estudos e de autores. Isso permite definir resiliência como um processo dinâmico de adaptação positiva que envolve crescimento e evolução do indivíduo diante de situações avaliadas como significativamente adversas. Essa definição inclui um componente pessoal na avaliação, a interpretação do que seja adverso, e explica porque algumas situações são tidas como difíceis por uma pessoa e não o são por outra.

Resiliência e trabalho

No contexto do trabalho, a resiliência a ser estudada é em grupos de profissionais sujeitos a condições desgastantes, dentre eles enfermeiros e professores, que, por não suportarem as adversidades do trabalho, abandonam a profissão. Mas esses estudos focavam prioritariamente a resiliência pessoal no trabalho, ou seja, investigavam como a resiliência dos indivíduos impactava algumas variáveis pessoais ou organizacionais.

Resiliência no trabalho é um conceito muito recente em Psicologia do Trabalho e das Organizações. A primeira definição de resiliência restrita ao contexto do trabalho pode ser deduzida da afirmativa de Mallak (1998), que assevera que pessoas resilentes respondem de modo rápido e eficiente a mudanças com nível mínimo de estresse, dirigem esforços para realizar seus objetivos e revelam persistência para realizar tarefas complexas. Para Mallak, resiliência no trabalho é a habilidade para delinear e implementar rapidamente comportamentos adaptativos positivos que respondam à adversidade enfrentada no trabalho.

Mas foi a partir da proposição teórica do conceito de capital psicológico (Luthans *et al.*, 2004) que o fenômeno da resiliência foi mais claramente circunscrito ao contexto do trabalho. Luthans *et al.* (2004) apresentaram o conceito de capital psicológico no âmbito da proposição teórica do que Luthans (2002) designara comportamento organizacional positivo, construto de ordem superior que reúne otimismo, autoeficácia, esperança e resiliência. Para Youssef e Luthans (2007), resiliência no contexto do trabalho é a capacidade de indivíduos se recuperarem de eventos potencialmente esmagadores que envolvem adversidades, conflitos e falhas, ou de eventos positivos, de progressos e de maior responsabilidade; destacam ainda que esta é uma capacidade passível de aprendizagem. As adversidades, segundo os autores, envolvem aumento da probabilidade de resultados negativos ou diminuição da probabilidade de resultados positivos. Ainda para Luthans e Youssef (2007), resiliência abarca uma dimensão proativa que cria discrepâncias mesmo quando não existem ameaças externas, o que possibilita ao indivíduo perceber adversidades e contrariedades laborais como oportunidades para aprender, crescer e desenvolver-se.

No estado atual de desenvolvimento de debates e estudos e sustentando-se na posição de Mallak (1998), Luthans *et al.* (2004), Luthans e Youssef (2007) e Youssef e Luthans (2007), pode-se definir resiliência no trabalho como a capacidade de os trabalhadores enfrentarem adversidades significativas no contexto de trabalho, decorrentes de eventos negativos ou positivos, e de responder adequada e adaptativamente a mudanças ameaçadoras que rompam a situação rotineira da vida laboral sem suspender seu desempenho normal. Destaca-se que a definição incorpora a dimensão subjetiva anteriormente referida neste texto, pois o que é visto como ameaçador e adverso por um trabalhador, pode ser interpretado de modo diverso por outro.

Utilização do conceito nos contextos de trabalho

Estudos apontam que resiliência faz parte de um conjunto de características positivas que aumentam o desempenho no trabalho. Em estudo realizado em 2007, Youssef e Luthans concluem que resiliência pode ajudar o trabalhador a escolher táticas mais eficazes para lidar com os problemas e a optar por comportamentos estratégicos que podem ser benéficos para seu desenvolvimento e crescimento. Youssef e Luthans (2007) identificaram que quanto maiores são os níveis de resiliência, esperança e otimismo, melhor é o desempenho no trabalho, e maiores são a satisfação e o comprometimento organizacional.

Achados de outros estudos demonstram que resiliência provoca impactos positivos sobre desempenho de gerentes, enfrentamento de mudanças na organização, desempenho individual no trabalho, satisfação no trabalho, capacidade para lidar com problemas, maior participação na vida organizacional, mais resiliência na carreira, menores índices de *burnout* e melhor retorno de investimentos. Isso permite concluir pela importância de seu diagnóstico e gestão, uma vez que se trata de uma característica gerenciável e desenvolvível. Atenção a ações que promovam resiliência no trabalho pode ser muito útil para as organizações e para a saúde e o bem-estar dos trabalhadores.

Considerações finais

Embora seja um fenômeno muito recentemente focalizado no contexto das organizações de trabalho, resiliência tem se revelado preditor de relevantes variáveis relacionadas ao desempenho do indivíduo no trabalho e ao próprio desempenho das organizações. Suas consequências, portanto, parecem abranger fenômenos dos níveis individual, grupal e organizacional.

Entretanto, esses apontamentos carecem de comprovações científicas que os tornem generalizáveis, uma vez que as poucas publicações sobre resiliência no trabalho são internacionais. Assim, investigações acerca da própria delimitação conceitual do assunto ainda são necessárias. Imprescindíveis são também os estudos que buscam esclarecer as relações entre resiliência no trabalho e outras variáveis da área, como desempenho no trabalho, comprometimento organizacional, satisfação no trabalho, impacto de treinamentos no trabalho e habilidade gerencial no manejo de conflitos. O que se quer destacar é que, como existem poucos conhecimentos conclusivos sobre o papel da resiliência como preditora de comportamentos no trabalho, esse é um campo muito fértil para investigações; estas, portanto, são imprescindíveis para a área.

Por isso e considerando as indicações de Youssef e Luthans (2007) sobre sua importância como preditora de alguns relevantes fenômenos e sua característica de ser passível de desenvolvimento, recomenda-se que as organizações promovam intervenções visando a aumentar essa capacidade psicológica de seus membros para, assim, habilitá-los a enfrentarem de modo mais produtivo, mais adaptativo e menos imobilizante as dificuldades do trabalho, o que reverteria em benefícios para o indivíduo-trabalhador e para a organização.

Referências

Anthony, E. J. (1974). Introduction: the syndrome of the psychological vulnerable child. In E. J. Anthony & C. Koupenik (Eds.). *The child in his family: Children at psychiatric risk* (pp. 3-10). New York: Wiley.

Bonanno, G. A. (2005). Clarifying and extending the construct of adult resilience. *American Psychologist*, *60*(3), 265-267.

Garmezy, N. (1971). Children at risk: the search for the antecedents of schizophrenia. Part I. Conceptual models and research methods. *Schizophrenia Bulletin*, *1*(8), 14-90.

Grotberg, E. H. (2005). Introdução: novas tendências em resiliência. In A. Melillo & E. N. S. Ojeda (Org.). *Resiliência: descobrindo as próprias fortalezas* (pp. 15-22). Porto Alegre: Artmed.

Luthans, F. (2002). The need for and meaning of positive organizational behavior. *Journal of Organizational Behavior, 23*(6), 695-706.

Luthans, F., Luthans, K., & Luthans, B. (2004). Positive psychological capital: Going beyond human and social capital. *Business Horizons*, 47(1), 45-50.

Luthans, F., & Youssef, C. M. (2007). Emerging positive organizational behavior. *Journal of Management, 33*, 321-349.

Mallak, L. (1998). Putting organizational resilience to work. *Industrial Management, 40*(6), 8-13.

Masten, A. S. (1994). Resilience in individual development: Successful adaptation despite risk and adversity. In M. C. Wang & E. W. Gordon (Eds.). *Risk and resilience in inner city America: Challenges and prospects* (pp. 3-25). Hillsdale, NJ: Lawrence Erlbaum.

Rutter, M. (1979). *Fifteen thousands hours: Secondary schools and the effects on children.* Cambridge, MA: Harvard University Press.

Werner E. E., & Smith, R. S. (1982). *Vulnerable but invincible: A longitudinal study of resilient children and youth.* New York: McGraw-Hill.

Youssef, C. M., & Luthans, F. (2007). Positive organizational behavior in the workplace: the impact of hope, optimism, and resiliency. *Journal of Management, 33*, 774-800.

Riscos e intervenção psicossocial nas organizações de trabalho

José Carlos Zanelli

No Brasil, o livro *Introdução à psicossociologia*, de Jean Maisonneuve, traduzido na década de 1970, enfatizou a interligação da psicologia com a sociologia em suas contribuições para o estudo dos fenômenos psicossociais. Revelou a importância da dependência recíproca dos processos psicológicos e sociais ou dos relacionamentos interpessoais, intragrupais e intergrupais, na tentativa de um enfoque para a compreensão das subjetividades dos agentes humanos em interação e das multideterminações complexas e recíprocas. A abordagem foi transposta rapidamente ao ambiente do trabalho – o que equivale dizer: às organizações – para contribuir na análise dos comportamentos humanos em sua realidade, como fenômenos socialmente organizados. Nas últimas décadas, a psicossociologia tornou-se, em grande medida, esteio para a psicologia da saúde ocupacional, uma disciplina recente, que tem como preocupação central a promoção da segurança, saúde e bem-estar do conjunto dos trabalhadores e, por consequência, a avaliação e intervenção nos riscos psicossociais no trabalho. Tais intervenções, mais do que evitar doenças e acidentes ou de restabelecer a saúde, têm potenciais para promover ambientes em que pessoas podem usar seus repertórios compatíveis com desempenhos satisfatórios, tanto na perspectiva organizacional como individual. Ou seja, na construção de organizações saudáveis e produtivas.

Riscos e danos psicossociais

Os riscos de natureza física são, muitas vezes, evidentes nas organizações de trabalho. Não é tão simples quando se trata de riscos psicossociais. Contudo, por não serem facilmente identificáveis – por exemplo, um buraco no solo de passagem dos pedreiros na edificação de um prédio –, os riscos psicossociais não deixam de constituir ameaças, muitas vezes severas, à saúde de quem trabalha. À semelhança das ondas eletromagnéticas, que não são visíveis no nosso cotidiano, mas com certeza estão à nossa volta, os riscos psicossociais também existem em quantidade considerável. O que torna relevante, sem dúvida, identificá-los. Na mesma situação em que o buraco no solo é facilmente observado, pode não ser tão fácil reconhecer os estigmas e as coerções que um ou mais trabalhadores disseminam.

Como identificar riscos psicossociais? É necessário compreender este e outros conceitos, que a ele estão inevitavelmente articulados, como ponto de partida.

O conceito de risco, embora de uso amplo, sobretudo na área da saúde, não conta com interpretação assentida. De algum modo, envolve os perigos reais ou potenciais a ele associados, que podem resultar em efeitos adversos sobre um indivíduo, um grupo ou uma comunidade. Os fatores psicossociais podem ser favoráveis ou desfavoráveis para o desenvolvimento das atividades laborais e para a qualidade de vida no trabalho. É assim que fatores de risco podem ser expressos pelas condições presentes em uma situação de trabalho que trazem consigo possibilidades de resultados negativos para o bem-estar e o desempenho. Não determinam necessariamente, mas guardam potencial intrínseco de danos psicológicos, sociais ou físicos à pessoa que executa o trabalho e, em extensão, para a comunidade organizacional. Incluem, pelo menos: características da organização e direção (estrutura, tamanho, estratégia, modelo de gestão, estilo de liderança etc.), características do contexto imediato (comunicação, relacionamentos com colegas e com clientes, estilo de liderança, socialização etc.) e características da tarefa (quantidade, complexidade, repetição, ritmo, autonomia, prestígio etc.).

De maneira similar, os riscos estão vinculados a características que variam desde o âmbito individual, ou psicológico, ao microssocial e ao macroestrutural, ou sociocultural. Riscos psicossociais, portanto, fazem parte do que é estabelecido, ou das circunstâncias mediatas e imediatas à execução do trabalho, e aumentam a probabilidade de ocorrências indesejáveis ou danos.

Nesse quadro, danos são consequências de natureza física, psicológica e social, revelados por inadequações, mal-estar e sofrimento. Do ponto de vista da responsabilidade ética e social, a redução de danos psicossociais impõe utilizar procedimentos de prevenção e redução da vulnerabilidade. Tanto no âmbito individual como grupal e organizacional a vulnerabilidade ou suscetibilidade a efeitos adversos pode ser acentuada, a depender de variáveis de uma gama complexa, implicada na esfera familiar, nos valores e crenças prevalentes no grupo e na cultura organizacional, até nas instâncias societárias globais.

Não obstante os riscos psicossociais serem tão antigos quanto os relacionamentos humanos, o conceito foi estabelecido recentemente, atrelado ao desenvolvimento dos estudos de estresse – em especial, no ambiente de trabalho, desde a década de 1950 – e, posteriormente, com o despontar das pesquisas sobre assédio, primeiro o de natureza sexual e, depois, na década de 1990, o assédio moral. Fala-se, desde então, dos riscos psicossociais emergentes. São duas as possibilidades de interpretação da emergência: o risco era conhecido, mas somente agora assim é considerado devido às novidades científicas ou ressignificações sociais, ou, de fato, o risco não existia e apareceu decorrente de inclusões tecnológicas, mudanças nos processos e locais de trabalho, nos modelos de gestão, ou como consequência de transformações estruturais. Ainda devem ser consideradas como emergentes as situações ou condições que acentuam o perigo ou aumentam a probabilidade de danos, de exposição aos riscos, de vulnerabilidade e decorrências adversas para a saúde do trabalhador e da comunidade.

O estudo do estresse, em especial nas organizações de trabalho, abriu caminho para as pesquisas e intervenções psicossociais (veja o verbete *Estresse nas organizações de trabalho*). O aumento do estresse e manifestações de violência e assédio no trabalho têm sido largamente atribuído à precarização dos sistemas e processos nos ambientes de trabalho, às relações entre trabalhadores e deles com os clientes, às mudanças socioeconômicas, tecnológicas e demográficas. As percepções de mal-estar estão imbricadas no contexto planetário que se instalou e ficou conhecido como globalização neoliberal (Ovejero Bernal, 2010). Especificamente, a vulnerabilidade aos riscos está relacionada aos contratos de trabalho precarizados, subcontratações, jornadas prolongadas, pressões por produção, metas progressivamente elevadas, incremento da carga mental e emocional, insegurança no posto de trabalho, trabalho em mercados laborais instáveis, informações intensificadas e dissonantes, horários de trabalho variáveis e imprevisíveis, recrudescimento da competitividade, menor número de trabalhadores para rotinas de mais trabalho, avaliação do desempenho mais detalhada, compensações reduzidas, carência de apoio social, envelhecimento da população ativa, postergação da idade para a aposentadoria, desequilíbrio entre a vida pessoal e de trabalho e outros fatores.

A exposição contínua a situações de riscos psicossociais pressupõe permanente tensão psicológica que, sem dúvida, acaba por ser revelada nas manifestações de estresse (Zanelli, Calzaretta, García, Lipp & Chambel, 2010). Não significa, a depender da capacidade de enfrentamento das pessoas, da duração e da magnitude dos riscos, que a saúde será fatalmente prejudicada. No entanto, algumas condições psicossociais são de difícil resistência para a maioria dos trabalhadores. O estresse patológico no ambiente de trabalho, observado sistematicamente com maior atenção na União Europeia e nos Estados Unidos, é um problema de saúde percuciente e afeta um elevado número de trabalhadores. No Brasil, segundo dados do Instituto Nacional do Seguro Social [INSS] (2011), no transcurso de 2010 para 2011 houve um aumento de 19,6 % nos transtornos mentais e comportamentais, justificados para concessão de auxílio-doença acidentário.

Avaliação diagnóstica e processo de intervenção

A avaliação de riscos psicossociais, muito além da responsabilidade ética e da obrigatoriedade legal, justifica-se pelo evidente nexo com a segurança e a saúde e com a qualidade e a produtividade. Programas de intervenção, com o propósito autêntico de prevenir riscos psicossociais e promover a saúde, melhoram o clima organizacional, fortalecem a motivação e o comprometimento, diminuem os índices de absenteísmo, entre outros benefícios. Implementar intervenções demanda objetivos que percorrem desde o desenvolvimento de competências necessárias ao exercício das atividades em um posto de trabalho até as ações políticas de relacionamento da organização com o seu entorno – um conjunto de atividades articuladas que exigem planejamento sistemático e sistêmico, investimentos financeiros adequados e que ganham muito em eficácia com a participação integral dos trabalhadores.

O diagnóstico dos fatores de riscos psicossociais é um passo indispensável e prévio à intervenção. Trata-se de um processo de identificação e avaliação, quantitativa e qualitativa, dos agentes que podem prejudicar a saúde e o desempenho dos trabalhadores, dos grupos ou equipes e, por fim, do conjunto de dirigentes e dirigidos. Ultrapassa as fronteiras da organização, na medida em que podem envolver ou atingir as famílias, clientes, fornecedores e toda a complexa rede de relacionamentos construídos a partir da fundação organizacional. Os procedimentos e técnicas de diagnóstico de riscos psicossociais são diversificados e, para sua eficácia, dependem de habilidades acuradas de observação do ambiente intra e extraorganizacional, especificamente concernentes ao comportamento humano. No geral, de algum modo estão no escopo das entrevistas, dos questionários e escalas, dos documentos e da observação direta.

A intervenção faz parte de um processo que tem início com a identificação dos fatores de riscos e escolha do método de investigação, isto é, dos procedimentos e técnicas que serão utilizados. Em seguida, um planejamento arranja a realização do trabalho de campo. Após reunir as informações, a análise dos resultados que são descobertos estabelece as bases para as ações de intervenção que, quando firmadas, constituem um programa de intervenção. Como última etapa do ciclo, é feito o acompanhamento e controle do processo em suas partes ou propostas executadas e do conjunto das intervenções.

Figura 1 Recursividade do processo de diagnóstico, em suas etapas de avaliação, análise e prescrição, e processo de intervenção, em suas etapas de planejamento, execução e avaliação

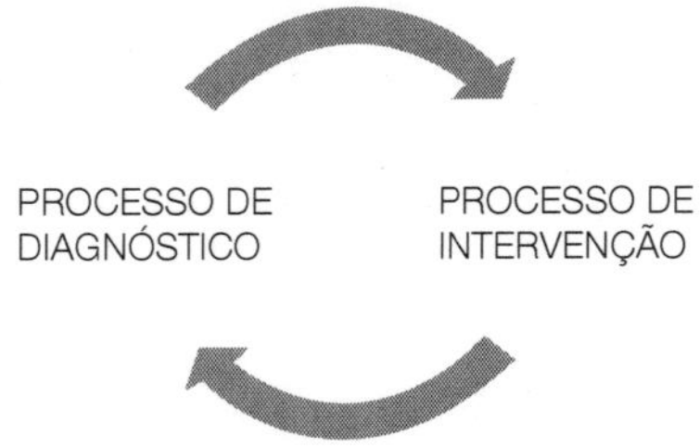

Fonte: Elaboração do autor.

Um programa de intervenção, portanto, é constituído por um conjunto de ações propostas com a finalidade de recuperar, prevenir ou promover condições favoráveis ao desenvolvimento psicossocial saudável. Essas ações são hierarquizadas de modo a priorizar as de maior urgência em busca de melhorias, refletidas por meio de um critério, como as mais urgentes e necessárias. São ordenadas em um planejamento estabelecido em bases sustentadas no diagnóstico e dirigidas aos diferentes âmbitos ou subsistemas interligados na produção dos riscos.

Os níveis de prevenção, como são conhecidos correntemente na saúde pública, estão ligados à prevenção primária, secundária e terciária. Na primária, tem-se como foco a modificação ou eliminação dos desencadeantes, nos diferentes âmbitos de ocorrência ou de incidência – controlar proativamente as condições de riscos psicossociais, evitar o aparecimento de danos e promover um ambiente saudável. É distinta da prevenção secundária, que indica para o fenômeno em suas manifestações ou sinais de dano psicossocial, ou seja, orientada para a redução dos efeitos antes que se tornem mais graves e avancem – desenvolver capacidades de enfrentamento dos riscos e reduzir a manifestação dos primeiros danos. Finalmente, a prevenção terciária tem características de reabilitação, volta-se para o tratamento daqueles que foram atingidos e sofrem suas consequências – minimizar a manifestação dos danos, reduzir sua gravidade e recuperar as condições psicossociais. Idealmente, a eliminação dos fatores de riscos psicossociais nas organizações de trabalho – resultante da prevenção primária – evita ou protege os trabalhadores dos perigos. Deve ser considerada prioritária, porém, sem descuidar das outras duas.

Cada ação do programa é acompanhada e avaliada. Também o programa, em períodos previstos no planejamento, deve ser avaliado em seu conjunto, na comparação dos resultados com os objetivos adrede propostos. Recursos metodológicos específicos, assim como na etapa diagnóstica, podem ser utilizados (entrevistas, questionários, escalas, observações diretas). Torna-se possível pensar em termos de recursividade de ciclos que são encerrados e outros que recomeçam, de tal modo são monitorados e controlados, em um processo chamado gestão dos riscos psicossociais.

Tanto o diagnóstico como as intervenções propriamente ditas, pelo caráter psicossocial dos fenômenos, são entendidos como de competência de psicólogos, se não exclusivamente, mas pelo menos como coordenadores do processo. Supõe-se, é claro, que haja uma formação específica dos profissionais para o exercício de tais atividades. A etapa do diagnóstico pode ser realizada por uma equipe de profissionais que não se repete na execução das intervenções, ou seja, cada equipe com especializações ajustadas às tarefas características de uma e de outra etapa.

As estratégias de intervenção em riscos psicossociais demandam conhecimentos especializados e aprofundamentos que, em geral, são obtidos no nível de pós-graduação. A prática profissional competente exige saber definir objetivos, diagnosticar o fenômeno psicossocial, planejar, intervir, avaliar e relatar o processo de intervenção. Tem-se, por conseguinte, e consonante ao conceito de competência, processos de conhecimentos e de habilidades requeridas na atuação, contextualizada em uma estrutura multinível, como se verá a seguir.

O relatório de análise diagnóstica, além dos resultados que são aclarados, exibem recomendações das ações necessárias, suficientemente coerentes no confronto com a descrição e discussão exposta. As ações recomendadas, por sua vez, requerem planejamentos específicos, que prescrevem os profissionais executores, objetivos, participantes, recursos e procedimentos, cronograma e previsão orçamentária. Além disso, no planejamento das ações, ficam determinados os âmbitos de intervenção que, sem dúvida, são interdependentes.

Os antecedentes dos danos podem ocorrer distantes de suas manifestações explícitas. Isso obscurece a identificação das determinações cruzadas entre os riscos e seus efeitos e reforçam a utilidade da triangulação para avaliar os fatores de riscos psicossociais que reúnam indicadores dos diversos subsistemas, internos e externos à organização de trabalho.

Na Tabela 1, elaborado com base em Peiró e Tetrick (2011), podem ser observados os âmbitos ou subsistemas que demandam conhecimentos e habilidades, tanto exploratórias (no sentido de verificação ou investigação) como de intervenção psicossocial.

Tabela 1 Âmbitos, conhecimentos e habilidades exploratórias e de intervenção psicossocial

Âmbitos	Exemplos de conhecimentos e habilidades exploratórias	Exemplos de conhecimentos e habilidades de intervenção
1. Individual	Valores, crenças e cognições; comprometimento do trabalhador; comportamentos antissociais; contrato psicológico; teorias do estresse; senso de coerência etc.	Reabilitação e gestão do presenteísmo; percepção de riscos e comunicação; mudança comportamental e atitudinal e persuasão; intervenções do estresse centradas na pessoa; treinamento em intervenções na saúde e segurança etc.
2. Contexto e conteúdo do trabalho	Trabalho virtual; sobrecarga de trabalho; trabalho emocional; trabalhadores portadores de condições especiais; turnos de trabalho; novas formas de trabalho etc.	Planejamento de postos de trabalho; equipamentos de proteção individual; ergonomia; práticas de melhoria do trabalho; definição de papéis laborais etc.
3. Social, grupal e das unidades de trabalho	Suporte social; agressão, violência e assédio; conflitos interpessoais; liderança; equipes virtuais; tecnologia colaborativa etc.	Desenvolvimento de equipes; combate aos riscos psicossociais em grupos; melhoria dos relacionamentos; intervenções em conflitos interpessoais e intergrupais; treinamento de *coaching* para gestores etc.
4. Organizacional	Clima e cultura organizacional; justiça organizacional; treinamento desenvolvimento e educação; sistemas de compensação; estrutura organizacional; desenvolvimento de carreiras etc.	Avaliação de intervenções organizacionais; gestão da mudança; desenvolvimento organizacional; programas de assistência ao empregado; programas de saúde e segurança etc.
5. Interface trabalho/não trabalho	Questões da interface família-trabalho; perda do emprego e desemprego; sono e trabalho; aposentadoria; condições do mercado de trabalho etc.	Programas de orientação para aposentadoria; projetos de ambientes de trabalho apoiadores da família; programas para promoção da empregabilidade etc.
6. Societário	Legislação sobre segurança e saúde no trabalho; fatores econômicos, sociais e tecnológicos ao nível nacional e internacional; globalização e outras mudanças no nível macro etc.	

Fonte: Adaptada de Peiró e Tetrick (2011).

Considerações finais

Muitas denominações perpassam as caracterizações do mundo em que vivemos: sociedade pós-industrial, sociedade da terceira onda, pós-moderna, pós-taylorista, pós-salarial, do conhecimento, da informação, tecnotrônica, do hiperconsumo, da felicidade paradoxal, era do vazio, império do efêmero e outras. Para Beck (1992), enfaticamente, sociedade do risco. Significa que, em princípio, tudo é possível e nada nem ninguém é previsível, nem controlável. Um mundo globalizado, ameaçado pela energia atômica e armamento nuclear, pela destruição da natureza e da camada de ozônio, pelo envenenamento ambiental, pelo superaquecimento, pelo terrorismo e discórdias, pelo contingente populacional excessivo e pela miséria. Enquanto os interesses de ganhos financeiros e acumulação exorbitam, nas corporações e nos governos as denúncias de corrupção são intensas e frequentes.

Fala-se da dissolução dos pilares institucionais e dos princípios morais e éticos, como a justiça e o respeito. Os riscos de exposições são crescentes e evidenciados, entre outras situações, pela violência dos grandes centros, nos quais as pessoas estão cada vez mais acuadas em refúgios de proteção. Nesse sentido, o dano é uma questão de probabilidade e se intensifica. A família, um reduto relevante quando se fala de riscos psicossociais, está francamente suscetível e exposta às influências danosas, pelas quais se abre a "janela" para matizes perversos: corrupções, drogas, crimes hediondos. Sem pretender responsabilizar os seus agentes, há anos em busca de "novos paradigmas para a educação", também na escola as dificuldades pela construção de condições favoráveis ao desenvolvimento saudável estão cada dia mais evidentes.

Outros argumentos poderiam ser arrolados para situar as organizações de trabalho em meio a contextos que favorecem a manutenção e a emergência de riscos psicossociais. Promover o desenvolvimento individual e coletivo saudável envolve instâncias conjugadas em elevado grau de complexidade. O papel da educação nesse processo é irrefutável. Os profissionais que tentam promover intervenções nos âmbitos organizacionais de trabalho estão enredados em forças que lhe são impostas, embora, é claro, nada justifique imobilizar-se diante dos desafios.

A escassez de estudos e intervenções psicossociais nas organizações brasileiras é notória. Resistências culturais, aliadas ou induzidas pelo uso do poder, somadas às deficiências metodológicas para atuação competente e responsável, desafiam os educadores e pesquisadores. Em alguns aspectos, a cultura favorece ou até incentiva o desenvolvimento dos riscos psicossociais nas organizações. A legislação, por sua vez, é claramente omissa ou inepta. Enquanto isso, danos psicossociais que, em casos extremos, culminam com o suicídio, são denunciados em pequena quantidade e sem a repercussão necessária, sobretudo em sites e alguns meios de comunicação, raramente pelas grandes agências.

É um item a mais, esquecido na agenda das transformações obrigatórias para a construção da democracia.

Referências

Beck, U. (1992). *La sociedad del riesgo: hacia una nueva sociedad.* Barcelona: Paidós.

Instituto Nacional do Seguro Social (2011). *Menu de apoio – estatísticas: segurança e saúde ocupacional: tabelas – CID-10.* Recuperado em 10 agosto, 2014, de http://www.previdencia.gov.br/estatisticas/menu-de-apoio-estatisticas-seguranca-e-saude-ocupacional-tabelas/.

Ovejero Bernal, A. (2010). *Psicologia do trabalho em um mundo globalizado: como enfrentar o assédio psicológico e o estresse no trabalho.* Porto Alegre: Artmed.

Peiró, J. M., & Tetrick, L. (2011). Occupational Health Psychology. In P. R. Martin, F. M. Cheung, M. C. Knowles, M. C. Kyrios, L. Littlefield, J. B. Overmier & J. M. Prieto (Eds.). *IAAP Handbook of Applied Psychology* (pp. 292-315). Oxford, United Kingdom: Blackwell Publishing.

Zanelli, J. C., Calzaretta, A. V., García, A. J., Lipp, M. E. N., & Chambel, M. J. (2010). *Estresse nas organizações de trabalho: compreensão e intervenção baseadas em evidências.* Porto Alegre: Artmed.

Saúde do trabalhador

Milton Athayde
Wladimir Ferreira de Souza

Um dos grandes desafios atuais para a psicologia do trabalho e organizacional (PT&O) apresenta-se quando esta se debruça sobre a relação entre vida, saúde e trabalho, considerando-se que o *trabalhar* tem uma dupla face no processo evolucionário, podendo ter uma função psicológica estruturante ou, ao contrário, ser um fator desestruturante do psiquismo, tornando-se nocivo para a saúde.

Na condição de modelo teórico-prático, o campo que veio a ser denominado "saúde do trabalhador" (ST) afirmou-se à diferença da medicina do trabalho (MT) e da saúde ocupacional (SO), sem pretender excluí-las, mas colaborar para sua redefinição. Entende-se que o processo de trabalho é a categoria fundamental para compreender↔transformar o que está em jogo na relação saúde-vida-trabalho. Nessa acepção, o conceito de trabalhador inclui todos os humanos que exercem atividades socialmente consideradas úteis e que propiciem algum sustento (na forma de salário ou não) para si e sua rede familiar. Importa, nesse campo, não somente os chamados "fatores de risco ocupacionais", como também os condicionantes econômicos, sociotécnicos e psicológicos responsáveis pela situação de vida e trabalho. Dada essa complexidade, revela-se incontornável a ação conjunta, o diálogo sinérgico e sistemático, seja interdisciplinar e multiprofissional, seja aquele entre os saberes científicos e os da experiência prática dos protagonistas do trabalho.

Dentre suas origens, na medicina, considera-se um marco o ano de 1700, com a publicação do clássico livro *As doenças dos trabalhadores*, escrito pelo médico italiano B. Ramazzini. Com a Revolução Industrial (meados do século XIX), houve uma significativa mudança no que tange ao processo saúde-adoecimento dos trabalhadores. De doenças particulares de cada ofício, passou-se a verificar um quadro de patologias (como a tuberculose) afetando a maior parte dos operários não qualificados.

Sob pressão das lutas operárias cada vez mais organizadas e a criação de legislações e organismos reguladores, típicos do capitalismo moderno, cria-se a MT no papel de especialidade médica, com a implantação dos serviços médicos nas empresas. Estes se organizaram centrados na figura do médico, responsável pelo controle dos problemas de saúde, com atuação focada no humano enquanto força de trabalho para a reprodução ampliada de capital (sendo o próprio médico do trabalho também um assalariado). As práticas mais disseminadas foram a seleção de força de trabalho percebida como saudável e menos propensa a acidentes ou ao adoecimento, assim como o controle sanitário para evitar absenteísmo e colaborar para o retorno mais imediato ao trabalho, nos casos de afastamentos por licença médica.

Já no século XX, em 1953, a Organização Internacional do Trabalho (OIT), por meio da Recomendação 97 (OIT, 1949) sobre a "Proteção da Saúde dos Trabalhadores", estimulou os países-membros a fomentarem a formação de médicos do trabalho e a instalarem serviços de MT nas empresas. Em 1959, a OIT edita a Recomendação 112 (OIT, 1952) sobre "Serviços de Medicina do Trabalho", designando o serviço e suas atribuições. A constatação dos limites desta medicina do trabalho (MT) para efetivamente intervir nas formas de nocividade e adoecimento gerados no processo de produção conduziu a reformulações: o Direito Trabalhista – com os preceitos normativos protetores – e, posteriormente, o Direito Previdenciário – ligado à reparação dos danos – passam a ser assumidos pelo Estado.

Amplia-se a atuação médica, incluindo a intervenção sobre o ambiente de trabalho, com a missão de controlar os "riscos ambientais". Incorpora-se e desenvolve-se a toxicologia, instituindo-se a saúde ocupacional (SO), também em meados do século XX. Uma ênfase higienista se apresenta, com tendência ao isolamento entre as especialidades, embora oficialmente tendo o discurso de abordagem multiprofissional e interdisciplinar. Esse modelo também apresenta importantes limitações, na medida em que mantém o trabalhador como objeto e o referencial biomédico como hegemônico, colaborando para manter a ordem estabelecida e não para mudá-la positivamente, com alterações nos processos de trabalho e organizacionais visando à saúde.

Origens do conceito

As críticas aos modelos antes citados (MT e SO) e a proposição de alternativas, ocorre em um cenário em que desde o final da Segunda Guerra e, principalmente, a partir da segunda metade da década de 1960, verifica-se a renovação e redirecionamento dos movimentos sociais populares, especialmente em países altamente industrializados. Na Itália, o Movimento Operário Italiano (MOI) de luta pela saúde reveste todo esse processo de significativa potência crítica, com a proposição de medidas específicas a respeito das questões de saúde e segurança dos trabalhadores, contribuindo para as manifestações do "outono quente" de 1969. Em alguns países, daí resultaram mudanças na legislação e novas políticas sociais.

Na América Latina e no Brasil, os princípios e a inspiração que orientam o campo da ST podem ser encontrados no MOI, ao mesmo tempo um movimento, um modelo, um dispositivo de produção de conhecimento e luta pela saúde na relação com o trabalho. Uma de suas lideranças foi o médico e psicólogo Ivar Oddone. A partir de meados dos anos 1960 na Itália (por convocação inicial de um grupo de operários metalúrgicos), formou-se um coletivo (composto por metalúrgicos, militantes sindicais e estudantis e profissionais de saúde) para discutir as relações entre saúde e trabalho (já então se registrando, além dos riscos físicos, químicos e biológicos, um quarto grupo de "fatores de risco", este incidindo no campo cognitivo, afetivo e psicossocial), engendrando-se uma forma de coinvestigação-intervenção propositiva, do ponto de vista do trabalhador.

Os quatro princípios do MOI são: a não delegação (do saber sobre saúde e trabalho exclusivamente aos especialistas e da vigilância da saúde exclusivamente ao Estado); a incorporação da experiência/subjetividade dos trabalhadores; a existência de coletivos homogêneos; e a validação consensual. Muitos autores identificam no MOI uma importante colaboração para a emergência do que hoje se denomina "clínica do trabalho" (ao lado das experimentações de Tosquelles, Le Guillant e outros, na França).

A expressão *Saúde do rabalhador* pode ser entendida como um conceito, mas também um paradigma de pensar-agir. Designa, então, um campo de conhecimento e intervenção no âmbito das políticas públicas, envolvendo uma rede de relações entre diferentes posições em luta que se desenvolve no interior da saúde coletiva e que tem como objeto de estudo e intervenção as relações entre o trabalho e a saúde. Seu foco está nas mudanças nos processos de trabalho, contemplando as relações saúde-trabalho em toda sua complexidade, via atuação multiprofissional, interdisciplinar e intersetorial.

Entende-se que os processos de saúde-doença têm determinação histórico-social. Daí, os impactos dos ambientes e das condições e formas de organização e gerenciamento do trabalho na vida dos protagonistas do trabalho devem ser analisados sob essa ótica. Afirma-se o trabalhador como sujeito ativo desse processo, incluindo-se a importância de sua participação efetiva no compreender↔transformar, nas ações de saúde.

Em suma, o campo da ST visa à promoção e proteção da saúde dos trabalhadores por meio de ações de vigilância dos riscos presentes nos ambientes e condições de trabalho e dos agravos à saúde, e da organização e prestação de assistência (diagnóstico, tratamento e reabilitação) aos trabalhadores, de forma integrada. O que, em nosso país, deve ser operado por intermédio do Sistema Único de Saúde (SUS).

Saúde do trabalhador no Brasil: a perspectiva de rede

No Brasil, junto ao movimento reformista em saúde, o campo da ST emerge entre as décadas de 1970 e 1980, no contexto da chamada "transição democrática". Prescrita na Constituição Federal de 1988 e regulamentada pela Lei Orgânica da Saúde Lei nº 8.080 (1990), a execução das ações voltadas para a saúde dos trabalhadores torna-se atribuição do SUS. Com base nesse fundamento legal, foram implantados Programas de Saúde do Trabalhador (PST) e Centros de Referência em Saúde do Trabalhador (Cerest) nos estados e municípios. Com o objetivo de estabelecer vínculos mais sólidos entre PSTs, Cerests e as estruturas orgânicas de saúde, funcionando como rede integradora que impulsionaria a consolidação da área no SUS, criou-se em 2002 (no governo FHC) a Rede

Nacional de Atenção Integral à Saúde do Trabalhador (Renast). Em 2005, ela foi revista e ampliada e, novamente, em 2009, com a Portaria nº 2.728, devido à necessidade de adequação ao Pacto pela Vida e em Defesa do SUS.

Concebida para funcionar dinamicamente como rede (de informação, vigilância, assistência, capacitação, pesquisa, controle social, comunicação e educação em saúde do trabalhador), a Renast vem se defrontando com inúmeros obstáculos e impasses para sua implementação efetiva, situação que a leva a ser tomada como uma "rede que não enreda" (Vasconcellos & Oliveira, 2011). A metáfora da trama e da urdidura proposta por Daniellou (2004) para analisar o trabalho pode ser útil para compreendermos algumas das dificuldades existentes para se tecer essa rede.

Preconiza-se que a Renast deve se configurar, entre outros critérios, pela estruturação da rede de Cerests, os quais podem ser de âmbito estadual, regional ou municipal. Em 2005, a previsão era de duzentos Cerests passíveis de serem implantados no Brasil. Ao final de 2011, uma portaria ampliou para 210 (incluindo os existentes e aqueles a serem implantados) no país. Próximo ao final de 2011 havia 190. Foram habilitados novos Cerests voltados para a saúde do trabalhador rural, dois em 2011 e oito em 2012. Assim, o governo informou, em mensagem enviada ao Congresso Nacional, em 2013, que a sua meta de implantar dez novos Cerests até 2015 havia sido atingida antecipadamente.

Os Cerests têm a função de dar suporte técnico-científico aos demais serviços do SUS no que concerne à saúde dos trabalhadores. Deve ser um polo irradiador que, no âmbito de um determinado território, tem a responsabilidade de disseminar uma cultura especializada a respeito das relações existentes entre o processo de trabalho e o processo de saúde-adoecimento dos trabalhadores. Um dos impasses se encontra na compreensão do seu papel pelos gerentes, trabalhadores da saúde e usuários, o que traz dificuldades para sua atuação efetiva, para além do modelo assistencial.

Em 2011, foi publicado um decreto presidencial que dispõe sobre a Política Nacional de Segurança e Saúde no Trabalho (PNSST), visando à articulação continuada das ações de governo no campo das relações de trabalho, produção, consumo, ambiente e saúde. Apesar de estabelecer que os responsáveis pela implementação e execução da PNSST são os Ministérios do Trabalho e Emprego, da Saúde e da Previdência Social, o documento está longe de eliminar as controvérsias do campo. Em 2012, propondo um "alinhamento" com a PNSST, foi finalmente publicada, por meio de portaria ministerial, a Política Nacional de Saúde do Trabalhador e da Trabalhadora, indicando desde o seu título a necessidade de incorporar as questões de gênero na temática.

Saúde do trabalhador como campo interdisciplinar e intersaberes

A principal figura internacional que simboliza a constituição da ST como um campo de caráter multiprofissional, inter/transdisciplinar e intersaberes é a do médico e psicólogo italiano Ivar Oddone. No interior do MOI, ele liderou a autoria de dois imprescindíveis livros (Oddone, Marri, Gloria, Chiatella & Re, 1977/1986; Oddone, Re & Briante 1977/1981). O primeiro tem a forma de um manual (publicado no Brasil em 1986); sobre o outro, pode-se dizer que se trata de uma proposição inovadora no campo da PT&O, mas ainda não foi publicado no Brasil.

O "modelo" proposto por Oddone e seus colaboradores teve continuidade na região sudeste da França (daí a conexão e a relevância que teve para a constituição da ergologia, a partir da Universidade d'Aix-en-Provence) e perdura, mesmo com o recente falecimento de Oddone, que supervisionou permanentemente a experimentação, ainda em curso. Sua maior influência ocorreu na América Latina. Por exemplo, no México pode-se destacar A. C. Laurel e M. Noriega, no Equador, O. Betancourt e J. Breilh, e na Argentina, J. Neffa.

No Brasil, deve-se destacar a emergência da ST em São Paulo, envolvendo a criação do Departamento Intersindical de Estudos e Pesquisas de Saúde e dos Ambientes de Trabalho (Diesat), em 1979, contando, entre outros, com os médicos F. A. Lacaz e E. Seligmann-Silva, assim como a psicóloga L. Sato. No Rio de Janeiro, sob a liderança de A. M. Tambelini, foi instituído em 1985 na Fiocruz o Centro de Estudos em Saúde do Trabalhador e Ecologia Humana (Cesteh), destacando-se nesse campo a produção de C. Minayo-Gomez, J. Brito, J. Machado e L. C. Fadel de Vasconcellos. Em Minas Gerais, destaca-se na Universidade Federal de Minas Gerais a produção de R. Mendes, E. Dias e A. Assunção. No sul, teve papel importante L. A. Facchini, na Universidade Federal de Pelotas. Na Bahia, em 1988, uma parceria entre o Governo do Estado e o Ministério das Relações Exteriores da Itália, por meio da Associação para a Solidariedade Entre os Povos (AISPO) e o movimento social organizado, dá origem ao Centro de Estudos em Saúde do Trabalhador (Cesat), o qual mantém-se articulado com a Universidade Federal da Bahia (UFBA) e em constante interlocução com outros organismos nacionais e internacionais, e vem também ocupando posição de destaque no cenário. Ainda na UFBA, destacamos na Faculdade de Medicina o Programa de Pós-Graduação em Saúde, Ambiente e Trabalho, com F. Carvalho e P. Pena, assim como o Instituto de Saúde Coletiva, com V. Santana. Na Universidade Federal do Ceará, destacamos no Departamento de Saúde Comunitária as figuras de J. J. Sampaio e R. Rigotto. Na Universidade Federal da Paraíba, registramos um grupo de referência no campo: Grupo de Pesquisa Saúde, Trabalho e Meio Ambiente, coordenado por E. R. Moreira com a parceria de T. Mitsunaga Kulesza e G. Ieno.

Um organismo de referência nacional é a Fundacentro, criada em 1966. Em seu interior, encontram-se técnicos que se inserem historicamente nesse campo, como L. Ferreira e M. Maeno.

Ao pesquisarmos o descritor "saúde do trabalhador" no Diretório dos Grupos de Pesquisa no Brasil (um dos recursos da Plataforma Lattes, disponível na internet), encontramos, até maio de 2013, 271 grupos de pesquisa. Utilizando para o mesmo descritor os filtros "grande área: ciências humanas" e "área: psicologia", encontramos trinta grupos de pesquisa, em sua ampla maioria vinculados às universidades públicas. Quanto à distribuição geográfica desses trinta grupos de pesquisa, verificou-se que havia quatro na região Norte, cinco na região Nordeste, dois na região Centro-Oeste, sete na região Sudeste e doze na região Sul.

Esses números apontam para uma maior concentração de grupos de pesquisa envolvendo a temática ST e psicologia nas regiões Sul e Sudeste. Foi possível identificar também que esse campo tem mostrado tendência de crescimento no cenário científico brasileiro, uma vez que a maioria dos grupos de pesquisa (24) formou-se a partir da virada do século e vinte deles constituíram-se há menos de dez anos.

Referências da psicologia para atuação em saúde do trabalhador

O Conselho Federal de Psicologia (CFP), por meio do Centro de Referência Técnica em Psicologia e Políticas Públicas, elaborou em 2008 um documento em que assinala que o psicólogo, independente do lugar em que esteja atuando, poderá deparar-se com questões do processo saúde-doença em sua relação com o trabalho. Em outra publicação mais recente, estão reunidas as transcrições das falas dos palestrantes que estiveram presentes no Seminário Nacional Psicologia Crítica do Trabalho na Sociedade Contemporânea, que ocorreu em 2010. Ambas as publicações ressaltam a importância que a relação saúde-trabalho vem adquirindo no âmbito da psicologia.

Os preceitos da ST repercutem na prática profissional *psi*, implicando uma releitura teórica e metodológica dessa prática, proporcionando um olhar sobre o ser humano na relação com a sua atividade (não só de trabalho), isto é, na forma pela qual se insere no processo produtivo (incluindo a reprodução da vida), além das condições, da organização e da divisão do trabalho. Independente do seu espaço de atuação e de quem o contrata, o psicólogo do trabalho e das organizações deve sempre colaborar – preferencialmente de forma interdisciplinar e em equipes multiprofissionais – com a luta pela afirmação da potência da vida e da saúde dos humanos, inclusive em seu trabalhar. O que o campo da clínica do trabalho em psicologia tem como regra de ouro é que, antes de mais nada, é o trabalho humano que precisa ser cuidado, para além de um trabalhador específico, o que não exclui a eventual necessidade de atendimento psicológico individual.

O CFP – reiteramos, como já sugeria Ramazzini em 1700, – orienta os psicólogos a sempre perguntarem sobre o trabalho no processo de investigação diagnóstica. Levantar aspectos da organização do trabalho, identificar as exigências físicas e mentais, inquirir sobre a percepção do trabalhador a respeito dos riscos, obter informações sobre o posto de trabalho (quando ele ainda subsiste), as condições ambientais e o processo de trabalho fornecem importantes elementos para melhor compreensão do quadro patológico.

Contudo, ressalta-se que a ênfase na psicopatologia pode encobrir o contexto em que se dá a relação entre o trabalhador e seu trabalho.

Tradicionalmente, a formação do psicólogo não contempla a relação entre trabalho e saúde, e muitos profissionais acabam por negligenciá-la ou mesmo ignorá-la, por desconhecimento. Identifica-se aí uma necessária revisão da formação universitária.

No mundo organizacional (público ou privado) uma das entradas da PT&O tem sido a "qualidade de vida no trabalho" (QVT). Como sua formulação e sua prática têm sido muitas vezes rasas, superficiais e subordinadas, muitas críticas desqualificam a QVT. Todavia, se vida e trabalho são indissociáveis, é impossível abandonar a questão da qualidade da vida no trabalho!

Outra entrada na questão é a da "cultura organizacional". Entende-se que para a perspectiva da ST se estabelecer e desenvolver é, sim, incontornável mudar a cultura organizacional a respeito.

Nesse quadro, a (re)organização dos serviços de saúde é uma frente de trabalho urgente, inclusive para a PT&O. Por exemplo, em relação à saúde mental, a possibilidade de que a lógica manicomial se mantenha nos novos serviços é absolutamente atual, exigência que nesse campo vem-se denominando "desinstitucionalização".

Conclusão

Na medida em que a perspectiva da ST não seja incorporada e a "rede" não seja tecida na micropolítica do cotidiano, nas atividades concretas, a tendência é que cresça uma estéril disputa entre MT, SO e ST. Assim, o campo da saúde do trabalhador tende a perder a capacidade de incorporá-las em outra lógica e de colaborar para um mútuo desenvolvimento. Então, o paradigma que se pretende implantar se esboroa.

Na condição de conceito, considerando-se a violência que a relação capital-trabalho persiste engendrando na maior parte do globo, não há dúvida que é preciso ter uma perspectiva posicionada na sua própria denominação. Não obstante, é preciso que não se perca a noção de que uma leitura de classes em luta exige sempre tornar-se contemporânea e que as questões não se reduzem às classes sociais.

Já como campo, persistem vazios. A relação entre saúde e saúde mental continua exigindo maior esclarecimento, apesar dos esforços em curso. Por outro lado, nos últimos anos, aquilo que já estava presente na própria nomenclatura do Cesteh – a ecologia humana – passa a ser denominada "ambiente" e vem exercendo um papel hegemonista, conduzindo na prática à exclusão da questão trabalho, sob o argumento de que o conceito ambiente o incorporaria naturalmente. Talvez seja esta mais uma expressão do seguinte paradoxo: quanto mais as questões do trabalho tomam relevância (muitas vezes pelo pior, como a psicopatologia do desemprego, ou o suicídio no trabalho etc.), mais se faz desaparecer o vocábulo trabalho das designações. Neste caso concreto, em um primeiro momento, a emergência da expressão "saúde, trabalho e ambiente", em seguida simplificada (malgrado apresentada como superação) por "saúde e ambiente".

O último problema a ser considerado é a relação com as políticas públicas e os aparelhos de Estado (inclusive o sindicato). Fica sempre o perigo de que o imenso esforço para fazer conquistas no campo do direito e estar presente em governos possa reduzir a presença e a parceria com os movimentos sociais populares, distorcendo a percepção das coisas, conduzindo a uma prática burocrática e de manutenção do *status quo* governamental (qualquer crítica se torna sempre uma ação vista como adversária, ou até mesmo inimiga, embotando a capacidade crítica, em uma ideologia defensiva).

Concluindo, certamente este é um campo que exige a presença da psicologia do trabalho e organizacional, assim como dos psicólogos em geral, no diálogo. O que poderia colaborar para que a compreensão do quanto a busca de maior produtividade e qualidade (interesse não só do capital) pode e deve estar em relação com as garantias de saúde e segurança. O *trabalhar* encontra-se em risco, é preciso cuidá-lo, estando presentes nesses processos, acompanhando-os. Melhor atentar aos processos (re)produtivos, entendendo o quanto eles envolvem produção de saúde, de adoecimento e de subjetivação. Isso pode revelar-se uma significativa contribuição para avançarmos enquanto viventes, enquanto sociedade.

Referências

Centro de Referência Técnica em Psicologia e Políticas Públicas (Crepop) (2008). *Saúde do trabalhador no âmbito da saúde pública: referências para a atuação do(a) psicólogo(a).* Brasília, DF: CFP.

Conselho Federal de Psicologia (2010). *Psicologia crítica do trabalho na sociedade contemporânea.* Brasília, DF: CFP.

Daniellou, F. (2004). Introdução: questões epistemológicas acerca da ergonomia. In F. Daniellou (Org.). *A ergonomia em busca de seus princípios. Debates epistemológicos.* São Paulo: Edgard Blücher.

Laurell, A. C., & Noriega, M. (1989). *Processo de produção e saúde: trabalho e desgaste operário.* São Paulo: Hucitec.

Mendes, R., & Dias, E. (1991). Da medicina do trabalho à saúde do trabalhador. *Revista de Saúde Pública, 25*(5), 341-349.

Minayo-Gomez, C., & Lacaz, F. A. (2005). Saúde dos trabalhadores: novas e velhas questões. *Ciência e Saúde Coletiva, 19*(4), 797-806.

Minayo-Gomez, C., Machado, J. M. H., & Pena, P. G. L. (Orgs.) (2011). *Saúde do trabalhador na sociedade brasileira contemporânea.* Rio de Janeiro: Fiocruz.

Moreira, E. R., & Watanabe, T. (Org.) (2006). *Ambiente, trabalho e saúde.* João Pessoa, PB: Editora Universitária da Paraíba.

Oddone, I., Marri, G., Gloria, S. G., Chiatella, M., & Re, A. (1986). *Ambiente do trabalho: a luta dos trabalhadores pela saúde.* São Paulo: Hucitec. (Trabalho original italiano publicado em 1977).

Oddone, I., Re, A., & Briante, G. (1981). *Redécouvrir l'expérience ouvrière.* Paris: Méssidor/Editions Sociales. (Trabalho original publicado em 1977).

Organização internacional do trabalho (OIT) (1949). Convenção 97: Trabalhadores migrantes. Genebra: Autor.

Organização internacional do trabalho (OIT) (1952). Convenção 97: Serviços de medicina do trabalho. Genebra: Autor.

Rocha, L. E., Rigotto, R., & Buschineli, J. C. (Orgs.) (1994). *Isso é trabalho de gente? Vida, doença e trabalho no Brasil.* Petrópolis, RJ: Vozes.

Sato, L. (2012). Saúde do trabalhador: objeto de negociação cotidiana. In G. S. S. Cêa, N. T. Murofuse & R. A. Deitos (Orgs.). *Trabalho, educação e saúde – Formação permanente de profissionais e usuários da saúde pública* (pp. 83-95). Cascavel, PR: Edunioeste.

Vasconcellos, L. C. F., & Oliveira, M. H. (Org.) (2011). *Saúde, trabalho e direito: uma trajetória crítica e a crítica de uma trajetória.* Rio de Janeiro: Educam.

Legislação

Constituição da República Federativa do Brasil de 1988 (18a ed.). (1998). São Paulo: Saraiva.

Decreto n. 7.602. (2011, 7 de novembro). Dispõe sobre a Política Nacional de Segurança e Saúde no Trabalho – PNSST. Brasília, DF: Presidência da República.

Lei n. 8.080, de 19 de setembro de 1990 (1990). Dispõe sobre as condições para a promoção, proteção e recuperação da saúde, a organização e o funcionamento dos serviços correspondentes e dá outras providências. Brasília, DF. Recuperado em 29 setembro, 2014, de http://www.planalto.gov.br/ccivil_03/leis/l8080.htm

Portaria n. 2.728. (2009, 11 de novembro). Dispõe sobre a Rede Nacional de Atenção Integral à Saúde do Trabalhador (Renast) e dá outras providências. Brasília, DF: Ministério da Saúde do Brasil.

Portaria n. 1.823. (2012, 23 de agosto). Institui a Política Nacional da Saúde do Trabalhador e da Trabalhadora. Brasília, DF: Ministério da Saúde do Brasil.

Saúde mental e trabalho

Maria Elizabeth Antunes Lima

Trata-se de um campo de estudos que visa apreender a relação entre trabalho e saúde mental, em sua dupla dimensão: a) quando a atividade laboral se constitui em um recurso terapêutico, favorecendo a saúde mental (ergoterapia); e b) quando é potencialmente patogênica, favorecendo o adoecimento mental (psicopatologia do trabalho).

Apesar de ser geralmente considerada uma área recente do conhecimento, suas raízes foram estabelecidas há mais de meio século. No caso específico da ergoterapia, é possível identificar traços de experiências do uso do trabalho com doentes mentais em quase todas as civilizações ao longo da história da humanidade. Ou seja, sua visão como um recurso no acolhimento do doente mental é bastante antiga, sendo que, após tornar-se uma disciplina, essa prática tem sido nomeada de diversas maneiras: terapia ocupacional, socioterapia, praxiterapia ou ergoterapia, como é comumente chamada nos nossos dias.

A partir de sucessivos desenvolvimentos, esse recurso ao trabalho se ampliou para outras áreas, passando a ser adotado no atendimento aos portadores de deficiências físicas e mentais, dependentes químicos, além de se estender para instituições como presídios, hospitais gerais e centros de acolhimento de pessoas em situação de vulnerabilidade social. Ele se baseia na hipótese de que o trabalho pode adquirir um caráter terapêutico, desde que certas exigências sejam preenchidas: as atividades oferecidas devem ser dotadas de sentido e organizadas a partir de uma análise sistemática de sua estrutura e do seu objeto.

Além disso, seus efeitos devem ser conhecidos, bem como as condições para que tais efeitos se produzam (Tosquelles, 2009). Em suma, toma-se como base e fio condutor a necessidade de que certas condições estejam presentes para que o trabalho favoreça o desenvolvimento do indivíduo ou mesmo a cura de sua patologia. Já o campo da psicopatologia do trabalho, conforme será exposto mais adiante, nasceu das pesquisas realizadas em torno da ergoterapia. O aprofundamento do conhecimento a respeito do caráter terapêutico do trabalho conduziu à ideia de que a atividade laboral pode também favorecer o adoecimento mental.

O surgimento do campo da saúde mental e trabalho

Os autores que trataram do desenvolvimento histórico desse campo do conhecimento concordam, de modo geral, que ele emergiu na França, no período imediatamente posterior ao fim da Segunda Guerra Mundial.

Embora seja possível identificar, em outros países, experiências anteriores em torno dos impactos positivos ou negativos do trabalho na saúde mental, o contexto francês, no referido período, contém elementos que justificam colocá-lo como o verdadeiro berço dessa disciplina.

Pode-se dizer que o recurso ao trabalho no acolhimento de doentes mentais é quase tão antigo quanto a ideia de que esses indivíduos necessitam ser acolhidos. No entanto, a história dessas práticas é repleta de oscilações, contendo momentos de sucesso, mas prevalecendo experiências malsucedidas.

É possível, por exemplo, encontrar seus traços na civilização egípcia, por meio das atividades de cuidado oferecidas aos doentes mentais, em templos especializados. O trabalho era organizado durante algumas horas por dia nos jardins, na forma de concertos, danças, pintura, passeios de barco. É também significativo que, já à época da fundação da medicina, tenha sido proposto o *slogan*: "A ocupação é o grande médico da natureza" (Tosquelles, 2009). No entanto, nada disso impediu que, durante vários séculos, a tônica tenha sido a de reprimir os doentes mentais, sendo raros os momentos em que ocorreu, de fato, uma preocupação em humanizar os cuidados oferecidos a esses indivíduos.

Foi um desses momentos que serviu de inspiração ao médico francês Philippe Pinel, considerado por muitos o pai da psiquiatria, ao visitar um hospital psiquiátrico, na Espanha, no qual os pacientes trabalhavam, em vez de permanecerem presos, como era habitual. O contato com essa experiência inovadora levou-o a transformar as práticas psiquiátricas na França, tornando a ergoterapia um verdadeiro tratamento (Tosquelles, 2009).

Mas se Pinel encontrou na experiência espanhola sua fonte de inspiração, ele inspirou, por sua vez, diversos serviços de psiquiatria na Inglaterra, Itália, Alemanha. Bélgica, Noruega e mesmo na América do Norte. É por essa razão que o período que o antecedeu é considerado como "a pré-história da ergoterapia", enquanto aquele em que atuou é posto como "heroico", devido à expansão da disciplina (Tosquelles, 2009).

No entanto, muitos desses esforços foram inúteis devido à visão geral fortemente organicista da doença mental, levando a reduzir a loucura a um distúrbio biológico e impedindo os avanços na sua compreensão e, portanto, nas condutas mais adequadas para seu tratamento, incluindo aí as terapêuticas ativas. Foi apenas a partir dos anos 1930, com a entrada de uma nova geração de psiquiatras (Henri Ey, J. Lacan, G. Daumezon, L. Le Guillant) no cenário francês, é que ocorreu uma real renovação e uma ampliação das teorias e práticas psiquiátricas.

Mas a verdadeira "revolução" que esses psiquiatras operaram nos cuidados e nos estilos de vida dentro dos hospitais psiquiátricos da França só iria assumir um caráter mais concreto no período imediatamente posterior ao final da Segunda Guerra, quando foi enriquecida, sobretudo, pelas experiências de Paul Sivadon e François Tosquelles.

Além da experiência francesa, é importante ressaltar as práticas da ergoterapia nos EUA e nos países anglo-saxônicos sob o nome de *occupational therapy*, cujo desenvolvimento maior se deu no período posterior à Primeira Guerra Mundial, quando os terapeutas ocupacionais foram convocados para ajudar os feridos e os neuróticos de guerra. Essa experiência se estendeu para os hospitais psiquiátricos, permitindo o avanço das técnicas adotadas e a criação de uma associação de ergoterapeutas norte-americanos (Tosquelles, 2009).

Outro trabalho particularmente importante e que exerceu grande influência sobre a psiquiatria de sua época foi aquele realizado por Hermann Simon, na Alemanha, durante as primeiras décadas do século XX. Ao assumir a direção do hospital de Warstein, Alemanha, em 1905, Simon já demonstrava saber o que pretendia, uma vez que a própria construção do hospital foi realizada de acordo com suas indicações.

O relato de suas experiências revela uma elaboração teórica coerente, permitindo ultrapassar a mera perspectiva de trabalho como ocupação para alcançar sua dimensão terapêutica. A ideia central consistia em permitir que os pacientes assumissem responsabilidades, desmentindo por meio dessa prática a visão prevalente na sociedade de que eram indivíduos irresponsáveis.

H. Simon foi também o primeiro a diagnosticar e tratar a "doença institucional", ao perceber que esta não apenas se sobrepunha à doença mental, como geralmente contribuía para que se tornasse crônica. Segundo ele, os três maiores males do hospital psiquiátrico eram: a inação, o ambiente desfavorável e o pressuposto de irresponsabilidade do paciente.

Mas, apesar de ter sido pioneiro na demonstração dos efeitos terapêuticos do trabalho, Simon não escapou da visão da doença mental como um fenômeno de origem essencialmente orgânica (Tosquelles, 2009). A retomada dos seus estudos pelo movimento francês da psiquiatria social, no período imediatamente posterior ao final da Segunda Guerra Mundial, deu-se a partir de uma perspectiva completamente inovadora. Os acontecimentos da guerra conduziram a uma mudança radical na relação entre a psiquiatria francesa e a sociedade, favorecendo a emergência de novas interrogações em torno da concepção de homem e da doença mental. Isso levou à necessidade de se propor reformas na instituição psiquiátrica, incluindo aí a renovação das terapêuticas ativas.

Os principais líderes desse movimento foram François Tosquelles, Paul Sivadon e Louis Le Guillant, sendo que, cada um dentro de sua perspectiva, trouxe uma nova concepção a respeito dessas práticas. A configuração social, política, econômica e científica que emergiu nesse período permitiu que esse grupo de psiquiatras estendesse sua ação para além do hospital psiquiátrico, incluindo os locais de trabalho, criando uma complementaridade de práticas intra e extra-hospitalares e permitindo que se explicitasse a dupla potencialidade do trabalho, como fator terapêutico e patogênico (Billiard, 2001).

Apesar da existência de divergências importantes entre eles, percebe-se que a visão humanista da psiquiatria é um elemento de união, sendo também o que torna original a experiência francesa dos anos 1940. Ou seja, seu principal propósito consistia na humanização dos hospitais psiquiátricos, liberando o maior número possível de pacientes e adotando uma concepção de trabalho terapêutico suficientemente unitária para ser ouvida pelo poder público (Billiard, 2001).

Foi assim que Paul Sivadon propôs, no hospital psiquiátrico de Ville Évrard, uma grande variedade de atividades de reeducação e de meios ergoterápicos. A essência de sua proposta consistia em criar atividades compatíveis com os níveis funcionais de cada paciente, aumentando o grau de dificuldade, de modo a permitir o desenvolvimento de suas capacidades adaptativas. As atividades eram organizadas levando em conta o seu conteúdo, o tamanho e o grau de homogeneidade do grupo, o ritmo de trabalho, o material utilizado, a área de trabalho, o estilo de liderança, os níveis de especialização e de responsabilidade.

No hospital de Saint-Alban, François Tosquelles, por sua vez, ressaltava a importância das trocas interpessoais que ocorrem durante a realização das atividades. Segundo ele, o trabalho deve ser visto como algo mais do que um resultado ou um rendimento, pois sua eficiência terapêutica terá relação direta, acima de tudo, com o grau de iniciativa e de atividade própria que o paciente poderá colocar em prática na sua realização.

Já Louis Le Guillant colocava em questão, em primeiro lugar, a própria existência da instituição psiquiátrica, preconizando a ultrapassagem da ordem asilar e considerando "mito" qualquer proposta terapêutica que ocorresse dentro de uma estrutura de internação. Nesse sentido, discordava das propostas anteriores, na medida em que considerava que apenas os "grupos normais" aos quais pertencia o paciente – e jamais os grupos artificiais formados no interior do hospital – é que poderiam ter valor terapêutico.

Em sua experiência no hospital psiquiátrico de Villejuif, França, adotou o trabalho como recurso para tratar, readaptar e reeducar os pacientes, mas sem deixar de ressaltar, mais uma vez, sua discordância dos colegas, ao afirmar que apenas o conhecimento e exercício prático do trabalho, tal como este ocorre na realidade, é que poderia se constituir em autêntica ergoterapia (Billiard, 2001).

Posteriormente, o uso cada vez mais intensivo dos psicotrópicos gerou uma redução na qualidade e na velocidade de expansão dessas práticas, mas um fato novo havia surgido e parecia irreversível: a loucura entendida como fenômeno humano (Tosquelles, 2009).

A psicopatologia do trabalho emergiu desse movimento da psiquiatria social, isto é, da ampliação das práticas psiquiátricas francesas para além dos muros do hospital, tendo em vista uma terapêutica voltada para as diversas formas de desadaptação social, incluindo as desadaptações no âmbito profissional.

Nasceu daí uma psiquiatria do trabalho, isto é, a dimensão laboral foi incorporada à prática do psiquiatra que passou também a se interrogar sobre a existência de doenças mentais de origem profissional (Billiard, 2001).

Foi Paul Sivadon quem utilizou, pela primeira vez, a expressão "psicopatologia do trabalho" em um artigo escrito em 1952 (Sivadon, 2002) e, nesse sentido, pode ser considerado como o fundador da nova disciplina. Até esse momento, ao contrário da ergoterapia, cuja história, conforme exposto, era bastante antiga, a relação entre trabalho e doença mental tinha sido muito raramente tratada, tanto pela psiquiatria quanto pela psicologia.

Com raras exceções, os psiquiatras ainda não se preocupavam com essa relação e, de modo geral, as práticas dos psicólogos nos contextos de trabalho levavam em conta a saúde mental dos assalariados apenas naquilo que poderia interferir na sua eficiência e nos resultados econômicos da empresa. Mesmo as pesquisas de Elton Mayo, nos EUA, e que deram origem à Escola das Relações Humanas, não fogem a essa lógica da busca da rentabilidade, embora tenham contribuído para as reflexões em torno de questões subjetivas presentes na relação homem/trabalho.

As visões de Henri Wallon e Ignace Meyerson, na França, apesar da perspectiva totalmente diversa, não conseguiram romper com essas práticas. De fato, emerge da obra dos dois psicólogos a proposta de uma psicologia do trabalho diferente daquela que vinha sendo praticada na primeira metade do século XX, e que deveria levar em conta a dimensão social do trabalho, a limitação imposta às potencialidades humanas pela divisão do trabalho e a exclusão do homem do seu universo laboral. No entanto, provavelmente em função do fato de adotarem um referencial inovador – rompendo com o sistema teórico e filosófico dominante –, esses autores permaneceram praticamente à margem da psicologia de sua época (Billiard, 2001).

Assim, no âmbito da psicologia, temos nos estudos de Suzanne Pacaud o único antecedente importante do campo da psicopatologia do trabalho. O aspecto essencial de sua proposta consistia em preconizar uma aproximação maior das situações reais de trabalho, o que incluía, muitas vezes, o aprendizado da atividade realizada, tanto do ponto de vista dos gestos quanto das atitudes necessárias. Como consequência dessa aproximação, seus estudos propunham uma visão diferente da fadiga no trabalho, até então percebida como portadora de um caráter essencialmente fisiológico.

Na sua perspectiva, o trabalho deixa de ser percebido de forma fragmentada para ser considerado uma atividade complexa, envolvendo um esforço de elaboração e de correção, além de mecanismos de alerta e de controle (Billiard, 2001). Nesse sentido, trouxe elementos importantes para se pensar a fadiga nervosa, sendo em torno desse quadro que se desenvolveu a maior parte dos estudos iniciais em psicopatologia do trabalho.

A partir do artigo fundador de Paul Sivadon, no qual se referia à "neurose do trabalho", envolvendo, entre outros sintomas, uma fadiga resistente ao repouso, outros estudos foram realizados, tais como os de Louis Le Guillant (2006) com os condutores de trem e as telefonistas.

Nesse período inicial da disciplina, há que se destacar também a produção teórica vinda do campo da sociologia do trabalho, por suas contribuições para a compreensão das especificidades da fadiga nervosa, tal como o clássico estudo de Georges Friedmann, *O trabalho em migalhas*. Dentre outros aspectos, o autor abordava as consequências nefastas da fragmentação das tarefas, ao limitar as possibilidades do trabalhador e afetar sua capacidade de pensar.

Mas é importante ressaltar que, assim como ocorreu com a ergoterapia, a psicopatologia do trabalho, embora tenha nascido do mesmo movimento, abrigava correntes diferentes que divergiam em aspectos relevantes.

O Colóquio de Bonneval de 1946 foi um momento decisivo ao apontar para as correntes que iriam compor essa disciplina. Organizado por Henri Ey, esse evento debateu a organogênese, a psicogênese e a sociogênese das doenças mentais, ilustrando com perfeição não apenas os avanços da psiquiatria entre as duas guerras, mas, sobretudo, as diversas concepções de transtorno mental que compunham esse campo do conhecimento no período imediatamente posterior à Segunda Guerra.

O denso debate que se estabeleceu entre Lacan, Henri Ey e Follin e Bonnafé teve uma importância decisiva sobre os rumos que a psiquiatria iria tomar nos anos seguintes, sendo dois deles incorporados pela psicopatologia do trabalho, ainda nos seus primórdios.

Foram expostas três posições contrastantes a respeito da gênese dos transtornos mentais: a visão organodinâmica de H. Ey, segundo a qual é possível conciliar a concepção organicista e a perspectiva dinâmica na compreensão desses transtornos; a visão psicogenética de Lacan, que recusava radicalmente a teoria organicista, propondo uma concepção da loucura como "um fenômeno do pensamento"; e, finalmente, a visão de Follin e Bonnafé, cuja referência maior se encontrava em Georges Politzer, e que recusava qualquer separação entre o psíquico e o orgânico, propondo compreender a loucura a partir do "drama humano", isto é, do homem inserido nas suas condições reais de vida e enquanto um fenômeno, acima de tudo, social.

Assim, dois dos principais autores do campo da psicopatologia do trabalho, Paul Sivadon e Louis Le Guillant, iriam adotar perspectivas próximas daquelas defendidas nesse colóquio: o primeiro seguiria o caminho traçado por H. Ey, apropriando-se da perspectiva organodinâmica, ao passo que o segundo seria o continuador da obra de G. Politzer no campo da psicopatologia do trabalho, assumindo uma posição bastante semelhante àquela defendida por Follin e Bonnafé.

A corrente da psicogênese, defendida por Lacan, não teve adeptos de peso nesse primeiro momento da disciplina, mas, conforme será exposto mais adiante, a psicanálise, que era sua teoria de base, vai ser decisiva na retomada da psicopatologia do trabalho no início dos anos 1980.

Evolução do campo da saúde mental e trabalho

O campo da SM&T teve um desenvolvimento rápido e intenso durante todo o período imediatamente posterior ao final da Segunda Guerra até meados dos anos 1960. Nesse período, as pesquisas se voltaram, em especial, para o campo da psicopatologia do trabalho, buscando apreender, sobretudo, os efeitos da fadiga, sendo enfatizadas suas dimensões fisiológicas pelas pesquisas anglo-saxônicas, mas ocorrendo um interesse crescente, nos estudos franceses, pelos seus aspectos psicológicos. Assim, estes últimos enfatizavam que a fadiga dos trabalhadores era decorrente de múltiplos fatores, envolvendo trabalho muscular, coordenação motora, atenção e solicitação de vários órgãos sensoriais, mas também as condições psicológicas do trabalho e as condições de vida fora do trabalho.

Entre os fatores psicológicos, consideravam a monotonia, o desinteresse pela tarefa a ser cumprida, o ritmo imposto pelas máquinas, muitas vezes, contrariando o ritmo natural do corpo do trabalhador. Eram ressaltados também os fatores sociais, tais como o clima psicológico no qual se desenvolve o trabalho e a qualidade das relações interpessoais no interior da empresa. Além disso, levavam em conta as atividades extraprofissionais, tais como a dupla jornada de trabalho da mulher, as condições de vida familiar, a qualidade da moradia e do repouso (Billiard, 2001).

Muitos desses elementos estavam relacionados ao progresso técnico e, consequentemente, às relações cada vez mais complexas estabelecidas entre o homem e sua tarefa, gerando novas configurações da organização do trabalho.

Nesse período, o campo da SM&T já manifestava sua vocação para a interdisciplinaridade, recebendo contribuições de novas disciplinas como a sociologia do trabalho, segundo a qual era impossível dissociar fatores técnicos, psicológicos e sociais. Ao mesmo tempo, emergia uma nova proposta de análise do trabalho, vinda de uma ergonomia nascente, visando à compreensão do conjunto de interações entre o indivíduo e sua atividade, sendo que esta deveria se adaptar ao homem e não o contrário.

Essa análise trouxe elementos importantes para se pensar as ações que devem ser realizadas pelo trabalhador de modo a restabelecer o processo quando este se afasta da normalidade (panes, regulagens, incidentes), além de suas ações inventivas, ou seja, tudo aquilo que acrescenta aos procedimentos já estabelecidos.

As novas perspectivas inglesas e americanas representadas pelas pesquisas em torno da ergonomia e das relações homem-máquina também impulsionaram os estudos na França, tendo sido realizadas várias missões de pesquisadores franceses aos EUA, com o intuito de intensificar essas trocas. Foi nesse contexto que emergiu a "psicologia ergonômica" – vertente francesa da psicologia do trabalho –, cujos maiores representantes foram J. M. Faverge e A. Ombredane e, posteriormente, Jacques Leplat.

No âmbito específico da psicopatologia do trabalho, cabe ressaltar a considerável produção de Louis Le Guillant, que realizou um grande número de pesquisas em torno dos problemas de saúde mental no trabalho durante toda a década de 1950 até o início dos anos 1960. Por meio dos seus estudos, ele introduziu uma clínica de situações concretas de trabalho, segundo a qual as dimensões sociais têm primazia sobre as dimensões psíquicas.

As pesquisas que realizou em torno do trabalho das telefonistas, dos condutores de trem e das empregadas domésticas constituem um verdadeiro patrimônio científico para esse campo do conhecimento, graças ao rigor com o qual ele combinava diversos níveis explicativos, levando sempre em conta uma grande multiplicidade de dados, de modo a estabelecer uma relação complexa entre os níveis objetivo e subjetivo, individual e social.

No entanto, entre meados dos anos 1960 e o início dos anos 1980, todo esse cenário se modificou e o campo da SM&T conheceu um longo período de estagnação. Esse vazio tem recebido diversas explicações, entre elas o fato de ter ocorrido em um período de crescimento da economia, quando prevalecia a ideia de que os problemas de saúde seriam naturalmente resolvidos pela via econômica.

Os estudos nesse campo serão retomados apenas no início dos anos 1980, com a publicação, na França, do livro de Christophe Dejours *Travail, usure mentale*. Essa obra que, posteriormente, teria um papel decisivo no surgimento desse campo de estudos no Brasil, foi também considerada por alguns autores como o que permitiu a "refundação" da psicopatologia do trabalho no contexto francês (Billiard, 2001).

Seu foco se encontra nos impactos do taylorismo na saúde física e mental dos trabalhadores, ao mesmo tempo em que propõe novos conceitos, como o de ideologia defensiva ocupacional, visando a uma melhor compreensão a respeito da relação dos trabalhadores com os riscos presentes na sua atividade profissional.

Sobre as possíveis relações entre transtornos mentais e trabalho, C. Dejours manifestou, desde esse primeiro momento, uma posição contrária à existência de neuroses e psicoses do trabalho. Tal posição foi reforçada no início dos anos 1990, quando propôs que a disciplina fosse renomeada, passando a se chamar psicodinâmica do trabalho. Nessa nova perspectiva, o foco maior não é mais a doença mental, mas a normalidade. Busca-se apreender as fontes de sofrimento, mas também de prazer no trabalho, sendo necessário, igualmente, considerar as defesas que os indivíduos colocam em prática para enfrentar as pressões e exigências que lhes são impostas.

Portanto, com a psicodinâmica do trabalho, o centro de gravidade se deslocou da doença mental para o sofrimento e sua regulação por meio de procedimentos defensivos, visando alcançar certa normalidade. A teoria que lhe serve de base é a psicanálise, sendo dessa fonte teórica que C. Dejours irá extrair sua concepção de homem, de psiquismo e de saúde/doença mental. É, portanto, por seu intermédio que a teoria psicanalítica será, de fato, introduzida no campo da SM&T.

O campo da SM&T no Brasil

O Brasil permaneceu praticamente impermeável às reflexões em torno da relação entre trabalho e saúde mental até meados dos anos 1980, quando surgiram as primeiras discussões consistentes sobre o tema. Dentre elas, destaca-se o artigo de Edith Selligmann Silva, "Crise econômica, trabalho e saúde mental", publicado em 1986, no qual anuncia o surgimento de um "novo campo de estudos: a saúde mental do trabalho". O título escolhido pela autora já é revelador do seu intuito de estabelecer uma relação entre crise econômica, crise social – sendo o trabalho posto como base da sociabilidade – e saúde mental. A autora faz uma exposição minuciosa da produção teórica no campo da SM&T em diversos países, abordando, inclusive, os trabalhos franceses já expostos anteriormente.

Em 1987, a obra de Dejours, *Travail, usure mentale*, foi publicada no Brasil sob o título *A loucura do trabalho – ensaio de psicopatologia do trabalho*, e se tornou decisiva para o desencadeamento das discussões em torno da SM&T no país.

Desde então, as pesquisas brasileiras se intensificaram, e seu foco passou a ser o campo da psicopatologia do trabalho, o que abrange uma grande diversidade de categorias profissionais. Com a diversificação na formação dos pesquisadores e a ampliação dos estudos e publicações na área, emergiram outras perspectivas teóricas, criando um contexto favorável ao debate de ideias, sobretudo em torno dos possíveis nexos entre transtornos mentais e trabalho.

Posteriormente, o Ministério da Saúde reconheceu a existência de transtornos mentais na sua relação com o trabalho ao publicar, em 2001, uma lista desses transtornos no *Manual de Doenças Relacionadas ao Trabalho*.

As primeiras experiências consistentes no campo da ergoterapia no Brasil só ocorreriam ao final dos anos 1990. De forma similar ao que se passou na Europa, também no contexto brasileiro o trabalho já havia sido adotado em hospitais psiquiátricos, mas seu uso era mais associado a questões de ordem econômica ou moral do que terapêutica.

As experiências mais próximas de uma verdadeira ergoterapia no país são, portanto, recentes, tendo surgido no âmbito do tratamento do doente mental e ampliadas para outros contextos. Embora promissores, os primeiros resultados alcançados por essas práticas são ainda incipientes, necessitando maiores aprofundamentos teórico-metodológicos.

Situação atual do campo da saúde mental e trabalho

Embora tenha lançado suas bases há várias décadas e adquirido considerável visibilidade no decorrer dos últimos anos, o campo da SM&T encontra-se ainda em processo de consolidação.

Como ocorre com a maioria das disciplinas, seu desenvolvimento tem sido bastante heterogêneo, oscilando entre momentos de intensa produção e períodos de estagnação ou mesmo de involução.

Atualmente, abrange um grande leque de temas de pesquisa, levando a um aumento crescente das produções teóricas, envolvendo desde questões mais amplas, tais como os impactos da reestruturação produtiva na saúde dos assalariados, até problemas mais específicos, como o uso do álcool e outras drogas nos contextos laborais, a psicopatologia do desemprego, as consequências psicológicas dos acidentes, o assédio moral e os suicídios no trabalho.

Da mesma forma, vem ocorrendo uma ampliação do ponto de vista teórico e metodológico, por meio da incorporação de contribuições vindas de disciplinas afins, tais como a ergonomia, a psicossociologia, a ergologia e a clínica da atividade.

No entanto, algumas questões essenciais para o avanço dessa área do conhecimento permanecem sem respostas. A tese central que sustenta todo esse campo consiste em afirmar que o trabalho é suscetível de afetar, positiva ou negativamente, a saúde mental. Isso leva à necessidade de se obter respostas a questões básicas, tais como:

1. Por quais caminhos a atividade laboral atinge a vida mental?;
2. De que forma o trabalho pode contribuir para o tratamento – ou mesmo permitir a cura – de uma doença mental?; e
3. De que forma (e até que ponto) o trabalho pode contribuir para o desenvolvimento de uma patologia mental? (Torrentes, 2004).

Como ressaltava Le Guillant (2006), o grande desafio para o campo da saúde mental como um todo – do qual não escapa a psicopatologia do trabalho – consiste em explicitar concretamente como se dá a passagem entre uma experiência de vida e de trabalho e o adoecimento mental.

O psiquiatra francês tinha razão, mas cabe ressaltar que, além desse desafio, estamos diante de outro igualmente importante: a necessidade de desenvolver ações de transformação das condições que levam a esse adoecimento.

Será, portanto, por meio do avanço nas respostas a esses problemas que o campo da SM&T irá se consolidar, mesmo que os resultados conquistados, até agora, já lhe assegurem um lugar no campo das ciências que estudam a saúde nos contextos de trabalho.

Referências

Billiard, I. (2001). *Santé mentale et travail. L´émergence de la psychopathologie du travail.* Paris: La Dispute.

Dejours, C. (1987). *A loucura do trabalho – ensaio de psicopatologia do trabalho.* São Paulo: Oboré.

Le Guillant, L. (2006). *Escritos de Louis Le Guillant – da ergoterapia à psicopatologia do Trabalho.* Petrópolis, RJ: Vozes.

Silva, E. S. (1986). Crise econômica, trabalho e saúde mental. In V. A. Angerami-Camon, E. S. Silva, M. H. C. F Steiner & M. C. Silva. (Orgs.). *Crise, trabalho e saúde mental no Brasil* (pp. 54--117). São Paulo: Traço Editora.

Sivadon, P. (2002). *Psychopathologie du travail.* In P. Sivadon. *Psychiatrie et socialités.* Toulouse, France: Érès.

Torrentes, J. (2004). *Le psychiatre et le travailleur – cheminement de la psychopathologie du travail d´hier à demain.* Paris: Doin.

Tosquelles, F. (2009). *Le travail thérapeutique em psychiatrie.* Toulouse, France: Érès.

Significados e sentidos do trabalho

Suzana da Rosa Tolfo

A instituição trabalho tem se transformado sobremaneira na contemporaneidade, a par e passo ao processo de globalização, de reestruturação produtiva, de novas formas organizacionais, de mudanças nas relações de trabalho. Na sociedade capitalista atual, instala-se um importante debate entre, de um lado, autores afirmando que o trabalho é a categoria sociológica chave, o principal fato social (Antunes, 2000; Ciampa, 1986; Borges, 1997), pela sua importância como organizador da sociedade e das pessoas, e, de outro, autores (por exemplo, Offe, 1989) defendendo que o trabalho deixa de ser central para o amálgama social devido ao aumento do desemprego, da alienação e da fragilização de princípios éticos. É a partir das perspectivas da sociologia do trabalho e das afirmações da centralidade do trabalho que a questão passou a ser contemplada nos estudos da Psicologia do Trabalho e das Organizações: a centralidade do trabalho é importante para compreender qual o significado atribuído ao trabalho por aqueles que trabalham.

Abordar o trabalho implica conceituar um fenômeno polissêmico, amplo, que envolve tipos diversos de relações entre o homem e as atividades das quais ele se apropria, sendo passível de ser estudado por diferentes ciências e campos do conhecimento, como também sob diferentes bases epistemológicas. Didaticamente, é possível identificar três posições em um contínuo para tratar do tema do trabalho: um polo negativo, um centro do contínuo e um polo positivo (Blanch, 2003). No polo negativo está a ideia do *tripalium*, ou seja, de castigo, coerção, esforço, maldição e penalidade. Na posição central estão os significados do trabalho em uma perspectiva instrumental, relacionada ao emprego e à manutenção da sobrevivência. O polo positivo do trabalho é associado a possibilidades de satisfação, de autorrealização, e de valor. Na trajetória de um profissional, o significado do trabalho pode se alternar entre esses três polos, ora com a predominância de um, ora com a presença de todos eles.

Do ponto de vista psicológico, é por meio da atividade que exercemos que dizemos aos outros quem somos, e esse fazer torna-se fundamental para a nossa identidade, como sujeitos inseridos na sociedade (Ciampa, 1986). Trabalhar é, então, relativo à constituição do sujeito, da sua subjetividade, pois é por meio do trabalho que o sujeito se reconhece e se insere na sociedade (Tittoni, 2004). Os significados e os sentidos do trabalho nos remetem, então, às articulações homem/trabalho e as implicações para tal relação são objetivas e subjetivas, pois analisar a categoria trabalho implica considerar não só as condições históricas e socioeconômicas nas quais essa ação humana se desenvolve, mas também o significado, o sentido e o valor dessa experiência para as pessoas (Blanch, 2003).

Origens dos conceitos de significados e sentidos do trabalho

Os estudos pioneiros sobre o significado do trabalho são creditados a Morse e Weiss (1955) que questionaram, em pesquisa nos Estados Unidos: "Você continuaria trabalhando se ganhasse na loteria?". Eles verificaram que mais de 80% das respostas foram positivas, com os índices mais elevados entre os grupos de jovens, entre 20 e 25 anos de idade (90% de respostas afirmativas). Também concluíram que, para os profissionais com salários médios e em níveis de gestão, o trabalho relaciona-se a objetivo, realização e autoexpressão, e para aqueles cujos salários são mais baixos, trabalho é sinônimo de ocupação (Goulart, 2009).

Na década de 1960, Tausky e Piedmond (1967) pesquisaram o significado do trabalho para trabalhadores manuais. A maioria das respostas obtidas afirmou a importância predominante do salário (papel instrumental), do pertencimento e da aceitação por parte dos grupos nos quais o indivíduo trabalha.

Hackman e Oldhan (1975) também são citados como precursores dos estudos sobre o sentido do trabalho, com foco na qualidade de vida no trabalho. Segundo eles, um trabalho que tem sentido é importante, útil e legítimo para aquele que o realiza e apresenta três características fundamentais: a) variedade de tarefas, que possibilita a utilização de competências diversas, de forma que o trabalhador se identifique com a sua execução; b) um trabalho não alienante, que propicie ao trabalhador identificação com todo o processo – da concepção à finalização – e perceber o significado do seu trabalho, de modo a contribuir para o ambiente social, a autonomia, a liberdade e a independência na realização das tarefas, o que aumenta seu sentimento de responsabilidade em relação a elas; e c) o retorno (*feedback*) sobre seu desempenho nas atividades realizadas, permitindo ao indivíduo que faça os ajustes necessários para melhorar sua *performance*.

No início da década de 1980, uma equipe de investigação internacional – conhecida como *Meaning of Work* (MOW) – destacou-se na condução de pesquisas com amostras representativas de diferentes países (oito), com vistas a definir e identificar variáveis que explicassem os significados que os sujeitos atribuem ao seu trabalho. A equipe conceituou o significado do trabalho como um construto psicológico multidimensional e dinâmico, formado pela interação entre variáveis pessoais e ambientais e influenciado pelas mudanças no indivíduo, relativas ao trabalho. Esse grupo de estudiosos é o que tem contribuições mais extensas para a compreensão do fenômeno em nível mundial.

Conceitos

Ao se revisar a literatura sobre significados e sentidos do trabalho na psicologia, constata-se que não há um consenso em relação ao uso de um ou do outro termo: há autores que diferenciam os dois conceitos ao passo que outros utilizam um deles abarcando o outro. Se verificarmos a palavra "sentido", sua etimologia vem do latim *sensus*, compreendido como "faculdade da percepção, significado ou interpretação, percepção, sentimento, empreendimento", ou do verbo *sentire:* "perceber, sentir, saber". Já significado remete a sentido, intenção (Harper, 2005). A significação dicionarizada remete uma palavra à outra e vice-versa: verifica-se que sentido pode ser adotado como sinônimo de significado, assim como o seu inverso, e ambos remetem a fenômenos psicológicos citados (percepção, cognição, sentimento). Em razão disso, parte considerável dos estudos sobre sentidos e significados vêm sendo desenvolvida por psicólogos. Tolfo e Piccinini (2007) argumentam que o fato de ora os termos significados e sentidos serem apresentados como sinônimos, ora como construtos diferentes pode dificultar a evolução de estudos sobre a temática, tornando-se necessário definir melhor os conceitos ou aproximações entre ambos.

Na busca por definir sentido e significado do trabalho como dois conceitos interdependentes, Tolfo, Coutinho, Baasch e Cugnier (2011) asseveram que os significados são construídos coletivamente em um determinado contexto histórico, econômico e social concreto, e os sentidos são caracterizados por serem uma produção pessoal em função da apreensão individual dos significados coletivos, nas experiências do cotidiano. Essa diferenciação pode ser verificada no uso dos dois termos – significados e sentidos – quando se apresentam as suas definições em diferentes abordagens na psicologia das organizações e do trabalho, em sequência.

Diferentes bases epistemológicas no estudo dos sentidos e dos significados do trabalho na psicologia

Os estudos sobre os fenômenos abordados têm bases em diferentes correntes epistemológicas na psicologia. As principais vertentes que tratam de significados e sentidos são: cognitivista, existencialista, construcionista e sócio-histórica. Os pressupostos fundamentais de cada uma dessas perspectivas serão explicitados em sequência, iniciando-se pelo Grupo MOW (1987).

Para os pesquisadores do MOW (Ruiz-Quintanilla & Claes, 2000), o significado do trabalho inclui valores, crenças, atitudes e expectativas que as pessoas desenvolveram em relação ao trabalho. Os significados são um componente da realidade social, com implicações nas ações individuais, nos processos grupais e na sociedade. Por meio dos dados empíricos, sistematizaram quatro dimensões principais para esse construto: a centralidade do trabalho, as normas sociais sobre o trabalho, os resultados valorizados do trabalho/metas do trabalho e a identificação das regras do trabalho (sendo que essa última dimensão foi excluída pela baixa consistência) (MOW, 1987). Essas categorias de análise propostas pelos pesquisadores do MOW são utilizadas por diversos outros autores que abordam os significados e os sentidos do trabalho, como se apresentará a seguir.

A centralidade é relacionada à identificação pessoal com o trabalho e, para Ruiz-Quintanilla e Claes (2000), refere-se ao grau de importância do trabalho na vida de um indivíduo em dado momento. A centralidade é constituída por dois componentes: o valor atribuído ao trabalho entre os papéis na vida e sua importância em relação a outras funções na vida. As normas sociais compreendem as crenças e expectativas sobre direitos e deveres no trabalho. Os componentes normativos incluem dois tipos de normas: as relativas à obrigação, ou seja, responsabilidade pessoal internalizada e comprometimento organizacional (comprometimento normativo); e as relativas aos direitos do trabalhador (trocas justas na relação entre empregados e empregadores, esforços e resultados, investimentos e recompensas). Os valores se referem às razões para trabalhar, tais como *status* e prestígio, satisfação, contatos sociais (Ruiz-Quintanilla & Claes, 2000). Já a importância das metas de trabalho inclui estudos sobre satisfação, valores e incentivos.

Para os pesquisadores do Grupo MOW, os significados do trabalho são constituídos pelo significado individual, coletivo/grupo e social atribuído a ele; pela utilidade do trabalho para a organização; autorrealização e satisfação gerada pela realização do trabalho; pelo sentimento de desenvolvimento e evolução pessoal e profissional; e pela liberdade e autonomia existente para a execução do trabalho. Ruiz-Quintanilla e Claes (2000) sistematizaram duas dimensões constituintes dos significados e que motivam a pessoa a trabalhar: a busca por objetivos econômicos, como a remuneração e segurança no trabalho, e a busca por objetivos expressivos, como a autonomia, a realização de um trabalho interessante e a possibilidade de aplicação das competências.

Também em uma perspectiva cognitivista, a pesquisadora brasileira Livia Borges (Borges, 1997) define que o significado do trabalho possui três componentes principais: a) uma cognição *subjetiva*, que apresenta uma variação individual conforme a história de cada um e representa a forma como o indivíduo interpreta e dá sentido ao trabalho; b) uma *sócio-histórica*, que apresenta aspectos compartilhados por um conjunto de indivíduos e as condições históricas da sociedade na qual estão inseridos; e c) uma *dinâmica*, como um construto inacabado, em permanente elaboração.

Para Borges (1997, 1999), o significado do trabalho é constituído pelas variáveis centralidade do trabalho, atributos descritivos, atributos valorativos e hierarquia dos atributos e suas definições. A *centralidade relativa do trabalho* pressupõe uma hierarquização das esferas da vida (família, trabalho, religião, lazer e comunidade). A autora verificou que o trabalho é precedido apenas pela esfera familiar em grau de importância. Os *atributos descritivos* são relativos à percepção do trabalho como ele é concretamente, e os *atributos valorativos* como ele "deve ser". Finalmente, a *hierarquia de atributos* remete à organização hierárquica das características atribuídas ao trabalho pelos indivíduos (Borges, 1997).

Com base na abordagem existencialista de Victor Frankl e nos estudos do Grupo MOW, encontram-se as pesquisas de Morin (2001) sobre sentidos do trabalho. Morin (1996) compreende o sentido como uma estrutura afetiva constituída por três componentes: a significação, a orientação e a coerência. A significação pressupõe a apreensão e compreensão da experiência fenomênica, bem como o valor ou a importância atribuída a essa experiência. A orientação é relativa ao projeto, à intenção que dirige a ação do sujeito, uma inclinação para um objeto em sentido amplo. A coerência exprime a integração das informações do campo de consciência do sujeito, obtidas por meio de operações com o objetivo de equilibrar a vida interior e social.

Em pesquisa com executivos brasileiros, Morin, Tonelli e Pliopas (2007) identificaram três dimensões dos sentidos do trabalho: individual, organizacional e social. Na dimensão individual, foi identificado que, quando o trabalho permite satisfação pessoal, independência e sobrevivência, crescimento e aprendizagem, e é fonte de identidade, ele é dotado de sentido. Em sua relação com a organização, a pessoa dá sentido àquela atividade considerada útil, que permite manter relacionamentos e inserção social; e na dimensão social foi destacado o trabalho que contribui para a sociedade.

Na abordagem construcionista, com base nas vertentes da psicologia social brasileira, há um entendimento de que é por meio de conhecimentos do senso comum produzidos cotidianamente que as pessoas dão sentido ao mundo do qual fazem parte. O sentido é socialmente construído com base nas interações das pessoas inseridas em relações sociais localizadas cultural e historicamente, e, por meio das construções discursivas, é possível compreender e atuar diante das situações cotidianas (Spink & Medrado, 2004).

O fundamento da constituição de sentido está nas vivências subjetivas, que são a origem de todo o acervo social do conhecimento (Berger & Luckmann, 2004). A produção dos sentidos no cotidiano ocorre por meio das práticas discursivas, que são ações, escolhas, linguagens, contextos, ou seja, produções sociais variadas (Spink & Frezza, 2004). Para os construcionistas, as significações produzidas pelos sujeitos e a realidade são indissociáveis (Berger & Luckmann, 2004).

Na perspectiva sócio-histórica, destacam-se as contribuições de Leontiev (1978), para quem a significação é uma cristalização das experiências, uma generalização de práticas sociais, que correspondem às representações e conhecimentos em dada época e sociedade, fixadas principalmente por meio da linguagem. Aguiar (2006) identifica que a construção dos significados remete ao âmbito do social e os sentidos são relativos à subjetividade. A autora explica que as categorias sentido e significado, apesar de serem diferentes, não podem ser compreendidas entre si de maneira desvinculada: se os significados são mais estáveis, mais instituídos, como produções históricas e sociais que possibilitam socializar as experiências de forma "dicionarizada", os sentidos são apropriações do sujeito configuradas com base nas subjetividades.

Outros importantes estudos contemporâneos contribuem para o debate sobre o que significa trabalhar. Ovejero Bernal (2010), pesquisador espanhol, destaca como principais funções do trabalho a função integrativa ou significativa, de proporcionar *status*, de identidade pessoal, econômica, de oportunidades para interagir socialmente, de estruturar o tempo, de manter o indivíduo em atividades mais ou menos obrigatórias, de ser fonte de oportunidade para desenvolver habilidades e destrezas, de transmissão de normas, crenças e expectativas sociais e de proporcionar poder e controle.

Conforme Blanch (2003), mais além de um tipo específico de ação humana desenvolvida em certas situações e contextos socioeconômicos, o trabalho, ao ser experimentado, edifica construções socioculturais com sentido e valoráveis.

Reflexões acerca do uso dos conceitos na prática de psicólogos em PT&O

O conhecimento produzido sobre significados e sentidos do trabalho contribui para a compreensão de diversos fenômenos de interesse dos psicólogos que atuam em PT&O. Um dos aspectos fundamentais é que os significados do trabalho estão relacionados à centralidade do trabalho, isto é, ao grau de importância que ele tem para o conjunto da vida do sujeito. É relevante para o autoconhecimento do trabalhador compreender se o trabalho é um dos aspectos mais valoráveis ou se é apenas mais um elemento entre outras esferas da sua vida (família, religião, lazer etc.), e para a organização verificar essa centralidade (ou não) para o conjunto do seu pessoal.

Ao trabalho significativo, são atribuídos consequências positivas tanto para o indivíduo quanto para a organização. Para o indivíduo, são identificadas avaliações de gratificação e prazer, procura de maior conhecimento sobre desejos e necessidades, maior envolvimento com as atividades, valorização do trabalho por meio do tempo dedicado às tarefas, alcance de finalidades com as atividades do trabalho, tomadas de decisões em relação ao trabalho que impliquem menor desgaste (Coda & Fonseca, 2004). O trabalho com sentido pressupõe uma direção orientada por objetivos claros e com resultados valorizados; satisfação para quem o realiza; uso das competências e capacidades com vistas ao crescimento pessoal; existência de desafios; autonomia no desenvolvimento das atividades; *feedback* em relação ao desempenho; incentivo aos vínculos e à cooperação nas equipes de trabalho; condições de trabalho geradoras de sentimentos de segurança e de autonomia; salários, carga e condições de trabalho adequadas (Morin, 1996, 2001). Por outro lado, não faz sentido trabalhar quando não há potencial de crescimento, nem utilização do potencial de desenvolvimento das pessoas (Morin *et al.*, 2007).

O exercício da liderança também pode incluir a atuação voltada para a atribuição de sentidos do trabalho, pois, para Bergamini (1994), o líder deve atuar para que as pessoas atribuam um senso em relação ao que fazem e articulá-las em torno de uma linguagem significativa para compartilhar esses fazeres. Segundo Handy (1999), tanto os indivíduos quanto os gestores das organizações procuram sentido para o trabalho que realizam, e cabe ao líder explicitar a responsabilidade por cada contribuição observada. A abordagem da liderança como administração do sentido enfatiza aspectos subjetivos (o sentido é atribuído de forma individual, e o líder precisa conhecer os diversos sentidos conferidos pelos liderados àquilo que fazem), e nem sempre é transposta para o ambiente organizacional devido ao domínio do pragmatismo (Tolfo, 2004).

O conhecimento dos gestores e dos psicólogos das organizações sobre os significados atribuídos ao trabalho pelos trabalhadores pode contribuir para identificar aproximações entre os objetivos da organização e os dos indivíduos. Segundo Coda e Fonseca (2004), tal aproximação, especialmente por meio de ações de gestão de pessoas, pode resultar em qualidade, eficácia e convergência na relação indivíduo-organização.

Considerações finais

A produção dos significados e dos sentidos, nas diferentes abordagens aqui apresentadas, leva em consideração o papel da cultura e da sociedade como elementos fundamentais para a compreensão das significações. Os processos de significação podem ser definidos por alguns autores utilizando-se a palavra "significados" (Ruiz-Quintanilla & Claes, 2000; Borges, 1997); já outros utilizam "sentidos" (Morin, 2001; Morin *et al.*, 2007); assim como há aqueles que diferenciam os dois conceitos (Aguiar, 2006; Berger & Luckmann, 2004; Vygotsky, 1991). Se, por um lado, os conceitos podem ser diferenciados, sendo significado relativo ao campo das atribuições compartilhadas socialmente de forma mais ampla e genérica, e os sentidos construídos pelo sujeito, de forma singular, considera-se que se tratam de fenômenos articulados em relação aos quais não há como demarcar uma fronteira clara. Também é evidente que tanto os sentidos quanto os significados passam por transformações decorrentes de que são construídos em uma relação dialética com a realidade.

O entendimento sobre o papel e a importância do trabalho contribui para que cada um de nós e os profissionais, como os psicólogos que trabalham em organizações, pensem sobre o quanto nos reconhecemos e nos identificamos com aquilo que fazemos ou não. Certamente que o conhecimento sobre o papel do trabalho no cotidiano das vidas daqueles que trabalham contribui para entender a maneira pela qual nos constituímos como sujeitos. Então, considera-se que o interesse dos psicólogos ao se apropriarem de conhecimentos sobre trabalho, seus significados e sentidos como objeto de estudos e de intervenção, objetiva compreender suas implicações na construção da subjetividade.

Referências

Aguiar, W. M. J. (2006). A pesquisa junto a professores: fundamentos teóricos e metodológicos. In W. M. J. Aguiar (Org.). *Sentidos e significados do professor na perspectiva sócio-histórica: relatos de pesquisa* (pp. 11-22). São Paulo: Casa do Psicólogo.

Antunes, R. (2000). *Os sentidos do trabalho: ensaio sobre a afirmação e a negação do trabalho* (2a ed.). São Paulo: Boitempo.

Bergamini, C. (1994, maio/jun.). Liderança: a administração do sentido. *Revista de Administração de Empresas*, *34*(3), 102-114.

Berger, P. L., & Luckmann, T. (2004). *Modernidade, pluralismo e crise do sentido – A orientação do homem moderno*. Petrópolis, RJ: Vozes.

Blanch, J. M. (2003). Trabajar em la modernidad industrial. In J. M. Blanch, M. J. E.Tomás, C. G. Duran & A. M. Artiles (Eds.). *Teoria de las relaciones laborales. Fundamentos* (pp. 19-147). Barcelona: Editorial UOC.

Borges, L. O. (1997, maio/ago.). Os atributos e a medida do significado do trabalho. *Psicologia: teoria e pesquisa, 13*(2), 211-221.

Borges, L. O. (1999). As concepções do trabalho: um estudo de análise de conteúdo de dois periódicos de circulação nacional. *Revista de Administração Contemporânea, 3*(3), 81-108.

Borges, L. O., & Yamamoto, O. (2004). O mundo do trabalho. In J. C. Zanelli, J. Borges-Andrade & A. V. Bastos. *Psicologia, organizações e trabalho no Brasil.* Porto Alegre: Artmed.

Ciampa, A. da C. (1986). Identidade. In S. Lane & W. Codo. *Psicologia social.* São Paulo: Brasiliense.

Coda, R., & Fonseca, G. F. (2004, abril). Em busca do significado do trabalho: relato de um estudo qualitativo entre executivos. *Revista Brasileira de Gestão de Negócios, 6*(14), 7-18, Fecap.

Goulart, P. M. (2009). O significado do trabalho: delimitações teóricas (1955-2006). *Cad. psicol. soc. trab. 12*(1), 47-55. São Paulo.

Hackman, J., & Oldhan, G. (1975). Development of job diagnostic survey. *Journal of applied psychology, 60*(2), 159-170.

Handy, C. (1999). *Além do capitalismo.* São Paulo: Makron Books.

Harper, D. (2005). *Online Etymology Dictionary.* Recuperado em 5 setembro, 2005, de http://www.etymonline.com.

Leontiev, A. (1978). *O desenvolvimento do psiquismo.* Lisboa: Livros Horizonte.

Meaning of Work International Research Team (MOW) (1987). *The meaning of working.* London: Academic Press.

Morin, E. (1996). L'efficacité organisationnelle et lê sens du travail. In T. C. Pauchant (Coord.). *La quête du sens au travail: gérer nos organizations pour la santé des personnes, de nos sociétés et de la nature* (pp. 257-286). Québec, Canada: Éditions de l'organisation.

Morin, E. (2001). Os sentidos do trabalho. *Revista de Administração de Empresas – RAE, 41*(3), 8-19, São Paulo.

Morin, E., Tonelli, M. J., & Pliopas, A. L. V. (2007). O trabalho e seus sentidos. *Revista Psicologia e Sociedade, 19*(edição especial 1), 47-56, São Paulo.

Morse, H., & Weiss, R. (1955). The function and meaning of work and the job. *American Sociological Review, 20*, 191-198.

Offe, C. (1989). Trabalho: a categoria sociológica chave? In C. Offe. *Capitalismo desorganizado.* São Paulo: Brasiliense.

Ovejero Bernal, A. (2010). *Psicologia do trabalho em um mundo globalizado.* Porto Alegre: Artmed.

Ruiz-Quintanilla, S. A., & Claes, R. (2000). MOW Research Programs. In J. A Katz. (Ed.). *Databases for the study of entrepreneurship* (pp. 335-391). New York: JAI/Elsevier Science Inc.

Spink, M. J., & Frezza, R. M. (2004). Práticas discursivas e produção de sentidos: a perspectiva da psicologia social. In M. J. Spink (Ed.). *Práticas discursivas e produção de sentidos no cotidiano: aproximações teóricas e metodológicas* (3a ed.). São Paulo: Cortez.

Spink, M. J., & Medrado, B. (2004). Produção de sentidos no cotidiano: uma abordagem teórico-metodológica para análise das práticas discursivas. In M. J. Spink (Ed.). *Práticas discursivas e produção de sentidos no cotidiano: aproximações teóricas e metodológicas* (3a ed.). São Paulo: Cortez.

Tausky, C., & Piedmont, G. E. (1967). The meaning of work and unemployment: implications for mental health. *International Journal of Social Psychiatry*, *14*, 44-49.

Tittoni, J. (2004). Saúde mental: saúde mental, trabalho e outras reflexões sobre a economia solidária. In A. R. C. Merlo. *Saúde e trabalho no Rio Grande do Sul, realidade, pesquisa e intervenção* (pp. 65-93). Porto Alegre: Editora da UFRGS.

Tolfo, S. da R. (2004). A liderança: da teoria dos traços ao *coach*. In C. Bitencourt. *Gestão contemporânea de pessoas: novas práticas, conceitos tradicionais* (cap. 13, pp. 271-298, 528p.). Porto Alegre: Bookman.

Tolfo, S. da R., & Piccinini, V. (2007). Sentidos e significados do trabalho: explorando conceitos, variáveis e estudos empíricos brasileiros. *Psicologia & Sociedade, 19*(edição especial 1), 38-46, São Paulo.

Tolfo, S. R., Coutinho, M. C., Baasch, D., & Cugnier, J. S. (2011). Sentidos y significados del trabajo: un análisis con base en diferentes perspectivas teóricas y epistemológicas en psicología. *Revista Universitas Psichologica*. Bogotá, Colombia.

Vygotsky, L. S. (1991). *A formação social da mente: o desenvolvimento dos processos psicológicos superiores.* São Paulo: Martins Fontes.

Socialização organizacional

Livia de Oliveira Borges
Virgínia Donizete de Carvalho
Juliana Gomes Cabral de Almeida

A globalização da economia e a reestruturação produtiva têm multiplicado situações como dos empregados expatriados e das transferências de pessoas entre unidades administrativas. Essas e outras situações contribuíram para que pesquisadores indagassem: De que maneira alguém aprende a cultura de uma organização? O que as pessoas fazem para se inserirem em outras organizações? E o que as organizações fazem para facilitar a integração de seus membros? Esses questionamentos dizem respeito ao processo de socialização organizacional, e sua persistência no mundo do trabalho indica que o tema tem sido objeto de atenção crescente.

Origem do termo

O termo socialização organizacional consiste na transferência de um conceito mais amplo – socialização – da psicologia social (Berger & Luckman, 1985, 1995/2004) para o campo da psicologia do trabalho e das organizações. O conceito de socialização desenvolveu-se a partir de duas abordagens na psicologia social: Na primeira, funcionalista, a socialização é entendida como um processo de manutenção e reprodução da estrutura social. Na segunda, inspirada nas perspectivas do interacionismo-simbólico e do construtivismo social, é entendida como a maneira que um indivíduo se insere no meio social, sendo tanto sujeito como objeto do meio.

Berger e Luckmann (1985) referem-se a dois tipos de socialização: a primária, na qual a criança se torna membro da sociedade, e a secundária, na qual o indivíduo se introduz em um mundo social específico. A socialização organizacional é um processo do segundo tipo.

As primeiras publicações sobre o tema são da década de 1960 (Schein, 1968) e expressavam as marcas da influência funcionalista, mas gradualmente nas décadas subsequentes foram prevalecendo a influência do interacionismo-simbólico e do construtivismo social. Hoje identificam-se, entretanto, quatro abordagens sobre o tema na psicologia do trabalho e das organizações: a perspectiva das táticas organizacionais, a desenvolvimentista, a dos conteúdos e informações e as perspectivas integradoras. Em cada uma dessas abordagens, apreende-se uma concepção própria do que seja socialização organizacional.

Socialização organizacional, segundo as abordagens na psicologia do trabalho e das organizações

A abordagem das táticas organizacionais (Jones, 1986; Van Maanen & Schein, 1979) focaliza as ações organizacionais que contribuem para desenvolver a integração dos indivíduos à organização. Van Maanen e Schein afirmaram que se trata de um processo pelo qual um indivíduo adquire o conhecimento social e as habilidades necessárias para assumir um determinado papel na organização. Eles identificam dimensões bipolares nas quais essas táticas podem variar, a saber:

1. Coletivas *versus* individuais: quanto as táticas são aplicadas de forma coletiva, definindo um leque de experiências conjuntas ou individuais.
2. Formais *versus* informais: refere-se à proporção que os indivíduos em socialização são segregados dos demais membros para submeterem-se à aplicação da tática.
3. Sequenciais *versus* randômicas: grau no qual a organização especifica, ou não, uma sequência de passos dirigidos para o objetivo do papel social.
4. Fixas *versus* variáveis: em que medida há um cronograma para a adesão à organização e ao conteúdo comunicado no recrutamento para o trabalho.
5. Seriais *versus* disjuntivas: quanto o iniciante deve seguir seus predecessores ou não.
6. Investimento *versus* desinvestimento: proporção em que são confirmadas a identidade, habilidades e aptidões do iniciante, valorizando ou não suas experiências e conhecimentos anteriores.

Consideraram, ainda, que as duas primeiras dimensões referem-se ao contexto da aplicação das táticas, as duas subsequentes ao conteúdo delas e as duas últimas aos seus aspectos sociais. Jones (1986) as dividiu segundo o grau de institucionalização. Daí considera que os primeiros polos de cada dimensão indicam a tendência à institucionalização, ao passo que os demais, à individualização.

Para Van Maanen e Schein (1979), as pessoas reagem às táticas organizacionais em três possibilidades: respostas de adesão (indivíduo aceita o *status quo*); de inovação de conteúdo (desenvolvimento de melhorias na base de conhecimento etc.); ou de inovação de papel (redefinição por completo do papel etc.). Griffin, Collela & Goparaju (2000) criticaram essa perspectiva por reduzir a atividade do sujeito socializante a respostas. Saks, Uggerslev e Fassina (2007) entendem que o foco na relação direta entre as táticas de socialização e o ajustamento de iniciantes tem conduzido a avanços teóricos limitados.

Na abordagem desenvolvimentista (Feldman, 1976; Louis, 1980; Nelson, 1987) – nas décadas de 1970 e 1980 –, cresce a influência do interacionismo-simbólico e do construtivismo social. Assim, Feldman (1981) define a socialização organizacional como um processo de transformação, em que os iniciantes passam de estranhos a membros efetivos na organização, por meio da ocorrência do desenvolvimento do processo de socialização organizacional em estágios que se repetiriam para todos os indivíduos. Contudo, essa ideia de estágios foi abandonada nas décadas subsequentes.

Na abordagem dos conteúdos e informação (Chao, O'Leary-Kelly, Wolf, Klein & Gardner, 1994; Lisbona, Morales & Palací, 2009), a ênfase recaiu na atividade do sujeito socializante antecipando-se às demandas organizacionais, pois os indivíduos se guiam por objetivos de proficiência no desempenho e bem-estar na organização (Ashforth, Sluss & Saks, 2007). O exame do aprendizado do iniciante compreende aspectos do trabalho que devem ser analisados na abordagem do conteúdo da socialização. Os conteúdos têm sido organizados em fatores e/ou em categorias como nas três pesquisas exemplificadas na Tabela 1.

A noção é de que a aquisição de conhecimento abrange cargo e papel, relações interpessoais e grupais e natureza organizacional. Autores como Bauer, Bodner, Erdogan, Truxillo e Tucker (2007), todavia, consideraram que essa identificação de fatores precisa ser desenvolvida para melhor diferenciar os domínios de abrangência.

Tabela 1 Fatores dos conteúdos da socialização

Ostroff e Kozlowski (1992)	Chao *et al.* (1994)	Borges, Silva, Melo e Oliveira (2010)
Tarefas do emprego: deveres e obrigações, modo de usar equipamentos e de lidar com questões de rotina.	**Proficiência de desempenho**: quanto os indivíduos dominam suas tarefas.	**Competência e proatividade**: a capacidade de criar, ser eficaz, produtivo, ativo e de buscar informação.
Processos de grupo: a interação com os colegas, bem como as normas e valores do grupo.	**Pessoas**: a satisfação nas relações com membros da organização.	**Integração às pessoas**: ser aceito na equipe e organização, bem como participar das decisões.
Papéis de trabalho: os limites da autoridade e da responsabilidade, as expectativas e os comportamentos adequados ao posto.	**Políticas**: o sucesso do indivíduo em obter informações sobre relações de trabalho (in)formais e estruturas de poder organizacionais.	**Acesso às informações (políticas)**: domínio, como de processos organizacionais – visando à obtenção ou seleção de informações.
Atributos organizacionais: políticas, poder e valores do sistema organizacional.	**História**: conhecimento das tradições, costumes, mitos e rituais que compõem a cultura organizacional.	**Não integração à organização**: ausência do domínio, como do conhecimento, acerca dos processos organizacionais.
	Linguagem: o domínio do indivíduo sobre a linguagem técnica profissional e a informal da organização.	**Linguagem e tradição**: domínio da linguagem profissional/organizacional e das tradições, bem como saber identificar as pessoas influentes.

continua

continuação

	Objetivos e valores organizacionais: interiorização das regras ou princípios da organização.	**Objetivos e valores organizacionais**: identificação com objetivos, prioridades e história da organização.
		Qualificação profissional: conhecimento e experiência profissional, domínio da linguagem e das tarefas.

Fonte: Adaptada de Van Maanen e Schein (1979), e Jones (1986).

A focalização da proatividade do sujeito socializante cresceu no desenvolvimento da abordagem dos conteúdos e da informação. Borges e Albuquerque (2004) sintetizaram as ações que os diferentes autores (Ashford & Black, 1996; Chao, 1997; Maier & Brunstein, 2001; Major, Kozlowski, Chao & Gardner, 1995; Miller & Jablin, 1991; Ostroff & Kozlowski, 1992; Palaci, Osca & Ripoll, 1995; Saks & Ashforth, 1997b) têm se referido por objetivos aos quais se aplicam (Tabela 2).

Tabela 2 Ações dos sujeitos socializantes

Táticas proativas dos sujeitos	Objetivos
Busca de informação e *feedback* Exige habilidades de aquisição de informação do sujeito. Tais buscas envolvem *feeddback*, informação técnica, informações com os colegas e supervisores.	Controle do meio/atividade, clareza do papel social do cargo, integração social, satisfação no emprego, melhora no desempenho e redução no estresse e na probabilidade de deixar a organização.
Construção de relacionamentos Esforço do iniciante para estabelecer relações e vínculos com companheiros e supervisores.	Obter apoio, redução de estresse, instruções sobre desenvolvimento de habilidades e de papéis sociais.
Tutoramento informal Tutoramento buscado informalmente pelo iniciante.	Obter apoio, domínio das tarefas e crescimento na carreira.
Negociação de mudanças no posto de serviço Tentativa de mudar deveres, modo de execução das atividades.	Modos de ajustamento, satisfação e comprometimento.
Estruturação positiva Autorregulação positiva.	Manter a autoconfiança e autoeficácia.
Envolvimento em atividades associadas Atividades de caráter extraordinário (ex.: eventos).	Crescimento do desempenho, redução da ambiguidade do papel social atribuído ao cargo.
Autogerenciamento Estabelecer, por si mesmo, objetivos, prazos, autorreforçamento e auto-observação (autoavaliação).	Redução da ansiedade e estresse inicialmente; melhora do desempenho (em seis meses), satisfação no trabalho.
Modelação/observação Observação daqueles que representam modelos apropriados.	Acelerar a aprendizagem e crescer no desempenho.

continua

continuação

Desenvolvimento de carreira Ações como de planejamento, aconselhamento especializado, comunicação de objetivos.	Obtenção de apoio dos colegas e supervisores, inovação no conteúdo do trabalho e valorização de sua natureza.

Fonte: Borges e Albuquerque (2004).

O conhecimento gerado sobre socialização, a evolução epistêmica da psicologia do trabalho e das organizações, a ênfase na contextualização sociocultural dos fenômenos, na complexidade e na análise multinível permitiram o surgimento das abordagens integradoras (Cooper-Thomas & Anderson, 2006; Feldman, 1997a), que abrangem modelos do processo de socialização, por exemplo:

1. Modelo de Feldman e Tompson (1991, 1992, conforme citados por Feldman, 1997b). Caracteriza-se por um conjunto de hipóteses sobre o sucesso da socialização de pessoas expatriadas/repatriadas. Chama atenção para aspectos como o planejamento de carreira em longo prazo, a extensão em que é requerida interação com pessoas de outras culturas, a distância cultural entre o sujeito expatriado e os colegas e o nível de informação sobre a cultura e as normas organizacionais.
2. Modelo do processo multinível de socialização organizacional (Saks & Ashforth, 1997a). Focaliza a aprendizagem, mas envolvendo variáveis contextuais; fatores de socialização (interdependências entre táticas organizacionais e grupais e ações dos indivíduos), processamento cognitivo dos fatores de socialização contextualizados, bem como os resultados imediatos e de longo prazo.
3. As proposições de Griffin *et al.* (2000). Conjunto de hipóteses que relacionam probabilidade dos tipos de ações, que os indivíduos proativamente decidem adotar, e as táticas organizacionais, conforme sua natureza definida pela posição relativa aos polos das suas dimensões.
4. Modelo multinível de socialização organizacional focalizado na aprendizagem (Cooper-Thomas & Anderson, 2006). Adota como indicadores: a) desempenho do iniciante no seu papel; b) e atividades associadas a ele; c) coesão social – equipe e departamento; d) estabilidade organizacional; e e) representação externa da organização diante da comunidade. Tem em conta domínios de aprendizagem, conforme os conteúdos classificados na abordagem anterior e as fontes de informação.
5. Modelo do ajustamento de iniciantes durante a socialização (Bauer *et al.*, 2007). Trata a clareza do papel, autoeficácia e aceitação social como indicadores-chave do ajustamento, que têm como antecedentes a busca de informação e as táticas organizacionais. Considera resultados do ajustamento: satisfação e desempenho no trabalho, comprometimento organizacional, intenções de permanecer na empresa, rotatividade.

Esses modelos compartilham a adoção das seguintes diretrizes teórico-metodológicas: (1) partem do pressuposto de que as abordagens anteriores são complementares; (2) estabelecem inter-relações entre táticas organizacionais, proatividade e processamento cognitivo dos sujeitos socializantes; (3) analisam tais inter-relações, considerando o contexto das organizações e os aspectos socioeconômico e cultural; e (4) consideram resultados imediatos e mediatos da socialização organizacional. Todos esses modelos não deixam de ser, entretanto, em alguma medida, reducionistas, dada a dificuldade de abranger integralmente o processo contínuo de socialização, indicando a existência de retroalimentações variadas.

Diferenciações terminológicas

É possível observar, ainda, o uso de termos como socialização ocupacional e socialização profissional. Ambos são também variações de socialização do tipo secundária e se circunscrevem em mundo social focalizado diferente do termo socialização organizacional. O primeiro deles – socialização ocupacional – refere-se à introdução de uma pessoa em uma ocupação (bancária, operária etc.). Pode, portanto, atravessar várias instituições e/ou organizações, considerando que o mesmo indivíduo pode desenvolver uma única ocupação, mas mudar a organização com a qual mantém vínculo empregatício e/ou passar para a condição de autônomo. Além disso, a socialização ocupacional deve envolver desde a preparação do indivíduo para ingressar em uma ocupação. A socialização profissional assemelha-se por sua vez à anterior, sendo que o foco está no exercício de uma profissão, como médico, psicólogo, fisioterapeuta etc., que se diferencia de uma ocupação por exigir formação específica e que se submete a regulamentação formal e legal. Nesses termos, a socialização organizacional é a que prevê a introdução de um indivíduo em um mundo mais circunscrito, uma dada organização.

Considerações finais

Diante do exposto, percebe-se que o fenômeno é complexo e cada abordagem, na sequência histórica de surgimento, tem apreendido melhor as questões a ele referentes, demonstrando que o exercício da teorização vem se ampliando. O domínio e aprofundamento sobre o assunto, segundo os enfoques adotados, é fundamental para garantir uma consciência crítica do alcance e limitações das ações das pessoas e das táticas organizacionais, bem como para avaliar de modo mais adequado a congruência de exigências da organização para o trabalho e suas demais políticas de pessoal. Podem, por consequência, funcionar como um dos alicerces da atuação profissional (e/ou científica), o que significa uma atuação capaz de se projetar, estabelecendo prioridades, visando aos interesses sociais, organizacionais e de bem-estar individual e coletivo.

Referências

Allen, N. J., & Meyer, J. P. (1990). The measurement and antecedents of affective, continuance and normative commitment to the organization. *Journal of Occupational Psychology, 63*, 1-18.

Ashford, S. J., & Black, J. S. (1996). Proactivity during organizational entry: the role of desire for control. *Journal of Applied Psychology, 81*, 199-214.

Ashforth, B. E., Sluss, D. M., & Saks, A. M. (2007). Socialization tactics, proactive behavior and newcomer learning: integrating socialization models. *Journal of Vocational Behavior, 70*, 447--462.

Bauer, T. N., Bodner, T., Erdogan, B., Truxillo, D. M., & Tucker, J. S. (2007). Newcomer adjustment during organizational socialization: a meta-analytic review of antecedents, outcomes, and methods. *Journal of Applied Psychology, 92*, 707-721.

Berger, P. L., & Luckmann, T. (1985). *A construção social da realidade* (F. S. Fernandes, Trad.). Petrópolis, RJ: Vozes.

Berger, P. L., & Luckmann, T. (2004). *Modernidade, pluralismo e crise de sentido: a orientação do homem moderno.* São Paulo: Vozes. (Trabalho original publicado em 1995).

Borges, L. O., & Albuquerque, F. J. B. (2004). Socialização organizacional. In J. C. Zanelli, J. E. Borges-Andrade & A. V. B. Bastos (Orgs.). *Psicologia, organizações e trabalho no Brasil* (pp. 331--356). Porto Alegre: Artmed.

Borges, L. O., Silva, F. H. V. C., Melo, S. L., & Oliveira, A. S. (2010). Reconstrução e validação de um inventário de socialização organizacional. *Revista de Administração Mackenzie, 11*, 4-37.

Chao, G. T. (1997). Mentoring phases and outcomes. *Journal of Vocational Behavior, 51*, 15-28.

Chao, G. T., O'Leary-Kelly, A. M., Wolf, S., Klein, H., & Gardner, P. D. (1994). Organizational socialization: its content and consequences. *Journal of Applied Psychology, 79*, 730-743.

Cooper-Thomas, H. D., & Anderson, N. (2006). Organizational socialization: a new theoretical model and recommendations for future research and HRM practices in organizations. *Journal of Managerial Psychology, 21*, 492-516.

Feldman, D. C. (1976). A contingency theory of socialization. *Administrative Science Quarterly, 21*, 433-450.

Feldman, D. C. (1981). The multiple socialization of organizational members. *Academy of Management Review, 6*, 309-318.

Feldman, D. C. (1997a). Can international management advance when exceptions outnumber rules? *International Journal of Selection and Assessment, 5*, 14-15.

Feldman, D. C. (1997b). Special issue: keynote address. Socialization in an international context. *International Journal of Selection and Assessment, 5*, 1-8.

Griffin, A. E. C., Colella, A., & Goparaju, S. (2000). Newcomer and organizational socialization tactics: an interactionist perspective. *Human Resource Management Review, 10*, 453-474.

Jones, G. R. (1986). Socialization tactics, self-efficacy, and newcomers' adjustments to organizations. *Academy of Management Journal, 29*(2), 262-279.

Lisbona, A., Morales, J. F., & Palací, F. J. (2009). Engagement as a consequence of organizational socialization. *International Journal of Psychology & Psychological Therapy, 9*, 89-100.

Louis, M. R. (1980). Surprise and sense making: what newcomers experience in entering unfamiliar organizational settings. *Administrative Science Quarterly, 25*, 226-251.

Maier, G. W., & Brunstein, J. C. (2001). The role of personal work goals in newcomers' job satisfaction and organizational commitment: a longitudinal analysis. *Journal of Applied Psychology, 86*, 1034-1042.

Major, D. A., Kozlowski, S. W. J., Chao, G. T., & Gardner, P. D. (1995). A longitudinal investigation of newcomer expectations, early socialization outcomes and the moderating effect of role development factors. *Journal of Applied Psychology*, *80,* 418-431.

Miller, V. D., & Jablin, F. M. (1991). Information seeking during organizational entry: influences, tactics and a model of the process. *Academy of Management Review, 16*, 92-120.

Nelson, D. L. (1987). Organizational socialization: a stress perspective. *Journal of Occupational Behavior, 8*, 311-324.

Ostroff, C., & Kozlowski, S. W. J. (1992). Organizational socialization: the role of information acquisition. *Personnel Psychology*, *45,* 849-872.

Palaci, F. J., Osca, A., & Ripoll, P. (1995). Tácticas de socialización organizacional y estrés de rol durante la primera experiencia laboral. *Revista de Psicología del Trabalho y de las Organizaciones, 11,* 35-47.

Saks, A. M., & Ashforth, B. E. (1997a). Organizational socialization: making sense of past and present as a prologue for the future. *Journal of Vocational Behavior*, *51*, 234-279.

Saks, A. M., & Ashforth, B. E. (1997b). Socialization tactics and newcomer information acquisition. *International Journal of Selection and Assessment*, *5*, 48-61.

Saks, A. M, Uggerslev, K. L., & Fassina, N. E. (2007). Socialization tactics and newcomer adjustment: a meta-analytic review and test of a model. *Journal of Vocational Behavior*, *70*, 413-446.

Schein, E. H. (1968). Organizational socialization and professional of management. *Industrial Management*, *9*, 1-6.

Van Maanen, J., & Schein, E. H. (1979). Toward a theory of organization socialization. *Research in Organizational Behavior*, *1,* 209-264.

Subjetividade e trabalho

Henrique Caetano Nardi

Subjetividade é um conceito basilar para a psicologia. Em quase todas as correntes teóricas, mesmo a partir de definições distintas, o termo é amplamente empregado. Trata-se da expressão mais utilizada para definir linhas e temáticas de pesquisa no âmbito da pós-graduação brasileira. No senso comum, o termo se refere àquilo que é próprio ao sujeito, o que o faz singular; em outros momentos, é tomado como sinônimo de interioridade, ou ainda, no campo das ciências em geral, como oposto à objetividade. A subjetividade no trabalho, por sua vez, remete, por um lado, à dimensão da relação dos sujeitos com o trabalho, isto é, as formas como nos constituímos a partir da inserção nos distintos mundos do trabalho; pelo outro, à forma como a relação sujeito-trabalho se configura a partir das demandas do mercado, produzindo uma subjetividade específica capaz de atender às exigências das transformações na organização do trabalho nos distintos setores da economia.

As transformações contemporâneas do capitalismo são particularmente focadas na subjetividade, pois a reestruturação produtiva, as novas formas de gestão e a terceira revolução industrial – associação da informática com as telecomunicações – vão demandar tarefas que solicitam a implicação plena do sujeito com seu trabalho. Noções como empregabilidade, gestão de pessoas, capital humano, trabalho imaterial e competência, entre outras, remetem a uma demanda de autogestão do trabalho, investimento pleno na carreira e constituição de formas de existência pensadas a partir da inserção profissional e da antecipação das demandas do mercado. Essa subjetividade demandada pelo trabalho contemporâneo se apresenta de forma distinta daquela do "homem-boi" de Taylor, cuja inserção no trabalho se limitava à disciplina e ao controle dos tempos e movimentos, da parcialização das tarefas, da progressiva especialização das funções e cuja gratificação e reconhecimento eram limitados ao salário e à possibilidade de aquisição de bens de consumo.

Hoje, o(a) trabalhador(a) das fábricas e serviços adaptado(a) ao mercado mundial, às formas de gestão contemporâneas e ao desenvolvimento tecnológico se transformou em um(a) operador(a) multifuncional cuja implicação no trabalho exige pensar a inovação e a solução de problemas, sendo responsável pelo controle de seu próprio trabalho a partir das metas acordadas pela empresa e pela gestão do trabalho em equipe. Outro elemento importante que caracteriza as novas formas de trabalho e as demandas em relação à subjetividade se situa na má delimitação das fronteiras entre vida privada e vida profissional, uma vez que a onipresença da internet e da telefonia móvel fazem com que períodos de férias e extratrabalho sejam invadidos pelas demandas das organizações.

Nesse contexto, estudos dos anos 1980 e 1990 denunciaram as consequências sociais e pessoais das transformações do capitalismo. Esses estudos enfatizaram a corrosão dos valores que sustentavam uma determinada forma de relação moral com o trabalho que implicava maiores possibilidades de planejamento da vida em longo prazo (Sennett, 2000). As consequências negativas desse novo trabalho estariam associadas à desregulamentação da legislação trabalhista e da instabilidade do mercado de trabalho que teriam colocado em xeque as formas de proteção social construídas a partir do modelo de sociedade salarial europeu (Castel, 1998).

As causas dessas transformações são associadas à globalização, à abertura dos mercados, às inovações tecnológicas e às modificações nas formas de gestão. Esse novo sistema socioeconômico tem como referência a perspectiva neoliberal e marca a passagem do modelo de produção taylorista-fordista para a acumulação flexível (Harvey, 1992). É importante ressaltar que o modelo de Estado Social que associava pleno emprego e proteção social na Europa nunca se afirmou plenamente no contexto brasileiro, cujo mercado de trabalho é estruturalmente marcado por um alto grau de informalidade e pela fragilidade das proteções sociais garantidas pelo Estado (Nardi, 2006). Ainda, cabe lembrar que à margem das indústrias e serviços globalizados, convivemos com formas de trabalho repetitivas, precárias, informais e que demandam mais força física que competências cognitivas (ou pelo menos uma competência cognitiva de outra ordem, menos exigentes de educação formal) para o desempenho das tarefas. Esse caráter híbrido do mercado do trabalho é presente tanto no que se refere à divisão internacional do trabalho como no interior de países que apresentam um desenvolvimento industrial mais recente e menor controle estatal das relações entre capital e trabalho.

No contexto contemporâneo, a indústria deixou de ser o carro chefe do mercado mundial, cedeu seu espaço para as empresas de tecnologia da informação e comunicação, para o setor de serviços e para o mercado financeiro. Mesmo que a figura do(a) operário(a) ainda seja emblemática para pensar as relações de trabalho no imaginário social, ela representa uma parcela menor do mercado de trabalho mundial; no caso brasileiro, por exemplo, o setor terciário, em 2012, representa mais de 50% dos postos de trabalho. Essa alteração produz novas demandas e remete a uma relação com a clientela mais direta, seja por meio do teleatendimento, seja no contato direto com o público. O setor público também se alterou a partir da reforma do Estado brasileiro nos anos 1990 e muitas das formas de gestão presentes nas empresas privadas foram importadas reconfigurando a organização do trabalho no serviço público. Algumas incompatibilidades dos modelos de gestão público e privado são apontadas como fonte de sofrimento psíquico como aquele relacionado ao assédio moral no trabalho. Como o foco da gestão passa a ser a subjetividade, exigindo uma subjetividade moldada para o trabalho, o(a) trabalhador(a) é demandado(a) na posição de ser empreendedor de si mesmo, e as noções de capital humano e de *homo aeconomicus* se tornam fundamentais para compreender essa demanda (Foucault, 2004).

O incremento do individualismo, da competitividade no trabalho, da compressão das dimensões do tempo e do espaço associadas a uma aceleração das demandas fazem que os insucessos, as frustrações e a responsabilidade pelas falhas sejam percebidos como culpa exclusiva do sujeito. Essas formas de sofrimento psíquico têm produzido uma gama importante de novos quadros diagnósticos como a síndrome do *burnout* e a normopatia, assim como o incremento dos quadros de ansiedade, depressivos e de dependência de substâncias psicoativas (principalmente ansiolíticos, antidepressivos, álcool e drogas ilícitas). Nessa direção, a Organização Mundial da Saúde estima que já nesta década o adoecimento psíquico configure a segunda causa de afastamento do trabalho.

Nem todas as consequências das transformações do capitalismo são negativas, o trabalho nos postos-chave (*core*) das empresas foi enriquecido de conteúdo; para esses(as) trabalhadores(as) mais demandados(as), apesar da pressão constante, existem formas mais flexíveis de uso do tempo de trabalho e existe maior espaço para a criatividade em algumas funções. Outro aspecto positivo é uma maior visibilidade das formas de discriminação no trabalho. Políticas públicas e medidas administrativas, assim como ações no campo da responsabilidade social, têm produzido alguns frutos no sentido da igualdade de oportunidades entre homens e mulheres, inserção de trabalhadores(as) portadores(as) de necessidades especiais, combate ao racismo e à discriminação ligada à orientação sexual e identidade de gênero, assim como programas voltados para a sustentabilidade. Essas medidas, embora ainda minoritárias no campo empresarial, podem produzir ambientes de trabalho mais saudáveis. Existe também uma crítica política crescente derivada das crises econômicas mundiais relacionadas ao mercado financeiro e ao modelo neoliberal que podem produzir mudanças nas formas de gestão associadas a esse modelo.

Conceituando a relação subjetividade e trabalho

Muitos fatores devem ser levados em conta na análise da subjetividade no trabalho, uma vez que não há a possibilidade de dissociar o que somos de nossa forma de inserção no trabalho, a menos que sejamos impelidos a utilizar estratégias defensivas psíquicas rígidas com consequências negativas no plano da saúde mental (Dejours, Abdoucheli & Jayet, 1994). Assim, na análise da subjetividade no trabalho, vários marcadores sociais vão caracterizar essa relação. Para citar alguns, destacamos: geração, cor/raça/etnia, origem rural ou urbana, inserção em organizações privadas ou públicas, grau de escolaridade, sexo, orientação sexual, relações de gênero, valor atribuído ao trabalho na cultura e, ainda, a estrutura, dinâmica e história do mercado de trabalho em um contexto sociogeográfico específico.

O conceito de subjetividade é polissêmico e utilizado por diferentes correntes da psicologia e das ciências sociais. Etimologicamente, o termo remete àquilo que é próprio ao sujeito, termo que se origina do latim *subjectum* e do grego *hypostasis/hypokeimeno*. As origens latina e grega fazem referência aos suportes dos aspectos observáveis da existência, ou seja, àquilo que dá substância aos aspectos fenomenológicos que caracterizariam o humano. Retomando essas origens, a subjetividade pode ser pensada como uma categoria analítica que permite a compreensão da dinâmica e da estrutura social a partir da indissociabilidade do individual e do coletivo. Para as perspectivas construcionistas e pós-estruturalistas, não existe uma ruptura entre sujeito psíquico (sujeito da história individual e do desejo inconsciente) e sujeito social (sujeito da história e de suas transformações). Essas correntes teóricas, apesar de não serem assimiláveis uma a outra, permitem pensar a subjetividade por meio dos processos e dos modos de subjetivação.

Os modos de subjetivação referem-se ao modo predominante como os sujeitos relacionam-se com o conjunto de regras sociais e a forma como se veem obrigados a cumprir e, ao mesmo tempo, como se reconhecem a elas pertencentes. Os processos de subjetivação, por sua vez, são compreendidos com base na análise da maneira como os indivíduos se relacionam com o regime de verdades próprio a cada período, ou seja, a maneira como o conjunto de regras que define cada sociedade é experienciado em cada trajetória singular de vida. Quem utiliza esse conjunto de regras como forma de identificação e como guia de suas ações; entretanto, esse mesmo conjunto de regras morais sustenta a forma de dominação própria ao capitalismo. O regime de verdades que define as relações de poder no capitalismo nos seus diferentes períodos permite explicar e justificar as posições de classe, o lugar dos sujeitos na estrutura social, as possibilidades e as restrições à mobilidade social.

Nessa linha teórica que não dissocia o social e o individual, a definição de subjetividade proposta por Michel Foucault (Ramminger & Nardi, 2008) tem um impacto importante na psicologia brasileira. O autor afirma que a subjetividade é a experiência que fazemos do que somos em um determinado jogo de verdades. Para o autor, os jogos de verdade são as formas e procedimentos pelos quais um determinado conjunto de discursos – que podem ser oriundos do campo científico, religioso, moral ou econômico – adquire suficiente legitimidade para que tenha efeito de verdade e seja utilizado pelos sujeitos para julgar suas ações e guiar suas condutas. Assim, se os valores relacionados ao trabalho, assim como as competências e habilidades que têm maior importância para a inserção no mercado mudam conforme o período histórico, mudam também as formas de relação dos sujeitos com seu trabalho e com todos os aspectos da vida a ele relacionados: desde a divisão de tarefas entre homens e mulheres, decisão quanto a ter ou não filhos, formas distintas de arranjos conjugais, compra de bens, entre tantos outros.

Outra corrente importante na psicologia do trabalho brasileira que emprega o conceito de subjetividade é a psicodinâmica do trabalho formulada por Christophe Dejours

(Dejours, Abdoucheli & Jayet, 1994). Ela é inspirada parcialmente pelo campo da psicanálise e se configura em uma corrente para a qual a subjetividade no trabalho remete à produção do sentido a ele atribuído pelos indivíduos a partir do encontro da história individual do sujeito com o mundo social do trabalho. Isso implica aos pesquisadores e profissionais a tarefa de aceder ao sentido das condutas e comportamentos dos sujeitos no trabalho, compartilhar a significação que estes atribuem às suas ações e assim poder incidir nas estratégias defensivas que podem bloquear as formas de sublimação no trabalho e produzir adoecimento. Para essa corrente, o reconhecimento é um elemento central para avaliar as possibilidades de satisfação com o trabalho e está associado tanto ao reconhecimento hierárquico como pelos pares.

Uma contribuição importante da escola de Dejours é a análise das possibilidades da expressão da subjetividade no trabalho (Sznelmar, Uchida & Lancman, 2011), as quais se dão principalmente na interface entre o trabalho prescrito e o trabalho real; ou seja, a psicodinâmica busca compreender – no hiato entre as regras técnico-gerenciais que organizam o trabalho e a sua realização efetiva no cotidiano – quais são as possibilidades de o(a) trabalhador(a) intervir de forma criativa e segura e, assim, experienciar o sofrimento criativo, ou seja, ter prazer no trabalho a partir da sublimação. A identidade é um conceito que é trabalhado de forma paralela à subjetividade. Do ponto de vista dos estudos da subjetividade, as identidades profissionais são construídas a partir do que se espera socialmente de determinadas atividades. Elas seriam efeitos do conjunto de regras de inserção profissional, assim como da posição social em uma sociedade de classes a qual o(a) profissional deveria ocupar e, ainda, das relações de gênero que marcam a divisão sexual do trabalho em um campo profissional, entre outras características. Nesta direção, a identidade profissional se configuraria a partir de um conjunto de elementos incorporados pelos sujeitos a partir do contexto social.

A produção acadêmica brasileira no campo

Uma breve revisão da produção acadêmica brasileira acessível nos indexadores SciELO (Scientific Electronic Library Online) e PePsic (Periódicos Eletrônicos de Psicologia), em maio de 2012, cruzando as palavras-chave *subjetividade* e *trabalho* encontrou 38 artigos. Nesses textos, múltiplas correntes teóricas estão presentes. Dentre elas, podemos destacar as já citadas: psicodinâmica do trabalho e a perspectiva pós-estruturalista guiada por Michel Foucault, Gilles Deleuze e Félix Guattari – com contribuições contemporâneas de Toni Negri, Michael Hardt e Maurizio Lazzaratto no que se refere ao trabalho imaterial e aos efeitos políticos do neoliberalismo –, assim como trabalhos inspirados no campo marxista. Encontramos ainda estudos orientados pela perspectiva da clínica da atividade proposta por Yves Clot e Yves Schwartz, pela psicanálise, e vários estudos que, apesar de utilizarem o termo *subjetividade*, não o definem.

Outro aspecto importante que caracteriza a produção brasileira recente é seu caráter interdisciplinar e a proximidade com os campos da sociologia e da administração. Dessa forma, autores(as) da sociologia como Robert Castel, Ulrich Beck, Luc Boltanski, Ève Chiapello, Zygmund Bauman, Ricardo Antunes, assim como da psicossociologia e sociologia clínica, como Eugène Enriquez, Vincent de Gaulejac, entre outros, fazem-se presentes no campo. Na psicologia brasileira e ciências afins, podemos indicar um grupo de autores(as) cujo trabalho se situa próximo ao campo de estudos da subjetividade no trabalho. Entre elas(es): Maria Elizabeth Barros de Barros, Tania Galli Fonseca, Maria da Graça Jacques, Carmen Grisci, Peter Spink, Edith Seligmann-Silva, Leny Sato, Henrique C. Nardi, Jaqueline Tittoni, Pedro F. Bendassolli, Marília Veronesi, Wanderley Codo, Tatiana Ramminger, Álvaro Merlo, Selma Lacman, Ana Magnólia Mendes, Milton Athayde, Jussara Brito e Cláudia Osório Silva.

Compreender a subjetividade no trabalho é central para a psicologia, pois indica as formas como cada contexto sócio-histórico e cada cultura e subcultura específicas produzem um modo de ser sujeito no e para o trabalho; assim como configuram as possibilidades de transformação das expressões de cada sujeito singular na sua confrontação com as experiências que marcam a inserção social, a realização de desejos, o planejamento de vida e a felicidade. Esses são aspectos centrais que dão sentido à vida e que se materializam na esfera do trabalho, pelo menos desde que os ideais do trabalho livre e da igualdade política inauguraram o capitalismo e a modernidade nas sociedades ocidentais.

Referências

Castel, R. (1998). *As metamorfoses da questão social: uma crônica do salário.* Petrópolis, RJ: Vozes.

Dejours, C., Abdoucheli, E., & Jayet, C. (1994). *Psicodinâmica do trabalho: contribuições da escola dejouriana à análise da relação prazer, sofrimento e trabalho.* São Paulo: Atlas.

Foucault, M. (2004). *Naissance de la biopolitique.* Paris: Gallimard-Seuil.

Harvey, D. (1992). *Condição pós-moderna.* São Paulo: Loyola.

Nardi, H. C. (2006). *Ética, trabalho e subjetividade: trajetórias de vida no contexto do capitalismo contemporâneo.* Porto Alegre: Editora da UFRGS.

Ramminger, T., & Nardi, H. C. (2008). Subjetividade e trabalho: algumas contribuições conceituais de Michel Foucault. *Interface, 12*, 339-346.

Sennett, R. (2000). *A corrosão do caráter.* Rio de Janeiro: Record.

Sznelmar, L. I., Uchida, S., & Lancman, S. (2011). A subjetividade no trabalho em questão. *Tempo social, 23*, 11-30.

Trabalho

Oswaldo Hajime Yamamoto

O trabalho "é uma prática transformadora da realidade que viabiliza a sobrevivência e a realização do ser humano", afirma Malvezzi (2004, p. 13). De acordo com o *Dicionário básico de filosofia* (Japiassu & Marcondes, 1990, p. 236), o trabalho é definido como a "atividade através da qual o homem modifica o mundo, a natureza, de forma consciente e voluntária, para satisfazer suas necessidades básicas". No *Dicionário Houaiss da língua portuguesa*, uma das acepções de trabalho que encontramos é que se trata de um "conjunto de atividades produtivas ou criativas, que o homem exerce para atingir determinado fim (Houaiss & Villar, 2001, p. 2743).

Uma característica comum a essas definições – e poderíamos prosseguir indefinidamente arrolando outras – é o fato de o trabalho ser uma atividade essencialmente humana. É bem verdade que é possível encontrar trabalho associado a organismos não humanos ou mesmo a máquinas, mas são alusões ao esforço envolvido no trabalho humano. Tal esforço é revestido, hoje, de ampla valorização social: o dito popular, "o trabalho enobrece e dignifica o homem", é bastante conhecido e ilustrativo.

Todavia, nem sempre o trabalho foi socialmente aclamado. A própria origem da palavra remonta ao termo latino *tripalium*, um instrumento de tortura do exército romano constituído de três paus fincados no chão. Para Platão e Aristóteles, o trabalho era expressão da miséria do homem e os cidadãos deveriam ser poupados dessa atividade desgastante e degradante. Na *Bíblia*, o trabalho é associado ao sofrimento, conforme trecho de Gênesis, 3:19: "No suor do teu rosto comerás o teu pão".

A valorização do trabalho é um fenômeno moderno. Diferente dos modos de produção anteriores ao capitalismo, fundados no trabalho servil – seja o escravo do mundo antigo ou o servo da gleba do período feudal –, o capitalismo é dependente do "homem livre", que vende a sua força de trabalho. A elaboração ideológica correspondente ao trabalho subordinado ao processo de produção capitalista é a chamada "glorificação do trabalho" (Borges & Yamamoto, 2004). Porém, para discutir esse processo histórico, é necessário retornar ao conceito de trabalho.

Conceituando trabalho

O trabalho passa a ocupar lugar central na teoria economia clássica, a partir da obra de Adam Smith e de David Ricardo, com o desenvolvimento da teoria do valor-trabalho. A teoria – e a centralidade ontológica do trabalho – ganharia expressão maior na obra de Karl Marx.

Para Marx (1867/1980a), o trabalho é uma atividade essencialmente humana e transformadora da realidade, um "processo em que o ser humano, com sua própria ação, impulsiona, regula e controla o intercâmbio material com a natureza" (p. 202). E, agindo sobre a natureza e a transformando, o ser humano modifica a sua própria natureza.

"Essencialmente humana" significa que o trabalho é uma atividade consciente, voluntária e que objetiva atingir um fim. É conhecida a passagem na qual Marx (1867/1980a) afirma que o que distingue o pior arquiteto da melhor abelha é que o primeiro prefigura na mente sua construção antes de transformá-la em realidade. O resultado do processo de trabalho, portanto, já existia idealmente na imaginação do trabalhador. A especificidade da transformação da natureza pelo trabalho é, portanto, a prévia ideação ou, nos termos de Lukács (1981), trata-se de uma atividade teleologicamente posta.

O trabalho ocupa um lugar central no pensamento marxiano, concebido como a categoria fundante do ser social: uma forma exclusivamente humana de transformar a natureza e uma condição básica da existência humana. Conforme Lessa (1992, p. 39-40), a "gênese da categoria do trabalho corresponde à gênese de uma nova esfera de ser, de uma nova substancialidade, radicalmente distinta do ser apenas natural. [...] (O) trabalho fornece a protoforma, o modelo genérico, da práxis humano-social".

Processo capitalista de produção: trabalho concreto e trabalho abstrato

Até este momento, tratamos de trabalho independente de suas formas históricas. Analisar o processo de trabalho capitalista requer a consideração da divisão social do trabalho, ou seja, tratar da desqualificação do trabalho e da alienação do homem com relação ao processo de trabalho.

A riqueza das formações sociais capitalistas, lembra Marx (1867/1980a), é configurada pela acumulação de mercadorias, a forma elementar dessa riqueza. O modo de produção capitalista está fundado na compra e venda de uma espécie específica de mercadoria, a força de trabalho. É importante observar que não se trata da negociação de trabalho, mas da força de trabalho, ou seja, de uma capacidade não específica de trabalho negociada conforme a necessidade de produção do capitalista. Trata-se, entretanto, de uma mercadoria especial, a única que, no processo produtivo, adiciona valor.

A venda e a compra da força de trabalho é possível, de início, pelo fato de, pela primeira vez na história, a produção ser realizada por homens livres. O trabalhador, despojado dos meios de trabalho, tem na venda da sua força de trabalho a condição única e básica para sua subsistência. Em segundo lugar, pela forma específica de organização do trabalho sob o capitalismo, que separa o trabalho manual do intelectual. O processo de trabalho capitalista, cuja síntese é a chamada gerência científica taylorista, compreende o parcelamento das tarefas, a expropriação do saber técnico do trabalhador que é incorporado à maquinaria e o despotismo do controle do processo.

A discussão da forma histórica que o trabalho assume sob a égide do modo de produção capitalista demanda o tratamento de sua dupla dimensão, a de trabalho concreto e trabalho abstrato. De acordo com Marx (1967/1980a, p. 54), "todo trabalho é, de um lado, dispêndio de força humana de trabalho, no sentido fisiológico, e, nessa qualidade de trabalho humano igual ou abstrato, cria o valor das mercadorias". Por outro lado, todo trabalho é "dispêndio de força humana de trabalho, sob forma especial, para um determinado fim, e, nessa qualidade de trabalho útil e concreto, produz valores-de-uso" (Marx, 1967/1980a, p. 54). Contudo, sob a vigência do modo de produção capitalista, a dimensão concreta do trabalho, ou seja, seu caráter útil, "desaparece", subordinando-se à sua dimensão abstrata, na forma de "trabalho humano abstrato" (dispêndio de energias físicas e intelectuais), para a valorização do capital.

Portanto, considerado um momento fundante da sociabilidade humana, sob a égide do modo de produção capitalista, o trabalho – assalariado – assume a forma de trabalho alienado, com o produto resultante aparecendo ao trabalhador como algo alheio e estranho (Antunes, 1995). Nesse processo, o homem se torna estranho em relação ao próprio gênero humano (Marx, 1982, 1932/2004).

Observe-se, portanto, que a centralidade ontológica do trabalho postulada por Marx difere radicalmente do processo de exaltação do trabalho a partir de uma perspectiva utilitarista, decorrente da ética protestante analisada extensivamente por Weber (1905/1987).

A análise das formas assumidas pela atividade humana tem recebido a atenção de autores situados fora do espectro marxista e do campo da economia política. Hannah Arendt, para citar um exemplo, partindo de uma perspectiva filosófica, distingue trabalho de "labor" e de "ação", como atividades humanas fundamentais. O labor corresponderia ao processo biológico do corpo humano. "A condição humana do labor é a própria vida" (Arendt, 1958/1981, p. 15). O trabalho corresponderia ao que Arendt denomina de "artificialismo da existência humana", produtor de um mundo artificial de coisas. A condição humana do trabalho é denominada por Arendt de "mundanidade". A ação, finalmente, seria a única atividade exercida entre os homens e sem a mediação da matéria, correspondendo à condição humana de "pluralidade".

Trabalho vivo e trabalho morto

As noções de trabalho vivo e trabalho morto nos remetem ao processo de reprodução ampliada do capital. De acordo com a equação clássica formulada por Marx (1867/1980a), o capital (C) posto no processo produtivo é convertido em capital constante (c) e capital variável (v), o primeiro correspondendo aos meios de produção e o segundo, à força de trabalho. Já mencionamos que apenas o trabalho valoriza o capital, possibilitando a extração da mais-valia. Esquematicamente, $C=c+v$ converte-se em $C'=c+(v+\Delta v)$ no final do processo. A taxa de mais-valia, ou de exploração do trabalho, corresponde à relação entre o trabalho necessário (o "v", da segunda equação) e o trabalho adicional (acréscimo de "v", o Δv).

O trabalho vivo corresponde, portanto, à segunda parte da equação. O trabalho morto, por seu turno, nos remete à primeira, ou seja, ao capital constante. "Constante", é importante lembrar, nos termos marxianos, significa que esse componente da equação do capital não gera valor, apenas o transfere para o produto final. Dentre os componentes do capital constante, encontram-se produtos que são resultados de processos produtivos passados, tanto a matéria-prima quanto, e mais importante, a maquinaria. A incorporação crescente da maquinaria, em uma palavra, da tecnologia, é uma característica inerente ao modo de produção capitalista. É o que viabiliza o aumento da taxa de exploração (e consequente lucro capitalista), pela intensificação do processo de trabalho (extração da mais-valia relativa). Esses produtos de trabalhos anteriores incorporados ao novo processo produtivo, sem geral valor, recebem a denominação de trabalho morto.

Aqui se situa uma importante e discutida tese de Marx (1894/1980b) desenvolvida em *O capital* sobre a lei da queda tendencial do lucro. De maneira sintética, o argumento marxiano é de que o processo de reprodução ampliada alteraria a composição orgânica do capital, demandando a crescente incorporação de trabalho morto em detrimento do trabalho vivo. Ou seja, a parte da equação do capital que produz valor decresceria proporcionalmente à parte que não gera valor, promovendo o decréscimo – tendencial – do lucro.

Ainda a respeito do trabalho morto, há uma ampla controvérsia, relativa ao papel da ciência no processo produtivo. Alguns autores defendem uma tese bastante polêmica de que, após a chamada "revolução informacional" (Lojkine, 1995), estaríamos presenciando o advento do "trabalho imaterial", tese tanto contestada (Lessa, 2005, 2007) quanto amparada (Antunes, 1999) no campo marxista e em campos próximos (Lazzaratto & Negri, 1991; Lazzaratto, 1992). O "trabalho imaterial" consistiria naquela modalidade de trabalho na qual predomina a dimensão intelectual, seja no setor de serviços, seja nas atividades industriais mais informatizadas. No cerne da questão está a separação operada pelo chamado marxismo analítico entre "social" e "material" (Cohen, 1978), abrindo espaço para o entendimento de que existiriam atividades "imateriais". Partindo da letra marxiana, a suposição da cisão entre "social" e "material" proposta por Cohen seria um contrassenso, uma vez que seriam formas distintas de matéria, mas sempre "materiais".

Trabalho simples, trabalho complexo e o trabalhador coletivo

Ao analisar o processo produtivo capitalista, Marx (1867/1980a) faz mais uma distinção, entre trabalho simples e trabalho complexo. De acordo com Marx, o primeiro seria aquela modalidade indiferenciada de trabalho que apenas requer o dispêndio de força de trabalho, que qualquer homem, sem necessidade de educação especializada, é capaz de realizar. O trabalho complexo (ou qualificado), por seu turno, demandaria um nível de especialização que permitiria potencializar ou multiplicar o trabalho simples. A despeito das diferenças entre elas, Marx assinala que ambas seguem a mesma legalidade, equivalendo-se nas relações de troca.

Uma marca importante do processo de produção capitalista é a transformação do produto de resultado direto de um produtor individual em um produto comum de um conjunto de trabalhadores, o "trabalhador coletivo". Marx (1867/1980a) identifica três formas sociais de trabalho coletivo que se sucedem no desenvolvimento do modo de produção capitalista: a cooperação simples, a manufatura e a grande indústria. A cooperação simples corresponderia a um primeiro momento da produção capitalista, no qual um coletivo de trabalhadores ocupa um espaço comum sem que haja, efetivamente, uma mudança na forma de produção que tipificou o artesanato das corporações, mas tão somente uma diferença quantitativa. Na divisão manufatureira do trabalho, a cooperação adquire uma outra conformação, com uma significativa mudança do processo de trabalho. Nele, os trabalhadores parciais desempenham tarefas mais especializadas e estruturadas sequencialmente, articulando trabalhos simples e complexos. Finalmente, na grande indústria, substitui-se a base técnica dos períodos anteriores pela maquinaria. Não se trata mais do trabalhador em uma sequência operando sua ferramenta; aqui, o trabalhador deixa de ser sujeito do processo produtivo, transformando-se em um apêndice da máquina. A cooperação, agora controlada pela maquinaria, é ampliada.

Trabalho produtivo e trabalho improdutivo

No *Capítulo inédito d'O capital*, Marx (1975) faz uma distinção entre o trabalho produtivo e o trabalho improdutivo. Partindo do pressuposto de que o produto por excelência da produção capitalista é a mais-valia, Marx denomina de produtivo somente aquele trabalho "que valoriza diretamente o capital, o que produz mais-valia" (p. 93). Trabalhadores improdutivos, portanto, correspondem àquela massa de assalariados que não valorizam o capital, embora sejam imprescindíveis à sua reprodução. O crescente setor dos serviços, o setor financeiro e os funcionários do Estado estão nessa categoria.

É interessante notar que Marx afirma que um trabalho idêntico pode ser igualmente produtivo ou improdutivo. Um dos exemplos é o do "mestre-escola": aquele que "ensina outras pessoas não é um trabalhador produtivo". No entanto, "um mestre-escola que é contratado com outros para valorizar, mediante o seu trabalho, o dinheiro do empresário da instituição que trafica com o conhecimento [...] é um trabalhador produtivo" (Marx, 1975, p. 99). Adenda que a maior parte desses trabalhadores se submete apenas formalmente ao capital, pertencendo às formas de transição. Em suma, não há qualquer julgamento de valor separando o "produtivo" do "improdutivo"; além disso, o cerne da distinção não é a natureza do trabalho mas a sua posição no processo produtivo.

Crise e "fim" do trabalho

Um tema recorrente na discussão contemporânea sobre o trabalho, como uma das consequências da reestruturação produtiva e do surgimento das *novas formas de trabalho*, é a chamada "crise do trabalho" e a tese do *trabalho perdido* (Vatin, 2008), que, na sua forma extrema, remeteria ao "fim da sociedade do trabalho". Como essa questão será tratada em outros verbetes, a intenção deste tópico é tão somente indicar a articulação dessa questão com a tese da centralidade ontológica do trabalho postulada por Marx.

O ponto de partida é a constatação de uma desproletarização do trabalho industrial fabril nos países de capitalismo avançado (Antunes, 1995), resultando em um desemprego estrutural sem precedentes. A partir dessa constatação, um grande número de autores – como Jeremy Rifkin, André Gorz, Claus Offe, Jean Lojkine e Jurgen Habermas – para citar apenas alguns, partindo de perspectivas analíticas diversas, propuseram teses sobre a questão buscando refutar a centralidade do trabalho no capitalismo atual.

São teses polêmicas cuja abordagem em detalhes escapa ao objetivo deste verbete. Algumas indicações, contudo, partindo da perspectiva marxista, impõem-se. A primeira observação diz respeito ao reconhecimento de que, a despeito da redução de postos de trabalho no setor industrial e do crescimento do setor terciário, é impossível não reconhecer o fato de que ainda estamos na vigência de uma sociedade produtora de mercadorias. O que estamos testemunhando é uma diminuição no setor produtivo do trabalho abstrato, responsável pela criação de valores de troca. Já mencionamos essa questão quando tratamos da alteração da composição orgânica do capital em decorrência do aumento progressivo da incorporação do trabalho morto em detrimento do trabalho vivo.

A questão central aqui é se estamos nos referindo tão somente à crise do trabalho abstrato, como sugere uma leitura mais fiel à letra marxiana – como são os casos, por exemplo, de Kurz (1992), Antunes (1995) e Lessa (2007) –, ou também da sua dimensão concreta, ou seja, questionando o trabalho no papel de protoforma da atividade humana, como sugerem Offe (1989), Gorz (1982) e Habermas (1987).

Referências

Antunes, R. (1995). *Adeus ao trabalho? Ensaios sobre as metamorfoses e a centralidade do mundo do trabalho* (2a ed.). São Paulo: Cortez.

Antunes, R. (1999). *Os sentidos do trabalho: ensaios sobre a afirmação e a negação do trabalho.* São Paulo: Boitempo.

Arendt, H. (1981). *A condição humana.* Rio de Janeiro: Forense Universitária. (Trabalho original publicado em 1958).

Borges, L. O., & Yamamoto, O. H. (2004). O mundo do trabalho. In J. C. Zanelli, J. E. Borges--Andrade & A. V. B. Bastos (Orgs.). *Psicologia, organizações e trabalho no Brasil* (pp. 24-62). Porto Alegre: Artmed.

Cohen, G. (1978). *Karl Marx's theory of history – a defense.* Princenton, NJ: Princenton University Press.

Gorz, A. (1982). *Adeus ao proletariado.* Rio de Janeiro: Forense.

Habermas, J. (1987). A nova intransparência. *Novos estudos Cebrap, 18*, 103-114.

Houaiss, A., & Villar, M. S. (2001). *Dicionário Houaiss da língua portuguesa.* Rio de Janeiro: Objetiva.

Japiassu, H., & Marcondes, D. (1990). *Dicionário básico de filosofia.* Rio de Janeiro: Jorge Zahar.

Kurz, R. (1992). *O colapso da modernização: da derrocada do socialismo de caserna à crise da economia mundial.* São Paulo: Paz e Terra.

Lazzaratto, M. (1992). Le concept du travail immatériel: la Grande Enterprise. *Multitudes Web: Futur Antérieur, 10.* Recuperado em 24 maio, 2012, de http://multitudes.samizdat.net/Le-concept-de-travail-immateriel.

Lazzaratto, M., & Negri, T. (1991). Travail immatériel et subjectivité. *Multitudes Web: Futur Antérieur, 6.* Recuperado em 19 setembro, 2014, de http://multitudes.samizdat.net/Travail-immateriel-et-subjectivite.

Lessa, S. (1992). Lukács: trabalho, objetivação, alienação. *Trans./Form./Ação, 15*, 39-51.

Lessa, S. (2005). *Para além de Marx: crítica da teoria do trabalho imaterial.* São Paulo: Xamã.

Lessa, S. (2007). *Trabalho e proletariado no capitalismo contemporâneo.* São Paulo: Cortez.

Lojkine, J. (1995). *A revolução informacional.* São Paulo: Cortez.

Lukács, G. (1981). *Ontologia dell'essere sociale II.* Roma: Riuniti.

Malvezzi, S. (2004). Prefácio. In J. C. Zanelli, J. E. Borges-Andrade, & A. V. B. Bastos (Orgs.). *Psicologia, organizações e trabalho no Brasil* (pp. 13-17). Porto Alegre: Artmed.

Marx, K. (1975). *Capítulo inédito d'O capital: resultados do processo de produção imediato.* Porto, Portugal: Escorpião.

Marx, K. (1980a). *O capital (crítica da economia política) Livro 1: o processo de produção do capital* (Vol. 1, 5a ed.). Rio de Janeiro: Civilização Brasileira. (Trabalho original publicado em 1867).

Marx, K. (1980b). *O capital (crítica da economia política) Livro 3: o processo global de produção capitalista* (Vol. 4, 5a ed.). Rio de Janeiro: Civilização Brasileira. (Trabalho original publicado em 1894).

Marx, K. (1982). Extractos de lecturas (Extractos del libro de James Mills "Elemens d'Économie Politique"). In C. Marx & F. Engels. *Marx: escritos de juventud* (pp. 522-538). (Coleção Obras Fundamentales, vol. 1). México, DF: Fondo de Cultura Económica.

Marx, K. (2004). *Manuscritos econômico-filosóficos.* São Paulo: Boitempo. (Trabalho original publicado em 1932).

Offe, K. (1989). *Capitalismo desorganizado: transformações contemporâneas do trabalho e da política.* São Paulo: Brasiliense.

Vatin, F. (2008). *Le travail et ses valeurs.* Paris: Albin Michel.

Weber, M. (1987). *A ética protestante e o espírito do capitalismo.* São Paulo: Pioneira. (Trabalho original publicado em 1905).

Trabalho e populações especiais

Vanessa Andrade de Barros

Populações especiais é uma expressão utilizada com frequência em diferentes campos do conhecimento e setores de atividade, embora raramente seja definida, conceituada. Além disso, possui sentidos que variam de acordo com o contexto. Nas áreas esportiva e da saúde encontramos maior número de trabalhos que fazem referências explícitas a populações especiais, que são caracterizadas de forma genérica como possuidoras de alguma doença, irreversível ou não, que requer cuidado e atenção especiais.

Encontramos igualmente no campo de estudos sobre ética em pesquisa, especialmente na área biomédica, grande produção sobre populações especiais, assim definidas a partir de transgressões éticas ocorridas ao longo da segunda metade do século XX em diferentes grupos de sujeitos. Casos em que participantes de pesquisas foram enganados, desconsiderados, tratados injustamente, cruelmente e tiveram muitas vezes seus interesses prejudicados, justificam o atual monitoramento e a proteção de participantes de pesquisas que se encontram em desvantagem, são suscetíveis à exploração e/ou estão sujeitos a danos e riscos à saúde e à integridade física e mental (Lott, 2005). Como exemplo, podem ser citados os experimentos nazistas que levaram ao julgamento de Nuremberg, as pesquisas sobre AZT realizadas em mulheres africanas no final da década de 1990, pesquisas sobre a sífilis em homens negros americanos, entre outros.

Nesses casos, é frequente a utilização do conceito de vulnerabilidade para designar tais sujeitos, classificando-os em grupos ou indivíduos fragilizados, jurídica ou politicamente, na promoção, proteção ou garantia dos seus direitos de cidadania (Ayres, 1997).

Observa-se, assim, nas perspectivas citadas – esportiva, saúde e ética em pesquisa – a dimensão biomédica e as dimensões psicológica e social, ou seja, enquanto a primeira agrega valores relacionados a condições médicas especiais – uma determinada doença ou condição que necessite de cuidados especiais –, a segunda incorpora aspectos psicossociais e subjetivos decorrentes da situação de vulnerabilidade.

Rogers e Ballantyne (2008), estudiosos do campo da ética em pesquisa, ao se referirem a populações especiais também o fazem a partir do conceito de vulnerabilidade, classificando-a em extrínseca e intrínseca, o que integra as perspectivas mencionadas anteriormente. Segundo esses autores, a vulnerabilidade extrínseca é ocasionada por circunstâncias externas, decorrentes do contexto social e econômico no qual vivem os sujeitos, como falta de poder socioeconômico, pobreza, falta de escolaridade ou carência de recursos; a vulnerabilidade intrínseca é causada por características relacionadas aos próprios sujeitos, tais como doença grave, deficiências físicas e mentais ou os extremos de idade (crianças e idosos). Ambas as situações configuram uma população especial e levantam questões éticas em relação à sua participação em pesquisas devido à capacidade reduzida que têm de proteger seus interesses nas relações de poder estabelecidas com a hierarquia (pesquisadores, patrocinadores e agências governamentais), necessitando, então, de mecanismos especiais que os protejam.

Configura-se, assim, a existência de relações desiguais de poder como elemento central da condição de vulnerabilidade que caracteriza as populações especiais. Tal desigualdade se constitui de variadas formas, como práticas sociais e históricas. Podemos dizer, por exemplo, que, historicamente, a desigualdade econômica e a desigualdade de gênero vulnerabiliza os pobres e as mulheres; da mesma forma, o fato de possuir alguma deficiência cognitiva ou mental torna o sujeito menos autônomo, vulnerabilizando-o; ou que os prisioneiros, confinados, controlados 24 horas por dia e totalmente dependentes de terceiros para a satisfação de suas necessidades são paradigmáticos de uma situação de vulnerabilidade, assim como a população LGBT, vivendo sob ameaça de agressões, é vulnerabilizada pelo preconceito sexual e práticas homofóbicas; por sua vez, os pacientes que sofrem doenças contagiosas são estigmatizados e vulnerabilizados pelo temor da contaminação que possam provocar. Os doentes crônicos, dependentes de tratamentos contínuos e muitas vezes incapacitantes, as minorias étnicas, os refugiados, são também populações especiais, em situação de vulnerabilidade, o que, como nos demais casos, potencializa o perigo de serem desconsiderados, explorados, injustiçados, discriminados, excluídos, agredidos e segregados.

Em todos esses casos, a situação de vulnerabilidade, de estar colocado em situação de desigualdade por motivos socioeconômicos, religiosos, de gênero, de raça, de idade, de saúde, de orientação sexual, de etnia, de cor da pele, por deficiência física ou mental, implica a necessidade de criação de mecanismos formais de proteção, atenção e cuidados. Cabe notar, no entanto, que não se trata de assistência a populações especiais, mas de garantia de direitos; não de tutela dessas populações, enfatizando uma incapacidade pessoal, individual, mas de reconhecer a capacidade criadora e de resistência desses sujeitos na busca de superação das condições de sua vulnerabilidade, levando-se em conta tanto a dimensão relativa ao indivíduo e ao local social por ele ocupado quanto os aspectos coletivos, contextuais, que os tornam suscetíveis à violações de seus direitos.

Trabalho e populações especiais

No campo do trabalho, também encontramos o significado de populações especiais vinculado ao conceito de vulnerabilidade, tanto social quanto individual. Em sua acepção social, refere-se à situação de grande parcela da classe trabalhadora atingida por transformações que nas últimas décadas afetaram o mundo laboral, relacionadas à globalização do capital, ao desenvolvimento tecnológico e à reestruturação produtiva. Tais transformações provocaram aumento do desemprego e consolidaram um novo padrão de organização da produção e de relações de trabalho, que influenciaram diretamente a definição de vulnerabilidade na medida em que limitaram o papel regulador do Estado sobre a economia desamparando os trabalhadores. As modernas exigências de flexibilização dos vínculos contratuais do processo de mundialização do capital são um exemplo no qual os regramentos jurídicos que protegiam o trabalhador já não cumprem mais esse papel, aumentando o contingente de trabalhadores em ocupações e relações de trabalho precárias. Ficam, dessa forma, instalados em uma fronteira incerta entre trabalho e não trabalho, direitos e não direitos, em uma situação de insegurança permanente tanto em relação ao presente quanto ao futuro, já que sem garantias de proteção social.

No que diz respeito às condições individuais de vulnerabilidade, a referência principal é a convenção 159 da Organização Internacional do Trabalho (OIT, 1963), promulgada, no Brasil, em 22 de maio de 1991, e que faz referência à reabilitação profissional e ao emprego de pessoas deficientes. Trata-se de um ordenamento jurídico específico, dirigido a uma população especial, vulnerável em decorrência de desigualdade de oportunidades e que garante às pessoas com deficiência o direito à participação no mercado formal de trabalho em igualdade de condições. Em seu artigo 1°, define como deficiente todas as pessoas cujas possibilidades de obter e conservar um emprego adequado e de nele progredir fiquem reduzidas, em decorrência de uma deficiência de caráter físico ou mental comprovada. Tendo como base o princípio de igualdade de oportunidades entre os trabalhadores com deficiência e os trabalhadores em geral, objetiva: a) assegurar que existam medidas adequadas de reabilitação profissional ao alcance de todas as categorias de pessoas deficientes; e b) promover oportunidades de emprego para tais pessoas no mercado regular de trabalho. Trata-se, assim, da aplicação do princípio da igualdade de oportunidades, lançando mão de tratamento diferenciado para garantir, efetivamente, a igualdade entre as pessoas com deficiência e as demais.

Nesse sentido, existe no Brasil a Lei n. 8.213 (1991), a chamada Lei de Cotas, segundo a qual as empresas privadas com mais de cem empregados devem cumprir cotas de contratação de pessoas com deficiência, e a Política Nacional para a Integração da Pessoa Portadora de Deficiência de 1999, constituindo um conjunto de orientações normativas que visam à inclusão social, à igualdade de oportunidades, à proteção ao trabalho e ao combate à discriminação, assegurando direitos e dignidade às pessoas deficientes.

A definição da Organização Internacional do Trabalho (OIT, 2003) sobre vulnerabilidade social do trabalhador diz que um estado de elevada exposição a riscos e/ou incertezas com uma capacidade reduzida para se proteger e para enfrentar suas consequências negativas inclui, grosso modo, outros segmentos de trabalhadores que fazem parte das populações especiais, a saber: os idosos, os doentes, os que estão em reabilitação funcional, além da população que trabalha na informalidade, sem direitos trabalhistas assegurados.

Por sua vez, a Declaração Universal dos Direitos Humanos (1948), em seu artigo XXIII, estabelece que:

> [...] toda pessoa tem direito ao trabalho, à livre escolha de emprego, a condições justas e favoráveis de trabalho e à proteção contra o desemprego; à igual remuneração por igual trabalho; a uma remuneração justa e satisfatória, que lhe assegure, assim como à sua família, uma existência compatível com a dignidade humana e direito à organização política para lutar por seus interesses

Assim, ao estabelecer que todos têm direito ao trabalho e à escolha do tipo de trabalho, os Estados, a rigor, devem adotar medidas que promovam a dignidade do trabalhador e que o proteja contra a discriminação em relação ao acesso e à permanência no mercado de trabalho. Neste sentido já são constituídas no Brasil algumas formas de tratamento diferenciado e práticas para promover a igualdade, como ações afirmativas, medidas protetivas para mulheres, gestantes e mães que trabalham, regulamentação do trabalho do adolescente e legislação contra todo tipo de discriminação. Faltam, no entanto, mecanismos efetivos de implementação de tais medidas e de sua fiscalização, o que mantém tais populações ainda em situação de especiais.

O livre acesso e permanência no trabalho é de fato um direito e uma necessidade essencial para os sujeitos, na medida em que ele ocupa um lugar central na existência humana; participar do mundo do trabalho é condição necessária de desenvolvimento pessoal e social, pois é no trabalho que se dá o encontro doloroso e decisivo com a experiência do real (Clot, 2001). Como nota Gaulejac (2011), o trabalho é fonte de prazer e de angústia, de constrangimento e de criatividade, de dependência, de autonomia, e constitui-se como meio de subsistência, de realização de si, como uma necessidade vital, como elemento de socialização e como um elemento fundamental do lugar que ocupa na sociedade.

No entanto, na moderna sociedade capitalista neoliberal, nem todos são qualificados e capazes o suficiente para entrar, permanecer e se desenvolver no mercado formal de trabalho, o que deixa em situação de vulnerabilidade grande contingente de trabalhadores, não apenas aqueles afetados pelo desemprego ou pela ausência de ocupação, mas também os que estão inseridos no mercado de trabalho.

No primeiro caso, encontram-se os desempregados de longa duração, os que procuram e não conseguem emprego e os que já não procuram mais e vivem de bicos e pequenas ocupações, desprovidos de direitos. No segundo, situam-se os que estão empregados, e estes podem ser divididos em duas categorias específicas: os trabalhadores de setores médios que lutam para manter seu padrão de inserção e bem-estar, ameaçados pela tendência à precarização do mercado e das relações de trabalho e aqueles sem qualificação, ameaçados pelo desemprego iminente, pobreza e falta de segurança. Em ambos os casos, sem proteção social, sem estabilidade no emprego e sem direitos garantidos, a situação é vista como sem saída, pois é de permanente ameaça.

Podemos indicar também como população especial os doentes crônicos que graças aos progressos da medicina prolongam sua vida ativa, permanecendo no trabalho ou a ele retornando após tratamentos médicos. Encontram-se nessa categoria, por exemplo, os portadores de HIV e de outras doenças imunodepressoras, portadores de hepatites, de cardiopatias graves e de problemas renais crônicos; são todos os dependentes de coquetéis de medicamentos, de hemodiálise e outros procedimentos invasivos, e, portanto, suscetíveis às reações colaterais dos tratamentos, demandando condições especiais de trabalho. Colocam, no entanto, em primeiro plano, a importância do emprego e da atividade profissional na construção e manutenção de estratégias adotadas para enfrentar a doença (Lhuilier, Amado, Brugeilles & Rolland, 2007). Há vulnerabilidade já que é grande o impacto psicológico de trabalhar com uma doença, especialmente uma doença passível de contágio. Como afirmam Lhuilier *et al.* (2007), além do medo de enfrentar o olhar e o julgamento dos colegas, há os efeitos secundários dos remédios e as modulações que marcam a vida dos doentes e interferem na produtividade, na qualidade do trabalho, configurando uma situação arriscada, que pode desencadear rupturas, tanto do vínculo profissional quanto no campo psicossocial.

Robert Castel (2009), por sua vez, inclui os marginais como a camada mais vulnerável da sociedade, portanto, mais especial. Segundo esse autor, tal marginalidade tem sua origem na precariedade das situações de trabalho e na fragilidade das inscrições sociais. Diz respeito àqueles que vivem nas fronteiras, com identidade incerta, situados às margens do corpo social sem dele participar, mas sem dele estar separados, pois circulam em seus interstícios.

Nesta perspectiva, encontramos diversas populações especiais: jovens que não conseguem ingressar no mundo laboral, moradores de rua, prostitutas, egressos de prisões, presos, pessoas com problemas mentais, enfim, todos aqueles mantidos à margem do mundo laboral e encontrados em dispositivos ditos de inserção, vivendo em situação de precariedade, invisibilidade e vulnerabilidade.

Psicologia do trabalho e populações especiais

As categorias de trabalhadores aqui elencadas podem ser consideradas populações especiais, uma vez que se situam em zonas de vulnerabilidade, relacionadas ao trabalho formal e informal. São contextos e situações que implicam a existência, por razões diversas já mencionadas anteriormente, de risco, no sentido de possibilidades de rupturas, tanto de contrato de trabalho e de formas de subsistência quanto rupturas de garantias individuais e dos vínculos sociais e familiares; acarretam também o risco relativo a sofrer atentados à integridade física e psíquica, e à perda de autonomia. Esse *continuum* de situações vulneráveis, compartilhadas por grandes camadas da população trabalhadora, constitui o que se convencionou chamar de populações especiais, que, oscilando entre emprego e desemprego, atividades formais e formas diversas de "se virar", possuem dificuldade de construir posições seguras nessas novas configurações do mundo do trabalho.

A vulnerabilidade observada nessas populações diz respeito a aspectos individuais, coletivos e contextuais que repercutem social e subjetivamente. É o que mostra pesquisa realizada por Ribeiro e Lima (2010) sobre o trabalho do deficiente como fator de desenvolvimento. Apoiando-se em estudos de Vygotsky (1931/1994) e Yves Clot (2001), tal pesquisa aponta a importância do trabalho e do estabelecimento de relações adequadas com o meio social para a superação das dificuldades objetivas e subjetivas criadas pela deficiência. Afirmam que não apenas a existência do trabalho, mas também o reconhecimento social e familiar do deficiente como sujeito possuidor de capacidades e potencialidades a serem desenvolvidas e o estímulo a esse desenvolvimento são condições para "supercompensar" (Vygotsky, 1931/1994) a deficiência e não para transformar em incapacidade para a vida. Assim, para as autoras, não bastam leis que obriguem as empresas a contratarem deficientes. É preciso também aumentar na sociedade em geral, aí incluídas as famílias, e nos coletivos de trabalho em particular, a compreensão sobre a realidade vivida por essas pessoas, acabando com a indiferença e discriminação de que são alvo. Essa é uma importante condição para superar a deficiência e construir novas experiências.

Nesse sentido, um espaço privilegiado para pesquisa/intervenção da psicologia do trabalho junto a populações especiais é o campo da problemática saúde e trabalho. Isso porque, segundo Canguilhem (1966), a concepção de saúde não se reduz à ausência de doença nem à ideia de normalidade, tal qual é definida pela norma social; diz respeito às possibilidades e aos recursos que o sujeito encontra para reinventar novas formas de viver, para ter acesso a novas experiências, para se desenvolver e produzir.

Nessa perspectiva, a atividade é central no desenvolvimento dos sujeitos e colocar as condições concretas de seu exercício no centro das preocupações é condição necessária para a pesquisa/intervenção em psicologia do trabalho junto a populações especiais, aqui incluída toda a gama de situações anteriormente referenciadas, para construir as condições de sua emancipação.

Referências

Ayres, J. R. C. M. (1997). Vulnerabilidade e Aids: para uma resposta social à epidemia. *Boletim Epidemiológico. Setor de Vigilância Epidemiológica do Centro de Referência e Treinamento de DST/AIDS*, *15*(1), 2-4.

Canguilhem, G. (1966). *Le normal et le pathologique*. Paris: PUF.

Castel, R. (2009). *La montée des incertitudes Travail Protections Statut de L'individu*. Paris: Seuil.

Clot, Y. (2001). Psychopathologie du travail et clinique de l'activité. *Éducation Permanente*, *18*(4), 146-158.

Declaração Universal dos Direitos Humanos (1948). Recuperado em 30 junho, 2012, de http://portal.mj.gov.br/sedh/ct/legis_intern/ddh_bib_inter_universal.htm.

Gaulejac, V. (2011). *Travail, les raisons de la colère*. Paris: Seuil.

Lei n. 8.213, de 24 de julho. (1991). Dispõe sobre os Planos de Benefícios da Previdência Social e dá outras providências. Recuperado em 10 agosto, 2014, de http://www.planalto.gov.br/ccivil_03/leis/l8213cons.htm.

Lhuilier, D., Amado, S., Brugeilles, F., & Rolland, D. (2007). Vivre et travailler avec une maladie chronique. *Nouvelle revue de psychosociologie, 13*(4), 123-141.

Lott, J. (2005). Populações especiais e vulneráveis. In D. Diniz, D. Guilhem & U. Schüklenk (Org.). *Ética na pesquisa experiência de treinamento em países sul-africanos* (pp. 71-103). Brasília: UNB/Letras Livres.

Organização Internacional do Trabalho – OIT (1963). *Conferência Internacional do Trabalho, Convenção 159.* Recuperado em 30 junho, 2012, de http://www.cedipod.org.br/w6oit159.htm.

Organização Internacional do Trabalho – OIT (2003). *Organização Internacional do Trabalho.* Recuperado em 30 junho, 2012, de http://www.onu.org.br/onu-no-brasil/oit/.

Ribeiro, R. P. D., & Lima, M. E. A. (2010). O trabalho do deficiente como fator de desenvolvimentio. *Cadernos de Psicologia Social do Trabalho, 13*(2), 195-207.

Rogers, W., & Ballantyne, A. (2008). Populações especiais: vulnerabilidade e proteção. *Revista Eletrônica de Comunicação, Informação e Inovação em Saúde – RECIIS, 2*(1), 31-41.

Vygotsky, L. (1994). *Défectologie et déficience mentale.* Lausanne: Delachaux et Niestlé. (Trabalho original publicado em 1931).

Trabalho sujo e placardização

Jorge Tarcisio da Rocha Falcão

Os conceitos de trabalho sujo e placardização guardam forte relação entre si, na medida em que ambos se referem a contextos de trabalho caracterizados por representação social negativa, recobrindo tarefas consideradas degradantes, servis, fastidiosas, perigosas, marginais (em termos econômicos, morais ou do contexto específicos em que se realizam, como o trabalho nas prisões) ou mesmo degradantes, e que não proporcionam qualquer prestígio social, ao contrário, expõem aqueles que a realizam ao desprezo dos demais (Molinier, 2008).

O termo trabalho sujo surge na literatura das ciências sociais na década de 1950. Proposto pelo sociólogo norte-americano E. C. Hughes, alude à noção de *dirty work* ou "trabalho sujo" para caracterizar atividades de trabalho com as características descritas no início do verbete. O trabalho sujo, conforme observa Hughes, não se insere em planos de carreira de prestígio social, e nesse sentido, conforme comentado por Dominique Lhuilier (2005), é um conceito heuristicamente fecundo, por lançar luz não somente à questão da organização social do trabalho na contemporaneidade ocidental, mas igualmente a aspectos subjetivos relacionados ao potencial de saúde/desenvolvimento e sofrimento/adoecimento do indivíduo-trabalhador.

O termo placardização é um neologismo oriundo de termo em língua francesa, ainda não dicionarizado em língua portuguesa, apesar de já constar de contextos de formulação discursivo-textual relacionados ao transporte de cargas em navios (*shipping*), em que se fala de "placardização de containeres", "placardização dupla" ou ainda "placardização de cargas perigosas". Tal neologismo surge de uma das acepções do termo francês *placard* (estante ou prancha em um armário), que alude, em primeira instância, a um dispositivo para armazenamento e organização de objetos.

Há, contudo, uma outra forma de utilização do termo, no âmbito da expressão em linguagem coloquial *mettre au placard* ("pôr na estante"), que poderia ser traduzido aproximativamente para neutralizar, desvalorizar, colocar em situação secundária, esvaziar de importância ou relevo. Tal acepção tem importância direta para a compreensão do conceito de placardização em psicologia do trabalho, pois remete ao processo de esvaziamento, desvalorização e extinção gradual de ocupações profissionais, com as consequências negativas esperadas para a saúde física e mental do individuo-trabalhador. O processo de placardização pode assumir um caráter local, em termos da estrutura organizacional, ou um caráter mais estrutural, referente a mudanças que tendem a exaurir e colocar em rota de extinção determinadas modalidades ocupacionais.

Em termos locais-organizacionais, a placardização caracteriza-se, na condição de fenômeno visível, pela diminuição dos meios de ação funcional (ou poder de agir, conforme Clot, 2010) do indivíduo-trabalhador, como retirada de linhas telefônicas (e, mais recentemente, de acesso à conexão à internet de qualidade), exclusão de contextos de decisão, como reuniões funcionais, deslocamento geográfico para locais periféricos e distantes do local de residência original do trabalhador, e mesmo mudança de clima psicológico em relação ao trabalhador ou trabalhadores vinculados à atividade placardizada (por esse aspecto, o processo de placardização faz contato com o conhecido conceito de "assédio moral").

Em termos mais estruturais, o processo de placardização diz respeito a mudanças na matriz de organização industrial e de serviços de determinada sociedade, que induz ao "sucateamento", esvaziamento, "enxugamento" (ou *downsizing*, conforme jargão usual em contextos de Organização e Métodos – O&M) de determinadas modalidades ocupacionais; no Brasil, assim como no restante do mundo, o processo de diminuição de efetivo da ocupação dos cobradores de ônibus urbanos é frequentemente apontado como exemplo do processo aqui discutido (Silva Alves & Pinto de Paula, 2009). O vínculo entre os conceitos de trabalho sujo e placardização repousa sobre a precarização do contexto de trabalho, seja em função de aspectos inerentes à determinada atividade de trabalho, seja em função de degradação de um trabalhador ou de uma ocupação antes respeitáveis e respeitados.

Diversidade de significados recobertos pelo conceito de trabalho sujo

O conceito de trabalho sujo desenvolveu-se, desde sua aparição na literatura, a ponto de abarcar uma diversidade considerável e heterogênea de categorias, uma vez que o trabalho sujo, *per se*, tem sido mencionado na literatura de teorização e pesquisa em psicologia do trabalho em termos de cinco subcategorias ou dimensões classificatórias (Bendassolli & Da Rocha Falcão, 2013):

1. Trabalho sujo como "subemprego", "desemprego disfarçado", "trabalho informal" (Noronha, 2003). É o caso, por exemplo, dos trabalhadores que exercem atividade de comércio não regular ou informal (em termos de tributação e submissão a outras formas de regramento jurídico-fiscal da atividade profissional. Os trabalhadores pertencentes a esse grupo, bem como pessoas externas a ele, referem-se a tais atividades de trabalho, em jargão popular, como "quebra-galho", "bico", "viração".
2. Trabalho sujo como contexto de atividade relacionada ao desprazer, frustração, humilhação e raiva, experiências subjetivas consideradas como caracterizadoras de quem exerce um trabalho sujo. É o caso, aqui, de atividades laborais como as dos limpadores de para-brisas de automóveis nos sinais de trânsito das grandes

cidades brasileiras (Taques & Leal, 2012). Um aspecto fundamental a considerar aqui diz respeito ao caráter da inserção deste tipo de trabalho/trabalhadores em determinado coletivo de referência: tal coletivo, em estágio menos elaborado, diz respeito simplesmente ao grupo de coparticipantes de determinada atividade (como o mero ajuntamento de limpadores de para-brisas de automóveis em um semáforo), e em estágio mais elaborado, diz respeito a um coletivo organizado, historicizado e organizado como gênero profissional, como é o caso de outras ocupações igualmente depreciadas, porém em outro patamar de significação social (e potencial de oferta de desenvolvimento a seus membros), como os catadores de lixo das cooperativas de Belo Horizonte, descritos por Cafiero Leite, Aguiar Oliveira e Pinto de Paula (2012). A diferença entre tais coletivos diz respeito à diferença entre um "mero ajuntamento" de indivíduos agregados por contrato social *ad hoc* para exploração e proteção de "ponto" de exploração da atividade, e a instauração de uma instância transpessoal que oferece ao indivíduo interlocução, referência e, portanto, margem para sua própria iniciativa de inovação pessoal. Tal iniciativa, que permite a emergência e afirmação de um estilo pessoal, frequentemente se associa à sensação de trabalho bem feito, já que traz repercussões positivas para o desenvolvimento da representação de si e da própria saúde mental.

3. Trabalho sujo como trabalho ilegal/imoral, ou seja, imbricamento da atividade de trabalho com delitos tipificados juridicamente (como tráfico de drogas, prostituição e proxenetismo, exploração do trabalho infantil, aluguel de identificação documental de pessoa física a terceiros etc.).
4. Trabalho sujo como atividade de baixa desejabilidade social ou representação social depreciada, seja por razões de riscos à saúde inerentes à atividade em questão (como no caso dos coveiros, mantenedores de sistemas de esgotamento e armazenamento de dejetos sanitários, lixeiros e catadores de lixo), seja em função de indesejabilidade social intrínseca ao tipo de atividade, apesar da aceitação social da ideia de sua necessidade e inevitabilidade, como é o caso da atividade de carrascos (em sistemas jurídicos que comportam a pena de morte administrada pelo Estado), e mesmo médicos especializados em tanatologia ou cuidados paliativos para pacientes terminais.
5. Há finalmente o trabalho sujo que tem sua caracterização como tal em decorrência de circunstâncias especiais nas quais se encontra o indivíduo-trabalhador e/ou seu coletivo de trabalho: é o caso do trabalho desempenhado por indivíduos em regime de encarceramento e portadores de doenças crônicas ou condições anátomo-fisiológicas alteradas, como é o caso de portadores de síndrome de imunodeficiência adquirida (Aids), trabalhadores com quadro de

deficiência renal crônica demandando sessões periódicas de hemodiálise e trabalhadores colostomizados (Bellenchombre, Canino, Frize & Lhuilier, 2009).

Conforme ressaltam Bendassolli e Da Rocha Falcão (2013), as cinco dimensões listadas anteriormente, às quais poder-se-ia agregar o trabalho sujo placardizado, evidenciam uma justaposição de perspectivas que fazem inserir na categorial geral "trabalho sujo" aspectos diversos, como a informalidade econômica, experiência subjetiva no exercício da atividade de trabalho, caráter delituoso da atividade, indesejabilidade social intrínseca à atividade e esvaziamento da atividade de trabalho, com os rebatimentos inevitáveis sobre o indivíduo-trabalhador e seu coletivo de trabalho. Para esses autores, em consonância com a reflexão metateórica proposta por Simo Køppe (2011), o aumento excessivo do domínio de abrangência de determinado conceito o conduz a uma situação indesejável de vazio teórico (*theoretical emptiness*), em decorrência de sua utilização em tantos contextos e com tantos objetivos, do que resulta que tal conceito passa a não contribuir de forma produtiva para o domínio de teorização e pesquisa em que se insere. Pode-se, portanto, concluir, por essa linha de raciocínio, que o trabalho sujo é um conceito teórico em situação de risco, demandando, assim, um esforço de reorganização e depuração que resgate o foco teórico crucial caracterizador de tal modalidade laboral.

Abordagem do trabalho sujo e placardizado para além de uma perspectiva higienista

O trabalho sujo (nele incluído o trabalho placardizado), em suas diversas acepções destacadas e comentadas aqui, representa um construto teórico de interesse inegável para a psicologia do trabalho e das organizações em um país como o Brasil, no qual 28,2% da população economicamente ativa (54,3 milhões de pessoas) está fora do grupo de trabalhadores formalmente reconhecidos e inseridos no mercado de trabalho (IBGE, 2010). Conforme discutido anteriormente, outras categorias de trabalho sujo, além do trabalho informal *stricto sensu*, inserem-se parcialmente, mas não se confundem com esse grupo, o que configura um efetivo de trabalhadores no domínio do trabalho sujo extremamente importante no Brasil. Tal dado justifica um esforço de depuração conceitual, na direção proposta por Bendassolli e Da Rocha Falcão (2013), o que, por sua vez, demanda o estabelecimento de algumas premissas teóricas cruciais para a consideração do trabalho no âmbito de aspectos como os riscos psicossociais inerentes ao contexto de trabalho.

Uma premissa crucial nesse contexto é aquela segundo a qual o trabalho é um operador de saúde física e mental para o indivíduo-trabalhador. Em face disso, a consideração do trabalho sujo e da placardização de atividades laborais representa focos de interesse e pesquisa incontornáveis. Isso posto, é preciso considerar que a linha divisória que separa o "trabalho vil" do "trabalho nobre" (expressões usadas por Clot, 2010, p. 13) não pode se circunscrever a uma visão higienista do trabalho. Por visão higienista, entende-se aqui, em conformidade com a análise proposta por Clot (2010), a perspectiva segundo a qual a melhoria ou mesmo abolição de determinados aspectos externos, conjunturais, organizacionais e relacionados ao "clima" psicológico (os chamados "riscos psicossociais") seria suficiente para uma efetiva melhoria das condições de trabalho, por meio da superação dos impedimentos à atividade laboral e restituição ao trabalhador de seu poder de agir em contexto de trabalho. Essa é uma perspectiva simplificadora e ingênua.

O reconhecimento e mesmo a eliminação de um fator de risco em contexto de trabalho não é condição garantidora da melhoria da qualidade psicossocial de tal atividade de trabalho, pois o impedimento da atividade laboral não se circunscreve ao fator de risco externo, mas à gestão deste em função dos recursos do trabalhador, seus parceiros, seu coletivo e sua atividade profissional historicamente constituída. Em outras palavras, a própria noção de risco psicossocial não pode se restringir ao que classicamente se consideram "condições de trabalho", em sua externalidade detectável e mensurável, como a baixa valoração organizacional para ocupações placardizadas.

Por extensão, tais riscos psicossociais associados ao trabalho não podem ser "resolvidos" por meio do ataque "higiênico" a fatores de risco externos (que vão desde a oferta de "ginástica laboral antiestresse" até o estabelecimento de planos de carreira sintonizados com um ideal abstrato de "realização profissional"). Tal limite da perspectiva higienista é brilhantemente resumido pela seguinte afirmação de Clot: "Em contexto de trabalho, contrariamente às aparências, não se vive em um contexto: procura-se criar um contexto para viver" (Clot, 2010, p. 167). Em função disso, a superação dos riscos psicossociais inerentes ao mundo do trabalho sujo e placardizado não se fará apenas a partir da higienização da atividade de trabalho (como proteção paternalista da organização ou do Estado em relação ao trabalhador e seu coletivo), mas a partir de "[...] uma atividade deliberada [do trabalhador] sobre sua atividade [de trabalho] (Clot, 2010, p. 171).

Referências

Bellenchombre, P., Canino, R., Frize, N., & Lhuilier, D. (2009). *Le travail incarcéré: vues de prison.* Paris: Éditions Syllepse.

Bendassolli, P. F., & Da Rocha Falcão, J. T. (2013). Psicologia do trabalho sujo: revendo conceitos e pensando em possibilidades teórico-metodológicas para a agenda da psicologia nos contextos de trabalho. *Universitas Psychologica, 12*(4), 1153-1166.

Cafiero Leite, T. J., Aguiar Oliveira, A., & Pinto de Paula, P. (2012). A saúde e cidadania dos agentes da limpeza urbana de Belo Horizonte sob a perspectiva da psicodinâmica do trabalho. I Colóquio Internacional de Psicossociologia do Trabalho. Belo Horizonte.

Clot, Y. (2010). *Le travail à coeur: pour en finir avec les risques psychosociaux*. Paris: La Découverte.

Da Rocha Falcão, J. T. (2012). *O trabalho sujo como arena da desmedida.* Comunicação oral apresentada no I Colóquio Internacional de Psicossociologia do Trabalho. Belo Horizonte, MG, Brasil.

Instituto Brasileiro de Geografia e Estatística (IBGE) (2010). *Dados consolidados do censo 2010.* Recuperado em junho, 2012, de http://www.ibge.gov.br/censo2010/.

Køppe, S. (2012). A moderate eclecticism: ontological and epistemological issues. *Integrative Psychological and Behavioral, 46*(1), 1-19.

Lhuilier, D. (2005). Le "sale boulot". *Editorial Travailler, 14*, 73-98.

Molinier, P. (2008). Le sale boulot. *Editorial Travailler, 1*(19), 5-7.

Noronha, E. G. (2003, oct.). "Informal", ilegal, injusto: percepções do mercado de trabalho no Brasil. *Revista Brasileira de Ciências Sociais, 18*(53), 111-179, São Paulo. Recuperado em junho, 2012, de http://dx.doi.org/10.1590/S0102-69092003000300007.

Silva Alves, C. R., & Pinto de Paula, P. (2009). Violência no trabalho: possíveis relações entre assaltos e TEPT em rodoviários de uma empresa de transporte coletivo. *Cadernos de Psicologia Social do Trabalho, 12*(1), 35-46. Recuperado em setembro, 2013, de http://tinyurl.com/lo78q3v.

Taques, A. (Diretor), & Leal, D. (Produtor). (2012). *Passa o rodo.* Natal: Pau-a-Pixel.

Treinamento e desenvolvimento

Luciana Mourão

Acompanhar as transformações oriundas de fenômenos como a globalização, a terceirização, os novos modelos de gestão e os avanços tecnológicos tem sido uma demanda clara para a sobrevivência de muitas organizações. A competitividade cada vez mais acirrada do mercado tem contribuído para aumentar o interesse das organizações em empregados bem preparados tanto para as funções que exercem como para assumir funções futuras. Na esteira desse processo, um conjunto de desafios se impõe à área de treinamento e tesenvolvimento (T&D).

Pesquisas nacionais e estrangeiras apontam para o crescente investimento em T&D e para a preocupação com os resultados das ações nessa área. Por um lado, do ponto de vista macro, há uma constante corrosão da vantagem competitiva das organizações, como defendido e explicado por Michael Porter, o que leva a uma proliferação de produtos *commodities* e a uma diferenciação a partir dos serviços, ampliando a preocupação com a capacitação dos profissionais. Por outro lado, do ponto de vista dos indivíduos, há uma busca por organizações de trabalho que favoreçam o crescimento pessoal e profissional, posto que as pessoas estão cada vez mais preocupadas com sua aprendizagem para o trabalho e seu grau de empregabilidade.

Assim, nas últimas décadas do século XX (e também nas décadas iniciais do século XXI), têm havido um impressionante crescimento dos investimentos e da pesquisa em T&D, o que levou os autores Eduardo Salas e Janis Cannon-Bowers, na revisão que fizeram para o *Annual Review of Psychology*, à adoção do termo "ciência do treinamento", pois eles perceberam um crescimento vertiginoso da área com expressivo crescimento teórico e empírico (Salas & Cannon-Bowers, 2001).

Origem da palavra e evolução histórica da área

A palavra treinamento vem de *treina* (do francês antigo *traïne*, atualmente *traîne*), que era o animal usado para treinar os falcões para a caça. Assim, a palavra treinamento surge associada ao conceito de destreza, adestramento, preparo para determinada tarefa a partir de exercício regular e condicionamento, inicialmente voltado para o preparo de animais. Embora o emprego do verbo treinar remonte ao início do século XVII, seu uso para designar a preparação de pessoas para o trabalho é muito mais recente, sendo criada no século XX a expressão treinamento de pessoal. Tal expressão surgiu em ambientes industriais, nos quais foram concebidos programas destinados a desenvolver os conhecimentos, habilidades e atitudes (CHAs) de empregados novos e antigos.

O fato de historicamente o uso da expressão ser mais recente não significa que o treinamento para o trabalho tenha iniciado no século XX. De fato, desde o homem primitivo já se encontrava identificação de processos de preparo dos mais jovens para as atividades que garantiam a sobrevivência da espécie. Na Idade Média, também havia o repasse dos conhecimentos sobre o trabalho, seja na agricultura – setor econômico predominante à época – seja no trabalho dos artesãos, em que os ofícios eram ensinados e os aprendizes levavam anos sendo preparados por seus mestres.

Contudo, a partir do processo de industrialização, inicialmente na Inglaterra, no século XVIII, e de modo mais amplo no século XIX, passou a existir uma demanda de capacitação de mão de obra em massa, em função do processo histórico e social que levou a indústria a se tornar o setor dominante da economia. A substituição dos processos de produção e, consequentemente, dos instrumentos e técnicas utilizados, levou a uma demanda por trabalhadores capazes de operar máquinas. Portanto, o treinamento de pessoal surge com a missão de buscar adaptar o homem ao trabalho, estando, consequentemente, vinculado ao aumento do desempenho e à busca de produtividade.

Assim, a economia que antes era de base agrária, artesanal e comercial, passa a ter base industrial e urbana, o que deu origem a uma nova classe de trabalhadores – os operários – que demandavam ações de capacitação como parte das estratégias de gestão. O modelo de administração científica desenvolvido por Frederick Taylor, no final do século XIX, influenciou a gestão da época pela padronização dos métodos de trabalho e a racionalização dos processos produtivos por meio do estudo dos tempos e movimentos. A resultante divisão do trabalho tinha como pilares a escolhà dos operários com base em suas aptidões para determinadas tarefas e o treinamento para que estas fossem executadas da melhor forma e em menos tempo possível.

O advento das duas Guerras Mundiais, sobretudo da Segunda, também teve relevância histórica para o treinamento, uma vez que a necessidade de preparação de soldados levou à maior preocupação com a eficácia das ações de treinamento. Além das lições oriundas dos treinamentos militares, as guerras trouxeram grande rotatividade de empregados, em função do alistamento militar e das baixas ocorridas durante os confrontos, o que demandava seleção e capacitação de um grupo expressivo de pessoas.

A expressão treinamento e desenvolvimento surge, contudo, dentro do cenário empresarial dos Estados Unidos, com a criação da American Society of Training Directors (posteriormente denominada de American Society for Training and Development – ASTD). Segundo registros da própria ASTD, a semente que deu origem à entidade nasceu, na década de 1940, em reunião do comitê de treinamento de uma empresa petrolífera. A organização tinha preocupação não apenas com a qualidade das ações de treinamento, mas também com a valorização dos profissionais que atuavam na área. Como indica o nome inicial da referida sociedade, à época falava-se exclusivamente em treinamento (Vargas & Abbad, 2006).

Conceitos centrais de T&D

Inicialmente falava-se apenas em treinamento, que pode ser conceituado como ações de capacitação, promovidas pelas organizações de trabalho, voltadas para a aquisição de conhecimentos a fim de propiciar melhoria de desempenho no trabalho atual dos empregados. O conceito de desenvolvimento foi utilizado pela primeira vez por Leonard Nadler, em 1969, quando o autor cunhou o termo "Desenvolvimento de Recursos Humanos". Para Nadler (1984), desenvolvimento seria a aprendizagem voltada para o crescimento individual, sem relação com um trabalho específico, e que teria a função de promover aprendizagem nos empregados, visando ao alcance dos objetivos organizacionais. Nesse sentido, o desenvolvimento seria um processo de aprendizagem mais geral que o treinamento, uma vez que estaria relacionado ao preparo de indivíduos de forma mais ampla e não específica para um posto de trabalho atual.

Contudo, tanto o treinamento como o desenvolvimento seriam ações de aprendizagem induzida (ver *Aprendizagem* e também *Aprendizagem organizacional*), uma vez que elas seriam ações com propósito específico e com objetivos instrucionais definidos e que, em geral, ocorrem por iniciativa das organizações de trabalho. Contudo, a despeito da diferenciação que se faz dos termos treinamento e desenvolvimento, sendo o primeiro de natureza mais restrita e específica, e o segundo de natureza mais ampla e abrangente, essa separação conceitual tem se tornado menos precisa.

O fato de haver na atualidade maior dinamização dos cargos e de as estruturas organizacionais estarem menos rígidas e estáticas dificulta a realização de ações de capacitação que estejam exclusivamente voltadas para o trabalho atual desempenhado pelos empregados. Há uma demanda cada vez maior de que os empregados estejam preparados para outros cargos e que possam ter aprendizagens que vão além de um trabalho específico. Nesse sentido, o treinamento convencional de habilidades e conhecimentos básicos é gradativamente substituído pelo desenvolvimento pessoal e profissional de longa duração. Os treinamentos de curta duração, calcados na transmissão de conteúdos para preparar pessoas para a execução operacional de determinados trabalhos, têm sido menos frequentes já que aumentam a complexidade e a demanda cognitiva dos postos de trabalho. Portanto, em função da própria prática da área, torna-se cada vez mais comum o uso da expressão treinamento e desenvolvimento, sem a preocupação de distinção de tais conceitos.

No Brasil, o termo treinamento, sobretudo quando apresentado separado do termo desenvolvimento, foi alvo de críticas e certo preconceito, possivelmente em função da etimologia do termo ligada à "destreza". Muitos profissionais da área fugiram do nome treinamento pela negativa associação dele com o termo adestramento ou condicionamento, entendido como cabível exclusivamente para animais. Contudo, a despeito de haver cada vez menos cursos com tais objetivos, devido à própria evolução do trabalho humano e pela automação das atividades laborais de natureza mais repetitiva, na atualidade, alguns processos de aprendizagem ainda assumem tais características, sobretudo quando o foco está em capacitações para lidar com situações de estresse, como o exercício de evacuação de um edifício em caso de incêndio. Em casos específicos como esse, o condicionamento pode ser fundamental.

Por outro lado, uma confusão também comum na área refere-se ao público-alvo a que se destinam as ações de treinamento e desenvolvimento. A separação clássica do trabalho entre quem planeja e quem executa levou à ideia, equivocada, de que ações de desenvolvimento deveriam destinar-se a gestores e que aos demais atores organizacionais o investimento deveria ser em ações de treinamento, ou seja, aquelas voltadas para aprendizagens diretamente relacionadas ao desempenho atual. Muito embora os gestores demandem aprendizagens voltadas para o crescimento individual e que não guardam relação com um trabalho específico (ver *Desenvolvimento gerencial*), não são apenas os ocupantes de tais funções que necessitam desse tipo de aprendizagem, sobretudo considerando o cenário atual em que espera-se participação ativa e capacidade de inovação de todo o conjunto de empregados (ver *Empreendedorismo no trabalho*).

De fato, a tendência na área tem sido a de ampliar o uso do termo T&D. Sinalizações dessa tendência podem ser encontradas no uso da expressão treinamento, desenvolvimento e educação (TD&E), bastante utilizada no Brasil, e em outras expressões, como educação corporativa, universidade corporativa, educação continuada, educação aberta e educação a distância (ver verbete correspondente). Tais expressões referem-se ao termo educação, que remete a processos pelos quais as pessoas adquirem compreensão do mundo e que em uma visão mais voltada para o trabalho pode ser entendida como a aprendizagem que visa preparar o indivíduo para um trabalho diferente, porém identificado em um futuro próximo (Nadler, 1984).

A utilização de termos como TD&E e educação corporativa está em consonância com a compreensão da área, já que ela se apropria de conceitos e teorias de diversas disciplinas, como psicologia, administração, sociologia e educação, com grande destaque para esta última, uma vez que a pedagogia é a ciência mais diretamente voltada para o fenômeno da aprendizagem e, em especial, a aprendizagem induzida.

A abordagem sistêmica de T&D

Do ponto de vista da gestão, T&D precisa ser compreendido como um sistema, que se integra a um conjunto de outros sistemas de gestão de pessoas (ver *Recrutamento e seleção*, *Avaliação de desempenho* e *Gestão de carreira*) e que é composto por três subsistemas:

1) análise de necessidades; 2) planejamento e execução; e 3) avaliação. Esses três subsistemas, pela própria definição do conceito de sistemas, têm igual importância e interagem entre si, iniciando pela avaliação de necessidades e chegando à avaliação das ações de T&D, que é o subsistema que retroalimenta os outros dois.

A análise de necessidades de treinamento é um componente fundamental do sistema porque o êxito das atividades de planejamento e execução de T&D depende da qualidade das informações geradas na etapa do diagnóstico. Nesse sentido, esse processo deve ser planejado levando-se em conta os objetivos e as metas organizacionais com vistas a identificar as competências – atuais e futuras – que precisam ser desenvolvidas e quais indivíduos necessitam dessas competências.

De acordo com Goldstein (1991), a análise de necessidades é caracterizada pelo diagnóstico em três níveis: organizacional (onde e quando treinar), de tarefas (quais conhecimentos, habilidades e atitudes treinar), e pessoal (quais pessoas treinar). Essa abordagem deixa evidente que é preciso considerar não apenas o público-alvo das ações de capacitação e o tipo de treinamento que essas pessoas necessitam, mas também a identificação de fatores do ambiente organizacional que possam interferir nos resultados dos treinamentos. Nesse sentido, é fundamental que a avaliação de necessidades esteja alinhada às estratégias organizacionais (ver *Competência no trabalho*).

O planejamento e execução pode ser considerado o subsistema central de T&D, uma vez que a análise de necessidades e a avaliação de resultados estão voltados para esse componente. Nele são delineadas e desenhadas as ações de capacitação, buscando-se métodos e estratégias que facilitem a aprendizagem. Entre as muitas contribuições de Robert Gagné para a área de T&D, está a teoria que estipula haver diferentes tipos ou níveis de aprendizado (informação verbal, habilidades motoras, habilidades intelectuais, estratégias cognitivas e atitudes) e cada um requer tipos de instrução diversificados. Nesse sentido, o planejamento instrucional deve levar em consideração condições internas e externas necessárias a cada tipo de aprendizado.

Assim, é preciso considerar que há diferentes métodos, modalidades e estratégias de execução de T&D sem que se possa estabelecer um *ranking* dos que são melhores. É possível tentar identificar o que é mais ou menos adequado considerando-se os objetivos do evento de capacitação, os resultados esperados e a situação do ensino. Tais eventos podem ser classificados, de acordo com o que foi definido no subsistema de planejamento e execução de T&D, segundo vários focos de estudo: dimensões, objetivos, métodos, condições, clientelas e outros. Cursos presenciais ou de educação a distância (ver verbete *Treinamento e educação a distância*), eventos de curta, média ou longa duração, cursos abertos ou de turma fechada, cursos baseados em aulas, em jogos ou em simulações são exemplos de definições que precisam ser feitas na etapa de planejamento e execução de T&D. Vale registrar que, muitas vezes, a indicação para o planejamento instrucional deriva da combinação de diferentes métodos em vez da escolha de um método único.

A avaliação é o terceiro e último subsistema de T&D, o qual tem despertado crescente interesse de pesquisadores e profissionais que atuam na área, com expansão de modelos, teorias e instrumentos (Borges-Andrade, Abbad & Mourão, 2012). Entre os aspectos a serem definidos em uma avaliação, estão:

- a categoria de avaliação – se formativa (focada no processo de desenvolvimento da ação de capacitação) ou se somativa (focada nos resultados obtidos);
- o modelo de avaliação que será adotado;
- quais serão as fontes de informação; e
- quais serão os métodos de coleta de dados que serão empregados.

Entre os modelos de avaliação de T&D, destacam-se, internacionalmente, os de Kirkpatrick (1976) e Alvarez, Salas e Garofano (2004) e, no Brasil, o modelo de Borges-Andrade (2006). O modelo de Kirkpatrick (1976) ainda é o mais popular em avaliação de treinamento e está focado exclusivamente nos níveis de resultado. Segundo tal arquétipo, a avaliação de treinamento deve contemplar as medidas de Reação, Aprendizagem, Comportamento no Cargo e Resultados, sendo os três primeiros de nível individual e o último de nível organizacional. Já o modelo de Alvarez *et al.* (2004) difere do de Kirkpatrick (1976), sobretudo por medir não apenas níveis de resultado (avaliação), mas também as variáveis que predizem tais resultados (efetividade de treinamento). O Modelo Integrado de Avaliação e Efetividade de Treinamento (IMTEE, na sigla em inglês) mensura quatro níveis de avaliação:

1. análise de necessidades, subdividida em conteúdo e projeto do treinamento, mudanças nos participantes e demandas organizacionais;
2. reações;
3. transferência; e
4. resultados, com variáveis explicativas para cada um desses níveis. No Brasil, o Modelo de Avaliação Integrado e Somativo (MAIS) (Borges-Andrade, 2006) foi desenvolvido, desde 1982, e vem sendo bastante utilizado nas duas últimas décadas. O autor também segue um modelo focado em níveis de resultado e em variáveis preditoras, incorporando, porém, outras variáveis importantes na avaliação de T&D. O MAIS propõe cinco componentes (insumos, procedimentos, processos, disseminação e ambiente) como preditores de outros componentes (resultados imediatos e efeitos em longo prazo), oferecendo uma análise mais ampla para o sistema de T&D.

Como síntese, é preciso registrar que a atividade de treinamento e desenvolvimento é hoje considerada crucial para as organizações, sendo influenciada por estratégias organizacionais e também influenciadora de tais estratégias. É mister que o processo de T&D esteja alinhado com as principais diretrizes corporativas e com o ambiente no qual as organizações se inserem. Em função da demanda crescente por capacitação, com redução do tempo de interstício entre as ações de treinamento, observa-se uma acentuada expansão da área no Brasil e no exterior. Esse crescimento tem levado a uma multiplicação dos conceitos e propostas metodológicas relacionadas a T&D e aumentado os desafios para quem pesquisa ou atua nessa área.

Referências

Alvarez, K., Salas, E., & Garofano, C. M. (2004). An integrated model of training evaluation and effectiveness. *Human Resource Development Review*, *3*(4), 385-416.

Borges-Andrade, J. E. (2006). Avaliação integrada e somativa em TD&E. In J. E. Borges-Andrade, G. S. Abbad & L. Mourão (Orgs.). *Treinamento, desenvolvimento e educação em organizações e trabalho: Fundamentos para gestão de pessoas* (pp. 343-358). Porto Alegre: Artmed.

Borges-Andrade, J. E., Abbad, G. S., & Mourão, L. (2012). Modelos de avaliação e aplicação em TD&E. In G. Abbad, L. Mourão e T. Zerbini (Orgs.). *Medidas de avaliação em treinamento, desenvolvimento e educação* (pp. 20-35). Porto Alegre: Artmed.

Goldstein, I. L. (1991). Training in work organizations. In M. D. Dunnette & L. Hough (Orgs.). *Handbook of industrial and organizational psychology* (pp. 507-619). Palo Alto, CA: Consulting Psychology Press.

Kirkpatrick, D. L. (1976). Evaluation of training. In R. L. Craig (Ed.). *Training and Development Handbook* (pp. 18.1-18.27). New York: Mc Graw-Hill.

Nadler, L. (1984). *The handbook of human resources development.* New York: Wiley.

Salas, E., & Cannon-Bowers, J. A. (2001). The science of training: a decade of progress. *Annual Review Psychology*, *52*, 471-499.

Vargas, M. R., & Abbad, G. (2006). Bases conceituais em Treinamento, Desenvolvimento e Educação – TD&E. In J. E. Borges-Andrade, G. S. Abbad & L. Mourão (Orgs.). *Treinamento, desenvolvimento e educação em organizações e trabalho: fundamentos para gestão de pessoas* (pp. 137-158). Porto Alegre: Artmed.

Treinamento e educação a distância

Thaís Zerbini

A discussão sobre educação e qualificação para o trabalho e suas relações com o desenvolvimento do país tem ocorrido com muita frequência nas pautas de reuniões de trabalhadores, empresários, governos, pesquisadores e profissionais liberais. O atendimento às novas exigências do mercado de trabalho, caracterizado por transformações sociais e tecnológicas, exige que empresas, escolas técnicas, órgãos de governo, instituições de ensino, entre outras que compõem o sistema produtivo, desenvolvam estratégias de atualização contínua de suas competências organizacionais e individuais. Programas de treinamento, desenvolvimento e educação de pessoal (TD&E) nas organizações e de formação e qualificação profissional em ambiente aberto contribuem para que esse desenvolvimento ocorra.

Em função do aumento da demanda por ações de TD&E, empresas e organizações, incluindo as instituições de ensino superior (IES), passaram a desenvolver e oferecer programas de educação, educação corporativa, formação e qualificação profissional mediante a utilização de novas tecnologias de comunicação e informação (NTIC), que possibilitam um alcance maior de pessoas do que cursos presenciais.

Além de promoverem a aquisição de aprendizagem, os cursos a distância ou semipresenciais acompanham as transformações ocorridas no campo social e tecnológico, sendo uma alternativa que permite atender a um maior número de pessoas, otimizar o tempo e reduzir gastos a médio e longo prazos. Tais mudanças no campo da educação e do trabalho mostram a busca por novas e mais eficientes opções para fazer frente às exigências do mercado de trabalho por qualificação profissional.

Origem e definição

Para ser possível a contextualização do verbete *Treinamento e educação a distância*, faz-se necessário discutir brevemente um conceito mais amplo, o de treinamento, desenvolvimento e educação de pessoas (TD&E). A expressão "treinamento e desenvolvimento" surgiu da expressão criada por Nadler (1984) "desenvolvimento de recursos humanos". Segundo Vargas e Abbad (2006), uma das razões para que "treinamento e desenvolvimento" prevalecesse sobre "desenvolvimento de recursos humanos", consiste no fato de que programas educacionais nas organizações, durante muito tempo, eram dirigidos apenas aos níveis gerenciais e à alta administração, ao passo que, para a maioria dos empregados, eram ofertadas ações de treinamentos pontuais para as suas funções.

Para as referidas autoras, com o surgimento das universidades corporativas a partir dos anos de 1990, o conceito de educação ficou em evidência dentro das organizações. Era preciso acompanhar as mudanças no mundo do trabalho e oferecer programas educacionais a todos os empregados na organização, bem como a toda cadeia de valor, incluindo terceirizados, fornecedores, clientes, entre outros. Portanto, nos dias atuais, é necessário agregar o conceito de educação aos de treinamento e desenvolvimento.

A diferença crítica entre os conceitos de TD&E refere-se ao fato de que programas de *desenvolvimento* são planejados e direcionados para o crescimento pessoal do empregado, sem manter relações estritas com trabalho específico. *Educação* refere-se às oportunidades dadas pela organização ao indivíduo, visando prepará-lo para ocupar cargos diferentes em outro momento dentro da mesma organização; *treinamento*, por sua vez, prepara o indivíduo para melhorar o desempenho no cargo atual (Abbad & Borges-Andrade, 2004; Nadler, 1984). Mais informações sobre a diferenciação entre os conceitos de TD&E podem ser vistos na definição do verbete *Treinamento e desenvolvimento.*

As ações de treinamento, desenvolvimento e educação, quando usadas adequadamente e em conjunto, visam promover e acelerar o processo de aprendizagem nas organizações. Nesse sentido, Zerbini (2007) define treinamento como um conjunto de ações educacionais, sistematicamente planejadas, que facilitam o aperfeiçoamento e a aquisição de conhecimentos, habilidades e atitudes (CHAs), podendo ser aplicados no trabalho atual ou futuro, em empresas diferentes e, no caso de participantes autônomos, aplicados nas diversas atividades profissionais desenvolvidas pelo indivíduo.

De modo geral, as pesquisas brasileiras utilizam com mais frequência como alvos de estudo treinamentos presenciais que privilegiam poucas pessoas da organização, em detrimento de treinamentos a distância por meio das TICs que poderiam alcançar um número bem maior de participantes de diferentes unidades da organização. Vale destacar que a terminologia "novas tecnologias de informação e comunicação" (NTIC) surgiu em função da evolução histórica da educação e treinamento a distância. No início da história da educação a distância (EaD), os recursos utilizados como meios de entrega da ação instrucional eram mais simples, tais como material impresso, materiais em vídeo e áudio.

Um dos primeiros treinamentos a distância da história foi oferecido pelo International Correspondence Schools (ICS) da Pensilvânia, Estados Unidos, no final do século XIX. O ICS ofereceu cursos por correspondência para empregados de diversas organizações em função do avanço da indústria ferroviária norte-americana (Vargas, 2004). Litwin (2001) relata que, no final do século XIX, criaram-se nos Estados Unidos inúmeros cursos por correspondência para capacitação em diferentes ofícios. Entretanto, segundo a autora, muitas décadas se passaram para que a EaD se estabelecesse como uma modalidade competitiva diante das ofertas de educação presencial.

As diferentes tecnologias utilizadas em EaD estão associadas às gerações usualmente descritas na literatura da área. A primeira geração, denominada *tecnologias distributivas,* caracterizou-se pelo estudo por correspondência, cujo meio instrucional era o material impresso, geralmente um guia de estudos com exercícios escritos e outras tarefas enviados pelo correio. Fazem parte dessa geração também os recursos audiovisuais que incluem televisão e rádio. Em meados de 1960, as primeiras universidades abertas usaram recursos de instrução por correspondência e transmissão de material gravado por meio de rádio e televisão e envio de fitas de vídeo. Tais recursos representaram uma transição para o surgimento da segunda geração de EaD: *tecnologias interativas* (Castro & Ferreira, 2006).

Com as tecnologias de comunicação em pleno desenvolvimento em meados do século XX, as relações sociais passam a ocorrer em locais distantes e sem a interação face a face. Nesse momento, a sociedade articula-se em torno de meios eletrônicos de alta velocidade. A inserção dos computadores pessoais em meados de 1980 permitiu o desenvolvimento de treinamento baseado no computador (TBC), simulações, multimídia, hipertexto, entre outros. No contexto da geração das *tecnologias interativas*, torna-se possível elaborar projetos com maior potencial de personalização, interatividade e qualidade no ensino (Castro & Ferreira, 2006).

A EaD, a partir dos anos 1990, entrou em um terceiro momento histórico caracterizado por grandes avanços tecnológicos. É a partir dessa década que o termo "novas tecnologias de informação e comunicação" passa a ser mais frequentemente utilizado. As referidas autoras denominam essa terceira geração de *tecnologias colaborativas*. Nessa geração, são desenvolvidos treinamentos baseados na *web* (TBW), com ambientes virtuais que permitem estratégias de discussão colaborativas com tutor e alunos, tais como *chats* e fóruns.

Existem diversas definições para descrever o processo de ensino-aprendizagem que ocorre a distância. Belloni (1999) relata que as definições em EaD são elaboradas pela descrição de suas características, em função de comparações entre as modalidades presencial e a distância. Vargas (2003) acrescenta que, além das definições serem muito explicativas sobre as características que envolvem o processo de ensino-aprendizagem a distância, a literatura em educação a distância apresenta uma confusão conceitual preocupante. A autora, então, propôs uma definição clara e objetiva do que considera educação a distância: "uma modalidade de ensino/aprendizagem que rompe as barreiras do tempo e do espaço, promovendo diferentes formas de interação entre alunos e professores" (Vargas, 2003, p. 292). Além do conceito de *educação a distância*, há outros conceitos correlatos que merecem discussão, entre eles estão: ensino a distância, aprendizagem a distância, aprendizagem aberta, educação corporativa e universidade corporativa, além, é claro, de treinamento a distância, um dos focos deste verbete.

Laaser (1997) optou pela utilização do conceito "educação a distância" em detrimento dos conceitos de "ensino a distância" e "aprendizagem a distância", por considerar o termo mais abrangente. Para o autor, ensino a distância dá maior ênfase ao professor, ao passo que aprendizagem a distância enfatiza o aluno. Para Vargas e Abbad (2006), o termo "educação a distância" realmente parece ser o conceito mais amplo, abrangendo os conceitos de ensino e de aprendizagem.

Quanto ao termo "aprendizagem aberta", Belloni (1999) o caracteriza pela flexibilidade, abertura dos sistemas e maior autonomia do estudante, promovendo o livre acesso dos indivíduos aos programas educacionais com flexibilidade no tempo, lugar e no ritmo do processo de aprendizagem do aprendiz. Para Teixeira (1992), aprendizagem aberta caracteriza-se por promover a democratização do ensino, já que não exige necessariamente titulações para o ingresso, nem um tempo determinado para finalizar a ação educacional.

Verifica-se que os conceitos de aprendizagem aberta e educação a distância não se opõem. Segundo Belloni (1999), os dois conceitos referem-se ao mesmo fenômeno, mas possuem focos diferentes: enquanto a EaD enfatiza os aspectos institucionais e operacionais do processo ensino-aprendizagem, a aprendizagem aberta enfatiza a metodologia e estratégias de ensino. Quanto ao termo "treinamento a distância" (TaD), Vargas (2004) o associa ao contexto específico do ambiente organizacional.

As principais características presentes nas definições de EaD, associadas ao verbete em questão, são: separação física de professor e aluno durante a maior parte do processo instrucional, separação de professor e aluno no tempo, uso de tecnologias colaborativas para possibilitar a comunicação entre professor e o aluno, entre os alunos e entre o aluno e instituição que promove o curso, modularização do ensino e controle de aprendizagem pelo aluno.

Em função do exposto, a definição aqui proposta do verbete *Treinamento e educação a distância* consiste em um conjunto de ações educacionais sistematicamente planejadas, desenvolvidas na maior parte do tempo no contexto de flexibilidade espacial e temporal entre professor e aluno, de sincronidade e assincronidade, interação e interatividade (podendo incluir personalização), e de abertura dos espaços físicos, utilizando-se de meios tecnológicos, tais como material impresso, CD-ROM, internet, intranet, fitas de vídeo, videoconferências, entre outros, que facilitam o aperfeiçoamento e a aquisição de CHAs por meio do autogerenciamento da aprendizagem do indivíduo. Tal definição assume que os CHAs adquiridos podem ser aplicados no trabalho atual ou futuro, em empresas diferentes, e, no caso de usuários autônomos em programas de formação e qualificação profissional, aplicados nas diversas atividades profissionais desenvolvidas pelo indivíduo.

Utilização e implicações brasileiras

Uma das utilidades do verbete em discussão no contexto de Psicologia do Trabalho e das Organizações (PT&O) está associada à promoção do desenvolvimento de carreiras dentro e fora das organizações por meio de currículos e trilhas educacionais voltados à educação continuada em universidades corporativas (UCs). Universidade corporativa é uma unidade educativa dentro das organizações, cuja missão é garantir o aprendizado contínuo de toda a cadeia de valor, incluindo empregados, terceirizados, fornecedores, clientes etc. Dessa forma, passam a constituir o público-alvo das UCs toda a organização e também os atores que com ela estabelecem algum tipo de relação (Meister, 1999).

Além do ambiente corporativo, uma extensa pesquisa realizada por Martins (2012) sugere que, no Brasil, a temática da educação a distância tem assumido destaque no âmbito das políticas públicas por meio de ações e programas de governo para ampliação do acesso ao ensino por meio da modalidade, acompanhadas por alterações substanciais em legislações educacionais. A crescente oferta de cursos de EaD no país ocorre concomitante aos questionamentos sobre a qualidade deles, o que torna importantes as discussões sobre as possibilidades e os desafios colocados pelas inovações em práticas de ensino-aprendizagem.

Atualmente, a EaD adota a internet como um dos meios de ensino mais utilizados, insere novas condições de estudo ao aluno e novas formas de interação aluno-professor, que podem influenciar o resultado do evento instrucional. E como já discutido antes, oferece ainda uma aprendizagem mais independente e flexível, considerando tempo, espaço e ritmo do aprendiz, por meio de um conjunto de recursos didáticos adaptados a tecnologias e multimídia. Os conteúdos, uma vez produzidos, permanecem disponíveis aos participantes para serem acessados quando julgarem pertinente, sem necessidade de deslocamento até o local do evento (Castro & Ferreira, 2006).

Análises do potencial de crescimento do ensino a distância no Brasil o colocam em uma posição de destaque e, principalmente, de interesse de investidores e empresários. Contudo, comparado à presença de várias universidades estrangeiras que utilizam a EaD há décadas, o Brasil encontra-se em atraso nessa modalidade de ensino (Santos, 2006). No exterior, não se discute mais sobre a mercantilização ou precarização da EaD. Essa questão já foi superada e não necessita de defesa, portanto, os preconceitos associados à modalidade precisam ser desmistificados também em contexto nacional (Martins, 2012).

A ampliação dos cenários sociais e econômicos e das modalidades de formação exige que medidas educacionais alternativas se ampliem e sejam avaliadas constantemente. A formulação de políticas nacionais e o aparecimento de leis repensando práticas que atendam a necessidades educacionais específicas e possibilitem maior democratização do ensino mostram que este é um momento propício para se discutir e investigar a EaD. No entanto, existem em todo o território nacional vários cursos de EaD em instituições espalhadas no interior dos estados. Esse oferecimento cria uma condição de formação por vezes desconhecida, em termos de padrões de qualidade, sobre a qual não há ainda políticas sistemáticas de acompanhamento e avaliação.

A estruturação efetiva da EaD como política, amparada pelas novas tecnologias de informação e comunicação, pode contribuir para democratizar os sistemas de ensino, possibilitando o atendimento de alunos dispersos geograficamente e residentes em locais onde não há instituições de ensino convencionais (Santos, 2006). Nesse sentido, a contribuição da educação a distância é singular em um país com dimensões continentais como o Brasil.

Diante desse quadro, ressalta-se a importância de promover a avaliação constante da qualidade e da eficácia das ações educacionais ofertadas para um grande número de pessoas, visando garantir a qualidade do ensino. Entretanto, ainda são raros os estudos sistemáticos na área da Psicologia do Trabalho e das Organizações sobre avaliação dos efeitos de tais ações no processo de aprendizagem e nos diferentes ambientes de estudo e trabalho. Vale destacar que a avaliação dos resultados dessas ações não é importante apenas nos contextos corporativo e escolar. Instituições e organizações que ofertam programas de formação e qualificação profissional também precisam desenvolver modelos avaliativos, já que, no Brasil, a formação e a qualificação profissional vêm adquirindo importância cada vez maior no processo de desenvolvimento de uma economia e sociedade sustentáveis.

Referências

Abbad, G., & Borges-Andrade, J. E. (2004). Aprendizagem humana em organizações de Trabalho. In J. C. Zanelli, J. E. Borges-Andrade & A. V. B. Bastos (Orgs.). *Psicologia, organizações e trabalho no Brasil* (pp. 237-275). Porto Alegre: Artmed.

Belloni, M. L. (1999). *Educação a distância*. Campinas: Autores Associados.

Castro, M. N. M. C., & Ferreira, L. D. V. (2006). TD&E a distância: múltiplas mídias e clientelas. In J. E. Borges-Andrade, G. Abbad, L. Mourão & colaboradores. *Treinamento, desenvolvimento e educação em organizações e trabalho: fundamentos para a gestão de pessoas* (pp. 322-339). Porto Alegre: Artmed.

Laaser, W. (1997). *Manual de criação e elaboração de materiais para educação a distância*. Brasília: CEAD, Universidade de Brasília.

Litwin, E. (2001). Das tradições à virtualidade. In E. Litwin (Org.). *Educação a distância: temas para o debate de uma nova agenda educativa* (pp. 13-22). Porto Alegre: Artmed.

Martins, L. B. (2012). *Aprendizagem em ações educacionais a distância: fatores influentes no desempenho acadêmico de universitários*. Dissertação de Mestrado, Faculdade de Filosofia, Ciências e Letras de Ribeirão Preto, Departamento de Psicologia, Universidade de São Paulo, SP, Brasil.

Meister, J. C. (1999). *A gestão do capital intelectual através das universidades corporativas*. São Paulo: Makron Books.

Nadler, L. (1984). *The Handbook of human resources development*. New York: Wiley.

Santos, J. F. S. (2006). Avaliação no ensino a distância. *Revista Iberoamericana de Educación, 38*(4), 1-9.

Teixeira, M.H.G. (1992). *Educação superior aberta e a distância – análise das proposições para implantação de uma política educacional alternativa*. Dissertação de Mestrado, Faculdade de Educação, Universidade de Brasília, Brasília, DF, Brasil.

Vargas, M. R. M. (2003). Educação a distância no contexto da mudança organizacional. In S. M. V. Lima (Org.). *Mudança organizacional: teoria e gestão*. Rio de Janeiro: FGV.

Vargas, M. R. M. (2004). *Barreiras à implantação de programas de educação e treinamento a distância*. Tese de Doutorado, Instituto de Psicologia, Universidade de Brasília, Brasília, DF, Brasil.

Vargas, M. R. M., & Abbad, G. (2006). Bases conceituais em treinamento, desenvolvimento e educação – TD&E. In J. E. Borges-Andrade, G. Abbad, L. Mourão & colaboradores. *Treinamento, desenvolvimento e educação em organizações e trabalho: fundamentos para a gestão de pessoas* (pp. 137-158). Porto Alegre: Artmed.

Zerbini, T. (2007). *Avaliação da transferência de treinamento em curso a distância.* Tese de Doutorado, Instituto de Psicologia, Universidade de Brasília, Brasília, DF, Brasil.

Tutorização no trabalho

Livia de Oliveira Borges
Virgínia Donizete de Carvalho
Simone Lopes de Melo

A tutorização é uma prática social e interativa antiga. Por consequência, é possível registrar adoção no campo educacional e nos campos ocupacional e profissional. Assim, a história é cheia de exemplos na formação de pensadores e mais recentemente na formação de cientistas e outros profissionais muito especializados. Os sistemas brasileiros de pós-graduação *stricto sensu*, especializações e residências se sustentam em relações de orientação entre professores e estudantes, a exemplo dos países em que organizaram a formação pós-graduada mais cedo. A formação de psicólogos profissionais também valoriza o processo que é designado de supervisão, principalmente para aqueles que se iniciam no exercício profissional. A história sobre a Antiguidade Clássica e da Idade Média conta também que os artesãos se preparavam e construíam suas identidades com o apoio dessa mesma prática social. Tanto é assim que na construção civil, atividade industrial menos influenciada pelo taylorismo-fordismo, a estrutura de funções segue semelhante aos ofícios, e a profissionalização de pedreiros e mestres de obra desenvolve-se, ainda majoritária e basicamente, por meio de tutorização.

Não obstante a penetração dessa prática social em tantos setores, só a partir da década de 1980 que se têm notícias da focalização sistemática do tema na psicologia do trabalho e das organizações. Tal prática tem adquirido um caráter de ação institucional nos ambientes profissionais e de produção de conhecimento. Além disso, as transformações (gestão, organização do trabalho, tecnologia etc.) no mundo do trabalho, a competitividade mais evidente das organizações privadas por frações de mercado, bem como a necessidade de mais transparência e efetividade dos órgãos públicos, entre outros aspectos, têm conduzido à adoção de ações de maior impacto na qualificação e no desempenho do trabalhador, incluindo a tática de tutorização.

Origem do termo

O termo tutorização surgiu na literatura especializada da psicologia do trabalho e das organizações brasileira a partir da década de 1990 e é uma tradução dos termos *mentoring* e *mentorship* aplicados nas publicações em inglês. Tais expressões têm outras traduções na literatura especializada de língua portuguesa, por exemplo, *mentoria* por Gueiros (2009) e por Juer, Santos e Santos (2009) e *tutoria* por Bellodi e Martins (2005). Este último torna mais provável a confusão com a conotação jurídica do termo, referindo-se à situação de tutela, em que o tutor responde jurídica e socialmente pelo tutorado e pressupõe-se que o segundo está em condição de incapacidade, seja temporária, seja permanente, de assumir responsabilidades sociais. Esse pressuposto sobre o tutorando difere das bases do processo de tutorização como abordaremos a seguir.

Conceito de tutorização no trabalho

A tutorização no trabalho é um processo interativo, de ajuda e de mudança, cujos atores principais são os tutorandos e os tutores. Os tutorandos estão se inserindo em um novo ambiente social e/ou em uma nova atividade e estão em posição de aprendizes. Já os tutores são mais experientes e colocam suas vivências e seu saber à disposição dos tutorandos, ajudando-os especialmente na tomada de decisões, escolhas de caminhos ou modos de agir e na sua inserção em redes de relações ocupacionais e/ou profissionais. Isso não quer dizer que haja ações de controle das atividades do tutorando, nem que eles dependam do tutor. A tutorização conduz, portanto, ao amadurecimento e à construção de ações autônomas. Bellodi (2005), para expor o que é a tutorização, recorre aos personagens Telêmaco e Mentor, presentes na *Odisseia,* de Homero, clássico da literatura grega. Assim o faz, entre outras finalidades, para mostrar que Telêmaco, no final do processo, havia amadurecido e tomava suas próprias decisões. Mentor, substituindo o pai, Ulisses, orientava, inspirava e encorajava Telêmaco à independência, à autonomia e à construção de sua própria identidade.

Tipos de tutorização no trabalho e efetividade

O já mencionado exemplo da tutorização no contexto da construção civil, é característico do tipo informal da tutorização, em que a escolha do tutor e do tutorando um pelo outro segue as idiossincrasias mútuas. A busca pelo tutor é uma ação espontânea do iniciante sem uma ação e/ou política institucional que a solicite ou ofereça qualquer suporte. A tutorização informal é um processo que se constrói geralmente a partir de relações interpessoais já estabelecidas, passando a ser uma relação de ajuda na formação profissional. Por isso, normalmente ela não tem início e término bem delimitados, mas tende a ser bastante prolongada. No citado exemplo, a tutorização como uma prática social foi construída na tradição e se generalizou naquele setor econômico. No entanto, autores como Kram (1983) e Chao, Walz e Gardner (1992) observaram que em diferentes situações de emprego, os indivíduos atuam para acelerar seu processo de socialização organizacional, buscando tutores de forma proativa, independente de essa prática ser típica ou não do setor econômico. Portanto, a teorização e pesquisa sobre tutorização se desenvolveu no contexto teórico da socialização organizacional em que, entre outros aspectos, passou a enfatizar a proatividade do sujeito socializante (Griffin, Colella & Goparaju, 2000).

A tutorização informal, entretanto, como uma possibilidade de ação, é desigual para os diferentes empregados porque a espontaneidade de tal processo pressupõe idiossincrasias nem sempre existentes, bem como em virtude de outras particularidades do mundo organizacional e do volume de atribuições dos potenciais tutores. Essas limitações, a tendência de atenção organizacional para ações que potencialmente podem impactar a qualificação e o desempenho e os períodos de expansão que exigem atrair e qualificar novos quadros rapidamente em determinados setores econômicos contribuíram para que profissionais e pesquisadores buscassem alternativas à tutorização informal. Por exemplo, a construção civil brasileira, que tradicionalmente tinha seus operários formados quase exclusivamente por tutorização informal, ressente-se hoje da falta de outras estratégias de formação, já que vem atraindo trabalhadores oriundos dos outros setores da economia. Além dessas particularidades conjunturais, as transformações do mundo do trabalho têm implicado que as pessoas transitem mais entre empregos, entre postos de uma mesma organização e entre filiais (nem sempre em um mesmo país). Nesse contexto, a literatura passou a propor a institucionalização do processo de tutorização, surgindo o que é conhecido por tutorização formal. Essa é uma prática sócio-organizacional que funciona como programas complexos e sistematicamente planejados de desenvolvimento de pessoas.

A tutorização formal no trabalho amplia o processo do ponto de vista dos atores envolvidos, em que dirigentes, profissionais de gestão de pessoas e chefias intermediárias estão também implicados. Esses atores têm, entretanto, diferenciadas funções e não se confundem com a díade tutor-tutorando. Os dirigentes têm o papel de incentivar a adoção dos programas, normatizar (instituir) e propor avaliações dos programas; já os gestores de pessoas fazem um planejamento detalhado e acompanham o processo, oferecendo suporte ao relacionamento do par tutor-tutorando. Devem contribuir para clarear papéis, ressignificar expectativas em relação ao processo, oferecer suporte de formação aos tutores, coordenar o registro de todas as ações e desenvolver avaliações do programa. As chefias intermediárias da organização e/ou chefias imediatas do tutorando devem oferecer suporte organizacional à díade tutor-tutorando, no sentido de facilitar o acesso às informações, de intermediar os contatos com a gestão geral do programa e de ratificar a designação do tutor.

Chao *et al.* (1992) apresentaram resultados de pesquisa que, de maneira geral, indicam que a tutorização informal é mais eficaz que a formal, e que esta é melhor que a ausência de tutorização. Utilizaram como critérios para tal julgamento o nível de socialização organizacional, a satisfação no trabalho e o salário recebido. Pesquisa de metanálise (Underhill, 2006) corroborou esses resultados, e outros autores (Chao *et al.*, 1992; Eby & Lockwood, 2005; Wanberg, Kammeyer-Mueller & Marchese, 2006) argumentaram que a superioridade da tutorização informal deve estar relacionada à motivação dos membros da díade. Na tutorização formal, a participação atende a uma solicitação organizacional, havendo, portanto, sempre algum grau de imposição, mesmo que implícita.

Ostroff e Kozlowski (1993), em contrapartida, assinalaram que é no período de ingresso em uma organização, quando poucos trabalhadores estarão em condições de construir uma tutorização informal, que um relacionamento de tutorização formal pode gerar maiores benefícios, e Noe (1988) destacou o caráter mais democrático e acessível dos programas formais. Embora as rotinas e o planejamento de tais programas variem bastante entre organizações, em decorrência das diferentes realidades institucionais, há uma tendência na facilidade que estes apresentam em se espelhar nas características do processo informal, dado o reconhecimento de sua efetividade, relativizando, por exemplo, os critérios de designação do tutor e valorizando a proatividade do tutorando (Ragins & Cotton, 1999; Borges, 2008; Allen, Eby & Lentz, 2006).

Funções de tutorização no trabalho

Anterior à preocupação com a classificação dos tipos de tutorização, Kram (1983) identificou duas amplas funções da tutorização no trabalho: desenvolvimento de carreira e suporte psicossocial. A primeira se refere aos aspectos de aprendizagem dos papéis profissionais, preparando o tutorando para progredir dentro da organização, e envolve ações como: apadrinhamento nas redes de relações profissionais, o que promove a reputação do tutorando; *feedback* sobre o desempenho; proteção no que diz respeito às relações organizacionais de poder ainda desconhecidas ao tutorando; e apoio ao estabelecimento de desafios que permitam desenvolver novas competências. A segunda – suporte psicossocial – é mais dependente da qualidade da relação interpessoal entre tutor e tutorando, exige laços afetivos saudáveis e envolve a modelagem de papéis em que o tutor atua como referência comportamental e/ou atitudinal, a aceitação, a confirmação e o acolhimento do tutorando, a abertura de alternativas de ação e superação de limites e o desenvolvimento de amizade baseada na troca de experiências.

Limitações e aplicações da tutorização no trabalho

Em virtude de todas essas funções da tutorização no trabalho, o tema tem atraído crescentemente a atenção de pesquisadores e profissionais, de modo que desde a década de 1990 até a atualidade vem aumentando o número de publicações sobre o tema e de experiências de implantação de programas sobre o assunto em muitos países. Apesar desse crescimento, persistem dúvidas entre pesquisadores (por exemplo, Ragins & Scandura, 1999) acerca da validade dos programas institucionais.

Vários aspectos têm sido estudados com vistas à melhoria dos programas em funcionamento ou a serem implantados. Bellodi (2005) destaca a preparação da díade tutor-tutorando e a (in)compatibilidade entre ambos, além de enumerar algumas habilidades esperadas do tutor: saber ouvir, espelhar as afirmações do tutorando (expressando e confirmando a qualidade da escuta), questionar, sumarizar, mudar a perspectiva de análise, pensar reflexivamente, ser empático, agir sistematicamente e saber lidar com a estrutura institucional. As queixas de disponibilidade do tutor, o pequeno número de contatos, a distância geográfica, o atravessamento do gênero dos membros da díade e as diferenças hierárquicas na relação interpessoal também podem interferir na compatibilidade entre tutor e tutorando. Allen *et al.* (2006), por exemplo, não encontraram diferenças de avaliação do tutor por distância geográfica, mas pelo fato de serem do mesmo departamento que o tutorando, além de constatarem uma relação entre menor diferença hierárquica e melhor qualidade do relacionamento da díade. Ragins e Cotton (1999) mostraram que tutorandos do sexo masculino com tutora feminina relataram menor exposição a desafios, menor visibilidade e menos compensações econômicas e que, diferente da expectativa de senso comum, as mulheres tutoradas por homens não receberam mais promoções que os demais.

No Brasil, tem se destacado a aplicação da tutorização no trabalho como uma ação institucional no serviço público, com vistas a oferecer suporte ao servidor durante seu estágio probatório (três anos), sendo que, ao final desse período, a legislação brasileira prevê estabilidade no emprego mediante avaliação de desempenho. Essa ação significa mais controle sobre o servidor público e, ao mesmo tempo, maior valorização de seu trabalho, e a tutorização organizacional aplica-se exatamente na ênfase sobre o segundo significado, com maior foco recaindo nas funções de suporte psicossocial.

Pesquisas para avaliar tais programas no Brasil foram desenvolvidas em dois órgãos públicos (Borges, 2008; Melo, 2011). Ambos os programas se mostraram efetivos, quando usado o nível de socialização organizacional dos servidores como critério. Entretanto, também foram identificadas algumas limitações: a falta de efetivo envolvimento de alguns tutores aliada à dificuldade de convencimento destes sobre a necessidade do programa para novos servidores (tutorandos) com elevada instrução formal; envolvimento diferenciado dos dirigentes principais da organização; morosidade na substituição do tutor na impossibilidade de seguir no papel; necessidade de preparo correto da díade tutor-tutorando e dificuldade de encontrar meios adequados à adesão dos atores. Percebeu-se ainda a cultura organizacional, que não prima por consolidar e incorporar ações de planejamento à vida profissional dos servidores como um problema básico por trás das limitações mais diretamente inerentes aos programas.

Portanto, embora no Brasil já se disponha de indicativos de adequação da aplicação da tutorização organizacional institucionalizada (formal) no serviço público, as possibilidades de aplicação são mais abrangentes. A literatura internacional, citada anteriormente, caminha nessa direção. Profissionais para planejar, implantar e gerenciar programas de tutorização, entretanto, necessitam de especial preparação, de modo que os estudos sobre tutorização sejam antecedidos por um aprofundamento e atualização acerca da teorização em socialização no trabalho e nas organizações, tema mais amplo e básico na área, do qual se originam os fundamentos da tutorização. Além disso, é recomendável contar com domínio sobre os fundamentos acerca da aprendizagem humana, bem como de suporte organizacional.

Considerações finais

Em síntese, por tutorização no trabalho, a psicologia do trabalho e das organizações compreende o processo interativo e contínuo entre a díade tutor-tutorando, em que um trabalhador mais experiente acompanha um iniciante (na organização ou em uma atividade), tendo em vista o seu amadurecimento profissional e/ou construir um desempenho autônomo por meio de ações que apoiem o desenvolvimento na carreira e, ao mesmo tempo, ofereça-lhe suporte psicossocial. É uma prática antiga, cuja efetividade é mais conhecida quando desenvolvida informalmente, de modo que tutorando e tutor se escolhem reciprocamente. Na atualidade, tem se transformado em uma ação institucional complexa. Há evidências sobre sua efetividade, mas várias limitações e dificuldades são também conhecidas. A complexidade como ação institucional exige especial preparo técnico de seus gestores.

Referências

Allen, T. D., Eby, L. T., & Lentz, E. (2006). Mentorship behaviors and mentorship quality associated with mentoring programs: closing the gap between research and practice. *Journal of Applied Psychology, 9*(3), 567-578.

Bellodi, P. L. (2005). Tutor. In P. L. Bellodi & M. A. Martins (Orgs.). *Tutoria. Mentoring na formação médica* (pp. 69-86). São Paulo: Casa do Psicólogo.

Bellodi, P. L., & Martins, M. A. (2005). *Tutoria.* Mentoring *na formação médica.* São Paulo: Casa do Psicólogo.

Borges, L. O. (2008). *Relatório de pesquisa CNPq (Processo 479971/2006-4).* Apresentado ao CNPq e à UFRN.

Chao, G. T., Walz, P. M., & Gardner, P. D. (1992). Formal and informal mentorships: a comparison on mentoring functions and contrast with nonmentored counterparts. *Personnel Psychology, 45*(3), 619-639.

Eby, L. T., & Lockwood, A. (2005). Protégés' and mentors' reactions to participating in formal mentoring programs. *Journal of Vocational Behavior, 67*, 441-458.

Griffin, A. E. C., Colella, A., & Goparaju, S. (2000). Newcomer and organizational socialization tactics: an interactionist perspective. *Human Resource Management Review, 10*(4), 453-74.

Gueiros, M. M. B. (2009). As funções de mentoria como um instrumento de apoio ao desenvolvimento profissional dos dirigentes de faculdade de ensino superior [Texto completo]. In *Anais do XXXIII Encontro da ANPAD*. São Paulo, SP, Brasil.

Juer, M., Santos, N. M. B. F., & Santos, R. F. (2009). Mentoria: um estudo das expectativas de mentores e mentoreados [Texto completo]. In Anais do XXXIII *Encontro da ANPAD*. São Paulo, SP, Brasil.

Kram, K. E. (1983). Phases of the mentor relationship. *Academy of Management Journal*, *26*(4), 608-625.

Melo, S. L. (2011). *Avaliação do programa de tutorização da EMATER-RN para servidores em estágio probatório*. Tese de doutorado, Universidade Federal do Rio Grande do Norte, Natal, RN, Brasil.

Noe, R. A. (1988). An investigation of the determinants of successful assigned. *Personnel Psychology*, *41*(3), 457-479.

Ostroff, C., & Kozlowski, S. W. J. (1993). The role of mentoring in information gathering processes of newcomer during early organizational socialization. *Journal of Vocational Behavior*, *42*(2), 170-183.

Ragins, B. R., & Cotton, J. L. (1999). Mentor functions and outcomes: a comparison of men and women in formal and informal mentoring relationships. *Journal of Applied Psychology*, *84*(4), 529-550.

Ragins, B. R., & Scandura, T. A. (1999). Burden or blessing? Expected costs and benefits of being a mentor. *Journal of Organizational Behavior*, *20*(3), 493-509.

Underhill, C. M. (2006). The effectiveness of mentoring programs in corporate settings: a meta--analytical review of the literature. *Journal of Vocational Behavior*, *68*, 292-307.

Wanberg, C., Kammeyer-Mueller, J., & Marchese, M. (2006). Mentor and protégé predictors and outcomes of mentoring in a formal program. *Journal of Vocational Behavior*, *69*, 410-423.

Valores e trabalho

Juliana Porto

Valores têm sido um tema recorrente entre os profissionais das mais diversas áreas, seja para discutir a responsabilidade de indivíduos, seja para se referir à cultura de organizações ou países. No contexto de trabalho, a busca pela compreensão da cultura organizacional que tem como um dos principais componentes os valores organizacionais, além do interesse pela compreensão do impacto dos valores do trabalho sobre as escolhas profissionais, demandam um estudo aprofundado do conceito. Esse destaque ao tema indica a sua importância tanto para a comunidade científica quanto para os profissionais. Entretanto, o uso indiscriminado do conceito tem gerado confusão sobre sua definição (Rohan, 2000). Além disso, o conceito de valores pode ser aplicado a diferentes níveis de análise, tendo em vista que os sistemas sociais são compostos por múltiplos níveis, como sociedade, organizações, grupos e indivíduos. Assim, a definição do conceito assume grande relevância aliada à necessidade de identificação do nível de análise.

Valores podem se referir: a) a estrutura cognitiva intrapsíquica, quando nos referimos ao valores dos indivíduos; ou b) a cognições ou percepções compartilhadas, quando nos referimos a valores em níveis de grupo, organização ou cultura. Os valores individuais são estruturas cognitivas intrapsíquicas e podem ser pessoais e sociais. Os valores pessoais se referem a princípios que guiam a vida do indivíduo, e os sociais, à percepção da pessoa sobre os princípios defendidos pelo grupo (Rohan, 2000).

Os valores culturais, por sua vez, servem para estabelecer crenças compartilhadas que definem que tipo de comportamento é apropriado nas diversas situações, além de servir para justificar o motivo daquela escolha (Schwartz & Ros, 1995). As instituições sociais se utilizam desses valores para motivar e explicar ações e modos de operar, e mais, para expressar e justificar soluções escolhidas para resolver problemas sociais. No nível cultural, buscam-se, portanto, os valores que são compartilhados pelos membros de um grupo. Assim, Schwartz e Ros (1995) defendem a medida dos valores culturais por meio da agregação dos valores individuais. Isto é, os dados são obtidos no nível individual e agregados ao nível cultural, assegurada uma variância intragrupo restrita. O mesmo ocorre para os valores organizacionais, mas nesse caso, agrega-se a percepção compartilhada dos funcionários sobre os valores organizacionais.

Origem do conceito

Os estudos de valores remontam aos primeiros estudos filosóficos e é um tema bastante presente na antropologia e sociologia. Na psicologia, entretanto, o estudo sistemático dos valores inicia-se no começo do século XX, com os estudos de Allport. A história sobre o estudo desse conceito está marcada em dois períodos distintos.

O início dos estudos sobre valores coincide com o início da psicologia social nos Estados Unidos por volta dos anos 1930. Esse período está marcado pela orientação experimental e pela individualização dos estudos em psicologia social (Álvaro, 1995; Farr, 1996). O interesse central nesse momento histórico era a predição dos comportamentos por fatores individuais. Nesse contexto, surge o pensamento de Allport. Esse autor será um dos primeiros teóricos a estudar e a medir os valores. No período pós-guerra, houve grande intercâmbio entre as ciências para tentar resolver os problemas emergenciais provenientes do conflito. Assim, Rokeach desenvolve seu pensamento influenciado por Adorno. Rokeach teve como foco o estudo dos valores e sua relação com o comportamento. Seus estudos inspiraram fortemente as teorias atuais sobre valores e sua definição de valores continua sendo uma das mais utilizadas.

Durante os anos 1970, os estudos sobre valores perdem sua força para serem retomados no final dos anos 1980 e 1990 dentro de uma perspectiva transcultural. Essa perspectiva propõe que a análise transcultural é necessária para caracterizar o comportamento individual, pois somente por meio do contraste entre culturas distintas é que se pode estabelecer quais características individuais são universais (Álvaro, 1995). Nesse momento, a psicologia social perde o seu caráter etnocêntrico. Assim, surgem os trabalhos contemporâneos sobre valores desenvolvidos por Hofstede, Triandis e Schwartz.

No caso dos valores laborais, os modelos desenvolvidos originalmente estavam desvinculados dos estudos em valores gerais da psicologia social. A abordagem mais utilizada na literatura sobre valores laborais tem sido a que os classifica em intrínsecos e extrínsecos ao trabalho. Essa classificação tem sua origem na literatura sobre motivação e foi proposta por Herzberg (Elizur & Sagie, 1999). Outro modelo bastante citado e que teve maior impacto na área de orientação vocacional foi o trabalho de Super (1957). David Super (1957) apresentou uma síntese dos motivos encontrados na literatura que levam as pessoas a gostar ou não do seu trabalho. Ele identificou três principais necessidades que podem ser satisfeitas por meio do trabalho: relações humanas, trabalho e sustento. A partir do final do século XX, observa-se uma mudança nos estudos do tema, há uma tendência a integrar os modelos teóricos em valores laborais e valores gerais (Porto, 2008) e os modelos mais atuais incorporam essa visão.

Em relação aos valores organizacionais, o seu estudo sistemático está bastante associado ao interesse pelos estudos de cultura organizacional no final do século XX. Katz e Kanh (1974) enfatizam os valores como um dos principais componentes das organizações e Schein (1985) destaca os valores com um dos níveis de estudo da cultura organizacional. A partir de então, diversas propostas são encontradas na literatura, mas faltam modelos unificadores.

Definição

Em 1931, Allport e Vernon publicaram o "Estudo dos valores", um questionário para avaliar os valores individuais (conforme citado por Dawis, 1992). Allport (1969, p. 557) definiu valores como "uma crença segundo a qual um homem prefere agir". Para ele, valor é um nível especificamente revelador dos traços humanos. Nesse estudo, Allport já ressaltava a dificuldade de se distinguir traços (nos quais os valores estão incluídos) de atitudes. Segundo ele, os traços se diferem das atitudes em dois aspectos: 1) a atitude tem sempre um objeto de referência, ao passo que o traço faz referências a vários objetos, caracterizando-se como mais geral do que a atitude; e 2) geralmente, as atitudes são favoráveis ou desfavoráveis a alguma coisa enquanto os traços são neutros (Allport, 1969).

Em 1973, Rokeach publica o livro *The nature of human value* e dedica-se ao estudo da relação entre valores e comportamento. Rokeach (1973, p. 5) refina o conceito de valor e o fixa como "crenças em que um modo de conduta específico ou estado de existência é pessoalmente ou socialmente preferível em relação a um modo de conduta ou estado de existência em oposição". Essa definição, apesar de próxima da de Allport (1969), aponta para a necessidade de se identificar qual nível de análise está em discussão, o que é preferível pelo indivíduo ou o que é preferível socialmente.

Rokeach (1981) ressalta ainda o caráter estável e duradouro dos valores. Para o autor, valores não se fixam em objetos ou situações específicos, mas guiam a ação, desenvolvem e mantêm as atitudes em relação a objetos e situações relevantes do indivíduo. Rokeach (1973) também analisa a distinção entre os conceitos de valores e atitudes e apresenta uma série de diferenças, além das já apontadas por Allport (1969): 1) enquanto o valor é uma única crença, a atitude refere-se à organização de várias crenças que têm como foco um objeto ou uma situação; 2) o valor é um padrão, a atitude não; 3) o número de valores é reduzido em relação ao número de atitudes, já que existem tantos valores quanto modos de conduta ou estados de existência desejados e tantas atitudes quanto situações ou objetos; 4) valores ocupam uma posição mais central na personalidade e no sistema cognitivo do que as atitudes, sendo os valores determinantes das atitudes; 5) valor possui uma ligação mais imediata com a motivação e é um conceito mais dinâmico do que as atitudes; e 6) o conceito substantivo do valor pode estar diretamente relacionado às funções de ajustamento, defesa do ego, atualização do *self* enquanto a atitude se relaciona inferencialmente a essas funções.

Para Hofstede (1984, p. 18), valores são uma "tendência geral de preferir certos estados de coisas a outros". Para o autor, os valores estão mutuamente relacionados e formam sistemas ou hierarquias de valores, porém esses sistemas não precisam estar em harmonia, ou seja, as pessoas podem possuir simultaneamente valores conflitantes. Hofstede (1984) apresenta um aspecto importante para a compreensão dos valores que é a sua organização em estruturas hierarquizadas, ponto também considerado pelos autores mencionados a seguir.

Schwartz e Bilsky (1987, p. 551) definem valores como: "(a) princípios ou crenças, (b) sobre comportamentos ou estados de existência, (c) que transcendem situações específicas, (d) que guiam a seleção ou avaliação de comportamentos ou eventos e (e) que são ordenados por sua importância". A segunda característica dessa definição apresenta a ideia inicial de Rokeach (1981) de que os valores poderiam ser classificados em instrumental (ou modos de conduta) e terminal (ou estados de existência), de acordo com as metas a serem atingidas. Teste empírico dessa característica, realizado por Schwartz (1992), demonstrou que a distinção entre instrumental e terminal não afeta a forma como as pessoas organizam seus valores e, portanto, não são relevantes para sua definição.

Como apontam Roe e Ester (1999), um importante mérito dessa definição é a possibilidade de distinguir valores de atitudes. Enquanto atitudes referem-se a crenças sobre situações específicas, valores são mais genéricos, aspecto que já havia sido mencionado por Allport, porém sem definição clara. Sobre a distinção entre valores e atitudes, Rohan (2000) propõe que o termo atitude seja utilizado somente para avaliação de entidades específicas, e que o termo valor seja utilizado para se referir a uma direção trans-situacional abstrata.

Schwartz (1999) definiu os valores como critérios ou metas que transcendem situações específicas, que são ordenados por sua importância e que servem como princípios que guiam a vida do indivíduo. Essa definição não apresenta a distinção entre valores terminais e instrumentais, tem a qualidade de diferenciar valores de atitudes e é mais parcimoniosa.

Rohan (2000) salienta que, para a compreensão dos estudos de valores, além da definição do conceito, é importante distinguir outros termos utilizados como sinônimos de valores na literatura, mas que se referem a conceitos diferentes. São eles: prioridades axiológicas, sistema de valores e tipos de valores (ou tipos motivacionais). Para a autora, todas as pessoas possuem um sistema de valores que contém um número finito de tipos de valores universais (que são conjuntos de valores agregados pelo tipo de motivação subjacente a eles). As pessoas se diferenciam pela importância relativa dada a cada tipo de valores, isto é, as prioridades axiológicas do indivíduo.

As definições apresentadas neste verbete se referem aos valores gerais, no entanto, deve-se distinguir também os focos dos valores, ou seja, existem valores que focam aspectos gerais da vida das pessoas e valores relacionados a aspectos específicos, como o trabalho. Assim, é possível distinguir entre valores gerais e valores laborais. As pessoas apresentam uma estrutura de valores que guia a sua vida de maneira geral. Essa estrutura é ampla e inclusiva. Para cada aspecto da vida, como o trabalho, a religião, o esporte e a política, as pessoas apresentam uma estrutura de valores específica que está relacionada àquela estrutura mais abrangente (Sagie & Elizur, 1996).

Os valores laborais são uma representação dos aspectos do trabalho que são importantes para a pessoa, preferidos e desejados por ela. As definições enfatizam mais ou menos alguns dos seguintes aspectos: as dimensões cognitiva e motivacional, a organização hierárquica ou as recompensas que se buscam no trabalho. Assim, valores laborais são crenças sobre metas ou recompensas desejáveis, hierarquicamente organizadas, que guiam as avaliações sobre os resultados e contexto do trabalho, bem como a seleção de alternativas de trabalho (Porto & Tamayo, 2003).

Considerando o nível de análise organizacional, valores organizacionais são definidos como "princípios ou crenças, organizados hierarquicamente, relativos a metas organizacionais desejáveis que orientam a vida da empresa e estão a serviço de interesses individuais, coletivos ou mistos" (Tamayo, 1996, p. 182). Nessa definição, os valores possuem um aspecto cognitivo e motivacional, já que valores são formas de conhecer a realidade organizacional e expressam interesses e desejos de alguém (Tamayo & Gondim, 1996). Para Tamayo e Gondim (1996), a função dos valores é orientar a vida da organização e guiar o comportamento dos seus membros, delimitando a forma de agir, pensar e julgar das pessoas. A definição apresentada reforça a ideia de O'Reilly e Chatman (1996) de que a cultura organizacional é uma forma de controle social. É preciso acrescentar a essa definição um elemento presente nas outras definições (Davis, 1984), que é o caráter compartilhado dessa cognição. Assim, valores organizacionais são princípios compartilhados sobre as metas organizacionais desejáveis que guiam a vida da empresa. É importante destacar que estes são tidos como valores percebidos ou praticados pela organização. Também é possível avaliar os valores esposados que são aqueles "expressos em prol da organização ou atribuídos a uma organização pelos gerentes de alto escalão em documentos públicos" (Daly, Pouder & Kabanoff, 2004, p. 324).

Utilização

Em função da relevância que o tema adotou nos últimos trinta anos, várias escalas de medida de valores nos diversos níveis foram desenvolvidas e vêm sendo utilizadas para relacionar os valores a comportamentos no contexto de trabalho. Os valores do trabalho, por exemplo, são usados na descrição das características do trabalhador para cada uma das ocupações do O*Net (fonte primária de informações sobre ocupações dos Estados Unidos). Os valores organizacionais esposados, por sua vez, são utilizados na descrição estratégica das organizações e os levantamentos dos valores organizacionais praticados têm sido cada vez mais presentes nos diagnósticos organizacionais.

Principais autores

No contexto dos valores pessoais, Milton Rokeach deu a base para o desenvolvimento das teorias mais modernas e utilizadas no âmbito dos valores. Shalom Schwartz destaca-se como o pesquisador na atualidade que ofereceu a maior contribuição ao estudo de valores ao desenvolver um modelo teórico que estabelece relações dinâmicas entre os valores, a partir dos estudos de Rokeach. Esse modelo permitiu a integração das pesquisas sobre valores e ofereceu uma forte base empírica para o tema. No Brasil, deve-se ressaltar os estudos de Valdiney V. V. Gouveia, que desenvolveu um modelo concorrente ao de Schwartz com bons indicadores de validade.

Com relação aos valores do trabalho, destaca-se o trabalho de Dov Elizur, que apresenta um modelo integrador de valores do trabalho aos valores gerais. Seu modelo é bastante citado e usado nas pesquisas de valores. No Brasil, destacam-se os trabalhos de Juliana B. Porto, que propôs uma medida de valores do trabalho com base nos estudos de Ros, Schwartz e Surkiss (1999).

Em valores organizacionais, autores que deram contribuições significativas foram Kim S. Cameron e Robert E. Quinn, que desenvolveram um modelo de compreensão dos valores organizacionais de firmas de alta *performance* que tem recebido suporte empírico e está entre os mais citados. O'Reilly, Chatman e Caldwell desenvolveram um modelo para relacionar a congruência entre valores do indivíduo e da organização. E, no Brasil, os estudos de Alvaro Tamayo contribuíram sobremaneira para a inserção dos estudos de valores no contexto de trabalho, já que o autor desenvolveu dois modelos de compreensão da estrutura de valores organizacionais com base nos estudos de Schwartz que são bastante utilizados na literatura brasileira.

Implicações brasileiras

Na psicologia e na administração brasileiras, o conceito de valores é bastante citado e utilizado para compreensão dos mais diversos fenômenos organizacionais, como estresse, cidadania e comprometimento organizacional. Uma revisão dos estudos empíricos brasileiros revelou que entre 2000 e 2008 foram identificados 56 artigos sobre valores organizacionais, o que corresponde a 1% de toda a produção (Ferreira, Fernandes & Silva, 2009). No que se refere aos valores do trabalho, observa-se um esforço nacional no desenvolvimento de modelos teóricos, mas há poucos estudos sobre o seu impacto em variáveis relacionadas ao trabalho (Porto, 2008). Do contrário ao que se observa na área de valores pessoais, as aplicações do tema valores ao contexto de trabalho ainda precisam de modelos teóricos consistentes e dominantes sobre sua estrutura e de teorias que expliquem de que forma os valores impactam no comportamento dos indivíduos e em variáveis organizacionais. Além disso, é preciso adotar técnicas de análises de dados mais sofisticadas e apropriadas ao nível de análise.

Considerações finais

Valores são critérios ou metas que transcendem situações específicas, que são ordenados por sua importância e que servem como princípios que guiam a vida do indivíduo. Os valores podem ser encontrados em diversos níveis, como do indivíduo, de grupos, de organizações e de sociedade. Também é possível distinguir os valores gerais de valores que se referem a focos específicos, como o trabalho. Os valores têm sido usados tanto para diagnósticos organizacionais como para explicar o comportamento das pessoas no trabalho e descrever características do trabalhador. O tema tem recebido atenção de pesquisadores brasileiros e há linhas de pesquisa claramente identificáveis tanto em valores gerais quanto em valores aplicados ao contexto de trabalho.

Referências

Allport, G. W. (1969). *Personalidade – padrões e desenvolvimento.* São Paulo: Herder.

Álvaro, J. L. (1995). *Psicología social: perspectivas teóricas y metodológicas.* Madrid: Siglo Ventiuno de España Editores, S. A.

Daly, J. P., Pouder, R. W., & Kabanoff, B. (2004). The effects of initial differences in firms' espoused values on their postmer [...]. *The Journal of Applied Behavioral Science, 40*(3), 323-343.

Davis, S. M. (1984). *Managing corporate culture.* Cambridge, MA: Ballinger.

Dawis, R. V. (1992). Vocational interests, values, and preferences. In M. D. Dunette & L. H. Hough (Eds.). *Handbook of industrial and organizational psychology* (Vol. 2). Boston, MA: Davies-Black Publishing.

Elizur, D., & Sagie, A. (1999). Facets of personal values: A structural analysis of life and work values. *Applied Psychology: An International Review, 48*(Special Issue), 73-87.

Farr, R. M. (1996). *The roots of modern social psychology.* Oxford, United Kingdom: Blackwell Publishers Ltd.

Ferreira, M. C., Fernandes, H. de A., & Silva, A. P. C. e. (2009). Valores organizacionais: um balanço da produção nacional do período de 2000 a 2008 nas áreas de administração e psicologia. *Revista de Administração Mackenzie, 10*(3), 84-100.

Hofstede, G. (1984). *Culture's consequences, international differences in work-related values.* Newbury Park, CA: Sage.

Katz, D., & Kahn, R. L. (1974). *Psicologia social das organizações.* São Paulo: Atlas.

O'Reilly, C., & Chatman, J. A. (1996). Culture as social control: corporations, cults, and commitment. In B. M. Staw & L. L. Cummings (Eds.). *Research in Organizational Behavior* (Vol. 18, pp. 157-200). Greenwich, CT: JAI Press.

Porto, J. B. (2008). Valores do trabalho. In M. L. M. Teixeira (Ed.). *Valores humanos e gestão: novas perspectivas* (pp. 173-196). São Paulo: Senac.

Porto, J. B., & Tamayo, A. (2003). Escala de valores do trabalho: EVT. *Psicologia Teoria e Pesquisa, 19*(2), 145-152.

Roe, R. A., & Ester, P. (1999). Values and work: Empirical findings and theoretical perspective. *Applied Psychology: An International Review, 48*(1), 1-21.

Rohan, M. J. (2000). A rose by any name? The values construct. *Personality and Social Psychology Review*, 255-277.

Rokeach, M. (1973). *The nature of human values.* New York: The Free Press.

Rokeach, M. (1981). *Crenças, atitudes e valores.* Rio de Janeiro: Interciência.

Ros, M., Schwartz, S. H., & Surkiss, S. (1999). Basic individual values, work values, and the meaning of work. *Applied Psychology: An International Review, 48*(Special Issue), 49-71.

Sagie, A., & Elizur, D. (1996). The structure of personal values: a conical representation of multiple life areas. *Journal of Organizational Behavior, 17*(Special Issue), 573-586.

Schein, E. H. (1985). *Cultura organizacional e liderança.* São Francisco: Jossey-Bass.

Schwartz, S. H. (1992). Universals in the content and structure of values: Theoretical advances and empirical tests in 20 countries. In M. P. Zanna (Ed.). *Advances in experimental social psychology* (Vol. 24, pp. 1-65). San Diego, CA: Academic.

Schwartz, S. H. (1999). A theory of cultural values and some implications for work. *Applied Psychology – an International Review – Psychologie Appliquee-Revue Internationale, 48*(1), 23-47.

Schwartz, S. H., & Bilsky, W. (1987). Toward a universal psychological structure of human values. *Journal of Personality and Social Psychology, 53*, 550-562.

Schwartz, S. H., & Ros, M. (1995). Values in the west: A theoretical and empirical challenge to the individualism-collectivism cultural dimension. *World Psychology, 1*, 91-122.

Super, D. E. (1957). *The psychology of careers: An introduction to vocational development.* New York: Harper & Row.

Tamayo, A. (1996). Valores organizacionais. In A. Tamayo, J. E. Borges-Andrade & W. Codo (Eds.). *Trabalho, organizações e cultura.* ANPEPP.

Tamayo, A., & Gondim, M. G. C. (1996). Escala de valores organizacionais. *RAUSP, 31*(2), 62-72.

Sobre os autores

Organizadores

Pedro F. Bendassolli. Psicólogo pela Unesp. Doutor em Psicologia Social do Trabalho pela USP. Realizou estágios pós-doutorais na Université PARIS IX e no Instituto de Psicologia da UnB. Professor do Departamento de Psicologia da UFRN e do Programa de Pós-graduação em Psicologia da mesma instituição. Atua na área da Psicologia do Trabalho e das Organizações, com experiência na investigação de construtos psicossociais relacionados ao trabalho. Autor/organizador de livros como *Trabalho e identidade em tempos sombrios* (Ideias & Letras, 2007); *Psicologia e trabalho* (Cengage Learning, 2010); *Clínicas do trabalho* (Atlas, 2011); *Métodos de pesquisa e intervenção em psicologia do trabalho* (Atlas, 2014). Site: <http://www.pedrobendassolli.com>.

Jairo Eduardo Borges-Andrade. Psicólogo pela Universidade de Brasília (UnB). M.Sc. e Ph.D em Sistemas Instrucionais, pela Florida State University. Estágios pós-doutorais no International Food Policy Research Institute, University of Sheffield e Rijksuniversiteit Gröningen e Instituto Superior de Ciências do Trabalho e da Empresa. Foi pesquisador na Empresa Brasileira de Pesquisa Agropecuária, onde desenvolveu atividades em recursos humanos e gestão estratégica. Desde 1993, é professor titular na UnB, onde faz pesquisas sobre aprendizagem no trabalho e treinamento e desenvolvimento nas organizações e ensina nos níveis de graduação, mestrado e doutorado. Publicou mais de noventa artigos científicos e quarenta livros/capítulos de livros até 2013. É Pesquisador 1A do CNPq.

Autores e coautores

Adriana Machado Casali. ABD em Comunicação Organizacional na Universidade de Montreal, Canadá. Doutora em Engenharia da Produção pela Universidade Federal de Santa Catarina (UFSC). Mestre em Administração pela Universidade Federal do Paraná (UFPR). Professora adjunta licenciada da Universidade Federal do Paraná (UFPR). Seus principais interesses de pesquisa são: comunicação e análise organizacional; globalização, internacionalização e mudança organizacional.

Adriano de Lemos Alves Peixoto. PhD pela Universidade de Sheffield (Reino Unido), tendo estudado no Institute of Work Psychology sob orientação do professor Chris Clegg e do Dr. Kamal Birdi. Mestre em Administração (UFBA), graduado em Administração e Psicologia. Suas áreas de interesse são: gestão de recursos humanos, organização do trabalho, gestão do setor de serviços com ênfase em gestão hoteleira e gestão universitária. É pesquisador em estágio pós-doutoral da Capes junto ao Instituto de Psicologia da UFBA.

Alda Karoline Lima da Silva. Mestre em Psicologia pela Universidade Federal do Rio Grande do Norte (UFRN), MBA em Gestão estratégica de pessoas pela Faculdade Natalense para o Desenvolvimento do Rio Grande do Norte (FARN), graduada em Psicologia pela UFRN. É docente da Universidade Potiguar (UnP) desde 2009, onde também desenvolveu a função de Coordenadora de estágio na ênfase de Instituições, e foi Diretora Adjunta do curso de Psicologia. Coordena o Núcelo de Avaliação, Trabalho e Organizações do Serviço Integrado de Psicologia da UNP. Quanto atividades técnicas-interventivas atua como consultora na área de Gestão de Pessoas.

Alexandre de Pádua Carrieri. Mestre em Administração pela UFLA; Doutor em Administração UFMG, Professor Titular da Face/UFMG, Coordenador do NEOS, àrea de Estudos Organizacionais: Gestão Ordinária, Cotidiano, Relações de Poder, Análise Crítica do Discurso, Cultura e Identidade. <http://www.cepead.face.ufmg.br/nucleos/neos/site/>.

Ana Carolina de Aguiar Rodrigues. Mestre e Doutora em Psicologia pela Universidade Federal da Bahia, com concentração em Psicologia Organizacional e do Trabalho. Professora doutora da Universidade de São Paulo (FEAUSP). Tem experiência nas áreas de Psicologia e Administração, atuando principalmente em temas de Comportamento Organizacional e de Gestão de Pessoas: vínculos no trabalho, comprometimento e entrincheiramento com a organização; medidas de comportamento organizacional; gestão estratégica de pessoas.

Ana Cristina Limongi-França. Psicóloga. Mestre em Psicologia Social pela PUCSP (1990). Doutora em Administração - Recursos Humanos pela FEAUSP (1996). Livre-Docência Interfaces da Gestão da Qualidade de Vida no Trabalho. Professora titular da Universidade de São Paulo. Criou e dirige o Núcleo e Laboratório de Estudos e Pesquisas em Gestão da Qualidade de Vida no Trabalho – NEP-GQVT FEA USP. Coordenadora da Fundação Instituto da Administração – FIA. Linhas de pesquisa: Gestão de Pessoas nas Organizações e Comportamento Organizacional – com ênfase em Qualidade de Vida no Trabalho. Especialização em Desenvolvimento Empresarial na FTDE-POLI USP.

Ana Magnólia Mendes. Doutorado em Psicologia pela UnB, mestrado e graduação em Psicologia. Estágio pós-doutorado no Conservatoire National des Arts et Métiers (CNAM), Paris. Professora do Departamento de Psicologia Social e do Trabalho do Instituto de Psicologia da Universidade de Brasília (UnB). Coordenadora do Laboratório de Psicodinâmica e Clínica do Trabalho, onde orienta teses, dissertações e monografias nas temáticas: organização do trabalho, prazer-sofrimento e saúde; estratégias de mediação do sofrimento; patologias e adoecimento psíquico; violência no trabalho; práticas em clínica psicodinâmica do trabalho. Pesquisadora do CNPq desde 1996. Coordenadora do GT Psicodinâmica e Clínica do Trabalho na ANPEPP.
Site <www.psto.com.br> e <www.lpct.com.br.>

André Luiz Fischer. Doutor em Administração de Empresas pela Faculdade de Economia Administração e Contabilidade da Universidade de São Paulo (1998). Mestre em Ciências Sociais pela Pontifícia Universidade Católica de São Paulo (1992) e graduado em Ciências Políticas e Sociais. Atualmente é professor no Departamento de Administração da FEA-USP, coordena o Programa de Estudos em Gestão de Pessoas (PROGEP), o curso de especialização MBA em Gestão de Pessoas promovido pela FIA e o Laboratório de Aprendizagem e Ensino (LAE) da FEA-USP. Tem larga experiência em pesquisa e consultoria na área de Gestão de Recursos Humanos, seus principais temas de interesse são: aprendizagem organizacional, gestão de pessoas, modelo de gestão de pessoas e relações de trabalho.

Andrea Vieira Zanella. Mestrado e doutorado em Psicologia da Educação na PUC-SP e pós-doutorado na Università Degli Studi Di Roma La Sapienza. Professora-associada da Universidade Federal de Santa Catarina, vinculada ao Departamento e ao Programa de Pós-Graduação em Psicologia. Desenvolve projetos de pesquisa e extensão na interface da Psicologia Social com a Arte, na linha de pesquisa Relações Éticas, Estéticas e Processos de Criação. Publicou em 2013 o livro *Perguntar, Registrar, Escrever: inquietações metodológicas*, pela Ed. da UFRGS/Ed. Sulina. Tem outros livros e vários artigos publicados, a maioria destes disponível *on-line*.

Antonio Alves Filho. Graduado em Psicologia pela Universidade Federal do Rio Grande do Norte – UFRN (1993) e mestrado em Administração também pela UFRN (1999). Doutor em Psicologia pela UFRN (2012). Atualmente é professor adjunto da Universidade Federal de Alagoas – UFAL. Na Psicologia, atua na área Organizacional e do Trabalho, com ênfase em Fatores Humanos no Trabalho, principalmente nos seguintes temas: motivação, condições e significado do trabalho, desenvolvimento de equipes e inclusão.

Antonio Virgílio Bittencourt Bastos. Mestre em Educação (UFBA), Doutor em Psicologia (UnB). Professor Titular no Instituto de Psicologia da UFBA. Pesquisa no campo do Comportamento Organizacional, temas como: comprometimento no trabalho, mudanças organizacionais, significado do trabalhar, cognições organizacionais, mapas cognitivos e redes sociais em contextos organizacionais. Pesquisa sobre formação e atuação do psicólogo, especificamente sobre o psicólogo organizacional e do trabalho.

Cássio Braz de Aquino. Graduado em Psicologia pela UFC (1989) e em Administração pela UNIFOR (1986), mestre em Administração pela UFPB (1994); suficiência investigadora (2000) e doutor em Psicologia Social (2003) – Universidad Complutense de Madrid . Estágio Pós-doutoral na Universidad Complutense de Madrid (2009). Atualmente é Professor-associado, Coordenador acadêmico e Vice-diretor do Centro de Humanidades da UFC. Atua na área de Psicologia do Trabalho e Organizacional, principalmente nos seguintes temas: precarização laboral, psicologia social do trabalho, psicologia do trabalho e subjetividade, ócio e temporalidade. Organizou os livros: Psicologia Social: desdobramentos e aplicações (2004) e Tempo e Subjetividades, perspectivas plurais (2013).

Claudio Leopoldino. Doutorado em Administração pela Universidade Federal da Bahia (UFBA) e Mestrado em Administração pela Universidade Federal do Rio Grande do Sul (UFRGS). Analista do Serviço Federal de Processamento de Dados (SERPRO) e professor do Centro Universitário Unichristus. Atua nas áreas de Sistemas de Informação e Administração, priorizando os seguintes temas: aprendizagem organizacional, gerência de projetos, *software* livre, banco de dados e desenvolvimento de *software*.

Claudio Vaz Torres. Graduado (1988) e mestrado (1991) em Psicologia pela Universidade de Brasília e Ph.D. em Psicologia Social e Organizacional pela California School of Professional Psychology (1999), pós-doutorado em Marketing pela Griffith University, Austrália (2004), pós-doutorado em Cross-cultural Research pela University of Sussex, Inglaterra (2009) e pós-doutorado em Cross-cultural Psychology and Human Values pela Hebrew University of Jerusalem, Israel (2013). Atualmente é professor adjunto da Universidade de Brasília. Tem experiência na área de Psicologia Social e Organizacional, com ênfase em Pesquisa Intercultural, atuando principalmente nos seguintes temas: valores humanos básicos, valores culturais, psicologia política, diversidade nas organizações e comportamento do consumidor.

Eduardo Pinto e Silva. Mestre e Doutor em Educação pela Faculdade de Educação da Unicamp. Pós-doutorado pelo Programa de Políticas Públicas e Formação Humana (UERJ). Professor do Departamento de Educação e do Programa de Pós-graduação em Educação da UFSCar. Membro dos grupos de pesquisa "Trabalho Docente na Educação Superior" (UERJ) e "Núcleo de Estudos Trabalho, Saúde e Subjetividade" (Unicamp). Desenvolve a pesquisa "Trabalho e subjetividade do professor na expansão da universidade pública: estranhamento, sofrimento e prazer". Produção acadêmica sobre os temas: trabalho e subjetividade, saúde do trabalhador, instituições e poder, gestão e organização do trabalho, Estado e políticas educacionais.

Elaine Rabelo Neiva. Doutorado em Psicologia pela Universidade de Brasília, Professora do Departamento de Administração e do Programa de Pós-graduação em Psicologia Social, do Trabalho e das Organizações da Universidade de Brasília. Estuda os seguintes temas de pesquisa: mudança organizacional e seus impactos, redes sociais nas organizações e diagnóstico e análise organizacionais.

Elisabeth Loiola. Doutora pela Escola de Administração da UFBA (1998). Professora do Núcleo de Pós-graduação da EAUFBA e do Programa de Pós-graduação do Instituto de Psicologia da UFBA. Pesquisadora do CNPq. Já orientou cerca de trinta dissertações de mestrado e oito teses de doutorado. Áreas de pesquisas: aprendizagem individual em situações de trabalho, aprendizagem organizacional, cultura e desenvolvimento, e análise de redes sociais intra e interorganizacionais.

Elza Veloso. Doutora em Administração pela FEA-USP e aluna do pós-doutorado na mesma instituição, com auxílio da Fapesp. Professora da pós graduação da FMU e do Mackenzie, além de professora e coordenadora executiva do PROGEP-FIA. É pesquisadora da área de Recursos Humanos, com interesse nos temas: gestão de carreira e sucessão, políticas e práticas de gestão de pessoas, clima organizacional e metodologia. Entre suas publicações, destaca-se o livro *Carreiras sem Fronteiras e Transição Profissional no Brasil: Desafios e Oportunidades para pessoas e organizações*, publicado pela editora Atlas em 2012.

Elziane Bouzada Dias Campos. Doutoranda em Psicologia Social, do Trabalho e das Organizações (Universidade de Brasília). Mestre em Psicologia Social, do Trabalho e das Organizações (Universidade de Brasília). Licenciatura e Bacharelado em Psicologia (Universidade Federal de Minas Gerais). Possui interesse pelos temas: Competências, Empreendedorismo, Aprendizagem, Treinamento, Desenvolvimento e Educação. Atua como consultora e professora de nível superior.

Fabiana Queiroga. Doutora em Psicologia Social, Organizacional e do Trabalho pela Universidade de Brasília. Graduada em Licenciatura em Psicologia (2002) e Formação de Psicólogo (2003) pela Universidade Federal da Paraíba. Fez especialização em Matemática e Estatística na Universidade Federal de Lavras. Concluiu a carga horária necessária para aquisição do título de mestre na Universidade de Brasília, onde teve a oportunidade de adquirir experiência como docente dessa instituição. Atualmente é professora do Centro Universitário de Brasília onde ministra, principalmente, disciplinas relacionadas à área de Comportamento Organizacional e Avaliação Psicológica. Tem experiência na área de Construção de Medidas e Avaliação em Psicologia, com ênfase em avaliação educacional em larga escala, avaliação de aprendizagem e de desempenho em organizações e seleção de pessoas.

Francisco Antonio Coelho Junior. Doutor em Psicologia pela Universidade de Brasília com concentração em Psicologia Social, do Trabalho e Organizacional. Mestre em Psicologia pela Universidade de Brasília. Psicólogo pela Universidade Federal de Juiz de Fora/ Minas Gerais. Professor Adjunto do Departamento de Administração da Universidade de Brasília. Professor de Pós-Graduação em Administração na Universidade de Brasília. Pesquisa e atua na área de Comportamento Organizacional, Psicologia Organizacional e do Trabalho e Administração. Temas investigados: aprendizagem informal no trabalho, preditores individuais e de contexto de desempenho humano e organizacional no trabalho, competências individuais e organizacionais, modelagem multinível, dimensões organizacionais e comportamento humano no trabalho.

Gardênia da Silva Abbad. Graduação, mestrado e doutorado em Psicologia pela Universidade de Brasília. Bolsista de produtividade e pesquisadora 1C do CNPQ. Realiza pesquisas nas áreas de Psicologia Organizacional e do Trabalho com ênfase em Aprendizagem, Treinamento, Desenvolvimento e Educação. Desenvolve medidas e modelos de avaliação. Ex-presidente da Sociedade Brasileira de Psicologia Organizacional e do Trabalho. Coordena o projeto interdisciplinar "Fortalecimento do Ensino na Saúde no contexto do SUS", financiado pela Capes. Organizou livros e participou da elaboração de artigos e capítulos de livros, entre os quais: *Medidas de Avaliação TD & E: Ferramentas para a Gestão de Pessoas* (2012).

Helenides Mendonça. Psicóloga, Doutora em Psicologia pela Universidade de Brasília. Realizou estágio de pós-doutorado na Escola de Gestão, Instituto Universitário de Lisboa, Portugal e é Professora Titular da PUC-Goiás, onde desenvolve atividades de ensino, pesquisa e extensão em Psicologia Organizacional e do Trabalho. Tem experiência docente e de pesquisa na área de construção e validação de escalas psicológicas, cultura organizacional e saúde no trabalho. Suas investigações têm como ênfase os processos psicossociais do trabalho, com foco prioritário nos temas: valores, práticas e justiça organizacional; *coping*, bem-estar e florescimento no trabalho. É pesquisadora do CNPq.

Henrique Caetano Nardi. Mestrado e Doutorado em Sociologia pela UFRGS, Pós-doutorado no Institut de Recherche Interdisciplinaire sur Les Enjeux Sociaux da Ecole des Hautes Etudes en Sciences Sociales de Paris. Professor do Departamento e do Pós-graduação em Psicologia Social e Institucional da UFRGS. Coordenador do Núcleo de Pesquisa em Sexualidade e Relações de Gênero <nupsex.org.br> e do Centro de Referência em Direitos Humanos: relações de gênero e diversidade sexual, ambos na UFRGS. Autor do livro *Ética, TRabalho e Subjetividade* (Ed. da UFRGS, 2006) e *Diversidade Sexual, Relações de Gênero e Políticas Públicas* (Ed. Sulina, 2013).

Iris Barbosa Goulart. Professora aposentada da Faculdade de Educação e da Faculdade de Filosofia da Universidade Federal de Minas Gerais (UFMG). Psicóloga e pedagoga com Especialização em Administração Pública pela Fundação Getúlio Vargas do Rio de Janeiro. Mestre em Educação pela UFMG e doutora em Psicologia pela Pontifícia Universidade Católica de São Paulo. Atualmente é professora do Curso de Mestrado em Administração do Centro Universitário UMA, em Belo Horizonte. Autora de diversos livros de Psicologia e Administração, e já ocupou diversos cargos de direção no serviço público de Minas Gerais.

Jaqueline Gomes de Jesus. Doutora em Psicologia Social, do Trabalho e das Organizações pela Universidade de Brasília (2010) e pós-doutoranda pela Escola de Ciências Sociais da Fundação Getúlio Vargas, Rio de Janeiro (2013), desenvolvendo pesquisa sobre trabalho e movimentos sociais. Psicóloga organizacional da Universidade de Brasília e professora do Centro Universitário Planalto do Distrito Federal. Temas de interesse:

trabalho, identidade social, movimentos sociais e diversidade. É autora, dentre outras publicações, do artigo "O desafio da Convivência: Assessoria de Diversidade e Apoio aos Cotistas (2004-2008)", publicado pela revista *Psicologia: Ciência e Profissão*, do Conselho Federal de Psicologia (2013).

Joel Dutra. Professor Livre-docente da Faculdade de Economia e Administração da Universidade de São Paulo – FEA-USP, onde ministra cursos de graduação e pós-graduação, com mestrado na Fundação Getúlio Vargas FGV-SP e doutorado na FEA-USP. Diretor Geral do Departamento de Recursos Humanos da Universidade São Paulo. Coordenador do Programa de Estudos em Gestão de Pessoas – PROGEP/FIA. Consultor das principais empresas do país em assuntos relacionados à Gestão Estratégica de Pessoas. Diretor instituidor da Growth Consultoria Desenvolvimento de Pessoas e Organizações. Seu último livro publicado tem como título *Remuneração e Recompensas* (Editora Elsevier, 2012).

Jorge Neris. Mestre em Administração pela Universidade Federal da Bahia. Doutor em Psicologia pela Universidade Federal da Bahia, com concentração em Psicologia Organizacional e do Trabalho. Professor Adjunto da Universidade Federal do Oeste da Bahia. Tem experiência na área de Administração e Psicologia, com ênfase em estudos organizacionais, especialmente na área de aprendizagem nas organizações e modelos inovadores de gestão organizacional.

Jorge Tarcisio da Rocha Falcão. Graduado em Psicologia pela Universidade Federal de Pernambuco (1979), mestre em Psicologia (Psicologia Cognitiva) pela Universidade Federal de Pernambuco (1987) e doutor em Psicologia pela Université de Paris 5 (René Descartes/Sciences Humaines-Sorbonne, 1992). Concluiu estágio pós-doutoral junto ao grupo de pesquisa da Clínica da atividade, liderado pelo prof. Yves Clot. É professor titular e pesquisador do departamento de psicologia da Universidade Federal do Rio Grande do Norte. Sua direção de pesquisa atual busca contribuir para uma melhor caracterização das competências cognitivas extraescolares, notadamente aquelas de caráter profissional, em adultos com baixa escolaridade. Ocupa atualmente o cargo de pró-reitor adjunto de pesquisa na UFRN.

José Carlos Zanelli. Mestrado em Psicologia Social das Organizações pelo Instituto Metodista de Ensino Superior de São Bernardo do Campo (1984), doutorado em Educação pela Universidade Estadual de Campinas (1992), pós-doutorado pela Universidade de São Paulo (1998) e pós-doutorado pela Pontifícia Universidade Católica de Campinas (2007). Professor colaborador do Programa de Pós-Graduação em Psicologia da UFSC e pesquisador da IMED/RS. Atualmente, pesquisa e intervém nos fenômenos da aposentadoria e da prevenção de riscos psicossociais no trabalho (estresse, assédio, violência, corrupção, adicções, depressão, suicídio e outros). Como autor, possui dezenas de artigos científicos publicados, capítulos de livros e livros.

José Newton Garcia de Araújo. Mestre em Filosofia (UFMG, Belo Horizonte), doutorado em Psicologia Clínica e Social (Universidade Paris-Diderot, França), pós-doutorado no CERSES – Centre de Recherche Sens, Éthique, Société/Université Paris-Descartes, França. Professor dos cursos de graduação e pós-graduação da PUC-Minas. Área de pesquisa/ensino/extensão: psicologia do trabalho. Coorganizador do número temático do periódico *Cadernos de Psicologia Social do Trabalho*, intitulado: "Psicossociologia do Trabalho – perspectivas internacionais".

Juliana Porto. Mestre e Doutora em Psicologia pela Universidade de Brasília. Atualmente é professora adjunta do Departamento de Psicologia Social e do Trabalho e do programa de pós-graduação em Psicologia Social, do Trabalho e das Organizações da Universidade de Brasília. É líder do Núcleo de Pesquisa em Cultura, Valores e Comportamento (CNPq) e coordena o Grupo Tamayo de Pesquisa na UnB. Tem interesse pelos seguintes temas: cultura organizacional, valores pessoais e do trabalho, compatibilidade indivíduo-organização, bem-estar e comportamentos proativos no trabalho. Site: <http://julianaporto.org/>.

Juliana Gomes Cabral de Almeida. Doutoranda em Psicologia pela Universidade Federal de Minas Gerais. Mestre em Engenharia de Produção pela UFMG (2011). Atua como docente no Centro Universitário UNA nos cursos de graduação e na Faculdade Pitágoras nos de Pós-graduação e como supervisora de estágios específicos na área da Psicologia do trabalho e de trabalhos de conclusão de curso.

Kátia Barbosa Macêdo. Psicóloga, mestre em educação pela UFG, doutora em psicologia pela PUC SP (1999), *master* em psicologia aplicada a las organizaciones pela EAE--escuela de administración de empresas de barcelona (1987), especialista em psicoterapia psicanalítica pela UCG (1986), psicanalista formada pelo Instituto de psicanalise virginiabicudo filiado a IPA – international psychoanalitical association (2011). Professora titular da PUC Goiás. Área de pesquisa: psicodinâmica e clinica do trabalho; psicologia organizacional do trabalho, e psicanálise. Autora e organizadora de vários livros e colaboradora em várias coletâneas na área POT e PDT.

Katia Puente-Palacios. Mestre e Doutora em Psicologia pela Universidade de Brasilia. Em 2009, realizou pós-doutorado na Universidade de Valencia, Espanha. A sua área de interesse se insere no campo dos processos grupais e desempenho de equipes, analisados proritariamente mediante métodos quantitativos. Atualmente conta com mais de trinta trabalhos científicos publicados e orienta estudántes de pós-graduação em nível de mestrado e doutorado.

Lis Andréa Pereira Soboll. Psicóloga pela UFPR, Doutora em Medicina Preventiva pela Universidade de São Paulo e Mestre em Administração pela Universidade Federal do Paraná. Professora no Departamento de Psicologia da UFPR. Líder do grupo de pesquisa

do CNPq "Trabalho e Processo de Subjetivação". Autora de textos científicos na área de psicologia, saúde e trabalho, organizadora dos livros *Assédio moral interpessoal e organizacional*, em parceria com Thereza Gosdal (Ed. LTr) e Clínicas do Trabalho (Ed. Atlas), em parceria com Pedro F. Bendassolli.
Site: <www.assedioorganizacional.com.br>

Livia de Oliveira Borges. Psicóloga e Mestre em Administração de Recursos Humanos pela UFRN. Doutora em psicologia pela UnB com estágio pós-doutoral na Universidade Complutense de Madri. Professora pesquisadora na UFMG nos temas de Saúde Mental e Trabalho, Condições e Significado do Trabalho e Socialização Organizacional.

Luciana Mourão. Mestre em Administração pela Universidade Federal de Minas Gerais, Doutora em Psicologia pela Universidade de Brasília, estágio pós-doutoral em Desenvolvimento Profissional no Instituto Universitário de Lisboa. Professora e pesquisadora do Programa de Pós-Graduação em Psicologia da Universidade Salgado de Oliveira. Pesquisa e atua na área de Psicologia do Trabalho e das Organizações. Principais temas investigados: aprendizagem no trabalho, desenvolvimento profissional e avaliação de programas sociais e educacionais.

Lucy Leal Melo-Silva. Psicóloga, Mestre em Educação Especial pela UFSCar e doutora em Psicologia pela USP. Docente na graduação e no Programa de Pós-Graduação em Psicologia do Departamento de Psicologia, da Faculdade de Filosofia, Ciências e Letras de Ribeirão Preto (FFCLRP-USP). Pesquisa, ensino e extensão na área da Orientação Profissional e de Carreira. Editora da *Revista Brasileira de Orientação Profissional*. Autora de livros na área da Orientação Profissional e Formação em Psicologia. Pesquisadora CNPq.

Marcelo Afonso Ribeiro. Mestre em Psicologia do Desenvolvimento Humano, Doutor em Psicologia Social e Livre-docente em Psicologia Social e do Trabalho pelo Instituto de Psicologia da Universidade de São Paulo. Docente de Graduação e Pós-Graduação do Departamento de Psicologia Social e do Trabalho do Instituto de Psicologia da USP, onde coordena o CPAT (Centro de Psicologia Aplicada ao Trabalho). Atua nas áreas de Psicologia do Trabalho e das Organizações e Orientação Profissional e de Carreira, onde desenvolve pesquisas na interface trabalho, identidade, carreira, vulnerabilidade psicossocial e orientação de carreira. Membro da Unesco-Chair of Lifelong Guidance and Counseling.

Marcello Rezende. Psicólogo, Mestre (2007) em Saúde Pública/Saúde do Trabalhador pela Fundação Oswaldo Cruz e Doutor (2014) em Psicologia Social (Psicologia do Trabalho & Organizacional) pela Universidade do Estado do Rio de Janeiro. Psicólogo do Trabalho da Fiocruz. Área de atuação e interesse: Clínicas do trabalho, Saúde do trabalhador, Desenvolvimento humano e trabalho.

Marcos Emanoel Pereira. Graduado e Mestre em Psicologia Social pela Universidade Gama Filho, Doutor em Psicologia pela Universidade Federal do Rio de Janeiro. Realizou estágio pós-doutoral na Universidad Complutense de Madrid e na University of Cambridge (UK). Professor-associado na Universidade Federal da Bahia. Leciona na graduação e pós-graduação no Instituto de Psicologia da UFBA. Seus interesses de pesquisa são: estereótipos, crenças, percepção social e preconceitos. Pesquisador Nível 2 do CNPq.

Maria Cristina Ferreira. Psicóloga, Mestre e Doutora em Psicologia pela Fundação Getúlio Vargas – RJ. Realizou estágio pós-doutoral na Victoria University at Wellington, Nova Zelândia. É Professora Titular e Coordenadora do Programa de Pós-Graduação em Psicologia da Universidade Salgado de Oliveira RJ. Tem experiência de docência e pesquisa nas áreas de psicologia organizacional e do trabalho, metodologia de pesquisa e psicometria, atuando principalmente com os seguintes temas: comportamento organizacional positivo, cultura organizacional, saúde, qualidade de vida e bem-estar no trabalho, psicologia transcultural, construção e validação de escalas psicológicas.

Maria da Graça Jacques. Psicóloga, Mestre em Psicologia Organizacional (PUCRS), Doutora em Educação (PUCRS) e Pós-Doutora em Psicologia Social (Universidade Aberta/Portugal). Professora aposentada da Universidade Federal do Rio Grande do Sul. Consultora, palestrante e autora de artigos e livros sobre o tema Saúde do Trabalhador.

Maria das Graças Torres da Paz. Possui graduação em Psicologia pela Faculdade de Filosofia do Recife/UFPE (1973), mestrado em Psicologia pelo Instituto de Psicologia/UnB (1985), doutorado em Psicologia pelo Instituto de Psicologia/USP (1992) e pós-doutorado pela Faculdade de Ciências Políticas e Sociologia da Universidad Complutense de Madrid (2008). Atualmente é pesquisador associado da Universidade de Brasília e desenvolve suas atividades de ensino, pesquisa e consultoria em Psicologia Organizacional e do Trabalho, com ênfase nos seguintes temas: perfil cultural das organizações, poder organizacional, grupal e individual, justiça organizacional e bem-estar pessoal nas organizações, relacionando as variáveis relativas aos temas referenciados com as práticas de gestão organizacionais.

Maria do Carmo Fernandes Martins. Doutora em Psicologia pela Universidade de Brasília com concentração em Psicologia Organizacional e do Trabalho. Mestre em Psicologia pela Universidade de Brasília. Psicóloga pela Universidade de São Paulo/Ribeirão Preto. Professora Aposentada da Universidade Federal de Uberlândia. Professora da Universidade Metodista de São Paulo – Programa de Pós-Graduação em Psicologia da Saúde. Pesquisa e atua na área de Psicologia Organizacional e do Trabalho com interface com Psicologia da Saúde. Temas investigados: autoeficácia e resiliência no contexto de trabalho, conflitos intragrupais, bases de poder, clima organizacional e vínculos do indivíduo com o trabalho.

Maria Elizabeth Antunes Lima. Graduado em Psicologia na UFMG (entre 1973 e 1977), mestrado em Administração no CEPEAD/UFMG (entre 1983 e 1986), doutorado em Psicossociologia do Trabalho na Universidade de Paris IX (entre 1988 e 1992) e pós-doutorado em Clínica da Atividade, no CNAM/França (2012). Desde 1978, leciona disciplinas relacionadas ao campo da Psicologia do Trabalho no Departamento de Psicologia da UFMG, sendo, atualmente, Professora Associada nessa instituição. Sua área de interesse maior é a Saúde Mental no Trabalho e suas pesquisas têm se voltado para a compreensão dos efeitos terapêuticos do trabalho (ergoterapia) bem como dos seus impactos patogênicos na saúde mental (psicopatologia do trabalho). Interessa-se igualmente por questões relativas à segurança no trabalho, realizando pesquisas e projetos de extensão voltados para esse campo do conhecimento.

Maria Teresa Pires Costa. Graduado em Psicologia pela Universidade Federal do Rio Grande do Norte (1993.2) e Mestrado em Administração pela Universidade Federal da Paraíba (2001), com área de concentração em Recursos Humanos e Organizações. Doutora em Psicologia pela Universidade Federal do Rio Grande do Norte. Docente efetiva do Departamento de Ciências Administrativas da Universidade Federal do Rio Grande do Norte – UFRN. Tem interesse nas temáticas: Gestão Pública, Políticas de Inovação, Parcerias Público-Privada e Gestão Social.

Mariana Mayumi Souza. Doutoranda em Administração pela Universidade Federal de Minas Gerais (2013) e Mestre em Administração pelo programa de Mestrado Acadêmico dessa mesma instituição (2010). Professora assistente da Universidade Federal de Viçosa, Campus Florestal. Atua em pesquisa, extensão e docência na área de Administração, com ênfase em Teoria Organizacional, Sociologia das Organizações, Metodologia de Pesquisa e Autogestão.

Mário César Ferreira. Pós-Doutorado em Ergonomia Aplicada à Qualidade de Vida no Trabalho, Université Paris 1, Sorbonne, França. Professor Associado II no Instituto de Psicologia da Universidade de Brasília (UnB) e no Programa de Pós-Graduação Psicologia Social, do Trabalho e das Organizações (PPG-PSTO). Temas de interesse: Qualidade de Vida no Trabalho (QVT), trabalho e saúde, inovações tecnológicas e bem-estar no trabalho. Autor de *Qualidade de Vida no Trabalho. Uma abordagem centrada no olhar dos trabalhadores* (Editora Paralelo 15, 2012).

Mary Sandra Carlotto. Psicóloga, Mestre em Saúde Coletiva (ULBRA) e doutora em Psicologia Social (Universidade de Santiago de Compostela/Espanha). Professora da Faculdade de Psicologia e do PPG em Psicologia na Pontifícia Universidade Católica do Rio Grande do Sul (PUCRS). Atua na área de Psicologia da Saúde Ocupacional e tem como temas de pesquisa: Estresse Ocupacional, Síndrome de Burnout, Assédio Moral, Adição ao Trabalho.

Mauricio C. Serafim. Doutor pela FGV-EAESP. Professor e pesquisador do Departamento de Administração Pública e do Programa de Pós-Graduação em Administração do Centro de Ciências da Administração e Socioeconômicas, Universidade do Estado de Santa Catarina (ESAG/UDESC). Sua experiência acadêmica abrange as áreas de Administração e Estudos Organizacionais, com ênfase em Sociologia Econômica, atuando principalmente nos seguintes temas: Administração Pública, Redes e Capital Social, Empreendedorismo, Ética nas Organizações. Site: <http://mauricioserafim.com.br>.

Mauricio Reinert do Nascimento. Doutor em Administração pela EAESP-FGV, tendo realizado Doutorado Sanduíche na University of Michigan-Ann Arbor, e é Mestre em Administração pela UFPR. Professor/pesquisador da Universidade Estadual de Maringá/UEM – Programa de Pós-Graduação em Administração (Mestrado e Doutorado). Pesquisa nas áreas de Sociologia Econômica e Teoria das Organizações. Tem como temas de interesse Redes Sociais, Construção Social dos Mercados e Comportamento Organizacional. Possui publicação em periódicos nacionais e internacionais, tais como: *Redes: Revista Hispana para El Análisis de Redes Sociales, Revista de Administração da USP* e *Revista de Administração de Empresas da EAESP-FGV*.

Maurício Robayo Tamayo. Graduada em Psicologia – Universidad Santo Tomás de Aquino (1990), mestrado em Psicologia pela Universidade de Brasília (1997) e doutorado em Psicologia pela Universidade de Brasília (2002). Atualmente é professor adjunto da Universidade de Brasília. Consultor *ad hoc* dos períodicos: *Aletheia* (ULBRA), *Psicologia: Ciência e Profissão, Psicologia: Reflexão e Crítica e Psicologia: Organizações e Trabalho*. Tem experiência na área de Psicologia, com ênfase em Fatores Humanos no Trabalho, atuando principalmente nos seguintes temas: *burnout*, estresse ocupacional, percepção de suporte organizacional, *coping* no trabalho, bem-estar e validação de escalas.

Mauro de Oliveira Magalhães. Mestre em Psicologia (UFRGS, 1995), Doutor em Psicologia (2005), Pós-doutorado em Psicopedagogia (Universidade de Barcelona, 2012). Professor Adjunto III no Instituto de Psicologia e na Pós-graduação em Psicologia da Universidade Federal da Bahia. Pesquisador e consultor nas áreas da avaliação, orientação e desenvolvimento de carreiras.

Milton Athayde. Psicólogo (1973), Pós-doutorado em Psicologia do Trabalho com M. Lacomblez na Universidade do Porto (2012-2013), Pós-doutorado em Ergologia com Y. Schwartz na Université Aix-Marseille (2002-2004), Doutorado em Engenharia de Produção/Gerência da Produção/Ergonomia na COPPE/UFRJ (1996). Professor da UERJ/ Programa de Pós-graduação em Psicologia Social. Vem atuando na busca de melhor sinergia entre as demandas por maior Produtividade & Qualidade e as exigências de Saúde & Segurança. Assim como vem buscando pistas para a renovação teórico-metodológica em Psicologia do Trabalho e Organizacional, orientado pela *démarche* da Ergologia e mobilizando diferentes abordagens teórico-metodológicas.

Mino Correia Rios. Psicólogo, Mestre em Psicologia (UFBA) com dissertação sobre o tema de contratos psicológicos, Doutorando (UFBA) desenvolvendo projeto relacionando regulação emocional e contratos psicológicos. Docente na UNIFACS e UNIME. Leciona em Gestão de Pessoas, Processos Psicológicos Básicos (Motivação e Emoção), Pesquisa Acadêmica. Tem interesse nos temas: Contratos psicológicos, Emoções no trabalho, Psicologia transcultural, Gestão de pessoas, Métodos quantitativos. Link do currículo Lattes.

Miria Ângela Coelho Reis. Doutoranda em Psicologia Social pela Universidad Argentina John F. Kennedy, Mestre em Administração pela Fundação Dr. Pedro Leopoldo. Centro Universitário Estácio de Sá – Belo Horizonte, MG. Grupo de Pesquisas sobre Dinâmica organizacional, Inovação e Sociedade – UNA, Belo Horizonte, MG. Grupo de Estudos Avançados em Comportamento Organizacional – GEACO – Fundação Pedro Leopoldo, MG. Atua nas linhas de pesquisa confiança interpessoal, confiança intraorganizacional, dinâmica organizacional e sociedade. Tem como interesse temas de comportamento organizacional, cultura e cultura-organizacional.

Mirlene Maria Matias Siqueira. Mestrado e Doutorado em Psicologia, UnB. Pós-doutorado em Psicologia Organizacional e do Trabalho na Universidade de Coimbra. Professora titular da Universidade Metodista de São Paulo. Pesquisadora e professora de comportamento organizacional. Organizadora do livro *Medidas do Comportamento Organizacional: ferramentas de diagnóstico e de gestão* (Artmed, 2008 e 2014).

Narbal Silva. Graduado em Psicologia – Especialista em Psicologia Organizacional e do trabalho (Título conferido pelo Conselho Federal de Psicologia) – Mestre em Administração – Doutor em Engenharia de Produção. Professor-associado do Departamento de Psicologias e do Programa de Pós-graduação em Psicologia da Universidade Federal de Santa Catarina. Temas de pesquisa: Cultura, aprendizagem, felicidade no trabalho e nas organizações e pós-carreira. Autor nos livros: *Psicologia, organizações e trabalho no Brasil* (Artmed), *Orientação para aposentadoria nas organizações de trabalho* (Artmed), *Interação humana e gestão* (Casa do Psicólogo), *Interacción Humana y Gestion: la construcción psicosocial de las organizaciones de trabajo* (Psicolibros Universitario).

Oswaldo Hajime Yamamoto. Mestrado em Educação pela UFRN; Doutorado em Educação pela USP. Professor Titular (aposentado) da Universidade Federal do Rio Grande do Norte. Áreas de Pesquisa: Formação acadêmica e exercício profissional do psicólogo, Pesquisa, pós-graduação e produção de conhecimento, Estado e políticas sociais, teoria social marxiana.

Peter Spink. Doutorado em psicologia organizacional pelo Birkbeck College, Universidade de Londres e pós-doutorado pela Universidade de Cambridge. Professor Titular da área de Administração Pública e Governo na Escola de Administração de Empresas da Fundação Getulio Vargas – São Paulo. Área de atuação: desenvolvimento local, práticas inovadoras em governos locais, exclusão social e relações entre o estado e as organizações da sociedade civil.

Ricardo Primi. Psicólogo pela PUC-Campinas, Doutor em Psicologia Escolar e do Desenvolvimento Humano pela Universidade de São Paulo com parte desenvolvida na Yale University (EUA) sob orientação de Robert J. Sternberg. Coordenador do Laboratório de Avaliação Psicológica e Educacional (LabAPE). Recebe financiamento do CNPq (produtividade em pesquisa), FAPESP e CAPES. É Professor-associado do Programa de Pós-graduação em Psicologia da Universidade São Francisco (Mestrado e Doutorado em Avaliação Psicológica). Leciona disciplinas de Avaliação Psicológica, Estatística e Psicometria e desenvolve trabalhos de pesquisa em Avaliação da Inteligência, Avaliação da Personalidade e Desenvolvimento de Carreira e Teoria de Resposta ao Item.

José Roberto Heloani. Professor Titular na Universidade Estadual de Campinas (Unicamp). Também é professor conveniado junto à Université de Paris X. Livre-Docente em Teoria das Organizações (Unicamp), Pós-doutorado em Comunicação (USP), Doutor em Psicologia (PUC-SP), Mestre em Administração (FGV-SP). Graduou-se em Psicologia (PUC-SP) e Direito (USP). Pesquisador na área de Saúde Mental no Trabalho, Assédio Moral e Ética Institucional. Atualmente é membro da Comissão de Ética (Unicamp), lotada na Faculdade de Medicina. Pesquisador na área de Saúde Mental no Trabalho e Assédio Moral/Sexual. Com Margarida Barreto, publicou o livro *Assédio Moral no Trabalho* (Editora CENGAGE, 2008).
Site: <www.asssediomoral.org>.

Sandra Souza da Silva. Doutorado em Psicologia Social pela Universidade Federal do Rio Grande do Norte, com estágio de doutorado na Universidad Complutense de Madri. Mestre em Psicologia Social pela Universidade Federal da Paraíba. Professora do Departamento de Psicologia da Universidade Federal da Paraíba. Tem pesquisado temas, como Bem-Estar Subjetivo, Valores Humanos, Saúde Mental e Trabalho.

Sigmar Malvezzi. Possui graduação em Psicologia pela Pontifícia Universidade Católica de São Paulo (1969), Mestrado em Psicologia (Psicologia Social) pela Pontifícia Universidade Católica de São Paulo (1979), Doutorado em Department Of Behaviour In Organizations – University of Lancaster (1989) e Livre-docência na Universidade de São Paulo (2006). Atualmente, professor do Instituto de Psicologia da Universidade de São Paulo, professor visitante da Universidade Icesi de Cali, professor visitante da Universidad de Belgrano e professor visitante da Universidad Tecnologica Nacional. Tem experiência na área de Psicologia, com ênfase em Psicologia do Trabalho e Organizacional, atuando principalmente nos seguintes temas: organização, trabalho, recursos humanos, globalização, gestão e psicologia.

Silvânia da Cruz Barbosa. Graduada em Psicologia pela Universidade Estadual da Paraíba (1986), mestrado e doutorado em Psicologia pela Universidade Federal do Rio Grande do Norte (2001 e 2008, respectivamente), com estágio sanduíche pela Universidade Complutense de Madrid. Atualmente é professora do Departamento de Psicologia na Universidade Estadual da Paraíba. Tem experiência no campo da Saúde Mental e Trabalho, atuando principalmente nos seguintes temas: *Burnout*, Saúde do trabalhador, Condições e Regimes de Trabalho.

Simone Lopes de Melo. Doutorado em Psicologia (UFRN). Técnica em Assuntos Educacionais da UFRN com atuação no Núcleo de Apoio ao Discente do Centro de Ciências Sociais Aplicadas. Temas de interesse: Tutorização, Avaliação de Programas, Gestão da Carreira, Reorientação Profissional.

Sônia Maria Guedes Gondim. Psicóloga e mestre em Psicologia Social pela Universidade Gama Filho (RJ). Doutora em Psicologia pela Universidade Federal do Rio de Janeiro. Realizou estudos pós-doutorais na Universidad Complutense de Madrid e na Universidade de Cambridge, UK. Professora da graduação, mestrado e doutorado no Instituto de Psicologia da Universidade Federal da Bahia. Atua no Centro Interdisciplinar de Desenvolvimento e Gestão Social da UFBA. Principais interesses de pesquisa: emoções e trabalho, regulação emocional, mapeamento de competências, competências profissionais, identidade profissional, métodos qualitativos, especialmente grupos focais, formação e desenvolvimento de gestores. Pesquisadora do CNPq nível 2.

Suzana da Rosa Tolfo. Graduada em Psicologia pela Universidade Federal de Santa Catarina (1985), mestrado em Administração pela Universidade Federal de Santa Catarina (1991) e doutorado em Administração pela Universidade Federal do Rio Grande do Sul (2000). Atualmente é professora-associada do Departamento de Psicologia da UFSC. Tem experiência na área de Psicologia das Organizações e do Trabalho, com ênfase nos seguintes temas de atuação e pesquisa: trabalho e subjetividade, gestão de pessoas, desemprego, qualidade de vida no trabalho, sentidos e significados do trabalho, assédio moral. Orienta alunos de mestrado e de doutorado do Programa de Pós-Graduação em Psicologia e em Administração da UFSC.

Teresa Cristina Carreteiro. Mestrado em Psicologia Clínica, FGV, RJ, Doutorado em Psicologia Social Clínica, Universidade de Paris 7, Pós-doutorado Sociologia Clinica, Universidade Denis Diderot, Professora titular do programa de pós-graduação em Psicologia UFF. Área de pesquisa: psicossociologia e trabalho, juventude e história de vida.

Thaís Zerbini. Doutora e Mestre em Psicologia pela Universidade de Brasília. Professora Doutora em Psicologia Organizacional e do Trabalho da Faculdade de Filosofia,

Ciências e Letras de Ribeirão Preto – Universidade de São Paulo (FFCLRP/USP). Tem experiência na área de Psicologia e Administração, com ênfase em Gestão de Treinamento, Desenvolvimento e Educação de Pessoas (TD&E) e Qualificação Profissional, atuando principalmente nos seguintes temas: universidades corporativas, diagnóstico e prognóstico de necessidades de treinamento, planejamentos instrucionais, avaliação de ações educacionais presenciais e a distância, construção e verificação de evidências de validade de medidas em avaliação de TD&E.

Thiago Lopes Carneiro. Mestre em Psicologia Social, do Trabalho e das Organizações pela Universidade de Brasília (área de concentração: Ergonomia), tendo avaliado a relação entre Jornada e Qualidade de Vida no Trabalho. Servidor da Câmara dos Deputados, desenvolve pesquisa sobre Participação Política no parlamento e Estereótipos sobre Parlamentares, como projeto de doutoramento.

Vanessa Andrade de Barros. Psicóloga com mestrado em Administração pela UFMG e doutorado em Sociologia pela Université Paris 7, França. Realizou estágio pós-doutoral no Conservatoire National des Arts et Métiers – CNAM, em Paris. Professora-associada da Universidade Federal de Minas Gerais, departamento. de Psicologia. Coordena o Laboratório de Ensino, Pesquisa e Extensão em Psicologia do Trabalho e o Programa de Extensão: CultHis: Cultura, Trabalho e História, espaço de atenção psicossocial ao preso, egresso, amigos e familiares. Desenvolve pesquisas na área de Psicologia do Trabalho na perspectiva das Clínicas do Trabalho, com ênfase na Psicossociologia do Trabalho e Ergologia. Desenvolve atualmente pesquisas que buscam compreender a relação Trabalho e Marginalidade e Saúde e Trabalho.

Virgínia Donizete de Carvalho. Mestre em Administração e Doutora em Psicologia Social pela UFRN. Vinculada ao Instituto de Ciências Sociais Aplicadas da Universidade Federal de Alfenas. Atua nas áreas de administração pública e gestão de pessoas e tem pesquisado, sobretudo, os temas: cultura e valores humanos, socialização organizacional, gestão pública e social.

Wladimir Ferreira de Souza. Psicólogo (1991), Mestre (2004) e Doutor (2009) em Psicologia Social (Psicologia do Trabalho & Organizacional) pela Universidade do Estado do Rio de Janeiro. Especialista em Psicologia Médica e Psicossomática (1997). Professor do Departamento de Psicologia Social e Institucional da UERJ. Psicólogo do Centro de Referência em Saúde do Trabalhador – Polo Regional Duque de Caxias – RJ. Desenvolve atividades na área de Psicologia do Trabalho e Organizacional, com especial interesse no desenvolvimento de uma modalidade de gerenciamento do trabalho na perspectiva da Ergologia (ergogerenciamento).